경비지도사
범죄학

2차 [일반경비]

시대에듀

2025~2026
시대에듀
경비지도사
범죄학
[일반경비]

Always **with you**

사람의 인연은 길에서 우연하게 만나거나 함께 살아가는 것만을 의미하지는 않습니다. 책을 펴내는 출판사와 그 책을 읽는 독자의 만남도 소중한 인연입니다.
시대에듀는 항상 독자의 마음을 헤아리기 위해 노력하고 있습니다. 늘 독자와 함께하겠습니다.

보다 깊이 있는 학습을 원하는 수험생들을 위한
시대에듀의 동영상 강의가 준비되어 있습니다.
www.sdedu.co.kr ➡ 회원가입(로그인) ➡ 강의살펴보기

머리말
PREFACE

"생명과 재산을 지켜주는 수호자! 경비지도사"

현대인들은 자신의 의지와 상관없이 외부로부터 가해지는 각종의 위협에 노출되어 있다. 그러나 국가 경찰력이 각종 범죄의 급격한 증가 추세를 따라잡기에는 현실적으로 한계가 있으며, 이에 국가가 사회의 다변화 및 범죄의 증가에 효과적으로 대응하고 경찰력을 보완할 수 있는 전문인력을 양성하고자 경비지도사 국가자격시험을 시행한 지도 28년이 되었다.

경비지도사는 사람의 신변보호, 국가중요시설의 방호, 시설에 대한 안전업무 등을 담당하는 경비인력을 효율적으로 관리, 감독할 수 있는 전문인력으로서 그 중요성이 나날이 커지고 있으며, 그 수요 역시 꾸준히 증가하고 있지만, 합격인원을 한정하고 있기 때문에 경비지도사를 준비하는 수험생들의 부담감 역시 커지고 있다. 해마다 높아지고 있는 합격점에 대한 부담감을 안고 시험 준비에 어려움을 겪고 있을 수험생들을 위하여 본서를 권하는 바이다.

더 이상 단순 암기만으로는 합격에 도달할 수 없는 현시점에서, 지금 수험생들에게 가장 필요한 것은 "선택과 집중 그리고 이해 위주의 학습"이다. 점차 확장되고 있는 출제범위 내에서 과목별로 적절한 분량과 학습에 필요한 자료들만을 선택하여 이해 위주의 학습을 하는 것이야말로 시간 대비 가장 효율적인 학습방법인 것과 동시에 합격으로 향하는 가장 확실한 지름길이라 할 수 있을 것이다.

이에 따라 국가자격시험 전문출판사인 시대에듀가 수험생의 입장에서 더 필요하고 중요한 것을 생각하며 본서를 내놓게 되었다.

"2025~2026 시대에듀 경비지도사 범죄학 [일반경비]"의 특징은 다음과 같다.

❶ 최신 개정법령과 최근 기출문제의 출제경향을 완벽하게 반영하여 수록하였다.
❷ 시대에듀 교수진의 철저한 검수를 통해 교재상의 오류를 없애고 최신 학계 동향을 정확하게 반영하여 출제 가능성이 높은 테마를 빠짐없이 학습할 수 있도록 하였다.
❸ 다년간 경비지도사 수험분야 최고의 자리에서 축적된 본사만의 노하우(Know-how)를 바탕으로 시험에 자주 출제되는 중요 포인트를 선별하여 꼭 학습해야 할 핵심내용을 중심으로 교재를 구성하였다.
❹ 경비지도사 시험의 기출문제를 완벽하게 분석하여 상세한 해설을 수록하였으며, 기출표기를 통해 해당 문항의 중요도를 한눈에 파악할 수 있도록 하였다.

끝으로 본서가 모든 수험생들에게 합격의 지름길을 제시하는 안내서가 될 것을 확신하면서 본서로 공부하는 모든 수험생들에게 행운이 함께하기를 기원한다.

대표 편저자 씀

STRUCTURES
도서의 구성 및 특징

PART 01 이론편

STEP 1 학습지원 & 분석자료

본격적으로 학습하기에 앞서 CHAPTER별로 상세 목차, 최다 출제 POINT 및 학습 목표를 통해 내용의 흐름을 파악하고 중요도 및 학습방향을 설정할 수 있다.

❶ CHAPTER별 상세 목차
❷ 최다 출제 POINT & 학습목표

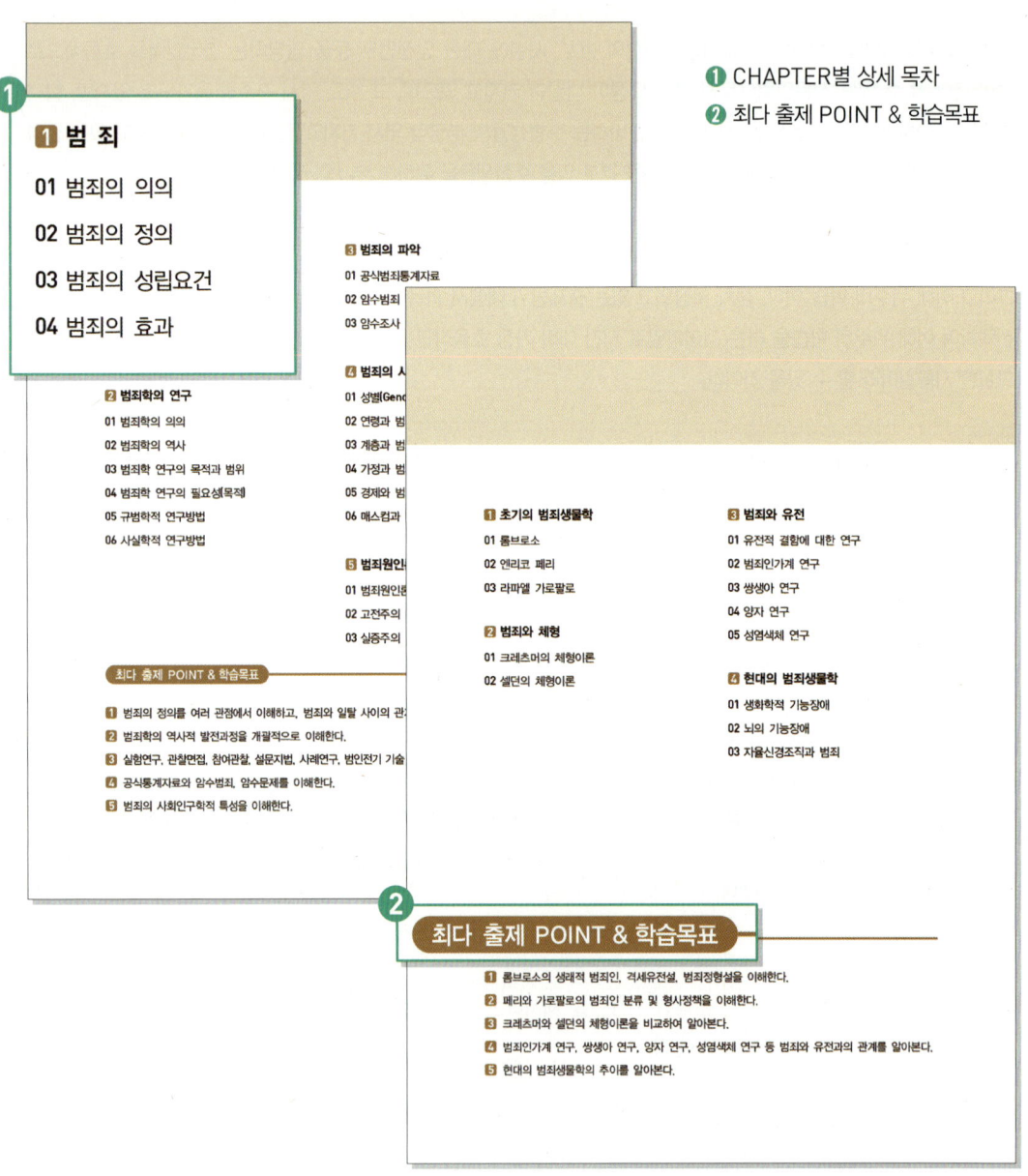

2025~2026 시대에듀 경비지도사 범죄학 [일반경비]

합격의 공식 Formula of pass | 시대에듀 www.sdedu.co.kr

PART 01 이론편

STEP 2 핵심이론

최신 출제경향 및 개정법령을 반영하여 체계적으로 정리한 핵심이론 및 심화내용 BOX를 통해 꼭 학습해야 할 핵심내용을 위주로 꼼꼼하게 학습할 수 있다.

❶ 심화내용 BOX

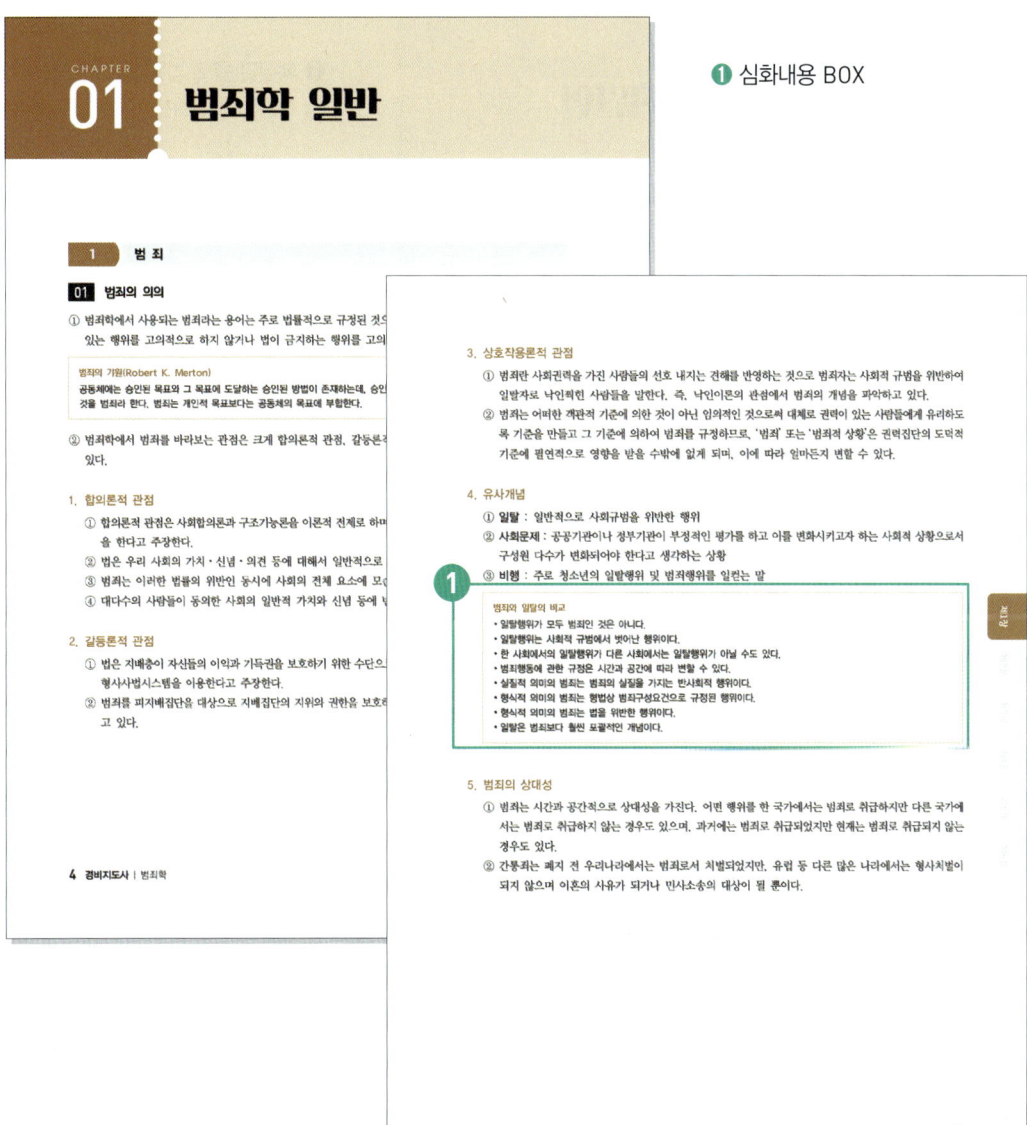

STRUCTURES
도서의 구성 및 특징

PART 02 문제편

STEP 3 심화문제

경비지도사 제1회부터 제26회까지의 기출문제 중 중요 기출만을 엄선하였으며, 실전감각을 향상시킬 수 있는 모의심화문제를 추가로 수록하였다.

❶ 핵심만 콕 & 법령
❷ 심화문제 & 해설

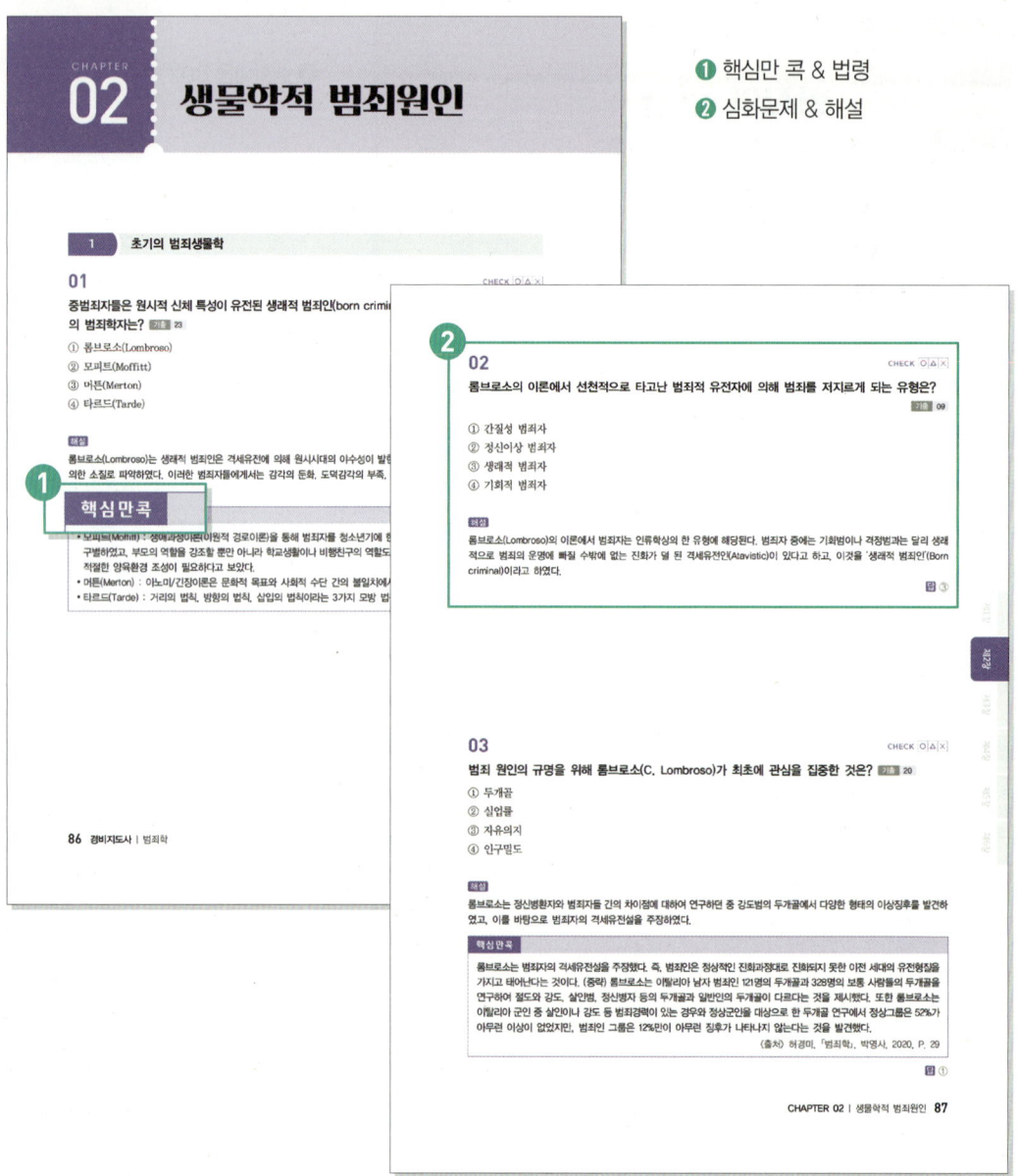

2025~2026 시대에듀 경비지도사 범죄학 [일반경비]

합격의 공식 Formula of pass | 시대에듀 www.sdedu.co.kr

PART 02 문제편

부록 2024년 제26회 범죄학 기출문제해설

반복적인 학습이 가능하도록 2024년 제26회 일반경비지도사 범죄학 선택과목의 기출문제 및 상세해설을 정답과 함께 부록으로 수록하였다.

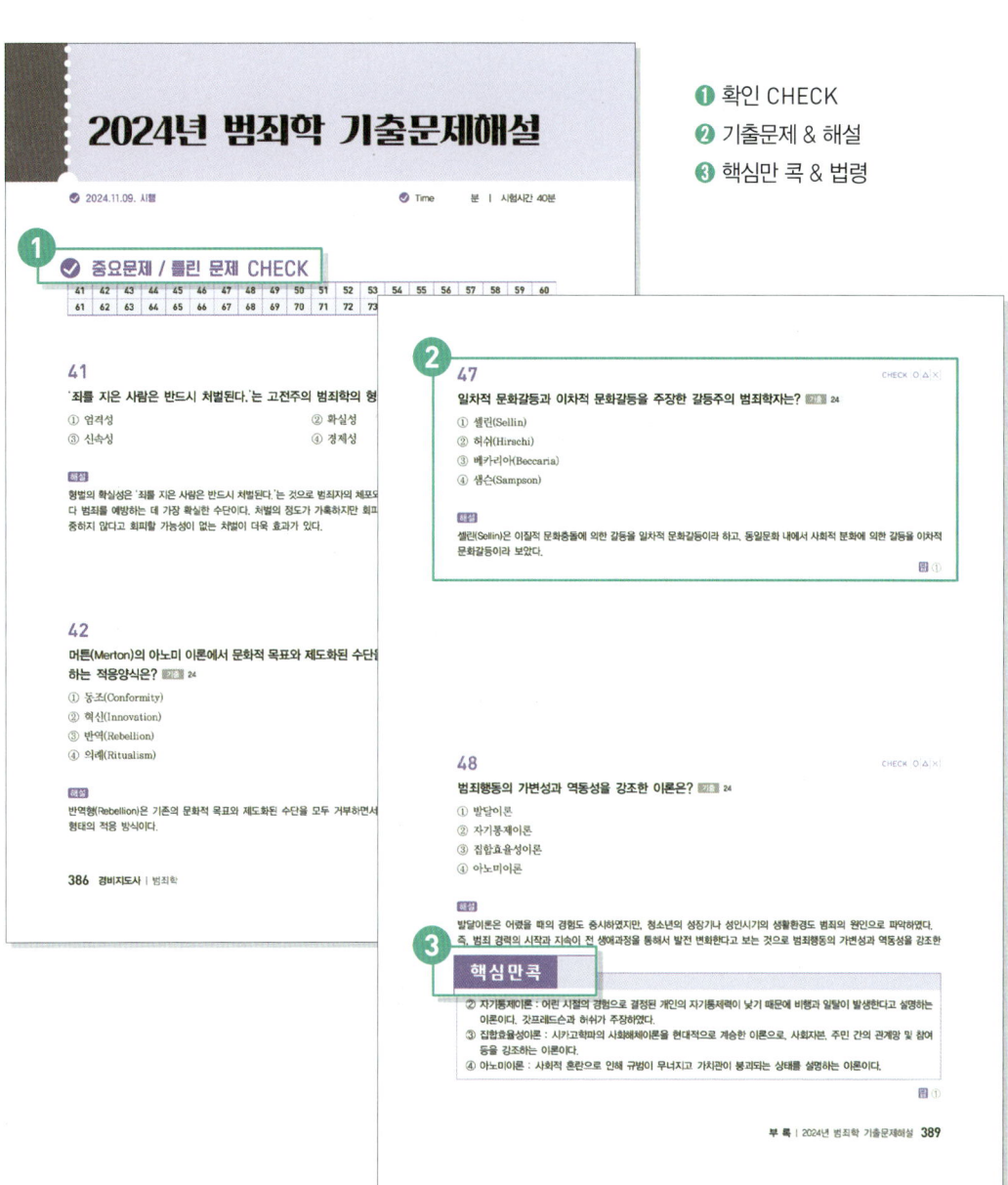

❶ 확인 CHECK
❷ 기출문제 & 해설
❸ 핵심만 콕 & 법령

INTRODUCTION
경비지도사 소개 및 시험안내

➕ 경비지도사란?
경비원을 지도·감독 및 교육하는 자를 말하며, 일반경비지도사와 기계경비지도사로 구분한다.

➕ 주요업무
경비업자가 대통령령이 정하는 바에 따라 선임한 경비지도사의 직무는 다음과 같다(경비업법 제12조 제2항, 동법 시행령 제17조 제1항).

> 1. 경비원의 지도·감독·교육에 관한 계획의 수립·실시 및 그 기록의 유지
> 2. 경비현장에 배치된 경비원에 대한 순회점검 및 감독
> 3. 경찰기관 및 소방기관과의 연락방법에 대한 지도
> 4. 집단민원현장에 배치된 경비원에 대한 지도·감독
> 5. 그 밖에 대통령령이 정하는 직무
>   [1] 기계경비업무를 위한 기계장치의 운용·감독(기계경비지도사의 경우에 한한다)
>   [2] 오경보방지 등을 위한 기기관리의 감독(기계경비지도사의 경우에 한한다)

➕ 응시자격 및 결격사유

응시자격	제한 없음
결격사유	경비업법 제10조 제1항 각호의 1에 해당하는 자

※ 결격사유에 해당하는 자는 시험 합격 여부와 관계없이 시험을 무효처리한다.

2025년 일반·기계경비지도사 시험 일정(사전공고 기준)

회 차	응시원서 접수기간	제1차·제2차 시험 동시 실시	합격자 발표일
27	9.22~9.26 / 10.30~10.31(추가)	11.15 (토)	12.31 (수)

합격기준

구 분	합격기준
제1차 시험	매 과목 100점을 만점으로 하여 매 과목 40점 이상, 전 과목 평균 60점 이상 득점한 자
제2차 시험	• 선발예정인원의 범위 안에서 전 과목 평균 60점 이상을 득점한 자 중에서 고득점순으로 결정 • 동점자로 인하여 선발예정인원이 초과되는 때에는 동점자 모두를 합격자로 결정

※ 제1차 시험 불합격자는 제2차 시험을 무효로 한다.

경비지도사 자격시험

구 분	과목구분	일반경비지도사	기계경비지도사	문항수	시험시간	시험방법
제1차 시험	필 수	1. 법학개론 2. 민간경비론		과목당 40문항 (총 80문항)	80분 (09:30~10:50)	객관식 4지택일형
제2차 시험	필 수	1. 경비업법(청원경찰법 포함)		과목당 40문항 (총 80문항)	80분 (11:30~12:50)	객관식 4지택일형
	선택 (택1)	1. 소방학 2. 범죄학 3. 경호학	1. 기계경비개론 2. 기계경비기획 및 설계			

INTRODUCTION
경비지도사 소개 및 시험안내

일반경비지도사 제2차 시험 검정현황

구 분	대상자	응시자	합격자	합격률
2020년(제22회)	12,578	7,700	791	10.27%
2021년(제23회)	12,418	7,677	659	8.58%
2022년(제24회)	11,919	7,325	573	7.82%
2023년(제25회)	10,325	6,462	574	8.88%
2024년(제26회)	10,102	6,487	873	13.47%

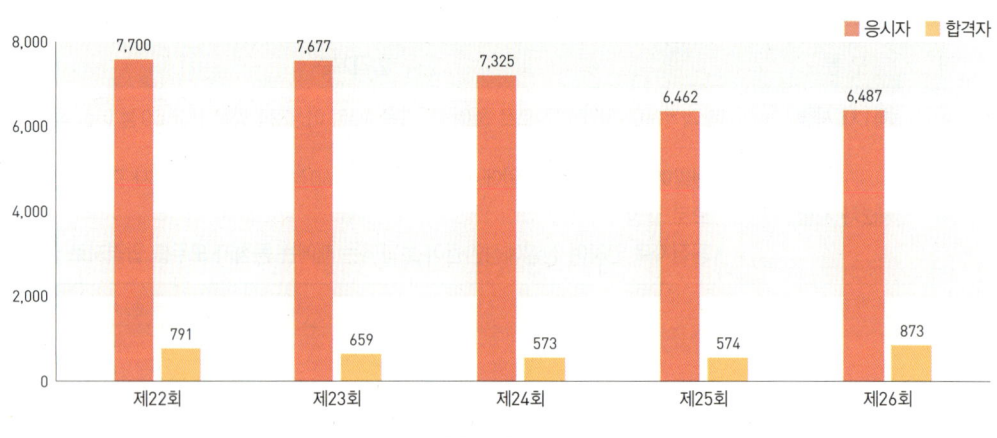

제2차 시험 응시자와 합격자수

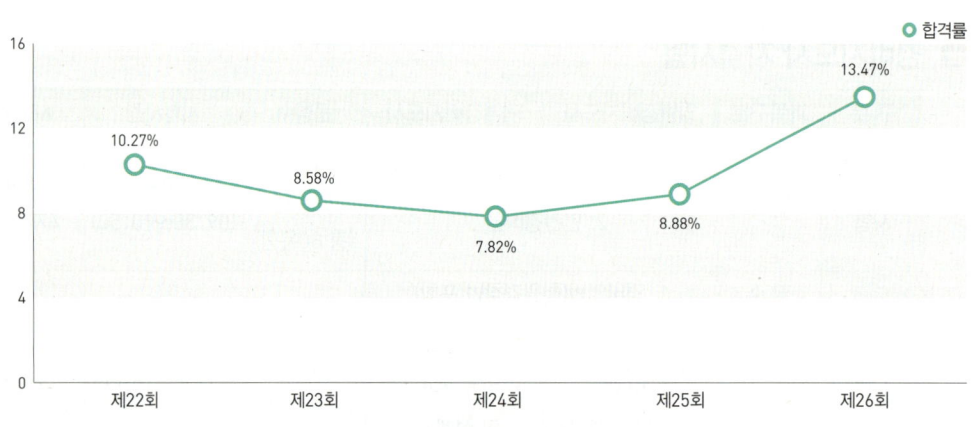

제2차 시험 합격률

RANGE
2차시험 출제범위 일반경비지도사, 범죄학 선택

➕ 제1과목 경비업법

주요항목	세부항목	출제 문제수
1. 경비업법	1. 경비업의 정의	40
	2. 경비업의 허가 등	
	3. 기계경비업무	
	4. 경비지도사 및 경비원	
	5. 행정처분 등	
	6. 경비협회	
	7. 보칙 및 벌칙 등	
2. 청원경찰법	1. 청원경찰의 정의	
	2. 청원경찰의 직무	
	3. 청원경찰의 배치	
	4. 청원경찰의 임용 등	
	5. 청원경찰경비, 감독	
	6. 과태료와 벌칙 등	
	7. 청원경찰의 무기관리, 경비비치부책	

➕ 제2과목 범죄학

주요항목	세부항목	출제 문제수
1. 범죄학 일반	1. 범죄학의 정의, 의의, 특성	40
	2. 범죄학의 연구방법 등	
2. 범죄현상론	1. 범죄의 실태와 추이	
	2. 범죄의 사회인구학적 특성 등	
3. 범죄원인론	1. 생물·심리학적 이론	
	2. 개인환경적 이론	
	3. 사회환경적 이론	
	4. 이론의 신경향 등	
4. 범죄유형론	1. 전통적 범죄	
	2. 특수범죄 등	
5. 범죄대책론	1. 범죄대책일반론	
	2. 범죄예방프로그램(범죄예방이론 포함)	
	3. 피해자학	
	4. 교정보호론(형벌론 포함) 등	

ANALYSIS
최근 5년간 출제경향 분석

➕ 제2과목 범죄학

❖ 범죄학 회당 평균 출제횟수 : 범죄유형론(11문제), 범죄학 일반(10.2문제), 범죄대책론(8.4문제) 순이다.

출제영역		2020 (제22회)	2021 (제23회)	2022 (제24회)	2023 (제25회)	2024 (제26회)	총 계 (문항수)	회별출제 (평균)
제1장	범죄학 일반	10	9	12	10	10	51	10.2
제2장	생물학적 범죄원인	2	1	1	2	1	7	1.4
제3장	심리학적 범죄원인	1	1	1	–	2	5	1
제4장	사회학적 범죄원인	7	10	6	9	8	40	8
제5장	범죄유형론	11	11	11	12	10	55	11
제6장	범죄대책론	9	8	9	7	9	42	8.4
합계(문항수)		40	40	40	40	40	200	40

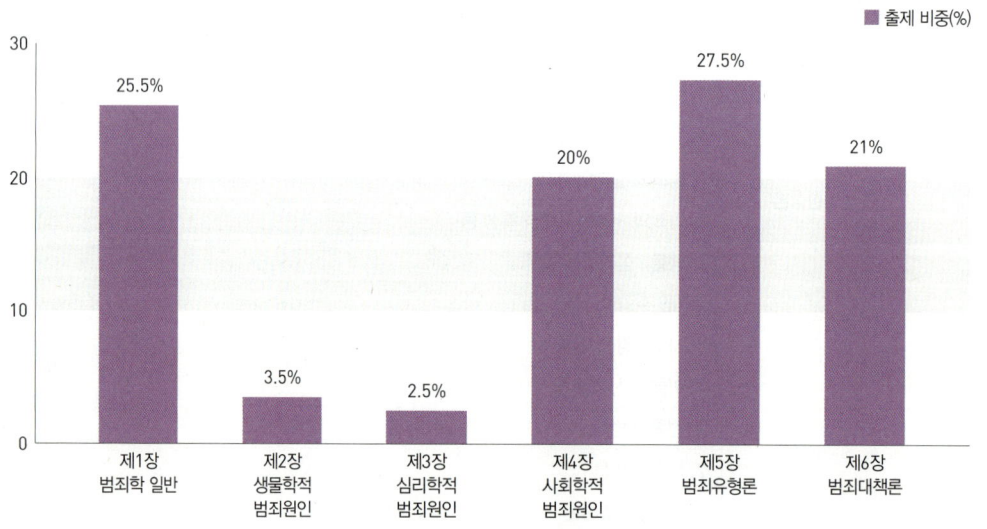

2020~2024년 경비지도사 범죄학 출제경향

2024년 제26회 범죄학 주제별 출제 분석

본 도서의 목차별로 정리한 2024년 경호학 과목의 기출주제이다(중복 출제된 주제 있음).

CHAPTER	POINT	2024년 제26회 기출주제
제1장 범죄학 일반	1. 범 죄	범죄와 법에 대한 시각
	2. 범죄학의 연구	고전주의 범죄학의 형벌의 원리, 범죄학의 특성, 사실학적 연구방법, 현장관찰연구
	3. 범죄의 파악	범죄피해조사, 공식범죄통계, 범죄백서, 통계자료해석
	4. 범죄의 사회인구학적 특성	연령범죄곡선, 헤이건의 권력통제이론
	5. 범죄원인론 일반	–
제2장 생물학적 범죄원인	1. 초기의 범죄생물학	–
	2. 범죄와 체형	–
	3. 범죄와 유전	생물학적 범죄 연구
	4. 현대의 범죄생물학	–
제3장 심리학적 범죄원인	1. 정신분석이론	–
	2. 정신적 결함이론	반사회적성격장애
	3. 인성이론	–
	4. 학습 및 도덕성 발달	–
제4장 사회학적 범죄원인	1. 사회구조이론	–
	2. 사회학습이론	차별적 접촉이론
	3. 사회통제이론	중화기술이론
	4. 낙인이론	머튼의 아노미 이론, 베커
	5. 갈등이론	버제스의 동심원이론, 셀린의 문화갈등이론
	기 타	–
제5장 범죄유형론	1. 전통적 범죄	발달이론, 생애과정이론, 재산 범죄, 조직범죄의 특성, 연쇄살인, 강간의 유형, 황금의 초생달지대, 연쇄살인범 유형, GHB
	2. 특수범죄	스토킹, 사이버 범죄의 특성
제6장 범죄대책론	1. 범죄대책과 예방	지역사회의 무질서, 뉴먼의 방어공간 구성요소, 상황적 범죄예방의 주요 전략
	2. 범죄예측론	범죄예측
	3. 범죄피해자론	생활양식이론, 회복적 사법
	4. 형벌 및 교정보호	사회 내 처우, 자유형, 재통합모델, 경미범죄 및 그 형사정책

PROCESS
시험접수부터 자격증 취득까지

1. 응시자격조건

- 경비업법 제10조 제1항의 결격사유에 해당하지 않는 어느 누구나 응시할 수 있습니다.
- 결격사유 기준일은 원서접수 마감일이며, 해당자는 시험합격 여부와 상관없이 시험을 무효처리합니다.

2. 필기원서접수

※ 인터넷 원서 접수 사이트 : q-net.or.kr

8. 자격증 발급

- 경비지도사 기본교육 종료 후 교육기관에서 일괄 자격증 신청
- 경찰청에서 교육 사항 점검 후, 20일 이내 해당 주소지로 우편 발송

7. 경비지도사 기본교육

2025~2026 시대에듀 경비지도사 범죄학 [일반경비]
합격의 공식 Formula of pass | 시대에듀 www.sdedu.co.kr

3. 일반 · 기계 경비지도사의 시험

4. 1 · 2차 시험안내

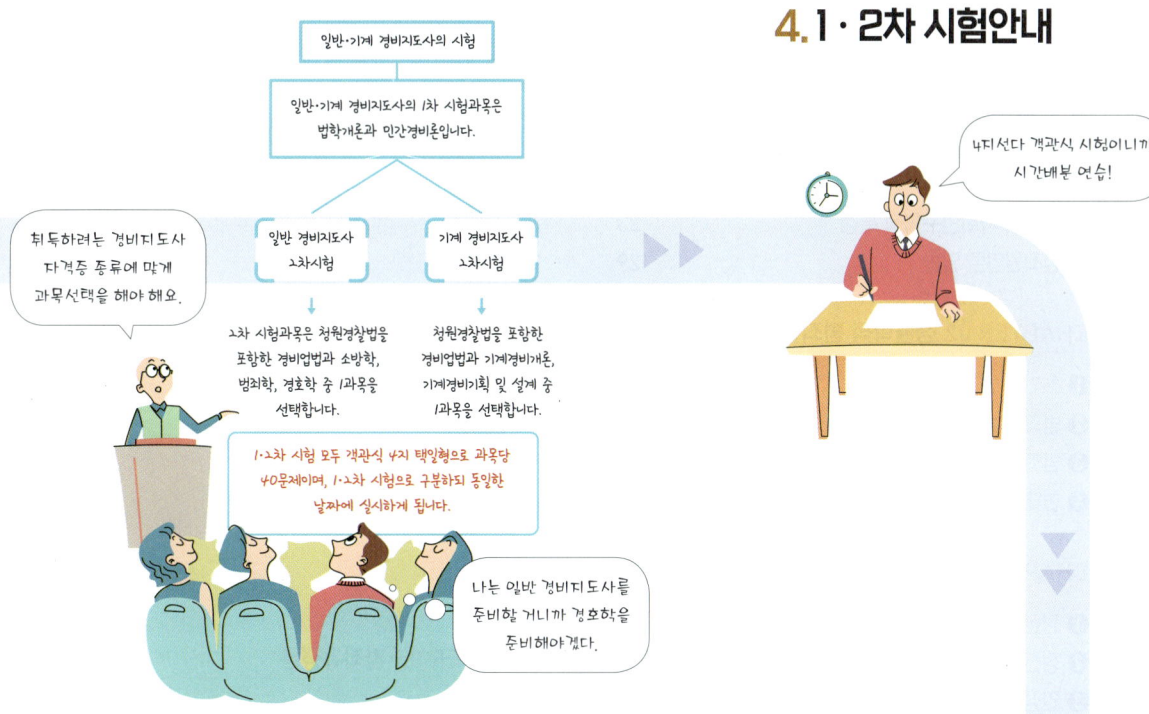

6. 합격자발표

5. 합격기준

※ 확인 홈페이지 : q-net.or.kr

CONTENTS
이 책의 차례

이론편

CHAPTER 01 범죄학 일반
1. 범 죄 — 4
2. 범죄학의 연구 — 8
3. 범죄의 파악 — 18
4. 범죄의 사회인구학적 특성 — 23
5. 범죄원인론 일반 — 29

CHAPTER 02 생물학적 범죄원인
1. 초기의 범죄생물학 — 40
2. 범죄와 체형 — 43
3. 범죄와 유전 — 46
4. 현대의 범죄생물학 — 50

CHAPTER 03 심리학적 범죄원인
1. 정신분석이론 — 56
2. 정신적 결함이론 — 60
3. 인성이론 — 64
4. 학습 및 도덕성 발달 — 67

CHAPTER 04 사회학적 범죄원인
1. 사회구조이론 — 78
2. 사회학습이론 — 86
3. 사회통제이론 — 89
4. 낙인이론 — 94
5. 갈등이론 — 97

CHAPTER 05 범죄유형론
1. 전통적 범죄 — 106
2. 특수범죄 — 127

CHAPTER 06 범죄대책론
1. 범죄대책과 예방 — 142
2. 범죄예측론 — 153
3. 범죄피해자론 — 155
4. 형벌 및 교정보호 — 163

문제편

CHAPTER 01 범죄학 일반
심화문제 — 4

CHAPTER 02 생물학적 범죄원인
심화문제 — 86

CHAPTER 03 심리학적 범죄원인
심화문제 — 106

CHAPTER 04 사회학적 범죄원인
심화문제 — 122

CHAPTER 05 범죄유형론
심화문제 — 210

CHAPTER 06 범죄대책론
심화문제 — 296

부 록

2024년 제26회 범죄학 기출문제해설 — 386

범죄학

핵심이론

CHAPTER 01　범죄학 일반

CHAPTER 02　생물학적 범죄원인

CHAPTER 03　심리학적 범죄원인

CHAPTER 04　사회학적 범죄원인

CHAPTER 05　범죄유형론

CHAPTER 06　범죄대책론

1 범 죄
01 범죄의 의의
02 범죄의 정의
03 범죄의 성립요건
04 범죄의 효과

2 범죄학의 연구
01 범죄학의 의의
02 범죄학의 역사
03 범죄학 연구의 목적과 범위
04 범죄학 연구의 필요성(목적)
05 규범학적 연구방법
06 사실학적 연구방법

3 범죄의 파악
01 공식범죄통계자료
02 암수범죄
03 암수조사

4 범죄의 사회인구학적 특성
01 성별(Gender)과 범죄
02 연령과 범죄
03 계층과 범죄
04 가정과 범죄
05 경제와 범죄
06 매스컴과 범죄

5 범죄원인론 일반
01 범죄원인론과 범죄이론의 관계
02 고전주의 범죄학이론
03 실증주의 범죄학이론

최다 출제 POINT & 학습목표

1. 범죄의 정의를 여러 관점에서 이해하고, 범죄와 일탈 사이의 관계를 알아본다.
2. 범죄학의 역사적 발전과정을 개괄적으로 이해한다.
3. 실험연구, 관찰면접, 참여관찰, 설문지법, 사례연구, 범인전기 기술 등 범죄학의 연구방법을 이해한다.
4. 공식통계자료와 암수범죄, 암수문제를 이해한다.
5. 범죄의 사회인구학적 특성을 이해한다.

CHAPTER **01**

범죄학 일반

CHAPTER 01 범죄학 일반

1 범 죄

01 범죄의 의의

① 범죄학에서 사용되는 범죄라는 용어는 주로 법률적으로 규정된 것으로서, 범죄란 법률적으로 법이 요구하고 있는 행위를 고의적으로 하지 않거나 법이 금지하는 행위를 고의적으로 한 행위라고 할 수 있다.

> **범죄의 기원(Robert K. Merton)**
> 공동체에는 승인된 목표와 그 목표에 도달하는 승인된 방법이 존재하는데, 승인되지 않는 방법을 사용해 목표에 도달하려는 것을 범죄라 한다. 범죄는 개인적 목표보다는 공동체의 목표에 부합한다.

② 범죄학에서 범죄를 바라보는 관점은 크게 합의론적 관점, 갈등론적 관점, 상호작용론적 관점으로 나눌 수 있다.

1. 합의론적 관점
① 합의론적 관점은 사회합의론과 구조기능론을 이론적 전제로 하며, 법률이 사회질서 유지에 긍정적인 기능을 한다고 주장한다.
② 법은 우리 사회의 가치·신념·의견 등에 대해서 일반적으로 합의된 행위규범을 반영한 것이다.
③ 범죄는 이러한 법률의 위반인 동시에 사회의 전체 요소에 모순되는 행위로 규정되고 있다.
④ 대다수의 사람들이 동의한 사회의 일반적 가치와 신념 등에 반하는 행위이다.

2. 갈등론적 관점
① 법은 지배층이 자신들의 이익과 기득권을 보호하기 위한 수단으로 만들어 냈다고 보고, 이를 위해 법률과 형사사법시스템을 이용한다고 주장한다.
② 범죄를 피지배집단을 대상으로 지배집단의 지위와 권한을 보호하기 위해 고안된 정치적 개념으로 파악하고 있다.

3. 상호작용론적 관점

① 범죄란 사회권력을 가진 사람들의 선호 내지는 견해를 반영하는 것으로 범죄자는 사회적 규범을 위반하여 일탈자로 낙인찍힌 사람들을 말한다. 즉, 낙인이론의 관점에서 범죄의 개념을 파악하고 있다.

② 범죄는 어떠한 객관적 기준에 의한 것이 아닌 임의적인 것으로써 대체로 권력이 있는 사람들에게 유리하도록 기준을 만들고 그 기준에 의하여 범죄를 규정하므로, '범죄' 또는 '범죄적 상황'은 권력집단의 도덕적 기준에 필연적으로 영향을 받을 수밖에 없게 되며, 이에 따라 얼마든지 변할 수 있다.

4. 유사개념

① **일탈** : 일반적으로 사회규범을 위반한 행위
② **사회문제** : 공공기관이나 정부기관이 부정적인 평가를 하고 이를 변화시키고자 하는 사회적 상황으로서 구성원 다수가 변화되어야 한다고 생각하는 상황
③ **비행** : 주로 청소년의 일탈행위 및 범죄행위를 일컫는 말

범죄와 일탈의 비교
- 일탈행위가 모두 범죄인 것은 아니다.
- 일탈행위는 사회적 규범에서 벗어난 행위이다.
- 한 사회에서의 일탈행위가 다른 사회에서는 일탈행위가 아닐 수도 있다.
- 범죄행동에 관한 규정은 시간과 공간에 따라 변할 수 있다.
- 실질적 의미의 범죄는 범죄의 실질을 가지는 반사회적 행위이다.
- 형식적 의미의 범죄는 형법상 범죄구성요건으로 규정된 행위이다.
- 형식적 의미의 범죄는 법을 위반한 행위이다.
- 일탈은 범죄보다 훨씬 포괄적인 개념이다.

---

5. 범죄의 상대성

① 범죄는 시간과 공간적으로 상대성을 가진다. 어떤 행위를 한 국가에서는 범죄로 취급하지만 다른 국가에서는 범죄로 취급하지 않는 경우도 있으며, 과거에는 범죄로 취급되었지만 현재는 범죄로 취급되지 않는 경우도 있다.

② 간통죄는 폐지 전 우리나라에서는 범죄로서 처벌되었지만, 유럽 등 다른 많은 나라에서는 형사처벌이 되지 않으며 이혼의 사유가 되거나 민사소송의 대상이 될 뿐이다.

02 범죄의 정의

1. 범죄의 법률적 정의(형식적 의미)
① "법률이 없으면 범죄도 없고 형벌도 없다"라는 주장으로, 범죄에 대한 법률적 정의는 법이 요구하는 행위를 고의적으로 하지 않거나 법이 금지하는 행위를 고의적으로 한 행위라고 할 수 있다.
② 어떠한 행위이건 그것이 범죄가 되기 위해선 형법 등의 법률을 위반했을 경우여야 한다는 것이다. 법이 없이는 공식적으로 인지된 범죄란 있을 수 없다.
③ 법률가 제롬 마이클(Jerome Michael)과 철학자 모티머 아들러(Mortimer Adler)는 1933년의 보고서에서 범죄를 명확하고 분명하게 정의해야만 범죄행위와 비범죄적 행위를 구분할 수 있을 것이라며 범죄를 '형법에 의해 금지된 행위'로 정의하였다.

> **죄형법정주의 원칙(nullum crimen sine lege, nulla poena sine lege)**
> 법규에 금지조항이 없으면 사회적으로 배척되는 행동일지라도 범죄가 성립하지 않으며, 아무리 바람직한 행동일지라도 법에 의무로 규정되어 있지 않으면 불이행으로 인한 범죄는 성립하지 않는 것이다.

2. 범죄에 대한 비법률적 정의
① 사회 - 법률적 접근
  ㉠ 서덜랜드(Sutherland)는 법률적 정의의 범주를 넓혀서 다양한 반사회적 행위에까지 관심을 기울일 것을 주장하였다. 과거에는 범죄의 범주에 포함되지 않았던 상위 계층의 화이트칼라범죄, 경제범죄, 환경범죄 등이 이에 해당한다.
  ㉡ 사회 - 법률적 접근은 상위 계층에 의한 경제범죄에 대한 범죄학적 연구에 있어서 새롭고 중요한 강조를 용이하게 하였으나, 어떠한 행위가 범죄적인 것으로 정의되는 과정에 대하여 등한시하였다는 비판도 받고 있다.
② 비교문화적 접근
  ㉠ 셸린(Sellin)은 모든 집단은 행위규범이라고 일컬어지는 자신의 행위기준을 가지고 있으나, 이 기준이 반드시 법으로 규정되는 것은 아니라고 주장하였다.
  ㉡ 모든 문화적 집단에 걸쳐서 동일한 보편적인 행위규범도 있다고 주장하면서, 바로 이 보편적인 행위규범이 범죄연구의 적절한 초점이라고 하였다.
③ 통계적 접근
  ㉠ 윌킨스(Wilkins)는 특정 사회에서 일어나는 다양한 행위의 발생 빈도에 초점을 맞추어 발생 빈도가 높은 것은 정상이며 발생 빈도가 낮은 것은 일탈적인 것으로 보고 있다.
  ㉡ 종형의 정상적인 빈도분포표 중에서 가운데 다수는 정상적인 행위이며, 양극단은 중요범죄행위와 성스러운 행위이다.

④ 낙인적 접근 : 베커(Becker)에 의하면, 일탈자란 일탈이라는 낙인이 성공적으로 부착된 사람이며, 일탈행위는 사람들이 그렇게 낙인찍은 행위라는 것이다. 즉, 문화집단의 구성원으로서 다른 사람들이 일탈적인 것으로 반응하지 않는 한 어떤 행위도 일탈적인 것이 되지 않는다.

⑤ 인권적 접근 : 모든 사람은 행복을 위한 기본적인 전제조건뿐만 아니라 약탈적 개인이나 억압적이고 제국주의적인 사회지도층으로부터의 안전을 보장받아야 하는데, 바로 이러한 인권에 관련된 부분이 형법이 보장하고 보호해야 하는 권리라는 것이다. 따라서 범죄라고 간주되어야 하는 것은 바로 이러한 권리의 부정을 야기하는 조건이다(Schwendinger 부부).

03 범죄의 성립요건

범죄는 구성요건에 해당하고, 위법하며, 책임이 있어야 성립한다.

1. 구성요건 해당성

구성요건이란 형법 기타 형벌법규에 금지되어 있는 행위가 무엇인가를 구체적으로 규정해 놓은 것을 말한다. 예컨대 '사람을 살해한 자는 사형, 무기 또는 5년 이상의 징역에 처한다(형법 제250조 제1항).'는 살인죄 규정은 살인행위의 금지규범이며, 이에 위반한 행위는 구성요건에 해당하는 것이다. 따라서 범죄가 되려면 인간의 행위가 형법 등에서 금지한 행위에 해당하여야 한다.

2. 위법성

위법성이 없는 행위는 구성요건에 해당하더라도 범죄가 성립하지 아니한다. 위법성이란 좁게는 법규에 위배되고, 넓게는 사회상규(社會常規)에 위배되는 것을 의미한다. 예컨대, 사형집행인은 사람을 죽이더라도 범죄가 성립하지 아니하고, 정당방위로 사람을 죽인 경우에도 범죄가 성립하지 아니한다.

3. 책임성

책임성이란 행위자에 대한 비난 가능성을 말한다. 예컨대, 사람을 죽인 자가 정신이상자이거나 14세 미만의 형사책임이 없는 자인 경우에는 범죄가 성립하지 아니하는 것과 같다.

04 범죄의 효과

1. 부정적 효과
① 범죄의 만연은 사회조직의 해체 및 사회질서의 붕괴현상을 초래한다.
② 사회생활을 유지하는 데 필요한 사람들 간의 신뢰감을 저하시킨다.
③ 범죄행위가 증가하면 법을 준수하고자 하는 동기 또는 의지를 약화시킨다.
④ 교도소나 범죄에 대한 피해액으로 인해 사회적 자원이 낭비된다.

2. 긍정적 효과
① 사회규범을 분명히 규정할 수 있고, 행동의 범위를 한정할 수 있다.
② 집단의 결속력을 강화할 수 있다.
③ 축적된 욕구불만을 해소하며, 보다 심한 일탈행위를 예방할 수 있다.
④ 사회현상이나 사회조직의 결함을 미리 알려준다.
⑤ 사회변동, 사회발전의 원인이 되는 경우도 많다.

2 범죄학의 연구

01 범죄학의 의의

1. 범죄학의 개념
① 범죄학이란 일반적으로 범죄와 범죄자, 사회적 일탈행위 및 이에 대한 통제 방법을 연구하는 경험과학으로 축적된 지식의 총체를 의미하며, 규범학과는 구별된다. 또한 범죄행위와 그에 대한 사회적 반응에 관하여 연구하는 종합과학적 접근을 취한다.
② 범죄를 사회적인 현상으로 간주하는 지식체계이며, 융합학문적인 성격을 가지고 있다.
③ 범죄학은 연구영역의 다변화로 인해 일원적이고 통일적인 정의를 내리기가 어렵다.
④ 광의로 파악하여 범죄원인론, 범죄예방 방법론, 범죄대책, 형사법뿐만 아니라 범죄와 관련된 일체의 학문으로 이해하기도 한다.

> **범죄학과 형법학의 관계**
> • 범죄학의 궁극적인 관심은 범죄의 예방에, 형법학의 궁극적인 관심은 범죄에 대한 법적 평가에 있다.
> • 범죄학은 존재의 영역을, 형법학은 당위의 영역을 연구하는 것이라고 할 수 있다.
> • 범죄학은 전체 현상으로서 범죄를, 형법학은 구체적인 사안으로서 범죄를 다룬다.
> • 범죄적인 소질과 환경이 입증되었다고 해서 형법 제10조(심신장애인)를 고려해야 하는 것은 아니다.
> • 형법상 양형의 조건은 범죄학의 연구성과를 반영할 수 있는 근거규정이다.

2. 범죄학에 대한 학자별 정의

① **가로팔로(Garofalo)** : 범죄학을 범죄의 현상과 원인을 연구하는 사실학으로 보았을 뿐만 아니라, 자연범의 개념을 인정하여 범죄학을 국가마다 다른 법체계로부터 독립시켰다. 이러한 이유로 가로팔로의 범죄학 개념은 규범학인 형법학과 정책학인 형사정책을 구별하게 하는 기초를 마련하였다.

② **서덜랜드(Sutherland)** : 서덜랜드의 범죄학 개념은 범죄의 현상과 원인뿐 아니라 법제정·법위반 및 그 위반에 대한 반응과정까지 포함하였다. 대륙과는 달리 형법학과 관련 없이 범죄사회학을 기본으로 하면서 다양한 접근방법을 가미한 것을 특징으로 한다.

> **범죄학에 대한 서덜랜드(Sutherland)의 정의**
> - 범죄학은 범죄를 사회현상으로서 간주하는 범죄에 대한 지식의 총합체이다.
> - 범죄학의 연구 범주에는 입법과정, 법의 위반과정, 그리고 법의 위반행위에 대한 반응과정이 포함된다.
> - 범죄학의 목적은 법, 범죄, 그리고 범죄자의 처우에 관한 보편적이고도 유효한 원칙들과 이 과정에 있어 서로 다르지만 관련된 많은 지식들을 발전시켜 나가는 데 있다.

3. 범죄학의 학문적 특성

① 범죄학은 사회학·의학·심리학 등 다양한 학문분야가 자신의 학문적 관점에서 독립적으로 관계하는 복수의 학제이면서 공동으로 관계하는 종합과학적 특성도 가지고 있다.
② 연구범위는 범죄행위와 그에 대한 사회의 반응과정이 포함된다.
③ 사회현상으로서의 비행과 범죄에 대한 지식의 총체를 의미한다.

02 범죄학의 역사

1. 고전학파

① **고전학파의 특징**
  ㉠ 국가와 법을 사회계약의 산물로 파악하고 일반예방을 강조하였다.
  ㉡ 비인도적 형벌제도의 폐지를 사회계약론과 공리주의 관점에서 도출해내고 있다.
  ㉢ 범죄의 진정한 척도는 범죄에 의해 사회가 받은 손해이다.
  ㉣ 가혹한 형벌은 그 자체만으로 공익에 반한다고 할 수 없고, 범죄와 형벌의 균형이 상실될 때 공익에 반한다.

② **베카리아(Beccaria)**
  ㉠ 모든 사회행위의 근저에는 공리적 가치가 있어야 한다는 공리주의 사회철학을 기초로 하면 범죄는 사회에 해를 끼치는 행위에만 국한해야 한다고 주장하였다.
  ㉡ 사회계약설에 의해 사형제도의 폐지를 주장하였다.
  ㉢ 절차법적 차원에서 비밀주의와 고문을 배척하고 재판과정의 신속성, 공정하고 인간적인 재판이 이루어질 것 등을 주장하였다.

ㄹ 처벌의 신속한 집행은 범죄예방에 효과가 있으며, 범죄행위는 처벌에 대한 두려움에 의해 억제될 수 있다고 주장하였다.
ㅁ 인간은 자신의 행동을 선택할 자유의지를 갖는다고 주장하였다.
ㅂ 형벌의 신분성은 배제되어야 한다. 즉, 형벌의 목적이 사회에 대한 해악의 방지라면, 그것은 신분여하를 막론하고 적용되어야 한다는 것이다.
③ 벤담(Bentham)
ㄱ 범죄는 형법의 불비에서 생겨나며, 범죄 없는 사회를 실현시키기 위해서는 형법개정이 필요하다고 주장하였다.
ㄴ 형벌의 목적은 개선, 격리, 피해자보호, 경제성에 있다고 보았다.
ㄷ 형벌은 인위적인 고통이므로, 보다 큰 범죄의 해악이 있을 때에 한하여 정당화된다고 하였다.
ㄹ 공리주의적 형벌관에 입각하여 파놉티콘이라는 감옥건축양식을 고안하기도 하였다.
ㅁ '최대다수의 최대행복'이라는 말을 창안하였다.
ㅂ 형벌기준으로 관대성기준, 우등처우기준, 경제성기준을 제시하였다.

2. 제도학파
① 벨기에의 수학자이자 사회학자였던 케틀레(Quetelet)는 통계학적 방법이 범죄의 연구에 적용될 수 있음을 알고 처음으로 범죄학 연구에 있어서 계량적 기술을 도입하였다.
② 그는 통계표를 통해 범죄현상의 규칙성이 존재하고 있음을 보여주었다.

3. 실증주의학파
① 롬브로소(Lombroso), 가로팔로(Garofalo), 페리(Ferri)와 같은 학자들은 범죄자와 비범죄자에 대한 통제된 조사의 중요성을 강조하고, 과학적 접근을 강조함으로써 범죄자의 연구를 과학적인 것으로 만들 수 있었다.
② 실증주의 범죄학은 연구의 초점으로서 형법보다는 범죄자를 우선시하고 있다.
③ 고전학파는 인간이 여러 대안행위 중에서 어떠한 행위를 선택하는 데 있어서 자신의 자유의사를 활용한다고 가정하는 데 반하여, 실증주의학파는 인간의 행위는 과학적으로 확인할 수 있는 방식으로 결정된다고 가정하였다.
④ 실증주의학파는 범죄자가 비범죄자와는 근본적으로 다르다고 보았으며, 그러한 차이점의 발견에 주력하였다.

4. 범죄사회학파
① 미국의 범죄학은 시카고대학의 사회학자들을 중심으로 응집력을 가지고 발전하게 되었다.
② 시카고학파는 1930년대 동심원이론을 이용한 사회 해체에 초점을 맞춘 생태학적 범죄연구를 시작으로 청소년 갱 연구를 통해 심층현장조사(Fieldwork)의 중요성을 일깨웠다.
③ 미국의 범죄학은 사회학이 지배하는 실증주의 학문으로서 사회의 환경이 범죄를 유발한다고 주장하였다. 그리고 이를 과학적으로 증명하려는 노력을 중심으로 발전하게 되었다.

5. 현대의 범죄학

① 1960~1970년대의 자유주의적 범죄학에서는 범죄를 유발하는 사회적 요인에 주력하였으나, 1980년대 이후의 보수주의적 범죄학은 범죄를 유발하는 요인보다는 범죄를 예방하기 위해서 무엇을 할 것인가에 더 많은 관심을 표하고 있다.
② 보수주의적 범죄학은 범죄자에 대한 처우의 방법을 계획하고 그들의 범인성에 대한 대안을 제공하는 것보다는 상습적인 범죄자를 가려내어 그들을 통제하는 수단을 개발하는 데 주력한다.
③ 최근에는 범죄문제에 대한 피해자의 역할이 점점 강조되고 있다. 그러면서 범죄피해에 대한 가능성과 두려움에 관한 연구가 성행하고, 범죄발생의 방법과 그에 대한 사회의 반응을 평가하기 위해서 범죄자와 피해자의 개인적 특성이 중시되기도 한다.

03 범죄학 연구의 목적과 범위

1. 서덜랜드와 크레시(Sutherland & Cressey)

① 범죄학이란 범죄를 사회적인 현상으로 간주하는 지식체계이다.
② 범죄학의 연구범주에는 법의 제정과정, 제정된 법의 위반과정, 법의 위반행위에 대한 대응과정 등이 포함된다.
③ 범죄학은 대체로 ㉠ 법의 기원과 발달, 법률의 제정과 적용과정에 관한 법사회학, ㉡ 범죄의 원인을 규명하는 범죄병리학, ㉢ 법위반에 대한 통제인 행형학(行刑學)으로 구성된다고 보았다.
④ 서덜랜드와 크레시(Sutherland & Cressey)의 범죄학 개념 정의에 비추어 범죄학자들의 주요 관심 영역은 형사법의 제정과 집행, 범죄행동의 원인 규명, 범죄행동 통제를 위한 방법, 법규 위반의 이유, 법규범 내에서의 범죄의 의미 등이 있다.

> **범죄학 연구의 특징**
> • 범죄의 현상·원인·예방이 연구범위에 포함된다.
> • 범죄에 대한 대응은 물론 형사법의 입법과정과 이에 대한 법률위반 및 사법기관의 대응 등도 범죄학의 연구대상이 된다.
> • 계량적 연구가 가능하다. 범죄원인에 대한 실증주의적 관점에 따라 범죄학자들은 가설의 검증, 자료의 수집, 이론의 정립, 정립된 이론의 신뢰성을 검증하기 위하여 객관적인 연구방법, 즉 사회과학 분야에서 활용되는 통계분석, 실험연구, 관찰연구, 시계열분석, 내용분석 등의 다양한 연구기법을 활용한다.
> • 사회과학적 연구방법이 보편적으로 활용될 수 있다. 범죄학은 융합학문적 성격을 갖는다. 다양한 학문적 지식들이 범지하 연구의 기초지식으로 활용되고 있다.

2. 기본스(Gibbons)

범죄학을 형법의 제정과정과 범법행위에 대한 대응체제인 형사사법제도, 법의 기원, 범죄량과 그 분포, 범죄의 원인을 연구하는 학문이라고 정의하였다.

3. 종 합

범죄학은 그 사회가 경험하고 있는 범죄의 실태를 파악하여 어떠한 종류의 범죄가 어떠한 사람과 물질을 대상으로 어떠한 사람에 의해서 어떠한 방법으로 무슨 이유와 동기, 그리고 원인으로 범행을 하는가를 이해하고, 이를 바탕으로 이에 대처하기 위해서 어떻게 예방하고 조치할 것인가를 강구하고자 함을 연구의 목적과 범위로 한다고 볼 수 있다.

04 범죄학 연구의 필요성(목적)

1. 범죄현상의 실태파악
① 범죄가 사회계층별, 연령별, 성별, 지역별 등 각 기준에 따라 사회적으로 어떻게 분포되고 있는지 그 실태를 역학적으로 연구하는 것이 필요하다.
② 어떤 유형의 사람이 무슨 범죄에 대하여 어떠한 조건하에서 어느 정도의 공포를 느끼는지를 파악하는 것이 필요하다.

2. 범죄원인분석과 통제방안 수립
① 범죄는 유형별로 범행의 동기, 성격, 수법 그리고 범죄자의 속성 등 거의 모든 면에서 많은 차이가 있기 때문에 범죄의 원인을 규명함에 있어서도 이처럼 일반론뿐만 아니라 특정범죄자의 특정범행을 규명할 수 있는 개별적인 범죄원인의 규명까지도 뒤따라야 한다.
② 범죄통제를 위한 사회적 대책은 범죄 문제의 발생을 사전에 예방하는 것과 이미 발생한 범죄사건에 대한 사후대응으로 나눌 수 있다. 범죄피해에 따른 과다한 비용, 피해회복의 불가능, 그리고 범죄자의 처리와 개선의 비용과 어려움 등을 고려할 때 범죄의 통제는 사전예방이 우선시되어야 한다.

3. 범죄자 교정과 피해자 부조
① 범죄순환의 궤도를 벗어나기 위해서는 범죄자 자신의 각오와 노력, 경찰에서의 검거율의 증진, 검찰의 적정한 기소권의 행사, 재판단계에서의 양형의 합리화, 교정단계에서의 철저한 교정교화활동 및 사회의 따뜻한 포용력이 필요하다.
② 최근에는 범죄행위를 가해자와 피해자가 상호작용하여 만들어 낸 것이라고 보아 피해자 측면을 강조하는 연구가 많이 이루어지고 있다.

05 규범학적 연구방법

1. 규범학 연구단계
① 범죄의 예방, 수사, 재판, 교정을 담당하고 있는 형사사법제도에 속한 각 기관에서 실시하고 있는 정책의 효과를 분석, 평가하고 그 문제점을 규명하는 것이다.
② 앞의 연구에서 밝혀진 문제점들에 대한 검토와 이에 대한 개선책을 제시한다.
③ 각종 개선방안들 중에서 최선의 방안을 선정하고 이를 실시하여 그 과정에서 새롭게 도출되는 문제점을 세심하게 검토하고 이를 보완하여 보다 타당한 방안을 창출한다.

2. 문제점들에 대한 개선방안의 결정기준
① 정책의 유용성 : 범죄방지를 위한 가장 효율적인 방안인가의 여부
② 실행가능성 : 실행가능성의 판단에 있어서 경제적인 측면에서의 실행가능성과 정신적인 측면에서의 실행가능성이 모두 충족되어야 할 것
③ 인도성 : 인도주의적인 관점에 부합하여 국민의 생명, 신체, 재산 등의 이익을 최소한으로 희생하며 최대의 범죄방지효과를 얻을 수 있을 것

06 사실학적 연구방법

1. 표본집단조사
① 표본집단조사란 범죄자의 일부를 표본으로 추출하여 그들에 대해서 정밀관찰하고 조사한 결과를 전체범죄자에게 유추 적용하여 전체상황을 파악하는 방법이다.
② 표본집단조사는 범죄자 전체에 대한 정밀관찰이 사실상 불가능하기 때문에 생겨난 방법으로 범죄학의 연구에서 가장 흔하게 이용하는 방법이다.
③ 실험하고자 하는 집단(표본집단)과 대조되는 일정 수의 정상집단(통제집단)을 선정하여 양 집단을 동일한 방법으로 정밀하게 관찰하고 그 결과들을 서로 비교함으로써 양 집단 간의 차이점을 밝히는 연구방법이다.
④ 비교적 쉽게 자료를 계량화하여 실험집단과 통제집단의 차이를 밝힐 수 있으며, 동시에 많은 사람들의 특성을 측정하는 데 있어 비용대비 효과가 높은 기법이다.
⑤ 표본집단조사법은 범죄자 전체에 대한 정밀관찰이 사실상 불가능한 점을 보완하는 방법으로 조사대상의 범위가 넓기 때문에 개별조사법보다는 신뢰도가 높은 장점이 있으나 대량관찰법보다는 객관성이 떨어지고 발견한 사실들 사이에 인과관계가 성립하는 경우, 이러한 인과관계의 내용을 설명할 수 없다는 단점이 있다.

2. 통계자료분석

① 범죄에 관련된 많은 통계자료들은 범죄의 발생, 범죄유형과 범죄율, 검거상황이나 처분 결과, 그리고 범죄를 생산하는 사회적 추이에 대한 많은 정보를 제공함으로써 향후 범죄예측 및 범죄예방정책 수립에 기여할 수 있다.

② 통계정보들을 연구조사자의 관심분야나 주제에 초점을 맞추어 재구성하고 각색함으로써 그 의미를 발굴해가는 방법이다. 범죄학자들은 많은 정부기관, 연구기관 및 기타 관련기관들의 데이터 집적자료들을 활용한다.

③ 통계자료분석법은 주로 공인된 공식적 범죄(Reported crime)를 대상으로 하기 때문에 암수범죄(Hidden crime or unreported crime)는 반영할 수 없는 단점이 있다.

④ 질적 분석보다는 양적 분석을 위주로 하므로 각 개별 사건의 비중이나 규모는 무시될 수밖에 없다.

⑤ 범죄통계의 신뢰성 문제도 고려되어야 한다. 수사기관이 실적을 올리기 위해 범인검거 건수를 늘릴 수도 있으며, 지역치안의 양호성을 알리기 위해 범죄를 은폐하거나 축소할 수도 있다.

범죄 지도(Crime map)
범죄의 공간적 분포를 시각적으로 나타내 주로 순찰활동의 기초자료로 활용하는 분석방법을 말한다.

범죄율

$$\text{범죄율} = \frac{\text{범죄건수}}{\text{인구}} \times 10\text{만}$$

검거율

$$\text{검거율} = \frac{\text{한 해 동안 범인이 검거된 사건수}}{\text{한 해 동안 발생한 사건수}} \times 100$$

---

3. 조사연구

① 개념 및 의의
　㉠ 우편조사, 전화조사, 개별 직접면담, 설문지 등을 통하여 응답자로부터 설문에 답하게 함으로써 원하는 자료를 수집하는 방법을 말한다.
　㉡ 조사연구는 범죄피해, 범죄에 대한 두려움, 경찰이나 법제도에 대한 여론 등을 조사하는 데 적절한 방법으로, 조사연구가 타당성을 가지기 위해서는 응답자가 질문내용을 잘 이해해야 하고 또 정확하게 응답하고자 하는 의지가 있어야 한다.

② **설문조사** : 설문지를 통해 조사를 하거나 통계자료를 얻기 위하여 조사하는 것으로, 대규모의 표본에 사용하기 적합하고 연구결과를 일반화하기 쉽다.

③ **사례연구** : 특정 범죄자를 대상으로 그들의 성격, 성장배경, 삶의 경험, 사회생활 등의 생애과정을 분석함으로써 범죄행위의 위험요인을 연구하는 방법이다. 실증적인 분석을 통한 대상에 대한 질적으로 깊은 연구가 가능하다.

④ **문헌연구** : 기존의 연구자들이 기록한 범죄관련 기록물이나 통계자료 등을 현재의 연구에 활용하는 방법이다. 범죄연구자들은 많은 정부기관, 연구기관 및 기타 관련기관들의 데이터 집적 자료들을 활용하기 때문에 보다 적은 비용과 시간만으로도 기존의 연구성과를 폭넓게 파악할 수 있게 된다. 그러나 문헌의 신뢰성이 떨어질 경우 연구결과의 신뢰성도 함께 하락한다는 문제점이 있다.

4. 실험연구

① 개념 및 의의
   ㉠ 조사대상을 비교집단과 준거집단으로 나눈 뒤 사전조사와 사후조사를 실시하여 그 차이를 비교분석하는 범죄연구방법이다.
   ㉡ 실험연구는 일정한 조건을 인위적으로 설정하고 그 속에서 발생하는 사실을 관찰함으로써 어떤 가설의 타당성을 검증하고 새로운 사실을 관찰하는 방법이다.
   ㉢ 실험연구는 일반적으로 설문지법보다 적은 수를 실험대상으로 한다.
   ㉣ 연구자가 실험실의 환경을 제어할 수 있다.
   ㉤ 반두라(A. Bandura)의 보보인형실험이 대표적이다. 보보인형실험은 어린이들에게 대면적 상황에서의 공격과 TV에서의 공격 등을 보여준 뒤 어린이들이 그들의 놀이에서 얼마나 신체적 공격을 행하는지를 관찰한 것이다.
   ㉥ 예를 들면, A와 B집단의 청소년들을 무작위로 선발하여 A집단만 교도소를 방문시켰다. 3개월 후 A와 B집단의 비행행동 빈도를 비교하였더니 교도소를 방문하였던 A집단의 비행행동이 감소하였다는 결과를 얻은 경우이다.

② **실험연구가 성공하기 위한 요소** : 실험연구가 성공하기 위해서는 조사대상자의 선정, 통제집단과 비교집단의 구성, 실험조건 등의 세 가지 기본 요소가 필요하다.

③ 실험연구의 장·단점
   ㉠ **장점** : 다수 연구자가 동시에 관찰할 수 있어 연구자의 주관을 배제할 수 있고 동일 관찰을 반복적으로 실행할 수 있어서 오류를 시정할 수 있다.
   ㉡ **단점** : 인간을 대상으로 한다는 점에서 실험과정이 사회적으로 용인될 수 없는 한계가 있고 용인된다고 하더라도 피실험자가 연구대상임을 인식하여 인위적인 행동을 하게 된다면 신뢰성 있는 결과를 얻기 어렵다.

> **고전적 실험설계의 기본조건**
> - 실험변수의 조작 : 연구의 초점이 되는 현상의 원인이 되는 변수를 실험자가 인위적으로 변화시킨다.
> - 외생변수의 통제 : 연구의 대상이 되는 현상과 관련된 실험변수와 결과변수 이외의 기타변수로서, 결과변수에 영향을 미칠 수 있는 변수를 체계적으로 방지 또는 제거한다.
> - 실험대상의 무작위화 : 실험대상을 무작위로 선정하여 실험의 결과를 모집단 전체로 일반화한다.

5. 관찰면접법과 참여적 관찰법

① 관찰면접법
- ㉠ 어떤 한정된 주제나 관심사에 대하여 그들의 활동이나 태도를 심층적으로 관찰하고, 그때그때 방대한 양의 면접을 실시하는 유형의 조사 방법이다.
- ㉡ 표본 수는 크지 않지만 한 사람 한 사람에 대한 피부체감적 심층자료를 확보할 수 있다는 장점이 있다.

② 참여적 관찰법(현장조사)
- ㉠ 연구자가 스스로 범죄 또는 비행집단 내에 그들과 똑같은 지위 및 자격을 가지고 들어가 그들과 똑같은 조건으로 생활하면서 그들의 범죄 동기와 일상적인 생활양식, 인식태도, 동료 간 상호작용 등을 직접적으로 관찰·기록하는 방법으로, 체포되지 않은 범죄자들의 일상을 관찰할 수 있는 장점을 지녔다. 예를 들면 경찰관들이 순찰 중 보이는 행동특성을 직접 관찰하는 연구를 수행한 경우이다.
- ㉡ 여타 조사 방법들이 행위자의 그 시점에서의 단면만을 살펴보는 데 반하여 이 조사 방법은 연구자가 연구대상을 직접 관찰하므로 그 배경이나 지속적 활동이라는 생생한 정보를 얻을 수 있는 장점이 있다.
- ㉢ 연구자 자신이 범죄행위를 실제로 행하는 경우가 발생할 위험이 있다.
- ㉣ 객관적인 관찰방법의 적용이 어려워 주관적인 편견이 개입될 소지가 많으며 사실이 왜곡될 소지가 많다. 또한 연구자의 윤리성 문제가 제기될 수 있다.
- ㉤ 연구자가 집단의 활동에 참여하는 정도에 따라 다양한 형태가 있다.
- ㉥ 조사자가 참여관찰할 수 있는 범죄유형이 제한적이다.
- ㉦ 범죄학에서 현장조사 연구방법으로 민속학방법론, 현지사례연구, 참여행동연구 등이 있으나, 실험연구는 현장조사의 연구방법으로 활용되기는 어렵다.

6. 비교사적 연구(Comparative and historical research)

① 시간적, 공간적으로 법률의 위반이 어떻게 달라지는 것인지를 살펴보는 것이다. 법이나 범죄개념은 시대적으로, 그리고 지역적으로 달리 규정되는 매우 탄력적인 것이기 때문이다.
② 경제발전과 도시화 진전율에 따라 범죄와 타 요소 간의 상관관계를 규명하는 데 매우 유용하며, 각 국가·민족·시대에 따라 동일한 내용의 행위가 어떤 나라, 어떤 시대에서는 범죄가 되기도 하고, 되지 않기도 하는 역사적 배경을 설명하는 데 적용된다.
③ 연구의 전제가 되는 각종 자료를 광범위하게 수집하는 것도 어려울뿐더러, 각 나라와 시대에 따른 언어 장벽, 정서 및 전통의 차이, 인종적 편견이나 선호, 자료를 해석하는 데 있어서 왜곡 등의 어려움이 있는 연구기법이다.

7. 범인전기 기술(Biographies)

① 특정한 한 사람의 대표적 범죄 경험만을 대상으로 하여 철저하게 해부함으로써 그의 범죄행동의 원천이 무엇이며, 그의 범죄경력이 어떻게 발전되어 왔는지를 연구하는 심층적 사례연구(Case study)의 일종이다.
② 대상이 된 특정 범죄인의 범죄 경험이나 경력이 동종 유형의 범죄인 모두를 대변하지는 못하며, 자기의 범죄 경험을 영웅시하거나 왜곡시킬 우려가 있는 연구기법이다.

8. 범죄유형 연구(Patterns of crime research)
① 특정 행태나 구조를 지닌 범죄 현상을 집중적으로 연구함으로써 이 범죄유형에 관하여 범인검거 기록 및 피해자에 대한 사전지식을 형성하고, 특정 범죄행위를 분석한다.
② 특정 범죄가 발생한 장소, 시간, 범인 특성, 피해자 특성, 그리고 범죄행위 양상에 대한 경찰기록들을 활용하는데, 지역별 범죄 분포, 가해자와 피해자의 사회적 배경, 가해자와 피해자와의 관계, 그 범죄가 빚어지는 사회화 과정 등을 검토한다.
③ 암수범죄가 많은 범죄유형일 경우에는 경찰통계가 그 범죄의 모든 것을 대변한다고 간주할 수 없는 단점이 있다. 범죄자와의 면담 실패도 이 연구를 어렵게 만드는 요인이 될 수 있다.

9. 코호트 연구(Cohort study)
① 일정한 기간을 정하고 이 기간 내에서 일정한 상황을 부여한 일련의 집단에 대하여 면밀한 시계열적 분석을 해나가는 방법론을 의미하는 것으로, 종단적 연구방법의 대표적인 유형이다.
② 연구에 있어 조사 대상이 되는 일련의 집단을 코호트(Cohort)라고 부른다.
③ 생애 중 유사한 경험을 갖게 되는 동일시기에 태어난 사람들로 이루어진 코호트를 분석함으로써 전체적으로는 똑같은 사건들이지만 이 사건으로 인하여 각자가 어떻게 차별적인 영향을 받게 되는지를 알아보는 것이 대표적 사례이다.
    ㉠ 예를 들어 1915년에 태어나 1936년까지 생존한 사람들 중 그들의 청년기에 대공황이라는 큰 시련을 겪은 사람들을 추출하여 그 격동기의 심각한 빈곤현상이 각자에게 어떤 영향을 미쳤고, 그 결과 범죄에는 어떤 영향을 미쳤는지를 분석해 보는 것이다.
    ㉡ 울프강(Wolfgang)과 동료들이 수행한 필라델피아 코호트 연구에 따르면 소수의 만성범죄자가 저지른 범죄가 전체 범죄의 대부분을 차지한 흥미로운 결과를 보여주었다.
④ 대부분의 연구 방법들이 시계열적 분석이 미흡하다는 점, 즉 범죄경력이 진전되는 과정이나 범죄율이 증감되는 과정에 대한 분석이 간과되기 쉽다는 단점을 보완하기 위하여 코호트 연구가 고안되었다.
⑤ 코호트 연구는 그 대상집단의 초기연령부터 자료를 집적하기 시작하여 오랜 기간 지속적 관찰과 분석을 해 나가야 하므로 많은 시간과 비용이 소요된다.

> **범죄의 연구방법론 - 시간적 차원에 따른 분류**
> - **횡단적 연구** : 어느 한 시점에 연구대상에 관한 모든 광범위한 자료를 수집하여 분석하는 방법으로 공간적 분석법이다. 비교적 간단하고 한 가시 변수의 상이한 측면을 나타내는 대상들을 비교하는 것이 가능하며, 비용이 적게 든다는 장점이 있는 반면 어떤 현상의 진행과정이나 변화 양상에 대한 측정이 불가능하고, 선택적 오류의 발생가능성, 시점에 따라 측정의 동질성 확보가 어렵다는 단점을 지닌다(예 범죄실태조사 등).
> - **종단적 연구** : 일정기간 동안 연구대상에 관한 동일한 측정을 시차를 두고 되풀이하여 자료를 수집·분석하는 연구방법으로 시간적 분석법을 말한다. 어떤 현상의 진행과정이나 변화 양상에 대한 분석이 용이해 심층적 자료수집이 가능한 반면, 경비와 시간이 많이 소요되며, 역사효과, 성숙문제 등이 한계로 지적된다(예 패널연구, 추세연구, 코호트 연구 등).

10. 계량경제학적 연구

① 이 범죄연구는 수학적 모델과 계량경제학적 기법을 사용하는 방법이다.
② 경찰, 검찰, 법원, 교정기관에서 취합된 범죄자료들을 분석·평가하여 각 변수들 간의 상관관계를 요약하여 추출해낸다.

> **콘클린(Conklin)의 범죄학의 주요 조사방법**
> - 비교사적 연구
> - 범인전기(일대기) 기술
> - 범죄유형별 접근
> - 코호트(cohort) 연구
> - 표본조사
> - 공식적 또는 비공식적 통계분석
> - 실험적 연구
> - 관찰 연구
> - 계량경제학적 연구
> - 복합적 응용 방법

11. 범죄지도

① 범죄지도는 지리정보시스템(GIS)을 이용한 지리정보를 기초로 범죄다발구역(HotSpot) 및 패턴별로 분석하여 지도상에 표기한 것이다.
② 범죄의 공간적 분포를 시각적으로 나타내어 순찰활동의 기초자료로 활용한다.
③ 우리나라의 경우 행정안전부가 생활안전지도를 모바일과 PC로 제공하고 있으며, 이를 통해 지역별로 범죄발생 현황 및 사고발생 현황 등의 정보를 얻을 수 있다.

3 범죄의 파악

01 공식범죄통계자료

1. 의 의

숫자로 표시된 범죄 수 또는 범죄자 수에 관한 통일된 자료로서 공식기관에서 나온 자료이다. 도표화된 항목들의 관계를 확립하기 위하여 분류·분석된 것이며, 매년 또는 정기적으로 통일된 양식으로 출판된 것이다.

> **범죄통계**
> - 법집행기관의 편견과 이해관계가 통계에 영향을 미칠 수 있다.
> - 경찰에 대한 보고율, 신고율에 크게 의존한다.
> - 범죄의 시기별 변화를 파악하는 데 유용한 자료가 될 수 있다.
> - 범죄의 특성에 따라 신고율이 크게 달라진다.

2. 주요 공식범죄통계
① 경찰청 : 경찰백서, 경찰통계연보, 범죄통계, 교통사고통계 등
② 대검찰청 : 범죄분석, 검찰연감, 마약류 범죄백서 등
③ 법무부 : 교정통계, 성범죄백서 등
④ 법무연수원 : 범죄백서
⑤ 법원행정처 : 사법연감
⑥ 여성가족부 : 청소년백서

3. 공식범죄통계의 장점
① 시간적 비교연구에 유리하여 범죄의 시기별 변화를 파악하는 데 유용한 자료가 될 수 있다.
② 범죄 또는 범죄자에 대한 객관적이고 일반적인 추세를 이해하는 데 가장 효과적이다.

4. 공식범죄통계의 한계
① **목적상의 한계** : 공식통계는 범죄학적 연구를 위한 통계라기보다는 수사기관의 독자적인 목적을 우선시하여 작성된 것이므로 사회과학적 연구를 위한 통계로는 한계가 있다.
② **방법상의 한계** : 공식통계는 해당기관들이 인지한 범죄사건이나 범죄자에 대한 분석결과만을 포함하고 있고, 일정 기간 발생한 범죄 및 범죄자들을 죄종별로 집계하여 일반적인 경향성만을 파악할 수 있어 양적인 조사는 가능하나 질적인 비중의 파악이 불가능할 뿐만 아니라 범죄와 범죄자 상호 간의 연결관계 해명이 곤란하다.
③ **통계산출과정의 불합리성** : 동일한 범행이더라도 그것을 처리하는 기관 등에 따라 분류기준이 달라질 수 있으며, 고소사건의 경우 일반적인 형사사건과 달리 사건의 실체에 대한 규명 없이 고소인의 고소에 의하여 1건의 사건으로 통계에 산입된다.
④ **암수문제**
　㉠ 모든 범죄가 빠짐없이 신고되는 것도 아니고 수사기관이 신고되지 않은 범죄를 모조리 검거해내는 것도 아니므로 어떤 통계도 실제로 발생한 범죄보다 적게 집계되기 마련이다. 따라서 공식범죄통계는 암수범죄가 많다.
　㉡ 실제로 발생한 범죄의 총량은 범죄통계에 나타난 범죄와 "숨은 범죄(암수범죄)"의 합이므로 실제 범죄량과 범죄통계상의 범죄량 사이에는 상당한 차이가 있다.

02 암수범죄

1. 의 의
암수범죄란 실제로 범죄가 발생하였지만 수사기관에 인지되지 않았거나, 인지되기는 하였으나 해명되지 않아 공식적인 범죄통계에 나타나지 않는 범죄행위의 총체로, 독일에서는 암역이라는 표현이 주로 사용된다. 살인의 경우 범죄의 특성상 암수범죄로 남기가 매우 어려우므로 암수범죄가 가장 적다.

2. 암수의 발생원인
① 절대적 암수범죄 : 실제로 범죄는 발생하였으나 고소·고발 등 신고가 이루어지지 않아 수사기관에서 인지하지 않았거나 피해자가 범죄인지 인식조차도 하지 못하는 범죄를 절대적 암수범죄라고 한다.
② 상대적 암수범죄
  ㉠ 수사기관에 인지는 되었으나 해결되지 않은 범죄이며, 이는 수사기관의 검거율 및 증거채취력과 밀접한 관련이 있다.
  ㉡ 우리나라는 90% 이상의 높은 검거율을 보이고 있으나, 자백이 많고 아예 인지되지 않은 범죄가 많으므로 진위를 검증할 필요가 있다.
③ 법집행기관의 자의 또는 재량 : 법집행과정에서 집행의 주체인 경찰이나 검찰, 법관 등이 개인적인 편견이나 가치관에 따라 범죄자에 대해 차별적인 취급을 함으로써 암수가 발생한다.

3. 암수범죄에 대한 학자들의 견해
① 엑스너(Exner) : 암수에 대한 정확한 이해는 범죄통계의 커다란 급소이다.
② 서덜랜드(Sutherland) : 범죄와 비행에 대한 통계는 암수가 존재하며, 암수는 가변적이므로 모든 사회통계 중 가장 신빙성이 없고 난해한 것이다.
③ 폴락(Pollak) : 여성범죄의 비율이 낮은 중요한 원인은 암수 때문이다.
④ 셀린(Sellin) : 체계적인 낙인과정에서 발생하는 것이 암수이다.

4. 암수범죄의 특징
① 숨은 범죄의 중요성이 본격적으로 인식되기 시작한 것은 20세기 서덜랜드 등에 의해서이다.
② 숨은 범죄로 인해 범죄학은 경험과학으로서의 기능이 약화되었다.
③ 비판범죄학은 숨은 범죄의 가장 큰 원인이 범죄화의 선별성에 있다고 본다.
④ 수사기관에 의한 범죄의 불기소처분도 숨은 범죄의 원인으로 볼 수 있다.
⑤ 피해자조사는 피해자를 개인으로 구체화할 수 없는 추상적 위험범이나 피해자가 법인이나 재단 등으로 피해자가 개인이 아닌 범죄, 보편적 법익과 관련된 범죄, 피해자가 범죄로 인식하지 않는 범죄, 성범죄처럼 피해자가 밝히기를 꺼리는 범죄, 살인처럼 피해자가 밝힐 수 없는 범죄, 약물범죄처럼 피해자 없는 범죄 등에는 사용할 수 없는 한계가 있다.

5. 암수범죄에 대한 대책

① **미신고에 따른 암수** : 시민의 고발정신 제고를 위하여 범죄신고절차를 간소화하고 범죄자들의 보복을 방지하기 위한 범죄신고자 및 증인보호제도가 확립되어야 한다. 이를 위하여 우리나라에서는 특정범죄신고자 등 보호법을 두고 있다. 또한 성범죄 등의 경우에는 피해자의 명예보호를 위한 노력을 하여야 할 것이다.

② **미검거에 따른 암수** : 범죄의 검거율을 높이기 위하여 전문수사관의 양성, 과학수사기법의 지속적 도입, 국제수사공조체계의 확립 등이 필요하다.

③ **법집행기관의 자의 또는 재량에 따른 암수** : 법집행기관의 재량권 행사의 제한을 위해 검사에 의한 기소유예제도를 보완하고 판사의 양형을 합리화하는 방안이 필요하다. 일정한 범죄에는 독일식 기소법정주의의 도입도 검토할 만하다.

④ **기타** : 암수범죄에 대한 암수조사와 정확한 통계의 집계를 위한 사법행정당국의 통계행정체제의 정비도 요구된다.

03 암수조사

1. 암수조사의 범죄학적 중요성

① **공식범죄통계에 대한 보충자료** : 공식범죄통계는 주로 실무적 관점에서 중대한 범죄를 파악하지만, 암수조사는 범죄학적 관점에서 경미한 일탈행위 등을 더 잘 파악한다.

② **범죄피해연구의 효용** : 범죄로 인한 물질적·신체적·정신적 피해에 대한 자료를 제공함으로써 범죄피해의 위험성에 대한 정보를 제공하며, 형사입법과 형법 적용에 관한 주민들의 인식과 기대, 가치관 등을 조사할 수 있다.

③ **기타** : 암수조사의 결과와 법집행기관의 통계를 비교함으로써 공식적 사회통제기관의 역할수행의 효율성을 확인할 수 있으며, 조사방법상의 왜곡이 거의 없기 때문에 국제적인 범죄비교를 용이하게 한다.

2. 암수조사의 방법

① **자기보고**
  ㉠ **의 의**
    - 일정한 집단을 대상으로 비밀성·익명성을 보장한 상태에서 개인의 범죄 또는 비행을 스스로 보고하게 함으로써 암수를 측정하는 방법이다. 통상적으로 표집(Sampling)을 통해 조사가 이루어진다.
    - 자기보고식 조사는 성별·연령과 같은 배경정보를 포함한다.
  ㉡ **장 점**
    - 공식범죄통계에 누락된 숨은 범죄를 포함할 수 있어 객관적인 범죄실태를 파악할 수 있고, 형사사법기관의 선별적인 사건처리 과정에 영향을 받지 않는 범죄발생의 분포를 알 수 있으며, 이를 이용하여 범죄의 원인이나 범죄 발생 과정을 연구할 수 있다.
    - 경미한 범죄를 조사하는 데 유용하고, 범죄의 원인이 되는 인격 특성, 가치관, 환경 등을 함께 조사할 수 있다.

ⓒ 한 계
　　　• 조사대상자의 정직성과 진실성에 대한 의문으로 타당성의 문제와 설문조사 자체의 문제가 있다.
　　　• 결측치(Missing cases, 실종사건)가 문제가 될 수 있다.
　　　• 기억력의 한계 때문에 오래된 범죄를 조사하는 데에는 부적합하다.
② 범죄피해자 조사
　　ⓐ 의 의
　　　• 일반인을 연구대상으로 이들의 직·간접적 침해경험을 보고하게 하는 방법이다.
　　　• 적정 수의 가구를 임의로 추출해서 조사원이 직접 방문하여 가족의 범죄피해에 관하여 면접조사하는 것이 일반적이다.
　　ⓑ 장 점
　　　• 범죄의 피해자가 가해자보다 자신이 당한 범죄를 보고할 가능성이 더 높고, 가해자가 보고하도록 기다리지 않고 직접 찾아 나선다는 점에서 정확한 범죄현상의 파악을 가능하게 한다.
　　　• 전국적인 조사로 대표성 있는 자료를 수집할 수 있으며, 피해원인의 규명을 통해 범죄예방을 위한 기초자료가 된다.
　　　• 공식범죄통계에서 누락된 범죄가 범죄피해자 조사에서는 포함될 수 있으므로, 암수범죄를 해결하는 데 효과적이다.
　　ⓒ 한 계
　　　• 전통적인 범죄만이 조사대상이 되므로, 상당수의 범죄는 조사되지 않아 사회 전체의 범죄파악에 한계가 있다.
　　　• 기억력의 한계로 과거 기억을 정확히 떠올리기 어렵고, 살인이나 마약범죄 등에 대해 정확히 측정할 수 없다.
　　　• 피해자 없는 범죄, 화이트칼라범죄 등은 조사대상자를 정하기 어렵고, 조사대상자의 수치심과 명예 보호, 피해의 축소 및 과장보고(피해사실의 왜곡) 등의 문제가 있다.
③ **정보제공자 조사** : 법집행기관에 알려지지 않은 범죄나 비행을 인지하고 있는 자로 하여금 이를 보고하게 하는 것으로서, 피해자조사에 의하여 밝혀지지 않는 범죄를 밝히기 위한 보조수단으로 사용되고 있다.

3. 암수조사의 한계

① **설문조사 자체의 한계** : 설문조사는 현실에 대한 간접적 파악이므로 그 자체로 왜곡의 가능성을 가지고 있다. 즉, 질문의 양식, 순서, 강조 등에 따라 응답에 영향을 미칠 수 있어 신빙성과 유용성에 의문이 제기된다.
② **개별적 범죄특성상의 한계** : 마약범죄, 경제범죄, 정치범죄, 조직범죄와 가정 내에서의 범죄에 대한 자료를 거의 제공하지 못한다.
③ **개인적 한계** : 일부 범죄는 대상자에게 잊고 싶거나 잊힌 기억이므로 경찰에 신고되지도 않으며 암수조사에서도 밝혀지지 않는다. 또한 조사자와 피조사자의 태도에 따라 조사결과가 왜곡될 수도 있다.

4 범죄의 사회인구학적 특성

01 성별(Gender)과 범죄

1. 개요
① 성별에 따른 범죄율의 차이는 여성의 낮은 공격성, 사회화 과정에서 고착된 성역할 등에 기인한다고 볼 수 있다.
② 거의 모든 범죄행위에 있어서 남성이 여성보다 높은 범죄율을 보여주고 있다. 이러한 공식통계상의 범인성의 성차는 대부분의 자기보고식 조사에서도 확인되고 있다.
③ 남성이 대부분의 경우 여성보다 범죄성이 강하며, 여성범죄가 증가하고 있긴 하지만 남성범죄 또한 증가하고 있다.
④ 여성범죄의 증가가 단순한 통계상의 가공인지 사실인지는 확실치 않으나, 그것이 사실이라면 주로 전통적인 여성범행이 증가한 것이며, 여성운동과 성역할의 변화가 여성범죄의 변화에 영향을 미쳤는지 여부는 확실치 않다.

> **젠더(Gender) 폭력**
> 특정 성(Gender)에 대한 개인적 증오를 품고 저지르는 신체적·정신적·성적 폭력을 일컫는 것으로 성폭력(성희롱, 성추행, 강간 등), 가정폭력, 리벤지포르노(Revenge porno), 데이트 폭력, 성매매 등을 예로 들 수 있다.

2. 여성범죄의 원인
여성범죄에 관한 초기 이론들은 여성범죄자를 신체적·감정적 또는 심리적 탈선의 결과로 보았다.
① 롬브로소(Lombroso)
  ㉠ 여성은 남성에 비해 수동적이며 범죄성이 약하지만 경건함, 모성애, 저지능, 그리고 약함 등 여성의 전형적인 특질이 부족한 소수의 여성범죄집단이 있다고 주장하였다.
  ㉡ 여성은 남성보다 진화가 덜 되었으며, 보다 어린이 같고, 덜 감성적이며, 지능이 낮다고 보았다.
  ㉢ 범죄 여성은 몸에 털이 많이 나는 등의 신체적 특성으로 정상적인 여성과는 구별될 수 있으며, 감정적인 면에서도 비행여성은 남성과 더 가까운 것으로 보인다고 주장하였다(남성미 가설).
② 프로이드(Freud) : 여성은 일반적으로 수동적이지만, 범죄여성은 남성에 대한 자연적인 시기심을 억제할 수 없어서 규범으로부터 일탈한 것으로 간주하고 있다.
③ 오토 폴락(Otto Pollak)
  ㉠ 여성범죄를 기본적인 자연적 여성성향으로부터의 일탈이 아닌 자연적인 범죄지향적 성향 때문인 것으로 보았다.
  ㉡ 여성이 남성보다 더 일탈적이고, 약으며, 생리적이고, 사회적으로 어떤 유형의 범죄에 대해서는 더 용이하다는 것이다.

ⓒ 여성이 남성에 못지않은 범죄를 하지만 단지 여성의 범죄는 은폐되거나 편견적인 선처를 받기 때문에 통계상 적은 것으로 보일 뿐이라는 것이다.
ⓓ 여성이 남성에 의해 이용되기보다는, 그들의 남성 동료로 하여금 범죄를 수행하도록 남성을 이용한다고 보고 있다. 즉, 남성이 여성을 유순하고 보호가 필요한 존재로 취급하기 때문에 여성이 범죄자가 될 수 있다는 것을 믿기 어려워하고 신고나 고발, 유죄선고를 잘 하지 않는다는 것으로, 이것이 곧 여성범죄자에 대한 형사사법기관의 관대한 처벌로 이어진다는 것이다(기사도 가설 ; Chivalry hypothesis).

④ 헤이건(John Hagan)의 권력통제이론
  ㉠ 의의 : 범죄의 성별 차이를 설명하기 위하여 페미니즘이론, 갈등이론, 통제이론의 요소들을 종합하여 구성한 것으로, 부모의 가부장적 양육행태에 의해 범죄에서의 성별 차이가 결정된다고 주장하는 이론이다.
  ㉡ 특 징
    • 아버지와 어머니가 직장에서 갖는 계급적 지위의 차이에 따라 가족구조를 '가부장적 가정'과 '평등주의적 가정'으로 구분할 수 있다고 보았다.
    • 가부장적 가정은 아버지가 직장에서 권위를 갖는 지위에 있는 반면, 어머니는 그렇지 못하여 생산과 소비가 성별에 따라 분리된 경우를 말하며, 평등주의적 가정은 아버지와 어머니의 직업적 지위가 동등하여 소비와 생산의 성별 분리가 없고, 부부간의 권력관계가 비교적 평등한 경우이다.
    • 가부장적 가정에서 아들은 생산(직장)에, 딸은 소비(가정)에 맞게 사회화되며, 이러한 성역할에 따라 딸에 대한 엄격한 통제가 이루어진다고 보았다. 즉, 아들은 위험을 감수하도록 가르치고, 딸은 위험을 회피하고 조신하게 행동하도록 가르친다는 것이다.
    • 평등주의적 가정에서 자란 딸은 아들과 비슷한 수준의 통제를 받고 사회화되므로 위험을 감수하는 행위에 대해 허용적이며, 이에 따라 가부장적 가정에서 자란 자녀의 경우 남녀 간의 비행이나 범죄의 차이가 크지만, 평등주의적 가정에서 자란 자녀는 그 차이가 적다고 주장하였다.
⑤ 신여성범죄자(New female criminal)
  ㉠ 70년대에 들어서 여성범죄의 원인에 대한 새로운 주장이 등장하였다. 여성의 사회적 역할의 변화와 그에 따른 여성범죄율의 변화 관계에 초점을 맞추고 있다.
  ㉡ 전통적으로 여성범죄율이 낮은 이유를 여성의 사회경제적 지위가 낮기 때문이라고 보고 여성의 사회적 역할이 변하고 생활형태가 남성의 생활상과 유사해지면서 여성의 범죄활동도 남성의 그것과 닮아간다는 주장이다.

3. 여성범죄의 특징

① 여성범죄는 인지가 어려운 은폐성을 특징으로 한다.
② 대부분 우발적이거나 상황적 범죄이다.
③ 배후에서 공범으로 가담하는 경우가 많다.
④ 주변 남성의 암시나 유혹에 따라 그 남성을 위하여 범행하게 되는 경우가 많다.
⑤ 여성범죄자의 반수 가까이가 누범자이며 일반적으로 지능이 낮고 정신박약자 내지 정신병질자가 많다.
⑥ 잘 아는 사람을 범행대상으로 삼는 경우가 많다.

⑦ 범행수법도 독살 등 비신체적 수법을 택하는 경우가 많다.
⑧ 경미한 범행을 반복해서 자주 행하는 경우가 많다.
⑨ 여성의 사회적 지위가 낮은 나라에서는 여성에게 개방된 사회적 활동범위가 현저히 좁기 때문에 범죄를 범할 기회가 적지만, 여성의 사회적 진출이 많이 이루어짐에 따라서 여성의 범죄도 증가한다.
⑩ 남성의 경우는 미혼 범죄자의 범죄율이 기혼자보다 높은 것에 비해서, 여성의 경우는 기혼자의 범죄율이 높다는 것이 특징이다.

> **여성범죄 발생현황**
> 우리나라 전체 범죄자 중 여성범죄자는 지난 10년간 17~21%대를 점유하여 왔으며 전반적으로 증가 추세를 보이고 있다. 범죄유형별로는 재산범죄, 죄명별로는 사기가 가장 많은 비율을 차지하고 있으며 연령별로는 51세 이상 60세 이하, 교육 정도는 고등학교 졸업 또는 중퇴자, 생활환경으로는 하류와 기혼자가 가장 많은 비율을 점하고 있다.
> 〈출처〉 법무연수원, 「2023 범죄백서」, 2024, P. 133

02 연령과 범죄

1. 개요

① 서덜랜드와 크레시(Sutherland & Cressey) : 여러 나라의 범죄통계를 분석한 결과, 대체로 범죄성이 최고인 시기(The Age of Maximum Criminality)는 사춘기 또는 그 직전의 시기이며, 이를 정점으로 꾸준히 감소한다는 사실을 발견하였다.

② 허쉬와 갓프레드슨(Hirschi & Gottfredson) : "사회경제적 지위, 결혼관계, 성별 등에 관계없이 젊은 사람이 나이 든 사람보다 많은 범행을 한다."라고 주장하였다.

③ 로우와 티틀(Rowe & Tittle) : 범죄행위에 참여할 가능성에 대한 스스로의 추정인 "범죄적 성향"(Criminal Propensity)을 연구한 결과, 이 범죄적 성향이 연령에 따라 점차적으로 감소한다는 것을 알았다.

④ 그린버그(Greenberg) : 최고범죄연령은 10대 후반이며, 범죄유형별로 차이가 있다고 하였다. 또한 나이가 들면서 범죄가 줄어든다고 보았는데, 10대 후반의 범죄증가는 긴장이론으로, 이후 범죄의 감소는 통제이론으로 설명하였다.

2. 나이와 범죄의 상관성

① 변화하는 사회적 역할과 사회화의 결과로, 청소년이 성장함으로써 직업과 가정에 대한 책임감과 이를 충족시키기 위한 욕구 때문에 범행을 위한 동기와 기회가 줄어들게 된다.

② 범행의 결과로 체포된 경우에는 장기간 교정시설에서 복역하게 되므로 범행의 기회를 잃게 되고, 교도소의 고통을 경험한 결과 범행을 하지 않거나, 교정의 결과 범행을 하지 않을 수도 있어서 나이가 많은 집단의 범죄율이 낮아진다고 볼 수도 있다.

> 리처드 트렘블레이(R. Tremblay)의 공격성 발달이론에 따르면, 일생의 모든 시기에 걸쳐 가장 폭력적인 시기는 생후 만 2세를 갓 넘긴 유아기이며, 공격성의 빈도는 나이가 들면서 꾸준히 감소한다.

03 계층과 범죄

1. 개요
① 하류계층의 사람이 범인성 요인이 많다는 논리는 우선 이들이 범행에 대한 유인요인을 많이 가지고 있다는 것으로, 우리나라에서는 하류층의 범죄율이 상류층보다 높다.
② 원하는 물품과 봉사를 관습적인 방법을 통해서는 얻을 수 없게 되어 결국에는 불법적인 방법에 호소하여 획득하게 된다는 주장인데, 이러한 범죄를 제도적 범죄(Instrumental crimes)라고 한다.
③ 가난하게 사는 사람들은 자신을 강인하고 나쁜 사람으로 인식함으로서 긍정적인 자아상을 개발할 수 없기 때문에, 자신의 분노와 좌절감을 표현하는 수단으로써 폭력이나 강간과 같은 폭력성의 표현범죄(Expressive crimes)를 많이 범한다는 것이다.

2. 연구결과
① 티틀(Tittle) 등은 35개의 자기보고식 연구를 분석한 결과, 사회경제적 지위와 범죄는 직접적인 관계가 없다고 주장하였다.
② 엘리어트(Elliott) 등의 연구를 통해 가벼운 비행의 경우에는 사회경제적 지위와 아무런 관계가 없으나, 강력범죄에 있어서는 하류계층의 범행이 더 많다는 것을 알 수 있다.
③ 종합적으로 볼 때, 아직까지 사회경제적 지위와 범죄의 관계를 결론 내리기에는 성급하다고 할 수 있으며, 많은 논쟁의 여지를 남기고 있다.

04 가정과 범죄

1. 결손가정
① 결손가정이란 부모의 사별·별거·이혼·장기부재 등에 기인한 가정의 결손을 뜻하는 것으로, 결손의 결과 자녀에 대한 훈육·통제 그리고 보호에 차질이 생기게 되는 것을 의미한다.
② 결손가정의 유형과 비행의 유형에 따라서 그 관계가 달라진다.
③ 대체로 남자보다는 여자가 결손가정의 영향을 더 많이 받게 되며, 결손을 어린 나이에 일찍 경험할수록 더 큰 영향을 받게 된다.
④ 어머니보다는 아버지의 결손이 더 많은 영향을 끼치며, 미혼부모, 유기, 수형, 별거 등으로 인한 결손이 사별, 이혼, 질병 등에 의한 결손보다 더 많은 영향을 미치고, 경미범죄보다는 강력범죄와 더 큰 관계가 있다는 것이 보편적인 사실이다.

2. 훈육과 통제
① 버트(Burt)
  ㉠ 훈육의 결함을 소년비행의 가장 중요한 요인 중 하나로 지목하였다.
  ㉡ 자녀에 대한 부모의 무관심, 부모의 신체적·도덕적·지적 결함으로 인한 훈육의 불가, 훈육에 대한 부모의 의견불일치, 그리고 지나치게 엄격하거나 부족한 훈육이 훈육결함에 해당되는 것으로 파악하고 있다.
  ㉢ 훈육이란 일반적으로 훈육의 일관성, 강도 그리고 질에 의해서 특징지어지는 것으로 볼 수 있다.

② 글룩(Glueck) 부부
　㉠ 건전한 훈육의 부재를 자신들의 비행성조기예측표에 포함시킬 정도로 청소년비행에 있어서 중요한 요인으로 간주하고 있다.
　㉡ 아버지의 역할에 초점을 두면서 동시에 어머니에 의한 소년의 감시도 고려하고, 또한 극단적으로 느슨하거나 철저한 통제 등의 불건전한 훈육을 중시하고 있다.
　㉢ 느슨하거나 일관적이지 못한 훈육이 매우 엄격한 훈육방법보다 비행과 더 높은 관계가 있었으며, 확고하지만 친절한 훈육방법은 비행소년이 아닌 경우와 더 많은 관련이 있었다.
　㉣ 훈육방법으로서의 체벌은 비행소년의 부모에 의해서 더 자주 사용된다는 것을 발견하였다.

③ 나이(Nye)
　㉠ 극단적으로 엄격한 부모에 의한 권위주의적인 훈육은 청소년의 이동성(Mobility)을 방해하게 되어 자유롭게 동료집단과 상호작용할 수 없게 되고, 이로 인해 청소년의 동료집단관계에 지장을 초래하게 된다.
　㉡ 지나치게 관대한 훈육은 청소년의 행동을 지도할 준거점(Reference point)이 될 수 있는 통제와 한계를 마련해 주지 못한다.

④ 맥코드(McCord) 부부 : 맥코드 부부와 졸라(Zola)는 청소년에 대한 훈육의 방법을 여섯 가지로 구분하였는데, 무원칙한 훈육이 비행을 유발하는 중요한 요인이며, 훈육의 유형보다는 훈육의 일관성이 비행에 있어서 더 중요한 요인이 된다고 보았다.
　㉠ 합리성이 동원되고 특전과 보상을 보류하는 등의 방법으로 처벌하는 사랑지향적 훈육
　㉡ 체벌을 이용하며 분노, 공격성, 그리고 위협이 내재되는 처벌적 훈육
　㉢ 부모의 어느 한쪽도 충분한 통제를 하지 않는 느슨한 훈육
　㉣ 부모의 어느 한쪽이 사랑지향적인 데 반하여 다른 한쪽에서는 느슨하거나 두 가지 유형을 왔다 갔다 하는 무원칙적인 훈육
　㉤ 부모 모두가 사랑지향적 훈육과 느슨한 훈육 및 처벌적 훈육을 모두 활용하는 무원칙적인 훈육
　㉥ 한쪽 부모는 처벌적이고 다른 부모는 느슨한 경우나 양쪽 부모 모두가 왔다 갔다 하는 무원칙적인 훈육

3. 가정의 결집성과 상호작용

① 쇼와 맥케이(Shaw & McKay)는 비행 유발요인으로 작용하는 것이 가족구성원의 공식적 결손이 아니라 오히려 내적인 긴장(Tension)과 부조화(Discord)라고 주장하였다.
② 태판(Tappan)도 가정에서의 갈등, 부조화, 그리고 긴장이 비행소년에게서 종종 발견되고 있음을 지적하면서, 이것은 가정의 공식적 결손보다 아동의 부적응에 있어서 중요한 과정이라고 주장하였다.
③ 나이(Nye)에 의하면, 비행의 정도는 부모와 자식 간의 수용(Acceptance)과 거부(Rejection)의 정도에 비례하며, 부모가 자식을 거부하는 것은 직접적으로 비행과 관련되고 있으나, 부모자식 간의 수용은 낮은 비행의 확률과 관계된다. 그런데 부모가 자식을 거부하는 것은 자식이 부모를 거부하는 것보다 더 중요한 것으로 이해되고 있다.

4. 가족의 부도덕성과 범인성

① 지나친 음주의 문제, 마약의 복용, 가족 간의 폭력성, 법제도와의 충돌 등 부모와 형제자매를 비롯한 가족구성원이 겪고 있는 이들 문제가 다른 가족의 비행성과 범인성에 상당한 영향을 미치는 것으로 밝혀지고 있다.
② 가정의 범죄성, 무규범성 그리고 문제성 등이 자녀의 비행에 상당한 영향을 미치는 것은 대체로 확실하나, 범죄성이 전해지는 정확한 기제는 아직 애매하다고 할 수 있다.

05 경제와 범죄

1. 빈곤과 범죄

범죄와 빈곤의 유관성은 다음 세 가지 관점에서 설명될 수 있다.
① 경제적 빈곤으로 인한 교육기회의 부족과 그에 따른 사회적 성장 기회·수단의 부족은 우리 사회의 구조적 모순이 이들로 하여금 비관습적 수단과 기회에 호소하게 한다.
② 게으름이라든가 장기쾌락의 추구 등 범죄적 하위문화(부문화)에 가까운 그들만의 독특한 빈곤의 문화가 범죄를 조장한다.
③ 절대적 빈곤 그 자체도 물론 범죄와 유관한 것이지만 사람들이 느끼는 상대적 빈곤감이 범죄에의 충동감을 느끼게 할 수도 있다.

2. 경기변동과 범죄

① 일반적으로 경제주기에서 경제활동수준이 낮을 때 재산범죄가 현저히 많다.
② 인플레이션 발생 시 화폐가치가 하락하여 물가가 전반적·지속적으로 상승하여 생계형 범죄가 증가한다.
③ 경기변동이 범죄에 미치는 영향을 죄종별로 분석해 보면 자동차 절도 등은 범행기회의 증대로 인하여 오히려 호경기에 많이 일어나는 반면 대부분의 경제범죄와 음주, 재산범죄 등은 경제적 공황기(불경기)에 증가하는 것으로 나타났다.
④ 경제적 불황이 범죄율의 변화를 선행하지만 그것이 단순한 동행을 의미하지는 않아서 상대적 박탈감(Relative deprivation)과 같은 다른 변수와의 연계기제가 고려되어야 한다.

3. 실업과 범죄

① 실업이 범죄에 기여하는 요인임에 틀림없으나 인과관계가 그리 간단하지 않다. 실업과 범죄의 관계는 사회적 여건에 따라서도 달라질 수 있다.
② 실업이 범죄가 확산되는 사회조건을 결정하는 주요한 요인이지만 실업의 해결이 범죄의 해결을 의미한다고 할 수 없으므로 실업이 범죄의 직접적 원인은 아니다.

06 매스컴과 범죄

1. 개 요
매스컴은 정치·사회·경제 등 거의 모든 분야에서 대중에게 영향력을 행사하고 있으며, 현대사회에서 매스컴이 가지는 중요성은 날로 증가하고 있다. 매스컴은 범죄와 관련하여서도 예방적 역할을 수행한다. 그러나 이러한 순기능에도 불구하고 매스컴의 범죄와 관련된 문제점은 지속적인 연구대상으로 남아 있다.

2. 문제점
① 대중매체는 범죄 사건을 광고하고 과장하기 때문에 범죄를 조장하고 있으며, 이를 통한 언론재판 또는 여론재판을 유도하여 형사사법을 방해한다.
② 시청자들을 지나치게 범죄에 노출시킴으로써 범죄에 무관심하게 하고 때로는 공포에 떨게 하여 법집행과 범죄의 예방을 어렵게 한다.
③ 특정한 조건에 있는 특정한 사람의 관심을 끌 수 있는 특정한 범죄사건에 대한 특정 언론의 보도만이 그 사람에게 일정한 영향을 미칠 수 있다고 보는 것이 일반적이다.

5 범죄원인론 일반

01 범죄원인론과 범죄이론의 관계

범죄학이론은 학파의 특징상 범죄원인에 대한 연구가 중심이 되기도 하고 범죄대책에 대한 연구가 중심이 되기도 하지만, 범죄원인에 대한 과학적인 연구를 근대 형사정책의 태동으로 본다면 범죄학이론은 범죄의 원인 분석이 중심이 될 수밖에 없다. 범죄원인에 대한 연구의 특징을 중심으로 범죄학 이론을 분류한다면 고전주의 범죄학, 대륙의 실증주의 범죄학, 미국의 사회학적 범죄학 등으로 크게 구별할 수 있다.

02 고전주의 범죄학이론

1. 등장배경
고전주의 범죄학은 18세기 후반 계몽주의·자유주의·인도주의·공리주의 사상을 배경으로 당시 형사법제도의 전반적인 경향을 반대하고, 법과 정의의 실현은 이성과 인권에 기초해야 한다는 사상에서 기원한다.

2. 특 징
① **거시적인 이론** : 고전주의 범죄학은 범죄자 개인이 아니라 형법 및 형사행정체계의 개혁에 초점을 두고 있다. 또한 범죄원인보다는 주로 사회통제에 그 연구의 초점을 둔 거시적·정치적인 이론이다.
② **자유의지론적 인간관** : 고전주의 범죄학은 사람들이 욕구충족이나 문제해결을 위한 방법으로 범죄 또는 범죄 이외의 방법을 선택할 수 있는 자유의지를 가지고 있다는 자유의지론을 전제로 하고 있다.

③ 합리주의적 범죄원인론(공리주의) : 고전주의 범죄학은 범죄행위를 사람들이 범죄에 의한 위험과 이득을 합리적으로 계산한 결과 선택한 행위로 보았다.

> **합리적 선택이론**
> 코니쉬(Cornish)와 클라크(Clarke)가 주장한 합리적 선택이론에 따르면, 범죄자는 주어진 조건에서 자신의 이익에 가장 유리한 것을 선택하게 되므로 그 합리적 선택에 따라 범죄의 실행 여부를 결정한다. 이는 인간의 자유의지를 강조하는 고전주의 범죄학과 밀접한 관련이 있으며, 상황적 범죄예방에 설득력 있는 논거를 제공한다.

④ 예방주의적 범죄대책론 : 고전주의 범죄학은 공리주의적 범죄원인론을 전제로 하면서, 범죄통제에는 범죄의 선택에 두려움을 갖도록 하는 것이 최상의 방법이므로 형벌이 가장 효과적인 범죄예방책이라고 보았다. 형벌이 엄격하고 확실하며 신속할수록 범죄행위를 더 잘 통제할 수 있다고 보았다.

3. 고전주의 범죄학자

① 베카리아(Beccaria)
  ㉠ 사상적 배경 : 기본사고는 프랑스 구체제(앙시앙레짐)에 대한 비판이었으며, 1764년 저서인 「범죄와 형벌」의 배경이 된 기본사상은 프랑스의 휴머니즘과 스코틀랜드의 인간학이다.
  ㉡ 베카리아의 결론 : 형벌은 응보수단이 아니고 사회의 범죄방지수단이며, 범죄방지의 목적에 필요한 최소한도에 그쳐야 한다고 주장하였다. 또한 형벌의 정도는 범죄자가 범죄에 의하여 얻은 이익보다 형벌을 통해 잃는 손실이 약간 초과하도록 하는 정도가 충분하다고 보았다. 또한 일반예방을 강조하여 형벌의 양뿐만 아니라 그 집행방법(처벌)의 신속성, 확실성, 엄격성의 정도에 의하여도 억제가 가능하다고 하였다.

② 벤담(Bentham)
  ㉠ 벤담의 공리주의 : 벤담은 베카리아의 공리적 사고를 발전시켜 공리주의의 체계를 이룬 사람으로, 인간의 행위는 절대자의 비합리적인 제도에 의하여 판단할 것이 아니라, 증명가능한 "최대다수의 최대행복"의 원리에 의해 판단할 것을 주장하였다.
  ㉡ 벤담의 범죄관 : 인간행위의 배후에 있는 '동기성'을 강조하면서 "쾌락의 추구, 고통의 회피"라는 동기는 나쁠 수 없고, 그 동기의 결과가 타인에게 악영향을 주는 경우에 결과만이 나쁘다고 주장하였다. 또한 결과가 사회적으로 악을 수반하는 경우를 실재적 범죄라고 하고, 악을 수반하지 않는 경우를 상상적 범죄라고 하여 실재적 범죄만이 범죄이며 상상적 범죄는 진정한 범죄가 아니라고 주장하였다.
  ㉢ 벤담의 형벌관 : 법의 기능이 범죄에 대한 응보가 아니라 범죄행위의 예방이어야 한다고 전제하고, 형벌도 악이지만 사회에 대한 큰 악을 예방함으로써 행복의 감소를 저지하는 공리적인 필요악이라고 주장하였다.
  ㉣ 베카리아와의 차이 : 베카리아는 범죄의 원인을 인간행위의 원동력인 쾌락의 산물로만 보았으나, 벤담은 범죄에 대한 사회적 원인도 강조한 것이 다르다. 또한 베카리아는 잔혹한 형벌의 완화 또는 폐지를 주로 강조하였지만 벤담은 형벌의 감소뿐만 아니라 범죄감소의 문제까지 강조한 점에 차이가 있다.
  ㉤ 벤담의 영향 : 벤담의 동기를 중심으로 한 행위이론은 미국의 학습이론과 현대심리학에 영향을 주었을 뿐 아니라 서양 역사상 최초로 범죄자에 대한 형벌의 사용을 정당화시켜야 한다고 생각함으로써 형벌과 응보에 대한 철학적 논의의 길을 열었으며, 나아가 사회방위이론이 생겨나게 되는 계기가 되었다.

③ 페스탈로찌(Pestalozzi)
  ㉠ 「입법과 영아살해」(1789) : 사생아 방지를 위한 미혼모의 처벌 규정이 오히려 사생아를 방지하는 것이 아니라 영아살해의 계기가 된다고 보고, 사생아의 방지는 가혹한 처벌이 아니라 교육과 사랑에 의하여야 한다고 주장하면서 범죄예방은 사회교육에 의할 것을 강조하였으며, 교육학을 수형자 교육에 응용하려고 시도하였다.
  ㉡ 페스탈로찌의 교육형 사상은 리스트(Liszt)에게 영향을 주어 형벌의 목적성을 강조하게 하였으며 라이프만(Liepmann)의 재범방지목적 교육형주의, 란자(Lanza)의 도덕적 문맹퇴치목적 교육형주의, 살다나(Saldana)의 교육형주의 등 현대의 교육형 사상에 영향을 주었다.

④ 하워드(Howard)
  ㉠ 「감옥상태론」(1777) : 하워드는 유럽대륙의 선진적인 감옥에 깊은 감동을 받고 이를 기초로 「영국과 웨일즈의 감옥상태」를 저술하였는데, 하워드에게 가장 큰 영향을 준 모델은 암스테르담 노역장이었다. 여기서는 이미 독거제의 감옥 운영, 감시기능성을 확보하기 위한 공간의 구성, 시간표에 따른 생활 등 선진적인 감시와 규율 프로그램이 실시되고 있었다.
  ㉡ 감옥개혁의 내용
    • 안전하고 위생적인 구금시설
    • 개선장소로서의 감옥 : 죄수를 죄질, 성별, 연령에 따라 분류하고 상호 간의 접촉은 완전히 차단되어야 한다고 주장하였다. 음주와 게으름을 범죄의 원인으로 보고 감옥에서의 적절한 노동의 부과를 주장하였으며, 종교가 죄수들의 교화개선에 결정적으로 중요하다고 역설하고, 각 감옥에는 반드시 종교시설을 갖추어야 한다고 하였다.
    • 감옥의 관리 : 하워드는 감옥행정의 요체를 훌륭한 관리의 선임과 관리의 청렴으로 보고, 간수에 대한 수수료 제도를 폐지하고 국가로부터 임금을 받는 공무원으로 전환시킬 것을 주장하였다.
  ㉢ 감옥개혁사상의 실현 : 하워드는 근대적인 교도소 설립을 위한 감옥법(1799)을 기초하였고, 이를 근거로 호르샴시 등 3개 도시에 독거감옥이 설립되었다.

03 실증주의 범죄학이론

1. 등장배경

① 고전주의 범죄학자들은 자신이 살던 세계 내에서 체제를 근대화시키고 개선시키려는 의도로 범죄이론을 전개하였으나, 실증주의자들은 사회·경제적으로 발전하고 있는 자신의 세계를 정돈하고 과학적으로 설명하기 위하여 범죄학이론을 전개하였다.
② 도덕적이고 공정한 체계를 구축하려던 고전주의는, 범죄행위 자체에 초점을 두고 인간에 대한 과학적인 탐구와 발견을 목표로 하는 실증주의로 대체되게 되었다.
③ 실증주의는 이탈리아에서 시작되었고, 이후 대륙에서는 각 국가별로 특징을 가지면서 발전하였다.

2. 실증주의 학파의 특징

① **인과율의 세계관** : 세상에는 일정한 규칙이 있으며 원인 없는 결과가 없듯이 범죄의 원인도 인간행위의 체계적인 연구를 통해 해결할 수 있다는 사고에서 출발한다.

② **결정론적 인간관** : 고전주의는 인간은 이성을 갖고 있으므로 악을 이기고 선을 선택하는 자유의지를 갖고 있다고 보았지만, 실증주의자들은 생물학적・심리학적・사회적 특징에 의해 행위가 결정된다고 보았다.

③ **범죄행위의 비정상성** : 고전주의는 범죄행위도 쾌락을 추구하는 공리적인 인간의 정상적인 행위로 보았으나, 실증주의는 범죄행위 자체는 일반적인 인간의 행위와는 다른 비정상의 결과이며, 비정상의 원인을 개인의 내부의 문제로 볼 수도 있고 외부의 사회적 영향력의 문제로 볼 수도 있다고 하였다.

④ **범죄감소의 지향** : 고전주의 범죄학은 형벌의 감소를 목표로 인도적인 형벌론을 제시하였으나, 실증주의 범죄학은 범죄의 감소를 목표로 범죄의 원인 파악과 범죄자에 대한 격리나 교정에 주력하였다. 즉, 고전주의 범죄학은 범죄의 심각성에 비례한 처벌을 강조한 반면에 실증주의 범죄학은 범죄의 심각성에 비례한 처벌을 강조하지 않는다.

⑤ **과학적인 연구** : 실증주의 범죄학자들은 범죄의 발생원인을 과학적으로 연구하였고, 범죄의 유발원인에 대해 관심을 가졌다.

3. 이탈리아의 범죄인류학적 연구

① **롬브로소(Lombroso, 범죄학의 아버지)**
  ㉠ **범죄원인론** : 롬브로소는 생래적 범죄인은 격세유전에 의해 원시시대의 야수성이 발현된 것으로 보고 범죄의 원인을 유전에 의한 소질로 파악하였다. 이러한 범죄자들에게서는 감각의 둔화, 도덕감각의 부족, 후회의 부재, 속어와 문신의 사용 등이 나타난다고 주장하였다.
  ㉡ **범죄대책론** : 롬브로소는 범죄인 분류에 기초하여 사회적 위험성을 기준으로 형벌을 개별화할 것을 주장하였다. 생래적 범죄인은 예방이나 교정이 불가능하므로 초범은 무기형에 처하고, 누범이고 잔혹한 범죄인은 사형에 처해야 하며, 격정범 또는 우발범은 단기자유형보다 벌금형이 더 효과적인 것으로 보았으며, 소년범이나 노인범은 감옥보다는 형무농원이나 감화학교에 수용하는 것을 주장하였다.
  ㉢ **비판과 수정**
    • **고링(Goring)의 비판** : 영국의 고링은 롬브로소의 연구에 대해 범죄인 집단과 비교되는 일반인 집단이 없음을 비판하였다. 격정범・우발범과 누범자 사이에 형태상의 차이가 전혀 존재하지 않을 뿐 아니라 범죄자 특유의 외형적 특성은 존재하지 않는다고 주장하였다. 다만, 범죄인은 일반인에 비하여 지능이 낮다는 점을 인정하여 범죄의 원인이 유전임은 인정하였다.
    • **생래적 범죄인론의 수정** : 롬브로소는 그의 제자인 페리(Ferri)의 영향으로 사회적 조건도 범죄의 원인으로 고려해야 한다는 것을 인정하였으나 사회적 요인들의 간접적 영향만을 인정하고 여전히 인류학적 요인을 강조하는 기본입장을 유지하였다.

> **특성이론(Trait theory)**
> - 범죄의 원인을 개인의 특성, 즉 내재된 성향으로부터 찾고자 하는 범죄학 이론이다.
> - 범죄는 신체적·정신적 특성과 환경적·사회적 요인이 상호작용하여 발생한다고 본다.
> - 대표적인 초기 주장으로 실증주의의 대표적 이론인 롬브로소(Lombroso)의 생래적 범죄인설이 있다.
> - 만성적 재범과 범죄경력에 대한 지식의 증가로 최근 주목받고 있다.

② 엔리코 페리(Enrico Ferri, 범죄사회학의 창시자)
  ㉠ **범죄관** : 범죄발생인자를 롬브로소가 주장하는 인류학적 특징인 '개인적 요소'와 기후 풍토 등의 '자연적(물리적) 요소', 라까사뉴(Lacassagne) 등의 환경학파가 주장하는 '사회적 요소'의 셋으로 구분하여 이들 각 요소가 복합적으로 작용하면 일정량의 범죄가 반드시 발생한다고 주장하면서, 롬브로소와 달리 '사회적 요소'가 가장 중요한 범죄발생인자라고 강조하였다.
  ㉡ **범죄포화의 법칙** : 범죄포화의 법칙이란, 화학의 포화법칙처럼 한 사회의 범죄 또한 일정한 개인적·사회적·초자연적 조건하에서는 그에 상응하는 일정수의 범죄가 발생하기 마련이고, 그 이상도 이하도 발생하지 않는다는 것으로, 페리가 범죄발생의 항상성과 관련하여 주장한 법칙을 말한다.
  ㉢ **범죄과포화의 법칙** : 범죄과포화의 법칙은 도시화·산업화 등으로 사회·물리적 조건의 변화가 발생하면 살인·강도·절도·간통 등과 같은 기본적·전형적인 범죄는 범죄포화의 법칙으로 일정할 수 있더라도, 이러한 기본적·전형적인 범죄들에 수반하여 살인·강도 등에 따르는 명예훼손, 위증범죄 등의 부수적인 범죄들이 증가하여 사회의 범죄발생량이 포화상태 이상으로 증가한다는 법칙을 말한다.
  ㉣ **범죄대책론** : 페리는 범죄의 사회적 조건을 강조하면서 롬브로소와 달리 사형제도를 부정하였고, 범죄가 사회제도 자체의 결함에 따른 병리적인 현상임을 강조하면서, 죄형법정주의로 상징되는 자본주의적 형법은 무능하므로 생산과 노동수단의 집단소유제 등의 사회제도와 법제도의 근본적인 개혁을 주장하였다. 범죄인에 대해서는 범죄에 대한 형벌보다 개별적인 범죄가 실업에 기한 곤궁범죄인 경우에는 이민의 자유를, 정치범죄인 경우에는 사상의 자유를, 사기·문서위조 범죄인 경우에는 과세절감 등을 강조하는 형벌대용물사상을 주장하였다.

③ 라파엘 가로팔로(Raffaele Garofalo, 범죄심리학자)
  ㉠ **이론적 기초** : 롬브로소와 페리의 영향을 받았으나 롬브로소와는 달리 범죄인의 외형적인 특징보다는 내면적·심리적인 특징에 관심을 가졌으며, 페리와는 달리 범죄인의 내면적인 특징을 생래적인 것으로 보고 사형제도를 인정한 것에 차이가 있다.
  ㉡ **자연범의 개념** : 모세의 십계명에서 암시를 받아 인간에 내한 근본적인 애다적 정조가 결여된 자를 자연범이라 정의하면서 시간과 장소를 초월한 독자적인 범죄개념을 정립하였고, 특정한 시대의 일시적 요청이나 입법자의 자의에 의해 만들어진 법정범과 구분하여 이것만이 과학적 연구대상이 된다고 보았다. 가로팔로는 자연범을 진정한 범죄인으로 보았다.
  ㉢ **범죄관** : 자연범은 사회생활에 필요한 애타적 정조가 결여되어 평균인이 지니는 정도의 연민과 성실성을 유지하지 못한 것이 그 원인이므로, 범죄는 특별한 조건·특정한 시대의 필요성·입법자의 특별한 관점에 의하여 해명될 수 없으며 살인범·폭력범·절도범·성범죄인 등 자연범의 원인은 생래적인 것이라고 하였다.

ⓐ 범죄대책론
- **범죄자 처벌의 세 가지 조건** : 범죄자에 대한 처벌이 효과적인 공공정책의 도구로서 활용되기 위해서는 먼저 범죄를 저지른 가해자를 처벌할 것에 대한 대중의 요구와 처벌의 원칙이 범죄예방에 위협적일 것, 그리고 이러한 처벌로 인하여 범죄자와 그 자손이 사라진 희망적 미래에 대한 사회적 선택을 강조하였다.
- **범죄자 제거의 세 가지 수단** : 영원히 사회생활을 할 수 없을 정도의 심리적인 이상상태에서 범죄를 저지른 자는 사형, 유목민이나 원시부족의 생활에 적합한 자들에게는 장기 또는 종신수용을 통한 부분적인 격리, 재발하지 않을 정도의 예외적인 상황하에서 범죄를 저지른 이타적인 감정이 부족한 자들에게는 배상의 강요를 그 수단으로 강조하였다.

4. 프랑스와 벨기에의 환경적 연구
① 게리(Guerry)와 케틀레(Quetelet)
  ㉠ **프랑스의 게리(Guerry, 프랑스의 도덕통계론, 1833)** : 최초의 근대적인 범죄통계를 이용하여 「프랑스 도덕통계론」이라는 최초의 실증적 범죄학 저서를 발간하였다. 그는 이 책에서 다양한 사회적 요소, 특히 경제적 조건에 따른 범죄율 변화를 지도 위에 명암으로 표시하여 분석하였고, 당시 프랑스, 벨기에, 영국, 독일의 학자들에게 계승된 제도학파(범죄지리학파)의 시조가 되었다.
  ㉡ **벨기에의 케틀레(Quetelet)** : 유명한 수학자・천문학자・물리학자이자 사회통계학자로서 프랑스, 네덜란드, 벨기에의 범죄현상을 지리적 위치, 기후, 연령, 성, 교육수준 등의 환경과 관련지어 연구한 뒤 그러한 환경적 요인과 범죄율의 함수관계를 밝혀냈다.
  ㉢ **제도학파의 공적** : 제도학파는 범죄에 대한 과학적 접근의 선구자라는 학설사적 가치 이외에도 범죄가 가난의 산물이라는 당시의 통념을 검증하는 과정에서 통념과는 달리 빈민지역보다 부유한 지역의 재산범죄율이 더 높음을 알아내었고, 재산범죄의 유발요소는 가난 그 자체가 아니라 기회라고 결론지었다.
② 라까사뉴(Lacassagne, 리용학파의 창시자, 「사형과 범죄」)
  ㉠ **이론적 기초** : 리용대학의 법의학교수로서 처음에는 롬브로소를 추앙한 범죄인류학파였지만, 1855년 제1회 국제범죄인류학회 회의 이후 범죄인류학파와 결별하고 리용학파를 구성하여 범죄의 원인이 환경에 있다는 환경학파를 주도하였다.
  ㉡ **범죄원인론** : 범죄의 원인이 유전적 소질이 아닌 환경에 있다고 주장하면서 경제적 사정 등의 사회적 요소를 강조하였다. 특히 프랑스의 통계를 기초로 곡물가격과 재산범죄의 관계를 실증적으로 연구하여 물가의 상승 및 실업의 증가에 의해 범죄가 증가한다고 주장하였다.
  ㉢ **범죄대책론** : 사회가 범죄의 배양기이고 범죄자는 미생물에 해당하며 미생물인 범죄자는 번식에 적당한 배양기를 찾아낼 때까지는 단지 범죄의 한 요소에 불과할 뿐이라고 보았다. 벌해야 할 것은 사회이지 범죄자가 아니라고 주장하면서 범죄인류학파와 근본적으로 다른 사회적 범죄대책을 주장하였으나, 「사형과 범죄」를 통하여 사형은 해당 국가의 인도적 문제와 감정, 철학 등에 따라 허용될 수 있다는 사형존치론을 주장하는 등 일반적인 환경론자와는 다른 특징을 보였다.

③ 타르드(Tarde, 모방이론)
  ㉠ 이론적 기초 : 마르크스적인 세계관을 기초로 하여 범죄의 원인이 사회제도, 특히 자본주의 경제질서의 모순에 기인한다고 보았다. 범죄인을 제외한 모든 사람에게 죄가 있다는 극단적인 환경결정론을 주장하면서 이탈리아 범죄인류학파와 대립하였으며, 모방의 법칙을 주장하여 거시환경론자인 라까사뉴와 달리 사회심리학적인 미시환경론적 접근도 하였다.
  ㉡ 모방의 법칙 : 개인의 특성과 개인의 사회접촉과정을 분석하여 "거리의 법칙", "방향의 법칙", "삽입의 법칙"으로 구성된 사회심리학적 성격의 "모방의 법칙"으로 범죄현상을 해명하였다.
    • 거리의 법칙 : 사회집단 상호 간의 범죄 경향의 차이·강약 등을 해명하기 위한 원리이다. 모방의 강도는 사람과 사람 사이의 거리에 반비례하여 나타나며, 심리적 거리나 기하학적 거리가 가까울수록 모방의 정도가 강하게 일어난다.
    • 방향의 법칙 : 모방의 방향은 사회적 지위가 우월한 자로부터 아래로 이루어진다는 원리로, 농촌의 범죄 증가 등을 해명하기 위한 원리이다. 즉, 범죄는 사회의 상층계급에서 하층계급으로, 도시에서 농촌으로 전해지게 된다.
    • 삽입의 법칙 : 모방이 유행으로, 유행이 관습으로 변화·발전되어 간다는 원리를 말한다. 삽입의 법칙에 의하여 기존의 관습은 새로운 모방에 의하여 유행으로 발전하여 새로운 관습이 형성되는 과정 속에서 교육, 노동조건, 빈곤 등의 사회적 조건이 범죄의 원인으로 발전하거나 범죄의 동기·성질 등으로 진화한다.

④ 뒤르켐(Durkheim, 기능주의 사회학자)
  ㉠ 이론적 기초 : 현대적인 사회학 방법론을 정립하였다. 즉, 자연과학자가 자연현상을 대하는 것과 마찬가지로 사회학자도 사회적 사실을 보는 데 있어 선입관이나 통속관념을 배제하고 철저히 객관적인 태도를 보여야 한다고 강조한 것이다. 이는 곧 사회의 내부 구조 연구에 있어 개인이나 집단보다는 전체 사회와 제도들 사이의 상호 연관성을 강조하는 파슨스(Parsons)의 구조기능주의의 기초가 되었다.
  ㉡ 범죄의 기능
    • 범죄정상설 : 사회적 사실은 사회발전의 단계가 어떠하든 모든 사회의 일반적인 현상으로, 과학적으로 정상적인 것으로 인정되어야 하며, 이러한 현상은 사회적 사실의 문제이지 윤리적·철학적 판단은 아니라고 주장하였다. 범죄 또한 사회적 사실로서 마음대로 제거될 수 없는 사회의 구성부분이라고 보았다.
    • 범죄필요설 : 범죄 없는 사회는 집합의식에 의한 구속이 너무 엄격하여 아무도 이에 저항할 엄두를 내지 못하는 사회라고 정의하였다. 이런 상황에서는 범죄는 제거되겠지만 진보적인 사회변화의 가능성도 함께 말살되므로, 범죄는 진보의 가능성을 위해 사회가 치르는 대가라고 주장하였다.
  ㉢ 범죄대책 : 전통적으로 범죄는 악이었고, 형벌은 이러한 악으로부터 사회를 지키는 사회연대감 보호의 기능을 하였다. 그러나 뒤르켐은 범죄를 정상적이며 필요한 것으로 보고, 형벌의 기능을 사회연대감 보호에서 개인의 사회화로 전환하여야 한다고 주장하였다. 즉, 형벌의 기능은 범죄자에 대한 비난이 아니라, 용인된 가치에 사회화되지 못했거나 용인되지 않은 가치와 관습에 사회화된 범죄자에 대한 상담·지도 및 치료를 통한 재사회화라는 것이다.

② 뒤르켐의 자살론 : 뒤르켐은 인종, 유전, 지리적 원인, 빈곤 또는 순수한 개인 심리적인 요인에 의하여 자살을 설명하려던 종래의 접근방법을 거부하고, 자살을 유형화하여 여러 가지 통계자료에 의거하여 모든 형태의 자살 원인이 사회적인 것임을 밝히려 하였다.
- 이기적 자살 : 사회와의 유대가 약화되어 자신만의 욕망에 의한 자살(분노)
- 이타적 자살 : 사회와의 유대가 너무 강하여 자신을 희생하는 자살(가미가제 특공대)
- 숙명적 자살 : 사회의 외적 압력에 의한 자살(고대 순장)
- 아노미적 자살 : 급격한 사회변동으로 무규범 내지 가치의 혼란으로 인한 자살(퇴직자의 자살)

5. 독일의 다양한 연구

① 리스트(Liszt, 근대 형법학의 아버지)
  ㉠ 형법학자로서 범죄학과 형법학을 포괄하는 전형법학 사상을 확립하였고, 목적형 사상과 형벌과 보안처분의 일원화를 주장하였다. 그의 사상은 1888년에 하멜(Hamel), 프린스(Prins) 등과 함께 창설한 국제형사학협회를 통해 실현되었다.
  ㉡ 형벌의 사회적 효과를 고려하면서 범죄인의 위험성을 형벌의 기초로 삼아 각각 다른 범죄대책을 강조하였는데, 이를 형벌의 개별화라고 한다. 리스트는 교육형주의에 따라 부정기형의 채택, 6주 이하의 단기자유형의 폐지, 집행유예, 벌금형, 누진제도 등의 합리화, 강제노역, 소년범죄에 대한 특별한 처우 등 기존의 범죄자 처우의 방법을 개선할 것을 주장하였다.

② 아샤펜부르크(Aschafenburg, 「범죄와 그 대책」, 1903)
  ㉠ 이론적 기초 : 정신의학적 범죄학자로서, 범죄를 사회적 질병으로 본 크레펠린(Kraepelin)과 형법전에 한정책임능력제도의 도입을 주장한 윌만스(Wilmanns) 등의 영향을 받아 리스트(Liszt)의 사상을 계승하였다.
  ㉡ 범죄원인론 : 범죄의 원인을 소질이나 환경 대신 소질적 요인의 개인적 원인과 환경적 요인의 일반적 원인으로 구분하였고, 이러한 원인과 범죄의 관계를 통계자료와 정신의학적 지식을 기초로 분석하였다.
  ㉢ 범죄대책론 : 형벌의 사회적 효과를 고려하여 행위자의 반사회성을 기준으로 범죄인을 처우한 리스트(Liszt)의 범죄대책을 세분화 하면서 범죄대책에 대한 예방책, 형벌대책, 재판대책, 소년범 및 정신병질자에 대한 특수한 대책 등을 강조하였다.

③ 엑스너(Exner)와 사우어(Sauer)
  ㉠ 엑스너(사회생물학적 범죄학자, 「범죄생물학」, 1939)
    - 범죄생물학을 만족과 개인의 생활에서 발현하는 범죄에 대한 학문으로 이해하였다.
    - 범인성 인격과 범인성 환경을 범죄인자라고 규정하고, 범인성 환경과 범인성 인격의 상호작용에 의하여 범죄가 발생한다고 하였으며, 특히 범인성 인격은 유전적 소질의 영향과 성장환경적 요소의 영향으로 형성된다고 주장하였다.
  ㉡ 사우어(「범죄사회학」, 1938) : 범죄의 원인을 "범죄충동"으로 설명하면서 종래의 법률적 개념인 가벌성의 개념을 사회윤리적인 개념인 당벌성의 개념으로 바꾸어 범죄의 사회적 반가치에 대응하는 사회적 도의의 확립을 범죄의 대책으로 주장하였다.

우물쭈물하다가
내 이럴 줄 알았다.

-조지 버나드 쇼-

1 초기의 범죄생물학
01 롬브로소
02 엔리코 페리
03 라파엘 가로팔로

2 범죄와 체형
01 크레츠머의 체형이론
02 셀던의 체형이론

3 범죄와 유전
01 유전적 결함에 대한 연구
02 범죄인가계 연구
03 쌍생아 연구
04 양자 연구
05 성염색체 연구

4 현대의 범죄생물학
01 생화학적 기능장애
02 뇌의 기능장애
03 자율신경조직과 범죄

최다 출제 POINT & 학습목표

1 롬브로소의 생래적 범죄인, 격세유전설, 범죄정형설을 이해한다.
2 페리와 가로팔로의 범죄인 분류 및 형사정책을 이해한다.
3 크레츠머와 셀던의 체형이론을 비교하여 알아본다.
4 범죄인가계 연구, 쌍생아 연구, 양자 연구, 성염색체 연구 등 범죄와 유전과의 관계를 알아본다.
5 현대의 범죄생물학의 추이를 알아본다.

CHAPTER 02

생물학적 범죄원인

CHAPTER 02 생물학적 범죄원인

1 초기의 범죄생물학

01 롬브로소(Lombroso)

1. 개 요
① 범죄인에게 타고난 생물학적 열등성이 있어서 범죄에 중대한 영향을 미치는데, 이러한 범죄자적 신체특징이 5가지 이상 나타나는 자를 생래적 범죄인이라고 하였다.
② 이들은 원래 생물학적으로 원시적인 형질을 가지고 태어났기 때문에 범죄를 저지를 수밖에 없다고 보았다.

2. 생래적 범죄인
① 생래적 범죄인의 정의 : 형태학적으로 두개골의 이상, 신체적·생리적 이상, 정신적 이상, 사회적 특징 등의 퇴행적 특성을 갖는 자를 생래적 범죄인이라고 하였다.
② 생래적 범죄인의 특징

신체·생리적 특징	정신적 특징	사회적 특징
• 입술의 돌출, 후두부의 특수성, 깎아낸 듯한 이마 • 치열 불균형 • 턱 관절의 강한 발달, 돌출된 광대뼈, 치열의 부정 • 턱수염의 결여, 모발의 이상 • 비틀린 코, 납작코, 매부리코, 구강의 돌출, 늘어진 귀 • 눈의 결함이나 특이성, 극단적으로 긴 팔 • 두개골의 불균형, 손가락·발가락 수의 과부족 • 대뇌회전의 단조로움, 심장위축 및 판막부전, 혈관운동 신경의 이상 • 통각 상실, 미각 예민	• 도덕 감정의 결여 • 오만과 허영심, 위태감, 사행심 • 충동성(폭발성), 복수심, 잔혹성 • 낮은 지능, 성적 충동의 조속 • 자제력 결여, 현시욕 과다, 게으름, 권태감	• 문신 새기기 • 잔인한 놀이 즐기기 • 주색이나 도박에의 취향 • 무생물의 인격화(미신) • 신조 은어 만들기 • 특수하거나 상징적인 그림 그리기 • 도당의 결성

3. 격세유전설
① 생래적 범죄인은 원시 선조의 야수성이 격세유전을 통해 후대에 나타난 것으로, 병리학적으로는 간질에 가깝고 심리학적으로는 패덕광에 가깝다고 하였다.
② 생래적 범죄인은 태어나면서부터 범죄를 저지를 수밖에 없기 때문에 범죄성향의 통제가 불가능하다.

> **패덕광(悖德狂)**
> 올바른 도리나 도덕, 의리 따위에 어긋나는 행동을 광적으로 하는 사람

4. 범죄정형설

생래적 범죄인은 신체적·정신적으로 변질 징후를 가진 변종의 인간으로서 환경의 여하를 불문하고 운명적으로 범죄에 빠질 수밖에 없으므로, 그 범죄행위는 예방 및 교정이 불가능하며 오직 영구격리 또는 도태처분에 의해서만 대처할 수 있다고 주장했다.

5. 범죄인 분류

① 생래적 범죄인(격세유전인)
② 정신병적 범죄자(저능아, 정신박약자, 편집광, 간질병자, 알코올중독자)
③ 기회적 범죄자(이들도 타고난 범죄성향이 있다고 주장)
④ 격정범(분노, 사랑, 명예 등 물리칠 수 없는 요소에 의한 범죄자)

6. 범죄대책

① 각 범죄군에 따라 서로 다른 형벌을 부과할 것을 주장하였는데, 생래적 범죄인에게는 그 죄의 내용과 상관없이 엄격한 사회방위처분을 행할 것이 요구된다고 주장하였다.
② 격정범이나 기회범에 대해서는 자유형보다는 벌금형을, 상습범은 유형을 통한 격리, 소년이나 노인에 대해서는 교화원이나 감화학교에 수용해야 한다고 주장하였다.

02 엔리코 페리(Enrico Ferri)

1. 자유의사설의 부인

① 마르크스의 유물론, 다윈의 진화론에 영향을 받아 고전주의의 자유의사설을 공격하였다.
② 페리는 롬브로소와는 달리, 생물학적 요소보다는 생물학적 요소와 사회적·경제적·정치적 요인들의 상호관계가 범죄에 더 큰 영향을 미친다고 주장하였다.

2. 범죄인 분류

페리는 그의 저서「사회적 범죄자」에서 범죄인을 6개 그룹으로 나누었다.
① 생래적 범죄인(롬브로소의 격세유전인과 같음)
② 정신병적 범죄자
③ 격정범(만성 정신적 문제나 감정상태)
④ 기회범(가족과 사회의 조건에 의한 범죄자)
⑤ 습관적 범죄인(사회환경으로 생긴 습관에 의한 범죄자)
⑥ 부득이한 범죄자

3. 페리의 범죄인 유형과 예방대책
① 생래적 범죄인 : 무기한 격리 또는 유형
② 정신병적 범죄인 : 정신병원 수용
③ 격정범죄인 : 손해배상 또는 강제이주
④ 상습범죄인 : 개선불가능한 자는 무기한 격리, 개선가능한 자는 훈련적 조치를 통한 개선
⑤ 우발범죄인 : 중한 우발범죄인은 형무농장에서 훈련과 치료, 경한 우발범죄인은 손해배상 또는 강제이주

> **범죄원인 3요소론**
> - 개인적 원인 : 연령, 성별, 교육 정도, 사회적 계급, 기질적·정신적 구조
> - 사회적 원인 : 인구, 여론, 관습, 종교, 정치·재정, 생산과 분배, 치안행정, 교육, 보건, 입법(페리가 가장 중요하다고 본 범죄원인)
> - 자연적 원인 : 기후, 토질, 계절, 밤낮의 장단, 평균 기온

03 라파엘 가로팔로(Raffaele Garofalo)

1. 자연범사상
① 사회는 자연적인 몸체이며, 범죄행위는 자연에 대항하는 것이라고 주장하였다.
② 어떤 사회라도 범죄로 인정할 수밖에 없는 행위가 있는데 이것을 자연범죄라고 하고, 법정범과는 달리 가혹한 처벌을 주장하였다.

2. 사회방위이론
① 진짜 범죄인의 범죄행위는 사회를 살아나가는 데 필요한 기본적인 감정이 부족한 것을 나타내므로, 제거되어야 한다고 주장하였다.
② 그보다 덜한 범죄자에 대하여는 종신형이나 해외추방을 해야 한다고 주장하였다.
③ 국가의 생존을 개인의 권익보다 우선시한 그의 견해는 무솔리니 정권의 논리적 토대가 되었다.

3. 범죄자에 대한 인식
① 롬브로소의 해부학적 신체 특징성을 그대로 수용하는 것을 거부하였다.
② 진짜 범죄인은 이타주의적 감성이 부족하고, 정신적·도덕적 비정상은 유전형질로부터 전해질 수 있다고 주장하였다.
③ 범죄자들은 다른 사람이 범죄로 인해 겪는 고통에 대한 동정심(pity)과 타인의 재산에 대한 존중(probity)이 없는 사람들이라고 보았다.
④ 살인자는 동정과 재산 존중이 둘 다 결핍되어 있고, 폭력범과 성범죄자는 동정심이 부족하며, 도둑은 재산 존중이 부족한 사람이라고 보았다.
⑤ 자연범에 대하여는 사형이나 종신형, 해외추방을 주장하였고, 법정범에 대하여는 정기구금, 과실범은 처벌하지 않을 것을 주장하였다.

4. 범죄인의 특징
① **도덕적 이상성** : 범죄인은 기질적으로 도덕적 이상성을 타고나는데, 이는 정신병이 아닌 열등인종의 정신적 변이라고 보았다.
② **환경적 조건** : 범죄에 관한 환경적 조건인 교육이나 경제에 있어서, 2차원인 도덕적 이상성이 없는 사람이 환경의 영향으로 범죄인이 되는 것은 아니라고 보았다.

5. 범죄인의 분류
① **중대한 범죄인** : 살인범 : 연민과 성실의 정이 모두 결핍된 사람 → 기회만 있으면 살인과 절도
② **비교적 가벼운 범죄인**
　㉠ 폭력범 : 연민의 정이 결핍된 사람 → 특수지방에 등장, 알코올의 영향하에 범죄
　㉡ 절도범 : 성실의 정이 결핍된 사람 → 사회적 환경의 영향, 반복될 경우에는 격세유전
　㉢ 성범죄인 : 도덕적 감수성이 퇴화된 자 → 폭력범, 정신이상자, 어디에도 속하지 않는 자로 분류

2 범죄와 체형

01 크레츠머(Kretschmer)의 체형이론

1. 의 의
① 키가 크고 마른 쇠약형(Asthenic), 근육질이 잘 발달된 강건형(Athletic), 그리고 키가 작고 뚱뚱한 비만형(Pyknic)의 세 가지 유형으로 구분하였다.
② 폭력범에는 운동형(강건형)의 체형을 가진 사람이 많고, 절도범이나 사기범 중에는 세장형(쇠약형)이 많으며, 비만형의 체형을 가진 사람은 범죄를 가장 적게 범하는 경향이 있는데 범죄를 범하는 경우에는 대체로 횡령과 사기범이 많고 그 다음으로 폭력범죄가 많다.

2. 체형의 분류
① **세장형(Asthenic, 쇠약형)** : 키가 크고 마른 체형으로, 민감과 둔감 사이를 동요하며, 자극에의 반응에 약하고, 비사교적이며 변덕이 있다. 좀도둑이나 횡령 범죄가 많이 나타난다.
② **운동형(Athletic, 투사형·강건형·근육형)** : 근육이 잘 발달된 체형으로, 둔중하고 무미건조하며, 귀찮고, 때로는 촉발적으로 불만을 발산한다. 폭력범죄가 많이 나타난다.
③ **비만형(Pyknic)** : 키가 작고 뚱뚱한 체형으로, 상쾌와 비애 사이를 동요하며, 자극에 쉽게 반응한다. 사교적이고 정이 많으며, 지발성 범죄인 중에 많고, 교정효과가 높다. 횡령과 사기를 많이 범하는 것으로 나타난다.

[크레츠머의 체격 분류]

체 격	기 질	정신병질	정신병
쇠약형	분열성	분열병질	정신분열증(조현병)
투사형	점착성	간질병질	간 질
비만형	순환성	순환병질	조울증

02 셀던(Sheldon)의 체형이론

1. 의 의

① 크레츠머의 시도를 이론적 토대로 한 셀던의 체형이론은 상당 수준의 방법론적 개선 위에 체형과 비행을 연계시켰다.
② 그의 주장에 따르면 체형은 태아가 형성될 때 기본적인 3개의 세포, 즉 내배엽, 중배엽, 외배엽이 어떻게 구성되는가에 따라 구별할 수 있다.
③ 내배엽은 소화기관, 중배엽은 근육·뼈, 외배엽은 피부·신경체계로 발달하므로 이들의 구성형태에 따라 신체유형을 알 수 있다고 하였다. 이에 따라 체형을 내배엽형, 중배엽형, 외배엽형 세 가지로 구분하였으며, 그에 따른 상응하는 기질을 밝혔다. 사람들은 세 가지 신체적 특징을 어느 정도씩은 각각 가지고 있다고 본다.
④ 셀던은 각각의 특징이 분포된 정도를 고려하기 위하여 세 가지 유형 각각에 대해서 1점에서 7점까지의 값을 부여하였다. 예를 들어 7-3-1로 분류된 사람은 내배엽형 특징이 강하고, 중배엽적 특징은 보통이며 외배엽형 특징은 약한 경우이다.

2. 체형의 분류

① 내배엽형(Endomorphs, 내장긴장형) : 내배엽형은 비만형으로, 소화기관이 발달하여 살이 찐 편이고, 전신이 둥글고 부드러운 편으로, 움직임이 느리고 무기력한 기질을 갖는다.
② 중배엽형(Mesomorphs, 신체긴장형) : 중배엽형은 근육형으로, 운동근육이 발달되어 있고, 몸이 건장하며, 몸집이 크다. 활동적이고 자기주장이 강하며, 정력적인 기질을 가진다.
③ 외배엽형(Ectomorphs, 두뇌긴장형) : 외배엽형은 세장형으로, 피부와 신경체계가 발달되어 있으며, 근육이 섬세하고 약한 사람들로, 예민하고 비사교적인 기질을 가진다.

[셀던의 체격 분류]

신체형	기질 유형	크레츠머의 체격형
내배엽 우월형	내장긴장형	비만형
중배엽 우월형	신체긴장형	투사형
외배엽 우월형	두뇌긴장형	세장형

3. 신체 유형과 기질 유형에 따른 특징

① 내배엽형(Endomorphs, 내장긴장형)

신체 유형	기질 유형
• 소화기관이 크게 발달되어 있다. • 살이 찐 편이다. • 전신 부위가 부드럽고 둥근 편이다. • 골격과 근육이 미발달되어 있다. • 팔과 다리가 가늘고 짧다. • 표면적 - 부피의 비가 낮다. • 피부가 부드럽다.	• 몸가짐이 대체로 이완되어 있다. • 안락하고 편안함을 좋아한다. • 감정이 일정하다. • 사교성·식욕, 관계 및 애정에 대한 욕구가 강하다. • 부드러우며 사치품 등을 좋아한다. • 온순하고 기본적으로 외향적 성격이다.

② 중배엽형(Mesomorphs, 신체긴장형)

신체 유형	기질 유형
• 근육, 골격, 운동 조작이 탁월하다. • 몸통이나 가슴이 크다. • 손목이나 손이 크다. • 야윈 경우는 단단한 각이 진 체형이다. • 야위지 않은 경우는 우람한 체형이다.	• 활동적이며 역동적인 성격이다. • 단호한 걸음걸이, 언어구사·제스처·행동이 공격적이다. • 타인의 감정에 무디다. • 개인에게는 행동, 권력 및 지배를 중요시한다.

③ 외배엽형(Ectomorphs, 두뇌긴장형)

신체 유형	기질 유형
• 피부, 신경계 기관 등이 탁월하다. • 근육은 가늘고 가볍다. • 여위고 가냘픈 체형이다. • 직선적이고 허약하다. • 얼굴이 작고 코가 높다. • 몸무게는 작지만 피부면적은 넓다. • 머리 크기에 비해 큰 대뇌와 중추신경계를 갖는다.	• 내향적인 성격이다. • 신체기능에 대한 불평이 많다. • 소음이나 외부자극에 민감하다. • 얕은 수면, 고독을 즐긴다. • 자신에게 집중되는 것을 회피하려 한다. • 사람을 두려워하며 막힌 장소에서 안정감을 느낀다. • 예민하고 비사교적인 성격이다.

3 범죄와 유전

01 유전적 결함에 대한 연구

1. 의 의
① 이 연구는 유전적 결함을 물려받은 자와 범죄성의 상관관계를 연구하는 것을 내용으로 한다.
② 정신병 등의 유전부인이 범죄자의 혈연 가운데 많이 발견될 때, 이를 범인성 유전부인이라 한다.

> **범인성 유전부인(유전적 결함) 연구**
> - 의의 : 혈연 가운데 유전에 의한 내인성 정신병, 정신병질, 정신박약, 음주기벽성, 폭력성이 부모로부터 자손에게 대물림되어 범죄의 원인이 되는 경우를 말한다.
> - 분류 : 그 결함이 부모에게 있는 경우를 직접부인이라 하고, 조부모에게 있는 경우를 간접부인, 부모의 형제에게 있는 경우를 방계부인이라 한다.
> - 슈툼플 : 누범자의 경우 195명 중 6%가 유전적 결함을 가지고 있고, 초범자는 166명 중 3%만이 유전적 결함이 있다고 주장하였다. 누범·조발범·중한 풍속범 등의 경우에는 유전부인이 범죄자의 부모에서 나타나는 확률이 높다고 주장하였다.

2. 슈툼플(F. Stumpfl)의 연구
내인성 정신병의 경우, 이러한 유전적 결함이 일반적인 범죄자들보다 상습적인 범죄자들의 부모에게서 높게 나타나 내인성 정신병의 유전적 영향을 발견할 수 있었다.

3. 글룩 부부(Sheldon Glueck & Eleaner Glueck)의 연구
범죄소년과 일반소년 중에서 부모가 지능지체, 정서장애, 음주벽, 전과경험 등이 있는 정도를 분석하여 유전적 결함이 범죄에 미치는 영향을 살펴보았는데, 일관되게 범죄소년들의 부모에게서 유전적 결함이 있는 비율이 높게 나타났다.

02 범죄인가계 연구

1. 의 의
범죄인가계란 특정 범죄자 등이 많이 출생한 가계로, 이를 조사·연구함으로써 그 가계 내 범죄성의 유전여부를 분석·평가하는 것이다.

2. 학자별 연구
① 고다드(Henry Goddard)의 칼리카크가(家) 연구
  ㉠ 정상인·정신박약아의 자손과 정상인 간의 자손의 범죄 관련성을 연구하였다.
  ㉡ 칼리카크가를 연구한 결과, 정신박약 소녀와 결혼한 병사의 후손 중에는 정신이상자나 매춘부가 많았으며, 청교도 여자와 결혼한 병사의 후손들 중에는 의사나 변호사 등이 대부분이었음을 미루어 볼 때, 정신병질 등이 유전된다고 주장하였다.

② 덕데일(Richard Dugdale)의 쥬크가(家) 연구
　㉠ 1874년에 미국에서 동시에 수용된 6명의 가계 연구를 통해 유전과 범죄 관련성을 연구하였다.
　㉡ 교도소에 6명의 일가족이 수용된 쥬크가를 연구한 결과, 7대에 걸친 자손 709명 중 절반 이상이 알코올중독자, 매춘부, 범죄자임을 밝혀냈다.
③ 고링의 연구
　㉠ 통계적 분석방법을 사용하여 부모자식 간, 형제 간에 나타나는 범인성에 대한 유전의 영향을 연구하였다.
　㉡ 범죄행위는 신체적 형태와 관련된 것이 아닌 유전에 의한 것이라고 주장하였다.

3. 범죄인가계 연구의 문제점
① 범죄인가계를 조사하는 통계 방법상의 잘못이 무엇보다도 문제인 것으로 지적되고 있다.
② 조사 표본이 부족하고, 환경에 대한 고려가 없었으며, 후손의 배우자 영향을 고려하지 않았고, 몇 가지 사례를 일반화시켜 이론을 전개하였다.
③ 명문가문에도 범죄자가 있을 수 있고, 나쁜 가문에도 비범죄자가 다수 있을 수 있다는 점을 합리적으로 설명할 수 없다.
④ 범죄인 후손만이 아니라 모든 사람이 잠재적으로 범인성을 소유하고 있으나, 사회통제로 그 범죄발현을 억제하고 있을 뿐이라는 점을 간과하고 있다.

03 쌍생아 연구

1. 의 의
일란성 쌍생아와 이란성 쌍생아가 각기 범죄를 저지르는 일치율을 비교하여 유전이 범죄 소질에 미치는 영향을 알 수 있다는 가정 아래, 유전인자를 공통으로 가지고 있는 일란성 쌍생아가 그렇지 않은 이란성 쌍생아보다 그 일치율이 높은 경우, 범죄에 있어 유전소질의 중요성을 인정할 수 있다는 연구이다.

2. 학자별 연구
① 갈튼(F. Galton) : 범죄일치율에 대한 사고를 기초로 쌍생아 연구의 단서를 마련한 최초의 학자이다.
② 랑게(J. Lange)
　㉠ 1929년 「숙명으로서의 범죄」라는 저서를 통해 쌍생아 연구를 범죄생물학에 도입, 획기적인 연구를 하였다.
　㉡ 연구결과 일란성 쌍생아의 범죄 일치율이 훨씬 높은 것으로 나타나, 범죄에 대한 유전적 소질의 역할이 매우 크다고 주장하였다.
③ 크리스찬센(Christiansen)
　㉠ 가장 광범위하게 쌍생아 연구를 행하였는데, 그는 사회학적 방법을 쌍생아 연구에 도입하고 쌍생아 계수를 사용하여 연구성과에 정확성을 기하였다.
　㉡ 시설에 수용된 쌍생아뿐만 아니라 모든 쌍생아가 등록된 기록을 기초로 쌍생아 계수를 사용하여 일정한 사회적 변수도 고려, 범죄의 유전적 소질을 보완·분석하였다.

ⓒ 일란성 쌍생아가 상대적으로 높은 일치율을 보여주고 중범죄일수록 더욱 높은 일치율을 나타내지만, 환경의 영향을 고려하게 되면 그 중요성이 약화된다고 할 수 있다.
　　　ⓔ 쌍생아의 범죄 일치율은 범죄의 종류, 출생지역, 사회계층 및 범죄에 대한 집단저항의 강도에 따라 차이가 나타난다.
　　　ⓜ 유전소질이 범죄에 미치는 영향은 여러 가지 환경요인들에 의해 제약되면서 범죄 일치율이 종래 연구들의 일치율보다 현저히 낮아짐을 보여준다.
　　　ⓗ 범죄원인은 유전적 요인이 중요하지만 사회적 변수에 따라 많은 영향을 받는다.
　　④ 달가드(Dargard)와 크링글렌(Cringlen)
　　　㉠ 일란성 쌍생아들이 다소 높은 일치율을 보였지만, 이것은 비슷한 양육과정에 기인한 것일 뿐 실제 양육과정별 분석을 하였을 때에는 별 차이가 없었다.
　　　㉡ 범죄 발생에 있어 유전적 요인의 중요성은 존재하지 않는다는 주장을 하여 종래의 쌍생아 연구와 다른 입장을 취하였다.

3. 쌍생아 연구의 문제점
① 모집단으로부터의 무작위추출에 의하지 않은 표본의 대표성 결핍
② 지나치게 적은 수의 표본으로 인한 통계적 타당성의 저하
③ 비행과 범죄에 대한 공식적인 기록에만 의존하는 등 선별요인으로 인한 일반화의 문제
④ 통계상의 유사성이 행동상의 유사성이 아니라 기록상의 유사성일 수 있음
⑤ 어떤 요소가 반사회적 행위를 야기하도록 유전적으로 전이되는지를 정확하게 규명할 수 없음
⑥ 환경의 영향이 적절히 통제되지 못하고 있음

04 양자 연구

1. 의 의
① 범죄자 중 입양자를 조사하여 그 친부모와의 범죄성을 비교하였다.
② 입양된 어린이의 행동이 양부모나 생부모 중 어느 쪽의 행동과 일치하는가의 여부로 범죄성의 유전과 환경의 영향 여부를 판단하였다.

2. 학자별 연구
① 슐싱어(Schulsinger)의 연구 : 양자 연구를 통해 범죄의 유전성을 밝히고자 한 최초의 학자로, 정신적 결함이 혈연관계를 통하여 전수되는지의 여부를 연구하였다.
② 크로우(R. Crow)의 연구 : 어머니가 범죄자였던 양자와 정상적 어머니를 둔 양자의 비교연구를 통하여 어머니가 범죄자였던 양자의 경우가 범죄율이 높다는 것을 밝혔다.
③ 허칭스와 매드닉(Hutchings & Mednick)의 연구 : 양부모・생부모의 범죄성 상관관계에서 '생부와 양부 모두 범죄자 > 생부만 범죄자 > 양부만 범죄자 > 생부와 양부 모두 비범죄자' 순으로 양자의 범죄율을 주장하였다. 따라서 친부의 범죄성이 양부의 범죄성보다 높은 경우 양자가 범죄자가 되기 쉬우므로, 범죄성은 유전에 의해 나타난다는 것이다.

3. 문제점

입양기관은 양부모와 실부모의 가정을 서로 조화시키려고 하기 때문에, 환경과 유전의 영향을 분리하는 것이 정확하지 않을 수 있다.

05 성염색체 연구

1. 의 의

성염색체 연구는 범죄 발생에 있어서 유전적 특성인 성염색체의 역할을 중시하는 것으로, 유전적 특성이 가계전승과 같이 세습되는 것이 아니라, 수태 전·후의 전이에 따라 유전적 특성이 형성된다고 보는 점에 차이가 있다.

2. 클라인펠터 증후군

① 정상적인 사람은 23쌍 46개의 염색체를 가지고 있으며, 일반적으로 정상적인 여성은 23번째 염색체를 XX로 갖고, 정상적인 남성은 23번째 염색체를 XY로 갖는 것으로 알려져 있다.
② 클라인펠터 증후군은 여성적 특징을 나타내는 X염색체의 수가 증가하는 경우로 XXX, XXY, XXXY형을 총칭하는데, 특히 XXY형이 문제가 된다.
③ 저능아, 고환의 퇴화, 무정자증, 반사회적 경향, 자신감 결여 등의 이상증세를 나타내어 절도범, 동성애, 성범죄 등을 저지르는 경우가 많다고 한다.

3. XYY형 염색체 이상

① 폭력적 범죄와 관련이 깊다고 생각되는 염색체는 XYY형 염색체이다.
② XYY형은 남성적 특징을 나타내는 Y염색체가 증가한 경우(초남성적 : Supermale)로서, 범죄와 관련하여 특히 문제가 되는 유형이다.
③ 성적 조숙, 저지능, 정신적 불안, 극한 공격성 등이 강하여 성범죄, 살인, 방화 등 강력범죄자들이 많다고 한다.

4. 평 가

XYY염색체와 폭력성과의 가설은 경험적으로 충분히 입증되지 못했고, XYY염색체를 가진 사람들 중에서 정상적인 사람이 더 많기 때문에 XYY형이라고 해서 반드시 범죄자가 되는 것도 아니므로 여전히 환경과의 상호작용이 범죄의 원인으로 중요시된다.

> **범죄와 범죄생물학의 관계**
> - 각성수준이 낮은 사람은 범죄 행동을 할 가능성이 높다.
> - 반사회적 행동을 하는 부류는 아동기에 ADHD환자가 많은 편이다.
> - 지능이 낮은 사람일수록 강력범죄를 저지를 가능성이 높다.

4 현대의 범죄생물학

01 생화학적 기능장애

1. 비타민·미네랄 결핍
체중감량과 관련된 비타민 결핍이나 의존 등은 반사회적 행위와 관련이 있으며, 학습장애나 행동장애를 유발하기도 한다.

[칼슘결핍과 범죄]

신체특징	근육민감성, 얼굴 및 목에 경련
행동특징	흥분성, 불안정, 환경변화 민감, 민감성
범죄유형	공격적, 가학적인 범죄행동

2. 저혈당증
사람은 정상적인 뇌기능을 위하여 어느 정도 혈당을 필요로 하는데, 이것의 부족은 혼돈·갈등·우울증·불안 등을 초래하고, 공격적·폭력적 행동을 유발한다고 한다.

[저혈당증과 범죄]

저혈당증	혈액 내 포도당 함량의 미달, 인슐린 과다사용도 원인
행동특징	공격성, 흥분성, 의지력 및 도덕성 감소, 성충동 강화, 상상력 상실, 쇠약감
범죄유형	강도, 폭행, 원시적 공격행위

3. 내분비장애
중요한 남성호르몬의 하나인 테스토스테론이 남성의 범죄적 폭력성과 관계가 있다고 한다.

[호르몬에 관한 연구]

청소년 호르몬장애	불량소년의 20% 정도가 내분비계 장애, 과반수가 뇌하수체와 갑상선 호르몬 이상
성범죄 수형자	성범죄자의 절반 가량이 성선 자극 호르몬 불균형
수형자 약물치료	내분비계 장애에 대한 호르몬치료를 통해 70% 가량의 인격이 변화
체중비만형 범죄	뇌하수체 호르몬의 이상, 약물치료를 통해 이상성 회복

4. 환경오염
일정 수준의 환경오염은 사람의 감정적·행동적 장애를 초래할 수 있다고 한다.

5. 월경 긴장
여성에 있어서 월경 전후의 비정상적인 호르몬 수치의 변화로 인한 생화학적 불균형은 범죄와 어느 정도 관련이 있다는 보고가 많이 제기되고 있다.

02 뇌의 기능장애

1. 비정상적인 두뇌파형
① 두뇌의 특정 부위 손상은 폭력적 행동과 공격성을 촉진하기도 한다.
② 측두엽성 간질은 발작기간 동안에 많은 분노, 감정, 우울, 강박적인 행동, 편집증, 공격성을 나타낸다.
③ 대뇌 중에서 가장 넓은 부위를 차지하는 전두엽 부위가 손상된 경우에는 주위산만, 기분이양, 자발성 감퇴, 충동성을 나타내고 범죄성을 보이기도 한다.
④ 뇌간 부분에 손상을 가하면 감정과 욕구, 기질, 성격에 기본적인 장애가 생기고, 격정성, 폭발성, 공격성, 욕구이상 등 범죄성과 관계 깊은 행동이 나타나기도 한다.
⑤ 노르에피네프린은 교감신경계에서 신경전달물질로 작용하기도 하며 호르몬으로도 작용하는 물질로서 부신수질에서 생성되는데, 집중력과 반응 행동을 담당하는 뇌의 영역에 작용하여, 심박동 수를 증가시키고 혈당을 올리며, 골격근으로의 혈류량을 증가시킨다.

2. 간 질
① 간질로 인한 뇌기능장애의 경우, 폭력적이고 통제불능의 상태에 빠질 확률이 높고, 실제로도 교도소 수용자에게서는 일반인보다 간질 보유비율이 높게 나타나고 있다.
② 최근에는 간질 발작 중 폭력의 발생은 거의 희박하다는 주장도 유력하게 주장되고 있으므로, 간질과 범죄와의 관계는 논쟁의 여지가 있다.

3. 뇌손상 · 뇌기능장애
① X선 검사 등에 의한 방법으로 두뇌손상과 범인성의 관계를 분석해 본 결과, 재소자나 폭력적인 환자들은 뇌기능장애를 앓고 있는 경우가 많다고 한다.
② 두뇌손상은 인성변화를 초래하여 다양한 심리학적 문제를 야기하는데, 이들은 우울증, 신경과민, 격분, 살인기도 등에 쉽게 빠질 확률이 대단히 높다고 한다.

4. 학습무력증
비행소년의 대부분은 학교에서 심각한 학습능력 부진을 보이기 때문에 학습무력증이 소년비행의 중요한 원인이라는 주장이 제기된 바 있다. 그러나 학습무력증이 범죄 발생의 원인이라는 경험적 증거는 찾기 어렵다.

03 자율신경조직과 범죄

1. 자율신경조직
인간의 신경조직 중에서 의식적으로 지각되지 않지만 신체기능을 관장하는 신경조직으로서, 사람들이 갈등·공포상태에 있을 때 특히 활발히 작동한다.
① 처벌이 예견될 때에 느끼는 불안반응은 사람들이 사회의 규범을 배우는 데 중요한 역할을 한다.
② 처벌이 예견되는 행동을 할 경우에 나타나는 불안감을 떨쳐버리기 위하여 문제의 행동을 하지 않게 된다.

2. 사회생활의 장애 초래
자율신경계 기능의 장애로 인하여 처벌이 예견되는 상황에서 불안 반응이 즉각적으로 발현되지 않거나 혹은 그 반대로 상황이 종료되었는데도 불안 반응이 신속히 제거되지 못한다면, 정상적인 사회생활에 장애가 될 수 있다.

3. 아이젠크(Eysenck)
자율신경계의 특성을 중심으로 각 개인의 성격과 행동 유형을 설명하면서, 외향적인 사람은 대체로 처벌에 대한 불안감을 덜 느끼고, 항상 새로운 자극을 추구하는 경향이 있기 때문에 그만큼 반사회적 행위를 저지를 가능성이 크다고 보았다.

너의 길을 가라. 남들이 무엇이라 하든지 내버려 두라.

— A. 단테 —

1 정신분석이론
01 프로이드의 정신분석학
02 욕구좌절과 공격

2 정신적 결함이론
01 지능적 결함과 범죄
02 고프의 반사회적 인성과 범죄
03 슈나이더의 정신병질과 범죄
04 정신병과 범죄

3 인성이론
01 개 요
02 아이젠크의 성격이론
03 성격의 5요인 모델

4 학습 및 도덕성 발달
01 개 요
02 타르드의 모방이론
03 습관화
04 기 억
05 고전적 조건형성
06 도구적 조건형성
07 톨만의 인지학습이론
08 반두라의 사회학습이론
09 피아제의 인지발달이론
10 콜버그의 도덕발달이론
11 페스팅거의 인지부조화이론

최다 출제 POINT & 학습목표

1 프로이드의 정신분석학을 이해한다.
2 슈나이더의 정신병질과 범죄에 대하여 이해한다.
3 아이젠크의 성격이론에 대하여 이해한다.
4 타르드의 모방이론, 톨만의 인지학습이론 및 인성발달이론에 대하여 이해한다.
5 반두라의 사회학습이론, 피아제의 인지발달이론에 대하여 알아본다.

CHAPTER 03
심리학적 범죄원인

CHAPTER 03 심리학적 범죄원인

1 정신분석이론

01 프로이드(Freud)의 정신분석학

1. 의의
① 특별한 외형적 질환이 없음에도 불구하고 비정상적인 행위를 하는 인간이 존재하며, 프로이드는 이들을 치료할 수 있는 방법을 모색하는 데 관심을 두었다.
② 인간의 정신을 의식과 무의식으로 구분하였다.
③ 의식은 지각 상태에서의 심적 내용으로, 수면 위의 일각처럼 의식의 활동범위는 매우 좁다.
④ 무의식은 인간 정신의 깊고 중요한 부분으로, 본능·억압된 기억·행동 및 사고에 영향을 주는 충동 등의 저장소이다. 꿈·실수·각종 징후 등을 통하여 자신도 모르게 표출되기도 한다.
⑤ 범죄는 본능적인 충동을 갖는 본능(Id)와 행위에 대한 사회적 기대 및 금지를 나타내는 초자아(Superego) 사이의 갈등에서 자아(Ego)가 이를 적절하고 균형 있게 조절하지 못한 결과라고 보았다.

인격구조	내 용
본능(Id)	유아가 타고난 욕구, 동기, 심적 에너지, 본능의 원초적 기반
자아(Ego)	유기체가 가진 욕구는 현실과의 거래를 요하면서 자아가 성립
초자아(Superego)	사회 전체의 가치와 이상의 내적 표현

2. 이드·에고·슈퍼에고(Id·Ego·Superego)
프로이드는 의식과 무의식의 관계를 더욱 발전시켰고, 인간의 인격(성격)이 서로 대립되어 무의식적 갈등을 일으키는 세 가지 하위체계로 구성되어 있다고 생각했다.
① 이드(원초아)
  ㉠ 이드는 인간이 원초적으로 가지고 있는 본능, 욕구, 욕망 등으로 쾌락원리(Pleasure principle)를 따른다.
  ㉡ 음식, 물, 배설, 보온, 성적 쾌락과 같은 기본적인 생물적 충동을 담고 있다.
② 에고(자아)
  ㉠ 이드와 슈퍼에고 사이의 갈등을 적절히 조절한다.
  ㉡ 에고는 이드와 달리 현실원리(Reality principle)를 따른다.

ⓒ 에고는 이드를 만족시키려 하나, 현실세계와 현실의 요구에 부합되는 방법을 찾아 실용주의적으로 작용한다.
ⓓ 시간이 지나면서 욕구와 현실 사이의 대립을 경험한 결과, 점차 성숙된 사고와 기억의 체계가 확립되어 스스로를 바라볼 수 있는 능력을 갖추게 된다.

③ 슈퍼에고(초자아)
ⓐ 도덕, 규범, 사회적 요구나 기대를 내면화한 것으로, 욕구와 충동을 억제한다.
ⓑ 현실적인 목표를 추구하는 에고가 도덕적인 목표를 가지도록 한다.
ⓒ 쾌락보다는 완벽을 위해 노력한다.

> **리비도(Libido ; 성적 에너지)**
> - 사람의 성장에 따라 구순기, 항문기, 남근기로 발달
> - 발달상의 문제로 리비도가 고착화되면 인격이나 행동 불균형 초래
> - 어린아이는 쾌락 원칙, 폭력성, 파괴성, 질투, 증오를 지니고 태어남

3. 방어기제의 유형

① **억압** : 불쾌한 경험이나 받아들여지기 어려운 욕구, 반사회적인 충동 등을 무의식 속으로 몰아넣거나 생각하지 않도록 억누르는 것이다.
② **부정** : 외적인 상황이 감당하기 어려울 때, 일단 그 상황을 거부하여 심리적인 상처를 줄이고 보다 효율적으로 대처하는 것이다.
③ **반동형성** : 노출되기 꺼려하는 무의식적인 충동과 반대되는 방향으로 생각·감정·욕구 등을 의식 속에 고정시켜서 이에 따라 행동하게 하는 경우이다. 예를 들어 성적 충동을 지나치게 억압하면 모든 성을 외면하게 된다.
④ **투사** : 자신의 욕구나 문제를 옳게 깨닫는 대신, 다른 사람이나 주변에 탓을 돌리고 진실을 감추어 현실을 왜곡하는 것이다.
⑤ **승화** : 반사회적 충동을 사회가 허용하는 방향으로 나타내는 것이다. 성적 충동에 따라 누드를 그린다거나 관능적인 춤을 추는 등 사회가 인정하는 방식으로 표현한다.
⑥ **합리화** : 상황을 그럴듯하게 꾸미고 사실과 다르게 인식하여 자아가 상처받지 않도록 정당화시키는 것이다. 자신이 간절히 바라는 어떤 것을 이루기 어려울 때 그것의 가치를 낮추기도 하고, 인정하고 싶지 않은 것을 인정해야만 할 때 그것의 가치를 높이기도 한다.
⑦ **전위** : 직접적인 대상이 아니라, 다른 약한 사람이나 짐승에게 화풀이하는 것이다.

[범죄자 심리기제]

공격기제	긴장이나 압력상태인 갈등, 욕구의 좌절
퇴행기제	욕구충족이 좌절되었을 때 과거 원시적 행동을 보임
고착기제	과도한 충족과 유아기적 퇴행을 통해 그 자리에 머물게 됨
방어기제	자신의 불안감을 감소시키기 위한 억압 등

02 욕구좌절과 공격

1. 개 요
① 좌절에 대한 개인의 자연적·일시적 반응은 다른 사람에 대하여 외부적으로 공격하는 것으로 본다.
② 욕구좌절은 내적·외적인 장애로, 욕구의 충족이 방해받고 있는 상태이다.
③ 욕구의 강도, 장해의 강도, 본인의 성격 등의 억제 정도에 따라 여러 가지 반응 행동이 나타나는데, 그중 범죄로 결부되기 쉬운 것이 ㉠ 공격반응, ㉡ 퇴행반응, ㉢ 고착반응 등이다.

2. 공격반응
① 로렌즈와 위그(Rorenz & Weig)
  ㉠ 외벌형 : 분함을 신체적, 언어적으로 타인에게 돌린다.
  ㉡ 내벌형 : 불만의 원인을 자신에게 돌리고 스스로 비난하여 상처받는다.
  ㉢ 무벌형 : 공격을 어느 쪽으로도 향하지 않고 최소화하거나 무시한다.
② 달라드와 밀러(Dollard & Miller)
  ㉠ 공격하고자 하는 발양성의 강도는 욕구좌절의 양에 정비례한다.
  ㉡ 공격적 활동을 억제하는 작용은 그 활동으로 야기되는 벌의 강도에 정비례한다.
  ㉢ 욕구좌절의 강도가 일정할 때, 공격활동에 대한 벌의 심리적 강제가 클수록 공격활동은 일어나기 어렵다.
  ㉣ 벌의 심리적 강제가 일정하면 욕구좌절의 강도가 큰 만큼 공격활동은 발생하기 쉽다.
③ 헨리와 쇼트(Henry & Short)
  ㉠ 자살과 살인은 모두 공격적인 행위이고, 좌절로부터 나온 결과이다.
  ㉡ 자살적 공격은 자신을 향한 것이고, 살인은 다른 사람에게 공격이 취해진 것이다.

3. 퇴행반응
① 위협에 직면한 상태에서 욕구가 충족되지 않을 때, 과거의 발달단계에서 욕구충족이 되었던 유치한 원시적 행동형성으로 퇴보하는 것을 퇴행이라 한다.
② 퇴행은 안전하고 즐거웠던 인생의 이전단계로 후퇴함으로써 불안을 완화시키는 방법이다.
③ 퇴행은 일시적으로 불안을 감소시키지만, 근본적인 원인을 해결하지는 못한다.

> **레윈(K. Rewin)의 갈등 구분**
> - 접근 대 접근 갈등
> - 기피 대 기피 갈등
> - 접근 대 기피 갈등

4. 고착반응

① 고착반응은 유아에게 더 이상의 성장은 좋지 않다는 느낌을 주는 '과도한 충족' 및 유아에게 더 어린 시절로 퇴행하게 하고 그 시점에 머물게 하는 '욕구좌절의 경험'에서 비롯한다.

② 프로이드는 사람의 발달이 지장을 받아 리비도가 있는 발달단계로 고착하여 성장하기 곤란한 상태에 직면했을 때, 그 고착한 단계로 퇴행하기 쉽다고 보았다.

③ 프로이드의 심리성적 발달단계

심리성적 발달단계	연 령	리비도(Libido, 성적 에너지를 지칭)와 고착 시 특징
구강기	출생~1세	• 구강활동(빨고, 삼키고, 깨무는 행위)을 통한 쾌락을 추구 • 구강기에 고착된 성인은 크게 구강 수동적 행동(지나친 낙관주의·자기애·염세주의·의존적 성격 등)과 구강 공격적 행동(불평이나 불만, 사물이나 손톱 등을 물어뜯는 행위 반복, 과식·과음, 흡연, 구강성교 집착 등)을 함
항문기	1세~3세	• 배설활동을 통한 쾌락을 추구 • 항문기에 고착된 성인은 크게 항문 공격적(폭발적) 성격(Anal Aggressive Personality)[분노감, 가학·피학성, 무질서, 양가감정(兩價感情, Ambivalence ; 어떤 대상에게 서로 대립되는 두 감정이 동시에 혼재하는 정신 상태) 등]과 항문 보유적 성격(Anal Retentive Personality)(완벽주의, 완고, 융통성 부족 등)으로 구분

남근기	3세~6세	• 성기를 통한 쾌락을 추구
		• 남근기에 고착된 남성은 대부분 경솔하고, 과장적이며 야심적이다. 반면 남근기에 고착된 여성은 외향적으로는 남성과의 친밀한 관계를 피하는 경향을 보이나, 내면적으로는 성에 대한 관심이 많고 유혹적이며, 경박스런 태도를 지니고 있다.
		  * 남자아이 : 오이디푸스 콤플렉스(Oedipus Complex), 거세불안(Castration Anxiety)
		     여자아이 : 엘렉트라콤플렉스(Electra Complex), 남근 선망(Penis Envy)

잠복기	6세~12·13세 (사춘기 이전)	• 성적·본능의 욕구에서 자유로운 시기(성적 본능의 휴면시기)로서, 신체의 발육과 성장, 지적 활동, 친구와의 우정 등으로 성적 충동을 승화 • 잠복기에 고착된 성인은 이성에 대한 정상적인 관심을 발달시키지 못하고, 동성 간의 우정에 집착할 수 있음
생식기	사춘기 이후	• 이성에 대한 호기심 발현, 이성과 성행위 추구 • 생식기에 고착된 성인은 성 주체성에 혼돈이 발생할 수 있음(동성애)

※ 심리성적 발달단계의 연령에 대한 획일적 기준은 없다.

2 정신적 결함이론

01 지능적 결함과 범죄

1. 비네(Binet)의 아동에 대한 지능 측정
① 1904년 프랑스 교육부장관의 요청에 따라 정신지체 아동의 선별을 위한 도구를 개발하였다.
② 아동 개개인의 지적 상태를 측정하여 누구를 특수교육프로그램에 보내야 할지를 결정하기 위해 객관적인 진단도구를 고안하였다.

2. 웩슬러(Wechsler)의 성인에 대한 지능 측정
① 성인의 지능을 측정할 필요성에 의해 표준화된 검사법을 개발하였다.
② 언어성 소검사(일반상식, 어휘, 이해력 및 수리력)와 동작성 소검사(조각 맞추기, 미완성 그림 완성하기, 그림들의 적절한 순서 재배열 및 거기에 담긴 이야기 말하기)로 구성된다.

3. 정신지체
통상적으로 정신지체의 경계는 IQ 70이다. 정신지체 분류는 다음과 같다.

경미한 정신지체	IQ 50~55에서 70, 정신지체자 가운데 90%
중간 정신지체	IQ 35~40에서 50~55, 정신지체자 가운데 6%
심각한 정신지체	IQ 20~25에서 35~40, 정신지체자 가운데 3%
극심한 정신지체	IQ 20~25 이하, 정신지체자 가운데 1%

4. 고다드(Goddard)의 범죄자 정신박약설
① 수형자들의 지능을 측정한 결과, 수형자의 대부분이 저지능이라는 점을 밝혀 정신박약과 범죄 사이에 관계가 있음을 강조하였다.
② 지능과 범죄의 관계에 대해서는 논란의 여지가 있으나, 둘 사이에 관계가 있는 것은 어느 정도 사실이다. 그러나 낮은 지능과 범죄를 연결 짓는 것은 단순하지 않다.
③ 지능 자체가 선천적 요인과 환경적 요인 모두와 관련이 있을 뿐만 아니라, 지능과 비행의 관계 역시 이들 두 가지 측면이 상호작용한 결과라고 보아야 한다.

02 고프(Gough)의 반사회적 인성과 범죄

1. 의 의
① 반사회적 인성은 일반적으로 정신병리, 사회병리와 동의어로 사용된다.
② 지능의 부족·뇌의 구조적인 질환·신경증적 정신병을 앓고 있지는 않지만, 사회적 적응능력이 부족한 인성(personality)을 지칭한다.
③ 일반적으로 사회의 중요한 가치나 규범을 내면화하는 데 실패한 결점이 있는 인성을 말한다.

2. 반사회적 인성의 특성
① 미래에 대한 목표보다는 현실의 목표를 과대평가한다.
② 충동적 행동을 취한다.
③ 자극의 강도와 그것에 대한 행동적 반응이 일치하지 않는다.
④ 타인과 깊고 영속성 있는 애정관계를 형성할 수 없다.
⑤ 깊은 대인관계를 유지할 수 없다.
⑥ 자기가 정한 목표에 도달할 때까지의 사고와 계획성이 결여되어 있다.
⑦ 사회적 부적응에 대한 불안과 고민이 결여되어 있다.
⑧ 자기 잘못을 타인에게 돌리며, 실패에 대한 책임을 지지 않는다.
⑨ 하찮은 일에도 변명한다.
⑩ 전혀 신뢰할 수 없으며, 책임도 지지 않는다.
⑪ 감정이 결핍되어 있다.

3. 반사회적 인성의 원인
① 부모의 애정결핍
② 아버지가 정신병자이거나 알코올중독자일 가능성
③ 기타 불우한 아동기의 경험(가정폭력의 경험) 등

4. 비 판
① 구금된 사람들을 대상으로 반사회적 인성을 조사했기 때문에 대표성이 없다.
② 특성이 구금의 결과인지 아니면 본래 인성적 특성인지 구분해내기가 어렵다.
③ 반사회적 인성이라는 개념이 애매모호하여 의사나 지역에 따라 상이하다.

03 슈나이더(Schneider)의 정신병질(psychopathy)과 범죄

1. 발양성 정신병질자
① 자신의 능력과 운명에 대해 과도하게 낙관적이며, 경솔하고 불안정적인 면을 갖는 성격이다.
② 다혈질적이고 활동적이어서 어디서나 떠들고 야단법석을 벌이며, 실현가능성이 없는 약속도 깊은 고려 없이 남발함으로써 상습사기범이 되기 쉽다.
③ 무전취식자로 돌아다니기도 하며, 닥치는 대로 훔치기도 한다.
④ 순간적인 충동에 따라서 움직이고, 쉽게 범죄유혹에 빠지기도 한다.

2. 우울성 정신병질자
① 염세적, 비관적인 인생관에 빠져 항상 우울하게 지내고 자책적이다.
② 항상 최악의 상황을 생각하고, 과거를 후회하며 미래를 걱정한다.
③ 강박관념에 빠져 자살할 가능성이 높다.
④ 적극적으로 범죄에 가담하지 않는 편이지만, 드물게 강박증상으로 살인이나 성범죄를 저지르기도 한다.

3. 의지박약성 정신병질자
① 외향적 의지·내면적 의지에 박약성을 지녀 주위 상황과 주변 사람들의 태도에 따라 우왕좌왕한다. 대개 지능이 낮은 편이다.
② 좋은 환경 아래에서는 온순하고 모범적으로 생활하나, 나쁜 환경 아래에서 범죄의 유혹에 직면하게 되면 쉽게 빠지고 헤어나지 못한다.
③ 상습 누범자 중에 많고, 창녀·알코올중독자·마약중독자 중에 많다.

4. 무정성(정성박약성) 정신병질자
① 인간이 보편적으로 갖고 있는 타인에 대한 동정심이나 연민의 감정, 수치심, 명예심, 공동의식, 양심의 가책 등이 결핍되어 있어 함부로 행동한다.
② 자기 목적 달성을 위해서는 냉혹·잔인하게 행동하고, 그에 대한 죄책감을 느끼지 못한다. 복수심도 강하고 완고하며 교활하다.
③ 사이코패스, 도덕적 백치 또는 도덕적 박약자(Moral imbecile) 등으로 불리며, 범죄학에서 가장 주목을 받는 정신병질자이다.
④ 롬브로소의 생래적 범죄자, XYY형 범죄자 등이 여기에 해당한다.

5. 폭발성 정신병질자(병적 흥분자)
① 사소한 자극에 대해 병적으로 과도하게 격렬한 반응을 일으키고, 전후를 고려함이 없이 닥치는 대로 던지고 때리고 폭언하기를 주저하지 않는다.
② 타인에 대한 공격 뿐 아니라 자해행위를 하기도 한다. 이런 경향은 알코올 음용 이후에 더욱 잘 나타난다.
③ 뇌파검사를 하면 간질성 기질이 나타나기도 한다. 평소에는 조용하고 친절하며 분별력 있게 지내기도 한다. 이들은 살상, 폭행, 모욕, 손괴 등의 범죄행위를 많이 저지른다.

6. 기분이변성 정신병질자
① 기분의 동요가 심하여 예측할 수 없는 것이 특징이다.
② 갑자기 어떤 감동이 발하여 이상한 행동과 기분을 내다가 곧 주저앉는 등 변화가 심하다.
③ 폭발성과 마찬가지로 간질성 기질이 나타나기도 한다. 방랑과 폭음, 낭비를 일삼는 경우가 많고, 방화범과 상해범 중에 이런 성향이 많다.

7. 자기현시욕성(허영성) 정신병질자
① 자기를 사물의 중심으로 생각하는 등 자신을 실제 이상으로 높여서 인식하는 성격이다.
② 다른 사람의 주목과 평판의 대상이 되고자 공상적인 거짓말을 일삼기 때문에 고급사기범이 되기 쉽다.
③ 욕구가 좌절되면 신체적 질환으로 도피하여 히스테리성 반응을 보이기도 한다.

8. 자신결핍성(자기불확실성) 정신병질자
① 자신의 우월성을 나타내고자 하는 마음은 많으나 능력 부족을 늘 의식하여 주변 사정에 민감하고, 어떤 강박현상에 쫓기는 듯한 복잡한 심경의 소유자이다.
② 주변 사정에 민감하여 도덕성을 지키기 때문에 범죄와는 거리가 멀다.

9. 열광성(광신성) 정신병질자
① 어떤 가치나 신념에 열중하여 외부에 적극적으로 선전하고 주장을 펼치는 등 소신에 따라 행동하는 강한 성격의 소유자이다.
② 정의감에 따라 소송을 즐기기도 하고 비현실적 주장을 펼치기도 한다(종교적 광신자나 정치적 확신범).

10. 무력성 정신병질자
① 심신의 부조화 상태를 호소하며, 관심을 자기에게 돌리기를 원하고 동정을 바라는 성격이다.
② 인격성의 상실에 빠져 번민하기도 하며, 신경질적이다.

슈나이더의 정신병질적 성격유형
㉠ 발양성, ㉡ 우울성, ㉢ 의지박약성, ㉣ 무정성(정성박약성), ㉤ 폭발성(병적 흥분자), ㉥ 기분이변성, ㉦ 자기현시욕성(허영성), ㉧ 자신결핍성(자기불확실성), ㉨ 열광성(광신성), ㉩ 무력성 정신병질자 등이 있다. 이 중 범죄성과 관련성을 가진 것은 발양성, 의지박약성, 폭발성, 기분이변성, 자기현시욕성, 열광성, 무정성의 일곱 가지이며, 우울성, 자신결핍성, 무력성은 소극적인 관계를 가진다고 보았다.

04 정신병(Psychosis)과 범죄

1. 현실감각의 상실
① 정신병의 가장 두드러진 특징은 현실감각의 상실이다.
② 정신병자는 환상과 망상 속에 살며, 환상과 현실을 구분하지 못한다. 존재하지 않는 소리를 듣고, 없는 것을 본다.

2. 정신병과 범죄의 연관성
정신병과 범죄의 연관성은 분명하게 존재하는 것은 아니다. 그러나 환각이나 망상에 지배되어 범죄를 저지르는 경우가 있다.

[정신신경증과 정신병의 차이점]

구 분	정신신경증	정신병
상 태	정신병과 같은 장애 없이 지각작용과 사고에 있어서 정상성 유지	현실과 차단상태에서 환각, 환상, 망상, 의식장애
원 인	심리적 장애로 인한 인과적 발생	뇌나 기관의 병리적 장애
행 태	정신상 장애와 신체 생활 장애	단순한 정신상 장애
종 류	노이로제, 강박증, 불안증, 히스테리	정신분열(조현병), 조울증, 망상증, 간질

3 인성이론

01 개 요

1. 의 의
① 성격(인성 ; Personality)은 한 개인이 가진 여러 특성들의 전체를 말한다.
② 범죄자는 일반인과 다른 비정상적이고 부적합하고 범죄적 성향을 가지고 있다고 보고, 범죄행동은 이와 같은 개인적 성향, 즉 충동성·폭력성·자극추구성·반발성·적대감 등이 표출된 것으로 본다.
③ 정신분석학적 설명은 인간에게 겉으로 잘 드러나지 않는 무의식 같은 것이 표출된 행동을 중시하는 반면, 인성을 통한 설명은 각종 심리검사에 의해 드러난 특성을 중심으로 인간의 행동을 설명하고 예측하는 점에서 차이가 있다.
④ 인성이론은 정신병리적인 성격 논의에 비해 보다 넓은 관점에서 성격 특성을 분류하는 데 관심이 있으며, 여러 가지 심리검사나 측정 방법을 통해 성격적 차이를 규명하는 데 주력한다.

2. 성격의 분류

① 캐텔(R. Cattell)의 특질이론 : 성격 특성과 연관된 개념들에서 최소한의 공통요인을 추출하여 16개의 성격요인을 발견하였으며, 이를 토대로 자신의 이론을 입증하기 위해 '16 성격요인 검사'를 고안하였다.
② 노먼(W. Norman)의 성격의 5요인 : ㉠ 외향성, ㉡ 유쾌성, ㉢ 성실성, ㉣ 정서적 안정성, ㉤ 교양
③ 아이젠크(H. Eysenck)의 특질이론
  ㉠ 성격특질을 '내향성 – 외향성', '신경증적 경향성', '정신병적 경향성'으로 구분한다.
  ㉡ 내향성 – 외향성은 개인의 각성수준, 신경증적 경향성은 정서적 예민성·불안정성, 정신병적 경향성은 공격성·충동성·반사회성을 나타낸다.

02 아이젠크(Eysenck)의 성격이론

1. 의 의

① 성격을 '환경에 대한 개인의 독특한 적응에 영향을 끼치는 인격·기질·지성·신체 요소들이 안정되고 영속적으로 조직화된 것'이라고 정의하였다.
② 매우 반사회적인 성향을 가진 사람의 경우에는 정신이상, 외향성, 신경증의 정도가 모두 높을 것이라고 보았다.

2. 성격의 위계모형

3. 성격의 세 차원(P-E-N모델)

① 정신병적 성향(P)
   ㉠ 정신병을 향한 성향과 반사회적인 이상성격을 포함한다.
   ㉡ 공격적, 차가움, 자기중심적, 비정함, 비사회적, 비관습적인 특성을 갖는다.
   ㉢ 정신병리와 연관이 있을 수도 있지만, 개인차는 정상분포를 따르므로 어느 정도는 정신병과 무관하다.

② 외 - 내향성(E) : 사회성과 충동성에서의 차이와 관련
   ㉠ 외향성은 사교적이고 파티를 좋아한다. 친구가 많고 흥미진진한 것을 추구하며, 순간의 기분에 따라 행동한다.
   ㉡ 내향성은 내성적이며 말수가 적고, 반성적이며 충동적 결정을 불신하고, 잘 정돈된 삶을 선호한다.
   ㉢ 내향인은 외향인에 비해 고통에 더 민감하고, 보다 쉽게 피로하며, 흥분이 수행을 저하시키고, 학교 공부를 더 잘하며, 혼자 일하는 직업을 선호하고, 암기에 덜 반응하며, 성적으로 덜 활동적이다.
   ㉣ 내향인은 사건들에 의해 보다 쉽게 각성되고, 사회적 금지사항들을 보다 쉽게 학습한다. 그 결과 내향인은 더 억제되어 있다. 학습에서 내향인은 처벌에 의해서 영향을 받고, 외향인은 보상에 의해서 영향을 받는다는 증거도 있다.

③ 신경증 성향(N)
   ㉠ 신경증적 성향은 더 큰 불안정성이 특징이다.
   ㉡ 정서적으로 불안정하고 변덕스러우며, 걱정·우울·불안·낮은 자존감·긴장·수줍음 등의 특징이 있고 신체적 통증의 호소가 빈번하다.

4. 성격 연구

① 외향성은 대뇌피질의 자극수용(Cortical arousal)의 정도와 관련이 있다. 외부의 자극은 신경계를 거쳐 대뇌피질에 전달된다.
② 외향적인 사람은 대뇌피질이 자극을 덜 받아들이기 때문에 자극을 덜 느낀다. 따라서 그것을 채우기 위해 자극적인 것을 추구한다.
③ 내성적인 사람은 대뇌피질이 자극을 빠르게 받아들이고 그것을 오랫동안 간직한다. 그러므로 내성적인 사람은 외향적인 사람에 비해서 조건화를 통하여 특정 행위에 대한 억제력이 잘 발달된다.
④ 외향적인 사람은 비범죄행위에 대한 학습을 효과적으로 하지 못한다. 따라서 외향성이 높은 사람일수록 더 빈번하게 범죄행위를 하는 경향이 있다.
⑤ 신경증의 정도가 높은 사람의 경우, 불쾌한 자극에 대하여 강력하게 반발하는 불안정한 자율신경계를 가지고 있어서 불안감이 커진다.

03 성격의 5요인 모델

1. 의의
성격의 5요인 모델은 요인분석을 통해 초요인(Super factors)을 밝히려는 시도에서 나타난 이론이다.

2. 성격의 5요인
① 외향성(E) : 대인관계에서의 상호작용의 정도와 강도를 측정한다(활동 수준·자극에 대한 욕구·즐거움·능력 등).
② 우호성(A) : 사고·감정·행동에서 동정심부터 적대감까지의 연속 선상을 따라 개인의 대인관계 지향성이 어느 위치에 있는지를 측정한다.
③ 성실성(C) : 목표지향적 행동을 조직하고 지속적으로 유지하며, 목표지향적 행동에 동기를 부여하는 정도를 측정한다.
④ 신경증(N) : 적응 대 정서적 불안정을 측정한다(심리적 디스트레스·비현실적 생각·과도한 열망과 충동·부적응적인 대처반응 등).
⑤ 개방성(O) : 자신의 경험을 주도적으로 추구하고 평가하는지의 여부를 측정한다(낯선 것에 대한 인내와 탐색 정도 등).

4 학습 및 도덕성 발달

01 개요

1. 학습이론
① 학습이론은 정신분석학적 접근, 퍼스낼리티이론 등과 달리 인간을 이해하는 데 있어서 무의식이나 인격 내부의 역동관계 등의 내적 과정을 가정할 필요를 인정하지 않는다.
② 학습이론에서는 관찰 가능한 행동 수준에서의 자극과 반응과의 관계를 중시한다.

2. 학습(learning)
학습은 경험을 매개로 하여 행동에 비교적 영속적인 변화를 일으키는 과정이다. 학습이론에서는 기억할 수 없는 경험은 제외되며, 기억할 수 있는 경험이 인간의 행동에 영향을 미친다고 본다.

02 타르드(Gabriel Tarde)의 모방이론

1. 의 의
① 범죄를 정상적으로 학습된 행위로 보는 관점을 제시하였다.
② 인간행위의 본질은 사람들이 사회생활을 하는 중에 다른 사람의 행위를 모방하는 것이라고 보았다. 범죄행위도 이런 모방의 한 예이다.

2. 모방의 법칙
① **거리의 법칙** : 모방의 강도는 사람과 사람 사이의 거리에 반비례한다. 즉, 사람 간의 거리가 가까울수록 더 잘 일어난다. 도시지역에서는 빠른 속도로 모방이 일어나는 반면, 농촌지역에서는 모방이 자주 일어나지 않는다.
② **방향의 법칙** : 모방은 사회적 지위가 우월한 사람에게서 낮은 사람에게로 이행된다. 처음에는 왕족과 도시에서 일어나던 범죄가 점차 평민과 시골로 확산된다.
③ **삽입 및 무한진행의 법칙** : 처음에는 단순한 모방이었던 것이 다음 단계에서는 유행이 되고, 그 유행이 관습으로 삽입·정착되며, 상호배타적인 유행이 동시에 발생하면 새로운 유행이 기존의 유행을 대체한다. 총기에 의한 살인이 칼에 의한 살인을 대체하고 지배적이 된다.

03 습관화

1. 의 의
모든 형태의 학습 중 가장 간단한 형태이다. 어떤 자극에 대해 반복적으로 노출되어서 친숙하게 되면 그 자극에 대해 반응하는 경향성이 감소하는 현상이다.

2. 특 징
① 갑작스럽고 친숙하지 않은 자극을 처음 접하게 되면 우리는 보통 놀라게 된다. 이는 외부적 위험에 대한 적응적 반응이다. 그런데 같은 소리를 몇 차례 듣게 되면, 놀라는 반응이 점차 감소하게 되고 나중에는 그런 반응이 거의 일어나지 않게 될 것이다.
② 습관화는 도피반응을 유발시키는 자극범위를 축소시킨다. 유기체로 하여금 친숙한 자극을 무시하고, 새롭고 위험을 야기하는 것들에 대해 위기 반응을 집중하도록 해주어 유기체의 생존에 유리하게 작용한다.

04 기 억

1. 의 의
기억이란 과거의 경험을 기록해 두었다가 필요할 때 그 기록의 내용을 참조하여 현재의 경험에 영향을 주는 과정을 말한다.

2. 기억의 과정
① 부호화 : 정보의 획득 및 학습의 과정과 관련하여, 정보가 기억에 저장되는 형태를 말한다.
② 저장 : 부호화된 경험이 신경계에 남기는 어떤 흔적 또는 기록을 말한다.
③ 인출 : 저장된 기억의 흔적 중에서 특정한 것을 선택하여 밖으로 끄집어내는 것을 말한다.

3. 기억의 단계이론
① 감각기억 단계(Sensory memory) : 우리 주위의 수많은 자극이 오관을 통해서 입력된다. 입력되는 자극 중에서 일부가 선별되어 기억의 단기 저장소로 이동한다.
② 단기기억 단계(Short-term memory) : 단기기억은 거대한 장기적 저장창고의 하역대이며, 하역대에 얼마 동안 놓인 짐꾸러미 중 일부는 창고로 옮겨지기도 하지만, 대부분의 꾸러미는 창고로 옮겨지지 않고 소멸하거나 다른 것에 의해서 대치된다.
③ 장기기억 단계(Long-term memory) : 하역대의 일부 꾸러미가 전이과정을 거쳐 장기 저장소로 이동한다. 장기기억에 저장되는 내용은 계층을 이룬다. 새로이 입력되는 내용은 계층의 어딘가에 붙는데, 한번 붙은 내용은 오랜 기간 동안 기억되며, 우리들의 사고와 행동에 영향을 미친다.

05 고전적 조건형성

1. 파블로브(Pavlov)
파블로브는 개에게 종소리를 반복적으로 들려주고 잇따라 음식을 제공하면, 나중에는 먹이가 주어지지 않을 때도 종소리가 들리면 침이 분비된다는 실험결과를 얻었다.

2. 무조건 반사 및 조건 반사
① 무조건 반사는 생득적이고 선천적인 것이다. 무조건 자극(음식)과 무조건 반응(침 분비) 사이의 선천적인 연결이다.
② 조건 반사는 획득되는 것이다. 조건자극(종소리)과 무조건 자극(음식)이 짝지어진 후 유발되는 반응이다.

06 도구적 조건형성

1. 의의
① 학습의 또 다른 형태는 도구적 학습 또는 조작적 조건형성이다.
② 동물원의 물개가 생선을 얻기 위하여 공중제비를 넘는 것을 학습할 때, 그 물개는 도구적 반응을 학습한 것이다. 그 반응은 원하는 효과, 즉 생선을 얻게 해준다는 점에서 도구적이다.

2. 고전적 조건형성과 도구적 조건형성의 차이
① 도구적 학습에서는 강화(보상)가 적절한 반응에 의존한다. 물개가 공중제비를 넘지 않으면, 생선은 주어지지 않는다. 반면, 고전적 조건형성에서는 먹이가 동물의 행동과는 무관하게 제시된다.
② 도구적 학습에서 반응은 대단히 많은 행동으로부터 선택하는 것이다. 물개는 자신이 할 수 있는 수많은 행동으로부터 공중제비를 선택해야 한다. 고전적 조건형성에서는 반응이 강요된다.

3. 효과의 법칙
① 지렛대를 누르면 벗어날 수 있는 상자 속에 고양이를 넣어두고, 고양이가 밖으로 나오면 소량의 먹이를 보상으로 준 결과, 고양이는 점차 짧은 시간 내에 문을 여는 모습을 보여주었다.
② 쏜다이크(Thorndike)는 동물이 학습한 것은 정확 반응의 강도 증가라고 보았다. 정확 반응은 점차 각인되고 쓸모없는 반응은 점차 억압하는 것이다.
③ 다양한 반응을 수행하던 동물의 정확 반응이 강화되면서 결국에는 처음에 우세하였던 부정확 반응을 압도할 수 있는가에 대한 해답이 효과의 법칙이다.

4. 스키너(Skinner)의 조작 행동
① 고전적 조건형성과 도구적 조건형성을 철저하게 구분할 것을 주장하였다.
② 고전적 조건형성에서 행동(침 분비)은 외부의 자극에 의해서 촉발되지만, 도구적 조건형성에서 유기체는 외적 상황의 영향을 덜 받는다고 주장하였다.
③ 도구적 반응(공중제비)은 내부로부터 방출되는 것이다. 스키너는 이런 도구적 반응을 조작적 행동이라 하였다. 이것은 보상을 초래하는 어떤 변화를 일으키도록 환경을 조작한 것이다.
④ 강화는 선호자극의 제시(상자 속에 있는 비둘기가 실험자가 원하는 쪼기를 하였을 때 먹이나 물을 주는 것) 또는 혐오자극의 중지(전기자극에 놓여있는 쥐가 실험자가 원하는 지렛대를 눌렀을 때 전기자극을 멈추는 것) 등을 통해 이루어진다.
⑤ 정적 강화는 반응이 긍정적 자극을 일으키는 조건을, 부적 강화는 도구적 반응이 혐오적 결과를 제거하거나 혹은 방지하는 조건을 의미한다.

07 톨만(Tolman)의 인지학습이론

1. 의 의
동물 또는 인간이 학습을 할 때 실제적으로 문제가 되는 것은 고전적 조건형성이나 도구적 조건형성에서 보는 그런 행동상의 변화가 아니라, 새로운 지식(Knowledge)의 획득에 의한 인지구조의 변화라고 주장하는 견해이다. 여기서 인지구조란 수단과 목적 간의 관계를 아는 것으로, 하나의 인식형태 또는 사고방식이라 할 수 있다.

2. 특 징
① 고전적 조건형성에서 학습되는 것은 자극 사건들, 즉 조건자극과 무조건자극의 관계성에 대한 표상인데 비하여, 톨만은 도구적 학습의 경우 동물은 반응과 이 반응에 따라오는 강화 사이의 관계에 대한 내적 표상을 획득한다고 보았다.
② 동물은 지렛대를 누르는 것만을 학습하는 것이 아니라 지렛대를 누르면 먹이 덩어리가 온다는 것을 학습한다. 결과적으로 동물은 어떤 행동과 그 결과 사이의 연합을 획득한다.
③ 즉, 학습이란 학습자가 수단 – 목표와의 의미관계를 파악하고 인지구조를 형성하는 것이다(목표의 기호학습).
④ 행동과 결과 사이의 이런 표상은 학습자의 욕구와 동기 같은 상황에 따라 나중의 경우에 사용되거나 혹은 사용되지 않을 수 있다.

08 반두라(Bandura)의 사회학습이론

1. 의 의
① 반두라(Bandura)는 개인은 직접적인 경험이 아닌 관찰을 통해서도 학습을 할 수 있으며, 성격은 타인의 행동을 관찰하고, 관찰된 행동을 시행한 후 얻어지는 결과에 따라 형성되는 것으로 보았다.
② 사회학습이론에서는 밖으로 드러나는 행동에만 초점을 맞추는 행동주의 학습이론과 달리, 인간의 내면에서 일어나는 인지과정도 중시한다.
③ 관찰학습을 통해 형성된 정보는 자기 효율성이라는 강화(强化)를 통해 필요성이 있을 때 행동으로 옮겨지는데, 이처럼 관찰에서 행동에 이르기까지는 4단계가 필요하다.

2. 관련 개념
① **모방** : 타인의 행동을 보고 들으면서 그 행동을 따라서 하는 것으로, 이는 관찰을 통해서 학습된다.
② **인지** : 사회적 학습은 주로 인지적 활동이며, 인간은 심상, 사고, 계획을 생각하고 인식하는 존재이므로 장래를 계획하며, 내적 표준에 근거하여 자신의 행동을 조정하여 행동의 결과를 예측할 수 있는 존재이다. 또한 학습된 반응을 수행할 의지는 인지적 통제하에 있고 이러한 자신의 장래 학습과 수행에 영향을 미치는 인지적 구조는 고전적 조건화, 조작적 조건화, 관찰학습을 통해 습득한다.

③ 자기규제 : 수행과정(관찰), 판단과정, 자기 반응과정의 세 요소로 이루어지며, 인간행동은 자기강화에 의하여 규제된다.
④ 자기 효율성 : 어떤 행동을 성공적으로 수행할 수 있다는 신념이다.

3. 학습과정
① 집중단계 : 관찰을 통한 학습이 이루어지기 위해 행동·상황이 관찰자의 주의를 끌어야 하는 단계이다.
② 인지단계 : 관찰을 통해 학습한 정보를 기억하는 단계로, 학습한 정보가 내적으로 보유·강화되는 단계이다.
③ 재생단계 : 저장된 기억을 재생하는 단계로, 학습한 내용과 관찰자의 행동이 일치하도록 자기 수정이 이루어지는 단계이다.
④ 동기화 단계 : 학습한 내용대로 행동에 옮기기 전에 기대감을 갖게 만드는 단계이다.

09 피아제(Piaget)의 인지발달이론

1. 의 의
① 인지이론은 인간이 외부세계를 이해하고 파악하는 바탕인 인지적 구조가 형성되는 과정을 설명한 것으로, 지능, 도덕발달, 정보처리능력 등과 관련된다. 그는 인지능력이 일련의 고정된 발달단계를 통해 발달한다고 보았다.
② 인지구조는 개인과 환경과의 상호작용을 통해 발달하고 수정된다고 가정한다.
③ 인지발달은 본질적으로 아동이 자신의 경험을 통해 인지적 구조를 만들어 가는 자발적인 과정이라고 보았다.

2. 인지발달과정
① 도식(Scheme) : 개인이 가지고 있는 반복될 수 있는 행동의 유형이나 인지구조로, 조직과 적응의 과정을 통해 형성된다.
② 조직(Organization) : 인지한 것을 의미 있게 만드는 방식이다.
③ 동화(Assimilation) : 자신이 이미 가지고 있는 도식 속에 외부의 대상을 받아들이는 인지 과정이다.
④ 조절(Adjust) : 자신이 가진 기존의 도식이 새로운 대상을 동화하는 데 적합하지 않을 때 도식을 바꾸어 가는 과정이다.

3. 인지발달단계
① 감각운동기(0~2세)
  ㉠ 반사운동이 세련되고 조직화된다.
  ㉡ 대상영속성 개념을 획득한다.
  ㉢ 인과성·시간·공간을 초보적인 수준에서 이해한다.
  ㉣ 모방을 하기 시작한다.
  ㉤ 행동은 전반적으로 자아 중심성을 반영한다.

② 전조작기(2~7세)
　㉠ 직접적인 감각과 지각을 이용해 문제를 해결한다.
　㉡ 개념적이고 상징적인 사고가 나타난다.
　㉢ 놀이는 상상적인 성격을 띤다.
　㉣ 언어는 반복성, 자아 중심성, 모방의 특성을 나타낸다.
　㉤ 언어 증가에 따라 사회화 과정이 개선되고, 자아 중심성이 점차 감소한다.
　㉥ 언어가 점차적으로 발달하고 상징적인 형태로 사고한다.
③ 구체적 조작기(7~11세)
　㉠ 논리적인 사고가 가능하고 탈 중심화를 이룬다.
　㉡ 숫자 개념과 같은 추상적 개념을 획득하고, 수와 양과 같은 실체의 필수적 속성을 추출해낼 수 있게 된다.
　㉢ 사회적 의사소통 능력이 증대된다.
④ 형식적 조작기(11세 이후)
　㉠ 추상적인 문제의 해결이 가능해진다.
　㉡ 조합적 사고능력이 발달한다.

10 콜버그(Kohlberg)의 도덕발달이론

1. 의 의
① 도덕성은 개인이 자신의 욕망에 집착하지 않고, 타인의 입장을 이해하며 사회 속에서 적응해가는 행동경향을 말한다.
② 행위의 옳고 그름에 대한 이해와 그에 상응하는 행동은 세 가지 수준으로 분류되는 여섯 단계(사회화 과정)를 통해 발달한다고 주장하였다.

2. 도덕발달단계
① 1수준 : 전인습적 도덕성(Preconvention level)
　㉠ 1단계 : 처벌받지 않을 행동(처벌과 복종단계)
　㉡ 2단계 : 일반적으로 이익이 되는 행동(쾌락주의)
② 2수준 : 인습적 도덕성(Conventional level)
　㉠ 3단계 : 타인의 인정을 받고 비난받지 않을 행동(대인관계 조화)
　㉡ 4단계 : 법과 질서에 의해 엄격히 규정된 행동
③ 3수준 : 후인습적 도덕성(Postconventional level)
　㉠ 5단계 : 법은 대중의 복리를 위한 사회계약이라는 입장에 근거하여 판단
　㉡ 6단계 : 보편적인 윤리원칙에 입각해서 판단

11 페스팅거(Festinger)의 인지부조화이론

1. 의 의
인지부조화란 둘 이상의 태도 사이 혹은 자신의 행위와 태도 사이의 비일관성을 말한다.

2. 인지부조화의 감소 방법
① 부인 : 부조화를 근절하기 위해 문제 사실 자체를 부인한다. 정보의 출처를 무시하거나 과소평가함으로써 문제의 존재를 부인하는 것이다.
② 변경 : 자신의 기존 사고를 변경하여 일관성을 획득하고자 한다. 이는 대개 자신이 틀렸다는 사실을 인정하고 자신의 실수를 만회하기 위해 변화하는 것을 포함한다.
③ 재구성 : 자신의 이해나 해석을 수정한다. 이로써 자신의 사고를 변경하거나 문제 자체의 중요성을 과소평가하며, 혹은 그것을 전혀 중요하지 않다고 생각한다.
④ 조사 : 상대방의 입장에서 오류를 발견하고 그 출처를 의심하며, 자신의 관점이 사회적으로 확실한 지지를 받을 수 있는 방법을 찾겠다고 결심한다. 그 원인을 찾을 수 있는 경우, 자신이 실수를 저지르게 된 원인을 이해시키려고 한다. 또한 자신의 행동이 옳다며 타인을 이해시키려 한다.
⑤ 분리 : 상충관계에 있는 태도를 각각 분리한다. 이를 통해 자신의 인지를 확실히 구분하여 그 불일치를 무시하거나, 심지어 망각할 수 있다. 자신이나 타인의 삶 한 부분에서 일어나는 일이 다른 부분에 영향을 미쳐서는 안 된다고 생각한다.
⑥ 합리화 : 불일치를 수용할 수 없는 변명거리를 찾는다. 자신의 기대치를 수정하거나 실제로 일어난 일을 변경하려 한다. 또한 자신의 행동이나 의견을 정당화할 수 있는 이유를 찾는다.

> **대표적인 범죄심리학자**
> 프로이드(Freud), 고프(Gough), 슈나이더(Schneider), 아이젠크(Eysenck), 타르드(Tarde), 톨만(Tolman), 반두라(Bandura), 피아제(Piaget), 콜버그(Kohlberg), 페스팅거(Festinger), 스키너(Skinner) 등

의심은 실패보다 더 많은 꿈을 죽인다.

– 카림 세디키 –

1 사회구조이론

01 사회해체이론
02 아노미이론
03 코헨의 비행하위문화이론
04 밀러의 하류계층문화이론
   (하층계급문화이론)
05 클로워드와 올린의 차별기회이론
06 울프강과 페라쿠티의 폭력하위문화이론

2 사회학습이론

01 의 의
02 서덜랜드의 차별적 접촉이론
03 차별적 접촉이론의 수정 및 보완

3 사회통제이론

01 개 요
02 허쉬의 사회유대이론
03 억제이론과 레클리스의 봉쇄이론
04 사이크스와 맛차의 중화기술이론
05 갓프레드슨과 허쉬의 일반이론
   (자기통제이론)
06 티틀의 통제균형이론

4 낙인이론

01 개 요
02 레머트
03 베 커
04 기타 이론

5 갈등이론

01 개 요
02 마르크스와 봉거
03 퀴니의 범죄의 사회적 구성
04 셀린과 밀러
05 볼드의 집단갈등이론
06 터크의 범죄화
07 기타 이론
08 갈등이론의 평가

최다 출제 POINT & 학습목표

1 사회해체이론, 머튼의 아노미이론, 코헨의 비행하위문화이론, 밀러의 하류계층문화이론, 클로워드와 올린의 차별기회이론에 대하여 이해한다.

2 서덜랜드의 차별적 접촉이론에 대하여 학습한다.

3 사회통제이론 중 허쉬의 사회유대이론, 레클리스의 봉쇄이론에 관하여 학습한다.

4 사이크스와 맛차의 중화기술이론에 대하여 예시를 들어가며 이해한다.

5 낙인이론과 갈등이론을 구별하여 이해한다.

CHAPTER 04
사회학적 범죄원인

CHAPTER 04 사회학적 범죄원인

1 사회구조이론

01 사회해체이론

사회해체이론에 따르면, 도시화와 산업화로 인한 급격한 사회변동은 지역사회의 제도적·비공식적 사회통제를 약화시키는 사회해체를 초래하게 되는데, 이러한 사회해체는 도시가 성장함에 따라 동심원지역으로 일어난다. 따라서 지역별 범죄분포를 살펴보면, 하류계층이 사는 도심 근처의 주거지역에서 범죄율이 가장 높고 외곽의 범죄율은 낮다.

1. 시카고 학파
① 환경결정주의 : 1920년대부터 미국 시카고대학을 중심으로 하여 생태학적으로 범죄를 설명한 시카고 학파는 범죄를 사회환경, 특히 지역에 관련되어 있다고 주장하였다.
② 사회해체 : 시카고의 급격한 도시발전, 이민, 가난 등에 의하여 가족, 학교, 교회 등 전통적인 기관들이 제 기능을 하지 못해 가족과 이웃사회의 결합이 약화되는 현상을 가리켜 사회해체라 하고, 이는 슬럼지역 범죄의 주요원인이라고 밝혔다.

> **사회해체지역에서 범죄율이 높은 이유**
> - 높은 빈곤율
> - 높은 인구이동률
> - 높은 결손가정률
> - 낮은 취업률

③ 문화전달 : 시카고의 슬럼지역은 거주민이 달라지는데도 계속 높은 범죄율을 보이는 점에 주목하면서, 그 지역의 특수한 환경이 범죄를 발생시키는 요소이며, 그러한 환경은 계속 전달되는 것이라고 주장하였다.

2. 파크(Park)의 생태학적 이론
다른 생물학적 시스템처럼 도시의 발전과 조직 또한 침략·갈등·수용 등의 사회절차에 의해 일정한 패턴을 보이며, 이러한 것은 범죄와 같은 인간의 행태에 영향을 준다고 주장하였다.

3. 버제스(Burgess)의 동심원이론

① 시카고를 5지역(중심상업지역, 전이지역, 노동자 거주지역, 중류계층지역, 외부통근지역)으로 나누어 범죄발생률을 조사해 본 결과, 범죄율이 가장 높은 지역은 제2지역(전이지역)이었고, 범죄율이 가장 낮은 지역은 부유한 계층이 주로 사는 제5지역(외부통근지역)이었다.

② '도심지역'과 도심과 인접하면서 주거지역에서 상업지역으로 바뀐 '전이지역'의 범죄 발생률이 지속적으로 높고, 도심에서 멀어질수록 점차 낮아진다는 것을 발견하였다.

③ 전이지역에서는 급격한 도시발전·이민·가난 등에 의하여 전통적 기관들이 깨지거나 제 기능을 하지 못하는 등 긴장상태에 놓여 있어 가족과 이웃의 결합이 약화되는데, 이러한 사회해체현상이 범죄의 원인이 된다고 주장하였다.

④ 범죄는 개인 심리의 소산이기보다 열악한 주택사정, 심한 인구이동, 열악한 교육환경 등과 같은 사회적 요인이 주민들에게 계속 전달된 결과로 보았다.

> **동심원이론**
> - 중심상업지역 : 상업 + 공업 점유
> - 전이지역 : 상업과 공업에 의해 잠식되어가는 과정에 있는 빈민층·이주자·이민자들이 거주하는 지역
> - 노동자 거주지역 : 2~3세대용 다세대 주택이 많은 지역
> - 중류계층지역 : 단독주택이 많고 주로 중류층이 사는 지역
> - 외부통근지역 : 부유한 계층이 주로 사는 지역

4. 쇼(Shaw)와 맥케이(McKay)의 비행청소년이론

청소년 범죄가 인종·민족에 관계없이 전이지역인 슬럼가에 만연하고, 부자들의 거주지역에는 적다는 것을 확인하였다. 전이지역에 거주하는 청소년들은 가족과 전통사회에 의해 감독과 격려를 받지 못해 비행에 빠져든다고 주장하였다.

① **공간적 분포(Spatial distribution)** : 학교 무단결석률이 높은 생태학적 지역은 비행과 성인범죄의 비율이 높다.

② **지대가설(Zonal hypothesis)** : 범죄율과 비행률은 도시 중심부에서 가장 높고, 외곽으로 갈수록 점차 감소한다.

③ **지속성(Persistence)** : 거주자들의 사회적·인종적 구성이 변화하여도 주민들의 평균 거주기간이 긴 지역은 범죄율이 낮다.

④ **사회해체(Social disorganization)** : 범죄율과 비행률이 높은 지역은 잦은 인구이동, 높은 비율의 정부구호대상 가족, 낮은 평균수입, 낮은 주택소유율, 다양한 인종이나 민족 구성 등 다양한 조직해체의 지표들을 보인다.

02 아노미이론

1. 의 의

아노미(Anomie)는 원래 무규범 상태 또는 무규율 상태의 의미로 사용되었으나, 그 후 신념체계의 갈등 또는 붕괴상태, 도덕적 부적응 등 여러 가지 의미로 사용되고 있다.

2. 유 형

① 뒤르켐(Durkheim)의 아노미이론
  ㉠ 아노미라는 표현은 뒤르켐이 먼저 사용하였다. 뒤르켐에 의하면 인간의 욕구란 상대적인 것이며, 아노미란 인간의 끝없는 자기 욕망을 사회의 규범이나 도덕이 제대로 규제하지 못하는 무규범 상태를 지칭하는 것이다.
  ㉡ 뒤르켐의 아노미이론은 머튼(Merton)의 이론에 영향을 주었으며, 급격한 사회변동으로 일탈행위가 증대된다고 보았다.

② 머튼(Merton)의 아노미이론
  ㉠ 머튼은 사람들이 추구하는 목표는 생래적인 것이 아니라 그 사회의 문화적 성격에 의해서 영향을 받으며, 이를 달성할 수 있는 수단도 문화적으로 일정한 것으로만 제한되어 있다고 보았다.
  ㉡ 이처럼 문화적 목표와 사회적 수단 간의 불일치에서 아노미의 발생 원인을 찾는 것이 머튼의 아노미이론의 기초이다.

③ 애그뉴(Agnew)의 일반긴장이론
  ㉠ 범죄와 비행이 스트레스가 많은 사람들에게 고통을 경감하고 만족을 주는 수단이 된다고 보았다.
  ㉡ 긴장이 부정적 감정을 낳고, 이는 다시 비행(청소년비행)을 일으키는 원인이 된다고 보았다.
  ㉢ 긴장의 원인으로는 긍정적 목적(목표)달성의 실패, 기대와 성취의 불일치, 긍정적 자극의 소멸, 부정적 자극의 직면(부정적 자극의 발생) 등이 있다.

비행을 유발하는 긴장의 3가지 유형(애그뉴의 일반긴장이론)	
긍정적 목표성취의 실패	3가지의 하위유형이 포함된다. 첫째는 '기대와 가능성 간의 괴리', 둘째는 '기대와 실제 성취 사이의 괴리', 셋째는 '공정하고 정의로운 결과라고 생각되는 것과 현실적 결과 사이의 불일치'이다.
긍정적 자극의 소멸	이 긴장의 원천은 주로 중요한 사물이나 사람의 상실과 같이 청소년에게 일어날 수 있는 불만스러운 사건의 경험을 이르는 것이다. 실연, 친구나 가족의 죽음이나 질병, 정학, 전학 등은 아노미적 느낌을 갖게 한다.
부정적 자극에의 직면	이 유형은 타인의 부정적 행위에 직면하면서 맞닥뜨리는 또 하나의 불만스러운 삶의 형태이다. 청소년은 아동학대, 가혹행위, 어려운 학교생활 및 기타 '유해한 자극'에 노출될 수 있다. 청소년은 가정이나 학교로부터 적법하게 벗어날 수 없기 때문에, 부모나 교사로부터의 스트레스를 피할 수 있는 합법적 방법이 봉쇄되어 있다. 청소년은 이러한 상황에서 비행을 저지르게 된다.

〈출처〉 로널드 L. 에이커스 외, 민수홍 외, 「범죄학 이론」, 나남, 2020, P. 368~370

3. 아노미이론의 기본명제

① 미국과 같은 문화체계에서는 부의 성취를 강조하는 확고한 문화적 목표와 목적이 존재하고, 이 문화적 성공목표는 모든 계층의 사람에 의하여 지지되고 있다.
② 문화적 목표를 달성할 수 있는 기회는 모든 사회집단들에게 공평하게 주어지는 것이 아니라, 특정집단에게만 유리하게 분포될 수밖에 없다. 반면에 많은 하위계층의 사람들에게는 이 목표를 달성할 수 있는 합법적인 수단이 거부되어 있다.
③ 문화적 목표를 달성할 수 있는 사회적 기회구조에 접근하기 어려운 개인이나 집단은 정상적인 방법보다는 비록 불법이지만 효과적인 방법을 선택하게 되므로, 이들이 범죄에 빠져들 개연성이 높다.

4. 사회·문화적 구조에 대한 개인별 적응양식

① **동조형(Confirmity)** : 그 사회의 문화적 성공목표를 용인하고, 또한 그에 도달하기 위한 제도적 수단도 인정하는 등 정상적인 생활을 유지하는 사람들이다. 동조형은 반사회적 행위 유형으로 볼 수 없다.
② **혁신형(Innovation)** : 성공목표를 적극 수용하지만, 제도적 수단에만 의존하지 않고 비합법적(불법적)인 방법도 용인한다. 대부분의 범죄는 비합법적 수단을 통하여 자신들이 원하는 목표를 달성하려고 한다는 점에서 혁신형에 해당한다.
③ **의례형(의식형, Ritualism)** : 문화적 성공목표를 외면(부인)하면서도 제도적 규범수단들에 충실한 순종적(용인)인 생활을 해나가는 중하층 관료 등의 적응형태이다. 여기서는 수단이 자신의 목표가 되며, 목표 달성 의지가 약하지만 합법적 수단을 사용한다.
   예 "이 일을 평생 해봐도 남들처럼 번듯한 집에서 살거나 고급 승용차를 타거나 가족들과 해외여행 한 번 가보기는 틀렸다. 하지만 과분한 욕심을 버리자. 알뜰한 아내 덕에 빚 없이 이만큼 살아왔는데, 내가 뇌물을 받다가 교도소라도 가는 날이면 이 조그만 행복도 끝장이다."라고 생각하는 하위직 공무원
④ **도피형(퇴행형, Retreatism)** : 현실적인 성공목표와 그 제도적 규범 수단을 모두 부정하고 그로부터 도피적인 생활을 하는 정신병자, 알코올·마약중독자나 부랑자 등의 유형이다. 이들은 범죄에 노출되기 쉬우며, 피해자 없는 범죄와 관련이 깊다고 할 수 있다.
⑤ **반역형(혁명형, 전복형, 반항형, Rebellion)** : 도피형과는 달리 기존의 목표와 수단을 거부하고 새로운 목표와 수단을 주장하는 것으로, 현행 제도의 개혁을 주장하는 데모나 혁명에 가담하는 정치범 또는 확신범의 유형이다.

[개인의 적응유형 분류]

적응유형	목표에 대한 태도	수단에 대한 태도	특 징
동조형	+	+	사회의 성공목표에 대해 용인하고 이에 도달하기 위한 제도적 수단을 받아들인다.
혁신형	+	−	문화적 목표는 수용하지만 이를 성취하기 위한 합법적 수단은 없는 경우이다(범죄형).
의례형	−	+	가능한 목표만 세워서 좌절을 줄인다(소시민형).
도피형	−	−	기존사회에서 후퇴하여 딴 세상에 산다(폐인형).
반역형	±	±	기존사회의 목표, 수단을 모두 거부하며 새로운 목표, 수단을 제시하여 사회변혁을 꾀한다(혁명형).

5. 적응유형과 범죄관련성

① **반사회적 적응양식** : 머튼에 의하면 사회가 인정하는 목표와 수단에 충실한 사람만이 동조자라 할 수 있고, 목표와 수단 중에서 한 가지나 두 가지 모두를 부인하는 사람은 사회로부터 일탈자로 간주된다.
② **범죄적 적응양식** : 일탈적 적응양식 중 범죄와 관련이 있는 적응양식은 개혁형(혁신형), 도피형, 반역형이다.
③ **개혁형(혁신형) 적응양식** : 범죄학적으로 특히 문제가 되는 것은 개혁형이다. 이들은 강한 성취욕구는 있으나 이에 도달하는 제도적 수단이 허용되지 않기 때문에, 또는 제도적 수단에만 의존할 이유를 강하게 느끼지 못하기 때문에 비합법적으로 성공목표에 도달하려고 하므로 범죄행위 내지 일탈행위를 저지를 위험성이 가장 크다.

> **제도적 아노미이론(Institutional anomie theory)**
> 제도적 아노미이론은 메스너(Messner)와 로젠펠드(Rosenfeld)가 기존의 아노미이론을 계승·발전시킨 것이다. 메스너와 로젠펠드는 현대사회에 이르러 경제제도가 지배원리로 자리 잡으면서 기존의 지배원리였던 가족·경제·교육·정치 등 기타의 제도들이 경제적인 가치로 평가·환원되는 것이 아노미의 원인이라고 하였다. 그들이 지적하는 현대사회의 문제점은 다음과 같다.
> - 비경제적 제도기능의 가치가 절하된다.
> - 비경제적 제도가 경제적 제도의 요구사항을 과다하게 수용한다.
> - 경제적 규범이 비경제적 제도 사이로 침투한다.
> - 경제적 제도가 다른 비경제적 제도에 비해 우월적 위치를 차지한다.

03 코헨(Cohen)의 비행하위문화이론

1. 의의

코헨은 '중산층'의 가치나 규범을 중심으로 형성된 사회의 중심문화와 '빈곤계층' 소년들이 익숙한 생활 사이에서 긴장이나 갈등이 발생하며, 이러한 긴장관계를 해소하려는 시도에서 비행적 대체문화가 형성된다고 보았다.

2. 비행하위문화의 성격

① **비공리성** : 범죄행위로부터 얻는 물질적 이익보다는 타인에게 피해를 입히고 동료로부터 얻는 명예와 지위 때문에 범죄행위를 한다.
② **악의성** : 다른 사람에게 고통을 주고 금기를 파괴하는 행위를 강조함으로써 중산층 문화로부터 소외된 자신들의 실추된 지위를 회복하려고 시도한다.
③ **부정성(어긋나기)** : 사회의 지배적 가치체계에 대해서는 무조건 거부반응을 보임으로써 중산층 문화의 가치를 전도시키고 그들 나름대로의 가치체계를 구축하는 것이다.
④ **단기적 쾌락주의** : 당장의 쾌락에 급급해하는 경향을 띠는 것이다.

> **반항 형성(Reaction formation)**
> 코헨은 하류계층의 청소년들이 사회의 일반문화와 정반대되는 방향으로 하위문화의 가치나 규범을 설정하는 과정을 반항 형성이라고 불렀다.

3. 코헨의 4가지 가정
① 상대적으로 많은 수의 하류계층 청소년들이 학교에서 실패하고 있다.
② 이런 저조한 학업성취도는 비행과 관련이 깊다.
③ 이들의 저조한 학업성취는 대부분 하류계층 청소년들의 가치와 학교체제를 지배하는 중류계층의 가치의 갈등에서 기인한다.
④ 이들의 비행은 집단비행의 형태로 범해진다.

4. 하위문화의 기능
① 박탈된 지위를 회복할 수 있는 여러 가지 규범과 기법을 제공한다.
② 그들의 자존심을 상하게 했던 중산층 규범에 보복할 수 있는 기회를 준다.
③ 그들이 자라온 문화 속에서 배운 남성다움을 마음껏 표출할 수 있는 기반을 제공한다.

5. 머튼의 이론과의 차이점
① 머튼은 하류계층 사람들이 목표를 달성하기 위해 불법적으로 행동하는 공리적 태도를 취한다고 본다. 반면에 코헨은 청소년 범죄, 특히 집단범죄의 대부분은 결코 공리적 태도에 따른 것이 아니라 비행 동료들 사이에서 지위를 얻는 방법이라고 강조한다.
② 코헨은 머튼과 달리 주어진 규범과 그 규범의 충족 가능성 사이의 불일치는 범죄에 간접적인 영향을 미친다고 본다. 불일치는 하류계층의 청소년들로 하여금 좌절하게 하고, 이러한 좌절감으로 인한 갈등을 해소하고 자신들의 삶에 의미를 부여하기 위해 중산층의 가치체계를 버리고 비행하위문화에 따라 불법적으로 행동한다는 것이다.

04 밀러(Miller)의 하류계층문화이론(하층계급문화이론)

1. 의 의
① 미국사회는 문화와 가치판단이 혼재하는 다원적 사회이며, 여러 소집단의 다양한 대체문화가 존재한다. 특히 범죄 및 일탈과 관련되는 것은 하층계급의 대체문화인데, 이는 하층계급만의 상이한 사회화 과정의 결과이다.
② 지배집단의 입장에서 대체문화는 지배집단의 문화와 가치에 반하는 범죄적 행위로 간주된다. 그러나 하위계층의 입장에서는 자기가 소속된 해당 문화에 충실한 행위일 뿐이다.

2. 하위계층의 6가지 중심가치(초점적 관심, Focal concerns)
하위계층에서는 다음의 6가지 가치에 관심을 가지면서, 자신의 세계에서 일정한 지위를 차지하고 계층의 문화적 분위기에 순응하는 과정에서 범죄를 저지르게 된다.
① 사고치기(말썽부리기, Trouble) : 하위계층에서 서로의 위세를 평가하는 것은 싸움·음주·문란한 성생활 등과 같은 사고를 얼마나 유발하고, 그 결과를 교묘히 회피하는지의 정도에 따라 결정된다는 것이다. 이러한 행위는 영웅적이거나 정상적·성공적인 것으로 간주된다.
② 강건함(Toughness) : 육체적인 힘, 싸움능력을 중시한다.

③ 기만성(Smartness) : 도박・사기・탈법 등과 같이 타인을 속일 수 있는 능력을 말한다.
④ 흥분추구(Excitement) : 스릴과 위험한 일을 추구하는 것이다.
⑤ 운명주의(Fate) : 자신의 미래가 노력보다는 스스로 통제할 수 없는 운명에 달려 있다는 믿음이다.
⑥ 자율성(Autonomy) : 권위로부터 벗어나고, 다른 사람으로부터 간섭받는 것을 혐오하는 경향이다.

코헨과 밀러의 문화이론 비교

구 분	비행하위문화이론	하층계급문화이론
주창자	코 헨	밀 러
하층문화에 대한 이해	하층문화가 중상층 문화에 대해 대항적 성격을 띰	하층문화가 중상층 문화의 차이를 인정하되 대항적 성격은 없고 그 자체의 고유한 문화로 파악
하층문화의 특성	하층의 문화는 중상층의 지배문화에 대항하려는 목적에서 발생하므로 지배문화에 반대되는 성격을 가짐 • 비공리성 • 악의성 • 부정성 • 단기적 쾌락성	하층문화의 대항적 성격이 아니라 하층의 고유문화성을 강조하므로 가치라는 것보다는 관심의 초점(초점적 관심, Focal concerns)으로 설명 • 말썽거리(Touble) • 강인함(Toughness) • 영악함(Smartness) • 흥분과 스릴(Excitement) • 운명주의(Fate) • 자율성(Autonomy)
평가 및 의문	• 비행소년 및 비행하위문화에 대한 관심촉구 계기 • 지배문화와 비행하위문화 간에 목표의 차이가 과연 존재하는가? • 비행은 소년기의 특유한 정신적 미숙의 결과가 아닐까? • 절도 등의 소년비행을 과연 비공리적이라 할 수 있는가?	• 상당수의 하층소년들은 왜 비행에 가담하지 않고 준법소년으로 남는가? • 범죄나 비행의 발생이 관심의 초점에 의한 차이라기보다는 목표 달성을 저지하는 사회구조적 요인에 기인하는 것이 아닌가?

05 클로워드(Cloward)와 올린(Ohlin)의 차별기회이론

1. 의 의

① 클로워드와 올린의 차별기회이론은 뒤르켐(Durkheim)과 머튼(Merton)의 아노미이론 및 비행을 학습의 결과로 파악하는 서덜랜드(Sutherland)의 차별적 접촉이론을 하나로 통합한 특성을 지니고 있다.
② 쇼와 멕케이의 문화전달이론 및 서덜랜드의 차별적 접촉이론, 그리고 머튼의 아노미이론을 종합하여 청소년의 비행문제를 설명(비행의 기회구조의 개념을 도입)하였다.
③ 차별기회이론은 "성공을 추구하는 문화적 목표를 수용하지만 구조적으로 합법적인 수단이 없는 사람이 비행을 저지르게 된다"고 봄으로써 머튼의 입장을 수용하는 한편, 그러한 사람들이 불법적 기회가 어떠한가에 따라 서로 상이한 문화를 접하게 되고, 그에 따라 비행유형도 다르다는 점을 강조하였다.
④ 목표를 달성하기 위해 합법・비합법적인 두 가지의 기회구조를 사용할 수 있다고 보고, 합법적인 기회구조에 접근할 수 있는 기회가 제한된다고 해서 바로 범죄가 발생하는 것이 아니라, 비합법적인 가치와 수단에 접근할 수 있는 기회가 있어야 범죄가 생기는 것(예 소매치기 기술)으로 본다. 이러한 경우를 이중적 실패(Double failures)라고 한다.

2. 비행하위문화의 3가지 기본형태

① **범죄하위문화**(Criminal subculture) : 범죄조직이 조직화, 체계화되어 있고, 대대로 범죄기술이 전수되어 재산범죄를 수행해 나가면서 생계를 해결하는 등, 불법적 범죄기회구조가 발달되어 있는 노동계급 지역에서 나타나는 문화이다. 주로 돈벌이와 관련한 절도 범죄와 관계 있는 문화이다.

② **갈등하위문화**(Conflict subculture) : 주로 거리의 폭력배에게서 발견되는 것으로, 싸움을 잘할 뿐 체계적으로 전수되는 범죄기술은 없다. 갈등하위문화는 불법적 범죄기회는 없으나 폭력을 수용하는 하위문화이다.

③ **도피(패배)하위문화**(Retreatist subculture) : 어떠한 사람들은 성공의 목표를 달성하지 못한 긴장 상태에서 불법적 범죄기술을 학습할 기회도 없고, 그렇다고 폭력을 수용하지도 못한다. 그러한 하위문화에 있는 사람은 절도 범죄자도, 폭력배도 되지 못하는 이중실패자가 되는데, 이들은 약물과 알코올중독에 빠지게 되는 경우가 많다.

범죄하위문화	문화적 가치를 인정하나 불법적인 기회구조와 접촉이 가능하여 범죄를 저지르는 비행문화집단
갈등하위문화	문화적 가치는 인정하지만 합법적 또는 불법적 기회구조가 모두 차단되어 욕구불만을 폭력행위나 패싸움 등으로 해소하는 비행문화집단
도피하위문화	문화적 목표는 인정하지만 이를 달성하기 위한 합법적 또는 불법적 기회구조가 차단되어 자포자기하는 이중실패문화집단

※ 차별적 기회이론은 청소년비행의 예방과 교화정책에 많은 영향을 끼침

3. 머튼의 이론과 동일한 점

① 클로워드와 올린은 하위계층 청소년들의 비행하위문화를 촉발시키는 요인으로 '합법적인 수단을 사용할 수 있는 기회의 불평등한 분포'를 들었다.

② 머튼의 아노미이론과 마찬가지로, 사회에는 문화적으로 강조되는 목표와 이러한 목표를 합법적인 방법으로 달성할 수 있는 가능성 간에 현격한 차이가 있는데, 특히 하층계급의 청소년들은 성공을 위해 제공되는 합법적인 수단으로의 접근이 제지되면서 비행하위문화가 형성된다고 보았다.

4. 머튼의 이론과 다른 점

① 클로워드와 올린은 성공하기 위하여 합법적인 수단을 사용할 수 없는 사람들이 비합법적 수단을 사용한다는 머튼의 가정에 대하여는 동의하지 않는다.

② 비합법적 수단 역시 합법적 수단과 마찬가지로 그 접근 기회가 불평등하게 분포되어 있으므로, 하위계층의 청소년이라고 하더라도 아무나 비합법적 수단을 취하여 목표를 달성할 수 있는 것은 아니기 때문이다.

06 울프강(Wolfgang)과 페라쿠티(Ferracuti)의 폭력하위문화이론

1. 의의
폭력적 하위문화이론은 모든 사회가 고유한 문화체계를 가지고 있으며, 사람의 행위는 문화체계를 통하여 이해된다고 본다. 폭력적 하위문화는 전체문화의 하위부분이며, 구성원들은 학습을 통하여 하위문화의 내용을 행동의 기준으로 삼는다.

2. 특징
① 폭력적 하위문화라도 모든 상황에서 폭력을 사용하지는 않는다.
② 폭력적 하위문화에서 폭력태도는 차별적 접촉을 통하여 형성된다.
③ 폭력적 하위문화에서 폭력은 불법적인 행동으로 간주되지 않는다.
④ 울프강과 페라쿠티는 '폭력이 적절한 행동으로 평가받는 문화 속에서 생활하는 청소년'들의 폭력가능성이 높다고 본다.
⑤ 기존의 가치체계와는 상반되는 하위문화적 기준에 동조하는 것이 범죄적 행위를 발생시킨다고 본다.

2 사회학습이론

01 의의
행위자의 행동은 다른 사람의 행동이나 어떤 상황을 관찰·모방함으로써 이루어진다는 이론으로, "재범률이 높은 것은 교도소가 범죄학교이기 때문이다"라는 주장과 부합한다.

02 서덜랜드(Surtherland)의 차별적 접촉이론

1. 의의
① 서덜랜드(Sutherland)는 범죄행동을 정상적으로 학습된 행동으로 묘사하였고, 이러한 정상적인 학습의 본질을 밝히고자 하였다.
② 범죄는 개인의 성향이나 사회경제적 지위의 발현으로 나타나는 것이 아니라고 보았다.
③ 범죄도 일반적인 행위와 마찬가지로 학습을 통해서 배우게 되고, 범죄자 역시 일반인과 마찬가지로 학습과정을 가지므로, 범죄행위의 학습 기제는 일상생활의 학습 기제와 동일하다고 보았다.
④ 학습은 주로 친밀한 집단·사람들 속에서 상호작용을 통해 일어난다고 보았다.
⑤ 일탈행동은 일탈행동에 대한 긍정적 정의의 표현이며, 법위반에 대한 우호적 정의가 비우호적 정의보다 클 때 범죄행위를 하게 된다고 보았다.

2. 인간 현상의 두 측면

① **차별적 집단(사회)조직화** : 이것은 "왜 사람의 집단에 따라 범죄율이 서로 다른가"에 대한 것으로, 서덜랜드는 이 문제를 차별적 사회조직화 혹은 차별적 집단조직화의 개념으로 설명하였다.
② **범죄에 대한 개인의 차별적 접촉** : 이것은 "왜 대부분의 사람들은 범죄자가 되지 않는데, 일부는 범죄자가 되는가"에 대한 설명이다. 서덜랜드는 이에 대한 원인을 개인의 차별적 접촉에서 찾으려 했다.

3. 범죄원인에 관한 9가지 명제

① 범죄행위는 학습의 결과이다. 따라서 생물학적으로 결정되는 것도, 심리적 결함에 기인하는 것도 아니며, 배워서 학습되는 것이다.
② 범죄행위는 다른 사람과의 교제나 접촉 등 상호작용을 수행하는 의사소통 과정을 통해 학습된다.
③ 범죄행위 학습의 주요부분은 가족·친지 등의 가까운 개인집단 내에서 이루어지고, 라디오·TV·영화·신문 등의 비인격적 매체와는 관련이 없다.
④ 범죄행위의 학습은 복잡하든지 단순하든지 간에 범죄를 행하는 다양한 기법·동기·욕구·합리화·태도 및 구체적 방향의 학습과 관련이 있다.
⑤ 범행동기·충동은 법규범을 긍정적으로 정의하는지, 아니면 부정적으로 정의하는지에 따라 학습된다.
⑥ 특정한 개인이 범죄자가 되는 것은 '법의 위반을 긍정적으로 해석하는 정도'가 '법의 위반을 부정적으로 해석하는 정도'보다 크기 때문이다. 이것이 바로 차별적 접촉이론의 핵심이다.
⑦ 차별적 접촉은 접촉의 빈도·기간·시기(우선성)·강도에 따라 다르다. 즉, 접촉의 빈도가 많고, 기간이 길수록 학습의 영향은 더 커지고, 시기가 빠를수록, 접촉의 강도가 클수록 더 강하게 학습을 하게 된다.
 ㉠ 비행친구와 지속적인 관계에 있는 청소년이 범죄를 지지하는 태도를 계속 유지하는 경우
 ㉡ 일탈행위에 대해 긍정적인 태도를 가진 청소년은 그렇지 않은 청소년에 비해 비행을 저지를 가능성이 더 높다.
 ㉢ 마약사용자들과 친밀한 네트워크를 형성하고 있는 사람은 마약중독 가능성이 높다.
⑧ 범죄행위를 배우는 과정은 일상생활 속에서 행해지는 다른 행위의 학습과정과 동일한 메커니즘을 지닌다. 따라서 범죄자와 비범죄자의 차이는 학습과정의 차이가 아니라, 접촉유형의 차이일 뿐이다.
⑨ 범죄행위도 욕구와 가치관의 표현이라는 점에서 일반적인 타 행위와 같으나, 그것만으로 범죄행위를 설명할 수는 없다. 욕구와 가치관은 비합법적 행위뿐만 아니라 합법적 행위의 유발원인도 되기 때문이다.

4. 차별적 접촉이론의 특징

① **학습되는 것의 내용을 구체적으로 적시** : 범죄를 저지르는 데 있어서 학습되는 내용으로 지적된 것은 범행기술·범행동기·범행의욕·합리화·태도·법위반에 대한 호의적인 생각 등인데, 이것들은 모두 인식적인 요소임에 주의를 요한다.
② **학습이 일어나는 과정의 구체화** : 서덜랜드는 자신과 친밀한 집단들과의 접촉을 통하여 범죄에 관한 관념들이 학습되는 것으로 지적하였다. 그리고 법위반에 대해 우호·비우호적인 정의를 결정하는 요소는 접촉의 빈도·기간(지속성)·접촉의 우선성·강도 등으로, 이에 따라 학습의 효과가 달라진다는 것이다.

5. 차별적 접촉이론에 따른 사회정책
   ① 서덜랜드는 범죄를 감소시키기 위해서는 비범죄적 정의에 대한 접촉을 늘려야 한다고 한다.
   ② 범죄행위를 학습한 사람은 그것을 치료할 수 있는 정신과 의사·심리학자 등의 도움을 받아야 한다.

03 차별적 접촉이론의 수정 및 보완

1. 글래저(Glaser)의 차별적 동일시이론
① 범죄행위의 학습은 범죄자와의 직접적인 접촉보다는 TV와 같은 매스컴을 통하여 보고 듣던 사람들과의 동일시를 통해서 보다 잘 이루어질 수 있다.
② 자신의 행위기준으로 삼고 있는 준거집단·준거인의 성격이 범죄를 학습하는 과정에서 더욱 중요하게 작용한다.
③ 이 이론은 매스컴의 역할을 강조하며, 범죄행위의 학습대상을 멀리 떨어져 있는 준거집단·준거인까지 확장하였다.
④ 동일시 과정을 통하여 범죄적 문화에 접촉하면서도 범죄를 행하지 않는 사람들의 행동을 설명할 수 있다.
⑤ "왜 사람에 따라서 상이한 역할모형을 선택하고 자기와 동일시하는가", 즉 "왜 어떤 사람은 범죄적 역할모형과 자신을 동일시하고, 어떤 사람은 관습적인 역할모형과 자기를 동일시하는가"라는 차별적 동일시의 근원을 제시하지는 못하였다.

2. 버제스(Burgess)와 에이커스(Akers)의 차별적 강화이론
① 범죄행위는 범죄행위에 대한 긍정적인 규정을 가진 다른 사람과의 차별적 접촉의 결과인 '모방'에 의해 발생하며, 범죄행위의 지속 여부는 차별적 강화에 의해 결정된다.
② 긍정적인 보상이 얻어지거나 부정적인 처벌이 회피될 때 그 특정행위는 강화되고, 반면에 그 행위의 결과로 긍정적 처벌이라는 혐오스러운 자극을 받거나, 보상의 상실이라는 부정적 처벌을 받게 될 때 그 행위는 약화된다.
③ 처벌과 보상의 조화가 차별적 재강화를 구성한다고 보았다.
④ 사람들은 자신의 생활에 있어서 중요한 집단·사람들과의 접촉을 통하여 자신의 행위를 평가하는 것을 배우게 되는데, 자신의 행위를 바람직하지 않다고 보기보다는 좋거나 적당한 것으로 볼수록 그 행위에 가담할 가능성은 높아지는 것이다.
⑤ 주요 개념
   ㉠ **차별적 교제(Differential association)** : 범죄자에게는 그들에게 범죄나 모방할 모형, 차별적 강화를 제공하는 집단이 존재하며, 이러한 집단 가운데 가장 중요한 것은 가족이나 친구와 같은 일차적 집단이다.
   ㉡ **정의(Definition)** : 특정 행위에 대하여 개인이 부여하는 의미와 태도를 의미한다.

ⓒ **차별적 강화(Differential reinforcement)** : 차별적 강화는 행위의 결과로부터 돌아오는 보상과 처벌의 균형에 의해 달라진다. 개인이 그러한 범죄행위를 저지를 것인가의 여부는 과거와 미래에 예상되는 보상과 처벌 간의 균형에 영향을 받는다.
ⓔ **모방(Imitation)** : 타인의 행동에 대한 관찰과 학습의 결과로 인하여 그것과 유사한 행동을 하게 되는 것을 의미하는 것으로, 사회학습이론을 기반으로 한다.

3 사회통제이론

01 개요

1. 의의
① **논리적 구도** : 일반적으로 범죄의 원인을 설명하는 많은 이론들은 "범죄자가 왜 범죄를 범하게 되는가" 또는 "어떤 사회적 상황이 범죄의 발생을 가져오는가"를 탐구하는 데 비하여, 통제이론은 오히려 "어떤 사람은 왜 사회적 규범을 준수하게 되는가"를 연구하여야 한다고 주장하였다.
② **인간의 본성에 대한 가정** : 범죄 동기는 인간 본성의 일부로서, 개인의 범죄 동기는 일정하다고 본다. 따라서 연구자들이 연구할 문제는 "왜 사람들이 일탈을 하게 되는가" 하는 것이 아니라 "왜 사람들이 규범적 가치에 동조하게 되는가" 하는 것이다.

2. 라이스(Reiss)와 나이(Nye)의 통제이론
① **라이스(Reiss)의 견해** : 소년비행은 개인통제력(Personal-control)의 미비로 유발되며, 사회통제력(Social control)의 부족으로 인하여 이들의 비행성향이 분출되는 것을 통제하지 못한다고 주장하였다.
② **나이(Nye)의 견해** : 라이스의 견해를 발전시켜 청소년의 비행을 예방할 수 있는 사회통제 방법의 분류를 제시하였고, 비공식적 간접통제가 소년비행을 예방할 수 있는 가장 효율적인 방법이라고 보았다.
③ **통제 방법에 따른 분류**
  ㉠ **직접통제** : 부모가 자녀의 잘못된 행동을 처벌하거나 위협하고, 순응은 보상하는 것
  ㉡ **간접통제** : 청소년이 자신의 비행으로 인하여 긴밀한 관계를 맺고 있는 부모나 다른 사람들에게 고통과 실망을 줄까 봐 비행을 삼가는 것
  ㉢ **내적통제** : 청소년의 양심 혹은 죄의식이 비행을 저지르지 못하게 하는 것
④ **통제 주체에 따른 분류**
  ㉠ **공식통제** : 경찰이나 국가기관이 담당하는 것
  ㉡ **비공식통제** : 가정이나 학교에서 담당하는 것

3. 레클리스(Reckless)의 자아관념이론

① 범죄 다발지역에 살면서 범죄적 집단과 접촉하더라도 범죄에 가담하지 않는 소년에 대한 의문에서 착안한 이론이다. 동일한 범죄 접촉하에서도 실제로 비행에 가담할지의 여부를 결정하는 개인적인 반응의 차이는 자아관념의 차이 때문이라고 주장하였다.
② 가족관계와 같은 절연체가 선량한 소년들로 하여금 비행을 멀리하게 하며, 이를 바탕으로 형성된 자기관념이 그들을 범죄로부터 멀어지게 한다고 보았다.
③ 자기관념이론은 강력한 내면적 통제와 이를 보강하는 외부적 통제가 사회적·법적 규범의 위반에 대한 절연체를 구성한다는 봉쇄이론으로 발전하였다.

02 허쉬(Hirschi)의 사회유대이론

1. 의 의

① 사회유대이론의 개념
  ㉠ 인간은 선천적으로 이기적이고 반사회적이며, 범죄행위는 인간의 본성에서 비롯되므로 고통스러운 과정을 거쳐야만 한다는 이론으로, 범죄억제의 요인을 환경에서 찾는다.
  ㉡ 모든 사람을 잠재적 범죄자로 가정하였으며, "왜 많은 사람들이 범죄를 저지르지 않고 사회규범에 동조하는가"에 대해 관심을 가졌다.
② 범죄의 원인 : 누구든 내버려두면 범죄를 저지를 것인데, 이를 통제하는 것이 사회연대이다. 따라서 범죄는 개인의 사회에 대한 유대가 약해졌거나 끊어졌을 때 발생한다고 본다.
③ 중요성 : 사회유대이론을 주장한 허쉬(Hirschi)는 개인의 범죄성향을 통제하는 것은 개인과 사회 간의 유대라고 보았고, 특히 가족 간의 유대를 강조하였다. 범죄자는 타인의 희망과 기대에 상관하지 않는 경향이 있으며, 행위에는 시간이 필요하다고 보았다.

2. 유대의 구성요소(범죄행위의 통제요인)

① 애착(Attachment) : 애착은 부모·교사·친구 등 주위의 중요한 사람들과 맺는 애정적 결속관계를 말한다. 이 관계에서는 자신이 존경하고 모방하기를 원하는 대상들에 대한 존경·애정 등의 감정이 큰 영향력을 갖는다.
② 전념(관여, Commitment) : 전념은 청소년들이 사회에서의 일에 얼마나 열심이며, 크게 비중을 두고 있는가를 말한다. 모범학생은 자신의 미래에 대한 생활보장 등을 위해 투자하지만, 불량학생은 전통적인 활동에 거의 투자를 하지 않으며, 이에 따라 범죄행위와 가까워질 가능성이 높다.
③ 참여(Involvement) : 참여는 인습적인 활동에 얼마나 많은 시간을 할애하는가를 말한다. 즉, 학교공부나 과외활동, 취미나 여가활동 등에 많은 시간을 보내는 아이들은 그만큼 시간적으로 너무 바빠서 비행을 할 시간이 없다고 본다.
④ 신념(Belief) : 신념은 사회의 인습적인 가치를 얼마나 받아들이고 있는지, 또는 법을 지켜야 한다고 믿는 정도를 말한다. 즉, 법을 지켜야 한다고 믿고 사회의 도덕을 잘 받아들이는 아이는 비행의 가능성이 낮지만, 그렇지 않은 청소년들은 비행가능성이 높다고 본다.

3. 사회유대이론과 억제이론의 비교
① **공통점** : 사회유대이론과 억제이론은 통제력을 강조한다는 점에서 공통점을 갖는다.
② **차이점** : 사회유대이론은 사회와의 유대를 강조함으로써 비공식적 통제를 강조하고 있는 반면, 억제이론은 경찰이나 법에 의한 공식적인 통제를 강조한다는 점에 차이가 있다.

03 억제이론과 레클리스(Reckless)의 봉쇄이론

1. 억제이론의 의의
① 억제이론은 사회통제 중 사법기관의 처벌 여하에 주목한 이론으로, 그것에 의해 범죄나 비행을 설명할 수 있다고 본다. "인간은 누구나 쾌락을 추구하지만, 처벌을 두려워하기 때문에 강력한 처벌만이 범죄를 막을 수 있다"고 주장한다.
② 억제이론은 손실·고통의 측면에 주목하는 이론으로, 처벌이 있게 되면 합리적인 인간들은 자신의 행위의 결과로 처벌이라는 고통이 있을 것이라 판단할 것이기 때문에 비행을 하지 않을 것으로 본다.

2. 억제의 유형
공식적 처벌에 의한 억제효과는 특수적 억제(Specific deterrence)와 일반적 억제(General deterrence)의 두 가지 차원에서 각각 연구될 수 있다.

> - 일반적으로 일반적 억제는 '일반대중에 대한 억제효과'를 지칭하는 것으로 사용되었고, 특수적 억제는 '범죄자에 대한 (재범) 억제효과'를 말하는 것으로 사용되었다.
> - 특수적 억제란 처벌이나 처벌모면의 '직접적 경험' 때문에 범죄를 다시 저지르지 않는 것을 말한다. 이에 반해 일반적 억제는 처벌이나 처벌모면의 '간접적 경험' 때문에 범죄가 억제되는 효과를 말한다.
> - 절대적 억제(Absolute deterrence)란 특정의 처벌을 받은 사람의 행동률(범죄율)과 받지 않은 사람의 행동률을 비교하는 데 사용되는 개념이다. 다시 말해서 범죄를 하고 처벌받은 사람의 억제효과와 범죄를 했으나 처벌받지 않은 사람에 대한 억제효과를 비교하는 개념이다.
> - 한계적 억제(Marginal deterrence)란, 예를 들면 구금과 채찍이란 처벌을 모두 받은 사람과 구금만을 받은 사람들 사이의 억제효과나, y년의 형을 받은 사람과 y+6년의 형을 받은 사람 사이의 억제효과를 비교하는 것 등을 들 수 있다.
> 〈출처〉 박철현, 「강력범죄에 대한 선고형량이 재범방지에 미치는 영향에 관한 연구」, 한국형사정책연구원

3. 처벌의 억제효과
처벌의 신속성·확실성·엄격성을 제시하면서, 처벌이 엄격하고 신속하며 확실할수록 범죄의 억제효과는 커진다고 주장하였다.
① 계획적 범죄가 우발적 범죄에 비해 억제효과가 크다.
② 도구적 범죄가 표출적 범죄에 비해 억제효과가 크다.
③ 재산범죄가 폭력범죄에 비해 억제효과가 크다.
④ 검거가능성이 높아질수록 억제효과가 커진다.

4. 반사회적 행동으로 이끄는 힘

① **압력요인** : 사람들을 불만족스러운 상태에 들게 하는 조건을 지칭한다(열악한 생활조건·가족갈등·열등한 신분적 지위·성공기회의 박탈 등).
② **유인요인** : 정상적인 생활로부터 이탈하도록 유인하는 요소를 말한다(나쁜 친구들·비행·범죄하위문화·범죄조직·불건전한 대중매체 등).
③ **배출요인** : 범죄·비행을 저지르도록 하는 각 개인의 생물학적·심리적 요소(불안감·불만감·내적 긴장감·증오심·공격성·즉흥성·반역성 등).

5. 반사회적 행위를 차단하는 힘

레클리스(Reckless)의 봉쇄이론(견제이론)은 내적 봉쇄요인(자기통제력, 책임감 등)과 외적 봉쇄요인(조직에 대한 소속감, 법규범, 형사사법기관의 정책시행 등) 중에서 어느 한 가지라도 제대로 작용하면 범죄나 비행을 예방할 수 있다고 본다.

① **내적 봉쇄요인** : 규범이나 도덕을 내면화함으로써 각자가 내부적으로 형성한 범죄차단력에 관한 요인을 말한다(자기통제력·자아나 초자아의 능력·좌절감을 인내할 수 있는 능력·책임감·집중력·성취지향력·대안을 찾을 수 있는 능력 등).
② **외적 봉쇄요인** : 가족이나 주위사람들과 같이 외부적으로 범죄를 차단하는 요인들을 말한다(일관된 도덕교육·교육기관의 관심·합리적 규범과 기대체계·집단의 포용성·효율적인 감독과 훈육·소속감과 일체감의 배양 등).

04 사이크스(Sykes)와 맛차(Matza)의 중화기술이론

1. 의 의

① 중화기술이론이란, 범죄자가 자기의 범죄나 비행행위에 대한 자기 자신·타인들로부터의 비난을 의식적으로 합리화·정당화시킴으로써, 그 비난을 벗어난 안도감에 범죄 등의 비행행위를 저지르게 된다고 보는 이론이다.
② 대부분의 비행자와 범죄자들이 관습적인 가치와 태도를 견지하지만, 그들은 이들 가치를 중화시키는 기술을 배워서 비합법적인 행위와 관습적 행위 사이를 왔다 갔다 하는 표류(drift)를 한다고 주장한다.
③ 실제로 비행소년이라 할지라도, 대부분의 경우에는 다른 사람과 마찬가지로 일상적이고 준법적인 생활을 하면서 특별한 경우에 한하여 범죄를 저지르게 되고, 체포된 후에는 대부분 후회하고 수치심을 느낀다고 지적하였다.

2. 표류이론

① 대부분의 비행소년들은 타고난 본질적 요소나 비행적 가치의 영향으로 비행을 저지르는 것이 아니라, 단지 사회통제가 느슨한 상태에서 합법과 위법의 사이를 표류하는 표류자라고 본다.
② 표류란 사회통제가 약화되었을 때 소년들이 합법적인 규범이나 가치에 전념하지 못하지만, 그렇다고 위법적인 행위양식에도 몰입하지 않는 '합법과 위법의 중간단계에 있는 상태'를 말한다.

3. 중화기술의 유형

① **책임의 부정** : 청소년 범죄자는 종종 자기의 불법행위는 자기의 잘못이 아니라고 주장한다. 자신의 행위를 용납하고, 비행의 책임을 주변 환경이나 빈곤 등 외부적 요인으로 전가하면서 자신을 사회상황의 희생물로 여기는 것이다.
   예 강간범 A는 자신이 술에 너무 취해서 제 정신이 없는 상태로 자신도 모르게 강간을 하게 되었다고 주장한다.

② **가해(손상)의 부정** : 자동차를 훔치고는 잠시 빌렸다고 생각하거나 방화를 하면 보험회사가 피해를 모두 보상해 줄 것이라는 등으로 자신의 행위로 아무도 침해를 받지 않았다고 함으로써 자신의 행위를 합리화하는 기술이다.

③ **피해자의 부정** : 자기의 절취행위는 부정직한 점포에 대한 보복이라고 생각하는 식으로, 자기의 가해행위는 피해자가 마땅히 받아야 하는 응징이라고 변명하는 방법이다.
   예 여성이 야간에 취해 있는 것은 성추행의 원인을 제공한 것이다.

④ **비난하는 자에 대한 비난** : 예컨대 법관·경찰·선생님 등과 같이 자기를 비난하는 사람들은 부패한 자들이므로 자기를 심판할 자격이 없다고 비난하면서 자신의 비행에 대한 죄책감과 수치심을 중화시키는 것을 말한다.

⑤ **더 높은 충성심(상위가치)에 대한 호소** : 자신의 비행을 인정하면서도 친구들과의 의리나 조직을 위해 어쩔 수 없었다고 하는 등, 형법의 요구보다는 자신이 속한 집단의 연대성이 더 중요하다고 생각하여 본인의 비행을 합리화하는 경우이다.
   ㉠ "조직을 위해 폭력행사는 불가피하다"라고 자신의 행위를 정당화 하는 경우
   ㉡ "자녀를 학대하는 남편을 죽인 것은 가정의 평화를 위해서였다"라고 주장하는 경우

05 갓프레드슨과 허쉬의 일반이론(자기통제이론)

1. 의 의

"비행과 일탈은 개인의 자기통제력이 낮기 때문에 발생하며, 자기통제력은 어린 시절의 경험으로 결정된다"라고 제시한 이론이다. 어린 시절에 형성된 낮은 자기통제력은 성인기에도 지속된다고 주장하였다.

2. 특 징

갓프레드슨과 허쉬는 어릴 때 가정에서 형성된 자기통제력, 즉 개인의 안정적 성향이 청소년비행을 설명할 수 있는 유일하면서도 중요한 원인이라고 주장하였다.

06 티틀(Tittle)의 통제균형이론

1. 의 의
개인이 행사하는 통제의 양에 대한 그가 받는 통제의 양의 비율이 일탈의 발생 가능성뿐만 아니라 일탈의 유형도 결정한다고 보는 이론이다.

2. 통제의 균형
① 통제의 균형은 그가 타인에게 행사할 수 있는 통제와 개인이 타인으로부터 받는 통제의 비율로 정의되며, 이 통제의 균형은 비행의 유형 및 동기, 억제 모두와 관련이 있다고 본다.
② 비행이 발생할 확률은 통제의 비율이 불균형적인 경우에 높아지며, 균형을 이루면 낮아진다.

3. 통제비율(Control ratio)
① **통제과잉(Control surplus)** : 타인의 통제를 받기보다는 타인을 통제하는 사람이 경험하는 상태이다. 타인을 더욱 강하게 통제하려는 경향을 보이며, 착취·학대·퇴폐적인 범죄행위를 보인다.
② **통제부족(Control deficit)** : 타인을 통제하기보다는 타인에게 통제를 받는 사람이 경험하는 상태이다. 억압적인 통제를 피하려는 의도로 범죄를 행하는 경향을 보이며, 약탈·반항·순종적인 범죄행위를 보인다.

4 낙인이론

01 개 요

1. 의 의
① 낙인이론(Labeling theory)은 "누가 비행을 하는가"보다 "누가 비행자로, 그리고 어떤 행동이 비행으로 규정되는가"에 주목한다.
② 사법기관에 의해 "이런 저런 행위는 비행이다"라고 규정되기 때문에 그 행위가 비행이 되는 것이지, 특별히 어떤 아이들이 비행을 저지르는 것은 아니라고 본다.
③ 한 사람을 범죄자로 낙인찍고 형벌·교정처분 등의 사회적 제재를 적용하는 것은 범죄를 줄이기보다 증폭시킨다고 주장한다.
④ 낙인은 경찰·검찰·법원과 같은 제도적·법적 통제기관에 의하여 내려진다.
⑤ 낙인이론은 이차적 일탈과 관련이 있는 개념이다.

2. 낙인이론의 관점

① 낙인이론은 사회의 가치합의를 부정하고, 범죄의 편재성과 정상성으로부터 출발한다.
② 범죄현실은 범죄행위의 구조와 범죄자의 선별로써 결정된다.
③ 그 결정은 사회적 강자가 내린다.
④ 이러한 결정과정은 낙인을 찍는 귀속의 특징을 가지고 있다.

3. 낙인 방지대책(4D정책)

① **비범죄화**(Decriminalization) : 웬만한 범죄는 일탈로 규정하지 말자는 것이다.
② **전환제도**(Diversion) : 비행청소년을 체포·기소·처벌이라는 공식 절차상에 두지 말고, 기소하기 전에 지역사회에서 일정한 처우를 받도록 하는 '지역사회 내 처우제도'를 강화하자는 것이다.
③ **공정한 절차**(Due process) : 계층 간 차별 없이 공정한 법집행을 하자는 것이다.
④ **비시설화**(Deinstitutionalization) : 소년원·소년교도소와 같은 시설에서 처우하기보다는 가능하면 사회 내에서의 비시설 처우를 확대하여 해결하자는 것으로, 보호관찰·사회봉사명령·수강명령 등을 들 수 있다.

> **탄넨바움(Tannenbaum)의 '악의 극화'**
> 사회에서 범죄자로 규정되는 과정은 일탈강화의 악순환으로 작용하여, 오히려 범죄로 비난받는 특성을 자극하고 강화시키는 역할을 한다고 한다. 이것은 범죄가 원래 행위에 대한 평가에서 행위자에 대한 비난으로 바뀌면서 정상적인 행위까지도 의심받게 되는 상황에 그 원인이 있는데, 탄넨바움은 이를 '악의 극화'라고 하였다.

02 레머트(Lemert)

1. 기본개념

레머트는 현대사회를 다원주의 사회로 정의하고, 규범과 법을 서로 다른 이해관계를 가진 집단이 투쟁하는 과정에서 발생한 사회적 산물로 이해한다. 레머트의 낙인이론은 일탈행위와 사회적 낙인화의 동적 관계를 사회적 상호작용이라는 관점에서 파악하는 것으로, 사회반응이론이라고도 한다.

2. 일차적 일탈과 이차적 일탈

① **일차적 일탈**(Primary deviation) : 모든 사람은 개인적 또는 사회상황적 이유 때문에 가끔 순간적이나마 규범을 어기는 행위를 하지만, 이 경우 규범위반자는 자기 자신을 일탈자라고 생각하지도 않고 타인에게 노출되지도 않아 일탈에 대한 사회적 반작용이 발생되지 않는다.
② **이차적 일탈**(Secondary deviation) : 일탈행위가 타인이나 사회통제기관에 발각되어 공식적 일탈자로 낙인찍히게 됨으로써, 그것이 하나의 사회적 지위로 작용하여 합법적·경제적 기회가 감소하고, 정상인과의 대인적 관계가 줄어들며, 자기 자신을 일탈자로 규정하게 되어 계속하여 범죄행위를 저지르는 경력범죄자가 된다.

3. 형사사법기관의 공식적 반응에 의한 낙인효과

① 레머트는 특히 이차적 일탈에 관심을 두고 사회적 반응의 종류를 크게 '사회구성원에 의한 반응'과 '사법기관에 의한 공적인 반응'의 두 가지로 나누었으며, 현대사회와 같이 다원화된 사회에서는 사법기관의 공식적인 반응이 가장 권위 있고 광범위한 영향력을 행사한다고 보고, 후자의 형태에 주목하였다.
② 공식반응이 일차적 일탈자를 이차적 일탈자로 악화시키는 데 미치는 낙인효과를 크게 다섯 가지(오명씌우기·불공정의 자각·제도적 강제의 수용·일탈하위문화에 의한 사회화·부정적 정체성의 긍정적 측면)로 분류하였다.

4. 낙인효과의 5가지 유형

① 오명씌우기(Stigmatization) : 형사사법기관의 공식적인 반응에 의해 일차적 일탈자에게는 도덕적 열등아라는 오명이 씌워지고, 공식처벌은 대중매체 등을 통하여 널리 알려지며, 전과가 장기적으로 기록된다. 이에 따라 일차적 일탈자는 사회복귀에 실패하게 되어 정상적인 사회성원으로서의 역할을 수행하지 못하고 이차적 일탈자로 발전하게 된다.
② 불공정의 자각(Sense of injustice) : 공식적인 처벌을 받는 과정에서 일차적 일탈자는 불공정한 사법집행의 여러 측면을 직접 경험함으로써 사법제도의 공정성에 신뢰를 갖지 못할 뿐만 아니라, 사회정의에 대한 신뢰감을 상실하게 된다.
③ 제도적 강제의 수용(Institutional restraint) : 공식처벌을 받게 되면 일차적 일탈자는 자신에 대한 사법기관의 판단을 받아들일 수밖에 없게 된다.
④ 일탈하위문화에 의한 사회화(Socialization of deviant subculture) : 공식처벌을 집행하는 시설 특유의 일탈하위문화를 접함으로써, 새로운 범죄기술이나 범죄행위를 옹호하는 가치관 등을 습득하게 된다.
⑤ 부정적 정체성의 긍정적 측면(Positive side of negative identity) : 형사사법기관이 부여하는 부정적 정체성을 일탈자가 수용함으로써 얻게 되는 이익 때문에 일차적 일탈자는 자신에 대한 부정적인 평가를 거부하지 않는다.

03 베커(Becker)

1. 기본개념

① 베커는 일탈자로 낙인찍혔을 때에 그 사람의 지위변화에 초점을 두었다.
② 일탈자라는 낙인은 그 사람의 지위를 대변하는 주 지위가 되기 때문에, 그 밖의 보조적 지위를 압도하여 주위사람들이 그를 범죄자 또는 일탈자라는 시각으로 대하게 된다는 것이다.

2. 동시모델

동시모델은 최초의 일탈원인이 일탈행위의 전 과정에 작용한다고 보는 이론으로, 이는 기존 이론들의 기본적 입장이다.

3. 단계적 모델

동시모델에 대치되는 개념으로서, 일탈행위의 원인이 단계적으로 발전해간다는 것을 내용으로 한다. 즉, 최초의 일탈행위에 대한 원인이 다음 단계의 일탈행위에 대한 설명으로는 타당하지 않게 된다.

04 기타 이론

1. 슈어(Schur)

① 이차적 일탈로의 발전이 꼭 주위사람들의 낙인을 통해서만 이루어지는 것이 아니라, 주위에서 낙인찍지 않더라도 본인 스스로 내면화된 사회적 기대에 따라 일탈자로 낙인찍을 수 있다는 것이다.
② 이차적 일탈에 이르는 과정이 순차적 행동을 따르는 것은 아니며 오랫동안 우회적 협상이 필요한데, 이 때 외부로부터의 낙인보다 중요한 것은 자기 스스로 자신에게 각인한 자아관념이나 자기낙인이라는 입장이다.

2. 키슈(Kitsuse)

일탈행위 자체보다 일탈로 규정·해석되고 처벌받는 과정에 주목하면서, 일탈을 특정인에 대한 사회적 규범이라 보고, 일탈자가 된다는 것은 사회에 의한 선별과정이라 보았다.

3. 포스트모던이론(post-modern theory)

이성(합리)중심주의에 대한 근본적인 회의를 내포하는 사상의 총칭이다. 권력을 가진 사람이 자신의 언어로 범죄와 법을 규정한다는 것은 객관적인 공정성이나 타당성을 확립한, 즉 이성(합리)적인 것이 아닌 자의에 의한 법정립과 집행을 나타내는 것이다. 이는 모더니즘적 사상이 아니라 포스트모더니즘적 사상에 해당한다.

5 갈등이론

01 개 요

1. 의 의

① 갈등이론은 마르크스(Marx) 이론으로부터 영향을 받은 것으로, 갈등은 차별화된 이해관계에서 발생한다고 보았다.
② 갈등론적 관점에서 우리 사회는 갈등적 관계에 있는 집단으로 구성되지만, 국가는 사회일반의 이익을 보호하기 위해서가 아니라, 국가의 운영을 통제할 수 있는 충분한 힘을 가진 집단의 이익과 가치를 대변하는 것으로 해석되고 있다.

③ 형사사법제도는 다양한 집단 간 갈등의 산물로, 가진 자(지배계급)의 이익을 보호하기 위해 만들어진 것으로 본다.
④ 갈등론적 입장에서 본다면, 법이란 지배계층의 가치와 신념의 표현이며, 형사사법기관은 그들의 사회통제 기제에 불과할 따름이다. 즉, 범죄란 그 사회의 부와 권력을 소유한 사람에 의해 정의되는 불공정한 분배에 대한 반응인 것이다.

2. 갈등이론에서 해결하고자 하는 문제점

① **법을 제정함에 있어서의 갈등** : 특정 집단이나 계층의 규범은 법으로 만들어지는 반면, 다른 집단이나 계층의 규범은 법제화되지 않아서 특정 집단이나 계층과 갈등관계에 있는 집단이나 계층에서 범죄자가 발생하게 되는 문제
② **법 선택·집행에 있어서의 갈등** : 특정 법률은 집행되는 반면, 일부 다른 법률은 집행되지 않아서 특정 법률을 위반한 사람만을 범죄자로 만들고, 일부 다른 법률의 위반자는 범죄자가 되지 않는 문제
③ **법 집행대상에 있어서의 갈등** : 법률이 특정 집단이나 계층에 대해서만 집행되고, 일부 다른 집단이나 계층에 대해서는 집행되지 않아서 일부 특정 법률위반자만 범죄자로 만들어지고, 다른 법률위반자는 범죄자가 되지 않는 문제

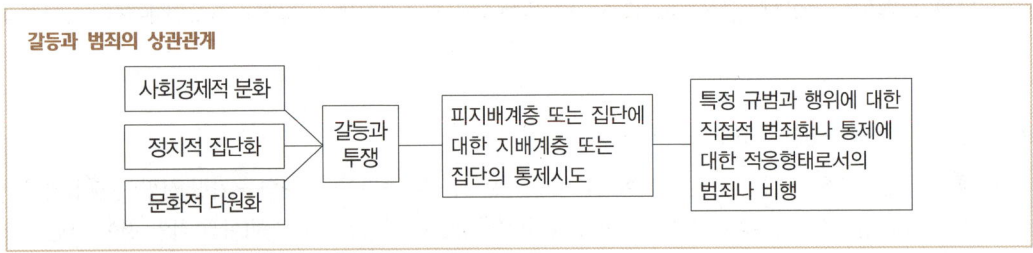

02 마르크스(Marx)와 봉거(Bonger)

1. 마르크스(Marx)의 계급투쟁과 범죄

① 급진적 갈등론은 대부분 Marxist를 기반으로 한다. 마르크스(Marx)는 자본주의사회에서 자본가계급이 노동자계급보다 지배적인 위치를 차지하며, 상호 대립된 경제적 이해관계로 인하여 이들 간의 계급갈등은 필연적이라고 한다.
② 마르크스(Marx)의 계급투쟁과 범죄자본주의 사회에서는 자본가가 생산의 수단을 소유하고 통제하며, 노동자를 약탈함으로써 그들의 이익을 극대화시키려고 한다.
③ 마르크스(Marx)는 자본주의사회에서 노동자에 대한 지배는 경제 부문에 그치지 않고 정치·문화·사회생활 등에 반영되어, 다른 부문들도 자본가들의 입장에서 그들의 이익을 보호하여 준다고 지적한다.
  예 기업가들의 로비와 법 제정

2. 봉거(Bonger)의 자본주의와 탈도덕화

① 봉거(Bonger)에 의하면, 범죄에 영향을 미치는 것은 부의 절대량이 아니라 부의 분배문제이다.
② 자본주의적 생산양식 때문에 범죄가 발생한다.
③ 자본주의 사회에서는 범죄를 예방할 방법이 없기 때문에 범죄문제가 항상 심각할 것이라고 예측하였고, 범죄를 예방하는 유일한 방법으로는 자본주의를 사회주의로 대치하는 것이라고 주장하였다.
④ 사회주의가 실현된 후에 발생하는 범죄는 개인의 정신적 문제에 기인한 비이성적 정신질환자에 의한 범죄일 뿐이라고 믿었다.

03 퀴니(Quinney)의 범죄의 사회적 구성

1. 의 의

① 종래의 범죄학이 계급주의를 이념으로 하면서도, 정치기관이 내린 범죄의 정의를 무조건적으로 받아들인다고 비판하였다.
② 퀴니(Quinney)는 형법을 국가와 지배계급이 기존의 사회경제 질서를 유지하고 영구화시키기 위한 도구로 이해하였다.
③ 자본주의 사회의 범죄통제는 법 이외에도 일정한 이데올로기를 기초로 하는 제도·기관을 통해 수행되며, 그 결과 피지배계급은 계속 억압된다고 보았다.
④ 사회계층 간 자원에 대한 경쟁이 필연적으로 갈등을 초래하고, 가진 자는 유리한 입장에서 자신의 이익을 보호하기 위하여 공공정책을 입안하며, 그것을 이용하게 된다고 보았다.

2. 범죄행위의 발생요소

① 지배계층은 자신들의 이익을 위협하는 행위들을 범죄행위로 규정한다.
② 지배계층은 자신들의 이익을 담보하기 위해서 범죄규정이나 법률을 적용한다.
③ 하위계층의 구성원들은 자신들의 바람직하지 못한 생활조건에 의해서 범죄행위로 규정된 행동에 가담하도록 강요받게 된다.
④ 지배계층은 범죄행위를 범죄이데올로기를 유포하고 구성하는 기초로 활용한다.

3. 노동자계급의 범죄

① **적응범죄**(Crime of accommodation) : 자본주의에 의해 곤경에 빠진 사람들이 다른 사람의 수입과 재산을 탈취함으로써 보상받으려 하거나, 혹은 자본주의에 의해 피해를 입은 사람들이 무력을 행사하여 다른 사람의 신체를 해하는 유형 등의 범죄를 말한다.
② **대항범죄**(Crime of resistance) : 자본가들의 지배에 대항하는 범죄 유형으로, 퀴니(Quinney)는 이같은 범죄로 비폭력적이거나 잠재적인 불법행위 및 자본주의에 직접적으로 대항하는 혁명적인 행위들을 포함시켰다.

4. 자본가계급의 범죄
① **지배와 억압의 범죄** : 자본가들이 자신의 이익을 보호하기 위해 저지르는 범죄
② **기업범죄** : 부당내부거래, 가격담합, 입찰담합 등
③ **통제범죄** : 불공정한 사법기관의 활동
④ **정부범죄** : 공무원들이나 정부관리들이 저지르는 부정부패

04 셀린(Sellin)과 밀러(Miller)

1. 셀린(Sellin)
① 셀린(Sellin)의 갈등이론은 상이한 문화적 집단 간의 갈등에 기초하고 있다.
② 행동규범은 상이한 집단에 의해서 상이하게 규정되기 때문에, 사회가 복잡해짐에 따라 상이한 집단의 행동규범 간에 갈등과 충돌이 생기게 되는데, 이를 문화갈등이라고 하였다.
　㉠ **일차적 문화갈등** : 일차적 문화갈등은 상이한 두 문화 사이의 경계지역에서 일어나는 것이다. 이 외에도 식민화의 경우처럼 특정 문화의 법이 다른 영역으로 확대될 때, 또는 이민의 경우처럼 특정 문화집단의 구성원들이 다른 영역으로 이동할 때에도 일어날 수 있다고 하였다.
　㉡ **이차적 문화갈등** : 이차적 문화갈등은 한 문화 내에서의 갈등으로, 하나의 문화가 각자 자신의 고유한 행동규범을 가지는 여러 가지 상이한 부문화로 진화될 때 일어나는 것이라고 하였다.

2. 밀러(Miller)
① 밀러(Miller)는 미국 사회의 문화가 동일한 가치와 목표를 추구한다는 구조 기능론자들의 주장을 반박하고, 미국 사회를 이질적 문화와 가치관이 혼재하는 다원적 사회로 파악하였다.
② 하류계층에는 그들 나름의 독특한 하위문화가 있으며, 하위문화의 상이한 가치는 지배계층의 그것과 갈등을 초래할 수 있다고 보는 것이다.
③ 비행이나 일탈은 상이한 행동규범·사회화의 결과로 생성된다고 보았다.
④ 누구나 그 사회의 지배집단과 갈등관계에 있는 하위문화 내에서 사회화될 수 있으며, 이러한 상황이 곧 자신들의 하위문화 내에서 일관적인 행동규범과 가치관으로 작용하게 된다는 것이다.

05 볼드(Vold)의 집단갈등이론

1. 의 의
① 법이란 집단 간 투쟁에서 이긴 정치지향의 집단이 자신들의 이익과 권력을 보호·방어하고, 상대집단의 이익을 제거·방해하기 위해 만들어진 것이라고 보았다.
② 입법적 다수를 점한 집단이 국가경찰권에 대한 통제력을 갖게 되고, 법률위반에 가담할 확률이 높은 자를 결정짓는 정책을 내리는 것이라고 하였다.

③ 집단 간의 이익갈등이 가장 첨예하게 대립하는 영역은 입법정책 부분이라고 하였다.
④ 범죄란 법의 제정·위반·법집행의 전 과정에 대한 집단이익의 갈등이나 국가의 권력을 이용하고자 하는 집단 간 투쟁의 결과라고 보았다.
⑤ 범죄행위를 집단갈등 과정에서 자신들의 이익과 목적을 제대로 방어하지 못한 집단의 행위로 이해하였다.

2. 갈등의 발생 이유 및 효과

① 갈등의 발생 원인 : 집단들이 추구하는 이익과 목적이 상호 경쟁적이기 때문이다. 갈등이론에 따르면, 범죄는 권력을 가진 자들에 의해서 정의된다. 권력이란 다른 사람의 행동을 결정하고 통제하며, 자신의 이익에 부합하는 공공의 견해를 생성해낼 수 있는 개인·집단의 힘을 말한다. 권력의 불공평한 분배가 갈등을 낳으며, 갈등은 권력을 위한 경쟁에 뿌리를 두고 있다.
② 갈등의 기능
  ㉠ 긍정적 측면 : 집단에 대한 애착심 발달 및 강화
  ㉡ 부정적 측면 : 집단 간 분쟁의 유발

3. 볼드(Vold)의 집단갈등이론이 적용될 수 있는 범죄유형

① 정치적 갈등이나 시위 때문에 발생하는 범죄 : 성공적인 혁명은 과거 집권세력이었던 정부관리가 범죄자로 되는 것이고, 실패한 혁명은 혁명지도자가 반역자로 되는 것이다.
② 노사 간의 이익갈등(노동쟁의) : 파업 시 수반되는 폭력행위의 경우 양측 모두 자신들의 폭력행위를 어쩔 수 없는 것이라고 정당화한다.
③ 노동조합 간의 관할권 분쟁 : 이는 경쟁노조와의 갈등으로 인해 특정 노조에 대한 충성심의 표현으로서 협박과 폭력행위를 일삼는 것이다.
④ 인종적·민족적 충돌 때문에 발생하는 범죄 : 각종 인종차별에 저항하려는 시도와 폭력행위 등이 이에 속한다.
  예 로스앤젤레스 지역의 흑인과 백인 또는 한인과 흑인 간의 갈등으로 인한 폭동

06 터크(Turk)의 범죄화

1. 의 의

① 범죄성이란 다른 사람들에 의해서 규정되고 부여된 지위 또는 신분을 말한다.
② 범죄화 현상이란 어떤 조건하에서 집단 간에 갈등이 발생하고, 어떤 사람이 범죄자로 규정되는 과정을 말한다.
③ 법 제도 자체보다는 법이 진행되는 과정에서 특정한 집단의 구성원이 범죄자로 규정되는 과정에 주목한다.
④ 범죄적 지위나 신분은 학습 과정에 의해 획득된다고 하였다. 권력자는 '지배의 규범'을, 종속자는 '복종의 규범'을 학습하기 때문에, 우리사회의 지배 - 복종관계가 유지된다고 주장하였다.

2. 문화적 규범과 사회적 규범
① 문화적・행위적 차이가 갈등을 초래하는 것을 설명하기 위해 규범을 구분하였다.
② 문화적 규범은 가치의 언어적 형식화와 관련되며, 사회적 규범은 실질적 행동유형과 관련이 있다.
③ 결국 권력자와 종속자 간의 행위적 차이가 문화적 차이에 의해서 혼합될 때 갈등이 생긴다.

3. 권력자와 종속자의 갈등
① 종속자가 조직화될 때 갈등의 가능성이 높아지는데, 그 이유는 개인이 자신의 행위에 대하여 집단의 지지를 받을 때 가장 큰 힘을 갖기 때문이다.
② 권력자와 종속자 간의 문화적 차이가 행위에 반영되지 않거나, 두 집단 간 행위적 차이가 중요한 가치 차이를 반영하지 않을 때에는 갈등이 최소화된다고 보고 있다.
③ 종속자나 권력자가 상대의 약점과 강점을 잘 알고 있어서 서로를 이용할 수 있을 때에 이를 세련되었다고 규정할 수 있다. 따라서 양자가 세련되지 못할 때 갈등의 소지가 커진다.

4. 범죄화의 요소
① 1차적 요소(규제 또는 금지된 행위의 중요성) : 권력자에게 문화적으로 중요한 의미가 있는 법률규범일수록 집행될 가능성이 높다는 것이다. 예를 들어 경제사범보다 강도범이 더욱 엄격히 다루어지는 것은 권력자의 법적 규범만 위반하는 경제범죄에 비해, 강도범은 권력자의 법적 규범은 물론 문화적 규범까지도 위반하기 때문이다.
② 2차적 요소(양자 간의 힘의 상대성) : 법집행기관이란 보통 자신의 노력을 최소화하는 방향으로 기능하기 때문에, 저항할 힘이 없고 자원이 없는 사람들에게 관심을 집중시킨다.
③ 3차적 요소(갈등진행의 현실성) : 현실성이란 것은 법집행의 가능성에 영향을 미치는 위반으로서, 세련됨과 대치되는 개념이다. 여론을 들끓게 하는 행위나 성폭력 등 권력자의 관심을 불러일으키는 법률위반행위일수록 비현실적인 행위이기 때문에 그에 따라서 법집행의 가능성을 높이게 된다는 것이다.

07 기타 이론

1. 챔블리스와 새디만(Chambliss & Sediman)의 차별적 범죄화
① 법이란 공공이익을 대변하지도 않고, 모든 시민을 동등하게 취급하지도 않으며, 사회 최고의 이익에 봉사하지도 않는다고 하였다. 또한 국가나 국가기관도 만인을 위하는 방향으로 갈등을 해소시키는 가치중립적 분야가 아니라고 본다.
② 법의 현실과 이상에는 상당한 간극이 있으며, 이 간극은 시민에 대한 사법당국의 불공정하고 불공평한 처리에 기인하는 것이라고 본다. 더불어 이들 법규의 집행자 또한 권력과 특권의 도구라고 하였다.
③ 가난하고 힘없는 강도범・절도범이나 강간사범 등은 체포・기소될 가능성이 많고, 중상류계층의 화이트칼라범죄는 동일하게 처리되지 못하는 것이 법의 현실이며, 차별적 범죄화라고 주장하였다.

2. 테일러(Tailor)

① 테일러(Tailor)와 그의 동료들은 집단갈등이론에서 형법을 이익집단의 다원성에 의한 결과로 보는 데 잘못이 있다고 주장하면서, 국가의 자본가의 동맹으로 형성된 단 하나의 유력한 이익만이 존재할 따름이라고 보았다.
② 국가와 자본가들은 각자의 경쟁을 규제하는 민법에 의해서만 책임을 규제하게 되며, 이처럼 우리 사회에는 두 종류의 시민과 책임성이 있게 마련이고, 이들 두 집단 중 더 유리한 쪽인 국가와 자본가 등은 죄를 면하게 되며, 형사적 제재도 받지 않게 된다고 보았다.

3. 스피처(Spitzer)

① 의의 : 스피처(Spitzer)는 대량생산과 대량소비를 주축으로 하는 후기자본주의시대의 경제활동·계급갈등을 중심으로 하여 범죄발생·사회통제에 관심을 두었다. 낙인된 범죄자의 지위뿐만 아니라 범죄자의 행위까지도 관심을 가질 필요가 있다고 보았다.
② 문제인구(Problem population) : 자본주의 사회에서 그들의 행위·인성·위치가 생산의 사회관계를 위협하는 자를 말한다.
  ㉠ 사회적 폐물(Social junk) : 지체부자유자·정신질환자·약물중독자
  ㉡ 사회적 위협자(Social dynamite) : 생산과 지배관계라는 기존의 사회관계를 의문시하는 자
③ 범죄자·일탈자 통제전략
  ㉠ 통합적(Integrative) 방법 : 보호관찰과 같이 사회에 적용되는 대책을 통한 전략
  ㉡ 분리적(Segregative) 방법 : 제도나 기관에 의한 전략

> **페미니스트 이론**
> - 범죄는 남자다워야 한다는 남성들의 성역할 사회화의 산물이다.
> - 범죄의 원인 중 하나로 가부장제를 들 수 있다.
> - 페미니스트 이론으로 여성의 매춘이나 강간범죄를 설명할 수 있다.
> - 남성 중심의 범죄이론이 여성에게 적용될 수 있는가에 대한 의문을 가진다.

08 갈등이론의 평가

① 갈등개념을 중시하고 있음에도 불구하고, 개념 자체가 명확하게 정의되어 있지 않다. 또한 지나치게 거시적이고, 개인의 사고와 행동을 충분하게 설명하지 못한다.
② 범인성과 갈등의 관계도 명확하지 못하다.
③ 범인성과 갈등의 관계를 설명함에 있어서 집단 간 문화적 차이를 지나치게 강조하여 같은 집단 간 갈등을 설명하지 못한다.
④ 부의 불평등한 분배를 범죄의 근원이라고 주장하였으나, 사회의 경제적 계층화로 인하여 사람들이 열심히 노력하고 부를 축적하는 등의 긍정적인 면을 무시하였다.
⑤ 갈등이론에서 범죄 문제해결을 위한 대처방안으로 이상적 사회주의 국가를 주장하지만, 사회주의 국가에서도 범죄가 발생한다.

1 전통적 범죄

01 살 인
02 성범죄
03 조직범죄
04 가정폭력
05 학교폭력
06 청소년비행
07 마약범죄
08 사기범죄와 절도죄, 강도죄

2 특수범죄

01 환경범죄
02 경제범죄
03 화이트칼라범죄
04 사이버범죄
05 스토킹
06 피해자 없는 범죄
07 증오범죄

최다 출제 POINT & 학습목표

1. 전통적 범죄와 특수범죄로 나누어 범죄유형론을 이해한다.
2. 살인범죄, 폭력범죄, 성범죄, 사기범죄, 조직범죄 등 각각의 특징을 이해한다.
3. 학교폭력, 가정폭력에 관하여 알아본다.
4. 마약범죄에 대하여 알아본다.
5. 화이트칼라범죄, 사이버범죄, 스토킹, 피싱, 피해자 없는 범죄에 대하여 알아본다.

CHAPTER 05
범죄유형론

CHAPTER 05 범죄유형론

1 전통적 범죄

01 살인

1. 의의
살인이란 고의로 타인의 생명을 단절시키는 행위를 말한다. 즉, 살인범죄란 사람을 살해함으로써 그 생명을 침해하는 범죄이다.

2. 살인행위의 구분
① 합법적이면서 사회적으로 용인되고 계산된 살인행위 → 병사가 전쟁터에서 조국을 위하여 적을 살해하는 경우, 경찰관의 법집행 과정 중 발생할 수 있는 살해행위 등
② 사회적으로 어느 정도는 용인되고 계산된 행동이지만, 법률적으로는 불법인 살인행위 → 남편이 부정한 아내를 살해하거나 자신의 명예를 욕되게 하는 사람을 살해하는 것 등
③ 사회적으로 용인되지 않으며, 법률적으로도 불법인 살인행위 → 자신의 재정적 이득을 위하여 타인을 살해하는 것 등

3. 살인의 유형
① **표출적 살인** : 감정의 격분 등에 의하여 '사람을 살해하는 것' 자체가 목적이 되는 살인을 말한다.
② **도구적 살인** : '범죄자가 필요로 하는 물질적 혹은 성적 이익'이 주된 목적이 되는 살인이다. 여기서 범죄자는 피해자를 자신의 목적을 달성하기 위해 제거 혹은 이용해야 할 물건이나 대상으로 여긴다.
③ **충동적 살인** : 충동적으로 살인을 저지르는 것으로, 충동적 범죄자의 경우, 감정을 조절하거나 행동을 통제하는 능력이 매우 부족하여 다양한 범죄를 지속할 가능성이 높다.
④ **연쇄살인** : 사건 간에 냉각기를 가지고 다수의 장소에서 네 건 이상의 살인을 저지르는 것 또는 사건 사이에 냉각기를 둔 채 세 곳 이상에서 세 차례 이상의 살인을 저지르는 것을 말한다.
⑤ **연속살인** : 짧은 시간 내에 여러 장소를 다니며 두 명 이상의 살인을 저지르는 것을 말한다.
⑥ **대량살인** : 한 사건에서 1명 또는 여러 명의 가해자에게 4명 이상이 살해당하는 것으로, 동일한 시간과 장소에서 여러 명을 살해하는 것을 말한다.

⑦ 1급 살인 : 상대방을 살해할 의도를 갖고 사전계획을 하고, 살인을 저지른 경우를 말한다.
⑧ 2급 살인 : 사람을 죽일 의도가 있는 경우, 생명이 위험할 수 있다는 것을 알면서 그 행동을 하는 경우 등에 해당한다.

> **다수살인(Multiple murder)**
> 일반적으로 다수살인은 복수의 피해자를 가지는 살인범죄 일반을 지칭하며, 이것은 대량살인 또는 집단살인, 연속살인, 연쇄살인의 세 가지 하위 유형으로 구분할 수 있다.
> - 대량살인의 개념에 대해서 레빈과 폭스의 경우 4명 이상의 피해자를 가지는 것을 대량살인이라 지칭했으며, 홈즈의 경우 3명 이상의 피해자를 가지는 것을 대량살인이라 지칭하고 있다.
> - 연속살인은 한 가지 점만 뺀다면 대량살인과 거의 동일한 현상이라 할 수 있는데, 대량살인범과 연속살인범의 차이는 복수의 피해자를 살해하는 장소의 차이이다. 즉, 대량살인범은 한 장소에서 살육을 저지르는 반면, 연속살인범은 장소를 이동하면서 살인을 저지른다는 차이만을 가지고 있는 것이다. 연속살인범은 이른바 '움직이는 대량살인범'이라 할 수 있다.
> - 가장 일반적으로 사용하고 있는 연쇄살인의 정의는 FBI의 정의로서, FBI는 연쇄살인을 '사건 사이에 냉각기를 둔 채 세 곳 이상에서 세 차례 이상의 살인을 저지른 것'으로 정의하고 있다.
>
> 〈출처〉 강은영・박형민, 「살인범죄의 실태와 유형별 특성」, 한국형사정책연구원, 2008, P. 49~56

4. 살인범죄의 특징
① 살인범죄의 동기는 우발적 동기가 가장 많다.
② 범죄피해조사를 통한 실태파악이 불가능하다.
③ 살인은 도구를 사용하는 경향이 있다.
④ 음주나 약물 사용과 관련이 있다.
⑤ 살인은 평소 알고 지내던 사이에서 주로 발생한다.

5. 살인범죄의 이론적 접근
① 살인범죄의 생물학적 이론
  ㉠ 인종학(Ethological)적 이론 : 인간은 생물학적으로 다른 동물보다 살인본능이 강하다는 것이다. 사자와 같이 다른 사자를 죽일 수 있는 신체적 조건과 능력을 가진 동물은 다른 개체를 죽이고자 하는 살해본능을 금하는 억제본능이 발달한 것에 반해, 인간은 다른 인간을 죽일 수 있는 신체적 조건을 갖추고 있지 않기 때문에 살해본능을 금하는 억제본능이 발달할 필요가 없었다는 것이다.
  ㉡ 유전학(Genetic)적 이론 : 대부분의 정상인은 23개씩의 X와 Y염색체를 가지고 있으나, 극히 일부는 남성염색체인 Y염색체를 하나 더 가지고 있는데, Y염색체가 남성을 강인하고 공격적으로 만들기 때문에 이들 XYY염색체를 가진 남성은 통상적으로 공격적인 경향을 가질 확률이 높다는 것이다.
  ㉢ 생화학적(Biochemical) 이론 : 인체 내에서 폭력을 일으키는 화학반응이 일어나면서 그 효과로 폭력적인 성향이 나타난다는 것이다. 알코올의 영향과 살인의 상관관계를 주장하는 입장으로서, 알코올이 중추신경계통에 영향을 미쳐 공격성을 자극하고 공격행동을 발산시키는 역할을 수행하는 약물이라고 본다.

② 살인범죄의 심리학적 이론
  ㉠ 정신분석학적 이론
    • 무의식적 충동에 의해 범죄를 저지른다고 설명하는 이론이다. 우리의 심리상태는 이드(Id)와 자아(Ego), 그리고 초자아(Superego)로 구성되어 있는데, 감정적이고 비이성적인 이드와 초자아는 욕구를 만족시키고자 하는 요구와 그것을 제한하는 갈등관계에 있다고 설명한다.
    • 갈등관계를 적절히 조절하는 역할을 자아(Ego)가 제대로 하지 못하면 불행해지거나 죄의식을 갖게 되고, 나아가 정신적 질병을 앓게 되어 결국 살인과 같은 폭력으로 이끌리게 된다는 것이다.
    • 강력한 초자아(Superego)를 갖고 있는 경우 공격성 욕구를 완전히 억제하며, 정상적인 해소 방법이 없을 때 그것이 폭발하면서 범죄를 저지르게 된다. 바로 이 점이 아주 선한 사람이 갑작스러운 살인을 하는 경우에 해당한다.
  ㉡ 좌절 - 공격성(Frustration-aggression)이론
    • 달라드(Dollard) 등은 인간의 모든 공격적인 행동은 좌절에 대한 결과이며, 모든 좌절은 공격성으로 나타난다는 좌절 - 공격이론(Frustration-aggression theory)을 제시하였다.
    • 이 이론에 의하면 사람들은 자신의 욕구가 충족되지 않을 때 좌절을 경험하며, 이에 대한 반응으로 공격적인 행동을 하게 된다.
  ㉢ 학습이론
    • Buss(1961)와 Bandura(1973)와 같은 학자들은 폭력이나 공격행위를 학습의 결과로 파악하고, 폭력이 나타나는 구체적인 메커니즘의 설명에 관심을 가진다.
    • 범죄의 보상적 결과가 범죄를 다시금 저지르게 한다는 것으로, 범죄의 강화에는 물질적 보상·사회적 보상·타인의 고통을 보는 심리적 보상 등이 존재한다는 것이다.
  ㉣ 인지이론
    • 범죄자가 특징적인 범죄적 사고 유형으로 인해 범죄를 저지른다는 이론으로, 범죄자의 마음을 규정하는 다양한 사고 양식과 사고 오류들을 제시하고 있다.
    • 범죄자의 특징적 사고 유형에는 '구체적 사고'(Concrete thinking), '분열'(Fragmentation), '타인과의 감정이입의 실패', '시간조망의 부족', '무책임한 의사결정', '스스로를 희생자로 지각' 등이 있다.
③ 살인범죄의 사회학적 이론
  ㉠ 외적 제재(External restraint)이론 : 살인과 같은 공격적인 행동이 극단적인 좌절의 행동적 표현이라면서 이러한 행동적 표현은 외적 구속체계에 의해서 결정된다는 이론이다.
  ㉡ 아노미이론 : 사회 내에서의 구조적 역기능이 사람들에게 목적 - 수단의 괴리를 가져오고, 이러한 괴리가 살인 등의 일탈을 야기한다는 이론이다. 특히 사회적으로 성공하기를 바라지만 합법적인 수단이 제한되어 있어 불법적인 방법도 마다하지 않는 '혁신형' 행동양식을 가진 사람들 중에 살인범죄를 일으키는 경우가 있다고 설명한다.
  ㉢ 폭력성의 하위문화이론 : 사회 내에는 대인적 폭행을 부정적·반사회적이라고 규정하지 않는 폭력의 하위문화가 있으며, 그 하위문화에서는 신체적 공격이 사회적으로 용인되고, 때로는 당연하게 여겨지는 행동양식이라고 주장한다.

6. 살인범죄의 특성

① **일반적인 경향** : 2023년 살인범죄의 발생건수는 801건, 인구 10만 명당 1.6건의 범죄가 발생하였다. 살인범죄의 발생비는 2022년 대비 8.8%(0.2건) 증가하였으며, 지난 10년 동안 14.6%(0.2건) 감소하였다. 지난 10년간 연도별 살인범죄의 발생비 추이를 살펴보면, 2014년부터 대체로 감소하는 추세를 보이다가 2022년에는 전년대비 증가하였다.

② **범죄유형** : 2023년에는 총 801건의 살인범죄가 발생하였다. 이 중 일반 살인범죄가 675건으로 84.3%를 차지하고 있으며, 존속살해 60건(7.5%), 자살교사/방조 55건(6.9%), 아동학대살해 5건(0.6%), 영아살해 5건(0.6%), 촉탁・승낙살인 1건(0.1%)이 발생하였다.

③ **범죄 발생 시간** : 살인범죄가 가장 많이 발생하는 시간은 밤(20:00~03:59, 38.1%)이었으며, 그 다음으로는 오후(12:00~17:59, 23.7%), 저녁(18:00~19:59, 12.2%) 등의 순이었다.

④ **피해자의 성과 연령** : 살인범죄 피해자의 57.4%는 남자였으며, 42.6%는 여성이었고, 살인범죄 피해자의 64.3%가 41세 이상의 연령층이었다.

⑤ **살인범죄자와 피해자의 관계** : 살인범죄 범죄자와 피해자의 관계를 살펴보면, 전체의 22.1%가 타인인 것으로 나타났다. 타인 외의 관계에서는, 친족관계인 경우가 전체의 34.4%로 가장 많았고, 그 다음이 이웃/지인(18.0%), 애인(11.0%), 친구/직장동료(9.2%) 등의 순이었다.

⑥ **범죄자의 성과 연령** : 검거된 살인범죄 범죄자의 80.9%가 남성이었으며, 여성은 19.1%로 나타났다. 남성범죄자는 61세 이상 연령층이 24.3%로 가장 많았고, 그 다음은 51세~61세, 41세~50세, 19세~30세 순이었다. 여성범죄자는 19세~30세 연령층이 각각 25.8%로 가장 많았으며, 그 다음은 41세~50세, 31세~40세 순이었다. 여성범죄자의 40세 이하 비율은 50.3%로 같은 연령대의 남성범죄자(32.1%)에 비하여 상대적으로 높은 반면에, 남성범죄자는 여성범죄자에 비해 41세 이상의 비율이 상대적으로 높았다.

⑦ **범죄자의 전과** : 검거된 살인범죄 범죄자의 51.1%가 벌금형 이상의 전과가 있는 것으로 나타났다. 전과가 없는 초범인 범죄자는 25.0%이며, 전과가 미상인 범죄자는 23.8%로 나타났다.

⑧ **범죄자의 범행 시 정신상태** : 검거된 살인범죄 범죄자의 56.1%가 범행당시 정신상태가 정상이었다. 34.0%는 주취상태였으며, 9.8%는 정신장애가 있는 것으로 나타났다. 남성범죄자 중 정신장애가 있는 비율은 10.4%로 여성범죄자(6.9%)에 비하여 높게 나타났으며, 주취상태에서 살인범죄를 저지른 비율도 35.8%로 여성범죄자(24.8%)에 비하여 높게 나타났다.

〈출처〉 대검찰청, 「2023 범죄분석」

7. 연쇄살인의 유형

연쇄살인은 연속적으로 살인 행위를 저지르는 범죄로, 범인은 주로 계획적으로 범행을 저지르며 일정한 간격으로 살인을 저지른다. 연쇄살인범들은 대부분 PCL-R 테스트에서 높은 점수를 받는 사이코패스에 해당한다. 연쇄살인을 주요 행동패턴에 따라 분류한 홈즈와 드버거(Holmes & DeBurger, 1988)의 분류는 다음과 같다.

① **망상형(Visionary)** : 청각 또는 시각과 관련하여 환청, 환각, 망상이 주요 원인으로, 살인을 정당화
② **사명감형(Mission-oriented)** : 자신의 기준이나 신념체계에 비춰 사회에서 부도덕하거나 옳지 않은 일을 하는 집단을 선택하여 그 소속원을 범죄의 희생자로 하는 경우

③ **쾌락형(Hedonistic)** : 살인 자체를 즐기면서 희열을 추구, 살인을 통해 성적 쾌락과 스릴감을 맛보거나 위안을 삼으려고 하는 것
④ **권력형(Power/control-oriented)** : 대상자의 삶과 죽음 자체를 통제할 수 있다는 정복감과 힘의 우위를 성취, 성적 가학행위와 환상이 발현

연쇄살인의 유형

구분자	기준	세부유형
Holmes & Deburger(1988)	행동패턴	• 망상형 • 사명감형 • 쾌락형(욕정, 스릴추구, 위안) • 권력형
Jesse(1924)	동기	• 이득추구형 • 복수추구형 • 제거형 • 쾌락추구형 • 욕정형 • 신념형
Megargee(1982)	동기	• 도구적 연쇄살인 • 표현적 연쇄살인
Dietz(1986)	가해자 특징	• 정신병질적인 성적 가학자 • 연속살인범 • 조직적인 범죄집단의 조직원 • 독살자/동물 질식 시험기 • 정신병질자
Holmes & Deburger(1985)	위치 이동	• 지리적 안정형 • 지리적 단기체류형
Hickey(1985)	범행장소	• 유동적인 지리형 • 지엽적인 지리형 • 특정 지역형

폭스와 레빈(Fox & Levin, 1992)의 연쇄살인범 유형

스릴추구형 (Thrill)	성적 가학형 (Sexual sadism)	연쇄살인범의 대부분을 차지하는 유형으로, 성적 학대가 그 동기이다.
	지배형(Dominance)	우월감 등을 얻기 위하여 살인을 저지르는 유형이다.
미션추구형 (Mission)	개혁·사회개선형 (Reformist)	세상에서 악을 제거한다는 명분으로 살인을 저지르는 유형이다. 살해대상은 주로 매춘부, 성적소수자, 노숙자 등이다.
	망상형(Visionary)	신 또는 악마로부터 지시를 받고 살인을 저지른다. 그 수가 가장 적다.
편의추구형 (Expedience)	이익추구형(Profit)	금전적인 이득을 취하기 위하여 범행을 저지르는 유형이다.
	보호수단형(Protection)	범죄를 저지르고, 그것을 은폐하고자 살인을 하는 유형이다.

사이코패스의 특징
- 사이코패스는 자신의 감정과 고통에는 매우 예민하나 타인에 대한 공감을 할 수 없다.
- 주변 사람들과 정서적 유대감을 맺지 못한다.
- 과대망상증이 심하고 자신의 욕구를 충족시키기 위해서는 무슨 일이든 할 수 있다.
- 충동적이고 즉흥적인 성향을 지녔으며 포학하고 잔인한 범죄를 저지르고도 전혀 죄의식을 느끼지 못한다.

PCL-R 테스트
사이코패스의 진단척도로는 심리학자 로버트 헤어의 PCL-R이 가장 많이 사용되며, 20문항에 걸쳐 각 항목별로 3점 척도로 응답하고, 총 40점 만점으로 구성되어 있다. 2명 이상의 전문가가 평균을 낸 점수로 사이코패스를 진단하게 되는데, 총점 40점에 가까울수록 사이코패스 성향이 높은 것으로 본다.

8. 연쇄살인의 특징

① 순간적인 충동에 의한 살인이 아니라, 철저한 계획하에 행해진다.
② 다른 살인범죄와 달리 자신의 범행이라는 표시를 남기기도 하는 등, 자기 과시적 범죄가 많다.
③ 사건의 횟수를 거듭할수록 더 발전된 범행 수법을 연구·개발하여 실행하는 것이 일반적이다. 범인은 대부분의 시간을 살인에 대한 공상·계획·준비 등에 보낸다.
④ 범행의 반복가능성이 있으며, 사건 사이에 시간적 공백·심리적 냉각기가 있다.
⑤ 범인이 잡히지 않는 이상, 사회에 극심한 공포심을 유발한다.
⑥ 동기가 분명하지 않아 범인을 색출하는 데 있어서 어려움이 크다.

9. 다중(多衆)살인

① 다중살인(Mass murder)이란, 한 장소에서 한 번에 여러 명을 살해하는 것을 말한다.
② 다중살인은 집단에서의 소외감·상대적 박탈감 등에 의한 적대적인 감정이 극단적으로 표출된 것이다.
③ 다중살인의 경우, 범인 특정이 용이하다. 대부분 그 자리에서 검거되거나 스스로 목숨을 끊기 때문이다.
④ 수많은 사람들을 한 번의 기회에 살해하므로, 위험성이 높은 흉기를 사용한다.
⑤ 다중살인의 피해자는 다수이며, 가해자와 아무런 관계가 없는 경우가 대부분이다.
⑥ 범행동기·피해자의 유형·범행 방법은 일반적으로 알려진 방법들을 사용한다는 점에서 연쇄살인과 구별된다.

02 성범죄

1. 의 의

강간·윤간·강도강간 등을 중심으로 성매매·청소년 성매매·성추행·언어적 희롱·리벤지포르노(Revenge porno)·음란전화·성기노출·어린이 성추행·아내강간·데이트 강간 등 상대방의 의사에 반하여 가해지는 성적행위를 말한다.

> **리벤지포르노(Revenge porno)**
> 보복을 목적으로 당사자의 동의 또는 인지 없이 유포되는 음란물(성적 사진이나 영상 콘텐츠 등)을 말한다.

2. 성범죄의 유형

① **강간** : 강간죄는 피해자의 반항이 불가능하거나 현저히 곤란할 정도의 폭행 또는 협박으로 사람을 강간하는 경우에 성립하는 범죄이다(형법 제297조).

> **그로스(N. Groth)가 분류한 강간 유형**
> - 지배 강간 : 피해자를 힘으로 자신의 통제하에 놓고 싶어 하는 유형이다. 능력 있는 남성이라는 자부심을 유지하기 위하여 강간이라는 비정상적인 행위를 통해 자신의 힘을 과시하고 확인하고자 한다.
> - 가학성 변태성욕 강간 : 분노와 권력에의 욕구가 성적으로 변형되어 가학적인 공격행위 그 자체에서 성적 흥분을 일으키는 정신병리적 유형이다. 사전 계획하에 상대방을 묶거나 성기나 유방을 물어뜯고 불로 지지는 등 다양한 방법으로 모욕하고, 반복적인 행동을 통해 쾌락과 만족감을 얻는다.
> - 분노 강간 : 강간자의 증오와 분노 감정에 의해 촉발되는 우발적이고 폭력적인 유형이다. 성적 만족을 위해서 행해지는 것이 아니라, 자신의 분노를 표출하거나 상대방을 모욕하고 미워하기 위한 행동이며 신체적인 학대가 심하다.

② **특수강간·특수강제추행** : 흉기나 그 밖의 위험한 물건을 지닌 채 또는 2명 이상이 합동하여 강간죄를 범한 사람은 무기징역 또는 7년 이상의 징역에 처한다. 이같은 방법으로 강제추행의 죄를 범한 사람은 5년 이상의 유기징역에, 준강간이나 준강제추행의 죄를 범한 사람은 특수강간 또는 특수강제추행의 예에 따라 처벌한다(성폭력범죄의 처벌 등에 관한 특례법 제4조). 또한 미수범도 처벌한다(성폭력범죄의 처벌 등에 관한 특례법 제15조).

③ **강제추행** : 폭행, 협박으로 사람을 추행하여 개인의 성적 자기결정의 자유를 침해하는 것으로, 행위 객체는 남녀노소·혼인 여부를 묻지 않으며, 행위 주체는 남·여 모두이다. 폭행 또는 협박으로 사람에 대하여 추행을 한 자는 10년 이하의 징역 또는 1천 500만원 이하의 벌금에 처한다(형법 제298조).

④ **성매매** : 영리의 목적으로 사람을 매개하여 간음하게 한 자는 3년 이하의 징역 또는 1천 500만원 이하의 벌금에 처하며(형법 제242조), 추행·간음·결혼 또는 영리의 목적으로 사람을 약취 또는 유인한 자는 1년 이상 10년 이하의 징역에 처한다(형법 제288조 제1항). 아동에게 음란한 행위를 시키거나 이를 매개하는 행위 또는 아동에게 성적 수치심을 주는 성희롱 등의 성적 학대행위를 한 자에 대해 10년 이하의 징역 또는 1억원 이하의 벌금(아동복지법 제71조 제1항 제1호의2)에 처한다.

⑤ **청소년 성매매** : 아동·청소년의 성을 사는 행위를 한 자는 1년 이상 10년 이하의 징역 또는 2천만원 이상 5천만원 이하의 벌금에 처하며(청소년성보호법 제13조 제1항), 아동·청소년의 성을 사기 위하여 아동·청소년을 유인하거나 성을 팔도록 권유한 자는 3년 이하의 징역 또는 3천만원 이하의 벌금에 처한다(청소년성보호법 제13조 제2항).

⑥ **성희롱** : 직장 등에서 상대방의 의사에 반하는 성과 관련된 언동, 불쾌하고 굴욕적인 느낌, 고용상의 불이익 등 유무형의 피해를 주는 행위, 직접적인 신체접촉, 음담패설, 성적관계 강요, 회유하는 행위, 외설적인 사진·그림·낙서·출판물 등을 직접 보여주거나 통신매체를 통해 보내는 행위 등을 말한다.

3. 성범죄의 조장 문화
① 여성을 남성의 소유물(Women as men's property)로 보는 시각
② 남성다움을 과시하는 경쟁의 대상으로서 여성을 대하는 시각
③ 여성은 강간당하고 싶어 하는 욕구를 가지고 있다는 잘못된 인식
④ 여성에게는 전형적인 여성적 역할만을 강요한다는 사실

4. 성범죄 발생 원인에 대한 고찰
① **성적 부적절성의 문제** : 심리학자나 심리분석가들은 강간범이 대체로 감정적 혼란과 인성결함으로 인해 고통을 받고 있는 것으로 보고 있다.
② **폭력의 하위문화** : 폭력적 부문화를 가진 하류계층의 흑인이 가장 높은 강간범죄율을 보인다는 사실에 기초하는 것으로, 적용상의 한계가 있다.
③ **상대적 좌절감의 문제** : 성적 제한이 심한 사회의 경우와 같이, 혼외 성관계의 기회부족으로 인해 강간이 유발된다고 보는 견해로, 그 상관관계와 관련성이 모호하다.
④ **차별적 통제(Differential control)** : 여성에게만 성적 활동의 제한이 가해지고, 남성에게는 개방적이기 때문에 강간이 많이 일어날 수밖에 없다는 논리이다.
⑤ 그 밖에도 남녀성비의 불균형에서 원인을 찾는 견해나 세력이론에 기초하여 원인을 찾는 견해 등이 있다.

5. 성범죄자의 심리적 성향
① **반사회적·병리학적(Antisocial or psychopathic) 성향** : 범죄적 성향·타인에 대한 감정이입의 부족·자기 행동에 대한 자책감의 부족·자기 행위를 숨기고자 하는 성향 등을 보인다. 특히 이들은 자기의 행동으로 인해 피해를 입게 되는 희생자에 대한 감정이입의 능력이 현저히 떨어진다.
② **자기도취적(Narcissistic) 성향** : 성 공격적인 행동에 몰입함으로써 자신의 권위나 힘을 나타내려 한다. 이것은 남성 우월주의의 극단적 표현인 경우도 있다. 성범죄 행위를 통해 자신의 부족함을 잠시나마 잊으며 자신의 나약함을 잊고자 노력하는 행위를 이 범주에 포함할 수 있다.
③ **정신분열적(Schizoid) 성향** : 사회성 부족·소외감·둔감된 단조로운 정서적 행위를 보이는 경우이다. 이같은 성향을 보이는 사람들은 대개 친구와 또래 집단이 부족하며, 주요한 타인과의 관계망도 매우 빈약하고 사회관계 자체가 지극히 발달하지 못한 경우가 많다.

④ 정신병의 경계상태(Borderline)의 성향 : 대인관계가 매우 불안정한 행위를 보이는 경우이다. 소유욕이 강하며, 질투심이 많고, 의존성향도 있는 경우가 대부분이다. 사고행위도 매우 극단적인 양분적 사고의 경향이 강하며, 자신과 타인 모두의 가치를 인정하지 않는 행위를 보인다.
⑤ 수동적이고 공격적인(Passive-aggressive) 성향 : 타인과의 관계에서 자신감이 부족하며, 특히 분노를 표현하는 상황에서 이와 같은 성향이 두드러진다. 분노의 감정을 직접적으로 표현하기보다는, 타인에게 해가 될 수 있는 방해물을 만드는 것과 같은 간접적인 방법으로 표현한다.
⑥ 해리적(Dissociative) 성향 : 행동이 의식과 분리되어 표출되는 경우를 의미한다. 성과 관련된 일탈적 환상에 빠지는 경우가 흔하다. 내적으로 지나치게 몰두하는 경우도 해리적 성향을 가진 것으로 본다. 일상적인 수준에서는 이해하기 힘든 사고와 행동에 몰입하며, 이와 같은 사고와 행동이 성과 관련되는 경우가 많다.

성범죄자의 심리적 특성

생활양식	행 위
반사회적, 병리학적	범죄 심리상태, 타인에 대한 감정이입 및 자책감의 부족
자기도취적	타인에 대한 우월감, 과장 심리
정신 분열적	사회기술의 부족, 소외감, 둔화된 정서
정신병의 경계상태	대인관계의 불안정, 타인에 대한 의존감
수동적 – 공격적	자신에 대한 낮은 존중감, 타인에 대한 공격적 심리
해리적	일탈적 환상, 의식으로부터의 분리, 이탈

성폭행범죄의 5가지 동기유형

권력형	성적 만족감을 목적으로 하는 것이 아니라 자신의 힘, 남성다움, 성적 매력을 과시하는 것이 목적인 유형이다. 주로 클럽, 술집 등에서 신사적인 태도로 피해자에게 환심을 산 후 범행을 저지른다.
분노치환형	여성을 적대시하며 처벌할 목적으로 범행을 저지르는 유형이다. 성욕 때문이 아니라 특정 여성에 대한 분노와 복수심을 풀기 위해 그와 비슷한 외모·분위기를 가진 여성을 대상으로 범행을 저지른다.
가학형	성폭행범들 중 가장 드물고 난폭한 유형이다. 비면식관계인 피해자에게 가학적인 행위를 하면서 그들의 반항, 고통, 공포를 통해 쾌락과 만족감을 얻는 유형이다.
남성성 확인형	성폭행범들의 가장 흔한 유형으로, 여성을 지배하는 통제력을 느끼고 싶지만 여성을 유혹할 수 있는 남성다운 외모나 체격을 갖추지 못한 유형이다.
기회주의형	절도, 가택침입 등 다른 범죄를 저지르던 중 여성을 강간할 기회가 생기면 범행을 저지르는 유형이다.

6. 성범죄의 대처 방법

사후지원적 측면	피해 직후 대처 방안
• 전문상담소 및 보호시설의 활성화 • 재정적 지원확대 • 전문경찰제도 확충 • 의료 제도적 연계망 구축	• 피해사실을 숨기지 말고 즉각 알릴 것 • 병원치료 및 증거의 채취·보존 • 상담기관이나 전문가의 도움 요청 • 피해 극복을 위한 적극적 의지와 노력

> **우리나라의 성폭력범죄 추세**
> 2023년 성폭력범죄의 발생건수는 38,698건, 인구 10만명당 75.4건의 범죄가 발생하였다. 성폭력범죄의 발생비는 2022년 대비 6.4% 감소하였으며, 지난 10년 동안에는 29.6% 증가하였다. 지난 10년간 연도별 성폭력범죄의 발생비 추이를 살펴보면, 2014년부터 2020년까지 증감을 반복하다 2021년부터 2022년까지 증가하였고, 2023년에는 전년대비 감소하였다.
> 〈출처〉 대검찰청, 「2024 범죄분석」, 2024, P. 13

> **아동·청소년대상 디지털 성범죄의 수사 특례(청소년성보호법 제25조의2)**
> ① 사법경찰관리는 디지털 성범죄에 대하여 신분을 비공개하고 범죄현장(정보통신망을 포함한다) 또는 범인으로 추정되는 자들에게 접근하여 범죄행위의 증거 및 자료 등을 수집(이하 "신분비공개수사"라 한다)할 수 있다.
> ② 사법경찰관리는 디지털 성범죄를 계획 또는 실행하고 있거나 실행하였다고 의심할 만한 충분한 이유가 있고, 다른 방법으로는 그 범죄의 실행을 저지하거나 범인의 체포 또는 증거의 수집이 어려운 경우에 한정하여 수사 목적을 달성하기 위하여 부득이한 때에는 신분위장수사를 할 수 있다.

7. 성폭력범죄의 대책

① **약물치료제도**
  ㉠ 비정상적인 성적 충동이나 욕구를 억제하기 위한 조치로서, 성도착증 환자에게 약물 투여 및 심리치료 등의 방법으로 도착적인 성기능을 일정기간 동안 약화 또는 정상화하는 치료를 말한다.
  ㉡ 검사는 사람에 대하여 성폭력범죄를 저지른 성도착증 환자로서 성폭력범죄를 다시 범할 위험성이 있다고 인정되는 19세 이상의 사람에 대하여 약물치료명령을 법원에 청구할 수 있다(성충동약물치료법 제4조 제1항).

② **전자감시제도**: 전자장치 부착 등에 관한 법률(전자장치부착법)은 수사·재판·집행 등 형사사법 절차에서 전자장치를 효율적으로 활용하여 불구속재판을 확대하고, 범죄인의 사회복귀를 촉진하며, 범죄로부터 국민을 보호함을 목적으로 한다(전자장치부착법 제1조).

> **전자장치부착법의 주요 내용**
> • 특정범죄란 성폭력범죄, 미성년자 대상 유괴범죄, 살인범죄, 강도범죄 및 스토킹범죄를 말한다(제2조 제1호).
> • 위치추적 전자장치(이하 전자장치라 한다)란 전자파를 발신하고 추적하는 원리를 이용하여 위치를 확인하거나 이동경로를 탐지하는 일련의 기계적 설비로서 대통령령으로 정하는 것을 말한다(제2조 제4호).
> • 만 19세 미만의 자에 대하여 부착명령을 선고한 때에는 19세에 이르기까지 전자장치를 부착할 수 없다(제4조).
> • 부착명령은 검사가 법원에 청구할 수 있다(제5조 참고).
> • 부착명령을 선고받은 사람은 부착기간 동안 「보호관찰 등에 관한 법률」에 따른 보호관찰을 받는다(제9조 제3항).
> • 부착명령은 검사의 지휘를 받아 보호관찰관이 집행한다(제12조 제1항).
> • 보호관찰관은 피부착자의 재범방지와 건전한 사회복귀를 위하여 필요한 지도와 원호를 한다(제15조 제1항).
> • 부착명령은 전자장치 부착을 명하는 법원의 판결이 확정된 때부터 집행한다(제29조 제1항).

③ **신상정보 공개제도**: 성폭력·성매수 행위·강간·강제추행·성매매 알선 등의 성범죄 행위를 저지르고 형이 확정된 자에 대하여 당해 범죄자의 신상을 공개하는 제도이다.

④ **치료감호제도**: 심신장애인과 중독자를 치료감호시설에 수용하여 치료를 위한 조치를 행하는 보안처분제도로, 사회보호법이 폐지됨으로써 보호감호제도 및 그에 따른 보호관찰은 폐지되었지만 치료감호제도 및 그에 따른 보호관찰은 치료감호법을 새로 제정함으로써 존속하게 되었다.

03 조직범죄

1. 조직범죄의 개념

① **일반적 정의** : 조직범죄란 '범죄를 범할 목적으로 2인 이상의 집단범죄'를 말한다. 조직범죄에 대한 정의는 다양하지만 ㉠ 다수인에 의한 위계적 조직체, ㉡ 불법적 활동에 의한 이익추구, ㉢ 위협이나 무력의 사용, ㉣ 비호세력을 만들기 위한 부패권력의 이용 등을 공통점으로 한다.

② **알바네즈(Albanese)의 정의** : 조직범죄는 상당한 대중적 수요가 있는 불법활동으로부터 이득을 얻기 위해 합리적으로 움직이는 지속적 범죄사업으로 그 존속은 무력·위협의 사용 또는 공무원의 부패를 통해 유지된다.

조직범죄의 특성	
공식적 입장 (미국 '형사사법의 기준과 목표에 관한 국가자문위원회'의 보고서)	• 조직범죄는 불법적 수단에 의한 합법적 목표의 추구나 불법적 행동의 계획과 집행에 있어서 많은 사람의 공조를 요하는 음모적 활동이다. • 권력과 신분의 확보도 동기요인이 되겠지만, 불법적 재화와 용역의 독점을 통한 경제적 이득의 확보에 조직범죄의 주요 목적이 있다. • 조직범죄의 활동이 불법적 용역의 제공에 국한되지는 않는다. • 조직범죄는 위협·폭력·매수 등 약탈적 전술을 구사한다. • 경험, 관습 그리고 관행상 조직범죄는 조직구성원, 관련자, 피해자 등에 대한 훈육과 통제가 매우 즉각적이고 효과적이다.
아바딘스키(Abadinsky)가 제시한 포괄적 특성	• 조직범죄는 정치적 목적이나 이해관계가 개입되지 않으며, 일부 정치적 참여는 자신들의 보호나 면책을 위한 수단에 지나지 않는 비이념적인 특성을 가지고 있다. • 조직범죄는 위계적이고 계층적이다. • 조직구성원이 매우 제한적이며 배타적이다. • 조직활동이나 구성원의 참여가 거의 영구적일 정도로 영속적이다. • 목표 달성을 쉽고 빠르게 하기 위하여 불법적 폭력과 뇌물을 활용한다. • 전문성에 따라 또는 조직 내 위치에 따라 임무와 역할이 철저하게 분업화되고 전문화된다. • 이익을 증대시키기 위해서 폭력을 쓰거나 관료를 매수하는 등의 방법으로 특정 지역이나 사업분야를 독점한다. • 조직의 규칙과 규정에 의해 통제된다.

〈출처〉 이윤호, 「범죄학」, 박영사, 2019, P. 115~116

2. 조직범죄의 특징

① **비이념성** : 조직범죄는 오로지 돈과 권력을 목적으로 한다.
② **위계성** : 조직구성원은 영구적 지위가 있는 계층적(수직적) 권력구조를 지니고 있어 지위에 따른 배타적 권위가 인정되며, 매우 제한적이다.
③ **자격의 엄격성** : 구성원의 자격을 엄격히 제한하여 상급 조직원의 추천이나 일정한 행동으로 자격이 인정된 사람을 엄선한다.
④ **영속성** : 조직범죄집단은 영속성을 지니므로, 관계가 평생토록 지속되는 경우가 많다.

⑤ **불법적 수단의 사용** : 조직의 이익을 위해서는 폭행 또는 협박 등의 불법적 수단을 사용하기도 한다.
⑥ **활동의 전문성과 분업성** : 조직범죄활동은 철저한 전문성과 분업에 의해 이루어지고, 내부 구성원이 따라야 할 규칙을 가지고 있다.
⑦ **충성심** : 조직범죄에서는 구성원들의 충성심이 요구된다.

3. 조직범죄의 유형 – 알비니(Albini)의 분류
① 정치적 범죄활동을 목적으로 하는 테러조직이나 과격한 사회운동 조직
② 주로 갱이 포함되는 금전 추구 위주의 약탈적 집단
③ 심리적 만족을 주요 목적으로 하는 폭주족과 같은 집단
④ 기타 조직범죄의 정의에 적합한 집단이 있으며, 이들은 무력이나 위협을 통하여 불법활동에 지속적으로 참여하는 집단으로, 정치적 부패를 통해 면책을 확보하려고 한다.

4. 조직범죄에 대한 대책

수사상의 대책	입법적 대책
• 통신비밀보호법상의 감청 • 잠입수사(함정수사)	• 범죄수익몰수제도 • 자금세탁방지제도 • 공동증인의 면책제도

04 가정폭력

1. 의 의
가정폭력범죄 처벌 등에 관한 특례법에서는 가정폭력을 가족구성원 사이의 신체적, 정신적 또는 재산상 피해를 수반하는 행위라고 정의한다(가정폭력범죄의 처벌 등에 관한 특례법 제2조 제1호). 가정폭력의 피해자는 여성에 한정되지 않고, 남편·자녀·노인 등도 피해자가 될 수 있다.

2. 특 징
① 사회적 불평등이 원인들 가운데 하나이다.
② 외부에 잘 알려지지 않는다는 특징이 있다.
③ 피해자와 가족 구성원의 인권을 보호하기 위해 제정한 가정폭력범죄의 처벌 등에 관한 특례법이 있는 것처럼, 가정폭력범죄에 관해 사회적·법적 개입이 필요하다.

> **가정폭력범죄의 처벌 등에 관한 특례법상 가정구성원(법 제2조 제2호)**
> • 배우자(사실혼 포함) 또는 배우자였던 사람
> • 자기 또는 배우자와 직계존비속관계(사실상의 양친자관계를 포함)에 있거나 있었던 사람
> • 계부모와 자녀의 관계 또는 적모(嫡母)와 서자(庶子)의 관계에 있거나 있었던 사람
> • 동거하는 친족

3. 종류

① **배우자 학대** : 배우자 학대는 신체적인 상해 등의 것뿐만 아니라 정신적인 학대도 포함한다. 폭력이 아주 심하고 상습적이며, 과거에 폭력의 경험이 없으면 그 가정을 떠나지만, 폭력이 적고 과거에 폭력에 대한 경험을 한 경우에는 그대로 가정에 머무르는 경향이 크다. 배우자 학대의 경우 여성이 피해자인 경우가 많다.

② **매 맞는 남편** : 여성의 폭력은 남성과는 달리 보통 꼬집기·할퀴기·따귀 때리기·집기던지기로 요약할 수 있다. 매 맞는 남편의 경우 하소연할 곳이 마땅치 않아서 그 해결에 어려움이 있다. 게다가 남성이 여성에게 맞는다는 부끄러움 때문에 신고조차 잘 하지 않는 경우가 많다.

③ **소아·청소년 학대** : 유복한 가정인 경우, 아동 학대는 학대부모나 아동의 성격적인 특성이 주를 이루고, 빈곤한 가정의 경우에는 성격적 요인보다는 환경적 요인이 더 크게 작용한다.

④ **노인 학대** : 의학기술의 발전으로 평균수명이 길어지면서 노인문제는 더 심각해지고 있다. 대부분의 노인들이 집에서 생활하므로 이전보다 학대를 당할 가능성이 더 높아졌다. 그러나 아동 학대와는 달리 고령자의 학대는 대부분 표면화되지는 않는 경우가 많다.

아동 학대의 의의 및 유형

보호자를 포함한 성인이 아동의 건강 또는 복지를 해치거나 정상적 발달을 저해할 수 있는 신체적·정신적·성적 폭력이나 가혹행위를 하는 것과 아동의 보호자가 아동을 유기하거나 방임하는 것을 말한다(아동복지법 제3조 제7호).

신체적 학대	보호자를 포함한 성인이 아동에게 우발적인 사고가 아닌 상황에서 신체적 손상을 입히거나 또는 신체 손상을 입도록 허용한 모든 행위를 말한다.
정서적 학대	보호자를 포함한 성인이 아동에게 행하는 언어적 모욕, 정서적 위협, 감금이나 억제, 기타 가학적인 행위를 말하며 언어적, 정신적, 심리적 학대라고도 한다.
성적 학대	보호자를 포함한 성인이 자신의 성적 충족을 목적으로 18세 미만의 아동에게 행하는 모든 성적 행위를 말한다.
방임	방임이란 보호자가 아동에게 위험한 환경에 처하게 하거나 아동에게 필요한 의식주, 의무교육, 의료적 조치 등을 제공하지 않는 행위를 말한다. - 방임 유형 : 물리적 방임, 교육적 방임, 의료적 방임, 유기 등

아동 학대의 반응 및 증상

구 분	반 응	증 상
심리적 징후	자아기능 손상, 급성불안반응, 병적인 대인관계, 원시적 방어기전, 충동조절 손상, 자아개념의 손상, 자학적·파괴적 행동, 학교부적응, 중추신경계 장애	충동성, 언어발달 장애, 공격적·파괴적 행동, 전지전능의 공상, 자학행위
행동적 징후	정서적 학대와 행동적 징후, 신체적 학대와 행동적 징후, 성적 학대와 행동적 징후	수면장애, 귀가공포, 두통, 복통, 학교결석, 사회적 위축, 주의산만, 백일몽
신체적 징후	체벌과 학대로 인한 전형적인 상처, 특징적 형태의 화상, 사고로 보기 어려운 상처 등	다발성 타박상, 피멍, 담배로 지진 화상, 뜨거운 물에 담근 흔적, 어깨탈골, 뇌출혈, 간장·비장 파열, 치명상에 의한 아동사망, 성기나 항문의 상처, 성병, 임신

아동 학대의 발생 요인	
학대자의 개인적 요인	• 정신장애나 정신병적 성격 • 어린 시절의 학대받은 경험 • 알코올중독이나 약물중독 • 자녀에 대한 비현실적 기대 • 자녀의 욕구에 대한 이해 부족 • 분노, 좌절, 혹은 성적 욕구와 같은 충동과 감정조절의 무능력 • 폭력에 대한 태도(가혹한 훈육에 대한 부모의 신념, 체벌적인 양육태도)
가정환경적 요인	• 빈곤, 실업 • 가족 구조(편부모 가족) • 사회적 지지체계 부족(사회적 고립 등) • 위기 또는 위기의 연속 • 원만하지 못한 부부관계 • 가정폭력 • 가족의 상호작용 정도(부모 – 자녀 간의 애착부족)
사회문화적 요인	• 자녀를 부모의 소유물로 여기는 태도 • 폭력에 대한 허용적인 가치와 규범 • 체벌수용 • 부모의 방식대로 아동을 양육할 수 있는 부모권리의 수용 • 피해아동에 대한 법적인 보호 부재 및 미비(아동학대신고법 등)
아동에 기인한 스트레스	• 음식 섭취나 수면을 취하는 데 어려움이 있는 아동(밥을 잘 먹지 않거나 잠을 자지 않는 경우) • 신체적, 정신적 또는 기질적으로 특이한 장애를 가진 아동 • 원하지 않았던 자녀(아동의 성, 임신이나 출산시기)

4. 피해자의 특성

① **학습된 무기력 증후군** : 매 맞는 상황을 더 이상 피할 수 없는 상태라고 여기고 이를 수동적으로 받아들이는 것을 지칭하는데, 이는 폭력으로부터 자신을 보호할 수 있는 능력이 없다는 가정에 기인한 것이다.
② **외상 후 스트레스성 장애** : 폭력이라는 정신적 외상이 반복되면 정신의학에서 말하는 외상 후 스트레스성 장애를 앓게 된다. 깜짝 놀람・악몽・환청・회피・우울・불안・해리 등의 증상이 나타난다.
③ **학습된 희망** : 피해자들은 자신의 배우자가 처음 폭력을 사용한 후에는 아주 놀라게 되고, 배우자가 눈물을 머금고 용서를 빌게 되면 다시는 그러지 않을 것이라는 약속을 믿게 된다. 게다가 그 폭력에 자신도 어느 정도 잘못을 했다고 느껴 용서하게 된다.

5. 가해자의 특성

① 가해자들의 경제적・사회적 지위와 무관하며, 가해자들은 보통 가부장적인 사고방식을 가지고 있고, 원만한 인간관계를 형성하지 못한다.
② 모든 문제를 폭력적으로 해결하려는 습성을 가지고 있다. 유년시절에 가정폭력을 경험한 피해자가 성인이 되어 가정을 이루었을 경우에는 가해자가 될 가능성이 크다.
③ 남성이 여성보다 배우자 폭력의 가해자가 되는 경우가 많다.
④ 불평등한 가족관계 내에서 영향력을 과시하기 위해 폭력을 행사한다.

> **폭력범죄의 일반적 특성**
> - 남성이 여성보다 폭력범죄를 더 많이 저지른다.
> - 문제행동을 일찍 시작한 아이는 폭력범죄를 지속적으로 저지를 가능성이 높다.
> - 일반적으로 20대는 60대보다 폭력범죄를 더 많이 저지르고, 40대의 비율이 가장 높다.
> - 대도시의 폭력범죄율은 농촌지역의 폭력범죄율보다 높은 것이 일반적이다.
> - 폭력범죄와 약물남용은 상당한 인과관계가 있다.

05 학교폭력

1. 가해자의 심리적 특징
① 폭력 행동을 하는 청소년들의 두드러진 특성은 공격적인 성향을 가지고 있다는 점과 충동조절이 잘 되지 않는다는 점이다.
② 권력과 지배에 대한 강한 욕구가 있고 남을 지배하고 굴복시키는 것을 즐기며, 주변 환경에 대한 어느 정도의 적대감을 품고 있는 경우가 많고, 폭력 행동에 이익의 요소가 뒤따른다는 것을 알게 된다.
③ 대부분 다른 비행문제를 동시에 가지고 있으며, 집단에 소속되어 동료들과 함께 폭력행위에 가담하게 되는 경우가 많다.
④ 이타심·동정·친사회적 태도 등의 도덕성이 결여되어 있다.

2. 피해자의 심리적 특징
① 폭력 피해자들은 아무런 이유 없이 폭행을 당하기도 하며, 누구든지 그 피해 대상이 될 수 있다는 공포심에 학교라는 환경 자체를 신뢰하지 못하기도 한다.
② 교내 학생들에게 폭력을 당한 이후에는 분노와 적개심을 보이는 반면, 가해학생과 학교에 대한 공포심·회피적 태도를 보이고, 정신적 충격으로 악몽에 시달리거나 우울 증세를 보이는 경우가 있으며, 심지어 자살을 시도하는 학생들도 있다.

3. 학교폭력의 일반적 특성
① 단순한 탈선의 차원을 넘어 심각한 범죄의 단계에 이르고 있다.
② 급격한 산업화 과정에서 야기된 가치관의 혼란으로 청소년들이 스스로의 폭력행위에 대해 죄의식이나 책임감을 느끼지 못한다.
③ 폭력행위가 비행청소년에 의해서만 자행되는 것이 아니라, 모든 청소년에게서 쉽게 발견될 수 있는 일반화된 비행유형이 되고 있다.
④ 폭력이 집단화되어가는 경향이 있다.
⑤ 폭력의 연령이 점점 낮아지고 있다.
⑥ 여학생들 또한 가해자와 피해자로 대거 등장하고 있다.

4. 폭력의 질적 경향

① **비행의 저연령화** : 비행에 있어 나이가 점점 어려지는 경향을 보이고 있다.
② **비행의 지능화** : 비행을 함에 있어 고도로 지능적인 현상이 두드러지게 나타난다.
③ **비행의 흉포화** : 비행이 잔인하고 과감하며, 포악해지고 있다.
④ **비행의 집단화** : 비행에 있어 또래 집단끼리 행동을 유발하는 경향이 크다.
⑤ **비행의 중류화** : 예전에는 결손가정 또는 저소득층에서 비행이 많았으나, 지금은 중상류층 심지어 유명인사의 자녀에게서도 그 빈도가 점점 높아지고 있다.
⑥ **비행의 단순화** : 작은 일에도 이해와 타협보다는 행동이 먼저 가해진다.

5. 학교폭력예방 및 대책에 관한 법률의 주요내용

① **목적**(제1조) : 학교폭력의 예방과 대책에 필요한 사항을 규정함으로써 피해학생의 보호, 가해학생의 선도·교육 및 피해학생과 가해학생 간의 분쟁조정을 통하여 학생의 인권을 보호하고 학생을 건전한 사회구성원으로 육성함을 목적으로 한다.
② **용어의 정의**(제2조)
　㉠ **학교폭력** : 학교 내외에서 학생을 대상으로 발생한 상해, 폭행, 감금, 협박, 약취·유인, 명예훼손·모욕, 공갈, 강요·강제적인 심부름 및 성폭력, 따돌림, 사이버폭력 등에 의하여 신체·정신 또는 재산상의 피해를 수반하는 행위를 말한다.

> **학교폭력의 대상**
> 학교폭력은 학생을 대상으로 하므로 학교 내에서 학생이 교사를 폭행하는 행위는 학교폭력으로 볼 수 없다.

　㉡ **따돌림** : 학교 내외에서 2명 이상의 학생들이 특정인이나 특정집단의 학생들을 대상으로 지속적이거나 반복적으로 신체적 또는 심리적 공격을 가하여 상대방이 고통을 느끼도록 하는 모든 행위를 말한다.
　㉢ **사이버폭력** : 정보통신망(정보통신망 이용촉진 및 정보보호 등에 관한 법률 제2조 제1항 제1호의 정보통신망을 말한다)을 이용하여 학생을 대상으로 발생한 따돌림, 딥페이크 영상 등(인공지능 기술 등을 이용하여 학생의 얼굴·신체 또는 음성을 대상으로 성적 욕망 또는 불쾌감을 유발할 수 있는 형태로 편집·합성·가공한 촬영물·영상물 또는 음성물을 말한다)을 제작·반포하는 행위 및 그 밖에 신체·정신 또는 재산상의 피해를 수반하는 행위를 말한다.
　㉣ **학교** : 초·중등교육법 제2조에 따른 초등학교·중학교·고등학교·특수학교 및 각종학교와 같은 법 제61조에 따라 운영하는 학교를 말한다.
　㉤ **가해학생** : 가해자 중에서 학교폭력을 행사하거나 그 행위에 가담한 학생을 말한다.
　㉥ **피해학생** : 학교폭력으로 인하여 피해를 입은 학생을 말한다.
　㉦ **장애학생** : 신체적·정신적·지적 장애 등으로 「장애인 등에 대한 특수교육법」 제15조에서 규정하는 특수교육이 필요한 학생을 말한다.

③ **기본계획의 수립 등**(제6조) : 교육부장관은 이 법의 목적을 효율적으로 달성하기 위하여 학교폭력의 예방 및 대책에 관한 정책 목표·방향을 설정하고, 이에 따른 학교폭력의 예방 및 대책에 관한 기본계획(5년마다 수립)을 학교폭력대책위원회의 심의를 거쳐 수립·시행하여야 한다(제1항).

④ **피해학생의 보호**(제16조) : 심의위원회는 피해학생의 보호를 위하여 필요하다고 인정하는 때에는 피해학생에 대하여 ㉠ 학내외 전문가에 의한 심리상담 및 조언, ㉡ 일시보호, ㉢ 치료 및 치료를 위한 요양, ㉣ 학급 교체 등의 조치를 할 것을 교육장에게 요청할 수 있다(제1항 본문).

⑤ **가해학생에 대한 조치**(제17조) : 심의위원회는 피해학생의 보호와 가해학생의 선도·교육을 위하여 가해학생에 대하여 ㉠ 피해학생에 대한 서면사과, ㉡ 피해학생 및 신고·고발 학생에 대한 접촉, 협박 및 보복행위의 금지, ㉢ 학교에서의 봉사, ㉣ 사회봉사, ㉤ 학내외 전문가에 의한 특별 교육이수 또는 심리치료, ㉥ 출석정지, ㉦ 학급교체, ㉧ 전학, ㉨ 퇴학처분 등의 조치를 할 것을 교육장에게 요청하여야 한다. 다만, 퇴학처분은 의무교육과정에 있는 가해학생에 대하여는 적용하지 아니한다(제1항).

⑥ **분쟁조정**(제18조) : 심의위원회는 학교폭력과 관련하여 분쟁이 있는 경우 1개월을 넘지 않는 기간 동안 그 분쟁을 조정할 수 있다(제1항·제2항).

⑦ **비밀누설금지 등**(제21조) : 이 법에 따라 학교폭력의 예방 및 대책과 관련된 업무를 수행하거나 수행하였던 사람은 그 직무로 인하여 알게 된 비밀 또는 가해학생·피해학생 및 신고자·고발자와 관련된 자료를 누설하여서는 아니 된다(제1항).

⑧ **벌칙**(제22조) : 비밀누설의 금지의무를 위반한 자는 1년 이하의 징역 또는 1천만원 이하의 벌금에 처한다.

⑨ **과태료**(제23조) : 심의위원회의 교육 이수 조치를 따르지 아니한 보호자에게는 300만원 이하의 과태료를 부과하며, 과태료는 대통령령으로 정하는 바에 따라 교육감이 부과·징수한다.

06 청소년비행

1. 의의

미성년인 청소년이 반사회적 행위를 하거나 사회규범에 어긋나는 행위를 하는 것을 말한다. 엄밀한 의미에서 비행은 법규에 어긋나는 행위를 가리키나, 청소년비행은 성인인 경우에는 하등의 법적 저촉이 되지 않는 행위(예 음주·흡연·유흥업소출입 등)도 포함된다.

2. 청소년비행의 특징이나 추세

① 주로 또래집단을 대상으로 폭력을 행사한다.
② 청소년비행이 점점 저연령화되는 경향이 있다.
③ 청소년의 사이버비행이 증가하는 경향이 있다.
④ 지능화, 흉포화, 집단화, 중류화(중상류층 자녀들로 확장), 단순화(작은 일에도 이해와 타협보다는 행동이 먼저 가해짐)되어가고 있다.

3. 청소년비행의 유형

① **지위 비행(Status delinquency)** : 성인이 하면 범죄에 해당하지 않지만, 청소년이 일탈행위를 삼게 되면 범죄가 성립하는 것으로, 유흥업소의 출입·성인영화관람·음주·흡연·가출 등이 있다.

② **재산 비행(Possessive delinquency)** : 타인의 재물을 절취하는 절도 범죄로, 범행 수법에 따라서 침입절도·치기 절도(소매치기·날치기·들치기)·속임수 절도 등으로 구분한다. 절도의 경우, 심리적으로 처음에 물건을 훔치고 성공하면 그 뒤에는 돈을 주고 물건을 사는 것이 어리석다고 생각하게 되며, 반복적으로 더 큰 범행을 저지르게 될 수 있다.

③ **폭력 비행(Violence delinquency)** : 학교 내에서의 학생 간 집단패싸움 등 신체적 가해행위, 심리적 위협을 포함한 다양한 형태의 폭력, 흉기소지, 공공기물 파괴, 금전 갈취 등이 있다.

4. 발전이론(발달이론)

① **의 의**
  ㉠ 어렸을 때의 경험도 중시하였지만, 청소년의 성장기나 성인시기의 생활환경도 범죄의 원인으로 파악하였다.
  ㉡ 비행청소년들의 어렸을 때의 경험을 중시하였지만, 또 한편으로는 어린아이들이 청소년으로 성장하는 과정 속에서 경험하는 다양한 변화를 중시했다는 점에 그 특징이 있다.

② **특징** : 비행발전과 중단에 영향을 미치는 요인으로 단일한 요인을 제시하기보다는, 기존의 차별접촉 및 사회학습이론과 사회유대이론에서 강조되었던 다양한 사회환경요인들을 강조했다는 점에 그 특징이 있다.

③ **발전이론의 대표적 학자**
  ㉠ 손베리의 상호작용이론(Interactionist theory)
    • 범죄의 발생은 청소년기의 사회적 유대가 왜곡되는 곳에서 그 뿌리를 찾아볼 수 있다고 주장하였다.
    • 발달론적 관점에 기반하고 있으며, 비행 또는 범죄의 발생은 청소년기의 왜곡된 사회적 유대 약화가 근원이라고 보았다.
    • 청소년 초기에는 가족의 애착이 중요하고, 중기에는 가족의 영향력이 친구·학교·청소년문화로 대체된다고 보았다.
    • 성인기에는 관습적 사회와 가족 내 자신의 위치에 따라 애착을 형성한다고 본다.
    • 비행 또는 범죄는 개인과 주변과의 교제·유대·사회화 과정 등의 상호작용의 결과라고 하였다.
  ㉡ 샘슨과 라웁(Sampson & Laup)의 생애발달이론(인생항로이론)
    • 개인의 적극적인 교육참여, 성실한 직장생활, 활발한 대인관계, 비범죄경력 등을 사회자본(Social capital)이라고 하였다.
    • 일생 동안 여러 가지 경험, 사건, 환경 등에 의해 범죄성 또한 변한다고 본다.
    • 생애에 걸쳐 발생하는 전환기적 사건들의 영향을 중요하게 다룬다.
    • 군대, 결혼, 직업 등의 경험이 비행청소년의 성인기 범죄활동에 중요한 영향을 미친다고 본다.
    • 비행청소년도 성장하면서 유대감이 강해지면 비행을 중단할 수 있다고 본다.

인생항로적 접근법의 기초개념

궤적(Trajectory)	개인이 일생을 살아가며 경험하는 경로이자 발달과정을 말하며, 삶은 다수의 궤적으로 이루어진다.
전이(Transition)	다수의 궤적들 사이에서 단기간에 발생하는 인생사건을 말한다.
전환점(Turning point)	다수의 궤적과 전이로 인하여 인생항로 유형의 변화가 발생하는 것을 말한다.

비공식적 사회통제의 연령 - 등급이론(Age-graded theory of informal social control)

샘슨과 라웁(Sampson & Laup)에 의해 검증된 것으로, 비행이나 범죄는 생애과정에 걸쳐 가정, 학교, 친구 등 비공식적 사회유대의 영향으로 인해 시작되거나 지속, 중단될 수 있다고 보는 이론이다. 또한 어린 시절의 반사회적 행동이 지속되면 비공식적 사회유대의 감소로 인하여 성인이 되어서도 범죄를 저지르게 되며, 결혼 등을 통해 사회유대를 복원하게 되면 개선될 수 있다고 본다.

ⓒ 모피트(Moffitt)의 생애과정이론(이원적 경로이론)
- 범죄자를 청소년기에 한정된 범죄자와 생애지속형 범죄자로 구별하였다.
- 부모의 역할을 강조할 뿐만 아니라 학교생활이나 비행친구의 역할도 강조하면서, 유년시기에 부모에 의한 적절한 양육환경 조성이 필요하다고 보았다.

모피트는 청소년기 한정형 범죄자가 범죄를 시작하는 이유로서 성숙격차(Maturity gab), 흉내(Mimicry) 그리고 강화(Reinforcement)의 3가지를 들고 있다.

07 마약범죄

1. 의의

① **마약의 정의** : WHO(세계보건기구)는 마약을 "약물사용의 욕구가 강제에 이를 정도로 강하고(의존성), 사용약물의 양이 증가하는 경향이 있으며(내성), 사용 중지 시 온몸에 견디기 어려운 증상이 나타나며(금단증상), 개인에 한정되지 아니하고 사회에도 해를 끼치는 약물"로 규정하고 있다.

② **마약류** : 마약류 관리에 관한 법률에서 "마약류"라 함은 마약·향정신성 의약품 및 대마를 말한다.

분류	품명	지정 성분수	비고
천연마약	양귀비, 아편, 코카잎(엽)	3	-
추출 알카로이드	모르핀, 코데인, 헤로인, 코카인 등	35	일부 의료용 사용
합성마약	페티딘, 메타돈, 펜타닐 등	108	일부 의료용 사용

〈출처〉 대검찰청, 「2023 마약류 범죄백서」, P. 4

약물의 종류	
천연약물	아편계통(헤로인 등), 코카계통(코카인 등), 대마계통(대마초, 해시시 등)
합성약물	메트암페타민(= 필로폰), MDMA(= 엑스터시), LSD, GHB(= 물뽕, 데이트 강간 약물) 등
대용약물	본드, 신나, 가스, 가솔린, 스프레이, 각성제, 진통제, 항히스타민제 등

양귀비와 관련이 있는 약물
- 아편은 양귀비의 덜 익은 꼬투리에서 유액을 말려 채취하는 마약의 일종이다.
- 모르핀은 아편에 들어 있는 알카로이드이며, 1805년 독일의 약제사인 프리드리히 세르튀르너가 처음 분리하였다.
- 헤로인은 아편에 들어 있는 모르핀으로 만드는 마약이다. 염산모르핀을 무수초산으로 처리하여 만든다.

2. 마약복용의 특징

① 금단증상 : 규칙적으로 마약을 복용했던 자가 그 사용을 중지하면 나타나는 반응으로, 식욕상실, 불면증, 불안감, 헛소리, 체중감소 등이 나타나며 그동안의 복용횟수나 사용량이 많을수록 심하다.

② 내성 : 약물의 반복 사용으로 인하여 그 약효가 저하하는 현상으로, 마약류를 지속적으로 복용할 경우 같은 효과를 얻기 위해서는 그 복용량을 증가시켜야 한다.

③ 의존성
  ㉠ 신체적 의존성 : 마약복용을 하지 않으면 신체기능의 균형이 깨져 병적증후를 나타낸다.
  ㉡ 정신적 의존성 : 마약복용자의 사고력, 감성, 활동성 등에 집중적으로 약리효과를 나타내 그 마약을 계속 사용하고 싶은 욕구가 갈망이나 강압적인 상태로 나타난다.

④ 재발현상 : 마약류의 복용을 중단한 뒤에도 부정기적으로 마약을 복용했을 당시의 환각상태가 나타나는 현상이다.

세계 3대 천연약물 생산지
- 골든 트라이앵글(황금의 삼각지대, Golden triangle) : 세계적 헤로인 생산지로, 미얀마·태국·라오스 3국의 접경지역에 둘러싸여 있는 메콩강 주변의 비옥한 지역이다. 이 삼각지대는 아편생산에 적합한 최적의 기후와 자연조건을 갖추어 전통적으로 양귀비를 재배해 왔던 지역이다.
- 황금의 초승달지대(Golden crescent) : 양귀비를 재배하여 모르핀, 헤로인 등으로 가공해서 세계 각국에 공급하는 지역으로, 아프가니스탄·파키스탄·이란 등 3국의 접경지대이다.
- 코카인 삼각지역 : 볼리비아, 페루, 콜롬비아 3국의 안데스산맥 고지대를 말한다. 고지대에서 자생하는 코카나무의 잎에서 알카로이드를 추출하여 코카인을 생산한다.

백색의 삼각지대(White triangle)
한국·중국·일본 3국을 중심으로 하는 메트암페타민 유통체계를 말한다. 대만에서 원료를 밀수입하여 우리나라에서 제조한 후 일본에 판매하는 구조였으며, 이후 중국에서 제조하고 한국·일본에 수출하는 구조로 바뀌었는데 이를 신(新)백색의 삼각지대라 한다.

생산지 관리
마약의 재배, 유통, 제조 등 공급을 차단하는 규제전략이다.

3. 마약류별 특성

분류	종류	약리작용	의약용도	사용방법	부작용	작용시간
마 약	아편	억제	진정·진통	경구, 주사	도취감, 신체조정력 상실, 사망	3~6
	모르핀					
	헤로인					
	코카인	흥분	국소마취	주사, 코흡입	흥분, 정신 혼동, 사망	2
	메타돈	억제	진정·진통	경구, 주사	아편과 동일	12~24
	염산페티딘			주사		3~6
	펜타닐	억제	진정·진통	경구, 주사	호흡곤란, 현기증, 근육마비	4~6
향정신성 의약품	메트암페타민	흥분	식욕억제	경구, 주사, 코흡입	환시, 환청, 피해망상, 사망	12~34
	바르비탈류	억제	진정·수면	경구, 주사	취한 행동, 뇌손상, 호흡기 장애, 감각상실	1~6
	벤조디아제핀류		신경안정			4~8
	LSD	환각	없음		환각, 환청, 환시	8~12
	날부핀	억제	진정·진통	주사	정신불안, 호흡곤란, 언어장애	3~6
	덱스트로메토르판, 카리소프로돌		진해거담	경구	취한 행동, 환각, 환청	5~6
	펜플루라민	환각	식욕억제		심장판막질환, 정신분열	6~8
	케타민	억제	동물마취	경구, 주사, 흡연	맥박·혈압상승, 호흡장애, 심장마비	1~6
대 마	대 마	환각	없음	경구, 흡연	도취감, 약한 환각	2~4

〈출처〉 대검찰청, 「2022 마약류 범죄백서」, P. 39

08 사기범죄와 절도죄, 강도죄

1. 사기범죄

① 의 의
  ㉠ 사람을 기망하여 재물의 교부를 받거나 재산상의 이익을 취득하는 경우 및 제3자로 하여금 재물의 교부를 받게 하거나 재산상의 이익을 취득하게 하는 죄이다.
  ㉡ 사기범죄는 절도죄 및 강도죄와 같이 재물죄 특히 영득죄의 일종이지만, 절도죄 및 강도죄가 상대방의 의사에 반하여 재물을 탈취하는 것과는 달리, 사기범죄는 기망에 의한 상대방의 착오 있는 의사에 의하여 재물을 교부받거나 재산상의 이익을 취득하는 것이다.

② 특 징
  ㉠ **계획성** : 사전에 범행 계획을 세운 후에 실행한다.
  ㉡ **전문성** : 전문지식과 기술을 필요로 한다.
  ㉢ **지능성** : 지능적인 범행수법을 사용한다.

2. 절도죄
① 의의 : 타인의 재물을 절취하는 범죄로, 재물만을 객체로 하며, 재산상태는 객체가 되지 않는다. 여기에서 타인의 재물이라 함은 타인이 점유하는 재물로서 자기 이외의 자의 소유에 속하는 것을 말한다.
② 전문절도범
  ㉠ 전문적인 절도기술을 가지고 있다.
  ㉡ 돈을 얻기 위해 고도의 기술을 사용한다.
  ㉢ 계획적이고 용의주도하게 범행을 하며, 장물처리에 능숙하다.

3. 강도죄
① 의의 : 상대방의 반항을 억압할 정도의 폭행 또는 협박으로 타인의 재물을 강취하거나 기타 재산상의 이익을 취득하거나 제3자로 하여금 취득하게 함으로써 성립하는 범죄로, 강력범죄에 해당한다.

> **강력범죄**
> - 강력범죄란 통상 폭력을 동반하여 개인의 생명이나 신체에 위해를 가하는 대인범죄를 가리키는 것으로, 실정법상의 개념이 아니라 실무상의 개념이므로 어떤 범죄를 강력범죄로 볼 것인가에 대해서 반드시 의견이 일치하지는 않는다.
> - 강력범죄란 흉기나 강한 물리력을 행사하여 생명·신체의 위해는 물론 재산상의 피해를 끼치는 살인, 강도, 강간(성폭력 포함), 방화 등 4대 범죄로 일반적으로 정의되기도 한다.
> - 강력범죄란 검찰통계사무규정이나 검찰예규 등에 의하면 형법범 중 살인, 강도, 강간, 방화, 폭행, 상해, 협박, 공갈, 약취·유인, 체포·감금과 폭력행위 등 처벌에 관한 법률 위반을 지칭한다.
> 〈출처〉 법무연수원, 「2023 범죄백서」, 2024, P. 71

② 성립요건 : 폭행은 사람에 대하여 유형력을 행사하는 것이고, 협박은 해악의 고지에 의하여 사람에게 공포심을 일으키게 하는 것으로, 피해자의 성별·연령·범행장소·시간 등을 고려하여 사회일반인의 통념에 따라서 판단할 수밖에 없다.
③ 강도죄 수법의 유형 : 침입 강도, 노상강도, 인질강도 등이 있다.

2 특수범죄

01 환경범죄

1. 환경범죄의 개념
① 형식적 환경범죄 : 환경재(環境財)나 환경재를 통한 인간의 생명·신체에 대한 침해 및 위험야기행위 가운데 법률에 의해 구성요건화된 행위를 말하는데, 현행 형법과 행정법이 취하는 개념이다.
② 실질적 환경범죄 : 환경재나 환경재를 통한 인간의 생명·신체에 대한 침해 및 위험야기행위 가운데 형벌로 규제해야 할 행위로서 범죄화와 비범죄화의 기준으로 작용한다.

2. 환경범죄의 특성

① 환경침해(피해)행위의 특성
- ㉠ 간접성 : 물·공기·대지 등의 환경인자를 매개로 인간의 생명·신체에 대한 침해가 가해지는 특성을 말한다.
- ㉡ 전파성(광역성) : 환경인자의 특수성 때문에 한 번에 이루어진 환경침해행위일지라도 시간적·공간적으로 전파되는 특성을 말한다. 침해의 광역성이라고도 한다.
- ㉢ 완만성·복합성 : 환경침해행위는 완만한 과정으로 서서히 일어나는 완만성과 간접적으로 매개체를 거쳐서 발생하는 복합성을 지닌다.
- ㉣ 상규성 : 환경범죄는 일상적인 사회활동이나 기업활동 등에 의해서 이루어진다.
- ㉤ 은폐성 : 환경범죄는 대기오염·수질오염 등의 형태로 가시적이지 않아서 인지하기가 어려우므로 은폐하기가 쉽다.

② 행위 주체의 특성
- ㉠ 행위 주체의 확정 곤란 : 환경범죄는 행위자가 다수인 또는 기업인 경우가 많아 행위 주체를 확정하기 어렵다. 따라서 인과관계의 확정·소송상 입증부담·증거수집 등의 문제를 야기하므로, 인과관계의 추정 및 추상적 위험범 등의 입법기술이 주장된다.
- ㉡ 우월적 지위 : 환경범죄의 가해자는 사회경제적으로 우월한 지위에 있으므로, 피해자 구제와 관련하여 피해분쟁조정은 난항을 겪는 것이 보통이다.

3. 환경범죄의 규율방식

① 행정형법을 통한 규율 : 환경행정법에서 별도로 벌칙의 장을 두어 형벌을 규정하는 방식으로, 영국·미국·캐나다·프랑스 등이 채택하고 있다. 우리나라도 기본적으로 이 방식을 채택하고 있다.
- ㉠ 장점 : 문제되는 개별 환경영역에서 합당한 구성요건을 창설할 수 있다.
- ㉡ 단점 : 형법의 법익침해기준이 아닌 행정법적 원리와 기준에 의해 형벌이 부과되며, 법규가 산재하므로 일반예방효과를 거두기가 어렵다.

② 형법전에 의한 통일적 규율 : 형법전에 환경범죄에 관한 장을 신설하여 일괄 규정하는 방식과 형법전의 기존분류에 따라 관련되는 곳에 개별적으로 삽입하는 방식이 있다. 독일·네덜란드·스페인 등이 채택하고 있다.
- ㉠ 장점 : 형법전을 중심으로 환경관계법률의 통일을 기할 수 있고, 행정법 원칙과 형법 원칙을 조절함으로써 법집행을 원활하게 할 수 있다.
- ㉡ 단점 : 개별적 환경침해영역의 특수성을 제대로 살리기 어렵고, 형법전의 비대화를 초래한다.

③ **특별형법을 통한 규율** : 이는 특히 중대한 환경범죄를 독립된 형사특별법을 통해 규율하는 방식으로, 우리나라의 '환경범죄처벌에 관한 특별조치법(환경범죄 등의 단속 및 가중처벌에 관한 법률)'이 이에 해당한다.
  ㉠ 장점 : 개별 환경영역에 알맞은 구성요건을 만들 수 있고, 환경상황이나 기술발전의 변화에 따른 개정이 용이하다.
  ㉡ 단점 : 수범자의 법의식을 고취시킨다는 측면에서 실효성이 떨어지고, 중첩적인 형벌가중구성요건으로 인해 특별형법의 비대화를 초래한다.
④ **환경법전의 통일적 편제에 의한 규율** : 환경법이 독립적 법률체계로서 통일적으로 규정되는 방식으로, 노르웨이·스위스·그리스 등이 채택하고 있다.
  ㉠ 장점 : 환경보전의 중요성을 국민에게 쉽게 인식시킬 수 있고, 법체계의 통일성을 도모할 수 있다.
  ㉡ 단점 : 관련된 법규정과 개념 간의 모순이 없어야 하므로 광범위한 법 개정이 선행되어야 한다는 점에서 우리 법제상 가장 비현실적인 규율방식이다.

02 경제범죄

1. 경제범죄의 의의

① 경제범죄의 개념
  ㉠ **범죄사회학의 입장** : 경제범죄는 서덜랜드의 화이트칼라범죄(높은 사회적 지위를 가진 자들이 이욕적인 동기에서 자신의 직업활동과 관련하여 행하는 범죄) 또는 클리나드와 하통의 직업범죄(사회의 상류층에 속하는 기업가·경영인·공무원 그리고 회사의 임직원 등에 의한 법익침해행위) 등을 말한다.
  ㉡ **법이론적 입장** : 티데만은 '사회적·초국가적 법익을 보호법익으로 하는 경제형법에 구현된 법익을 침해하는 범죄'인 협의의 경제범죄와 '재산법적 성격을 갖는 행위인 동시에 일정한 초개인적인 성격을 갖는 범죄'인 광의의 경제범죄로 나누어 정의한다.

② 유사개념
  ㉠ **화이트칼라범죄** : 화이트칼라범죄는 화이트칼라계층인 정신노동자들이 이욕적인 동기에서 자기 직무와 관련하여 저지르는 범죄지만, 경제범죄는 모든 계층에 의해 범해지는 사회적 신분과 상관없는 범죄라는 점에서 구분된다.
  ㉡ **재산범죄** : 재산범죄는 개인의 재산권을 보호하고 소유권이라는 정적 측면을 보호하는 반면에 경제범죄는 경제구조 및 경제기능 그 자체를 보호하고, 소유권을 기초로 한 경제의 동적 측면을 보호한다는 점에서 구분된다.

> **한국의 재산범죄의 특징**
> 우리나라는 IMF 경제위기 때 재산범죄가 크게 증가하였고, 현재 재산범죄가 폭력범죄보다 더 많이 발생한다.

- ⓒ **기업범죄** : 기업범죄는 기업의 설립·운영 및 해산과 관련하여 발생하는 일체의 불법행위로서, 범죄주체가 기업이라는 점에서 경제범죄와 구분된다.
- ⓔ **조직범죄** : 조직범죄는 일정한 테크닉을 가진 하류계층에 의한 범죄로 상명하복의 위계질서를 중요시하지만, 경제범죄는 상대적인 대등계층에서 이루어지는 것이 일반적이다. 또한 조직범죄는 일정한 위계질서를 갖춘 범죄집단의 불법적 영리활동을 말하지만, 경제범죄는 사회적·초 개인적 보호법익에 대한 침해를 내용으로 하는 범죄를 말한다.

2. 경제범죄의 특징

① 영리성
② 모방성과 상호 연쇄성
③ 지능성과 전문성
④ 신분성과 권력성
⑤ 피해감정의 미약성

3. 경제범죄의 대책

① **수사기관의 전문화 및 집중화** : 경제현상과 경제입법에 대한 전문적 이해와 지식이 없으면 경제범죄에 대한 효율적 대응이 어렵게 되므로, 전문수사인력을 양성할 수 있는 수사요원의 전문화 방안이 마련되어야 한다.
② **몰수제도의 확대** : 경제범죄로 취득한 이익박탈을 통해 경제범죄를 예방하기 위해서는 몰수제도가 강화되어야 한다.
③ **법인처벌과 보안처분의 도입** : 형법에는 법인처벌에 대한 명문규정이 없으나, 다수의 행정·경제·환경 관련 법률은 행위자와 법인을 같이 처벌하는 양벌규정을 구비하고 있다. 그러나 이와 같은 양벌규정을 특별법마다 두는 것은 입법의 경제성을 떨어뜨릴 뿐만 아니라, 법률마다 양벌규정의 문언이 통일되어 있지 못하여 해석론상으로 많은 혼란을 일으킨다. 따라서, 법인처벌을 위해서는 보다 효과적인 형벌 또는 보안처분이 도입되어야 한다.

03 화이트칼라범죄

1. 의의

① 화이트칼라범죄는 서덜랜드(Sutherland)가 부유한 사람과 권력 있는 사람들의 범죄활동을 기술하기 위해 처음 사용한 용어이다. 그는 화이트칼라범죄가 '하류계층보다 사회적 지위가 높으며, 비교적 존경받는 사람이 자신의 직업활동과정에서 저지르는 직업적 범죄'라고 정의하였다. ㉠ 은행원의 고객예금 횡령, ㉡ 공인회계사의 탈세, ㉢ 증권사직원의 주식 내부거래 등, ㉣ 변호사의 수임료 편취 행위, ㉤ 기업인의 세금 포탈 행위 등이 그 예이다.
② 현대적 의미에서의 화이트칼라범죄는 '모든 사회계층 사람들이 자신의 직업적 과정에서 범행하는 직업지향적 법률위반'을 지칭한다고 정의할 수 있다.

2. 화이트칼라범죄의 특징

① **범죄의 전문성과 복잡성** : 화이트칼라범죄는 직업상의 전문지식이나 조직체계를 이용하므로, 일반인들은 그러한 행위를 범죄로 인식하기 어렵다. 또한, 범죄자가 범죄에 이용하는 지식은 대개 전문성이 강한 것으로, 과학적·공학적이거나 회계·법률적인 것이다.

② **범죄의 은폐성** : 고도의 은폐성을 갖는다. 발생형태 또한 범죄인과 피해자 간의 긴밀한 연결관계에 의하여 이루어지고, 실정법상의 허점을 이용하는 경우가 있어 범죄라고 하기 힘든 경우도 있다.

③ **피해 파악의 곤란성** : 화이트칼라범죄는 불특정 다수인을 대상으로 하거나 은폐되어 행해지기 때문에, 피해자조차도 자신의 피해를 인식하지 못하거나 피해사실을 부인하는 경우가 발생한다. 피해자는 정부나 기업과 같은 추상적인 실체이거나, 단지 사소한 피해를 입은 다수의 사람이 된다.

④ **처벌의 곤란성** : 화이트칼라범죄는 처벌하기도 곤란하여 비록 기소된다고 하더라도 엄하게 처벌받지 않는 경향을 보인다. 화이트칼라범죄자 중에서 소수에게만 실형이 선고되며, 대부분의 사람들은 집행유예를 선고받거나 아주 적은 액수의 벌금만을 선고받는다.

⑤ **범죄자의 비범죄적 자기인상** : 화이트칼라범죄자는 자신을 범죄자로 보지 않고 존경의 대상으로 보아 자신들의 비범죄적 인상을 유지할 수 있게 된다.

화이트칼라범죄의 특징

전문직업범죄적 성격	• 범죄가 기업활동의 일환으로서 계획적·조직적으로 기업의 직·간접적 이익을 위해 행해진다. • 범행이 일회성에 그치지 않고 지속적으로 이어져 직업적 절도범의 형태를 보인다. • 화이트칼라범죄자들은 실정법을 위반하여도 기업 내부에서의 지위를 상실하지 않는다. • 범죄자가 죄의식을 갖지 않는다.
엄격한 형사처벌의 한계	범죄가 주로 직업활동 과정에서 그 지위와 권한을 이용하여 이루어지므로 범행의 발각이 어렵고, 행위의 적법·위법의 한계가 모호하여 형사소추에까지 이르지 못하는 것이 대부분이다.
피해자의 피해의식 부족	화이트칼라범죄의 피해자는 국가, 지방공공단체, 기업, 개인에 이르기까지 광범위하고 다양하지만 피해가 직접적이지 않고 간접적이며, 피해의 결과가 장기간에 걸쳐 나타나는 경우가 많아 피해자의 피해의식이나 저항감이 높지 않으며 오히려 관대한 경우가 많다.
범죄인의 죄의식 결여	화이트칼라범죄자는 대부분 형사처벌 대신 벌금, 과태료 등 행정벌의 대상이 되는 경우가 대부분이고 범죄가 직업활동 과정에서 기업주나 조직의 지원하에 이루어지는 경우가 많아 스스로를 범죄인으로 생각하지 않는 등 비범죄적 가치관을 갖는다.
사회구조의 해체	화이트칼라범죄는 신의를 위반한 것으로서 사회적 윤리를 피폐시키고 결국 사회적 해체를 가져오는 등 범행의 위법성 및 사회적 해악성의 정도가 다른 전통적 범죄보다 심각하다.

〈참고〉 허경미, 「범죄학」, 박영사, 2020, P. 359~360

3. 화이트칼라범죄의 원인

① 화이트칼라범죄자들은 기회만 주어진다면 남을 속이려는 타고난 소질을 가지고 있으며, 법을 위반할 의향이나 유혹에 대한 저항이 낮다고 보는 견해가 있다.

② 내재화되거나 억압되었을 때, 의료적·임상병리적 문제를 유발할 수 있는 긴장이나 불안감의 외향적 표현으로 화이트칼라범죄가 발생한다고 보는 견해가 있다.

③ 화이트칼라범죄행위를 부정적으로 규정하는 정직한 기업인들보다 그것을 긍정적으로 규정하는 다른 화이트칼라범죄자와 더 많은 접촉을 가졌기 때문에 그 범죄행위를 학습하게 된다고 보는 견해가 있다.

화이트칼라범죄의 통제 방법	
준수전략	• 위반자에 대한 발견, 소송절차, 처벌의 필요성이 없는 법의 복종을 그 목적으로 한다. • 준수전략은 보통 비즈니스 공동체의 협조와 자체 경찰활동을 요구한다. • 회사에 법의 복종을 위한 인센티브를 주는 것으로 순응을 이끌어낸다. • 원하지 않는 상황이 발생하기 전에 그런 조건을 예방하고자 하는 행정적 노력을 중요시한다.
억제전략	• 화이트칼라범죄자의 처벌에서도 다른 관습법 범죄의 경우에서처럼 응보적인 요소가 포함되어야 한다는 입장이다. • 억제전략은 범죄를 발견하고, 누구의 책임인가를 결정하고, 미래의 위반을 억제하기 위해 범죄자를 처벌하는 것이다. • 법에 대한 복종을 유도하는 조건을 만들어내기보다 위반자를 잡아서 처벌하는 것을 지향한다.

〈출처〉 김상원, 「화이트칼라범죄의 원인과 유형 및 대책」, 2012, P. 30

04 사이버범죄

1. 의 의

실무적인 측면에서 사이버범죄의 개념은 '컴퓨터를 포함한 정보통신기술이 행위의 수단이나 목적인 모든 범죄적 현상'을 지칭한다.

2. 특 징

사이버범죄는 컴퓨터를 이용하거나 컴퓨터 시스템을 대상으로 하며, 인터넷과 같은 정보통신 네트워크를 통해 피해지역이 광범위해지는 특징을 가지고 있다.
① 컴퓨터・인터넷・스마트폰 등 정보통신기술이 범죄도구로 이용된다.
② 범죄의 수법이 매우 지능적이며, 고도의 전문기술을 사용한다.
③ 간단한 조작만으로도 범행의 범위와 피해가 광역적이며 국제적이다.
④ 범죄현장의 발각과 원인규명이 곤란하고, 체포가 어렵기 때문에 범죄자는 수많은 비행을 저지른 끝에 붙잡히는 경우가 일반적이다.
⑤ 중산층이 쉽게 가담한다.
⑥ 익명성과 비대면성으로 인해 범행자 스스로 범죄성에 대한 인식이 희박하거나 결여되어 있다.
⑦ 시・공간의 무제약성으로 범죄의 영향력이 매우 크고 범죄 피해가 빠르게 확산될 수 있으므로, 피의자 및 증거확보가 곤란하고 책임자가 불명확하다.
⑧ 피해자가 피해사실을 알지 못하거나 뒤늦게 알게 되는 경우가 많다.

사이버범죄의 특징

사이버범죄 행위는 발각과 입증이 곤란하며, 반복성과 계속성, 자동성과 광범위성을 가지며, 범죄의 고의 입증이 곤란하다는 특징이 있다.
- 발각과 원인 규명이 곤란하다.
- 범행은 국제성과 광역성을 가진다.
- 지리적 공간에서의 범죄행위와 달리 사이버범죄에 사용된 증거는 인멸될 가능성이 매우 높다.
- 범법자의 범죄의식이 희박하다.
- 컴퓨터범죄는 범행에 있어 자동성과 반복성, 그리고 연속성이 있다.
- 전문가 또는 경영내부자의 범행이 많다.
- 사이버범죄의 수사는 현실에서의 수사보다 더 많은 장애물이 있다(법규 미비, 압수·수색 불가, 암호체계 등).
- 사이버범죄는 암수율이 높다.

〈참고〉 허경미, 「범죄학」, 박영사, 2020, P. 365~366

사이버범죄의 주요 특징

비대면성 또는 익명성	• 사이버공간은 인터넷을 매개로 하여 형성되는 생활공간으로서 비가시적이므로 현실세계와는 달리 범죄자들이 자신의 얼굴과 정체를 노출시키지 않고 행동할 수 있다는 이점을 갖는다. • 비대면성과 익명성으로 인하여 사이버 범죄자들은 대면적 상황에서는 감히 하기 어려운 언행도 아무런 죄의식 없이 과감하게 하게 되는 경우가 많다.
전문성과 기술성	사이버범죄 중에는 컴퓨터와 인터넷에 대한 약간의 지식과 기술만 습득하면 범할 수 있는 것도 있지만, 프로그램 조작을 통한 불법적인 재산취득, 바이러스의 제작 및 유포, 해킹과 같은 범죄는 고도의 전문적인 지식과 기술을 갖추고 있어야만 가능하다.
시·공간적 초월성	• 사이버공간에서의 삶은 시간과 공간의 개념을 무색하게 만든다. 인터넷 공간의 이러한 시공초월성은 잠재적 범죄자들에게 엄청나게 많은 범죄의 기회를 제공하고 있다. • 범죄자는 인터넷이 연결된 곳이면 세계 어느 곳에 있는 컴퓨터에라도 바이러스를 유포할 수 있고, 해킹도 할 수 있다.
피해규모의 막대함	인터넷과 전자메일의 일반화에 따라 개인에 대한 허위사실이나 명예훼손적 표현 또는 바이러스는 순식간에 전세계에 유포될 수 있으며, 그 결과 사이버범죄로 인한 피해가 매우 광범위하게 미치게 된다. 또한 간단한 수법의 사이버테러로 일국의 기반시설이 무용지물로 전락할 수도 있다.

〈출처〉 이민식, 「사이버공간에서의 범죄피해」, 한국형사정책연구원, 2000, P. 29~31

3. 사이버범죄의 유형

① 해킹(사이버테러형 범죄) : 다른 사람의 컴퓨터 시스템에 무단으로 침입해 정보를 빼내거나 시스템을 파괴하는 행위를 의미한다.

㉠ 경찰청은 해킹에 사용하는 기술과 방법, 침해 정도에 따라 단순침입(정당하지 않은 방법으로 정보통신망에 침입하는 것), 사용자 도용(타인의 계정과 비밀번호를 사용하는 것), 파일 등 삭제 및 자료 유출, 폭탄메일(스팸메일, 많은 양의 메일을 한꺼번에 보내 장애를 유발시키는 행위 등), 서비스거부공격(Dos), 분산서비스거부공격(DDos) 등으로 분류하였다.

㉡ 악성프로그램은 시스템의 정상적인 작동을 방해하는 트로이목마, 인터넷웜, 스파이웨어, 컴퓨터 바이러스 등을 뜻한다. 경찰청은 이같은 악성프로그램을 고의로 제작하거나 유포하는 행위도 사이버테러형 범죄로 분류하였다.

② 일반 사이버범죄 : 사기, 불법복제, 불법·유해 사이트, 사이버 명예훼손, 개인정보침해, 사이버스토킹 등으로 구분할 수 있다.
  ㉠ 사기의 대표적인 사례는 전자상거래 사기로, 온라인 쇼핑몰 등의 상거래가 대부분 선결제로 이뤄지는 것을 이용한다. 사람들이 많이 이용하는 온라인 쇼핑몰과 유사한 사이트를 만들어 선결제금을 받아 챙기거나, 물건을 팔 것처럼 거래한 후 연락을 끊는 등의 사건이 이에 해당한다. 또한 온라인게임에서 아이템을 현금으로 거래할 때도 자주 발생한다.
  ㉡ 불법복제는 윈도우와 같은 컴퓨터용 프로그램·영화·음악 등을 인터넷에서 파일 형태로 유포하거나 불법으로 판매하는 저작권 침해 행위를 의미한다. 불법·유해 사이트는 자살사이트, 불법 심부름센터, 마약 거래 등 법률에 위반되거나 범죄 수단으로 사용되는 위법 사이트를 의미한다.
  ㉢ 타인의 명예를 훼손하는 글이나 사진 등을 불특정 다수에게 공개되는 인터넷 게시판 등에 게시하거나 이메일을 보내는 사이버 명예훼손, 온라인 서비스에 개인의 이름이나 주민등록번호·주소·전화번호 등 개인 정보를 빼내는 개인정보침해 등도 일반 사이버범죄로 분류된다.

사이버범죄의 유형	
정보통신망 침해 범죄	• 정당한 접근 권한 없이 또는 허용된 접근 권한을 넘어 컴퓨터 또는 정보통신망(컴퓨터 시스템)에 침입하거나 시스템, 데이터 프로그램을 훼손, 멸실, 변경한 경우 및 정보통신망(컴퓨터 시스템)에 장애(성능저하, 사용불능)를 발생하게 한 경우 • 해킹(계정도용, 단순침입, 자료유출, 자료훼손), 서비스거부공격(DDoS 등), 악성프로그램 유포 등
정보통신망 이용 범죄	• 정보통신망(컴퓨터 시스템)을 범죄의 본질적 구성요건에 해당하는 행위를 행하는 주요 수단으로 이용하는 경우 • 사이버사기, 사이버금융범죄(피싱, 파밍, 스미싱, 메모리해킹, 몸캠피싱 등), 개인·위치정보 침해, 사이버 저작권 침해 등
불법 컨텐츠 범죄	• 정보통신망(컴퓨터 시스템)을 통하여, 법률에서 금지하는 재화, 서비스 또는 정보를 배포, 판매, 임대, 전시하는 경우 • 사이버성폭력(불법 성영상물, 아동성착취물, 불법촬영물 유포), 사이버도박(스포츠토토, 경마·경륜·경정, 기타 인터넷 도박), 사이버 명예훼손·모욕, 사이버스토킹 등

〈출처〉 사이버범죄 신고시스템, 사이버범죄 분류, 2022, https://ecrm.police.go.kr/

05 스토킹

1. 의 의

① 스토킹(Stalking) : 정상적인 판단능력이 있는 일반인이라면 누구나 공포나 불안을 느낄 만한 일련의 행동을 일정기간 동안 의도적·반복적으로 행하여, 특정인이나 그 가족들에게 정신적·육체적 피해를 입히는 일방적이고 병적인 행동을 말한다.
② 사이버 스토킹(Cyber stalking) : 사이버 공간을 매개로 하여 특정인을 지속적으로 괴롭히거나 특정인에 대한 접근을 시도하는 형태의 신종범죄를 말한다.

2. 스토킹의 특징

① 피해대상은 대부분 여성이다.
② 대부분 안면이 있거나, 과거에 친밀한 관계에 있던 자들에 의해서 발생한다.
③ 상대방의 사생활을 침해하는 정도에서 그치는 것이 아니라, 심하면 폭행이나 강간 그리고 살인까지 이르게 된다.
④ 스토킹은 주로 한 명의 가해자가 한 명의 피해자에게 행하지만, 그렇지 않은 경우도 있다.
⑤ 스토킹은 대체로 피해자가 멀리 떠나버리거나 경찰의 관여가 있을 때, 또는 다른 애정 대상을 만났을 때 중단되는 경향이 있다.

> **스토킹과 사이버 스토킹(Cyber stalking)의 차이**
> - 스토킹은 스토커와 피해자가 동일한 지역에 존재하지만, 사이버 스토커는 어디에든 존재한다.
> - 사이버 스토커들은 사이버 공간을 통하여 잘 모르는 제3자들을 괴롭히거나 피해를 줄 수 있다.
> - 사이버 스토커들은 발각의 두려움이나 죄의식 없이 이러한 범법적인 행위를 저지를 수 있다.

3. 스토킹의 유형

① **단순집착형(Simple obsessional type)** : 흔히 피해자와 가해자가 서로 알고 있는 관계에서 발생되며, 가장 흔하게 발생하면서도 가장 위험하고 불행한 결과가 발생하는 유형이다. 상당수의 경우, 전남편·전처·옛 애인과의 관계에서 발생한다.
② **연애집착형(Love obsession)** : 연애집착형은 스토커와 피해자 사이에 특별한 교류가 없어 서로 잘 모르는 관계에서 발생한다. 스토커는 피해자와 로맨틱한 관계 또는 순수한 사랑(idyllic love)을 성취하는 상상에 빠져 있다.
③ **연애망상형(Erotomania)** : 연애망상형은 정신장애로서, 상대방이 자신의 존재를 전혀 모르고 있는데도 자신이 그 사람으로부터 사랑을 받고 있다고 망상을 한다는 점에서 연애집착형과 구별된다. 연애망상형 스토커는 대부분이 여성이라는 점이 특징이며, 높은 사회적 지위나 저명인사로 알려진 중년남성을 주요 대상으로 삼는다.
④ **허위피해 망상형(False victimization syndrome)** : 허위피해 망상형은 실제 스토커가 존재하지 않음에도 불구하고 피해자 자신이 스토킹 피해를 당하고 있다는 허위상황을 설정하여 발전시키는 유형이다.

4. 스토커의 특성

① 스토커의 인구통계학적 특성을 보면, 이들의 대다수는 남자들이다. 스토커는 대인관계가 미숙하거나 결혼에 실패한 사람이 대부분이다.
② 스토커의 대다수는 직업이 없거나 불안정하며, 스토킹을 하는 시점에 불안정한 직업경력을 가지고 있다.
③ 스토커의 교육수준은 평균 이상이다. 스토커는 일반인보다 지능이 높기 때문에 지능적이고 교활하며, 스토킹 관련 범죄수사 시 유죄의 입증을 하기가 상당히 어렵다.
④ 스토커 중 일부는 심한 정신병으로, 편집증·지나친 소유욕·매우 불안정한 성격을 가지고 있어 범죄의 우려가 대단히 높다.

스토킹범죄의 처벌 등에 관한 법률상 응급조치 및 잠정조치	
스토킹행위 신고 등에 대한 응급조치 (제3조)	사법경찰관리는 진행 중인 스토킹행위에 대하여 신고를 받은 경우 즉시 현장에 나가 다음 각호의 조치를 하여야 한다. 1. <u>스토킹행위의 제지, 향후 스토킹행위의 중단 통보 및 스토킹행위를 지속적 또는 반복적으로 할 경우 처벌 경고</u> 2. <u>스토킹행위자와 피해자등의 분리 및 범죄수사</u> 3. 피해자등에 대한 긴급응급조치 및 잠정조치 요청의 절차 등 안내 4. 스토킹 피해 관련 상담소 또는 보호시설로의 피해자등 인도(피해자등이 동의한 경우만 해당한다)
스토킹행위자에 대한 잠정조치 (제9조 제1항)	법원은 스토킹범죄의 원활한 조사·심리 또는 피해자 보호를 위하여 필요하다고 인정하는 경우에는 결정으로 스토킹행위자에게 다음 각호의 어느 하나에 해당하는 조치(이하 "잠정조치"라 한다)를 할 수 있다. 1. 피해자에 대한 스토킹범죄 중단에 관한 서면 경고 2. 피해자나 그 주거등으로부터 100미터 이내의 접근 금지 3. 피해자에 대한「전기통신기본법」제2조 제1호의 전기통신을 이용한 접근 금지 4. 국가경찰관서의 유치장 또는 구치소에의 유치

06 피해자 없는 범죄

1. 의 의

① 피해자 없는 범죄란, 피해자가 없거나 가해자와 피해자의 구별이 곤란한 범죄를 말한다.
② 피해자 없는 범죄의 피해자는 전통적인 범죄의 피해자와는 다른 성질을 가진다. 동일범죄의 가해자가 동시에 피해자가 되며, 전통적인 가해자의 관계가 형성되지 않는다.
③ 피해자 없는 범죄는 '가해자가 동시에 피해자가 되는 범죄'와 '피해자가 동의·기여한 범죄'로 구분된다. 전자에는 마약사용(약물남용) 등이 있으며, 후자에는 마약 매매, 매춘, 동의낙태, 도박 등이 있다.

2. 매춘(성매매)

매춘은 재물이나 금전을 목적으로 하는 성적 교환으로 정의할 수 있다. 그러나 법률적으로는 직업으로 돈을 받고 성을 파는 여성에게 한정하고 있다.

여성이 매춘부가 되는 이유
- 소질적 요소(Predisposing Factors) : 결손가정, 부모의 난잡함, 매춘을 관용하거나 허용하는 사회의 분위기, 그리고 정신장애를 유발할 수 있는 노이로제 등의 배경요소를 말한다.
- 유인적 요소(Attracting Factors) : 많은 소득, 쉬운 생활, 흥미로운 생활, 성적만족과 쾌감의 기대 등 다른 직업에 비한 매춘부의 상대적 장점을 말한다.
- 촉진적 요소(Precipitating Factors) : 경제적 압박, 바람직한 결혼기회의 부재, 포주로부터의 유혹, 불행한 사랑행각, 좋은 기회 등을 의미한다.

3. 약물남용

① 약물범죄는 대체로 '불법약물의 사용이나 제조와 판매', 그리고 '약물의 불법사용이나 제조, 판매행위'로 볼 수 있다.
② 불법약물의 사용은 사용자가 가해자이면서 피해자라는 측면에서 피해자 없는 범죄에 해당하고, 약물의 불법제조·판매는 피해자라고 할 수 있는 사용자가 신고하지 않고 불특정다수인이 피해자일 수 있다는 면에서 피해자 없는 범죄의 하나라고 할 수 있다.
③ 약물남용자는 대체로 대도시 거주자가 많고, 여성보다는 남성이 많다. 그리고 부모가 음주와 흡연 등 합법적 약물을 복용하는 경우가 많은 것으로 밝혀지고 있다.
④ 교정시설에 수용된 약물남용범죄자를 대상으로 한 조사결과, 연령별로는 20~30대가 가장 많고, 학력은 고졸 이하가 대부분이었다. 직업별로는 판매서비스업 종사자와 무직자가 대다수를 차지하며, 부모나 형제가 같이 살지 않는 경우가 많은 것으로 나타났다.

4. 피해자 없는 범죄의 특징

① **암수범죄의 문제** : 피해자 없는 범죄는 특별히 개인적으로 피해를 입은 자가 없고, 서로 동의하에 저질러졌기 때문에 대개 신고되지 않거나 인지되지 않아 암수범죄가 많다.
② **비범죄화 논의** : 피해자가 없기 때문에 형벌로서 처벌할 필요 없다는 비범죄화론이 거론되고 있으나, 개인적 법익침해가 없더라도 중대한 사회적 유해성이 있는 행위이므로 비범죄화하기는 어렵다.

07 증오범죄

1. 의 의

피해자의 인종·종교·성적 취향(동성애자)·민족·장애에 대한 편견과 반감을 가지고 상대방을 공격하는 범죄를 말한다.

> FBI는 증오범죄와 편견범죄를 동일시하며 "증오범죄란 범죄자가 인종, 종교, 장애, 성적 성향 또는 민족·출신 국가에 대한 범죄자의 전체적인 혹은 부분적인 편견 또는 제노포비아(외국인, 이민자 등에 대한 적대적인 태도)에 의해 동기화되어 있는 사람 또는 재산에 대해 불법적인 행위를 하는 것"이라고 정의하고 있다.
> 〈출처〉 허경미, 「범죄학」, 박영사, 2020, P. 324

2. 형 태

① 증오집단 가운데 가장 큰 규모는 KKK단이며, 18세기 미국 사회에 만연했던 린칭(Lynching : 사형으로 죽이기)의 악습이 이어져 내려왔다는 분석도 있다.
② 1999년 4월 20일 미(美) 콜로라도 주에서 빚어진 교내 무차별 학살행위도 소수인종과 종교적 편견에서 비롯된 일종의 증오범죄라고 할 수 있다.

③ 행위양태는 살인·치사·강간·폭력·위협·방화·손괴·테러 등 여러 가지 범죄행위로 나타날 수 있다.
④ 미의회는 증오범죄 통계법(The hate crime statistics act)을 1990년 4월 23일에 통과시켰다. 법무부 장관 산하 여러 주와 지역에 있는 법집행기관과의 협력과 원조에 힘입어, UCR 프로그램(The uniform crime reporting program)은 의회가 요구한 증오범죄 통계자료를 만들어 해마다 증오범죄의 발생현황을 공표하고 있다.

3. 특성

① 증오범죄(Hate crime)는 잠재적 피해자의 대표적인 특성을 증오하거나 혐오 또는 경멸함으로써 발생한다.
② 대체로 인종·국적·생김새 등의 특징들로 인해 가해자로부터 공격받는다.
③ 러시아나 호주 등의 특정 국가나 그 특정 국가 내에서도 특정 도시, 도시의 특정 구역 등에 집중 발생한다.

당신이 저지를 수 있는 가장 큰 실수는,
실수를 할까 두려워하는 것이다.

– 앨버트 하버드 –

1 범죄대책과 예방
01 개 요
02 브랜팅햄과 파우스트의 범죄예방의 구조모델
03 범죄유발요인 개선방안
04 범행기회 축소방안
05 환경설계를 통한 범죄예방(CPTED)
06 상황적 범죄예방전략
07 제프리의 범죄방지대책 수립을 위한 세 가지 모델
08 재범방지를 위한 대책
09 초범예방을 위한 대책
10 범죄 전이와 혜택의 확산

2 범죄예측론
01 개 요
02 연 혁
03 범죄예측법의 종류
04 범죄예측의 효용과 한계

3 범죄피해자론
01 의 의
02 범죄피해자학에서의 피해자의 개념
03 관련 개념
04 범죄피해 관련이론
05 범죄피해의 분류
06 피해자에 대한 보상

4 형벌 및 교정보호
01 형벌이론의 개요
02 사 형
03 자유형
04 벌금형
05 몰수와 추징 등
06 보안처분
07 보호관찰
08 소년보호
09 다이버전 제도
10 비범죄화
11 구금제도
12 현행 우리나라의 구금제도

최다 출제 POINT & 학습목표

1. 지역사회 범죄예방활동, 환경설계를 통한 범죄예방(CPTED)에 관하여 이해한다.
2. 깨진 유리창이론에 대하여 이해한다.
3. 범죄피해자론과 범죄피해자보호법에 대하여 이해한다.
4. 형벌이론과 교정이론에 대하여 이해한다.
5. 다이버전, 사회 내 처우, 중간처우 등의 개념들을 비교하여 이해한다.

CHAPTER 06

범죄대책론

CHAPTER 06 범죄대책론

1 범죄대책과 예방

01 개요

1. 범죄에 대한 인식
범죄자에 대해 자유주의적 관점을 견지할수록 범죄자에 대한 처우를 강조하고, 보수적 시각을 가질수록 처벌에 무게를 둔다.
① 결정론적 관점 : 범죄의 원인이 사회적 또는 생물학적 환경에 의해 결정된다고 보는 결정론적 입장에서는 범죄자를 처벌의 대상이 아니라 치료와 처우의 대상으로 본다.
② 자유의사론적 관점 : 범죄행위를 범죄자의 이성적·합리적 계산의 결과라고 보는 자유의사론적 입장에서는 범죄자의 처벌이 당연시된다.

2. 범죄 처리 방식
① 비공식적 처리 : 형사사법기관에 의하지 않고 개인 간 혹은 조직 내에서 내부 처리되는 것을 말하며, 적법절차(Due-process)에 반하는 인권침해와 린치 등의 사적 제재의 위험이 있다.
② 공식처리 : 형사사법기관에 의해 처리하는 것이다.
③ 반공적 처리(半公的 處理) : 청소년비행의 경우, 범죄방지 측면에서 형사사법뿐 아니라 교육·복지·고용 등의 여러 영역이 관련되기 때문에 교차접근(Interaction approach)이 중시된다. 또한, 범죄자에 대한 사회적 낙인(Labeling)을 회피하려는 측면에서 형사구속을 하지 않거나 중단하고 다른 방법에 의해 사건을 처리하려는 방식을 다이버전(Diversion)운동이라 한다.

02 브랜팅햄(Brantingham)과 파우스트(Faust)의 범죄예방의 구조모델

1. 1차적 예방
① 범죄의 근원에 초점을 두고 있는 이론으로서, 범죄행동의 심층적 원인을 이상적으로 제거하자는 범죄예방 활동을 말한다. 즉, 처음부터 범죄의 출현을 막고자 노력하는 것이다.
② 1차적 예방은 물리적·사회적 환경 중에서 범죄원인이 되는 조건들을 개선시키는 데 초점을 둔다.
③ 환경설계·이웃감시·민간경비·방범교육·CCTV 설치·비상벨 설치 등이 이에 해당한다.
④ 1차적 예방은 일반대중을 대상으로 한다.

2. 2차적 예방

① 2차적 예방은 잠재적 범죄자를 조기에 발견하고 비합법적인 행위가 발생하기 전에 예방하는 데 그 초점을 두고 있다.
② 2차적 예방은 우범지역에 초점을 두기 때문에, 우범환경이나 우범자를 대상으로 많이 접하는 지역사회지도자·교육자·부모 등의 범죄예방활동에 의해 이루어진다.
③ 2차적 예방은 우범자나 우범자집단을 대상으로 한다.

3. 3차적 예방

① 3차적 예방은 실제 범죄자를 대상으로 범죄자들이 더 이상 범죄를 저지르지 않게 하기 위한 활동을 말한다.
② 체포·기소·교도소 구금·치료·사회복귀 등이 3차적 예방과 관련된다.
③ 3차적 예방은 범죄자를 대상으로 한다.

[범죄예방의 구조모델 정리]

접근법	대 상	내 용	적용 예
1차적 예방	일반대중	범죄행위를 조장하거나 범죄의 기회를 제공하는 물리적·사회적 환경조건을 개선하여 범죄예방	환경설계, 민간경비, 이웃감시, 경찰방범활동, 일반예방, 감시장비설치, 범죄예방교육 등
2차적 예방	우범자 또는 우범자집단	잠재적 범죄자를 초기에 발견하고, 이들의 범죄기회를 차단하여 범죄예방	범죄지역 분석, 재범예측, 전환제도 등
3차적 예방	범죄자	범죄자들이 더 이상 범죄를 저지르지 못하게 하는 범죄예방	교정기관의 목표로 범죄자교화, 재범예방프로그램 등

03 범죄유발요인 개선방안

1. 가 정

부모의 역할·양육방법과 전략 등을 변화시키고, 가족의 상호작용 유형을 바꿈으로써 가족구성원의 미래 범죄행위를 예방할 수 있으며, 실제로 효과적이라는 것이 증명되고 있다.

2. 학 교

학업에 대한 열의가 적거나 학교에 대한 애착이 적고, 학업성적이 좋지 않은 청소년이 비행을 할 확률이 더 많다고 보고되고 있다. 따라서 학교를 기반으로 하는 적절한 개입을 통해서 비행의 예방이 가능하다고 볼 수 있다.

3. 지역사회

시카고학파의 사회해체이론을 필두로 한 사회구조이론들은 대부분 범죄의 원인과 해결방법을 사회의 구조적 문제에서 찾아야 한다고 주장하고 있다. 이에 시카고학파에서는 '시카고지역 프로젝트(Chicago area project)'라는 범죄예방프로그램을 시도하였다.

4. 대중매체

폭력성에 적게 노출시킴으로써 범죄를 학습하거나 폭력성을 견지하지 못하게 하는 소극적인 것에서부터, 범죄예방 등에 관한 공익광고나 프로그램을 보도함으로써 범죄에 대한 경각심을 갖게 하고 잠재적인 범죄자에 대해서는 경고를 보내는 등의 적극적인 것에 이르기까지 다양한 형태로 이루어질 수 있다.

> **집합효율성이론**
> 비공식적 사회통제의 강화를 중시하며, 지역사회의 구성원들이 끈끈한 유대 강화로 범죄 등 사회문제에 적극적으로 참여하는 것이 범죄문제 해결의 열쇠라고 주장하는 이론이다.

04 범행기회 축소방안

1. 개인의 사전 조심(Personal precaution)

① **행동유형의 변경(Changes of behavioral patterns)** : 범죄피해의 확률을 줄이기 위해서는 우선 범죄에 적게 노출되어야 한다.
  ㉠ 위험한 지역에 가지 않는다.
  ㉡ 야간과 같은 위험한 시간대에는 외출을 삼간다.
  ㉢ 야간에 걸어서 외출하지 않고 승용차를 이용한다.

② **자기방어(Self-defense)**
  ㉠ 호신술을 배우는 등 자신의 취약성을 스스로 극복하여 방어능력을 극대화한다.
  ㉡ 인도견 또는 보호견을 데리고 다닌다.
  ㉢ 호루라기와 같이 경고음을 낼 수 있는 장비를 지니고 다니거나 가스총 등의 호신무기를 소지한다.

2. 표적물의 견고화(Target hardening)

① 표적물의 견고화란 범죄의 대상이 될 수 있는 것에 대한 방비를 강화하는 것으로, 이는 범죄자의 범행의지를 억제할 수 있으며, 범행을 하였을 때에도 수사기관이 단서를 탐지할 수 있도록 해준다.
② 범행종료 전에 범인을 검거할 수 있도록 범행시간을 지연시킬 수 있으며, 범행표적물에 접근하지 못하도록 차단하는 효과가 있어서 피해가능성을 낮출 수 있도록 도와준다.
③ 자물쇠·철망·경보기 등의 물리적 장애물을 설치하여 잠재적인 범죄자를 위축시키고, 범행 시에도 범행을 지연시키고 목표물에 대한 접근을 차단할 수 있다.
④ 심리적 장애물은 외출 시 집에 불을 켜두거나 휴가 시에는 우유나 신문 등의 배달을 중단시켜 빈집이 아니라 사람이 있다는 신호를 보내는 등의 행위로, 잠재적인 범죄자의 범행의지를 위축시키는 것이다.

3. 방어공간(Defensible space)의 확보

① 방어공간이란 거주주민을 범죄로부터 보호할 수 있도록 주거환경을 조성해놓은 주거공간을 지칭하는 용어이다.
② 뉴먼(Newman)은 영역설정(Territoriality), 감시(Surveillance), 이미지(Image), 주변지역보호(Safe area and street) 등 4가지 방어공간(Defensible space) 조성의 기본요소를 제시함으로써 환경설계를 통한 범죄예방(CPTED)전략의 이론적 기초를 마련하였다.
③ 방어공간은 물리적 환경의 설계를 통하여 이루어지기 때문에, 이와 같은 범죄예방전략을 '환경설계를 통한 범죄예방'(Crime Prevention Through Environmental Design)이라고도 한다.

4. 범죄자의 구금에 의한 범행능력의 제거(Incapacitation)

① 범죄자에 대한 무능력화는 범죄자에게 범죄활동에 가담하지 못하도록 신체적 또는 심리적 장애를 가함으로써 범죄를 예방한다는 취지이다.
② 범죄자를 교정시설에 구금함으로써 제2의 범행기회를 박탈하여 범죄자가 더 이상 범행을 할 수 없게 하는 것으로, 일종의 이차적 범죄예방책이다.

깨진 유리창이론(Broken window theory)

• 개 념
 - 미국의 범죄학자인 윌슨(Wilson)과 켈링(Kelling)이 주장한 이론으로, 깨진 유리창이라는 글에 처음으로 소개된 사회무질서에 대한 이론이다.
 - 낙서나 유리창 파손, 쓰레기의 방치 등 경미한 범죄를 방치하면 결국 큰 범죄로 이어지게 된다는 범죄심리학 이론으로서 우리의 일상생활에서 사소한 침해행위가 발생했을 때 이를 제때 처리하지 않으면 결국 더 큰 행위로 발전하게 된다는 것을 의미한다.

• 특 징
 - 깨진 유리창이론은 지역사회의 무질서가 범죄의 직접적 원인으로서 지역사회 내의 기초질서 위반행위의 방치가 심각한 범죄를 야기하기 때문에 기초질서 위반사범의 단속을 강조하고 있다.
 - 뉴욕시 경찰국은 '깨진 유리창이론'을 적용하여 기초질서 위반사범에 대한 철저한 단속을 펼친 결과 범죄율이 대폭 감소하는 성과를 거두었다.
 - 물리적 퇴락과 사회적 무질서를 지역의 통제력 결여로 인지하고, 물리적 퇴락에 대한 조치나 대처가 이루어지지 않으면 공공장소의 질서유지에 어려움을 겪게 된다.
 - "바늘 도둑이 소도둑 된다."는 우리 속담과 일맥상통하는 이론이라 할 수 있다.

무관용 경찰활동

• 개 요
 - 미국 뉴욕시 경찰국장이었던 블래튼(W. Bratton)은 뉴욕시의 범죄문제를 해결하기 위해 깨진 유리창이론의 세부실천전략으로서 무관용 경찰활동을 채택하였다.
 - 무관용 경찰활동은 범죄의 유형이나 범죄가 발생한 상황을 고려하지 않고 예외 없이 모든 무질서나 경미한 범죄에 대하여 공격적인 법집행을 하는 경찰활동이라고 할 수 있다.

• 내 용
 - 경찰은 범죄에 대하여 강경하고 엄격하게 대응해야 한다.
 - 경찰은 재량을 개입하지 말고 비재량적인 법집행을 해야 한다.
 - 경찰은 중대한 범죄가 아니라 사소한 무질서나 경미한 범죄에 대응해야 한다.

〈참고〉 이상원, 「경찰 법집행의 국민수용도 제고방안 연구」, 2007, P. 30~31

지역사회 경찰활동
- 지역사회 경찰활동은 지역사회의 필요와 요구에 부응하면서 범죄, 무질서, 범죄에 대한 공포를 축소하려는 사전예방을 강조하는 적극적이고 분권적인 접근이다.
- 지역사회 경찰활동은 상황이 발생하거나 확대하기 전에 문제를 예방함으로써 완전한 서비스 경찰활동을 지향한다.
- 지역사회 경찰활동의 움직임에 있어 추가적인 요소로는 조직의 재구성을 포함하는데, 특히 경찰의 지방분권화를 포함한다. (중략) 경찰조직은 고도로 중앙집권화된 군대식의 조직으로부터 지방분권화되고 융통성 있는 모델로 전환될 필요가 있다. 도보 또는 자전거 순찰, 소규모의 사무소, 이웃공동체에 기초한 경찰관할지역의 형성, 지역공동체 주민 감시활동들은 모두 경찰활동의 운영을 지방분권화하고 경찰과 주민 사이의 관계들을 강화하기 위한 노력들이다.

〈출처〉 박창욱, 「지역사회 경찰활동의 활성화방안에 관한 연구」, 2007, P. 5~8

문제지향적 경찰활동(Problem-oriented policing)
기존의 전통적이고 사건 지향적인 경찰활동과 대비되는 개념으로, 경찰활동에 대한 정보에 바탕을 두어 보다 체계적으로 특정문제를 다루고 분석하며 대안을 결정하고, 프로그램을 집행한 후에는 지속적인 평가가 이루어진다. 문제지향적 경찰활동의 개념은 골드스테인(Goldstein)에 의하여 제기되었으나, 실제 상황에서는 에크와 스펠만(Eck & Spellman)에 의한 'SARA' 모델에 의하여 구체화되고 있다.

에크와 스펠만의 문제해결 과정(SARA모델)
문제해결은 '조사(탐색) → 분석 → 대응 → 평가'의 과정을 통해 궁극적인 방안이 모색된다.
- 조사 : 순찰구역 내 문제들을 확인하고, 문제의 유형이나 지속적으로 발생하는 사건들을 찾아내는 과정(문제의 범죄를 넓히는 단계)
- 분석 : 발견된 문제의 원인과 범위 그리고 효과들을 파악하는 단계(경찰과 지역 사회와의 협력이 필요한 단계)
- 대응 : 분석된 문제의 원인을 제거하는 등 문제를 해결하기 위하여 행동하는 단계
- 평가 : 대응책이 적절하였는지 여부를 평가하는 단계

05 환경설계를 통한 범죄예방(CPTED)

1. 의 의

① 셉테드(CPTED ; Crime Prevention Through Environmental Design)는 범죄를 유발하는 물리적인 환경을 개선하여 근본적으로 범죄를 예방하는 과학적인 방법으로, 적절한 설계와 물리적 환경을 효과적으로 사용함으로써 범죄와 범죄에의 공포를 감소시키고 더 나아가서 삶의 질을 개선하고자 하는 종합적인 범죄예방전략이다.

② 셉테드는 환경의 설계와 이용을 통해 감시효과를 증대시키고자 하는 것으로서 물리적 설계·주민의 참여·경찰활동 등 세 가지 요소를 종합적·계획적으로 접합시켜서 지역사회 전체·범죄다발지역·교육기관·특정구역·교통수단 등을 안전하게 보호하고 범죄에 대한 공포를 제거하려는 범죄통제 전략이다.

③ 환경설계를 통한 범죄예방전략을 적용하기에 가장 적합한 범죄유형들은 물리적 설계·주민의 참여·경찰활동을 통해 예방할 수 있는 절도범죄, 강도범죄 등이다.

범죄예방(CPTED)의 활용 예

셉테드(CPTED)의 활용 예
- 조도가 높은 가로등을 설치하는 경우
- 범죄 은신처를 제거하기 위해 담을 없애거나 높이를 제한하는 경우
- 주민의 동의하에 범죄가 잦은 골목길에 CCTV를 설치하는 경우
- 쿨데삭(Cul-de-sac) : 도시계획 단계에서부터 막다른 골목을 설계하는 경우
- 앨리게이터(Allegater) : 우범지역에 주민만 이용할 수 있는 대문을 설치하는 경우

2. 기본원리

① **자연적 감시(Natural surveillance)** : 건축물이나 시설물의 설계 시, 가로등을 확대 설치하여 가시권을 최대로 확보하고 외부침입에 대한 감시기능을 확대함으로써 범죄위험을 감소시키고 범죄기회를 감소시킬 수 있다.

② **접근통제(Access control, 안전한 입지환경)** : 일정한 지역에 접근하는 사람들을 정해진 공간으로 유도하거나, 출입차단기를 설치하여 외부인의 출입을 통제하도록 설계함으로써 접근에 대한 심리적 부담을 증대시켜 범죄를 예방한다.

③ **영역성의 강화(Territoriality)** : 사적 공간에 대한 경계를 표시하기 위한 울타리를 설치하여 주민들의 책임의식과 소유의식을 증대시킴으로써 사적 공간에 대한 관리권과 권리를 강화시키고, 외부인들에게는 침입에 대한 불법사실을 인식시켜 범죄기회를 차단한다.

④ **활동성의 활성화** : 지역사회의 설계 시 주민들이 모여서 상호 의견을 교환하고 유대감을 증대할 수 있는 공공장소를 설치하고 이용하도록 함으로써 '거리의 눈'을 활용한 자연적 감시와 접근통제의 기능을 확대한다.

⑤ **유지관리(이미지)** : 처음 설계된 대로 혹은 개선한 의도대로 기능을 지속적으로 유지하도록 관리함으로써 범죄예방을 위한 환경설계의 장기적이고 지속적 효과를 유지하는 것이다.

[CPTED의 원리별 사례]

자연적 감시	조명, 조경, 가시권 확대를 위한 건물의 배치 등
자연적 접근통제	차단기, 방범창, 잠금장치, 통행로의 설계, 출입구의 최소화
영역성의 강화	울타리(펜스)의 설치, 사적·공적 공간의 구분
활동성의 활성화	놀이터·공원의 설치, 체육시설의 접근성과 이용의 증대, 벤치·정자의 위치 및 활용성에 대한 설계
유지관리	파손의 즉시보수, 청결유지, 조명·조경의 관리

06 상황적 범죄예방전략

1. 의 의
특정 범죄를 저지를 기회를 감소시키고, 범죄자에 의해 인식된 위험요소를 증가시켜 범죄예방활동을 하는 전략이다.

2. 전략 방안
① 대상의 강화 : 잠금장치나 경보장치를 사용함으로써 목표물의 물리적 안전성을 증대시킨다.
② 접근통제 : 출입문에 인터폰을 설치하거나 문에 시정장치를 하고 울타리 등을 설치한다.
③ 요인통제 : 무기 구입이나 공공장소에서의 음주행위 등을 통제한다.
④ 경비의 강화 : 경찰의 순찰 증대와 민간경비의 활성화, CCTV 설치와 홍보 등을 통해 범죄자의 잠재적 범행동기를 저하시킨다.

> **CCTV 설치에 대한 비판**
> CCTV의 설치로 인해 시민들의 초상권이 침해될 수 있고, 사생활의 노출로 시민 개개인이 잠재적 범죄자로 각인될 수도 있다. 또한 투자비용이 높고, CCTV 설치지역 외의 다른 지역에서 범죄가 발생하는 범죄의 전이 현상이 나타난다.

3. 상황적 범죄예방이론
① 범죄자들은 충동적으로 행동하지 않으며 행동을 취할지 여부에 대한 통제력을 갖고 있다고 추정하고, 범죄자들이 범죄로 인한 기대효과와 위험부담을 비교하여 보다 효과가 높은 방향으로 일종의 선택을 하게 되므로, 범죄는 예방될 수 있다고 본다.
② 특정유형의 범죄가 자주 발생하는 환경을 관리함으로써, 범죄의 기회를 감소시키고 잠재적 범죄자들에게 검거의 위험성을 증대시키기 위한 방법이다. 범죄자가 범행을 실행하는 데 들게 되는 비용을 극대화시킨다.

4. 상황적 범죄예방프로그램
상황적 범죄예방프로그램에는 범죄의 목적이 되는 목표물을 제거하거나, 재물의 표시로 장물의 환가를 어렵게 하고, 범죄 목적물에 대한 접근을 어렵게 하는 목표물 강화 등이 있다.

5. 클락(Clarke)과 코니쉬(Cornish)의 상황적 범죄예방기법

클락과 코니쉬는 상황적 범죄예방의 5가지 목표로 노력의 증가, 위험의 증가, 보상의 감소, 자극의 감소, 변명의 제거를 제시하고, 이에 따른 25가지 구체적인 기법을 제시하였다.

[클락(Clarke)과 코니쉬(Cornish)의 상황적 예방 기법]

노력 증가	위험 증가	보상 감소	자극 감소	변명 제거
1. 표적강화	6. 보호 확대	11. 표적 은폐	16. 좌절과 스트레스 줄이기	21. 규칙설정
2. 시설 접근통제	7. 자연감시 지원	12. 표적 제거	17. 분쟁 회피	22. 지시의 공시
3. 출구 차단	8. 익명성감소	13. 재물 감정	18. 유혹과 감정 자극 감소	23. 양심 환기
4. 범죄자 우회시키기	9. 장소관리자 활용	14. 시장 분쇄	19. 또래압력 중화	24. 응낙 지원
5. 도구/무기 통제	10. 공식적 감시 강화	15. 이득 부인	20. 모방 단념시키기	25. 약물과 알콜올 통제

〈출처〉 김성언, 「상황적 범죄예방론에 대한 비판적 검토」, 형사정책연구, 2009, p1048

07 제프리(Jeffery)의 범죄방지대책 수립을 위한 세 가지 모델

1. 범죄억제모델

형법·형벌을 통하여 범죄를 방지하고 범죄인을 개선·교화하는 것으로, 가장 전통적인 방법이자 종래 형사정책의 주된 관심사였다.

2. 사회복귀모델

임상적 개선방법·지역활동·교육·직업훈련·교정시설의 개선·복지정책 등을 통하여 범죄인을 재사회화하는 재범의 방지에 중점을 두고 범죄인의 비구금 처우를 지향하여 행형론의 주요한 모델이 되고 있다.

3. 환경공학적 범죄통제모델

도시정책·환경정화·인간관계의 개선·정치·경제·사회 각 분야에서 갈등해소 등을 통하여, 즉 환경개혁을 통하여 범죄를 예방하려는 것으로, 근본적인 사회환경의 개선을 통하여 비로소 궁극적인 범죄방지가 가능하다고 보는 것이다.

08 재범방지를 위한 대책

1. 형벌
범죄자에게 범행에 상응하는 고통을 부과하여 다시 범죄를 저지르지 않게 하는 것과 범죄자를 사회로부터 격리함으로써 고립감·자책을 통하여 반성·개전케 하는 것으로, 형벌의 집행과정에서의 교육·개선을 강조하며, 수형자분류 및 이에 기한 누진처우 등의 제도적 장치를 마련하고 있다.

2. 기계적 개선법
주로 형벌에 부수하는 효과로 직업훈련과 같은 강제적인 방법을 통하여 기계적으로 준법생활을 하는 습관을 형성케 하여 도덕심을 함양하고 사회에 대한 적응능력을 높이는 것을 말한다.

3. 임상적 개선법
① 범죄자 개인에게 내재하는 생물학적·정신의학적·심리학적 이상이나 결함을 발견·치료하는 데에 중점을 두는 방법이다.
② 개인적 원인에 의한 범죄자에게는 실효성이 인정되지만 그 비용과 시간이 많이 소모되기 때문에 비경제적이고 효과가 크지 못한 실정이다. 현행 치료감호법상의 치료감호처분을 예로 들 수 있다.

4. 집단관계에 의한 개선법
① 범죄인의 행동을 특수한 성격이나 속성의 결과가 아닌 집단관계나 집단문화의 소산으로 보고 이러한 차원의 대책을 제시하는 것으로, 임상적 개선법과는 반대이다.
② 주로 교정시설 내에서 수형자의 개선을 촉진하기 위하여 사용되며, 수형자의 과학적 분류를 기초로 수형자 자치제를 도입·실시하는 것이 예가 될 수 있다.

5. 재사회화 교육·훈련법
① 사회적응이나 직업에의 적응 등에 필요한 지식·기능·태도 등을 갖지 못하여 범죄를 한 것으로 진단된 경우에 교육·훈련시키는 것으로, 기계적 개선법 등을 위한 보충적인 수단으로서의 의미를 가진다.
② 교정시설 밖에서의 재범예방으로 갱생보호활동·교육기회의 확대·교육프로그램의 개선·직업훈련을 받을 조건을 구비하기 위한 복지정책·적절한 직업의 알선 등이 있다.

6. 전문적 기술의 응용에 의한 개선
① 대상범죄인의 능력을 발견하여 이를 발전시키고 사회적 자원들을 활용하여 범죄자 스스로 당면한 문제를 해결하고 사회에 복귀할 수 있도록 원조·지도하는 과정이다.
② 사회사업(Social work)을 통해 사회적 자원의 이용뿐만 아니라 지역사회 전체를 치료적인 기능을 가지도록 조직화하는 데 그 의의가 있는데, 교정과정에 전문가들을 참여시키고 지역사회를 교정시설과 연결시킴으로써 가능해진다.

09 초범예방을 위한 대책

1. 형벌
형벌의 일반예방기능은 단순한 위하에 그치는 것이 아니라 일반인이 법을 지키도록 하는 기능을 포함하고 있으므로, 이를 위해 형사법규의 적용이 규칙적이고 평등하게 이루어져야 한다.

2. 지역사회의 조직화
범죄나 비행을 사회적 현상으로 파악하는 입장에서 지역사회가 범죄에 대하여 미치는 영향을 중시하고, 그 환경을 정비하여 범죄·비행의 예방을 의도하는 활동을 의미하는데, 이는 초범뿐만 아니라 재범방지를 위해서도 유효한 수단이다.
① 지역적 조직(가정·학교·경찰·시민단체 등)에 의하여 범죄는 일정부분 통제될 수 있다.
② 지역주민의 생활에 가장 중요한 지연적 집단이 범죄통제기관의 주체가 되어야 하고, 따라서 지역주민의 참가가 필수조건이다.
③ 타인이 범죄를 행하지 않도록 활동하는 것을 통하여 지역 주민 자신의 개선을 꾀하고 지역사회의 범죄를 전체적으로 예방하려는 기능을 가진다.
④ 인구의 유동성이 높은 지역에서는 효율적이지 못하다.

3. 여가지도
전통적으로 건전한 레크리에이션을 하면 범죄를 행하지 않는다는 가정을 기초로 한다. 특히 반달리즘(문화·예술의 파괴주의)을 특징으로 하는 청소년집단에 효과적이다. 그러나 레크리에이션 클럽이 비행소년에게 매력적으로 작용하게 되면, 그 클럽 자체가 범죄나 비행의 온상이 될 수도 있다는 병리적 측면도 지적되고 있다.

4. 그룹 워크(Group Work)
개인을 상대로 하는 방법과 집단을 상대로 하는 방법이 있는데, 이를 위해서는 유능한 자격자가 있어야 할 뿐만 아니라 지역사회 관계기관으로부터 조직적이고 계속적인 지원을 받아야 한다.

5. 협력회의의 편성과 활동
범죄예방을 위한 기관 또는 그것을 기능의 일부로 하는 기관들이 범죄예방의 통합적·조직적 프로그램을 연계하여 행하는 활동을 말하는데, 지역주민이나 그 조직을 사회자원으로 이용하면 지역사회의 조직화에 의한 범죄예방과 거의 유사하게 될 것이다.

10 범죄 전이와 혜택의 확산

1. 범죄의 전이

① 범죄의 전이란 개인 또는 사회의 예방활동에 의한 범죄의 변화를 의미한다. 전이에 관한 대부분의 논의는 한 지역에서 다른 지역으로의 이동에 초점을 둔다. 범죄 전이는 범죄를 줄이거나 예방하기보다는 단지 범죄를 이동시키는 것에 불과하다.

② 레페토(Reppetto)는 범죄의 전이를 영역적 전이·시간적 전이·전술적 전이·목표의 전이·기능적 전이로 구분하였고, 이후 피즈(Pease)가 범죄자 전이를 이에 추가하게 된다.

영역적 전이	한 지역에서 다른 지역, 일반적으로 인접지역으로의 이동
시간적 전이	낮에서 밤으로와 같이 한 시간에서 다른 시간으로의 범행 이동
전술적 전이	범행에 사용하는 방법을 바꿈
목표의 전이	같은 지역에서 다른 피해자 선택(범행대상의 전이)
기능적 전이	범죄자가 한 범죄를 그만두고, 다른 범죄유형으로 옮겨감
범죄자 전이	범죄자의 활동의 중지가 또 다른 범죄자에 의해 대체

③ 전이는 범죄예방활동의 결과로서 가능한 것이나, 평가에서 직접적으로 조사되는 것은 드물어 지금의 범죄예방에 관한 연구는 전이의 문제를 무시하거나, 단지 연구의 보조 정도로만 생각한다.

2. 혜택의 확산

① 개념[클라크와 웨이스버드(Clarke & Weisburd)]
  ㉠ 범죄예방을 통한 혜택의 확산은 직접적인 목표지역·통제하는 사람·개입대상이 되는 유형의 범죄·개입되는 시기를 넘어서 개입의 유익한 효과가 퍼지는 것을 말한다.
  ㉡ 혜택(범죄통제 이익)의 확산효과의 유형
    • 무억제효과(Deterrence effect) : 범죄예방활동이 약화되었어도 잠재적 범죄자가 이를 인지하지 못하고 지속적으로 상황적 두려움을 느껴 범행을 저지르지 않게 되는 것이다.
    • 무단념효과(Discouragement effect) : 범죄에 가장 취약한 대상을 중심으로 안전정책을 시행함으로써 범행억제효과가 다른 대상에게까지 미치는 것이다.

② 후광효과 및 무임승차효과 : 확산은 범죄예방노력이 범죄를 전이시키기보다는 목표로 한 지역, 사람 외의 지역, 사람에게까지 혜택을 줄 것이라고 가정한다. 이른바 후광효과(Halo effect)·무임승차효과(Free bonus effect)라고 한다.

③ 범죄의 전이와의 차이점 : 범죄의 전이 효과는 범죄발생 예방책을 시행한 대상에서 범죄감소효과가 다른 방식으로 재발생하는 현상을 설명하는 데 반해, 혜택(범죄통제이익)의 확산효과는 예방책의 대상을 비롯한 다른 대상까지 범죄감소효과가 나타나는 현상을 설명한다.

〈출처〉 백윤지, 「여성안전정책이 지역범죄예방에 미치는 효과 분석」, 서울대학교

2 범죄예측론

01 개요

1. 의의
① 범죄예측 또는 비행 예측이란 범죄자나 비행소년을 조사하여 그 장래의 범죄나 비행을 예측하는 것을 말하는데, 이를 사회적 예후라고도 한다.
② 범죄통계가 '집단현상'으로서의 범죄파악에 기여한다면, 범죄예측은 '개별현상'으로서의 범죄에 대한 이해를 돕는 것으로, 인간의 범죄행동을 예측하여 범죄의 예방 및 석방이나 양형의 자료로 사용함으로써, 범죄원인의 파악과 범죄방지대책의 수립에 유용하다.

2. 예측의 전제조건
① 신뢰성 : 누가 예측을 하더라도 동일한 결과이어야 한다.
② 타당성 : 예측의 목적에 대하여 올바른 기능을 하여야 한다.
③ 단순성 : 판정을 위한 조작이 간단하고, 단시일 내에 마칠 수 있어야 한다.
④ 효율성 : 가능한 한 적은 인자로 높은 정밀도를 얻어낼 수 있어야 한다.

02 연혁

1. 미국
① 워너(Warner) : 1923년 점수법을 기초로 하여 가석방의 성공여부에 대한 사전판단을 한 데에서 출발하였으며, 이러한 점수법은 하트(Hart)의 비판을 거쳐 더욱 심화되었다.
② 버제스(Burgess) : 3,000여 명의 가석방자를 대상으로 교도소 기록을 조사·연구하여 21개 요인에 대한 통계적 평가를 하였고, 이를 토대로 경험표라고 부르는 예측표를 작성하여 재범예측에 사용하였는데, 각 인자들에 +1, 0, -1 등의 점수를 부여하여 실점부여방식이라고 불리운다.
③ 글룩(Glueck) 부부 : 글룩 부부는 500명의 비행소년과 500명의 정상소년들을 대상으로 약 300개 정도의 요인을 중심으로 조기비행예측표를 작성하였는데, 주요 예측요인을 선정하고 그 점수를 합산하는 방식으로 점수를 부여하여 가중실점방식이라고도 한다.

2. 독일
① 엑스너(Exner) : 1935년 미국을 방문한 후 버제스(Burgess)의 연구결과를 소개하고, 예측의 필요성을 강조하였다.
② 쉬이트(Schiedt) : 바바리아교도소에서 15개 인자를 기준으로 범죄예측표를 작성하여 0~3점(교정가능), 4~9점(교정의문), 10점 이상(교정불능)으로 예측하였다.

3. 기 타
① **스위스의 프라이(Fry)** : 글룩의 영향으로 사전예측, 사후예측 및 종국예측을 위한 예측인자를 찾아내어 예측표를 작성하였다.
② **영국의 만하임(Manheim), 윌킨스(Wilkins)** : 회귀분석의 방법을 이용하여 재범예측표를 작성하였다.
③ **위트(Witte)와 쉬미트(Schimit)의 생존분석** : 재범예측에 있어 범죄의 확률뿐만 아니라 그 시점까지도 예측하고자 한 대표적인 연구로, 생존분석이라는 통계적 방법을 사용하여 출소한 범죄자들이 범죄행위로 인하여 재수감되는 시기의 분포와 이에 영향을 미치는 요인을 밝히고자 하였다.

03 범죄예측법의 종류

1. 예측방법에 따른 분류
① **전체적 평가법(임상적 예측방법)** : 범죄생물학적 관점에서 대상자의 인격을 연구·분석하고 전체적으로 종합하여 대상자의 범죄행동을 논리적으로 예측하려고 하는 방법으로, 조사자의 개인적인 차이로 인하여 객관적이고 공정한 기준을 확보하기가 어렵다는 단점이 있다.
② **점수법(통계적 예측방법)** : 다양한 과학적 지식과 논리를 가지고 범죄의 원인을 분석하면서, 범죄를 행한 자들의 개인적 특성들을 계량화(수량화)하여 그 점수의 많고 적음에 따라 장래의 범죄행동을 예측하는 방법이다. 범죄의 개별적 차이를 구별하기 어렵다는 단점이 있다.
③ **통합적 예측법** : 전체적 평가법과 통계적 예측법을 절충한 방법으로, 이 둘을 조합하여 단점을 상호 보완하려는 방법이다. 두 방법의 결함을 다소 보완하기는 하지만, 효율성이 상당히 떨어지는 방법이다.

2. 형사사법 단계별 분류
범죄의 예측은 예방단계, 수사단계, 재판단계, 교정단계 등 형사사법의 모든 단계에서 이루어질 수 있다.
① **예방단계** : 경찰단계에서 대부분의 예측으로 잠재적 범죄자를 사전에 식별하여 범행을 사전에 예방하고자 하는 것이다.
② **수사단계** : 범죄수사단계에 있어서 수사의 종결 시에 범죄자의 처리나 처분을 결정하기 위한 것이다.
③ **재판단계** : 양형과 같은 범죄자의 처분을 결정하는 데 기초가 되는 범죄예측으로, 이는 상당부분 범죄자의 재범가능성에 의해 영향을 받는데, 이때 활용할 수 있는 것이 판결 전 조사제도이다.
④ **교정단계** : 범죄자의 합리적인 교화개선을 통한 재범의 방지를 목적으로 하는 것으로, 합리적인 처우방법의 선택도 재범가능성에 의해서 결정된다고 할 수 있다.

04 범죄예측의 효용과 한계

1. 효용
① 특정 범죄자에 대한 장래의 위험성을 판단하는 것은 그에 대한 형사정책상의 처분이나 그에 대한 개입 및 처우의 기초를 제공한다.
② 교도소 내 과밀수용의 폐해를 해소하기 위해서뿐만 아니라, 전략순찰이나 문제지향의 순찰활동 또는 기타 범죄예방을 위한 각종 개입 등 범죄예방을 위해서도 중요하다.
③ 청소년비행의 예방을 위한 비행예측표의 작성과 가석방 심사 시의 재범예측수단으로도 활용된다.

2. 한계
① 기술적 측면 : 범죄예측은 예측일 뿐이기 때문에 오류긍정과 오류부정의 두 가지 잘못된 결과가 나타날 가능성이 존재한다. 오류긍정은 개인에게, 오류부정은 사회와 그 구성원에게 피해가 돌아가게 된다.
② 윤리적 측면 : 범죄예측의 적용이 죄형법정주의나 책임형법의 원칙과 조화되기 어렵고, 예측이 미래의 비행가로 낙인찍음으로써 오히려 예측이 스스로 실현되는 위험성이 있을 수도 있다.

3 범죄피해자론

01 의의

1. 피해자
범죄로 인하여 육체적·정신적 상처, 감정적 고통, 재산상 손실을 입거나 기본권을 중대하게 침해당한 개인 또는 집단을 의미한다.

2. 범죄피해자
「범죄피해자보호법」제3조 제1항 제1호는 "범죄피해자라 함은 타인의 범죄행위로 피해를 당한 사람과 그 배우자(사실상의 혼인관계를 포함한다), 직계친족 및 형제자매를 말한다"고 정의하고 있다.

3. 사법의 기본원칙 선언상의 피해자
1985년 UN「범죄와 권력남용 피해자에 관한 사법의 기본원칙 선언」에서는 피해자를 "각국의 실정형법 또는 국제적으로 승인된 규범에 반하는 작위 또는 부작위에 의하여 육체적·정신적 상처, 감정적 고통, 경제적 손실을 입었거나 기본권을 중대하게 침해당한 개인 또는 집단"이라고 정의하고 있다(제1조, 제18조).

02 범죄피해자학에서의 피해자의 개념

1. 최협의의 피해자
형식적 의미의 범죄에 대한 피해자를 의미하며, 법률상 범죄자의 범죄가 성립하지 않으면 피해자도 성립하지 않는다는 의미의 피해자를 말한다.

2. 협의의 피해자
실질적 의미의 범죄에 대한 피해자를 의미하며, 형법상 과실범 규정이 없어 처벌할 수 없는 행위에 의한 경우처럼 범죄가 성립하지 않더라도 피해를 입은 피해자를 말한다.

3. 광의의 피해자
범죄피해를 직접 당한 직접피해자뿐만 아니라, 피해자와의 이해관계로 인하여 범죄공포나 피해를 느끼는 간접피해자를 포함하는 피해자개념으로, 범죄피해보상제도와 관련하여 연구가 되는 대상이다.

4. 최광의의 피해자
멘델존이 인정한 피해자를 의미하며, 피해의 원인을 불문하고 산업재해나 자연재해, 나아가 본인의 과실이나 자살피해까지 포괄하는 피해자의 개념이다. 일상화된 자연재해나 산업재해에 대한 국가의 책임을 강조한 점은 가치가 있으나, 피해자학의 대상으로는 문제가 있는 개념이다.

03 관련 개념

1. 범죄와의 근접성(Proximity to crime)
① 피해자화에 있어서 가장 중요한 개념이라고 할 수 있는 것이 범죄와의 물리적 근접성이다. 범죄다발지역에 가까울수록 피해 위험성이 증대된다.
② 범죄다발지역에 거주하는 사람일수록 범죄피해자가 될 위험성이 더 높은 이유는 범죄자와의 접촉빈도를 증대시킬 가능성이 그만큼 높기 때문이다.

2. 범죄에 대한 노출(Exposure to crime)
① 범죄에 대한 노출은 개인의 범죄에 대한 취약성을 나타내는 것이다. 범죄에 대한 노출은 대체로 개인의 일상적 활동(Routine activity)과 생활양식(Life-style)에 기인한다.
② 외진 지역에 위치한 건물이나 가옥은 침입절도에 그만큼 많이 노출되는 것이며, 위험한 시간대나 위험한 지역에 있는 사람은 당연히 강도나 폭행의 위험성을 더 많이 안고 있다고 할 수 있다.

3. 표적의 매력성(Target attractiveness)

① 범죄표적으로서 매력성은 표적의 가치뿐만 아니라 표적의 크기·물리적 저항의 정도가 좌우하며, 가치는 크고 그 크기와 저항이 작은 것이 매력적인 표적이라고 할 수 있다.
② 표적의 매력성은 고가이거나 이동이 용이한 재화의 소지여부, 공공장소에서의 보석패용 여부, 사회경제적 지위나 가족의 소득 등을 활용하여 측정하고 있다.

4. 보호능력(Guardianship)

① 보호능력이란 피해의 대상이 될 수 있는 사람이나 물건의 범죄발생을 미연에 방지할 수 있는 능력을 일컫는다.
② 사회적 보호능력이란 가족구성원, 이웃 주민과의 친분 또는 협조와 같은 것을 들 수 있고, 물리적 차원의 보호성은 방범시설물이나 장치를 통해서 이루어 질 수 있다.

04 범죄피해 관련이론

1. 생활양식노출이론(Lifestyle exposure theory)

① 생활양식노출이론은 개인의 직업적 활동과 여가활동을 포함한 일상적 활동의 생활양식이 그 사람의 범죄피해위험성을 결정하는 중요한 요인이 된다는 이론이다.
② 젊은 사람·남자·미혼자·저소득층·저학력층 등은 노년층·여자·기혼자·고소득층·고학력층보다 폭력범죄의 피해자가 될 확률이 훨씬 높다고 할 수 있다.
③ 폭력범죄의 피해자가 될 확률이 높은 사람들은 가족과 보내는 시간이 적고, 외부에서 보내는 시간과 하는 일이 많으며, 범죄자의 특성을 가진 사람과 빈번한 접촉을 하는 경향이 있다.
④ 생활유형노출이론은 성별이나 소득수준의 차이가 그 사람의 생활유형의 차이를 가져오고, 이것이 위험성의 차이를 초래하여 결국 범죄피해의 위험성의 차이까지 초래하게 된다고 본다.

2. 일상활동이론(Routine activity theory)

① 코헨과 펠슨은 범죄발생의 세 가지 필수요건으로서 동기화된 범죄자(Motivated offender)·적절한 표적(Suitable target)·감시자(보호할 수 있는 능력)의 부재(Absence of capable guardianship)를 제시하였다.
② 특정 범죄피해가 발생하기 위해서는 이 세 가지 요소가 모두 일정한 시간과 공간에 수렴되어야 한다고 주장하였다. 세 요소가 특정 시공에 수렴할 확률은 사람들의 일상활동이 갖는 성격에 달려 있다.
③ 이 이론에 따르면, 범죄자를 자극하거나 동기를 부여하는 구조적 조건이 변화되거나 증가되지 않더라도, 매력적이고 무방비상태인 범죄표적이 늘어나는 한 범죄율의 증가는 얼마든지 가능하다고 한다.
④ 실업률·경제적 불평등·인종차별 등 범인성을 증대시키는 구조적 조건이 저하됨에도 불구하고 범죄율이 지속적으로 증가하고 있는 이유를 설명할 수 있다.

3. 구조적 - 선택모형(Structural-choice model)

① 구조적 - 선택모형은 앞에서 언급된 Routine Activity와 Lifestyle-Exposure 이론을 통합한 것이다.
② 동기부여된 잠재적 가해자와의 물리적 거리(근접성)가 줄어들 때, 범죄의 위험성이 높은 환경에 노출될 때, 범죄표적이나 대상이 표적으로서의 매력성을 가질 때, 그리고 보호성이 결여(Absence of Guardianship)될 때를 범죄의 필요조건으로 제시하고 있다.
③ 근접성과 노출은 그 사람의 사회적 상호작용의 특성을 유형화하며, 더 큰 위험성에 노출시키기 때문에 이 둘을 범죄기회의 구조적 특징으로 고려할 수 있고, 반면에 매력성과 보호성은 특정한 범죄대상의 선택을 대변하기 때문에 선택요인이라고 말할 수 있다.

4. 피해자 촉발이론(Victim precipitation theory)

① 울프강(M. Wolfgang)은 자신이 연구한 살인사건의 약 1/4에서 가해자보다는 오히려 피해자가 먼저 무기를 휘두르거나 폭력으로 위협하는 등의 공격적 행동을 함으로써 사건의 발단을 제공하였음을 발견하였다.
② 살인행위는 단순히 살인자의 살의의 산물이 아니라 피해자와 가해자가 함께 연루되는 상황적 역학의 산물이라는 것이다.

5. 상황적 전이행위이론(The situated transaction)

① 루켄빌(Luckenbill)은 피해사건을 상황적 전이행위로 개념화하였고, 범죄사건을 하나의 연극에 유추하였다.
② 범죄피해사건은 특정 상황 속에서 가해자와 피해자(때로는 목격자)가 구성해나가는 역동적인 상호작용의 산물이라고 보았다.

주요 범죄피해이론	
기회이론	• 기회의 개념에 초점을 두며, 피해사건이 시간과 공간에 걸쳐 분포되는 방식을 이해하려 한다. • 왜 어떤 사람들이 다른 사람들에 비해 범죄피해를 당할 가능성이 높은가 하는 문제를 다룬다. • 생활양식노출이론, 일상활동이론, 구조적 선택이론 등이 있다.
피해자 - 가해자 상호작용이론	• 특정 피해사건에서 피해자는 어떠한 역할을 하며, 사회적 교환의 맥락에서 피해자와 가해자가 어떻게 상호영향을 주고받는지 밝히려 한다. • 피해자촉발이론, 상황적 전이행위이론 등이 있다.

〈출처〉 이민식, 「사이버공간에서의 범죄피해」, 한국형사정책연구원, 2000, P. 37~41

합리적 선택이론
범죄자가 범죄의 이익과 비용을 계산하여 범죄와 범행대상을 선택하고 그 실행 여부를 결정한다는 것으로, 범죄피해이론 및 상황적 범죄예방에 설득력 있는 논거를 제공한다.

헨티히(Hans von Hentig)
독일의 범죄학자 헨티히는 "행위자와 피해자 사이의 상호작용에 관한 연구"(1941)라는 논문에서 최초로 동적 관점에 근거하여 범죄자와 피해자의 상호작용에 의하여 범죄가 발생한다는 것을 주장하였다. 즉, 범죄피해자는 단순한 수동적 객체에 불과한 것이 아니라 범죄화 과정의 적극적 주체가 된다는 것이다. 헨티히는 범죄자와 피해자는 공격과 방어가 혼재되고 뒤섞이는 과정에 놓이기 때문에 피해자에 대한 관찰이 없이는 심리적 비난이 피해자에게도 가해진다고 보았다. 이는 마치 일방이 일으킨 싸움과정에서 방어행위자를 비난(예 정당방위의 부인)하는 것과 마찬가지다. 또한 성범죄 피해자인 여성을 비난하는 것도 같은 심리적 기제의 결과이다.

〈출처〉 박상기 외 2인, 「형사정책」, 한국형사정책연구원, 2021, P. 277

05 범죄피해의 분류

1. 피해자화 단계에 따른 분류
① 1차 피해자화 : 1차 피해자화의 개념은 범죄나 불법행위, 기타 개인·단체집단이 사회생활 중 부당한 사건에 의해 육체적·물질적·심리적 피해를 직접적으로 받게 되는 것을 의미한다.
② 2차 피해자화 : 2차 피해자화는 범죄피해자가 형사절차를 통하여 받을 수 있는 피해자화로, 최초의 범죄피해에 대하여 사건을 처리하는 과정에서 파생되는 피해자가 받게 되는 피해를 말한다. 주로 수사기관이나 재판기관에서 발생하는 피해자 본인이나 그 가족 등의 고통이 주가 된다.
③ 3차 피해자화 : 1·2차 범죄피해에서 적절한 피해자 지원이나 대책을 받지 못한 경우에 발생하는 사회적·비사회적 반응과 관련된 피해를 말한다. 예를 들면 강간 범죄피해자가 수사과정에서 수모를 느껴 자살에 이르는 경우 등을 말한다.

2. 범죄피해 양상에 따른 분류
① 신체적 피해 : 전형적인 범죄 피해로서 피해자 자신의 고통은 물론 유족들의 정신적 고통이 수반되는 피해 양상이다.
② 정신적 피해 : 육체적인 피해나 재산적 피해에 수반되는 피해로서, 그 유형을 보면 정신적 공황·심각한 스트레스로 인한 혼란·외상 후 스트레스 장애 등이 있다.
③ 경제적 피해 : 범죄로 인한 직접적인 재산상의 피해와 이로 인한 기회비용, 즉 치료비·장례비·노동력 상실·사법행정비용·관련자의 시간적 소비비용·보험비용 등이 포함된다.

3. 멘델존(Mendelson)의 분류
멘델존은 피해자가 범죄에서 어떠한 역할을 하고 있는가를 파악하기 위해 유책의 개념을 제시하고, 범죄에 대한 피해자의 유책성 정도를 기준으로 피해자를 5단계로 분류하였다.
① 제1단계(완전히 유책성이 없는 피해자) : 제1단계 유형은 이른바 순수한 피해자를 말하며 이상적인 피해자를 말한다. 완전히 유책성이 없는 피해자에는 영아살해죄의 영아·약취 유인된 유아 등 어린 피해자나, 판단력·저항력이 결여되어 있는 자 등이다.
② 제2단계(유책성이 적은 피해자) : 제2단계 유형은 무지에 의해서 유책성이 적은 피해자를 말하며, 유책성이 적은 피해자는 경험만으로 인공유산을 시도하다가 사망한 임산부 등이다.
③ 제3단계(가해자와 같은 정도로 유책성이 있는 피해자) : 제3단계 유형은 자발적인 피해자를 말하며, 이 유형의 피해자에는 촉탁살인에 의한 피해자·자살미수 피해자·동반자살 피해자 등이 있다.
④ 제4단계(가해자보다 유책성이 더 인정되는 피해자) : 제4단계 유형은 범죄자의 가해행위를 유발시킨 피해자를 말하며, 가해자보다 유책성이 더 인정되는 피해자에는 부모에 대한 패륜행위가 원인이 되어 부모에게 살해된 패륜아 등이 있다.
⑤ 제5단계(가장 유책성이 높은 피해자) : 제5단계 유형은 자기의 이욕적인 동기에 의하여 타인을 공격하다 반격을 당한 피해자를 말하며, 그 양태는 정당방위의 상대자가 되는 공격적 피해자·무고죄의 범인 같은 기만적 피해자·피해망상으로 인한 상상적 피해자 등으로 분류된다.

4. 레클리스(Reckless)의 피해자 모델
① 가해자 – 피해자 모델 : 가해자 – 피해자 모델은 피해자가 아무런 중대한 도발도 하지 않았는데도 먹이를 찾아다니는 가해자가 악의로 가해행위를 하여 피해자가 된 경우의 모델을 말하며, 순수한 피해자라고 부르기도 한다.
② 피해자 – 가해자 – 피해자 모델 : 피해자 – 가해자 – 피해자모델은 피해자의 중대한 도발로 인하여 가해자의 범죄행위가 발생하여 피해자가 된 경우의 모델이며, 이 모델의 피해자를 도발한 피해자라고 부르기도 한다.

5. 카르멘(Karmen)의 피해자 분류
카르멘은 책임의 정도와 특성에 기초한 피해자의 분류를 종합하고, 현대 사회규범과 연계하여 피해자의 책임을 설명하고 피해자를 분류하였다.
① 비행적 피해자 : 비행적 피해자란 반사회적인 성격의 피해자를 의미하며, 비행을 저지른 범죄피해자가 다른 사람의 표적이 되었을 때 그들이 받는 고통과 상처는 그들의 행위에 대한 응보에 지나지 않는다는 것이다.
② 유인피해자 : 유인피해자는 강간피해자와 같이 범죄자를 유인 내지는 유혹하여 피해를 유발한 피해자를 의미하며, 피해자 자신의 문제보다는 범죄자에게 자신의 범죄를 정당화시키는 계기를 마련하게 한 것이 문제이다.
③ 조심성 없는 피해자 : 조심성 없는 피해자란, 가만히 있는 사람은 피해자가 되지 않는다는 생각에 귀중품을 과시하거나 야간에 외출을 감행하여 피해를 입은 피해자를 말한다.
④ 보호받을 가치가 없는 피해자 : 보호받을 가치가 없는 피해자는 비판범죄학에서 제기하는 피해자의 유형으로, 부의 축적이 정당하지 않는 사람에 대한 약탈적 범죄의 정당성을 설명하기 위한 피해자 유형이다.

06 피해자에 대한 보상

1. 범죄피해자에 대한 공공보상제도
① 범죄피해자에 대한 공적 보상은 국가 또는 사회가 공공예산을 사용하여 범죄피해자의 육체적·정신적·경제적 곤궁을 보상한다는 취지이다.
② 마제리 프라이(Margery Fry)의 「In the Arms of the Law」라는 책에서 범죄피해자에 대한 공공의 도움을 주창한 것을 시작으로 시행된 제도이다. 처음에는 범죄로 인하여 손실된 능력에 따라 주급으로 보상되었고, 영국 내무성은 범죄손상보상위원회를 설치하기도 하였다.

2. 가해자에 의한 범죄피해자보상
1972년 영국의 형사사법(Criminal justice act)에서는 보상명령을 형벌에 대한 부가적인 처벌로 만들었고, 1982년에는 형사사법을 개정하여 보상명령을 하나의 독립된 형벌로 만들었다.

3. 회복적 사법(Restorative justice)과 피해자

① 의 의
- ㉠ 회복적 사법이란, 피해자와 가해자 또는 지역사회 구성원 등 범죄사건 관련자들이 사건 해결과정에 능동적으로 참여하여 피해자 또는 지역사회의 손실을 복구하고, 관련 당사자들의 재통합을 추구하는 일체의 범죄대응형식을 말한다.
- ㉡ 회복적 사법은 전통적인 형사사법의 효과와 정당성에 대한 반성에 기초하여 범죄문제의 해결을 위한 새로운 방법을 실험하는 과정에서 고안된 새로운 사법모델이다.
- ㉢ 회복적 사법이란 범죄과정에서 이해관계를 가지고 있는 사람들, 가령 범죄자·피해자·관련 공동체 등이 대화를 통해서 범죄문제로 야기된 문제들을 함께 해결하고 범죄행위로 인한 피해를 치유함으로써 정상적인 상태로 상황을 돌려놓으려는 노력의 총체이다.

> 21세기 형사사법의 목표는 범죄자를 처벌하는 것만이 아니라 범죄피해자의 피해회복을 통하여 사회적 화합을 성취하는 것이라고 할 수 있다. 그리고 이를 통하여 가해자에게도 사회복구의 기회와 가능성을 높여줄 수 있다고 본다. 회복적 사법은 이러한 목표 달성의 일환으로 1970년대 초반부터 미국에서 등장한 형사사법의 새로운 접근방법이다. (중략) 일반적으로 정의하자면 회복적 사법은 중재자의 도움으로 범죄로 인한 피해자와 가해자, 그 밖에 관련자 및 지역공동체가 함께 범죄로 인한 문제를 치유하고 해결하는 데에 적극적으로 참여하는 절차를 의미한다.
>
> 〈출처〉 박상기 외 2인, 「형사정책」, 한국형사정책연구원, 2021, P. 290~291

② 특 징
- ㉠ 피해자를 지원하는 것이 우선적 고려사항이다.
- ㉡ 가해자가 자발적으로 참여하여 뉘우칠수록 재범의 가능성이 낮아질 수 있다.
- ㉢ 사법처리 과정에서 형사사법기관이 가해자와 피해자 간의 조정과 합의를 강조한다.

③ 회복적 사법 프로그램들의 주요 유형 : 피해자 – 가해자 조정프로그램, 가족집단회합, 양형써클 등이 있다.

피해자 – 가해자 조정프로그램	• 가해자들이 가해행위에 대하여 책임을 지게 하는 한편, 범죄피해자들의 요구에 대응하기 위해서 고안된 것이다. • 훈련된 중재자의 도움을 받아 피해자와 가해자가 직접·간접적으로 상호 간의 감정과 이해관계를 표현·전달하여 사건을 종결시키는 합의에 도달하게 한다.
가족집단회합	참여자는 피해자 및 가해자 쌍방의 가족과 친구뿐만 아니라, 때로는 지역사회 구성원을 포함하며 소집자·촉진자를 두고 회합을 통해 바람직한 결과를 알아내고 범죄의 결과에 대처하며, 범죄행위의 재발을 방지하는 데 적절한 방안을 모색하는 것을 말한다.
양형써클	판사·검사·변호사·경찰관·피해자·가해자·가족·지역주민 등이 포함된 참여자들이 써클을 만들어 서로 마주보고 앉아 분쟁을 해결하고 사건을 종결할 수 있는 최선의 방법에 대한 합의를 도출하도록 토론하는 것을 말한다.

4. 범죄피해자보호법

① 「범죄피해자보호법」은 범죄피해자보호·지원의 기본 정책 등을 정하고, 타인의 범죄행위로 인하여 생명·신체에 피해를 받은 사람을 구조함으로써 범죄피해자의 복지 증진에 기여함을 목적으로 하고 있다(범죄피해자보호법 제1조).

> **기본이념(범죄피해자보호법 제2조)**
> ① 범죄피해자는 범죄피해 상황에서 빨리 벗어나 인간의 존엄성을 보장받을 권리가 있다.
> ② 범죄피해자의 명예와 사생활의 평온은 보호되어야 한다.
> ③ 범죄피해자는 해당 사건과 관련하여 각종 법적 절차에 참여할 권리가 있다.

② 이 법은 범죄피해자의 침해의 정도, 보호·지원의 필요성 등에 상응하여 상담·의료의 제공·관련 법령에 따른 기금·법률구조 및 취업 관련 지원 대책이 이루어지도록 피해회복, 즉 원상회복을 위한 다양한 지원책을 규정하고 있다.

③ 범죄피해자의 당해 사건과 관련하여 수사담당자와 상담하거나 재판절차에 참여하여 진술하는 등의 형사절차상 권리 행사를 비롯하여, 가해자에 대한 수사결과·공판기일·재판결과·형집행·보호관찰 집행상황 등 형사절차 관련 정보를 제공받을 수 있도록 근거 규정을 마련하였다.

④ 2010.8.15.부터 시행한 「범죄피해자보호법」은 종전의 보호법과 구조법을 통합하면서 구조금을 사망·장해·중장해 구조금의 3가지로 확대 구분하였고, 구조금 지급 외에 범죄피해자의 보호지원책으로서 피해자의 '형사절차 참여보장'과 '사생활의 평온과 신변의 보호'규정을 두었다.

5. 범죄피해자 보호제도

① **범죄피해자 구조금 지급제도** : 타인의 범죄행위로 사망 또는 장해, 중상해를 입은 경우 피해자 또는 유족에게 구조금을 지급하는 제도를 말한다. 그 종류로는 유족구조금·장해구조금·중상해구조금이 있다.

② **배상명령제도** : 형사사건 피해자가 범인의 형사재판과정에서 민사적 손해 배상명령을 받을 수 있는 제도를 말한다.

③ **재판절차진술권** : 형사사건의 피해자가 재판과정에서 진술할 수 있는 제도를 말한다.

④ **기타 범죄피해자 보호를 위한 제도** : 피해자 보호·지원을 위한 신뢰관계자의 동석, 피해자 통지제도, 사생활의 평온과 신변보호, 피해자의 법정진술권 및 진술의 비공개 등이 있다(범죄피해자 보호 및 지원에 관한 지침).

4 형벌 및 교정보호

01 형벌이론의 개요

1. 형벌의 기능
① 처벌에 대한 예고의 기능을 수행한다.
② 응보감정을 충족·완화하는 기능을 수행한다.
③ 일반예방과 특별예방의 기능을 수행한다.

2. 응보형주의
범죄가 법익에 대한 해악이므로, 형벌 또한 이에 상응하는 해악이라는 것이다.

3. 목적형주의
형벌은 범죄로부터 사회를 방위하고 보호하려는 목적을 위한 수단이므로, 형벌 그 자체가 목적이 아니라 형벌 이외의 목적을 달성하기 위한 것이라고 본다. 참고로 형벌의 목적은 억제, 갱생, 응보, 교화이다.
① **일반예방주의** : 형벌의 목적이 일반사회인(잠재적 범죄인)을 위하·경계하여 장차 범죄를 범하지 않도록 예방함에 있다고 보는 입장이다. 포이어바흐의 심리강제설이 대표적이다.
② **특별예방주의** : 형벌의 목적은 범죄인에 대한 위하와 개선 또는 격리에 의하여 범죄인 자신이 다시 죄를 범하지 않고 정상적인 사회인으로 복귀하도록 함에 있다고 보는 입장이다. 리스트는 범죄인을 분류하고 이에 개별화된 형벌을 적용할 것을 주장하였다.

4. 신사회방위론
① 형사정책의 기초는 개인의 보호에 있고, 범죄인도 재사회화의 권리를 갖는다.
② 형벌의 필요성을 인정하고 그 내용은 사회적 보호의 객체로서의 개인과, 주체로서의 사회와의 관계로서 파악해야 한다.
③ 형법체계는 불가지론의 입장에서 본 책임이 아니라 실존적 존재로서의 책임을 그 전제로 하여야 하며, 조직된 형사사법기관에 의한 형사소송법정주의를 기본으로 하여 형사체계를 개혁해야 한다.

5. 불개입주의
① 종래 자유박탈 등을 통하여 국가가 범죄인 처우에 대해 적극적으로 개입한 것이 오히려 인간의 존엄과 법치국가 원리에 반하는 역효과를 가져왔음을 반성하여, 가급적 자유박탈처분을 피하고 각종의 처우제도를 보다 피고인의 인권을 보장하는 방향으로 개선할 것을 주장하는 이론이다.
② 불개입주의에는 비범죄화론·비형벌화론·우회설 등이 있다.

02 사형

1. 의의
① 사형은 수형자의 생명을 박탈하여 사회로부터 영구히 격리시키는 형벌로서, 생명형 또는 극형이라고 한다.
② 교수·총살·전기의자살·독가스살이 있으며, 우리 형법은 교수형을 택하고 있고, 군형법은 총살형을 인정하고 있다.
③ 절대적 법정형으로 사형만이 규정된 범죄로는 여적죄가 있다.
④ 법관의 재량에 의하여 사형과 자유형을 선택하는 상대적 법정형으로 규정된 것은 내란죄, 내란목적살인죄, 외환유치죄, 모병이적죄, 시설제공이적죄, 시설파괴이적죄, 간첩죄, 폭발물사용죄, 현주건조물방화치사죄, 살인죄, 강간등살인죄, 강도살인죄, 해상강도살인·치사·강간죄, 상관살해죄가 있다.

> **사형제도를 통한 형벌의 목적**
> - 응보
> - 억제
> - 무능력화
>
> **상관살해죄 법정형 변경**
> 헌법재판소의 위헌결정에 따라(헌재 2007.11.29. 2006헌가13) 군형법 제53조 제1항 개정 → 상관을 살해한 사람은 사형 또는 무기징역에 처한다.

2. 사형폐지론
① 사형은 야만적이고 잔혹한 형벌로서, 인간의 존엄과 가치를 인정하는 자유민주사회에서는 허용될 수 없다.
② 사형은 재판적 과오(오판)를 회복할 수 없는 형벌이다.
③ 사형은 피해자의 민사상 구제에도 도움이 되지 않고 일반국민에 대한 위하력도 생각보다 적다.
④ 사형은 정치범과 같은 확신범의 경우 범죄예방의 효과도 없다.
⑤ 사형은 죄인을 교화하는 교육형으로서의 형벌목적을 달성할 수 없는 원시적이고 무의미한 형벌이다.

> **사형폐지론의 논거**
> - 인도주의 훼손
> - 오판가능성
> - 위하효과에 대한 의문
> - 교육 및 개선기능의 부재

3. 사형존치론
① 사형은 사람의 생명을 박탈하는 형벌이고, 생명은 인간이 본능적으로 가장 애착을 가지는 것이므로 다른 형벌이 갖지 못하는 특별한 범죄억제력이 있다.
② 형벌의 본질은 응보에 있으므로, 살인을 저지르면 사형에 처해진다는 사실은 일반국민의 정의 관념에 부합된다.
③ 사형은 피해자의 감정을 만족시키며, 살인자를 사회에서 영구히 격리하는 효과가 있다.

[현행 형법상 형벌의 종류]

생명형		사형(교수형, 군형법상 총살형)
자유형	징 역	수형자를 교정시설에 수용하여 집행하며, 정해진 노역(勞役)에 복무하게 함
	금 고	징역과 유사하나 정역에 복무하지 않음
	구 류	수형기간이 짧다는(1일 이상 30일 미만) 점에서 징역이나 금고와 구별
명예형	자격상실	일정한 자격이 상실
	자격정지	일정한 기간 동안 일정한 자격의 전부 또는 일부 정지
재산형	벌 금	50,000원 이상으로 하며 상한은 무제한(감경하는 경우에는 50,000원 미만으로 할 수 있다)
	과 료	2,000원 이상 50,000원 미만
	몰 수	범죄반복의 방지나 범죄에 대한 이득의 금지를 목적으로 범죄행위와 관련된 재산박탈(다른 형에 부가하는 부가형이 원칙)

03 자유형

1. 의 의

① 자유형은 수형자의 신체적 자유를 박탈하는 형벌을 말한다. 자유형은 근대 형벌체계의 핵심적인 위치를 차지하고 있으며, 행형은 바로 자유형의 집행을 의미하는 것이 일반적이다.

② 자유형의 집행목적은 보안과 교화·개선을 통한 수형자의 재사회화이다. 그러나 오늘날 개선형사상에 입각한 자유형제도가 실효를 거두지 못하고 있다는 주장이 끊임없이 제기되고 있다. 이로 인하여 자유형을 개선하여야 한다는 의견이 강력히 대두되고 있다.

> **사이크스(Sykes)의 견해**
> 사이크스는 자유형으로 인해 박탈되는 것은 자율성, 재화와 서비스, 이성관계 등이라고 주장하였다.

2. 자유형의 종류

① **징역형** : 수형자를 교도소 내에 구치하여 정역에 복무하게 하는 것을 내용으로 하며, 자유형 중 가장 중한 형벌이다.

② **금고형** : 수형자를 교도소 내에 구치하여 자유를 제한하는 형벌이지만, 정역에 복무하지 않는다.

③ **구류형** : 교도소 내에 구치하여 집행되는데, 다만 그 기간이 1일 이상 30일 미만이다.

3. 자유형의 문제점

① **자유형의 형벌성** : "자유를 박탈하는 것이 어떻게 형벌이 될 수 있는가"하는 문제는 자유형이 생긴 초기에 있었던 논의이다. 그러나 형벌의 해악성은 사람들이 일반적으로 겪고 싶어 하지 않는 데에 있다고 보면, 일정장소에 신체를 구금하는 것만으로도 충분히 형벌작용이 있다고 할 수 있다.

② **자유형의 재사회화 기능** : 자유형은 수형자를 사회와 격리시키는 것을 형벌내용으로 하기 때문에, 사회에 대한 적응력을 길러 줄 수 없으므로 재사회화의 행형목적이 자유형을 통해서 달성될 수 없다는 비판이 거세지고 있다.

③ **간접형벌문제** : 자유형이 수형자가족에 대해서는 간접적 형벌의 의미를 갖는다는 문제가 있다. 가장의 수형생활이 가족에게 가져다주는 경제적·정신적 고통이 바로 그것인데, 이것은 가족이 자신의 책임과 무관하게 간접적 형벌을 받는 결과가 된다.

④ **악풍감염의 우려** : 현대 형사정책은 수형자를 사회와 격리시키는 것과 더불어 재사회화가 그 주요 과제다. 하지만 교도소에 있으면 악풍의 감염이라 하여 오히려 교도소에서 더 많은 범죄를 배워오는 악순환이 발생한다. "재범률이 높은 것은 교도소가 범죄학교이기 때문이다"라고 주장하는 사회학습이론이 이를 뒷받침한다.

4. 자유형의 단일화론

① 자유형의 단일화는 현행법상 징역·금고·구류의 3종류로 되어 있는 자유형을 한 가지로 통일하자는 논의를 말한다. 모든 자유형의 목적은 교육·개선에 있으므로, 형벌의 내용에 따른 구별의 의미가 없다는 인식에서 비롯된 문제이다.

② 단일화를 찬성하는 입장에서는 징역과 금고의 구별기준인 파렴치성은 모호하고 주관적인 개념이기 때문에 형의 종류를 나누는 기준으로서 적합하지 않다고 본다. 정역에 종사하는 징역이 금고에 비해 중한 형벌이 된다는 전제는 노동을 천시하는 사고에서 비롯된 것이다.

> **자유형의 단일화를 요구하는 논거의 요지**
> - 교정정책의 일관성을 유지해야 할 필요가 있다.
> - 징역과 금고의 구별기준인 파렴치성은 또 다른 낙인을 찍는 것에 지나지 않는다.
> - 노동을 인간의 자연스러운 의무이자 권리로 본다면 징역과 금고를 구별해야 할 근거가 없다.
> - 수형자의 약 70%가 작업에 종사하므로, 자유형의 분류는 사실상 무의미하다.
> - 행형의 개별화는 처우의 개별화를 의미하는 것이지, 노역의 유무가 아니다.

③ 단일화를 반대하는 입장에서는 노역이 형벌과 함께 강제된다는 사실만으로도 이미 노동의 형벌성을 인정할 수 있고, 금고형이나 구금형도 징역과 구별되는 고유한 응보내용이 있다고 본다.

> **자유형의 단일화를 반대하는 논거의 요지**
> - 노동이 형벌과 함께 강제된다는 사실만으로도 이미 노동의 형벌성을 인정할 수 있다.
> - 형의 종류가 다양할수록 책임에 따른 형벌의 개별화는 그만큼 더 실현될 수 있다.
> - 과실범과 같은 수형자를 다른 고의범죄자와 같이 취급하는 것은 국민감정에 맞지 않는다.

5. 부정기형

① 부정기형이란 형기를 일정하게 정함이 없이 자유형을 선고한 것을 말한다. 부정기형에는 형기의 상한과 하한을 정하는 상대적 부정기형과 아무 기간도 정하지 않는 절대적 부정기형이 있다.

② 우리나라 현행 형법은 정기형을 원칙으로 하고 있으며, 특별법인 소년법에 의하여 소년범에 대해서만 상대적 부정기형을 인정하고 있다.

③ 절대적 부정기형은 죄형법정주의의 위반으로서 허용할 수 없다. 상대적 부정기형은 책임원칙의 보장적 기능과 일반예방의 형벌목적을 유지하는 범위 내에서의 자율적인 개선·교화라는 특별예방의 형벌목적을 실현한다는 의미를 가진다.

6. 단기자유형

① 단기자유형이란 구류 및 단기간의 징역 또는 금고를 말한다.
② 짧은 자유형 집행으로 인해 범죄자의 사회복귀가 더 힘들어질 수 있고, 범죄의 정도에 비해 가족이 겪는 고통이 너무 크고, 범죄성향에 오염(악풍감염)될 위험성이 높으며, 수형시설의 부족현상을 가중하고 단기형의 선고를 받아도 누범이 될 수 있는 문제가 있다.

> **단기자유형의 대체방안**
> - 벌금형의 환형제도의 확립
> - 집행유예 또는 선고유예제도의 활용
> - 기소유예제도의 확대 운영
> - 무구금 강제노동의 실시
> - 구금제도의 완화
> - 선행보증・거주제한
> - 자유제한을 수반하는 독자적인 보호관찰 등

04 벌금형

1. 개념 및 의의

① 벌금형은 범죄인으로 하여금 일정한 금액을 지불하도록 강제하는 형벌이다.
② 과료와는 금액 면에서 구별되고, 몰수는 부가형인데 반하여 벌금형은 독립된 형벌인 면에서 구별된다.
③ 벌금은 제3자의 대납이 허용되지 않고, 국가에 대한 채권과의 상계가 허용되지 않으며, 범인 이외의 자와 공동연대책임이 허용되지 않고, 원칙적으로 벌금의 상속은 인정되지 않는다.

2. 현행 벌금형제도

① 현재 벌금액은 5만원 이상이고 상한에는 제한이 없다. 다만, 감경할 경우 5만원 미만으로 할 수 있다. 벌금은 판결확정일로부터 30일 내에 납입하여야 한다(형법 제45조, 제69조 제1항 본문).
② 벌금형 고지 시 노역장유치를 함께 명할 수 있으며 벌금을 납입하지 아니한 자는 1일 이상 3년 이하의 기간 노역장에 유치하여 작업에 복무하게 한다(형법 제69조 참고).
③ 벌금형은 총액벌금제도와 일시납입방법을 취하면서 이의 납입을 담보하기 위하여 노역장 유치를 규정하고 있을 뿐, 벌금형에 관한 양형기준 또는 벌금형의 납입을 완화시킬 수 있는 제도적 장치는 마련하고 있지 않다.

3. 벌금형의 장·단점

장 점	• 자유형보다는 형집행비용이 적고, 구금으로 인한 실업·가정파탄·범죄오염 등의 위험성을 제거할 수 있다. • 단기자유형의 폐해를 제거할 수 있다. • 이욕적인 동기에 의한 범죄를 억제할 수 있고, 국고의 수입을 늘릴 수 있다. • 악풍감염의 우려가 없다. • 벌금형을 탄력적으로 운영하면 빈부에 따른 정상참작이 가능하다. • 법인에 대한 적절한 형벌 수단이 된다. • 법원의 오판 시 회복이 용이하고 신속한 업무처리를 할 수 있다. • 피해자와 범죄인의 명예회복적인 측면도 있다. • 형사정책상 비시설화의 도모로 인한 범죄자의 사회화에 기여한다.
단 점	• 공공의 안전을 위한한다. • 인플레이션하에서는 예방력이 약하다. • 현재 벌금 미납자의 노역집행을 위한 별도의 시설이 없다. • 거액의 벌금미납자도 3년 이하의 노역으로 벌금을 대체하므로 형평성에 위배된다. • 교육·개선작용이 미흡하여 형벌의 개별화와 거리가 멀다.

4. 벌금형의 문제점

범죄인의 경제적 지위에 따라 형벌의 위하력에 차이가 생긴다. 즉, 빈자에게는 중벌이지만 부자에게는 무의미한 형벌이 된다.

5. 벌금형의 개선방안

① **무구금 강제노역** : 벌금집행관청이 벌금징수가 불가능할 때 그 범죄인을 관·공영의 공장 또는 농장 등에서 강제노동을 하게 하는 것이 있으며, 자유노동에 의한 상환을 벌금형의 개선으로 제기하기도 한다.
② **벌금형의 집행유예제도** : 2016.1.6. 형법개정으로 현행법상 벌금형에 대해서는 선고유예 및 집행유예도 가능하게 되었다.
③ **노역장유치에의 가석방 허용** : 벌금형제도의 대체방법인 노역장유치는 단기자유형의 폐해를 초래하기 때문에 노역장유치는 최후의 수단으로 사용되어야 한다. 노역장유치가 최후의 수단인 만큼 그 폐해를 최소화하기 위하여 행형실적에 따라 미리 석방시킬 수 있는 제도가 마련되어야 한다.
④ **일수벌금제도의 도입** : 범죄인의 불법과 책임에 따라서 벌금일수를 계산하고, 1일 벌금액을 범죄인의 경제사정을 고려하여 산정한 후 양자를 곱하여 벌금액을 정하는 제도이다. 일수벌금제도는 각 범죄인의 경제능력에 대응하여 벌금액을 결정함으로써 사법의 평등을 기하고 벌금형의 탄력성을 확보하기 위한 방안으로 구상된 것이다.

05 몰수와 추징 등

1. 몰 수
① 범죄의 반복을 방지하고 범죄로부터 이득을 얻지 못하게 할 목적으로 범행과 관련된 재산을 박탈하여 국고에 귀속시키는 재산형이다.
② 원칙적으로 주형에 부가하는 부가형이나 예외적으로 몰수만을 선고할 수 있다.
③ 몰수에는 일반몰수와 특별몰수가 있는데, 전자는 범죄인의 재산의 전부 또는 일부를 국고에 귀속시키는 것을 말하고, 후자는 범죄와 관계되는 특정한 물건의 소유권을 국가가 취득하는 것이다.
④ 형법상 몰수는 특별몰수만을 의미하며, 이는 다시 임의적 몰수와 필요적 몰수로 구분된다.

2. 추 징
소비·분실·양도 등으로 몰수할 대상물의 전부 또는 일부를 판결 당시 사실상 또는 법률상 몰수하기 불능한 경우 몰수에 갈음하여 그 가액의 납부를 명하는 사법처분이다.

3. 폐 기
문서·도화·전자기록 등 특수매체기록 또는 유가증권의 일부가 몰수에 해당하는 때에는 그 부분을 폐기하도록 하는 것이다.

06 보안처분

1. 의 의
① 보안처분이란 범죄행위를 이유로 하여 그 범인의 장래적 행위에 의한 위험성을 사전에 방지하기 위하여 형벌에 대해, 또는 이에 보충하는 경우에 자유의 박탈 또는 자유를 저해하기 위하여 범인을 격리 또는 개선하는 처분을 말한다.
② 보안처분의 우선목표는 범죄자의 개선이며, 보안처분의 대상자로는 누범·상습범·정신병질·알코올중독·마약중독 범죄자 등이 있다.

2. 종 류
보안처분에는 크게 대인적 보안처분과 대물적 보안처분이 있고, 대인적 보안처분에는 자유박탈적 보안처분과 자유제한적 보안처분이 있다.

대인적 보안처분	자유박탈적 보안처분	치료감호처분, 교정처분, 노동시설수용처분, 보호감호처분, 사회치료처분 등
	자유제한적 보안처분	보안관찰, 선행보증, 직업금지, 운전면허박탈, 거주제한, 국외추방, 음주점 출입금지, 거세·단종 등
대물적 보안처분		몰수, 영업장 폐쇄처분, 법인의 해산처분 등

07 보호관찰

1. 의 의
보호관찰은 범죄인을 교정시설에 구금하여 자유를 제한하는 대신 정상적인 사회생활을 영위하도록 하면서 보호관찰관의 지도·감독 및 원호를 통하여 범죄성이나 비행성을 교정하고 재범을 방지하기 위한 형사정책수단이다.

2. 보호관찰의 개시 및 신고
보호관찰은 법원의 판결이나 결정이 확정된 때 또는 가석방·임시퇴원된 때부터 시작되고, 보호관찰 대상자는 주거, 직업, 생활계획, 그 밖에 필요한 사항을 관할 보호관찰소의 장에게 신고하여야 한다(보호관찰 등에 관한 법률 제29조).

3. 내 용
① **사회봉사명령** : 법원이 유죄가 인정된 자에 대하여 일정시간 무보수로 사회에 유익한 근로를 하도록 명하는 제도이다.
② **수강명령** : 정신적·심리적 원인이나 잘못된 문제인식과 행동습관으로 인해 동종의 범행을 반복하게 될 우려가 큰 마약, 음주운전, 가정폭력, 성폭력 등의 범죄인에 대해 일정한 시간 동안 교육과 치료를 받도록 함으로써 성행을 개선하여 적극적으로 재범을 방지하고자 하는 제도이다.

> **존스쿨(John school)**
> - 수강명령과 유사한 것으로, 성매매 남성들을 대상으로 하는 교육프로그램이다.
> - 보호관찰소에서 교육이 실시된다.
> - 1995년 미국 샌프란시스코의 시민단체 세이지(SAGE)가 성관련 범죄자의 재범을 방지하기 위하여 도입한 제도이다.
> - 우리나라에서는 2005년 8월부터 서울 등 전국 13개 보호관찰소에서 시행하였다. 2005년 8월 27일에 서울보호관찰소에서 성매매사범 초범자 8명을 대상으로 처음 실시되었다.

③ **조사업무**
  ㉠ 법원, 검사 등의 요청으로 보호관찰관이 조사대상자에 관한 사항을 객관적·과학적으로 조사하여 구형과 양형 및 범죄인 처우의 기초자료로 제공하는 제도로, 판결 전 조사와 청구 전 조사, 법원 결정 전 조사, 검사결정 전 조사, 환경조사 등이 있다.
  ㉡ 대상자의 성격·심리상태·범행동기·직업·생활환경·교우관계·가족사항·피해회복 여부·재범위험성 등을 조사한다. 보호관찰관이 조사대상자를 보호관찰소로 소환하거나, 수용시설 또는 주거지를 방문하여 면담하고 심리검사를 실시하며, 가족·친구·공범 등 관계인 및 피해자 면담·범죄현장 방문조사 등을 실시한다.
④ **전자감독** : 특정범죄자에 대한 24시간 위치추적과 보호관찰관의 밀착 지도·감독을 통해 특정범죄자의 재범을 억제하는 보호관찰 프로그램이다.

⑤ 성충동약물치료
  ㉠ 사람에 대하여 성폭력범죄를 저지른 19세 이상의 성도착증 환자로서, 성폭력범죄를 다시 범할 위험성이 있다고 인정되는 사람을 대상으로 실시한다.
  ㉡ 비정상적인 성적 충동이나 욕구를 억제하기 위하여 약물투여 및 심리치료 등의 방법으로 도착적인 성기능을 일정기간 동안 약화 또는 정상화하는 것으로, 치료명령 집행 기간 동안 의무적으로 보호관찰을 실시하여 지속적인 치료 및 관리 강화로 피치료자의 재범을 방지하고, 안정적인 사회복귀 촉진하기 위한 제도이다.
⑥ 갱생보호제도 : 「보호관찰 등에 관한 법률」에 의거, 출소자의 건전한 사회복귀 촉진과 효율적인 재범방지 활동을 전개함으로써 개인과 공공의 복지와 안전을 증진시키는 사회복지적 형사정책이다. 숙식제공·직업훈련·취업지원·창업지원·주거지원·가족희망사업·심리상담 및 치료·사회성 향상 교육 및 긴급원호 등의 사업을 진행한다.

08 소년보호

1. 소년보호의 원칙

소년법상 보호처분규정은 보호사건에 대한 일반법적 성격을 가지고 있고, 형사사건에 대한 규정은 형사법에 대한 특별법적 성격을 가지고 있으며, 실체법과 절차법의 성격을 모두 가지고 있다.

① 실체법적 성격
  ㉠ **보호주의** : 소년의 건전한 육성을 위해 보호사건에는 보호처분을, 형사처분에는 특칙을 적용한다.
  ㉡ **교육주의** : 소년보호의 절차에 보호활동의 모든 과정에서 교육적 정신이 관철되어야 한다. 따라서 소년범죄에 대해서는 처벌을 위주로 할 것이 아니라 치료·개선을 우선적으로 해야 한다.
  ㉢ **인격주의와 규범주의** : 소년보호는 소년의 인격에 내재하는 범죄적 위험성을 제거하여 소년의 건전한 육성을 목적으로 하여야 한다. 이를 위해서는 소년의 행위·태도에 나타난 개성과 환경을 중시하여 소년의 인격과 관련된 개인적 범죄특성도 함께 고려하여야 한다.
  ㉣ **예방주의** : 이미 죄를 범한 소년의 처벌(억제)이 아니라 그 소년이 더 이상 범죄를 범하지 않도록 하고, 우범소년도 그 대상으로 하여 소년이 사회에 적응하지 못하는 상태에 빠지지 않도록 보호·육성하여야 한다.

> **국친사상(國親思想)**
> • 우리나라에서는 삼국시대의 국친사상(國親思想)에서 그 기원을 찾는다.
> • 국가는 모든 국민의 보호자로서 부모가 없거나 있어도 자녀를 보호해 줄 수 없는 경우에는 국가가 부모를 대신해서 보호를 해주어야 한다는 사상으로, 소년사법제도의 기본이념이다.
> • 국가는 엄격한 형벌보다는 오히려 교육과 보호를 해주어야 한다는 사상으로, 소년비행의 대부분은 소년에 대한 보호자의 물질적·정신적 보호의무가 전부 또는 부분적으로 이행되지 않아 발생하였다고 보며, 비행청소년에 대해 국가가 보호자를 대신해서 보호의무를 이행해야 한다는 내용이다.

② 절차법적 성격
   ⊙ 개별주의 : 소년 개개인을 1건으로 독립해서 취급하고, 그 개성을 중시하여 범죄인에게 알맞은 처우를 전개하여야 한다.
   ⓒ 직권주의 : 법원이 적극적·지도적인 입장에서 심리를 진행하는데, 이는 국가의 후견적 역할이 강조되는 소년법상의 원칙의 표현이다.
   ⓒ 과학주의 : 소년범죄인의 처우를 단지 법률에만 의뢰하지 말고 정신의학·심리학·사회학·교육학 등의 전문가의 협력을 얻어 그들의 진단과 의견을 참작하여야 한다.
   ⓔ 밀행주의(비공개주의) : 인권보장이나 재범방지의 측면에서 어느 나라든지 소년심판의 비공개와 함께 기사게재·방송 등의 보도를 금지·제한하는 규정을 두고 있다.
   ⓜ 통고주의 : 전 국민의 협력을 통해 요보호성이 있는 소년을 조기에 발견하는 데 그 취지가 있다. 소년법은 보호자 또는 학교와 사회복지시설의 장도 범죄·촉법·우범소년을 관할 소년부에 통고할 수 있도록 하는 등 관련기관의 협력이 요구된다.

2. 현행법상 소년범 대책

① 소년범의 분류 : 소년법 및 소년업무규칙(각 시·도경찰청예규)에서 소년은 19세 미만인 자로, 비행소년·죄질이 경미한 범죄소년·학교 밖 청소년으로 나누고 있으며, 비행소년은 다시 범죄소년·촉법소년·우범소년으로 나뉜다(소년법 제2조·제4조, 각 시·도경찰청 소년업무규칙 제2조).
   ⊙ 비행소년 : 범죄소년·촉법소년·우범소년 중 어느 하나에 해당되는 자
     • 범죄소년 : 14세 이상 19세 미만의 죄를 범한 소년 중 벌금형 이하 또는 보호처분 대상 소년
     • 촉법소년 : 형벌 법령에 저촉되는 행위를 한 10세 이상 14세 미만의 소년
     • 우범소년 : 그 성격이나 환경에 비추어 앞으로 형벌 법령에 저촉되는 행위를 할 우려가 있는 10세 이상 19세 미만의 소년 중 집단으로 몰려다니며 주위에 불안감을 조성하는 성벽이 있거나, 정당한 이유 없이 가출하거나, 술을 마시고 소란을 피우거나 유해환경에 접하는 성벽이 있는 소년
   ⓒ 죄질이 경미한 범죄소년 : 「즉결심판에 관한 절차법」 제2조의 즉결심판의 대상에 해당하는 범죄소년을 말한다.
   ⓒ 학교 밖 청소년 : 「학교 밖 청소년 지원에 관한 법률」 제2조 제2호에 해당하는 사람을 말한다.

> **정의(학교 밖 청소년 지원에 관한 법률 제2조)**
> 이 법에서 사용하는 용어의 뜻은 다음과 같다.
>   2. "학교 밖 청소년"이란 다음 각목의 어느 하나에 해당하는 청소년을 말한다.
>   가. 「초·중등교육법」 제2조의 초등학교·중학교 또는 이와 동일한 과정을 교육하는 학교에 입학한 후 3개월 이상 결석하거나 같은 법 제14조 제1항에 따라 취학의무를 유예한 청소년
>   나. 「초·중등교육법」 제2조의 고등학교 또는 이와 동일한 과정을 교육하는 학교에서 같은 법 제18조에 따른 제적·퇴학처분을 받거나 자퇴한 청소년
>   다. 「초·중등교육법」 제2조의 고등학교 또는 이와 동일한 과정을 교육하는 학교에 진학하지 아니한 청소년

② 소년보호사건의 처리절차

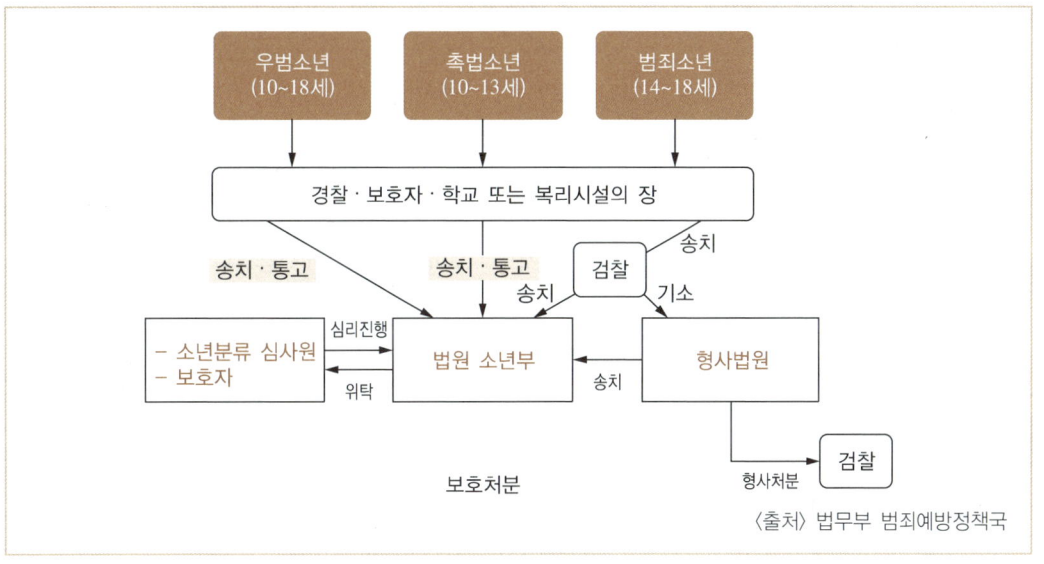

〈출처〉 법무부 범죄예방정책국

③ **소년보호처분의 종류 및 기간**(소년법 제32조 제1항·제33조)
   ㉠ 보호자 또는 보호자를 대신하여 소년을 보호할 수 있는 자에게 감호 위탁 → 6개월(6개월 범위에서 1차 연장 가능)
   ㉡ 수강명령(12세 이상의 소년만 해당) → 100시간 이하
   ㉢ 사회봉사명령(14세 이상의 소년만 해당) → 200시간 이하
   ㉣ 보호관찰관의 단기보호관찰 → 1년
   ㉤ 보호관찰관의 장기보호관찰 → 2년(1년의 범위에서 1차 연장 가능)
   ㉥ 아동복지시설이나 그 밖의 소년보호시설에 감호 위탁 → 6개월(6개월 범위에서 1차 연장 가능)
   ㉦ 병원, 요양소 또는 의료재활소년원에 위탁 → 6개월(6개월 범위에서 1차 연장 가능)
   ㉧ 1개월 이내의 소년원 송치 → 1개월 이내
   ㉨ 단기 소년원 송치 → 6개월 이하
   ㉩ 장기 소년원 송치(12세 이상의 소년만 해당) → 2년 이하

④ **소년법상 형사처분의 특칙**
   ㉠ **대상** : 비행소년 중 범죄소년에게만 해당된다.
   ㉡ **조사·심리상의 배려** : 법원은 소년형사사건에 관하여 그 필요한 사항을 조사하도록 조사관에게 위촉할 수 있으며(소년법 제56조), 사건심리에 있어서 다른 피의사건과 관련된 경우에도 심리에 지장이 없으면 그 절차를 분리하여야 한다(소년법 제57조).
   ㉢ **사형과 무기형의 완화** : 죄를 범할 당시 18세 미만인 소년에 대해서는 사형 또는 무기형으로 처할 경우에는 15년의 유기징역으로 한다(소년법 제59조).

ⓔ **상대적 부정기형의 인정** : 소년이 법정형으로 장기 2년 이상의 유기형에 해당하는 죄를 범한 경우에는 그 형의 범위에서 장기와 단기를 정하여 선고한다. 다만, 장기는 10년, 단기는 5년을 초과하지 못한다(소년법 제60조 제1항).
　　ⓕ **분리 · 분계주의** : 징역 또는 금고를 선고받은 소년에 대하여는 특별히 설치된 교도소 또는 일반교도소 안에 특별히 분리된 장소에서 그 형을 집행한다(소년법 제63조 본문).
　　ⓖ **환형처분의 금지** : 18세 미만인 소년에게는 노역장유치 선고를 하지 못한다. 다만, 판결선고 전 구속되었거나 소년의 감호에 관하여 소년분류심사원에 위탁하는 조치가 있었을 때에는 그 구속 또는 위탁의 기간에 해당하는 기간은 노역장에 유치된 것으로 보아 판결선고 전 구금일수의 통산을 적용할 수 있다(소년법 제62조).

09 다이버전(Diversion) 제도

1. 개념 및 의의
① 다이버전(전환제도)이란, 범죄인의 자연스런 사회복귀와 재범방지를 위해서 사법처리 대신에 지역사회의 보호와 관찰 등을 실시해야 한다는 제도를 말한다.
② 다이버전은 형사사법의 탈제도화라는 의미에서 낙인이론의 산물이라고 할 수 있으며, 범죄자의 낙인을 방지하는 효과가 있다.

2. 비공식 전환
① **경찰** : 범죄자를 체포할 수 있고, 훈방 · 경고 · 통고처분 · 보호기관위탁 등의 조치를 통하여 비공식적 절차로 범죄자를 처우할 수 있다.
② **검찰** : 피해자가 손해배상 요구 시 형을 감경하는 조건으로 범죄자가 피해자에게 보상하도록 조정하는 대안적 분쟁해결방식이 널리 인정되고 있으며, 선도조건부 기소유예제도 · 보호관찰부 가석방 · 약식명령 청구 등이 대표적이다.

3. 공식적 전환
법관은 범죄자를 지역사회의 처우 · 교육 · 상담프로그램에 전환시키는 조건으로 약식명령 · 선고유예를 결정할 수 있고, 집행유예도 선고할 수 있어 형사사법기관의 업무량을 감소시켜 준다.

4. 제도적 특징
① 과도한 구금형의 문제점에 대한 비판에서 비롯되었다.
② 심각한 범죄보다는 경미한 범죄에 더 유용하게 이용된다.
③ 범죄문제를 처리함에 있어 보다 경제적이다.
④ 형벌의 고통을 감소시켜 재범의 위험성을 증가시킨다는 비판이 있다.

⑤ 사회통제망의 확대와 사법절차상의 재량권 확대로 형사사법의 불평등을 초래한다.
⑥ 대상자 선정에 어려움이 따른다.

전환제도(다이버전)의 장단점	
장 점	• 정식의 형사절차보다 경제적인 방법으로 범죄문제를 처리할 수 있다. • 범죄자를 전과자로 낙인찍을 가능성을 줄인다. 이는 특히 사소한 범죄자의 경우에 더욱 의미가 있다. • 형사사법기관의 업무량을 줄여 상대적으로 중요한 범죄사건에 집중할 수 있도록 한다. • 범죄자에 대하여 보다 인도적인 처우방법이다.
단 점	• 다이버전의 등장으로 인하여 형사사법의 대상조차 되지 않을 문제가 다이버전의 대상이 된다는 점으로서 이는 사회적 통제가 오히려 강화된다는 비판을 받는다. • 형벌의 고통을 감소시켜 오히려 재범의 위험성을 증가시킬 수 있다는 점이 지적된다. • 다이버전은 범죄원인의 제거와는 무관하다. • 형사사법의 불평등을 가져올 수 있다. • 재판절차 전 형사사법 개입프로그램이라는 점에서 또 하나의 형사사법절차를 창출할 뿐이라는 비판이 있다.

〈출처〉 박상기 외 2인, 「형사정책」, 한국형사정책연구원, 2021, P. 298~299

5. 사법절차의 각 단계에 따른 형태

다이버전은 공식적 사법절차로부터 일탈 또는 회피하는 의미와 사회 내 처우 프로그램으로의 전환이라는 의미를 포함한다.
① **사법절차 진입 전의 전환** : 당사자들 간의 합의, 피해자의 미신고, 학교 내 비행사건 처리 등이 있다.
② **경찰단계의 전환** : 훈방, 경고, 통고처분, 보호기관 위탁 등이 있다.
③ **검찰단계에서의 전환** : 검찰의 기소유예, 불기소처분, 약식명령청구, 선도조건부 기소유예 등이 있다.
④ **재판단계의 전환** : 선고유예, 집행유예, 약식명령 등이 있다.
⑤ **행형단계의 전환** : 가석방, 개방처우, 보호관찰, 주말구금, 휴일구금, 귀휴제 등이 있다(가장 넓은 의미의 다이버전이다).

10 비범죄화

1. 개념 및 의의
① 비범죄화는 범죄화에 대칭되는 말로서, 형법전에 범죄로 규정되어 있던 것을 폐지하여 범죄목록에서 삭제하는 것뿐만 아니라, 형사처벌을 하지 않거나 범위를 축소하는 것이다.
② 비범죄화는 과도한 형법의 확장에 대한 반성으로 실질적인 일반예방효과와 형벌구성요건을 최소한으로 제한시키기 위한 형법의 보충성을 강화시켜주는 수단이 된다.

2. 입법상의 비범죄화
① 법률의 폐지 또는 변경에 의하여 범죄였던 행위를 죄로 되지 않게 하는 경우이다.
② 과거에는 불법이었던 과외교습이 합법화된 것과 같이, 비범죄화와 동시에 해당 행위가 법적·사회적으로도 완전히 승인되는 경우이다.

③ 풍속범죄의 비범죄화와 같이 국가의 임무에 대한 인식변화와 인권신장이 일정한 행위양태에 대해 국가적 중립을 요구하는 경우이다.
④ 해당 행위의 가벌성이 법률적으로 여전히 인정되어 있음에도 형법 투입의 사회적 비용이 너무 높거나 형법 이외의 다른 사회통제수단이 규율에 더 적합한 것으로 판단되기 때문에 국가가 형법의 투입을 포기하는 경우의 비범죄화가 있다.

3. 수사(사실)상의 비범죄화
처벌법규는 존재하나 국가기관이 특정 행위를 범죄행위로 생각하지 않아 단속을 행하지 않는 경우이다. 대표적으로 검찰의 기소편의주의에 입각한 불기소처분이나 경찰의 무혐의처리에 의한 비범죄화가 있다.

4. 재판상의 비범죄화
판례의 변경을 통하여 과거에는 처벌되었던 행위를 더 이상 범죄로서 처벌하지 않는 사법상의 비범죄화를 말한다.

11 구금제도

1. 개념 및 의의
수형자를 교도소 내에 수용하여 사회생활로부터 격리하는 제도로서, 비교적 장기간에 걸친 신체의 자유에 대한 구속을 의미한다.

2. 구금제의 주요기능
구금제도는 범죄자를 사회로부터 격리하는 기능뿐만 아니라 수형자에 대한 개선·교화 및 사회복귀기능을 갖고 있는데, 오늘날은 후자가 강조되고 있다.

3. 전통적인 시설 내 구금방식
① **독거제(獨居制)** : 수형자를 교도소 내의 독방에 구금하여 수형자 간의 상호 면식·접촉을 방지하려는 제도이다.
  ㉠ 수용자 간의 통모 및 범죄학습을 방지하고, 동료수형자 간의 불량한 감염을 회피하여 전염병예방에 기여하며, 수용자 간의 갈등을 줄일 수 있고, 독거를 통한 반성의 기회를 제공하며, 개별처우에 유리하다.
  ㉡ 사회생활에 복귀할 수형자에게 공동생활의 훈련을 시킬 수 없고, 특히 수형자 자치제의 활용이 불가능하며, 또한 본질적으로 사회성을 갖는 인간을 고독상태에 둠으로써 구금자의 심리적·생리적 장애를 가져온다는 단점도 있다.
  ㉢ 감시에 불편하고 집단적인 교육·작업이 어려울 뿐만 아니라 국가재정의 부담이 크다.

② 혼거제(混居制) : 교도소 내의 동일한 방실에 다수의 수형자를 함께 수용하는 구금방식으로, 독거제와 달리 사회복귀에 적합한 사회성 배양에 중점을 둔다.
  ㉠ 독거제에 비해 관리가 편리하며, 건축비 및 인건비 등의 행형비용이 절감된다.
  ㉡ 수형자의 사회성 향상에 적합하며, 단체생활을 통한 사회적응훈련을 통해 사회복귀에 기여할 뿐만 아니라 고립으로 인한 정신적 장애를 방지할 수 있다.
  ㉢ 범죄적 악풍감염이 우려되며, 누범의 가능성과 수용자 개개인에 적합한 개별처우가 어렵다는 단점이 있다.
③ 오번제 : 독거제와 혼거제의 장점을 살리기 위한 제도로서, 수형자를 주간에는 엄중한 침묵을 지키게 하면서 혼거시켜 일정한 작업에 종사하게 하고, 야간에는 각자 독방에 수용하여 취침하게 하는 제도이다.
  ㉠ 독거제에 비해 인간적이며, 주간작업의 공동생활을 통해 정신적·육체적 장애를 일부 방지할 수 있다.
  ㉡ 공동작업으로 인해 개별처우와 위생 및 방역상에 어려움이 발생하며, 의사소통의 금지로 인해 사회성 훈련이 불완전하다는 단점이 있다.

4. 중간처우

① **광의의 중간처우** : 과잉구금·낙인 등 종래의 전통적인 구금방식인 시설 내 처우로는 사회적응에 한계가 있음을 감안하여 시설 내 처우를 사회화하는 방식으로서, 개방처우도 이에 포함한다.
② **협의의 중간처우** : 구금시설과 사회의 중간에 위치한 일정한 시설(중간시설)에 수형자를 수용하고, 사회 생활로의 적응훈련·직업원조 등의 특별한 처우를 행하여 사회복귀를 도모하려는 제도이다.

5. 개방처우

시설 내 처우에 기반을 두면서 기존시설을 활용하는 것을 개방처우라고 한다. 그러나 광의로는 중간시설을 이용하는 중간처우를 포괄하는 개념이다.
① **개방시설(개방교도소)** : 구금시설 자체의 폐쇄적 성격, 보안기능을 최소화한 시설을 말하는 것으로, '주벽·자물쇠·창살 또는 보안직원 등과 같은 물리적 수단에 의해 도주방지를 위한 보안이 갖추어지지 않은 교도소'라고 정의된다. 우리나라의 경우 천안 개방교도소가 대표적이다.

> **개방시설(Open institution)**
> 도주방지를 위한 통상적인 설비의 전부 또는 일부를 갖추지 아니하고 수형자의 자율적 활동이 가능하도록 통상적인 관리·감시의 전부 또는 일부를 하지 아니하는 교정시설을 말한다(형의 집행 및 수용자의 처우에 관한 법률 제57조 제2항 제1호).
>
> **개방처우의 장점**
> - 구금의 완화에 따른 수형자의 신체적·정신적 건강의 증진
> - 사회 내에서의 생활을 통해 사회복귀능력 향상(사회생활조건에의 접근)
> - 규율위반에 따른 처벌의 필요성 감소
> - 수형자와 직원 간의 신뢰감 증대에 의한 교정교육의 효율화
> - 비용절감 등 국가 재정적 이익

② 반자유 처우 : 수형자를 구금시설에 계속 구금하지 않고 일정한 시간대에만 시설 내에서 생활하게 하고 나머지 시간은 자유롭게 일반인과 사회생활을 영위하도록 하는 처우방안이다.
  ㉠ 외부통근제 : 행형 성적이 양호한 수형자를 주간에는 직원의 계호 없이 교정시설 외부의 공장이나 기업체에 통근시키며, 야간과 휴일에는 시설 내에 구금하는 제도이다. 수용자가 교정시설 외에서 작업을 할 때 교도관의 감시를 받지 않으며, 일이 끝나면 교정시설로 복귀한다는 특징을 가진다.
  ㉡ 주말구금제 : 평일에는 일반 사회인과 마찬가지로 일상생활을 영위하게 하고, 주말인 토요일 저녁부터 월요일 아침까지는 구금시설에 구금하는 형의 분할 집행방식으로, 재통합모델에 해당한다. 수형자의 주거나 직장에 근접한 장소에 구금시설을 설치하여야 하고, 이를 위한 소규모 시설의 대량 구비 및 주말근무 교정직원을 배치하여야 하는 등의 문제점이 있다.
  ㉢ 귀휴제 : 일정한 사유와 조건하에 기간과 행선지를 제한하여 수형자에게 외출·외박을 허가하는 제도이다. 형벌귀가제 또는 외박제라고도 한다.

교정처우(구금처우) 모델	
개선모델	• 수용자의 개선과 교화를 통하여 범죄를 방지하는 데 행형의 목적을 둔다. • 교육형사상이 그 바탕에 있으며, 이를 위해 교정시설에서는 교화처우 프로그램을 운영한다. • 다양한 교육과정 프로그램을 통해 수용자의 학습기회를 제공하면서 사회복귀능력을 향상시키며, 시민의식을 강화하는 효과가 있다.
의료모델 (치료모델)	• 수용자를 인격·사회성에 결함이 있는 환자라고 인식하고 수용자를 치료하는 데에 그 목적을 둔다. • 19세기 말 정신의학의 발달에 영향을 받아 발전되었으나, 수용자의 인권보장과 관련된 문제점들이 지적되면서 오늘날에는 후퇴하는 경향을 보이고 있다.
재통합모델 (사회복귀모델)	• 수용자의 사회복귀를 돕는 것을 목적으로 하며, 수용자의 주체성과 자율성을 인정하여 수용자의 동의와 참여하에 처우 프로그램을 결정하고 집행한다. • 수용자를 단순한 처우의 객체로 보지 않고, 교정관계자와 수용자가 상호신뢰에 입각하여 자발적으로 규율을 지키고 처우 프로그램에 참여함으로써 상호학습을 통한 영향력을 준다. • 교정시설에서의 생활환경을 사회의 시설 및 환경과 유사하도록 제공함으로써 출소 후 자연스럽게 생활에 복귀할 수 있도록 한다. • 교정시설 내 자율성 및 독립적인 생활 그리고 공동체 생활을 중요시한다.
사법모델 (공정·정의모델)	• 수용자 처우의 목적을 공정성의 확보 또는 사법적 정의의 확보에 둔다. • 개선모델이나 치료모델의 인권침해적 소지를 극복하고자 출발하였다. • 부정기형과 가석방형의 폐지, 미결구금기간의 형기산입, 수형자 자치제도의 도입 및 확대, 범죄자의 피해자에 대한 손해배상, 교도소 처우의 공개, 소규모 교도소 운영 등의 방안을 제시한다. • 지역사회의 자원 및 자본을 활용하여 범죄자를 교정하려는 정책을 취하는 '지역사회 교정처우'의 전략을 적극적으로 개발한다.

〈출처〉 허경미, 「범죄학」, 박영사, 2020, P. 447~448

6. 사회 내 처우

① 의의 : 사회 내 처우란 범죄자를 교정시설에 구금·수용하지 않고 사회 내에서 보호관찰관 등의 지도와 원호를 통하여 처우하는 제도를 말하며, 비시설 처우·사회 내 교정·지역사회교정·보호직 처우 등으로 부르기도 한다.

② 연혁 : 1841년 메사추세츠주가 범죄인의 사회복귀를 위한 보호관찰활동을 한 것을 계기로 보호관찰제도가 체계화되었다. 1978년 메사추세츠주는 최초로 보호관찰법을 제정하였는데, 이 법은 처음으로 보호관찰(Pro-bation)이라는 용어를 공식적으로 사용하였으며, 보호관찰제도의 대헌장(마그나카르타)이라고 불리고 있다.

③ 사회 내 처우의 유형 : 사회 내 처우제도에는 대표적으로 보호관찰제도·가석방제도·사회봉사명령제도·수강명령제도 등이 있으며, 이러한 제도들은 독립적으로 작용하기도 하지만 대부분 상호보완적으로 작용하고 있다.

④ 사회 내 처우의 장·단점

장 점	• 수형자의 악풍감염을 해소한다. • 수형자의 사회적응을 쉽게 하여 자유형의 부수적인 폐해를 막을 수 있다. • 형사처벌이 부적당한 자에 대한 효과적인 대안이다. • 교정시설의 비용 절약, 사법기관의 형사처리의 감소로 시설의 과밀수용을 예방한다.
단 점	• 범죄자를 사회에 방출하므로 사회방위의 문제점과 함께 지역사회의 반발을 가져올 수 있다. • 범죄인에 대한 불공정한 처우를 초래할 수 있다. • 새로운 처우제도의 실현에 의해 형사사법망이 확대·강화·다양화되는 문제점이 있다.

12 현행 우리나라의 구금제도

1. 시설 내 구금

① 독거수용(獨居收容)의 원칙 : 현행 형의 집행 및 수용자의 처우에 관한 법률에 의하면 수용자는 독거수용을 원칙으로 하고, 필요한 경우에 혼거수용을 할 수 있다고 규정하고 있다. 그러나 현실적으로는 교도시설의 부족과 비용적 측면에서 혼거수용이 일반적으로 행해진다.

> **독거수용(형집행법 제14조)**
> 수용자는 독거수용한다. 다만, 다음 각호의 어느 하나에 해당하는 사유가 있으면 혼거수용할 수 있다.
>   1. 독거실 부족 등 시설여건이 충분하지 아니한 때
>   2. 수용자의 생명 또는 신체의 보호, 정서적 안정을 위하여 필요한 때
>   3. 수형자의 교화 또는 건전한 사회복귀를 위하여 필요한 때

② 혼거수용(混居收容) : 재소자의 격증과 국가재정의 측면을 고려하여 혼거수용이 거의 행형의 실무상 원칙이 되고 있다. 혼거수용은 요양 기타 부득이한 사유가 있는 경우를 제외하고는 3인 이상의 자를 수용하는 것을 기준으로 한다.

2. 귀휴제(歸休制)

① 「형의 집행 및 수용자의 처우에 관한 법률」이 실시하고 있는 귀휴제는 행형성적이 우수한 수형자를 일정기간 가정이나 사회에 보내어 가사를 돌보거나 출소 후 직장문제를 해결하도록 하는 등 장기간 수형생활로 단절된 사회사정을 접할 수 있는 기회를 줌으로써 사회적응을 보다 용이하게 하는 제도이다.

② **일반귀휴** : 소장은 6개월 이상 형을 집행받은 수형자로서 그 형기의 3분의 1(21년 이상의 유기형 또는 무기형의 경우에는 7년)이 지나고 교정성적이 우수한 사람이 다음의 어느 하나에 해당하면 1년 중 20일 이내의 귀휴를 허가할 수 있다(형집행법 제77조 제1항).
  ㉠ 가족 또는 배우자의 직계존속이 위독한 때(제1호)
  ㉡ 질병이나 사고로 외부의료시설에의 입원이 필요한 때(제2호)
  ㉢ 천재지변이나 그 밖의 재해로 가족, 배우자의 직계존속 또는 수형자 본인에게 회복할 수 없는 중대한 재산상의 손해가 발생하였거나 발생할 우려가 있는 때(제3호)
  ㉣ 그 밖에 교화 또는 건전한 사회복귀를 위하여 법무부령으로 정하는 사유가 있는 때(제4호)

> **법무부령으로 정하는 귀휴사유(형집행법 시행규칙 제129조 제3항)**
> 귀휴사유는 다음 각호와 같다.
>   1. 직계존속, 배우자, 배우자의 직계존속 또는 본인의 회갑일이나 고희일인 때
>   2. 본인 또는 형제자매의 혼례가 있는 때
>   3. 직계비속이 입대하거나 해외유학을 위하여 출국하게 된 때
>   4. 직업훈련을 위하여 필요한 때
>   5. 「숙련기술장려법」 제20조 제2항에 따른 국내기능경기대회의 준비 및 참가를 위하여 필요한 때
>   6. 출소 전 취업 또는 창업 등 사회복귀 준비를 위하여 필요한 때
>   7. 입학식·졸업식 또는 시상식에 참석하기 위하여 필요한 때
>   8. 출석수업을 위하여 필요한 때
>   9. 각종 시험에 응시하기 위하여 필요한 때
>   10. 그 밖에 가족과의 유대강화 또는 사회적응능력 향상을 위하여 특히 필요한 때

③ **특별귀휴** : 소장은 다음의 어느 하나에 해당하는 사유가 있는 수형자에 대하여는 ②에도 불구하고 5일 이내의 특별귀휴를 허가할 수 있다(형집행법 제77조 제2항).
  ㉠ 가족 또는 배우자의 직계존속이 사망한 때(제1호)
  ㉡ 직계비속의 혼례가 있는 때(제2호)
  ※ 일반귀휴 및 특별귀휴 기간은 모두 형 집행기간에 포함한다(형집행법 제77조 제4항).

시대에듀 경비지도사 독자지원 네이버카페

경비지도사 독자지원카페

https://cafe.naver.com/sdsi

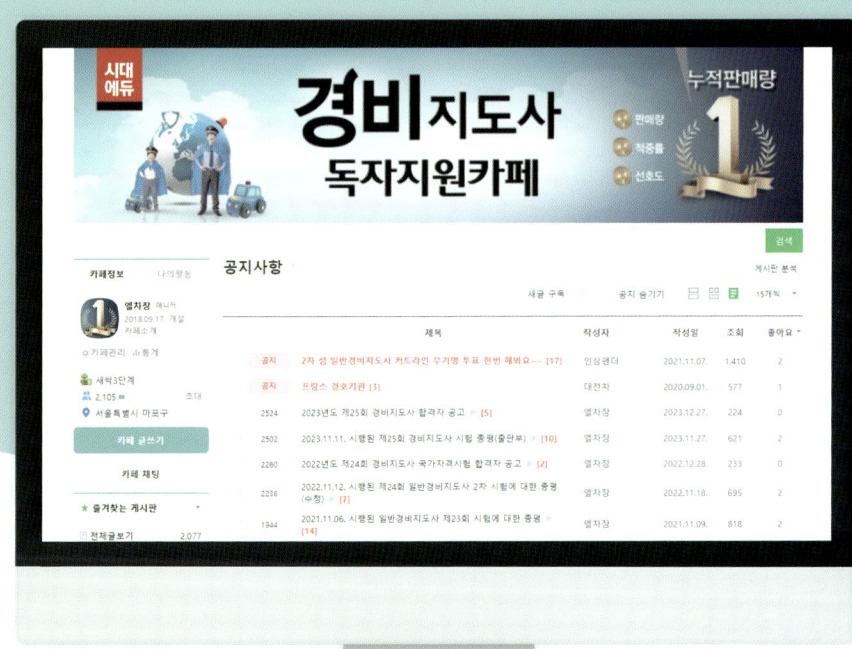

혜택 1
정상급 교수진의 명품강의!
시대에듀가 독자님의 학습을
지원해드립니다.

- 시험/자격정보
- 출제경향 및 합격전략
- 무료 기출문제 해설 특강(회원가입 필요)

혜택 2
시대에듀 경비지도사 편집팀이
독자님과 함께 소통하며 궁금증을
해결해드리겠습니다.

- 과목별 독자문의 Q&A
- 핵심요약/정리자료
- 과년도 기출문제
- 최신 법령정보
- 도서 정오표/추록
- DAILY TEST

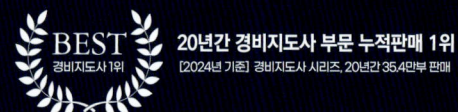

20년간 경비지도사 부문 누적판매 1위
[2024년 기준] 경비지도사 시리즈, 20년간 35.4만부 판매

A SUCCESSFUL PROJECT

경비지도사
범죄학
2차 [일반경비]

2025~2026
A SUCCESSFUL PROJECT

PROJECT

2025~2026년 시험 대비
출제경향 분석 수록

최신 개정법령 완벽 반영

경비지도사
범죄학
2차 [일반경비]
문제편

20년간 경비지도사 부문
누적 판매량 **1위**

시대에듀

시대에듀 최강교수진!

합격에 최적화된 수험서와 최고 교수진의 名品 강의를 확인하세요!

시대에듀만의 경비지도사 수강혜택

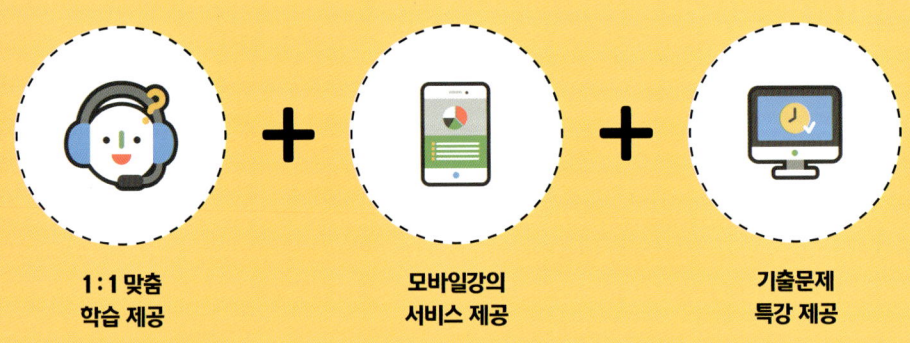

1:1 맞춤 학습 제공 + 모바일강의 서비스 제공 + 기출문제 특강 제공

한눈에 보이는 경비지도사 동영상 합격 커리큘럼

1차	
기본이론	과목별 필수개념 수립
문제풀이	예상문제를 통한 실력 강화
모의고사	동형 모의고사로 실력 점검
기출특강	기출문제를 통한 유형 파악
마무리특강	시험 전 최종 마무리

2차	
기본이론	과목별 필수개념 수립
문제풀이	예상문제를 통한 실력 강화
모의고사	동형 모의고사로 실력 점검
기출특강	기출문제를 통한 유형 파악
마무리특강	시험 전 최종 마무리

※ 과정별 커리큘럼 및 강사진은 내부사정에 따라 변경될 수 있습니다.

범죄학

심화문제

CHAPTER 01 범죄학 일반

CHAPTER 02 생물학적 범죄원인

CHAPTER 03 심리학적 범죄원인

CHAPTER 04 사회학적 범죄원인

CHAPTER 05 범죄유형론

CHAPTER 06 범죄대책론

1 범 죄

01 범죄의 의의
02 범죄의 정의
03 범죄의 성립요건
04 범죄의 효과

2 범죄학의 연구

01 범죄학의 의의
02 범죄학의 역사
03 범죄학 연구의 목적과 범위
04 범죄학 연구의 필요성(목적)
05 규범학적 연구방법
06 사실학적 연구방법

3 범죄의 파악

01 공식범죄통계자료
02 암수범죄
03 암수조사

4 범죄의 사회인구학적 특성

01 성별(Gender)과 범죄
02 연령과 범죄
03 계층과 범죄
04 가정과 범죄
05 경제와 범죄
06 매스컴과 범죄

5 범죄원인론 일반

01 범죄원인론과 범죄이론의 관계
02 고전주의 범죄학이론
03 실증주의 범죄학이론

CHAPTER 01

범죄학 일반

CHAPTER 01 범죄학 일반

1 범 죄

01 CHECK ○△×

범죄를 바라보는 3가지 관점이 아닌 것은? 기출 23

① 갈등론적 관점
② 합의론적 관점
③ 상호작용론적 관점
④ 방위론적 관점

해설

범죄학에서 범죄를 바라보는 관점은 크게 합의론적 관점, 갈등론적 관점, 상호작용론적 관점으로 나눌 수 있다.

답 ④

02 CHECK ○△×

합의론적 관점의 범죄에 관한 설명으로 옳은 것은? 기출 21

① 대다수의 사람들이 동의한 사회의 일반적 가치에 반하는 행위이다.
② 사회구성원들이 부정적으로 낙인을 찍은 행위이다.
③ 경제적 지배집단의 지위를 보호하기 위해 규정한 행위이다.
④ 정치적 권력을 가진 사람들의 이해관계를 반영한 행위이다.

해설

합의론적 관점에서 범죄란, 대다수의 사람들이 동의한 사회의 일반적 가치에 반하는 행위를 말한다.

핵심만콕	법과 범죄를 바라보는 관점
합의론적 관점	• 법은 우리 사회의 가치·신념·의견 등에 대해서 일반적으로 합의된 행위규범을 반영한 것이다. • 법률은 사회질서 유지에 긍정적인 기능을 한다. • 범죄는 이러한 법률의 위반인 동시에 사회의 전체 요소에 모순되는 행위로 규정된다.
갈등론적 관점	• 법은 지배층이 자신들의 이익과 기득권을 보호하기 위한 수단으로 만들어낸 것이다. • 범죄는 피지배집단을 대상으로 지배집단의 부와 권력, 권한을 보호하기 위해 생겨난 것이다. • 범죄는 법률적이라기보다는 사회경제적·정치적 색채가 강하다.
상호작용론적 관점	• 범죄는 어떤 행위를 사회가 낙인찍기 때문에 성립한다. • 권력이 있는 사람들에게 유리하도록 기준이 만들어지며, 범죄는 그 기준에 의하여 규정된다. • 범죄 또는 범죄적 상황은 권력집단의 도덕적 기준에 따라 변화한다.

답 ①

03

법과 범죄에 관한 상호작용론적 관점은? 기출 20

① 권력집단이 기득권 강화를 위해 법률과 사법제도를 이용한다.
② 법률은 사회 주류의 가치 및 신념을 반영하여 제정된다.
③ 법률이 사회질서 유지에 긍정적인 기능을 한다.
④ 범죄자는 사회적 규범을 위반하여 일탈자로 낙인찍힌 사람들이다.

해설

상호작용론적 관점에 따르면 범죄란 사회권력을 가진 사람들의 선호 내지는 견해를 반영하는 것이며, 범죄자는 사회적 규범을 위반하여 일탈자로 낙인찍힌 사람들을 말한다.

답 ④

04

범죄를 바라보는 갈등론적 관점에 관한 설명으로 옳은 것을 모두 고른 것은? 기출 19

ㄱ. 범죄는 피지배집단을 대상으로 지배집단의 권한을 보호하기 위해 고안된 것이다.
ㄴ. 범죄는 기득권층의 부와 권력을 지키기 위해서 생겨난 것이다.
ㄷ. 범죄는 대다수 사람들이 동의한 사회일반의 가치와 신념 등에 반하는 행위이다.

① ㄱ
② ㄱ, ㄴ
③ ㄱ, ㄷ
④ ㄴ, ㄷ

해설

갈등론적 관점에 대한 설명은 ㄱ·ㄴ이며, ㄷ은 합의론적 관점에 대한 설명이다.

답 ②

05

다음이 설명하는 범죄와 법에 대한 시각은? 기출 24

> ○ 불법 행위에 대한 사회구성원 대다수의 동의가 있다.
> ○ 법은 모든 시민에게 동등하게 적용된다.

① 갈등적 시각
② 합의적 시각
③ 도덕적 시각
④ 상호작용주의적 시각

해설

합의적 시각(합의론적 관점)은 법은 우리 사회의 가치·신념·의견 등에 대해서 일반적으로 합의된 행위규범을 반영한 것이라고 보는 시각이다. 법은 모든 시민하게 동등하게 적용되며, 사회질서 유지에 긍정적인 기능을 한다.

답 ②

06

다음이 설명하는 법적 질서와 범죄에 대한 관점은? 기출 17

> • 법이 범죄를 정의
> • 불법행위에 대한 일반적 동의
> • 법은 평등하게 적용

① 합의론적 관점
② 갈등론적 관점
③ 상호작용론적 관점
④ 비판론적 관점

해설

제시된 지문은 법적 질서와 범죄에 대한 합의론적 관점에 해당한다.

핵심만콕

② 갈등론적 관점에서는 지배층이 자신들의 이익과 기득권을 보호하기 위한 수단으로 법을 만들어 냈다고 보고, 이를 위해 법률과 형사사법시스템을 이용한다고 주장하며, 범죄는 지배집단의 지위와 권한을 보호하기 위해 고안된 정치적 개념으로 파악하고 있다.
③ 상호작용론적 관점에서는 낙인이론의 관점에서 범죄의 개념을 파악하고 있다. 범죄는 어떠한 객관적 기준에 의한 것이 아닌 임의적인 것으로써 대체로 권력이 있는 사람들에게 유리하도록 기준을 만들고 그 기준에 의하여 범죄를 규정한다. 따라서 '범죄' 또는 '범죄적 상황'은 권력집단의 도덕적 기준에 필연적으로 영향을 받을 수밖에 없게 되며, 이에 따라 얼마든지 변할 수 있다고 본다.

답 ①

07

법과 범죄에 관한 상호작용론적 관점에 해당하는 것은? 기출 18

① 법은 지배계급의 도구이다.
② 법은 하류층을 통제하기 위해 사용된다.
③ 어떤 행위를 사회가 낙인찍기 때문에 범죄가 된다.
④ 범죄는 정치적으로 정의되는 개념이다.

해설

①·②·④는 갈등론적 관점에 해당한다.

> **핵심만콕   상호작용론적 관점**
>
> - 범죄란 사회권력을 가진 사람들의 선호 내지는 견해를 반영하는 것으로, 범죄자는 사회적 규범을 위반하여 일탈자로 낙인찍힌 사람들을 말한다. 즉, 낙인이론의 관점에서 범죄의 개념을 파악하고 있다.
> - 범죄는 어떠한 객관적 기준에 의한 것이 아닌 임의적인 것으로써 대체로 권력이 있는 사람들에게 유리하도록 기준을 만들고 그 기준에 의하여 범죄를 규정하므로, '범죄' 또는 '범죄적 상황'은 권력집단의 도덕적 기준에 필연적으로 영향을 받을 수밖에 없게 되며, 이에 따라 얼마든지 변할 수 있다.

답 ③

08

범죄학자들은 법과 범죄를 바라보는 다양한 관점을 가지고 있다. 다음 설명 중 옳지 않은 것은?

기출 16

① 합의론적 관점은 법률이 사회 주류의 가치, 신념, 의견을 반영하여 제정된다고 주장한다.
② 구조기능론적 관점은 법률이 사회질서 유지에 긍정적인 기능을 한다고 주장한다.
③ 갈등론적 관점은 권력집단이 기득권 강화를 위해 법률과 형사사법시스템을 이용한다고 주장한다.
④ 상호작용론적 관점은 범죄의 정의가 권력집단의 도덕적 기준에 따라 변화하지 않는다고 주장한다.

해설

상호작용론적 관점에서의 범죄의 정의는 어떠한 객관적 기준에 의한 것이 아닌 임의적인 것으로, 대체로 권력이 있는 사람들에게 유리하도록 기준을 만들고 그 기준에 의하여 '범죄'를 규정한다. 때문에 '범죄' 또는 '범죄적 상황'은 권력집단의 도덕적 기준에 필연적으로 영향을 받을 수밖에 없게 되며, 이에 따라 얼마든지 변화할 수 있다는 것이다.

답 ④

09

"법률이 없으면 범죄도 없고 형벌도 없다"라는 주장에 해당하는 범죄의 개념은? 기출 14·08

① 실질적 의미의 범죄
② 형식적 의미의 범죄
③ 절대적 의미의 범죄
④ 자연적 의미의 범죄

해설

"법률이 없으면 범죄도 없고 형벌도 없다"라는 주장은 형벌법규에 의하여 형벌이 부과되는 행위를 범죄로 파악하는 견해로, 어떠한 행위가 범죄로써 처벌되기 위해서는 법률의 규정에 의하여 그 행위가 처벌될 것이 규정되어야 한다는 형식적 의미의 범죄의 개념이다.

답 ②

10

범죄와 일탈에 관한 설명으로 옳지 않은 것은? 기출 10

① 실질적 의미의 범죄는 범죄의 실질을 가지는 반사회적 행위이다.
② 형식적 의미의 범죄는 형법상 범죄구성요건으로 규정된 행위이다.
③ 범죄행동에 관한 규정은 시간과 공간에 따라 변할 수 있다.
④ 일탈의 범주 안에 범죄가 포함되지만, 범죄의 범주 안에 일탈은 포함되지 않는다.

해설

일탈은 범죄보다 훨씬 포괄적인 개념이며, 범죄적인 행동이란 한 사회를 유지하려는 고도의 정치적인 계산에서 만들어진 법체계하에서 일탈이라고 규정된 행동이다.

〈출처〉 허경미, 「범죄학」, 박영사, 2020, P. 8

핵심만콕

① 실질적 의미의 범죄란 법 규정과는 관계없이 범죄의 실질을 가지는 반사회적인 법익침해행위라고 정의할 수 있다.
② 법적 개념으로서의 범죄란 형법상 범죄구성요건으로 규정된 행위(절도, 사기, 살인 등)를 의미한다. 법적 개념으로서 범죄를 파악하게 되면 이는 형법규범의 위반행위를 의미하며 규범 종속적 개념이 된다. 이러한 의미의 범죄개념을 형식적 의미 혹은 형법적 의미의 범죄개념이라고도 부른다.
③ 형사정책의 대상으로 실질적 의미의 범죄개념을 포함하여야 하는 이유는 범죄개념에는 시간적·공간적 상대성과 가변성이 있기 때문이다. (중략) 형사정책의 중요한 목표의 하나는 현행법상 가벌화되지 않은 반사회적 행위를 신범죄화하는 것과 사회의 변화에 따라 더 이상 처벌할 필요가 없는 행위에 대하여 비범죄화하는 것이다.

〈출처〉 박상기 외 2인, 「형사정책」, 한국형사정책연구원, 2021, P. 7~8

답 ④

11

범죄와 일탈에 관한 설명으로 적절하지 않은 것은? 기출 09

① 일탈행위는 사회적 규범에서 벗어난 행위이다.
② 일탈행위가 모두 범죄인 것은 아니다.
③ 한 사회에서 일탈행위는 다른 사회에서도 일탈행위이다.
④ 형식적 의미의 범죄는 법을 위반한 행위이다.

해설

각각의 사회문화와 전통 등에 따라 일탈에 대한 인식이 다를 수 있다. 예를 들어, 한국에서 시신을 해체하여 새에게 먹이면 사체를 훼손한 혐의로 형법상 저촉되지만, 티베트에서는 전통적인 장례방식으로 인정된다.

답 ③

12

사형집행인은 사람을 죽이더라도 범죄가 되지 않는다. 이것은 범죄의 성립조건 중 무엇이 조각되었기 때문인가?

① 구성요건 해당성
② 위법성
③ 책임성
④ 범죄성

해설

위법성이란 좁게는 법규에 위배되고, 넓게는 사회상규에 위배되는 것을 의미한다. 예컨대, 사형집행인이 사형수를 죽이더라도 이는 법령에 의한 행위로서 정당행위에 해당하고, 정당행위는 위법성조각사유에 해당한다(형법 제20조). 정당행위에는 이 밖에도 의사의 치료행위 등 업무로 인한 행위나 기타 사회상규에 위배되지 아니하는 행위가 있다.

답 ②

13

법률적으로 범죄가 성립하기 위한 요건이 아닌 것은? 기출 15

① 책임성
② 위법성
③ 문화성
④ 구성요건 해당성

해설

범죄는 구성요건에 해당하고 위법하며 책임이 있어야 성립한다.

답 ③

14

범죄가 성립하는 법적 요건으로 옳지 않은 것은? 기출 21

① 도덕성
② 구성요건 해당성
③ 위법성
④ 책임성

해설

범죄는 구성요건에 해당하고, 위법하며, 책임이 있어야 성립한다.

핵심만콕	범죄의 성립요건
구성요건 해당성	• 구성요건이란 형벌법규에 금지되어 있는 행위가 무엇인가를 구체적으로 규정해 놓은 것을 말한다. • 범죄가 되려면 인간의 행위가 형법 등에서 금지한 행위에 해당하여야 한다. 예 사람을 살해한 자는 사형, 무기 또는 5년 이상의 징역에 처한다(형법 제250조 제1항)는 살인죄 규정은 살인행위의 금지규범이며, 이에 위반한 행위는 구성요건에 해당하는 것이다.
위법성	• 위법성이란 좁게는 법규에 위배되고, 넓게는 사회상규에 위배되는 것을 의미한다. • 위법성이 없는 행위는 구성요건에 해당하더라도 범죄가 성립하지 아니한다. 예 사형집행인은 사람을 죽이더라도 범죄가 성립하지 아니하고, 정당방위로 사람을 죽인 경우에도 범죄가 성립하지 아니한다.
책임성	책임성이란 행위자에 대한 비난 가능성을 말한다. 예 사람을 죽인 자가 정신이상자이거나 14세 미만의 형사책임이 없는 자인 경우에는 범죄가 성립하지 아니한다.

답 ①

15

범죄의 부정적 효과에 해당하지 않는 것은?

① 사회질서의 붕괴현상을 초래한다.
② 사회생활을 유지하는 데 필요한 사람들 간의 신뢰감을 저하시킨다.
③ 범죄행위가 증가하면 법을 준수하고자 하는 동기 또는 의지를 약화시킨다.
④ 사회현상이나 사회조직의 결함을 알 수 없게 만든다.

해설

범죄는 사회현상이나 사회조직의 결함을 미리 알려준다(범죄의 긍정적 효과).

답 ④

2 범죄학의 연구

16

범죄학에 관한 설명으로 옳지 않은 것은? 기출 21

① 범죄행위와 사회의 반응에 관한 과학적 접근이다.
② 범죄를 사회적인 현상으로 간주하는 지식체계이다.
③ 융합학문적인 성격을 가지고 있다.
④ 범죄학에 관한 학자들 사이의 통일된 정의가 있다.

해설
범죄학은 연구영역의 다변화로 인해 일원적이고 통일적인 정의를 내리기가 어렵다.

핵심만콕
울프강 등은 "범죄학이란 범죄, 범죄자, 범죄적 행위에 대한 과학적 연구이다"라고 주장하였으며, 바톨라스 등 역시 "범죄학이란 범죄에 대한 과학적 연구"라고 정함으로써 범죄학의 과학적인 검증을 강조하였다. 한편 서덜랜드와 크레시의 범죄학의 정의는 다음과 같다. "범죄학이란 범죄를 사회적인 현상으로 간주하는 지식체계이다. 범죄학의 연구범주에는 법 제정의 과정, 제정된 법의 위반과정, 법 위반행위에 대한 대응과정 등이 포함된다. 범죄학의 궁극적인 목적은 이러한 법, 범죄, 범죄에 대한 조치와 관련된 여러 가지 과정들에 대한 일반적이고 신뢰할 수 있는 원칙들을 확립하는 데 있다." (중략) 범죄학연구에 있어서 또 하나의 중요한 사실은 범죄학이 융합학문적 성격을 갖는 점이다. 즉 일반사회학, 형사정책, 정치학, 심리학, 경제학, 자연과학 등 다양한 학문적 지식들이 범죄학 연구의 기초지식으로 활용되고 있다.

〈출처〉 허경미, 「범죄학」, 박영사, 2020, P. 3~4

답 ④

17

범죄학의 특성에 관한 설명으로 옳은 것은? 기출 23

① 범죄학의 접근방법은 사회학적 관점으로 고착되었다.
② 범죄의 원인은 생물학적 원인만 있다.
③ 다학제(multidisciplinary)적 성격을 갖고 있다.
④ 범죄학 이론에 대한 학자들의 견해는 모두 동일하다.

해설
범죄학은 사회학·의학·심리학 등 다양한 학문분야가 자신의 학문적 관점에서 독립적으로 관계하는 복수의 학제와 더불어 공동으로 관계하는 종합과학적 특성을 가지고 있다.
① 범죄학은 사회학적 연구가 그 주류를 이루고 있으나, 다양한 학문분야가 관계하는 종합과학적 특성을 가지고 있다.
② 범죄의 원인은 생물학적 원인만 있는 것이 아니라 심리학적, 사회학적, 환경적 원인 등으로 다양한 관점에서 범죄원인을 연구하고 있다.
④ 범죄학 이론에 대한 학자들의 견해는 바라보는 관점에 따라 다양하다.

 ③

18

범죄학의 학문적 특성에 관한 설명으로 옳지 않은 것은? 기출 20

① 범죄현상에 대해서 다양한 해석이 가능하다.
② 학제 간 연구가 이루어질 수 있다.
③ 종합과학적 성격을 가지고 있다.
④ 범죄학에 대한 정의는 명확하고 통일되어 있다.

해설

범죄학은 그 특성상 명확하고 통일된 정의를 내리기가 어렵다.

> **핵심만콕**
>
> 범죄학은 연구영역의 다변화로 일원적이고 통일적인 정의를 내리기가 어렵다. 일반적으로 정의를 내리면 범죄학이란 범죄와 범죄자, 사회적 일탈행위 및 이에 대한 통제방법을 연구하는 경험과학 혹은 규범학이 아닌 사실학의 총체를 의미한다.
> 〈출처〉 박상기 외 2인, 「형사정책」, 한국형사정책연구원, 2021, P. 3

답 ④

19

범죄학의 특성에 관한 설명으로 옳지 않은 것은? 기출 24

① 범죄행위를 연구하는 과학적 접근법이다.
② 다학제적 성격을 가지고 있다.
③ 주로 사용하는 연구방법은 고전적 실험이다.
④ 범죄를 사회현상으로 간주하는 지식체계이다.

해설

범죄학은 주로 사회학적 연구가 그 주류를 이루고 있으나, 다양한 학문분야가 관계하는 종합과학적 특성을 가지고 있어 사회과학 분야에서 활용되는 통계분석, 실험연구, 관찰연구, 시계열분석, 내용분석 등 다양한 연구기법을 활용한다.

답 ③

20

범죄학의 정의와 특성에 관한 설명으로 옳지 않은 것은? 기출 18

① 범죄학에 대한 정의는 명확하고 통일되어 있다.
② 범죄행위를 연구하는 과학적 접근법이다.
③ 학제 간 연구의 성격을 갖고 있다.
④ 하나의 범죄행위에 대해 다양한 해석이 가능하다.

해설

범죄학에 대한 정의는 학자별로 다소 차이가 있다.

핵심만콕 범죄학에 대한 학자별 정의

가로팔로	범죄학을 범죄의 현상과 원인을 연구하는 사실학으로 보았을 뿐만 아니라, 자연범의 개념을 인정하여 범죄학을 국가마다 다른 법체계로부터 독립시켰다.
서덜랜드	범죄의 현상과 원인뿐 아니라 법제정・법위반 및 그 위반에 대한 반응과정까지 포함하였다.

답 ①

21

범죄학에 관한 설명으로 옳지 않은 것은? 기출 17

① 종합과학적 성격
② 규범학적 성격
③ 범죄원인 분석
④ 범죄를 사회현상으로 간주하는 지식체계

해설

범죄학은 일반적으로 범죄와 범죄자, 사회적 일탈행위 및 이에 대한 통제 방법을 연구하는 경험과학이라고 보며, 규범학이 아닌 총체적 학문을 의미한다.

핵심만콕

① 범죄학은 다양한 학문분야가 자신의 학문적 관점에서 독립적으로 관계하는 복수의 학제로 그리고 때로는 이들 복수의 학제가 공동으로 관계하는 종합과학적 특성을 가지고 있다.
③ 광의로 파악하여 범죄원인론, 범죄예방방법론, 범죄대책, 형사법뿐만 아니라 범죄와 관련된 일체의 학문으로 이해하기도 한다.
④ 범죄학에 대해서 서덜랜드(Sutherland)는 범죄학은 사회현상으로서 간주하는 범죄에 대한 지식의 총합체라고 정의한다.

답 ②

22

범죄학의 학문적 특성으로 옳지 않은 것은? 기출 22

① 범죄현상에 대한 다양한 해석이 가능하다.
② 인접학문의 도움 없이 독자적으로 범죄원인을 분석한다.
③ 범죄행위를 연구하는 과학적 접근법이다.
④ 비행과 범죄에 대한 지식의 총체이다.

해설
범죄학은 사회학·의학·심리학 등 다양한 학문분야가 자신의 학문적 관점에서 독립적으로 관계하는 복수의 학제이면서 공동으로 관계하는 종합과학적 특성을 가지고 있다.

답 ②

23

범죄학의 특성에 관한 설명으로 옳지 않은 것은? 기출 19

① 연구범위는 범죄행위와 그에 대한 사회의 반응과정이 포함된다.
② 다학제적 성격을 갖고 있다.
③ 사회현상으로서의 비행과 범죄에 대한 지식의 총체를 의미한다.
④ 범죄학의 접근방법은 사회학적 관점으로 고착되었다.

해설
범죄학은 사회학적 연구가 그 주류를 이루고 있으나, 다양한 학문분야가 관계하는 종합과학적 특성을 가지고 있다.

핵심만콕

사회학이 범죄학 연구의 선두주자로 인식되어 왔지만 생물학자와 의학자들은 범법행위를 유발하는 것으로 여겨지는 특성을 구분하기 위하여 범법자의 신체적 특성을 연구해 왔으며, 심리학자와 다른 정신건강 분야의 전문가들은 폭력행위를 유발하는 것으로 생각되는 정신적 과정에, 역사학자나 정치경제학자들은 법의 역사나 범죄개념의 진화 등에 초점을 두고 연구해 왔다. (중략) 그러나 범죄학연구의 주류를 이루는 것은 사회학적 연구이며, 이들 다양한 학문분야의 어느 하나가 범죄학분야를 지배하고 있지는 않다. 따라서 범죄학은 다양한 학문분야가 자신의 학문적 관점에서 독립적으로 관계하는 복수의 학제로 그리고 때로는 이들 복수의 학제가 공동으로 관계하는 종합과학적 특성을 가지고 있다.

〈출처〉 이윤호, 「범죄학」, 박영사, 2019, P.11

답 ④

24

CHECK ○△✕

서덜랜드와 크레시(Sutherland & Cressey)의 범죄학 개념 정의에 비추어 범죄학자들의 주요 관심영역에 포함되지 않는 것은? 기출 11

① 형사법의 제정과 집행
② 범죄행동의 원인 규명
③ 범죄행동 통제를 위한 방법
④ 과학적 연구방법의 배제

해설

범죄원인에 대한 실증주의적 관점에 따라 범죄학자들은 객관적인 연구방법, 즉 사회과학 분야에서 활용되는 통계분석, 실험연구 등 다양한 연구기법을 활용한다.

> **핵심만콕 서덜랜드와 크레시의 범죄학의 정의**
>
> "범죄학이란 범죄를 사회적인 현상으로 간주하는 지식체계이다. 범죄학의 연구범주에는 법 제정의 과정, 제정된 법의 위반과정, 법 위반행위에 대한 대응과정 등이 포함된다. 범죄학의 궁극적인 목적은 이러한 법, 범죄, 범죄에 대한 조치와 관련된 여러 가지 과정들에 대한 일반적이고 신뢰할 수 있는 원칙들을 확립하는 데 있다."
> - 서덜랜드와 크레시의 범죄학에 대한 정의는 범죄학자들이 가장 관심을 가지는 분야, 즉 형사법의 발전과 더불어 법규범 내에서의 범죄의 의미, 법규 위반의 이유, 범죄행위를 통제하기 위한 수단 등이 포함되어 있다.
> - 서덜랜드와 크레시는 범죄학에 대한 정의를 하면서 '신뢰성 있는 원칙'이라는 개념을 사용함으로써 범죄학 연구의 실증주의적 방법론의 도입을 주장하였다는 점을 주목하여야 한다.
>
> 〈출처〉 허경미, 「범죄학」, 박영사, 2020, P. 3~4

답 ④

25

CHECK ○△✕

서덜랜드와 크레시(Sutherland & Cressey)가 정의한 범죄학 연구범위가 아닌 것은? 기출 22

① 범죄량과 분포
② 법의 제정과정
③ 법의 위반과정
④ 법위반에 대한 대응과정

해설

서덜랜드와 크레시(Sutherland & Cressey)는 범죄학은 "법의 제정과정과 범법의 과정 및 범법에 대한 반응"을 연구의 대상으로 한다고 하였다. 기본스(Gibbons)는 범죄학을 형법의 제정과정과 범법행위에 대한 대응체제인 형사사법제도, 법의 기원, 범죄량과 그 분포, 범죄의 원인을 연구하는 학문이라고 정의하였다.

답 ①

26

다음과 같이 범죄학을 정의한 학자는? 기출 16

> 범죄학이란 범죄를 사회적인 현상으로 간주하는 지식체계이다. 범죄학의 연구범주에는 법의 제정과정, 제정된 법의 위반과정, 법의 위반행위에 대한 대응과정 등이 포함된다.

① 롬브로소(Lombroso)
② 고링(Goring)
③ 반두라(Bandura)
④ 서덜랜드(Sutherland)

해설
제시된 지문은 범죄학에 대한 서덜랜드(Sutherland)의 정의이다.

핵심만콕 범죄학에 대한 서덜랜드(Sutherland)의 정의
- 범죄학은 범죄를 사회현상으로서 간주하는 범죄에 대한 지식의 총합체이다.
- 범죄학의 연구 범주에는 입법과정, 법의 위반과정, 그리고 법의 위반행위에 대한 반응과정이 포함된다.
- 범죄학의 목적은 법, 범죄, 그리고 범죄자의 처우에 관한 보편적이고도 유효한 원칙들과 이 과정에 있어 서로 다르지만 관련된 많은 지식들을 발전시켜 나가는 데 있다.

답 ④

27

서덜랜드와 크레시(Sutherland & Cressey)가 주장한 범죄학 정의가 아닌 것은? 기출 23

① 범죄자는 격세유전에 의해 출현한다.
② 범죄를 사회적 현상으로 간주하는 지식체계이다.
③ 범죄학의 연구영역은 법 제정의 과정, 제정된 법의 위반과정, 법 위반행위에 대한 대응과정 등이 포함된다.
④ 법, 범죄, 처우의 과정에 대한 신뢰와 확립이 목적이다.

해설
롬브로소는 생래적 범죄인은 격세유전에 의해 원시시대의 야수성이 발현된 것으로 보고, 범죄의 원인을 유전에 의한 소질로 파악하였다.

답 ①

28

범죄학 연구에 관한 설명으로 옳지 않은 것은? 기출 15

① 범죄의 현상·원인·예방이 연구범위에 포함된다.
② 범죄에 대한 대응은 연구범위에서 제외한다.
③ 계량적 연구가 가능하다.
④ 사회과학적 연구방법이 보편적으로 활용될 수 있다.

해설

형사법의 입법과정과 이에 대한 법률위반 및 사법기관의 대응 등도 범죄학의 연구대상이 된다.

핵심만콕

- 서덜랜드와 크레시의 범죄학에 대한 정의는 범죄학자들이 가장 관심을 가지는 분야, 즉 형사법의 발전과 더불어 법규범 내에서의 범죄의 의미, 법규위반의 이유, 범죄행위를 통제하기 위한 수단 등이 포함되어 있다.
- 범죄원인에 대한 실증주의적 관점에 따라 범죄학자들은 가설의 검증, 자료의 수집, 이론의 정립, 정립된 이론의 신뢰성을 검증하기 위하여 객관적인 연구방법 즉, 사회과학 분야에서 활용되는 통계분석, 실험연구, 관찰연구, 시계열분석, 내용분석 등의 다양한 연구기법을 활용한다.
- 범죄학 연구에 있어서 또 하나의 중요한 사실은 범죄학이 융합학문적 성격을 갖는다는 점이다. 즉, 일반사회학, 형사정책, 정치학, 심리학, 경제학, 자연과학 등 다양한 학문적 지식들이 범죄학 연구의 기초지식으로 활용되고 있다.

〈출처〉 허경미, 「범죄학」, 박영사, 2020, P. 4

답 ②

29

범죄학 연구방법에 관한 설명으로 옳지 않은 것은? 기출 16

① 자기보고식 조사는 경미한 범죄를 조사하는 데 비교적 유용하다.
② 참여관찰방법은 조사자가 참여관찰할 수 있는 범죄유형이 제한적이다.
③ 설문조사는 대규모의 표본에 사용하기 적합하고 연구결과를 일반화하기 쉽다.
④ 피해조사는 과대 또는 과소 보고의 우려가 없어 암수범죄를 파악하기 쉽다.

해설

범죄피해조사는 범죄의 실태와 피해자의 특성을 정확하게 파악할 수 있고, 예방대책의 평가로 활용될 수 있으며, 공식범죄통계에서 누락된 범죄가 포함될 수 있으므로 암수범죄를 해결하는 데 효과적일 수 있다. 하지만 사건에 대한 피해자의 잘못된 해석으로 과소·과대보고가 될 수 있으며, 기억력의 한계로 인하여 범죄피해경험을 제대로 기억할 수 없는 경우가 있다는 단점이 있다.

답 ④

30

범죄피해조사에 관한 설명으로 옳은 것은? 기출 24

① 범죄피해자만을 대상으로 한다.
② 범죄의 원인이론 정립을 주요 목적으로 한다.
③ 살인피해의 정확한 파악이 가능하다.
④ 공식범죄통계 대비 범죄암수 문제가 덜 심각하다.

해설

범죄피해조사는 공식범죄통계에서 누락된 범죄가 범죄피해자 조사에서는 포함될 수 있으므로, 암수범죄를 해결하는 데 효과적이다.

> **핵심만콕**
> ① 범죄피해조사는 범죄피해자만을 대상으로 하는 것이 아닌 일반인을 연구대상으로 이들의 직·간접적 침해경험을 보고하게 하는 방법이다. 적정 수의 가구를 임의로 추출해서 조사원이 직접 방문하여 가족의 범죄피해에 관하여 면접조사하는 것이 일반적이다.
> ② 전국적인 조사로 대표성 있는 자료를 수집할 수 있으며, 피해원인의 규명을 통해 범죄예방을 위한 기초자료가 되는 것으로 범죄의 원인이론 정립을 주요 목적으로 하지 않는다.
> ③ 기억력의 한계로 과거 기억을 정확히 떠올리기 어렵고, 살인이나 마약범죄 등에 대해 정확히 측정할 수 없는 단점이 있다.

답 ④

31

실험연구에 관한 설명으로 옳은 것은? 기출 23

① 동일한 실험을 반복할 수 없다.
② 반두라(Bandura)의 보보인형실험이 있다.
③ 연구자가 실험실 환경을 제어할 수 없다.
④ 사회과학에서는 활용이 불가능하다.

해설

반두라의 보보인형실험이 대표적인 실험연구의 예이다.
실험연구는 일정한 조건을 인위적으로 설정하고 그 속에서 발생하는 사실을 반복적으로 관찰함으로써 어떤 가설의 타당성을 검증하고 새로운 사실을 관찰하는 방법으로 사회과학 분야에서 활용되는 범죄학 연구방법 중에 하나이다. 다수 연구자가 동시에 관찰할 수 있어 연구자의 주관을 배제할 수 있으며, 동일 관찰을 반복적으로 실행할 수 있어서 오류를 시정할 수 있고 연구자가 실험실의 환경을 제어할 수 있다는 장점이 있다.

답 ②

32

A범죄학자는 TV의 공격상황을 시청한 어린이와 시청하지 않은 어린이의 놀이과정에서 공격적 신체활동 차이를 관찰하는 연구를 수행하였다. A가 수행한 연구방법은 무엇인가? 기출 18

① 자기보고식 조사
② 범죄피해자 조사
③ 실험연구
④ 문헌연구

해설

조사대상을 비교집단과 준거집단으로 나눈 뒤 그 차이를 관찰하고 있으므로 실험연구이다.

답 ③

33

실험연구에 관한 설명으로 옳지 않은 것은? 기출 21

① 연구자가 실험실의 환경을 제어할 수 있다.
② 반두라(A. Bandura)의 보보인형실험이 대표적이다.
③ 범죄자의 일기와 편지 등을 분석대상으로 한다.
④ 같은 실험을 반복할 수 있다.

해설

③은 조사대상자의 과거사 등을 대상으로 하는 개별적 사례조사에 대한 설명이다.

핵심만콕

실험연구

실험연구란 일정한 장소 또는 지역에서 특정한 사람들을 대상으로 일정한 범죄적 환경을 조성한 뒤 대상자들의 행위를 관찰하는 연구방법을 말한다. 실험연구는 여러 명의 관찰자가 동시에 실험집단의 행동을 관찰할 수 있고, 기록할 수 있으며, 같은 실험을 반복할 수 있다는 장점이 있다. 반두라와 그의 동료들에 의해 행해진 어린이들의 공격성 실험, 즉 보보인형실험(Bobo doll experiment)이 대표적이다. 이 실험은 어린이들에게 대면적 상황에서의 공격과 TV에서의 공격 등을 보여준 뒤 어린이들이 그들의 놀이에서 얼마나 신체적 공격을 행하는지를 관찰한 것이다.

〈출처〉 허경미, 「범죄학」, 박영사, 2020, P. 14

개별적 사례조사

조사대상자에 대한 개별적 사례조사나 그의 과거사를 조사하는 것 역시 전통적인 연구방법이다. 가장 대표적인 예가 1937년에 서덜랜드가 실시한 직업절도범연구이다. 이 방법은 참여적 관찰방법과 마찬가지로 조사대상자에 대해 가장 깊이 있는 이해를 할 수 있다. 이를 위해서는 일기나 편지 등 개인의 극히 내밀한 정보를 획득하여야 한다.

〈출처〉 박상기 외 2인, 「형사정책」, 한국형사정책연구원, 2021, P. 25~26

답 ③

34

고전적 실험설계의 기본조건이 아닌 것은? 기출 22

① 실험변수의 조작
② 외생변수의 통제
③ 실험대상의 무작위화
④ 양적 자료 수집 중심

해설
고전적 실험설계는 복잡한 사회현상에서 실험연구의 관심 변수를 선별하여 변수 간의 관계를 집중적으로 관찰·분석하는 것이다. 양적 자료 수집 중심은 고전적 실험설계의 기본조건에 해당하지 않는다.

핵심만콕
① 실험변수의 조작 : 연구 대상이 되는 원인 변수를 인위적으로 조작하여 변화시킨다.
② 외생변수의 통제 : 실험의 정확성을 높이기 위해 결과변수에 영향을 미칠 수 있는 외생변수(기타변수)의 영향을 방지하거나 제거할 수 있게 실험을 설계한다.
③ 실험대상의 무작위화 : 모집단 전체의 일반화를 위해 실험대상은 무작위로 선별한다.

답 ④

35

범죄학 연구방법들 중에서 자극을 준 집단과 주지 않은 집단으로 나눈 뒤에 각각 사전조사와 사후조사를 실시하여 그 차이를 비교분석하는 방법은? 기출 08

① 참여관찰
② 사례연구
③ 추적조사
④ 실험연구

해설
조사대상을 비교집단과 준거집단으로 나눈 뒤 사전조사와 사후조사를 실시하여 그 차이를 비교분석하는 범죄연구방법은 실험연구이다.

> **핵심만콕**
> ① 참여관찰(현장조사) : 연구자가 집단의 활동을 관찰하면서 연구를 수행하는 방식으로서, 연구자가 집단의 활동에 참여하는 정도에 따라 다양한 형태가 있다.
> ② 사례연구 : 특정 범죄자를 대상으로 그들의 성격, 성장배경, 삶의 경험, 사회생활 등의 생애과정을 분석함으로써 범죄행위의 위험요인을 연구하는 방법이다.
> ③ 추행조사 : 표본조사 시 실험집단과 비교하여 대조집단을 동일한 시간적 범위 내에서 상호 비교하는 것이 아니라 일정시점과 시간이 경과한 다음 시점 간의 추적적인 비교방법을 말한다. 일정한 시간적 연속성 속에서 대상자들을 추적·조사함으로써 조사대상자들의 변화를 관찰할 수 있다.

답 ④

36

다음과 관련된 연구방법은? 기출 17

- GIS(지리정보시스템)
- HotSpot(범죄다발지역)
- 범죄패턴분석

① 범죄지도
② 현장조사
③ 실험연구
④ 범죄피해조사

해설

범죄지도는 지리정보시스템을 이용한 지리정보를 기초로 범죄다발구역 및 패턴별로 지도상에 표기한 것이며, 범죄의 공간적 분포를 시각적으로 나타내어 순찰활동의 기초자료로 활용하는 것이다. 우리나라의 경우 행정안전부가 생활안전지도를 모바일과 PC로 제공하고 있으며, 이를 통해 지역별로 범죄발생 현황 및 사고발생 현황 등의 정보를 얻을 수 있다.

답 ①

37

조사대상을 비교집단과 준거집단으로 나눈 뒤, 사전조사와 사후조사를 실시하여 그 차이를 비교분석하는 범죄연구방법은? 기출 12

① 사례연구
② 공식통계연구
③ 피해조사연구
④ 실험연구

해설

실험연구는 일정한 조건을 인위적으로 설정하고 그 속에서 발생하는 사실을 관찰함으로써 어떤 가설의 타당성을 검증하고 새로운 사실을 관찰하는 방법이다. 실험적 연구가 성공하기 위해서는 조사대상자의 선정, 통제집단과 비교집단의 구성, 실험조건이 필요하다.

답 ④

38

다음과 관련성이 없는 것은? 기출 24

○ 범죄 패턴(Crime Pattern) 분석
○ 범죄 핫스팟(Crime Hotspot) 분석
○ 범죄를 위한 이동거리(Journey to Crime) 분석

① 범죄생태학
② 범죄지리학
③ 범죄교정학
④ 범죄기하학

해설

범죄교정학은 범죄자와 비행청소년의 교정교화와 사회복귀를 위하여 교화방안과 처우개선 등을 중점적으로 연구하는 것을 목적으로 한다.

핵심만콕

① 범죄생태학은 범죄 현상을 지역의 특성이나 환경과 관련지어 분석하는 사회생태학적 관점에서 접근하는 범죄 연구 방법이다.
② 범죄지리학은 지리 정보를 활용하여 범죄자가 가장 있을 법한 장소를 예측하여 찾아내고, 일련의 관련된 범죄장소를 분석해내는 연구 방법이다.
④ 범죄기하학은 범죄 현장의 공간적 특징을 기하학 이론을 활용해 분석하는 학문분야로, 범죄 현장의 지문과 혈흔을 분석해 범인의 거점을 찾거나, 범죄 발생 빈도를 분석하는 등에 활용된다.

답 ③

39

범죄의 공간적 분포를 시각적으로 나타내어 순찰활동의 기초자료로 주로 활용하는 분석방법은?

기출 13

① 코호트연구
② 범죄지도
③ 실험연구
④ 범죄피해조사

해설

범죄의 분석방법 중 범죄지도는 범죄의 공간적 분포를 시각적으로 나타내어 순찰활동의 기초자료로 활용하는 것이다.

답 ②

40

범죄학자 A는 경찰관들이 순찰 중 보이는 행동특성을 직접 관찰하는 연구를 수행하였다. 범죄학자 A가 수행한 연구방법은? 기출 20

① 실험연구
② 현장조사 연구
③ 사례연구
④ 자기보고식 연구

해설

참여적 관찰법(현장조사)이란 연구자가 집단의 활동을 관찰하면서 연구를 수행하는 방식으로서, 연구자가 집단의 활동에 참여하는 정도에 따라 다양한 형태가 있다.

핵심만콕

① 실험연구 : 조사대상을 비교집단과 준거집단으로 나눈 뒤 사전조사와 사후조사를 실시하여 그 차이를 비교분석하는 범죄연구방법이다.
③ 사례연구 : 특정 범죄자를 대상으로 그들의 성격, 성장배경, 삶의 경험, 사회생활 등의 생애과정을 분석함으로써 범죄행위의 위험요인을 연구하는 방법이다.
④ 자기보고 : 일정한 집단을 대상으로 개인의 범죄 또는 비행을 스스로 보고하게 함으로써 암수를 측정하는 방법이다.

답 ②

41

범죄학에서 현장조사 연구방법에 해당되지 않는 것은? 기출 14

① 실험연구
② 민속학방법론
③ 현지사례연구
④ 참여행동연구

해설

실험연구는 일정한 조건을 인위적으로 설정하고 그 속에서 발생하는 사실을 관찰함으로써 어떤 가설의 타당성을 검증하고 새로운 사실을 관찰하는 방법으로서, 현장조사를 통해 여러 변인들의 관계를 파악하는 현장조사 연구방법에는 해당되지 않는다.

답 ①

42

대규모 표본에 사용하기 적합하며 연구결과를 일반화하기 쉬운 범죄학 연구방법은? 기출 19

① 사례연구
② 설문조사
③ 참여관찰
④ 실험연구

해설

설문조사는 설문지를 통해 조사를 하거나 통계자료를 얻는 것으로, 대규모 표본에 사용하기 적합하며 그 연구결과를 일반화하기 쉽다.

핵심만콕

① 사례연구 : 특정 범죄자를 대상으로 그들의 성격, 성장배경, 사회생활 등의 생애과정을 분석함으로써 범죄행위의 위험요인을 연구하는 방법이다. 특정 대상에 대한 질적으로 깊은 연구가 가능하다.
③ 참여관찰 : 연구자가 스스로 범죄 또는 비행집단 내에서 똑같은 조건으로 생활하면서 그들의 범죄 동기 및 생활양식, 상호작용 등을 직접적으로 관찰·기록하는 방법이다. 생생한 정보를 얻을 수 있으나 주관적인 편견이 개입되거나 사실이 왜곡될 소지가 있다.
④ 실험연구 : 일정한 조건을 인위적으로 설정하여 조사대상을 비교집단과 준거집단으로 나눈 뒤, 사전조사와 사후조사를 실시하여 그 속에서 발생하는 사실을 관찰함으로써 가설의 타당성을 검증하고 새로운 사실을 관찰하는 방법이다. 그 특성상 일반적으로 설문조사보다 적은 수의 표본을 대상으로 한다.

답 ②

43

다음이 설명하는 범죄학의 연구방법은? 기출 16

> 특정 범죄자를 대상으로 그들의 성격, 성장배경, 삶의 경험, 사회생활 등의 생애과정을 분석함으로써 범죄행위의 위험요인을 연구하는 방법

① 실험연구
② 사례연구
③ 문헌연구
④ 피해자 조사연구

해설

사례연구에 대한 설명이다.

핵심만콕

① 실험연구 : 일정한 조건을 인위적으로 설정하고 그 속에서 발생하는 사실을 관찰함으로써 어떤 가설의 타당성을 검증하고 새로운 사실을 관찰하는 방법이다. 실험적 연구가 성공하기 위해서는 조사대상자의 선정, 통제집단과 비교집단의 구성, 실험조건이 필요하다.
③ 문헌연구 : 기존의 연구자들이 기록한 범죄관련 기록물이나 통계자료 등을 현재의 연구에 활용하는 방법이다. 범죄연구자들은 많은 정부기관, 연구기관 및 기타 관련기관들의 데이터 집적 자료들을 활용하기 때문에 보다 적은 비용과 시간만으로도 기존의 연구성과를 폭넓게 파악할 수 있게 된다. 그러나 문헌의 신뢰성이 떨어질 경우 연구결과의 신뢰성도 함께 하락한다는 문제점이 있다.
④ 피해자 조사연구 : 범죄피해조사는 범죄의 피해자가 가해자보다 자신이 당한 범죄를 보고할 가능성이 더 높기 때문에 범죄피해자의 특성을 파악하기가 보다 용이하고, 가해자가 보고할 때까지 기다리지 않고 직접 찾아 나선다는 점에서 정확한 범죄현상의 파악을 가능하게 하며, 전국적인 조사로 대표성 있는 자료를 수집할 수 있고, 피해원인의 규명을 통해 범죄예방을 위한 기초자료가 된다. 또한 공식범죄통계에서 누락된 범죄가 범죄피해자 조사에서는 포함될 수 있으므로 암수범죄를 해결하는 데 효과적이다.

 ②

44

A는 편의점 절도범들의 행동특성을 직접 관찰하는 연구를 수행하였다. A가 수행한 연구방법은?

① 패널연구
② 코호트연구
③ 현장조사연구
④ 자기보고식 연구

해설

A는 현장조사연구를 수행하였다. 현장조사연구(참여관찰, 참여적 관찰법)란 연구자가 집단의 활동을 관찰하면서 연구를 수행하는 방식으로서, 연구자가 집단의 활동에 참여하는 정도에 따라 다양한 형태가 있다.

핵심만콕

- 패널연구란 동일한 조사대상자를 동일한 조사항목을 중심으로 특정 시점마다 반복하여 조사하는 연구를 말한다.
- 코호트연구란 유사성을 공유하는 집단을 시간의 흐름에 따라 관찰하는 연구방법으로, 범죄 경력의 시작과 발달에 대한 정보를 수집하는 데 유용하다.
- 자기보고식 연구란 일정한 집단을 대상으로 익명성을 보장한 상태에서 개개인의 범죄 또는 비행을 스스로 보고하게 함으로써 암수를 측정하는 방법으로, 주로 표본조사 등의 방법에 의한다. 암수범죄를 파악하는 데 도움이 된다.

 ③

45

다음 내용의 연구방법에 해당하는 것은?

> A와 B집단의 청소년들을 무작위로 선발하여 A집단만 교도소를 방문시켰다. 3개월 후 A와 B집단의 비행행동 빈도를 비교하였더니 교도소를 방문하였던 A집단의 비행행동이 감소하였다.

① 통계자료분석
② 설문조사
③ 사례연구
④ 실험연구

해설

실험연구의 사례에 해당한다. 여기서 처치(교도소 방문)가 가해진 A집단과 아무런 처치가 가해지지 않은 B집단은 비교집단이 된다. 실험연구방법은 다수 연구자가 동시에 관찰할 수 있어 연구자의 주관을 배제할 수 있고, 동일 관찰을 반복적으로 실행할 수 있어서 오류를 시정할 수 있다는 것이 가장 큰 특징이다.

 ④

46

범죄학자 A는 교도소 수용자 문화를 연구하기 위해 일정 기간 교도소에서 수감생활을 하였다. 범죄학자 A가 수행한 연구방법은? 기출 24

① 현장관찰연구
② 문헌조사연구
③ 전화조사연구
④ 우편조사연구

해설

현장관찰연구(참여적 관찰법)는 연구자가 스스로 범죄 또는 비행집단 내에 그들과 똑같은 지위 및 자격을 가지고 들어가 그들과 똑같은 조건으로 생활하면서 그들의 범죄 동기와 일상적인 생활양식, 인식태도, 동료 간 상호작용 등을 직접적으로 관찰·기록하는 방법이다.

핵심만콕

② 문헌연구 : 기존의 연구자들이 기록한 범죄관련 기록물이나 통계자료 등을 현재의 연구에 활용하는 방법이다.
③·④ 조사연구의 한 방법으로 우편조사, 전화조사, 개별 직접면담, 설문지 등을 통하여 응답자로부터 설문에 답하게 함으로써 원하는 자료를 수집하는 방법을 말한다.

 ①

47

종단적 연구방법이 아닌 것은? 기출 17

① 패널연구
② 추세연구
③ 코호트연구
④ 실태연구

해설

종단적 연구방법은 여러 시간에 걸쳐 조사를 반복하는 것으로, 어떤 현상의 변화를 측정하여 분석하고자 할 때 사용하는 패널연구·추세연구·코호트 연구 등을 말한다.

핵심만콕 종단적 연구방법의 종류

- 패널연구 : 동일한 조사대상자를 동일한 조사항목을 중심으로 특정 시점마다 반복하여 조사하는 연구이다.
- 추세연구 : 일정한 기간 동안 전체 모집단 내의 변화를 연구하는 방법이며, 광범위한 연구대상의 특정 속성을 여러 시기에 관찰하여 그 결과를 비교하는 것이다.
- 코호트연구 : 유사한 경험을 공유하는 집단을 반복조사를 하며, 조사시점에 따라 응답자를 서로 다르게 하여 조사한다.

 ④

48

울프강(Wolfgang)과 동료들이 수행한 필라델피아 코호트 연구의 대표적인 결과로 옳은 것은?

기출 13

① 대부분의 범죄자는 청소년기에 비행경력이 없다.
② 연령과 범죄 사이의 관계는 발견되지 않는다.
③ 한 번 범죄를 저지른 사람들은 대부분 오랫동안 지속적으로 범죄를 저지른다.
④ 소수의 만성범죄자가 저지른 범죄가 전체 범죄의 대부분을 차지한다.

해설

코호트(Cohort) 연구는 유사성을 공유하는 집단을 시간의 흐름에 따라 관찰하는 연구방법으로, 범죄 경력의 시작과 발달에 대한 정보를 수집하는 데 유용하다. 울프강과 동료들은 이 연구 방법을 통해 소수의 만성범죄자가 저지른 범죄가 전체 범죄의 대부분을 차지한다는 흥미로운 결과를 보여주었다.

답 ④

49

범죄학의 연구방법에 관한 설명으로 옳지 않은 것은? 기출 12

① 참여관찰방법은 연구자가 연구대상을 직접 관찰하므로 생생한 정보를 수집한다.
② 일반적으로 범죄발생률은 인구 백만 명당 범죄발생 건수로 산출한다.
③ 설문조사는 대규모의 표본에 사용하기 적합하고 연구결과를 일반화하기 쉽다.
④ 자기보고식 조사는 암수범죄를 파악하는 데 도움이 된다.

해설

일반적으로 범죄율은 인구 10만 명당 범죄발생 건수로 작성한다.

답 ②

3 범죄의 파악

50

공식범죄통계에 관한 설명으로 옳은 것은? 기출 20

① 범죄백서는 대검찰청에서 발행하는 공식통계이다.
② 암수범죄의 체계적인 집계가 가능하다.
③ 범죄자의 태도와 가치에 대한 세세한 정보를 얻을 수 없다.
④ 형사사법기관의 유형에 따라 통계차이가 발생하지 않는다.

해설

공식범죄통계는 범죄 수 또는 범죄자 수에 대한 자료로서, 범죄의 시간별 비교연구 및 경향성 파악 등에 효과적인 자료이지만 범죄자의 태도와 가치 등에 대한 세세한 정보는 얻을 수 없다.

핵심만콕

① 범죄백서는 법무연수원에서 발행하는 공식범죄통계이며, 대검찰청에서 발행하는 공식범죄통계에는 범죄분석, 검찰연감, 마약류범죄백서 등이 있다.
② 공식범죄통계는 형사사법기관에 인지된 범죄들만 반영되므로, 암수범죄는 파악할 수 없다는 단점이 있다.
④ 형사사법기관의 유형, 전문성, 이념, 분류기준 등에 따라 공식범죄통계상 차이가 발생한다.

답 ③

51

경찰청에서 발행하는 공식통계가 아닌 것은? 기출 15

① 범죄백서
② 경찰통계연보
③ 교통사고통계
④ 경찰백서

해설

경찰청에서 발행하는 공식범죄통계에는 경찰백서, 경찰통계연보, 범죄통계, 교통사고통계 등이 있다. 범죄백서는 법무연수원에서 발행하는 공식범죄통계이다.

답 ①

52

다음의 공통점은? 기출 17

- 범죄분석
- 사법연감
- 범죄백서

① 공식통계
② 범죄피해조사
③ 자기보고식 조사
④ 패널조사

해설

범죄분석은 대검찰청, 사법연감은 법원행정처, 범죄백서는 법무연수원에서 발행하는 공식통계이다.

핵심만콕	주요 공식범죄통계				
경찰청	대검찰청	법무부	법무연수원	법원행정처	여성가족부
경찰백서, 경찰통계연보, 범죄통계, 교통사고통계 등	범죄분석, 검찰연감, 마약류 범죄백서 등	교정통계, 성범죄백서 등	범죄백서	사법연감	청소년백서

답 ①

53

1963년부터 대검찰청에서 발행하는 공식통계는? 기출 13

① 경찰백서
② 범죄백서
③ 사법연감
④ 범죄분석

해설

대검찰청은 범죄분석, 검찰연감, 마약류 범죄백서를 공식통계자료로 발행하고 있다.

답 ④

54

다음의 공통점은?

- 경찰백서
- 범죄분석
- 사법연감

① 패널조사
② 생애사연구
③ 공식통계
④ 코호트조사

해설

경찰백서와 범죄분석, 사법연감은 모두 공식범죄통계자료이다.

답 ③

55

공식범죄통계에 관한 설명으로 옳지 않은 것은?

① 형사사법기관 기록 행태의 영향을 받는다.
② 범죄피해자에 대한 상세한 정보를 제공해준다.
③ 연도별 발생추이를 파악하는데 유용하다.
④ 개별 사건에 대한 정보보다 주로 집합적 정보를 제공한다.

해설

공식범죄통계는 범죄·범죄자에 대한 추세를 이해하는 데 효과적이나, 범죄의 질적인 특성 파악이 불가능하고 암수문제에 따른 실제 범죄량과의 차이가 단점으로 지적된다. 즉, 범죄피해자에 대한 상세한 정보나 범죄자의 태도와 가치 등에 대한 세세한 정보를 얻을 수 없다.

핵심만콕

① 형사사법기관의 유형, 전문성, 이념, 분류기준 등에 따라 공식범죄통계상 차이가 발생한다.
③ 공식범죄통계의 장점으로 시간적 비교연구에 유리하여 범죄의 시기별 변화를 파악하는 데 유용한 자료가 될 수 있다.
④ 공식범죄통계는 법집행기관이 집계한 범죄·범죄자 수에 관한 통일된 자료로, 개별 사건에 대한 정보보다는 주로 집합적 정보를 제공한다.

답 ②

56

공식범죄통계의 장점은? 기출 19

① 연도별 범죄 추이 파악 가능
② 범죄의 질적인 특성 파악 가능
③ 범죄자 개개인의 범죄 경력 파악 가능
④ 암수범죄 해결 가능

해설

공식범죄통계는 법집행기관에 의해 매년 또는 정기적으로 집계되는 범죄·범죄자 수에 관한 통일된 자료로서, 범죄의 시기적 변화를 파악하는 데 유용하다.

핵심만콕 공식범죄통계와 비공식 조사자료

공식범죄통계	• 법집행기관이 집계한 범죄·범죄자 수에 관한 통일된 자료이다. 도표화된 항목들의 관계를 확립하기 위하여 분류 및 분석된 것이며, 매년 또는 정기적으로 통일된 양식으로 출판된 것이다. • 범죄·범죄자에 대한 추세를 이해하는 데 효과적이나, 범죄의 질적인 특성 파악이 불가능하고 암수문제에 따른 실제 범죄량과의 차이가 단점으로 지적된다.	
비공식 조사자료 (암수조사)	자기보고	개개인의 범죄 또는 비행을 스스로 보고하게 함으로써 암수를 측정하는 방법이다.
	범죄피해자 조사	일반인을 대상으로 직·간접적 범죄피해 경험을 보고하게 하는 방법이다.
	정보제공자 조사	법집행기관에 알려지지 않은 범죄나 비행을 인지하고 있는 자를 대상으로 하여 보고하게 하는 방법이다.

 ①

57

공식범죄통계는 다음 중 어떤 자료를 근거로 만들어지는가? 기출 09

① 가구 조사자료
② 자기기입식 설문조사자료
③ 피해자 조사자료
④ 법집행기관이 집계한 자료

해설

공식범죄통계란 경찰, 검찰, 법원 등과 같은 공식적인 법집행기관을 통하여 집계되는 범죄통계자료로서 경찰백서, 교통사고통계, 범죄분석, 범죄백서, 검찰연감, 청소년백서 등이 있다.

 ④

58

공식범죄통계에 관한 설명으로 옳은 것을 모두 고른 것은? 기출 16

> ㄱ. 범죄백서는 사법연수원에서 매년 발행하는 공식통계이다.
> ㄴ. 형사사법기관의 집계기준에 따라 통계 차이가 발생할 수 있다.
> ㄷ. 범죄자의 태도, 가치, 행동에 대한 세세한 정보를 얻을 수 있다.
> ㄹ. 범죄발생에 대한 일반적인 추세를 이해하는 데 효과적이다.

① ㄱ, ㄴ
② ㄱ, ㄷ
③ ㄴ, ㄹ
④ ㄷ, ㄹ

해설

공식범죄통계에 관한 설명으로 옳은 것은 ㄴ, ㄹ이다.

핵심만콕

ㄱ. (×) 범죄백서는 범죄의 발생 및 처리, 범죄자의 처우에 이르기까지 형사사법 전반에 대한 통계자료의 분석과 평가 등 형사정책 수립에 필요한 기초자료를 제공하여 형사사법 발전에 기여하고자 법무연수원에서 매년 발행하는 공식범죄 통계자료를 말한다.

ㄷ. (×) 공식통계는 해당기관들이 인지한 범죄사건이나 범죄자에 대한 분석 결과만을 포함하고 있고, 일정 기간 발생한 범죄 및 범죄자들을 죄종별로 집계하여 일반적인 경향성만을 파악할 수 있으므로 양적인 조사는 가능하나 범죄자의 태도·가치·행동에 대한 세세한 정보 등 질적인 비중의 파악이 불가능할 뿐만 아니라, 범죄와 범죄자 상호 간의 연결관계 해명이 곤란하다.

답 ③

59

공식범죄통계의 장점에 관한 설명으로 옳지 않은 것은? 기출 21

① 범죄에 대한 대량관찰이 가능하다.
② 연도별 범죄 발생 추이를 알 수 있다.
③ 지역별 범죄특징을 파악하기 쉽다.
④ 숨은 범죄를 파악하는 데 용이하다.

해설

공식범죄통계에는 형사사법기관에 의해 인지되고 처리되는 사건만이 집계되므로, 발견되지 않은 범죄, 즉 암수범죄(숨은 범죄)는 파악할 수 없다는 단점이 있다.

답 ④

60

공식범죄통계의 단점은? 기출 23

① 연도별 범죄 추이를 파악할 수 있다.
② 암수범죄를 파악할 수 없다.
③ 지역별 범죄 특징을 파악할 수 있다.
④ 범인검거 건수를 파악할 수 있다.

해설

공식범죄통계는 범죄의 질적인 특성 파악이 불가능하고 암수문제에 따른 실제 범죄량과의 차이가 단점으로 지적된다. 반면 공식범죄통계의 장점은 연도별 범죄 추이를 알 수 있고, 지역별 범죄 특징을 파악하기 쉬우며, 방대한 자료가 정기적으로 수집되어 범인검거 건수, 범죄율 등을 파악하는 데 유용하다는 점이다.

답 ②

61

공식범죄통계의 장점이 아닌 것은? 기출 18

① 방대한 자료가 정기적으로 수집된다.
② 치안수요를 예측할 수 있다.
③ 범죄학 연구의 기초자료가 된다.
④ 범죄의 암수를 파악할 수 있다.

해설

공식범죄통계는 암수범죄가 많다.

> **핵심만콕** 공식범죄통계의 암수문제
> - 모든 범죄가 빠짐없이 신고되는 것도 아니고, 수사기관이 신고되지 않은 범죄를 모조리 검거해내는 것도 아니므로, 어떠한 통계라도 실제로 발생한 범죄보다 적게 집계되기 마련이다. 따라서 공식범죄통계는 암수범죄가 많다.
> - 실제로 발생한 범죄의 총량은 범죄통계에 나타난 범죄와 "숨은 범죄(암수범죄)"의 합이므로, 실제 범죄량과 범죄통계상의 범죄량 사이에는 상당한 차이가 있다.

답 ④

62

암수범죄에 관한 설명으로 옳지 않은 것은? 기출 19

① 피해자 없는 범죄에서 많이 발생한다.
② 암수범죄를 보완하기 위한 방법으로 피해자 조사가 활용된다.
③ 공식범죄통계의 주요한 한계이다.
④ 신고율이 높을수록 암수율도 높아진다.

해설

암수범죄는 범죄의 미인지, 범죄의 미신고, 수사기관과 법원의 재량적 또는 자의적 사건처리 등으로 인해 발생한다. 따라서 신고율이 높을수록 암수율이 높아진다는 설명은 옳지 않다.

답 ④

63

암수에 관한 다음 설명 중 틀린 것은?

① 이른바 피해자 없는 범죄의 경우에는 암수율이 높다.
② 범죄의 고발률이 낮을수록 암수범죄는 증가할 가능성이 있다.
③ 암수범죄의 조사는 범죄통계의 한계를 보완할 수 있다.
④ 암수범죄의 조사방법 중 피해자조사는 경미한 피해사례까지 정확하게 조사할 수 있다는 장점이 있다.

해설

피해자조사 방법의 경우, 개인적 법익에 관한 범죄는 비교적 파악하기가 쉽지만 사회적 법익이나 국가적 법익에 관한 범죄의 피해는 밝히기는 매우 곤란하고, 경미한 범죄인 경우에는 피해자가 범죄피해를 잊어버리기도 하며, 중범죄인 경우에는 기억조차 하기 싫기 때문에 응답하지 않는 경우가 많아 실상을 파악하기 어려운 단점이 있다.

답 ④

64

암수범죄에 관한 설명 중 옳지 않은 것은?

① 암수범죄는 범죄의 미인지, 범죄의 미신고, 수사기관과 법원의 재량적 또는 자의적 사건처리 등으로 인해 발생한다.
② 차별적 기회구조이론은 수사기관이나 사법기관에 의한 범죄자의 차별적 취급이 암수범죄의 가장 큰 원인이라고 주장한다.
③ 암수범죄의 존재는 범죄통계의 한계를 의미하며 공식범죄통계에 바탕을 둔 범죄학의 정당성에 회의를 갖게 한다.
④ 법집행기관이 화이트칼라범죄를 관대하게 취급하기 때문에 이 분야에서 암수범죄율이 높다는 지적도 있다.

해설
숨은 범죄(암수범죄)의 가장 큰 원인이 선별적 형사소추, 즉 수사기관이나 사법기관에 의한 범죄자의 차별적 취급이라는 주장은 낙인이론과 비판범죄학의 논거이다.

답 ②

65

암수에 관한 다음 설명 중 틀린 것은?

① 암수의 존재는 범죄통계의 한계를 의미한다.
② 암수의 존재는 선별적 형사소추의 문제점이 발생할 수 있다.
③ 암수가 존재한다고 해서 범죄통계의 효용성이 부정되는 것은 아니다.
④ 범죄통계에 암수가 존재한다는 것은 절대적 형벌이론의 이론적 근거가 된다.

해설
암수범죄는 절대적 형벌론의 이론적 근거가 될 수 없다. 절대적 형벌론은 모든 범죄행위가 처벌되어야 정의가 확립된다고 보는데, 범죄통계에 암수가 존재한다는 것은 이러한 주장에 흠이 될 수 있기 때문이다.

답 ④

66

다음에 해당하는 범죄는? 기출 23

> 실제로 범죄가 발생하였으나 수사기관에 인지되지 않아 공식적인 범죄통계에 나타나지 않는 범죄행위의 총체

① 암수범죄
② 인지범죄
③ 계산범죄
④ 수정범죄

해설

암수범죄란 실제로 범죄가 발생하였지만 수사기관에 인지되지 않았거나, 인지되기는 하였으나 해명되지 않아 공식적인 범죄통계에 나타나지 않는 범죄행위의 총체로, 독일에서는 암역이라는 표현이 주로 사용된다. 살인의 경우 범죄의 특성상 암수범죄로 남기가 매우 어려우므로 암수범죄가 가장 적다.

답 ①

67

숨은 범죄의 발생비율이 높은 범죄가 아닌 것은? 기출 14

① 피해자 없는 범죄
② 불특정다수가 피해자인 범죄
③ 신고율이 높은 강력범죄
④ 경미한 범죄

해설

신고율이 높은 강력범죄는 범죄통계에 전부 기록되므로 숨은 범죄의 발생비율이 낮은 범죄에 해당된다.

답 ③

68

자기보고식 조사에 관한 설명으로 옳지 않은 것은? 기출 13

① 비밀성과 익명성이 필요하다.
② 통상적으로 표집(Sampling)을 통해서 조사가 이루어진다.
③ 경찰에 신고되지 않은 범죄는 조사에 포함되지 않는다.
④ 결측치(Missing cases)가 문제가 될 수 있다.

해설

자기보고식 조사란, 일정한 집단을 대상으로 익명성을 보장한 상태에서 개개인의 범죄 또는 비행을 스스로 보고하게 함으로써 암수를 측정하는 방법으로, 주로 표본조사 등의 방법에 의한다. 이러한 자기보고식 조사를 통해 공식범죄통계에 누락된 숨은 범죄를 포착할 수 있다.

답 ③

69

암수조사 방법 중 자기보고 방법의 단점은?

① 범죄자의 특성을 파악하기 곤란하다.
② 사회적 법익이나 국가적 법익에 관한 범죄의 피해를 밝히기가 곤란하다.
③ 일반적으로 범죄가 하류계층에서 많이 발생한다는 것을 증명할 수 있다.
④ 피조사자가 진실로 조사에 응했는지를 검토하기가 매우 곤란하다.

해설

① 피조사자의 계층, 인종, 연령, 성별, 직업 등을 함께 조사하므로 범죄자의 특성을 파악하는 데 유용하다.
② 피해자조사 방법의 단점에 관한 설명이다.
③ 자기보고 방식을 통해 범죄통계에 나타나지 않은 범죄자들이 나타나게 되고, 범죄가 전계층에서 발생한다는 것이 밝혀지기 때문에, 일반적으로 범죄가 하류계층에서 많이 발생한다는 통념을 깨뜨릴 수 있다.

답 ④

70

자기보고식 조사에 관한 설명으로 옳지 않은 것은? 기출 21

① 조사대상자가 자신이 저지른 범죄를 제대로 기억하지 못할 수 있다.
② 조사대상자가 자신의 범죄에 대한 왜곡된 보고를 할 수 있다.
③ 단기간에 대규모의 자료수집이 가능하다.
④ 특정 사건에 대한 깊이 있는 질적 자료수집이 가능하다.

해설
자기보고식 조사는 특정 기간 동안의 규범위반사실을 면접지와 설문지를 통해 밝혀내는 방식이므로, 특정 사건에 대한 깊이 있는 질적 자료는 수집하기 어렵다.

> **핵심만콕**
> ① 조사대상자의 기억력의 한계 때문에 오래된 범죄를 조사하는 데에는 부적합하다.
> ② 중범죄를 숨기거나 비행을 과장하는 등, 조사대상자의 정직성과 진실성 등의 문제로 오류가 발생한다.
> ③ 특정 인구집단을 대상으로 면접이나 설문지를 통하여 자료를 수집하므로 비교적 단기간에 대규모의 자료수집이 가능하다.

답 ④

71

범죄에 관한 자기보고식 조사의 특성으로 옳은 것은? 기출 11

① 경미한 범죄를 조사하는 데 부적합하다.
② 범죄의 원인이 되는 인격특성, 가치관, 환경 등을 함께 조사할 수 없다.
③ 5년 이상의 오래된 범죄를 조사하는 데 유리하다.
④ 숨은 범죄를 파악하는 데 도움이 된다.

해설
① 자기보고 방법은 경미한 범죄를 파악하는 데 유용하다.
② 피조사자의 인격특성・가치관・태도・환경 등도 동시에 조사하기 때문에 범죄이론을 검증할 수 있고, 범죄성 인자도 분석할 수 있다.
③ 자기보고식 조사는 결국 자신의 범죄를 스스로 보고하게 하는 것이므로, 기억력의 한계 때문에 오래된 범죄를 조사하는 데에는 적합하지 않다.

답 ④

72

범죄연구방법에 관한 설명으로 옳은 것을 모두 고른 것은? 기출 13

> ㄱ. 공식범죄통계는 해당 기간 동안 발생한 모든 범죄 사건을 포함한다.
> ㄴ. 공식범죄통계에서 누락된 범죄가 범죄피해조사에서는 포함될 수 있다.
> ㄷ. 자기보고식 조사는 성별·연령과 같은 배경정보를 포함한다.
> ㄹ. 범죄피해조사를 통해 살인이나 마약 사용과 같은 주요 범죄에 대한 정확한 통계를 얻을 수 있다.

① ㄱ, ㄴ
② ㄱ, ㄹ
③ ㄴ, ㄷ
④ ㄷ, ㄹ

해설

모든 범죄가 빠짐없이 신고되는 것도 아니고 수사기관이 신고되지 않은 범죄를 모두 검거해내는 것도 아니므로, 공식범죄통계에는 암수문제가 있다. 또한 범죄피해자 조사는 적정 수의 가구를 임의로 추출해서 면접 조사하는 것이 일반적이므로, 주요 범죄에 대한 정확한 통계를 얻는 것은 불가능하다.

답 ③

73

공식범죄통계에서 파악되지 않는 숨은 범죄에 관련된 정보를 얻을 수 있는 방법은? 기출 08

① 내용분석
② 피해자 조사
③ 프로파일링
④ 추적조사

해설

피해자 조사는 전국적인 범위를 그 대상으로 하므로 대표성 있는 자료를 수집할 수 있으며, 공식범죄통계에서 누락된 범죄가 포함될 수 있어 암수범죄를 파악하는 데 효과적이다.

답 ②

74

범죄피해조사에 관한 설명으로 옳지 않은 것은? 기출 10

① 망각이나 잘못된 기억으로 인해 조사대상자의 응답이 잘못될 수 있다.
② 범죄피해 조사결과는 범죄예방대책을 마련하는 기초자료로 활용할 수 있다.
③ 조사대상자에게 범죄피해를 입은 경험이 있는지를 묻고 이에 대한 응답을 통해 자료를 수집한다.
④ 전국의 형사사법기관이 공식적으로 집계한 자료이다.

해설
한국형사정책연구원은 2년 주기로 전국적인 범죄피해조사를 수행한다.

답 ④

75

범죄피해조사에 관한 설명으로 옳은 것은? 기출 15

① 범죄예방대책 자료로 활용할 수 없다.
② 조사대상자에게 범죄피해에 대한 경험이 있는지를 묻고 응답을 통해 수집한다.
③ 범죄피해자의 특성을 파악하기 어렵다.
④ 공식통계에 비해 암수범죄를 파악하기 어렵다.

해설
범죄피해조사는 범죄의 피해자가 가해자보다 범죄를 보고할 가능성이 더 높기 때문에 범죄피해자의 특성을 파악하기가 쉽다. 또한 가해자가 보고하도록 기다리지 않고 직접 찾아 나선다는 점에서 정확한 범죄현상의 파악을 가능하게 하며, 전국적인 조사로 대표성 있는 자료를 수집할 수 있고, 피해원인의 규명을 통해 범죄예방을 위한 기초자료가 된다. 또한 공식범죄통계에서 누락된 범죄가 범죄피해자 조사에서는 포함될 수 있으므로 암수범죄를 해결하는 데 효과적이다.

답 ②

76

범죄피해조사에 관한 설명으로 옳은 것은? 기출 20

① 조사대상자에게 가해 경험을 묻는 방식으로 조사를 수행한다.
② 피해사실을 보고하는 과정에서 과대 혹은 과소보고가 될 수 있다.
③ 표본의 규모가 매우 작아 일반화의 오류가 없다.
④ 마약 및 도박과 같이 피해자 없는 범죄의 조사에 적합하다.

[해설]
범죄피해조사 시 조사대상자가 매우 주관적으로 조사에 응답할 수도 있으며, 이 경우 피해사실이 실제보다 과대 혹은 과소보고 될 수 있다.

[핵심만콕]
① 자기보고식 조사에 대한 설명이며, 범죄피해조사는 조사대상자에게 범죄피해에 대한 경험이 있는지를 묻는 방식으로 수행한다.
③ 범죄피해조사는 전국적인 범위를 그 대상으로 하므로 대표성 있는 자료를 수집할 수 있으며, 공식범죄통계에서 누락된 범죄가 포함될 수 있어 암수범죄를 파악하는 데 효과적이다.
④ 피해자 없는 범죄, 화이트칼라범죄 등은 조사대상자를 정하기 어렵다.

 ②

77

범죄피해조사에 관한 설명으로 옳지 않은 것은? 기출 12

① 대상자의 과거 범죄행동을 조사한다.
② 암수범죄를 해결하는 데 효과적이다.
③ 피해자가 피해사실을 왜곡할 수 있다.
④ 살인피해자에 대한 조사가 불가능하다.

[해설]
범죄피해조사는 대상자에게 직·간접적 '범죄피해' 경험을 보고하게 하는 방법이다. ①의 대표적인 예로 자기보고식 조사 등이 있다.

[핵심만콕]
② 공식범죄통계에서 누락된 범죄가 범죄피해자 조사에서는 포함될 수 있으므로, 암수범죄를 해결하는 데 효과적이다.
③·④ 기억력의 한계로 과거 기억을 정확히 떠올리기 어렵고, 살인이나 마약범죄 등에 대해 정확히 측정할 수 없다. 또한 피해자 없는 범죄, 화이트칼라범죄 등은 조사대상자를 정하기 어렵고, 조사대상자의 수치심과 명예보호, 피해의 축소 및 과장보고(피해사실의 왜곡) 등의 문제가 있다.

 ①

78

전국규모 범죄피해조사에 관한 설명으로 옳지 않은 것은? 기출 18

① 범죄피해자의 특성을 파악할 수 있다.
② 범죄예방대책 수립에 활용할 수 있다.
③ 살인범죄의 정확한 파악이 가능하다.
④ 일반적으로 조사에 시간과 비용이 많이 소요된다.

해설

범죄피해조사는 조사대상자에게 범죄피해에 대한 경험이 있는지를 묻고 응답을 통해 수집하는 것이므로, 살인이나 마약 사용과 같은 범죄에 대해서는 정확히 측정할 수 없다.

> **핵심만콕** 범죄피해조사의 한계
> - 전통적인 범죄만이 조사대상이 되므로, 상당수의 범죄는 조사되지 않아 사회 전체의 범죄파악에 한계가 있다.
> - 기억력의 한계로 과거 기억을 정확히 떠올리기 어렵고, 살인이나 마약범죄 등에 대해 정확히 측정할 수 없다.
> - 피해자 없는 범죄, 화이트칼라범죄 등은 조사대상자를 정하기 어렵고, 조사대상자의 수치심과 명예보호, 피해의 축소 및 과장보고(피해사실의 왜곡) 등의 문제가 있다.

 ③

79

공식범죄통계와 범죄피해조사의 상대적인 장단점으로 옳지 않은 것은? 기출 11

① 공식범죄통계는 시간적 비교연구에 유리하다.
② 공식범죄통계는 암수범죄가 많은 단점이 있다.
③ 범죄피해조사는 살인에 대해 정확히 측정한다.
④ 범죄피해조사는 과거 기억을 정확히 떠올리기 어려운 단점이 있다.

해설

범죄피해조사는 범죄의 실태와 피해자의 특성을 정확하게 파악하고 예방대책의 평가로 활용될 수 있지만, 사건에 대한 피해자의 잘못된 해석으로 과대보고가 될 수 있으며, 기억력의 한계로 범죄피해경험을 제대로 기억할 수 없는 경우가 있다는 단점도 있다. 또한 적정 수의 가구를 임의로 추출해서 조사원이 직접 방문하여 가족의 범죄피해에 관하여 면접 조사하는 것이 일반적이므로, 살인이나 마약범죄 등에 대해서는 정확히 측정할 수 없다.

 ③

80

우리나라 범죄율에 관한 설명으로 옳은 것은? 기출 17

① 암수범죄를 포함한다.
② 검거율과 같은 의미로 사용된다.
③ 인구 10만 명당 범죄 발생 건수를 나타낸다.
④ 중요 범죄의 발생 상황을 시계로 표시한 것이다.

해설

범죄백서에서 정의한 우리나라 범죄율(범죄발생비)은 인구 10만 명당 범죄 발생 건수 혹은 범죄자 수이다. 검거율은 발생 건수에 대비한 검거건수의 비율을 말하며, 암수범죄는 통계상 보이지 않는 범죄이므로 포함시키지 못한다. 일정기간 동안 일어난 중요범죄의 발생 상황을 나타낸 것이며, 시계로 표시한 것은 아니다.

답 ③

81

우리나라의 일반적 범죄현상에 관한 설명으로 옳은 것은? 기출 22

① 폭력범죄는 여성이 남성보다 더 많이 저지른다.
② 폭력범죄 발생건수는 대도시가 농어촌보다 많다.
③ 청년기에는 지능범죄율이, 노년기에는 폭력범죄율이 높다.
④ 사이버범죄는 감소추세에 있다.

해설

일반적으로 폭력범죄 발생건수는 인구가 많은 대도시가 농어촌보다 많이 발생한다.

> **핵심만콕**
> ① 폭력범죄는 <u>여성보다 남성</u>이 더 많이 저지른다.
> ③ 청년기에는 <u>폭력범죄율</u>이, 노년기에는 <u>지능범죄율</u>이 높다.
> ④ 사이버범죄는 <u>증가</u>하는 추세에 있다.

답 ②

82

우리나라의 일반적인 범죄현상에 관한 설명으로 옳은 것은? 기출 13

① 여성범죄율이 남성범죄율보다 높다.
② 하류층의 범죄율이 상류층보다 높다.
③ 폭력범죄 발생 건수는 대도시보다 농어촌이 많다.
④ 연령과 범죄율 사이의 관련성은 없다.

해설

우리나라의 일반적인 범죄현상을 살펴보면 남성범죄율이 여성범죄율보다 높고, 농어촌보다 대도시의 폭력범죄 발생 건수가 많으며, 하류층의 범죄율이 상류층보다 높게 나타나고, 특정 연령층에서 범죄율이 높게 나타나는 등 연령과 범죄율에 밀접한 관련성이 있다.

답 ②

83

「2022년 범죄백서」에 제시된 강력범죄(폭력) 발생 및 검거 추이에 관한 설명으로 옳은 것은? 기출 23

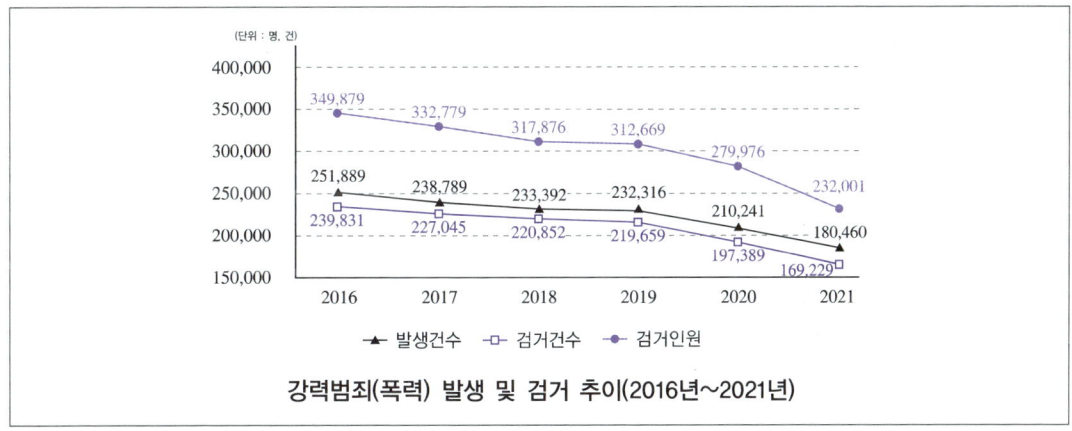

강력범죄(폭력) 발생 및 검거 추이(2016년~2021년)

① 2016부터 2021년까지 검거인원은 매년 감소하였다.
② 2017년부터 2021년까지 검거건수는 매년 증가하였다.
③ 2017년부터 2021년까지 발생건수는 매년 증가하였다.
④ 2021년 발생건수, 검거건수, 검거인원은 2020년보다 증가하였다.

해설

도표를 읽고 해석하는 문제이다. 그래프를 보면 2016년부터 2021년까지 검거인원, 검거건수, 발생건수가 매년 감소하는 추세를 보인다.

답 ①

84

범죄통계와 관련하여 인구 10만 명당 범죄발생 건수를 계산한 것은? 기출 23

① 범죄시계
② 응답률
③ 실시간 집계
④ 범죄율

해설

일반적으로 범죄율은 인구 10만 명당 범죄발생 건수로 계산한다.

핵심만콕

- 범죄시계 : 범죄의 종류별 발생 빈도를 시간 단위로 분석한 것으로 일반인들에게 범죄경보 기능을 한다는 장점이 있으며, 인구성장률을 고려하지 않고 시간을 고정적인 비교단위로 사용하는 단점이 있다.
- 응답률 : 응답이 완료된 조사단위의 수를 해당 조사에 사용된 전체 응답 적격 대상자 수로 나눈 값인 설문 응답의 협조율을 말한다.
- 실시간 집계 : 범죄 발생 시점에 즉시 범죄 정보를 집계하는 것을 말한다.

답 ④

85

다음 ( )에 들어갈 숫자는? 기출 22

- 범죄율 = $\dfrac{\text{범죄건수}}{\text{인구}} \times (\ \text{ㄱ}\ )$

- 검거율 = $\dfrac{\text{한 해 동안 범인이 검거된 사건수}}{\text{한 해 동안 발생한 사건수}} \times (\ \text{ㄴ}\ )$

① ㄱ : 1만, ㄴ : 100
② ㄱ : 1만, ㄴ : 1,000
③ ㄱ : 10만, ㄴ : 100
④ ㄱ : 10만, ㄴ : 1,000

해설

ㄱ에는 10만, ㄴ에는 100이 들어간다.

> **핵심만콕**
>
> - 범죄율 = $\dfrac{\text{범죄건수}}{\text{인구}} \times 10\text{만}$
> - 검거율 = $\dfrac{\text{한 해 동안 범인이 검거된 사건수}}{\text{한 해 동안 발생한 사건수}} \times 100$

답 ③

86

「치안전망 2022」 연령대별 피싱사기 피해 발생 건수에 관한 설명으로 옳은 것은? 기출 22

(단위 : 건)

구 분	합 계	20대 이하	30대	40대	50대	60대	70대 이상
2017	24,259	5,273	4,887	6,473	5,412	1,807	407
2018	34,132	4,480	6,483	9,842	9,313	3,389	625
2019	37,667	3,855	6,041	10,264	11,825	4,617	1,065
2020	31,681	5,323	4,406	7,704	9,217	4,188	843

① 2017년 대비 2020년 20대 이하 피싱사기 피해 발생 건수가 낮아졌다.
② 2017년 대비 2020년 30대 피싱사기 피해 발생 건수가 높아졌다.
③ 2018년 이전은 40대, 2019년 이후는 50대에서 가장 많은 피싱사기 피해가 발생하였다.
④ 60대 이상의 고령자 피싱사기 피해가 가장 심각하다.

해설

2018년 이전은 40대가 2017년 6,473건, 2018년에는 9,842건으로 가장 많은 피싱사기 피해가 발생했으며, 2019년 이후는 50대에서 2019년 11,825건, 2020년 9,217건으로 가장 많은 피싱사기 피해가 발생하였다.

> **핵심만콕**
>
> ① 20대 이하 피싱사기 피해 발생 건수는 2017년은 5,273건, 2020년은 5,323건으로 2017년 대비 2020년 20대 이하 피싱사기 피해발생 건수가 높아졌다.
> ② 30대 피싱사기 피해 발생 건수는 2017년은 4,887건, 2020년은 4,406건으로 2017년 대비 2020년 30대 피싱사기 피해발생 건수가 낮아졌다.
> ④ 60대 이상의 고령자 피싱사기 피해는 2017년 2,214건, 2018년 4,014건, 2019년 5,682건, 2020년 5,031건으로 피싱사기 피해가 가장 심각한 것은 아니다.

답 ③

87

「2021 범죄분석」 주요 범죄군별 고령자범죄의 발생비 추이에 관한 설명으로 옳은 것은?

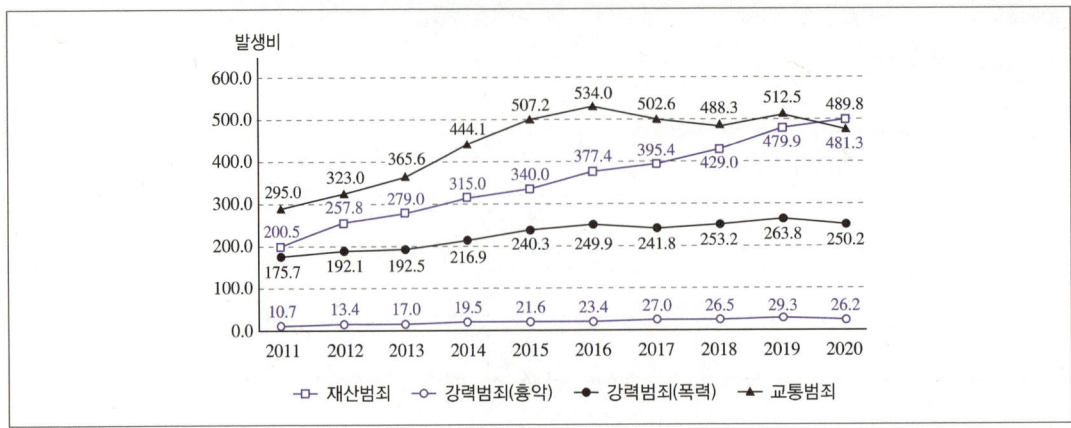

① 교통범죄 발생비는 매년 가장 높게 나타나고 있다.
② 재산범죄 발생비는 2011년부터 2020년까지 매년 증가하였다.
③ 강력범죄(폭력) 발생비는 2011년부터 2020년까지 매년 증가하였다.
④ 강력범죄(흉악) 발생비는 2011년부터 2020년까지 매년 증가하였다.

해설

고령자의 재산범죄 발생비는 2011년부터 2020년까지 점증적으로 증가하고 있는 추이를 보인다.

> **핵심만콕**
> ① 교통범죄 발생비는 2019년까지는 매년 가장 높게 나타났었으나 2020년에는 재산범죄 발생비가 더 높게 나타났다.
> ③ 강력범죄(폭력) 발생비는 매년 증가하지 않고 2017년, 2020년에는 감소하였다.
> ④ 강력범죄(흉악) 발생비는 매년 증가하지 않고, 2018년, 2020년에는 감소하였다.

답 ②

88

다음 그림에 관한 설명으로 옳은 것은? 기출 19

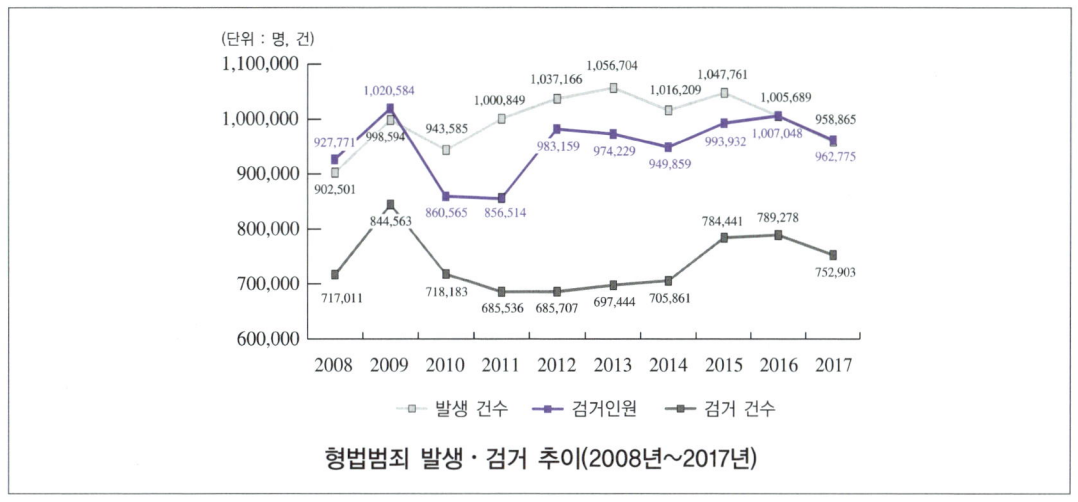

형법범죄 발생·검거 추이(2008년~2017년)

① 2012년부터 2017년까지 검거 건수는 감소하였다.
② 2011년 대비 2012년 검거인원은 감소하였다.
③ 2009년은 검거인원이 발생 건수를 초과하였다.
④ 2010년부터 2013년까지 발생 건수는 감소하였다.

해설

2009년에는 검거인원(1,020,584명)이 발생 건수(998,594건)를 초과하였다.

핵심만콕

① 2012년부터 2016년까지 검거 건수는 매년 증가하였고, 2016년 대비 2017년의 검거 건수는 감소하였다.
② 검거인원은 2011년(856,514명) 대비 2012년(983,159명)에 큰 폭으로 증가하였다.
④ 발생 건수는 2010년부터 2013년까지 매년 증가하였다.

답 ③

89

대검찰청의 「2022 범죄분석」상 우리나라의 범죄발생 추이에 관한 설명으로 옳지 않은 것은?

기출수정 18

① 발생비는 인구 1만 명당 범죄발생 건수를 의미한다.
② 대검찰청의 범죄분석은 국가 전체의 공식적 범죄발생 추이를 보여준다.
③ 2021년의 사기범죄 건수는 2012년보다 증가하였다.
④ 방화범죄는 지난 10년간 2018년을 제외하고 지속적으로 감소하는 추세를 보이고 있다.

해설

발생비는 인구 100,000명당 발생 건수를 의미하며, 인구는 주민등록인구현황(행정안전부) 기준이다.

 ①

90

「2020 범죄백서」에 따른 2015년에서 2019년까지의 고령자 범죄 발생추세로 옳지 않은 것은?

기출 21

고령범죄자 현황(2015년~2019년)

(단위 : 명, %)

연도 \ 구분	전체 범죄자수	고령자		
		인원	고령자비	범죄발생비
2015	1,948,966	107,760	5.5	1,590.5
2016	2,020,196	118,230	5.9	1,690.0
2017	1,861,796	121,686	6.5	1,654.2
2018	1,749,459	128,850	7.4	1,684.2
2019	1,754,808	145,522	8.3	1,812.9

※ 주 : 1. 대검찰청, 「범죄분석」, 각년도
    2. 범죄발생비는 고령인구 10만 명당 범죄자수
    3. 고령범죄자는 만 65세 이상의 피의자

① 고령범죄자 수는 지속적으로 증가하고 있다.
② 전체 범죄자에서 고령범죄자가 차지하는 비율은 지속적으로 상승하고 있다.
③ 고령범죄자 범죄발생비는 지속적으로 증가하고 있다.
④ 2017년은 전년대비 전체 범죄자 수는 감소하였으나, 고령범죄자 수는 증가하였다.

해설

2017년과 2018년의 고령범죄자 범죄발생비가 2016년에 비해 낮은 값을 보이고 있으므로, ③은 옳지 않다.

 ③

91

「2022 범죄백서」에 따른 범죄발생에 관한 설명으로 옳지 않은 것은?

① 범죄발생율은 인구 10만 명당 발생건수를 의미한다.
② 노인범죄 발생건수는 2020년이 2016년보다 많다.
③ 폭력범죄의 발생건수는 교통범죄보다 많다.
④ 범죄백서는 피해자 없는 범죄도 포함한다.

해설

2021년 기준 강력범죄(폭력)의 발생건수는 180,460건이었으며, 교통범죄 중 교통사고처리특례법 위반사범의 발생건수는 155,625건, 도로교통법 위반사범의 발생건수는 133,833건, 특정범죄 가중처벌 등에 관한 법률 위반(도주차량)의 발생건수는 8,840건이었다.

〈참고〉 법무연수원, 「2022 범죄백서」, 2023, P. 10~12, 100

핵심만콕

① 2022 범죄백서상 범죄발생비(단위 : 건)는 인구 10만 명당 범죄 발생건수, 범죄발생비(단위 : 명)는 인구 10만 명당 범죄자수를 의미한다.
② 고령범죄자는 만 65세 이상의 피의자를 말하며, 그 수는 2017년 121,686명에서 2021년 136,257명으로 증가 추세를 보이고 있다.

〈출처〉 법무연수원, 「2022 범죄백서」, 2023, P. 8, 144

④ 피해자 없는 범죄란 실정법상 범죄로 규정되어 있지만 피해자가 없거나 가해자와 피해자의 구별이 곤란한 범죄를 말하는 것으로, 마약사용 및 매매, 성매매, 도박 등의 범죄가 대표적이며, 그 특성상 암수범죄가 많다. 범죄백서는 강력범죄(흉악), 강력범죄(폭력), 재산범죄, 교통범죄, 보건범죄, 환경범죄, 마약류범죄, 경제범죄, 지식재산권범죄, 컴퓨터범죄, 선거범죄 등의 형법범죄(도박 포함)와 특별법범죄(마약류관리법, 성매매법 포함)를 폭넓게 다루며, 피해자 없는 범죄도 포함한다.

답 ③

92

「2020 범죄백서」에서 제시한 강력범죄(폭력)의 추세에 관한 설명으로 옳지 않은 것은? 기출 21

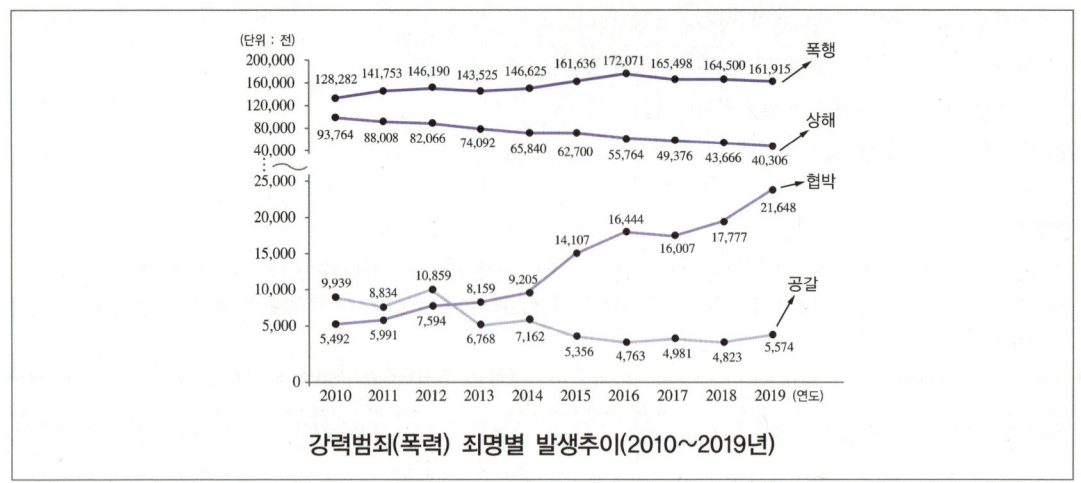

강력범죄(폭력) 죄명별 발생추이(2010~2019년)

① 폭행 발생건수는 2010년에서 2019년까지 지속적으로 증가하는 추세이다.
② 상해 발생건수는 2010년에서 2019년까지 지속적으로 감소하는 추세이다.
③ 2019년 공갈 발생건수는 2010년에 비해 감소하였다.
④ 2019년 협박 발생건수는 2010년에 비해 증가하였다.

해설

2010년부터 2012년까지 증가하던 폭행 발생건수는 2013년에 처음으로 감소하였고, 이후 증가 추세를 보이다가 2016년에 정점을 지나 2019년까지 지속적으로 감소하는 추세이다.

답 ①

93

다음은 「2019 범죄백서」에서 제시한 강력범죄(살인, 강도, 성폭력, 방화)의 추세이다. 다음 설명으로 옳은 것을 모두 고른 것은? 기출 20

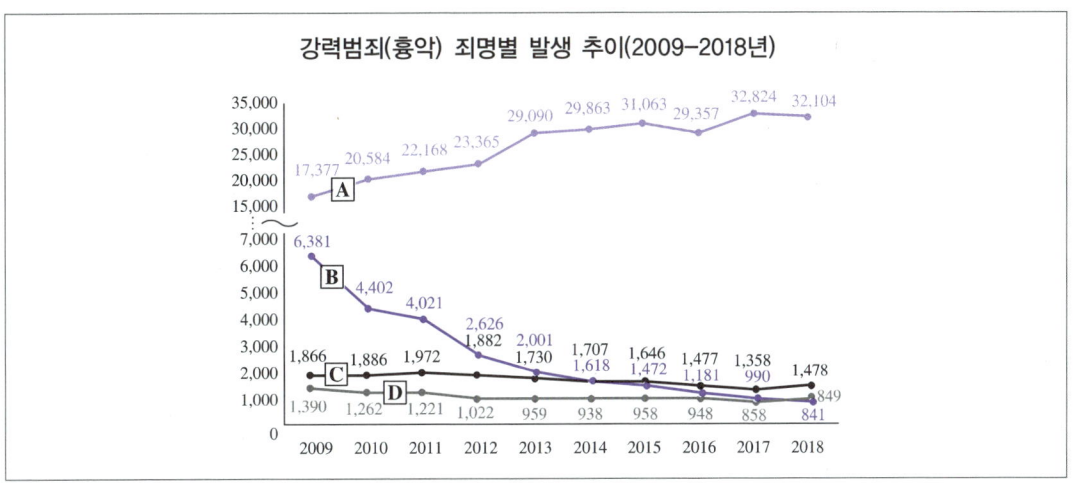

ㄱ. 그래프A는 성폭력범죄로 증가하는 추세이다.
ㄴ. 그래프B는 강도범죄로 감소하는 추세이다.
ㄷ. 그래프D는 살인범죄로 그래프C의 방화범죄보다 낮은 수준이다.

① ㄱ
② ㄱ, ㄷ
③ ㄴ, ㄷ
④ ㄱ, ㄴ, ㄷ

해설

도표는 2009년부터 2018년 사이의 강력범죄(흉악)의 죄명별 발생 현황과 추이를 나타낸 것이다. 성폭력은 위 기간 중 84.7% 증가하였으나, 강도는 86.8%, 살인은 38.9%, 방화는 20.8% 감소하였고, 살인범죄는 방화범죄보다 낮은 수준이다. 제시된 지문의 내용은 모두 옳다.

핵심만콕 죄명별 발생 현황

- 살인은 2009년 1,390건으로 최고치를 기록한 후 지속적으로 감소 추세를 보이고 있고, 2018년에는 전년보다 약간 감소한 849건을 기록하였다.
- 강도는 2009년 6,381건으로 최고치를 기록한 후 지속적으로 감소 추세를 보이고 있고, 2018년에는 전년보다 다소 감소한 841건을 기록하였다.
- 방화는 2009년 1,866건에서 2011년 1,972건에 이르기까지 증가하였으나 이후에는 지속적으로 감소 추세를 보이다가 2018년에는 전년보다 소폭 증가한 1,478건을 기록하였다.
- 성폭력은 2009년 17,377건에서 2015년 31,063건에 이르기까지 지속적으로 증가 추세를 보였고, 이후 증감변동은 있으나 2018년에는 32,104건을 기록하여 전년보다 소폭 감소하였다.

〈출처〉 법무연수원, 「2019 범죄백서」, 2020, P. 77

답 ④

94

「2023 범죄백서」에서 제시한 우리나라 범죄발생 현상에 관한 설명으로 옳은 것은?

① 청년기의 폭행가해 건수가 노년기보다 많다.
② 강력범죄 발생건수는 대도시가 농어촌보다 적다.
③ 여성은 사기보다 폭행을 더 많이 저지른다.
④ 검거율은 인구 10만 명당 검거 건수를 의미한다.

해설

2023 범죄백서에서 제시한 범죄발생현상을 보면 청년기의 폭행가해 건수가 노년기보다 많다.

핵심만콕

② 강력범죄 발생건수는 인구가 많은 대도시가 농어촌보다 더 많이 발생한다.
③ 여성에 비해 남성이 사기보다 폭행을 더 많이 저지른다.
④ 일반적으로 범죄율은 인구 10만 명당 범죄발생 건수로 계산한다.

- 범죄율 = $\dfrac{범죄건수}{인\,구} \times 10만$

- 검거율 = $\dfrac{한\,해\,동안\,범인이\,검거된\,사건수}{한\,해\,동안\,발생한\,사건수} \times 100$

답 ①

95

2012년부터 2021년 사이의 공식통계상 우리나라의 범죄현상에 관한 설명으로 옳은 것은?(단, 「2022 범죄백서」를 기준으로 한다)

① 살인은 지속적으로 감소추세를 보이고 있다.
② 발생 건수는 지난 10년간 증가하였다.
③ 여성범죄자의 수는 매년 증가하고 있다.
④ 성폭력은 2012년부터 2021년 사이의 기간 중 감소하였다.

해설

② 발생 건수는 지난 10년간 20.8% 감소하였다.
③ 여성범죄자 인원은 2021년 288,315명을 기록하여 2012년 대비 14.3% 감소하였다.
④ 성폭력은 해당 기간 중 40.8% 증가하였으나, 강도는 80.5%, 방화는 45.5%, 살인은 32.3% 감소하였다.

〈출처〉 법무연수원, 「2022 범죄백서」, 2023, P. 10~12

답 ①

96

대검찰청 「2022 범죄분석」상 스마트폰 등 전자기기 사용의 보편화로 인하여 지난 10년간 급격한 증가를 보인 성폭력범죄 유형은? 기출수정 18

① 강간살인
② 특수강도강간
③ 강간치상
④ 카메라 등 이용촬영

해설

스마트폰 등 전자기기 사용의 보편화로 인하여 지난 10년간 급격한 증가를 보인 성폭력범죄 유형은 카메라 등 이용촬영이다.

핵심만콕

- 카메라 등 이용촬영의 구성비는 2012년 10.5%에서 지속적으로 증가하며 2015년 24.9%로 최고치를 기록하였고 이후 감소세를 보이다 2021년에는 17.3%로 다소 증가하였다.
- 최근 성폭력범죄의 급격한 증가는 강간이나 강간 등 상해/치상 등과 같은 심각한 유형의 범죄보다는 강제추행범죄와 카메라 등 이용촬영범죄가 증가한 데에서 기인한 것으로 볼 수 있다. 그리고 성폭력범죄에 대한 사회적 인식의 변화와 더불어 피해신고의 증가에 의한 것으로 추론해볼 수 있다.

〈출처〉 대검찰청, 「2022 범죄분석」, 2022, P. 15

답 ④

97

대검찰청의 「2022 범죄분석」상 범죄발생에 관한 설명으로 옳은 것은? 기출수정 19

① 여성범죄자는 폭력범죄보다 재산범죄가 많다.
② 형사처벌 받은 기결 범죄자 현황을 반영한다.
③ 암수범죄를 파악할 수 있다.
④ 범죄 발생율은 인구 1,000명 당 발생 건수를 의미한다.

해설

4가지 범죄군에서 여성범죄자의 비중이 가장 높은 범죄군은 재산범죄였으며, 그 다음은 강력범죄(폭력), 교통범죄, 강력범죄(흉악)의 순이었다.

〈출처〉 대검찰청, 「2022 범죄분석」, 2022, P. 27

핵심만콕

- ②·③ 발생통계원표는 각급 수사기관이 피해신고, 고소·고발, 자체인지 등에 의해서 범죄의 발생을 확인한 후 형사입건한 경우에 작성한다. 따라서 「범죄분석」에서의 발생 건수는 전국에서 발생한 모든 범죄사건을 의미하는 것은 아니며, 발생한 범죄사건 중 각급 수사기관이 발생사실을 확인한 후 형사입건한 건수를 의미한다.
- ④ 발생비는 인구 100,000명당 발생 건수를 의미하며, 인구는 주민등록인구현황(행정안전부) 기준이다.

답 ①

98

「2023 범죄백서」에 제시된 고령자 범죄 발생추세에 관한 설명으로 옳지 않은 것은?

고령범죄자 현황(2018년~2022년)

(단위 : 명, %)

연도 \ 구분	전체	고령자		
		인원	고령자비	범죄발생비
2018	1,749,459	128,850	7.4	1,684.2
2019	1,754,808	145,522	8.3	1,812.9
2020	1,638,387	148,483	9.1	1,821.5
2021	1,359,952	136,257	10.0	1,646.1
2022	1,359,389	136,676	10.1	1,651.2

※ 주 : 1. 대검찰청.「범죄분석」. 각년도
  2. 범죄발생비는 고령인구 10만 명당 범죄자수
  3. 고령범죄자는 만65세 이상의 피의자

① 전체 범죄자에서 고령자비는 지속적으로 증가하고 있다.
② 2018년부터 2022년까지 고령범죄자 수는 지속적으로 증가하고 있다.
③ 2020년은 전년대비 전체범죄자 수는 감소하였으나, 고령범죄자 수는 증가하였다.
④ 2021년은 고령범죄자의 범죄발생비가 전년 대비 감소하였다.

해설

2018년도부터 2020년까지 고령범죄자 수는 지속적으로 증가되었으나 2021년에 감소하였다가 2022년에 다시 증가되었다.

답 ②

4 범죄의 사회인구학적 특성

99
CHECK ○ △ ×

다음에 해당하는 범죄는? 기출 23

> ○ 은폐된 범죄성이 있다.
> ○ 우발적으로 발생한다.
> ○ 경미한 범행을 반복한다.
> ○ 자신을 잘 아는 사람을 범행대상으로 한다.

① 사이버범죄
② 테러범죄
③ 전쟁범죄
④ 여성범죄

해설

여성범죄는 인지가 어려운 은폐성을 특징으로 하며, 대부분 우발적이거나 상황적 범죄이다. 경미한 범행을 반복해서 자주 행하는 경우가 많고, 잘 아는 사람을 범행대상으로 삼는다.

핵심만콕

- 사이버범죄 : 컴퓨터를 포함한 정보통신기술이 행위의 수단이나 목적인 모든 범죄적 현상을 지칭한다. 비대면성·익명성, 전문성·기술성, 시·공간적 초월성, 막대한 피해규모 등의 특징을 갖는다.
- 테러범죄 : 특정한 정치·종교·민족 등 목적 달성을 위하여 국가·지방자치단체 또는 외국 정부의 권한행사를 방해하거나 의무 없는 일을 하게 할 목적 또는 공중을 협박할 목적으로 일반대중에게 공포심을 야기하는 불법한 유형력의 행사를 말한다. 테러범죄는 일반 강력범죄와 비교할 때, 목적성, 폭력성, 불법성, 수단성, 위험성이라는 특징을 동시이고 복합적으로 갖고 있다.
- 전쟁범죄 : 국제전시법이 범죄로서 규정하는 조항을 위반한 범죄로 정의된다. 일상적인 의미로는 전투 중 교전 수칙을 어긴 비인도적 행위를 가리키는 경우가 많다.

답 ④

100

젠더(Gender)폭력이 아닌 것은? 기출 23

① 성폭력
② 리벤지 포르노
③ 데이트폭력
④ 도 박

해설
도박은 피해자가 없는 범죄의 대표적인 예이다. 젠더(Gender)폭력이란 생물학적 성(性)과 성별 정체성 혹은 사회적으로 정의된 남성성·여성성의 규범에 따라 스스로 인지한 정체성에 기반을 두고 한 개인을 겨냥하는 폭력으로, 신체적·성적·정신적 학대·협박·강압·자유의 임의적 박탈과 경제적 박탈을 포함한다. 성폭력(성희롱, 성추행, 강간 등), 가정폭력, 리벤지포르노, 데이트 폭력, 성매매 등을 그 예로 들 수 있다.

답 ④

101

헤이건(Hagan)의 권력통제이론의 내용으로 옳은 것은? 기출 13

① 범죄자는 가난한 사람들에게도 피해를 준다.
② 범죄는 학습된다.
③ 전통적인 남성지배적 가정에서 딸은 더 엄격하게 통제된다.
④ 평화와 인본주의가 범죄를 줄일 수 있다.

해설
헤이건의 권력통제이론에 따르면 딸은 가부장적 가정에서 더 엄격하게 통제된다.

답 ③

102

다음과 관련이 있는 범죄는? 기출 17

- 경미한 범행을 반복해서 자주 행하는 경우가 많고, 우발적으로 범죄를 행한다.
- 은폐된 범죄성(Masked criminality)을 가진다. 매춘·도박·기타 풍속 범죄 등의 범죄 발생이 많다.

① 암수범죄
② 여성범죄
③ 소년범죄
④ 지능범죄

해설

① 암수범죄는 실제로 범죄가 발생하였으나 수사기관에 인지되지 않았거나, 인지되기는 하였으나 해명되지 않아 공식적인 범죄통계에 나타나지 않는 범죄행위의 총체이다.
③ 소년범죄는 19세 미만 소년의 범죄행위를 말한다.
④ 지능범죄는 사회적 지위를 가지고 지능정도가 비교적 높은 자 등에 의하여 지능적·기술적으로 이루어지는 범죄이다. 횡령, 배임, 사기 등이 대표적이다.

핵심만콕   여성범죄의 특징

- 여성범죄는 인지가 어려운 은폐성을 특징으로 한다.
- 대부분 우발적이거나 상황적 범죄이다.
- 배후에서 공범으로 가담하는 경우가 많다.
- 주변 남성의 암시나 유혹에 따라 그 남성을 위하여 범행하게 되는 경우가 많다.
- 여성범죄자의 반수 정도는 누범자이며, 일반적으로 지능이 낮고, 정신박약자 내지는 정신병질자가 많다.
- 잘 아는 사람을 범행대상으로 삼는 경우가 많다.
- 범행수법도 독살 등 비신체적 수법을 택하는 경우가 높다.
- 경미한 범행을 반복해서 자주 행하는 경우가 많다.
- 여성의 사회적 지위가 낮은 나라에서는 여성에게 개방된 사회적 활동범위가 현저히 좁기 때문에 범죄를 범할 기회가 적지만, 여성의 사회적 진출이 많이 이루어짐에 따라서 여성의 범죄도 증가한다.
- 남성은 미혼 범죄자의 범죄율이 기혼자보다 높은 것에 비해서, 여성은 기혼자의 범죄율이 높다는 것이 특징이다.

답 ②

103

헤이건(Hagan)의 권력통제이론에 관한 설명으로 옳지 않은 것은? 기출 22

① 여성주의 범죄학을 통제이론과 결합하였다.
② 가정 및 직장 내 권력 불평등에 관심을 가졌다.
③ 성별 권력관계에 따라 자녀 양육방식이 달라진다.
④ 가부장적 분위기에서 자란 여성은 평등적 분위기에서 자란 여성에 비해 더 많은 비행에 가담한다.

해설

헤이건의 권력통제이론에 따르면 평등적 분위기에서 자란 여성은 가부장적 분위기에서 자란 여성에 비해 더 많은 비행에 가담한다. 헤이건(Hagan)의 권력통제이론은 부모의 가부장적 양육행태에 의해 범죄에서의 성별 차이가 결정된다고 주장한다. 즉, 가부장적 가정에서 자란 자녀의 경우 남녀 간의 비행이나 범죄의 차이가 크지만, 평등주의적 가정에서 자란 자녀는 그 차이가 적다고 주장하였다.

핵심만콕 헤이건(Hagan)의 권력통제이론

의의	• 범죄의 성별 차이를 설명하기 위하여 페미니즘이론, 갈등이론, 통제이론의 요소들을 종합하여 구성한 것이다. • 부모의 가부장적 양육행태에 의해 범죄에서의 성별 차이가 결정된다고 주장하였다.
내용	• 아버지와 어머니가 직장에서 갖는 계급적 지위의 차이에 따라 가족구조를 '가부장적 가정'과 '평등주의적 가정'으로 구분할 수 있다고 보았다. | 가부장적 가정	평등주의적 가정
• 아버지가 직장에서 권위를 갖는 지위에 있고, 어머니는 그렇지 못하여 생산과 소비가 성별에 따라 분리된 경우를 말한다. • 아들은 생산(직장)에, 딸은 소비(가정)에 맞게 사회화되며, 이러한 성역할에 따라 딸에 대한 엄격한 통제가 이루어진다고 보았다. • 아들은 위험을 감수하도록 가르치고, 딸은 위험을 회피하고 조신하게 행동하도록 가르친다는 것이다.	• 아버지와 어머니의 직업적 지위가 동등하여 소비와 생산의 성별 분리가 없고, 부부간의 권력관계가 비교적 평등한 경우를 말한다. • 평등주의적 가정에서 자란 딸은 아들과 비슷한 수준의 통제를 받고 사회화되므로 위험을 감수하는 행위에 대해 허용적이다. | • 이에 따라 가부장적 가정에서 자란 자녀의 경우 남녀 간의 비행이나 범죄의 차이가 크지만, 평등주의적 가정에서 자란 자녀는 그 차이가 적다고 주장하였다.

답 ④

104

부모의 가부장적 양육행태가 범죄발생의 성별차이를 설명한다고 주장하는 이론은? 기출 24

① 허쉬(Hirschi)의 사회유대이론
② 서덜랜드(Sutherland)의 차별접촉이론
③ 롬브로조(Lombroso)의 생래적원인론
④ 헤이건(Hagan)의 권력통제이론

해설

헤이건(Hagan)의 권력통제이론은 범죄의 성별 차이를 설명하기 위하여 페미니즘이론, 갈등이론, 통제이론의 요소들을 종합하여 구성한 것으로, 부모의 가부장적 양육행태에 의해 범죄에서의 성별 차이가 결정된다고 주장하였다.

답 ④

105

여성범죄자에 대한 형사사법기관의 관대한 처벌이 이루어진다는 주장은? 기출 22·11

① 남성성 가설
② 기사도 가설
③ 신여성범죄자 가설
④ 성숙효과 가설

해설

기사도 가설에 대한 내용이다.

핵심만콕 기사도 가설(Chivalry hypothesis, 오토 폴락)

- 기사도 가설은 폴락(O. Pollak)이 주장한 이론으로서 여성의 범죄가 은닉되는 결정적인 요인은 여성을 향한 남성의 기사도(Chivalry)라고 보았다. 즉, 법집행기관이 여성에 대하여는 남성보다 관대하게 처분한다는 것이다.
- 여성범죄를 기본적인 자연적 여성성향으로부터의 일탈이 아닌 자연적인 범죄지향적 성향 때문인 것으로 보았다.
- 여성이 남성보다 더 일탈적이고, 약으며, 생리적이고, 사회적으로 어떤 유형의 범죄에 대해서는 더 용이하다는 것이다.
- 여성이 남성에 못지않은 범죄를 저지르지만, 단지 여성의 범죄는 은폐되거나 편견적인 선처를 받기 때문에 통계상 적은 것으로 보일 뿐이라는 것이다.
- 여성이 남성에 의해 이용되기보다는, 그들의 남성 동료로 하여금 범죄를 수행하도록 남성을 이용한다고 보고 있다. 즉, 남성이 여성을 유순하고 보호가 필요한 존재로 취급하기 때문에 여성이 범죄자가 될 수 있다는 것을 믿기 어려워하고 신고나 고발, 유죄선고를 잘 하지 않는다는 것으로, 이것이 곧 여성범죄자에 대한 형사사법기관의 관대한 처벌로 이어진다는 것이다.

답 ②

106

성별에 따른 범죄율의 차이를 설명하는 관점으로 옳지 않은 것은? 기출 13

① 집합효율성
② 성역할의 사회화
③ 여성의 낮은 지위
④ 여성의 낮은 공격성

해설

우리나라의 경우 남성 범죄율이 여성 범죄율보다 높은데, 이는 생래적으로 남성이 여성보다 강한 공격성을 가지고 있고, 사회화 과정에서 고착된 성역할과 여성의 낮은 지위에 기인한다고 보고 있다.

답 ①

107

여성의 사회적 역할이 변하고 생활양식이 남성과 비슷해지면서 여성의 범죄율도 남성의 범죄율에 근접할 것이라고 설명하는 개념은? 기출 18

① 기사도 가설(Chivalry hypothesis)
② 성숙효과(Maturation effect)
③ 신여성범죄자(New female criminal)
④ 은폐된 범죄성(Masked criminality)

해설

신여성범죄자(New female criminal)에 대한 설명이다.

핵심만콕 신여성범죄자

- 70년대에 들어서 여성의 사회적 역할의 변화와 그에 따른 여성 범죄율의 변화 관계에 초점을 맞춘, 여성범죄의 원인에 대한 새로운 주장이 등장하였다.
- 전통적으로 여성 범죄율이 낮은 이유를 여성의 사회경제적 지위가 낮기 때문이라고 보고, 여성의 사회적 역할이 변하고 생활형태가 남성의 생활상과 유사해지면서 여성의 범죄활동도 남성의 그것과 닮아간다는 주장이다.

답 ③

108

범죄율 및 처벌의 성별 차이를 설명하는 이론 또는 가설이 아닌 것은? 기출 15

① 남성성 가설
② 권력통제이론
③ 기사도 가설
④ 자아훼손이론

해설

자아훼손이론(Self-derogation theory)은 부정적인 자기존중감이 청소년비행에 미치는 영향을 강조하는 이론으로, 해당 설문과는 관련이 없다.

답 ④

109

연령과 범죄율과의 관계를 연구한 학자를 모두 고른 것은? 기출 17

ㄱ. 그린버그(Greenberg)
ㄴ. 애그뉴(Agnew)
ㄷ. 로우와 티틀(Rowe & Tittle)

① ㄱ
② ㄱ, ㄴ
③ ㄴ, ㄷ
④ ㄱ, ㄴ, ㄷ

해설

제시된 학자들은 모두 연령과 범죄율 간의 상관성에 대하여 연구하였다.

핵심만콕

ㄱ. (○) 그린버그(Greenberg)는 사회 환경에 따라 범죄율이 가장 높은 연령대가 달라질 수 있다고 주장하였으며, 연령 – 범죄곡선의 정점은 10대 후반이고, 범죄 유형별로 차이가 있는 것으로 보았다. 10대 후반의 범죄 증가는 긴장이론으로, 이후 범죄의 감소는 통제이론으로 설명하였다.
ㄴ. (○) 애그뉴(Agnew)의 일반긴장이론은 긍정적 목표 달성의 실패, 기대와 성취의 불일치, 긍정적 자극의 소멸, 부정적 자극에의 직면 등에 의하여 긴장이 발생하고, 이는 청소년비행을 일으키는 원인이 된다고 설명한다.
ㄷ. (○) 로우와 티틀(Rowe & Tittle)은 범죄행위에 참여할 가능성인 '범죄적 성향'이 연령에 따라 점차적으로 감소하는 것을 발견하였다.

답 ④

110

연령과 범죄와의 관계를 연구한 학자를 모두 고른 것은? 기출 22

> ㄱ. 폴락(Pollak)
> ㄴ. 로우와 티틀(Rowe & Tittle)
> ㄷ. 애그뉴(Agnew)

① ㄱ, ㄴ
② ㄱ, ㄷ
③ ㄴ, ㄷ
④ ㄱ, ㄴ, ㄷ

해설

ㄴ. 로우와 티틀(Rowe & Tittle), ㄷ. 애그뉴(Agnew)는 연령과 범죄와의 관계를 연구한 학자에 해당하나, ㄱ. 폴락(Pollak)은 여성범죄의 암수범죄를 연구한 학자로 "여성범죄의 비율이 낮은 중요한 원인은 암수 때문이다."라고 말하며 기사도 가설을 주장하였다.

핵심만콕 연령과 범죄와의 관계를 연구한 학자들

학자	내용
서덜랜드와 크레시 (Sutherland & Cressey)	여러 나라의 범죄통계를 분석한 결과, 대체로 범죄성이 최고인 시기는 사춘기 또는 그 직전의 시기이며, 이를 정점으로 꾸준히 감소한다는 사실을 발견하였다.
허쉬와 갓프레드슨 (Hirschi & Gottfredson)	"사회경제적 지위, 결혼관계, 성별 등에 관계없이 젊은 사람이 나이 든 사람보다 많은 범행을 한다."라고 주장하였다.
로우와 티틀 (Rowe & Tittle)	범죄행위에 참여할 가능성에 대한 스스로의 추정인 "범죄적 성향"을 연구한 결과, 이 범죄적 성향이 연령에 따라 점차적으로 감소한다는 것을 알게 되었다.
그린버그 (Greenberg)	• 최고범죄연령은 10대 후반이며, 범죄유형별로 차이가 있다. • 나이가 들면서 범죄가 줄어든다고 보았는데, 10대 후반의 범죄증가는 긴장이론으로, 이후 범죄의 감소는 통제이론으로 설명하였다.
애그뉴 (Agnew)	일반긴장이론은 긍정적 목표 달성의 실패, 기대와 성취의 불일치, 긍정적 자극의 소멸, 부정적 자극에의 직면 등에 의하여 긴장이 발생하고, 이는 청소년비행을 일으키는 원인이 된다고 설명하였다.

답 ③

111

트렘블레이(R. Tremblay)의 공격성 발달이론에 관한 설명으로 옳은 것은? 기출 20

① 공격성은 아동기에 형성된다.
② 공격성이 최고에 이르는 시기는 성인기이다.
③ 공격성은 주로 청소년기의 호르몬 변화에 따라 결정된다.
④ 공격성은 주로 청소년기에 나쁜 친구들에 의해 학습된다.

해설

리처드 트렘블레이(트랑블레)에 따르면, 일생의 모든 시기에 걸쳐 가장 폭력적인 시기는 생후 만 2세를 갓 넘긴 유아기이며, 공격성의 빈도는 나이가 들면서 꾸준히 감소한다.

핵심만콕

발달심리학자 리처드 트렘블레이(R. Tremblay)는 일생의 모든 시기에 걸쳐 폭력을 자행하는 빈도를 측정한 결과, 인생에서 가장 폭력적인 시기는 사춘기나 청년기가 아니라 생후 만 2세를 갓 넘긴 유아기임을 입증했다. 두 살을 갓 넘긴 남자 유아의 거의 절반과 그보다 약간 적은 비율의 여자아기들은 때리고 물고 발로 차는 행동을 적극적으로 보였다. 이러한 물리적 공격성의 빈도는 나이가 들면서 꾸준히 감소하였다. 트렘블레이는 이렇게 서술했다. "유아들은 서로 죽이진 않는다. 어른들이 총과 칼을 유아들에게 쥐어주지 않기 때문이다. (중략) 우리는 지난 30년 동안 어떻게 어린이들이 폭력을 학습하게 되는지에 대해 해답을 얻고자 노력했다. 그러나 이는 잘못된 질문이다. 올바른 질문은 어린이들이 어떻게 비폭력을 학습하게 되는지 묻는 것이다."

〈출처〉 전중환, 「진화심리학 관점에서의 폭력범죄의 원인과 대책연구」, 경희대학교 후마니타스칼리지

답 ①

112

경제적 환경과 범죄에 관한 설명으로 옳은 것은? 기출 14

① 인플레이션은 생계형 범죄의 감소를 불러온다.
② 상대적 빈곤감은 범죄증가와 관련이 없다.
③ 실업은 범죄의 직접적 원인이다.
④ 불경기는 재산범죄의 증가에 영향을 준다.

해설

① 인플레이션은 생계형 범죄의 증가를 불러온다.
② 상대적 빈곤감은 범죄충동을 느끼게 할 수 있어 범죄의 증가와 관련된다.
③ 실업이 범죄가 확산되는 사회조건을 결정하는 주요한 요인이지만, 실업의 해결이 범죄의 해결을 의미한다고 할 수는 없으므로, 실업이 범죄의 직접적 원인이라고 볼 수는 없다.

답 ④

113

경제적 환경과 범죄에 관한 설명으로 옳지 않은 것은? 기출 20

① 상대적 박탈감이 범죄의 충동을 느끼게 할 수 있다.
② 인플레이션은 생계형 범죄의 감소를 초래한다.
③ 장기적 불경기는 재산범죄의 증가와 관련이 있다.
④ 실업과 범죄의 관계는 사회적 여건에 따라 달라진다.

해설

인플레이션 발생 시 화폐가치가 하락하여 물가가 전반적·지속적으로 상승하면서 생계형 범죄가 증가한다.

핵심만콕

① 절대적 빈곤 그 자체도 물론 범죄와 유관한 것이지만 사람들이 느끼는 상대적 빈곤감이 범죄에의 충동감을 느끼게 할 수도 있다.
③ 경기변동이 범죄에 미치는 영향을 죄종별로 분석해 보면, 자동차 절도 등은 범행기회의 증대로 인하여 오히려 호경기에 많이 일어나는 반면, 대부분의 경제범죄와 음주, 재산범죄 등은 경제적 공황기(불경기)에 증가하는 것으로 나타났다.
④ 실업이 범죄에 기여하는 요인임에 틀림없으나 인과관계가 그리 간단하지 않다. 실업과 범죄의 관계는 사회적 여건에 따라서도 달라질 수 있다.

답 ②

114

우리나라에서 범죄율을 증가시키는 경제적 요인과 직접적인 관련이 없는 것은? 기출 10

① 실 업
② 결 혼
③ 빈 곤
④ 불 황

해설

②는 범죄율을 증가시키는 경제적 요인으로 보기 어렵다.

핵심만콕

① 자본주의화는 일면에서는 도시인구의 증가, 경쟁사회의 고착화, 이윤추구의 극대화, 빈부격차의 심화(계층갈등의 심화), 대량실업 등을 야기하고 이것은 일반적으로 범죄원인성이 있는 것으로 인정된다.
③ 통계에 따르면 우리나라에서는 경제적 빈곤계층과 결부되어 범죄가 많이 발생하며, 중류계층이나 상류계층의 낮은 범죄율을 고려해 볼 때에 경제적 빈곤이 범죄발생에 중요한 요인으로 작용한다는 것을 알 수 있다.
④ 경제불황은 소득감소에 따라서 재산범죄, 특히 절·강도를 많이 유발할 것이고, 도덕적 타락을 초래하는 인격형성적 환경으로 작용할 것이며, 부모실직에 따라 가정의 훈육적 기능에 장애를 일으킬 것이다.

〈출처〉 박상기 외 2인, 「형사정책」, 한국형사정책연구원, 2021, P. 216~218

답 ②

115

경제적 환경과 범죄와의 관계로 옳지 않은 것은? 기출 17

① 장기간의 실업은 범죄율의 상승에 영향을 미친다.
② 상대적 빈곤감이 범죄충동을 느끼게 할 수 있다.
③ 인플레이션은 생계형 범죄의 감소를 불러온다.
④ 불경기는 재산범죄의 증가에 영향을 준다.

해설

인플레이션 발생 시 화폐가치가 하락하게 되며, 이로 인해 물가가 전반적, 지속적으로 상승하여 생계형 범죄가 증가하는 경향이 있다.

답 ③

116

공식통계상 인구사회학적 특성과 범죄의 관계에 관한 설명으로 옳지 않은 것은? 기출수정 20

① 여성범죄는 폭력범죄보다 재산범죄가 많다.
② 성폭력 발생비율은 대도시가 농어촌보다 높다.
③ 노인범죄는 폭력범죄보다 재산범죄가 많다.
④ 범죄와 사회경제적 지위의 관계는 일관적이다.

해설

엘리어트(Elliott) 등의 연구를 통해 가벼운 비행의 경우에는 사회경제적 지위와 아무런 관계가 없으나, 강력범죄에 있어서는 하류계층의 범행이 더 많다는 것을 알 수 있다. 다만, 이것만으로는 사회경제적 지위와 범죄의 관계를 일률적으로 설명하기 어렵다.

핵심만콕

① 우리나라 전체 범죄자 중 여성범죄자는 지난 10년간 17~21%대를 점유하여 왔으며 전반적으로 증가 추세를 보이고 있다. 범죄유형별로는 재산범죄, 죄명별로는 사기가 가장 많은 비율을 차지하고 있다.
② 2021년도 강력범죄(흉악) 발생지역별 구성비를 보면 각 대도시와 중·소도시에 대부분 집중되어 있음을 볼 수 있는데, (중략) 살인·강도·방화의 발생비율은 중소도시가 가장 높은 반면, 성폭력의 발생비율은 대도시가 가장 높은 것으로 나타났다.

〈출처〉 법무연수원, 「2022 범죄백서」, 2023, P. 74, 133

③ 4가지 범죄군 중에서 고령자범죄 발생비가 가장 높은 범죄군은 재산범죄이며, 그 다음은 교통범죄, 강력범죄(폭력), 강력범죄(흉악)의 순이었다. 강력범죄(흉악)은 4가지 범죄군 중에서 발생비가 가장 낮았지만 지난 10년간 증가율은 82.4%로 가장 높았다.

〈출처〉 대검찰청, 「2022 범죄분석」, 2022, P. 22

답 ④

117

인구사회학적 특성과 범죄의 일반적 관계에 관한 설명으로 적절하지 않은 것은? 기출 18

① 사회경제적 지위와 범죄의 관계를 일률적으로 설명하기는 어렵다.
② 폭력범죄의 경우 남성의 범죄율은 여성의 범죄율보다 높다.
③ 폭력범죄 발생 건수는 대도시가 농촌지역보다 더 많다.
④ 가정의 결손 여부는 청소년비행의 일관된 예측요인이다.

해설

가정의 결손 여부가 청소년비행을 유발하는 데 어느 정도 영향을 미친다고 볼 수는 있지만, 이를 청소년비행의 일관된 예측요인으로 볼 수는 없다.

핵심만콕

사실 일부 연구의 결과는 결손과정과 비행은 거의 또는 전혀 관계가 없다는 사실을 보여 주고 있다. 즉, 비행소년이 결손가정 출신인 경향은 있으나 매우 미약한 정도에 지나지 않는다는 것이다. 그렇다면 결손가정과 비행에 관해서 우리는 어떠한 결론을 내릴 수 있는가? 대답은 결손가정의 유형과 비행의 유형에 따라서 그 관계가 달라진다는 것이다.
〈출처〉 이윤호, 「범죄학」, 박영사, 2019, P. 57~58

답 ④

118

범죄의 인구사회학적 특성에 관한 설명으로 옳지 않은 것은? 기출 19

① 폭력범죄는 남성이 여성에 비해 더 많이 저지른다.
② 폭력범죄율은 농촌보다 대도시에서 높게 나타난다.
③ 청년기에는 지능범죄율이 높고, 노년기에는 폭력범죄율이 높다.
④ 사회경제적 계층과 범죄와의 상관관계는 일률적이지 않다.

해설

청년기의 폭력범죄율이 노년기에 비해 높다. 지능범죄(사기, 횡령, 배임 등)는 중·장년기에 높은 범죄율을 보인다.

핵심만콕

연령층에 따라 상이한 종류의 범죄를 범한다고도 볼 수 있는데, 대체로 노인층에서는 숨겨진 범죄를 주로 범하는 반면, 젊은 층에서는 가시적인 범죄를 주로 범하기 때문일 수도 있다. (중략) 범행의 기회도 이러한 연령별 차이를 초래할 수 있다. 청소년들은 대체로 전통적인 노상범죄를 제외한 직업적인 고등범죄 등을 할 기회는 적다. 신체적 조건도 연령집단별 범죄율의 차이를 초래하는데, 강력범죄일수록 어느 정도의 신체적인 힘을 필요로 하기 때문에 이에 대한 노인층의 범행이 적을 수밖에 없는 것이다.
〈출처〉 이윤호, 「범죄학」, 박영사, 2019, P. 53~54

답 ③

5 범죄원인론 일반

119
고전주의 범죄학자는? `기출 22`　　　　　　　　　　　　　　　CHECK ○ △ ×

① 베카리아(Beccaria)
② 에이커스(Akers)
③ 머튼(Merton)
④ 브레이스웨이트(Braithwaite)

해설

베카리아(Beccaria)는 대표적인 고전주의 범죄학자이다. 에이커스, 머튼, 브레이스웨이트는 사회학적 범죄원인에서 열거되는 학자들이다.

핵심만콕　고전주의 범죄학자

베카리아 (Beccaria)	• 「범죄와 형벌」(1764)의 저자 • 비인간적인 형벌, 사형 및 고문 제도의 폐지를 주장하였다. • 형벌은 응보수단이 아니고 사회의 범죄방지수단으로 보았다. • 범죄억제 세 요소 : 처벌의 엄격성, 처벌의 신속성, 처벌의 확실성 • 일반예방을 강조하였다. • 인간은 자유의지가 있다고 주장하였다.
벤담 (Bentham)	• '최대다수의 최대행복'이라는 말을 창안하였으며, 공리주의적 형벌관에 입각하여 파놉티콘이라는 감옥건축 양식을 고안하였다(실제로 건설되지 않음). • 인간행위에 동기성을 강조하였다. • 형벌도 악이지만 사회에 대한 큰 악을 예방함으로써 행복의 감소를 저지하는 공리인 필요악이라고 주장하였다. • 형벌의 목적은 범죄인의 교화개선에 있다. • 형벌기준 : 관대성기준, 우등처우기준, 경제성기준 제시 • 범죄행위는 학습된 행위로 본다.
페스탈로찌 (Pestalozzi)	• 「입법과 영아살해」(1789) 저자 • 사생아 방지를 위한 미혼모의 처벌 규정이 오히려 사생아를 방지하는 것이 아니라 영아살해의 계기가 된다고 보았다. • 범죄예방은 사회교육에 의할 것을 강조하였으며, 교육학을 수형자 교육에 응용하려고 시도하였다.
하워드 (Howard)	• 「감옥상태론」(1777), 「영국과 웨일즈의 감옥상태」 저술 • 종교가 죄수들의 교화개선에 결정적으로 중요하다고 역설하고, 각 감옥에는 반드시 종교시설을 갖추어야 한다고 하였다. • 근대적인 교도소 설립을 위한 감옥법(1799)을 기초하였고, 이를 근거로 3개 도시에 독거감옥이 설립되었다. • 안전하고 위생적인 구금시설이 필요하며, 죄수를 죄질, 성별, 연령에 따라 분류하고 상호 간의 접촉은 완전히 차단되어야 한다고 주장하였다. • 감옥행정의 요체를 훌륭한 관리의 선임과 관리의 청렴으로 보고, 간수에 대한 수수료 제도를 폐지하고 국가로부터 임금을 받는 공무원으로 전환시킬 것을 주장하였다.

답 ①

120

'죄를 지은 사람은 반드시 처벌된다.'는 고전주의 범죄학의 형벌 원리는? 기출 24

① 엄격성
② 확실성
③ 신속성
④ 경제성

해설

형벌의 확실성은 '죄를 지은 사람은 반드시 처벌된다.'는 것으로 범죄자의 체포와 처벌의 가능성을 말한다. 확실성은 엄격성보다 범죄를 예방하는 데 가장 확실한 수단이다. 처벌의 정도가 가혹하지만 회피할 가능성이 있는 처벌보다는 처벌의 정도가 중하지 않다고 회피할 가능성이 없는 처벌이 더욱 효과가 있다.

답 ②

121

고전주의 범죄학에 기초한 이론의 주장과 가장 거리가 먼 것은? 기출 09

① 처벌의 억제효과
② 개인의 자유의지
③ 범죄자의 재사회화
④ 쾌락을 추구하는 인간상

해설

형벌 중심의 고전주의 범죄학과 달리, 실증주의 범죄학은 범죄자의 개인적 특성에 따른 교정·교화·재사회화 및 사회 내 처우 등을 중요시한다.

핵심만콕

① 벤담은 각자가 고통을 느끼는 정도는 그것이 얼마나 강력하게 작용했고, 오랫동안 지속되었으며, 또한 얼마나 확실하였는가에 의해 달라진다고 보았다. 벤담의 이러한 인식은 형사사법기관의 처벌을 통하여 범죄를 억제할 수 있다는 처벌의 범죄억제효과에 대한 논리적 배경이 되었다.
② 고전주의에서는 사람들의 의지에 따라 본인의 행위가 선택된 것으로 상정한 반면에 실증주의는 여러 요인들이 인간의 행위를 결정한다고 보고 있다.
④ 고전주의자들이 인간행위의 본질에 대해 가졌던 가정은 쾌락주의였다. 즉, 인간은 본질적으로 기쁨을 극대화하고 고통을 최소화하려는 속성을 가졌다는 것이다.

〈출처〉 박상기 외 2인, 「형사정책」, 한국형사정책연구원, 2021, P. 63~78

답 ③

122

고전주의 범죄학에 기초한 이론의 주장과 가장 거리가 먼 것은?

① 인간은 자유의지(Free will)를 가진 이성적이고 합리적인 존재
② 쾌락을 추구하는 인간상
③ 가장 효과적인 범죄예방은 형벌의 부과
④ 범죄는 인간이 어찌할 수 없는 환경과 요인에 의해서 결정된 결과

해설

실증주의 범죄학에서는 범죄를 개인의 선택이 아닌 통제불가능한 사회적·생물학적 요인에 의해서 결정되는 것으로 보기 때문에 범죄자를 사회적 병약자로 인식하고 있다. 따라서 책임을 물어 처벌하기보다는 치료하고 처우하여야 한다고 주장하고 있다.

답 ④

123

고전주의에 기초한 범죄이론의 주장으로 옳지 않은 것은? 기출 14

① 처벌의 위협으로 인한 억제효과가 기대된다.
② 인간의 행위는 개인의 자유의지에 의해 결정된다.
③ 형벌의 목적을 범죄자의 재사회화에 둔다.
④ 인간은 쾌락을 추구하는 존재라고 주장한다.

해설

형벌의 목적을 범죄자의 재사회화에 두는 것은 실증주의에 기초한 관점이다.

핵심만콕

① 고전주의 범죄학은 공리주의적 범죄원인론을 전제로 하면서, 범죄통제에는 범죄의 선택에 두려움을 갖도록 하는 것이 최상의 방법이므로 형벌이 가장 효과적인 범죄예방책이라고 보았다.
② 고전주의 범죄학은 사람들이 욕구충족이나 문제해결을 위한 방법으로 범죄 또는 범죄 이외의 방법을 선택할 수 있는 자유의지를 가지고 있다는 자유의지론을 전제로 하고 있다.
④ 고전주의 범죄학자인 벤담(Bentham)은 인간행위의 배후에 있는 '동기성'을 강조하면서 "쾌락의 추구, 고통의 회피"라는 동기는 나쁠 수 없고, 그 동기의 결과가 타인에게 악영향을 주는 경우에 결과만이 나쁘다고 주장하였다.

답 ③

124

고전주의 범죄이론에 관한 설명으로 옳은 것은? 기출 16

① 페리(Ferri)는 범죄포화법칙을 주장하였다.
② 범죄자의 특성을 고려하여 교화처우를 한다.
③ 인간의 행위는 개인의 자유의지에 따라 결정된다.
④ 범죄자와 비범죄자의 생물학적 차이를 인정한다.

해설

①・④ 고전주의 범죄이론과 대비되는 실증주의 범죄이론으로서의 생물학적 범죄원인론에 해당하는 설명이다.
② 고전주의 범죄이론에서는 범죄자의 특성을 고려하지 않은 예외 없는 처벌을 중시한다.

핵심만콕 개인적 수준의 범죄원인 이론

구 분		내 용	기 타
고전주의 범죄이론	베카리아 (Beccaria)	• 「범죄와 형벌」의 저자 • 형벌은 범죄에 비례해 부과되어야 함 • 범죄와 형벌 사이에는 비례성이 있어야 함 • 예방의 가장 좋은 방법의 하나는 잔혹한 형의 집행보다 확실하고 예외 없는 처벌임	• 거시적・정치적 범죄이론 • 자유의지론적 인간관 : 인간의 행위는 개인의 자유의지에 따라 결정됨 • 합리주의적 범죄원인론(공리주의) • 예방주의적 범죄대책론 • 범죄는 형벌을 통해 통제됨 • 형벌은 엄격・신속하고, 확실해야 함 • 범죄의 효과적인 예방을 위해서는 애초에 그러한 범죄행동을 선택하지 못하도록 해야 함
	벤담 (Bentham)	• 공리주의 : 베카리아의 공리적 사고를 발전 → 인간의 행위는 절대자의 비합리적인 제도에 의하여 판단할 것이 아니라, '증명 가능한 최대다수의 최대행복'의 원리에 의해 판단할 것을 주장 • 범죄의 통제는 형벌을 통해 이루어져야 함을 주장	
실증주의 범죄이론	생물학적 범죄원인론	• 롬브로소(Lombroso) - 생래적 범죄인설 : 범죄인에게는 타고난 생물학적 열등성이 있어 범죄에 중대한 영향을 미친다고 주장 • 페리(E. Ferri) - 범죄포화법칙 : 어느 사회나 일정한 양의 범죄가 발생하며, 범죄의 양이 늘거나 줄어들지 않음을 주장함. 롬브로소와는 달리, 생물학적 요소보다는 생물학적 요소와 사회적・경제적・정치적 요인들과의 상호관계가 범죄에 더 큰 영향을 미친다고 주장	• 고전주의 범죄이론의 한계점 보완 • 자유의지론적 인간관(자유의사설) 부인 : 범죄는 인간의 자유의지가 아닌 외적요인들에 의해 강요되고 발현되는 것임 • 따라서 기존의 형벌과 제도만으로는 통제가 불가능함을 주장하면서, 범죄원인을 각 이론적 유형에 따라 구분하고 각각에 대한 처방적・예방적 범죄대책을 제시함
	심리학적 범죄원인론	• 범죄는 정신이상・낮은 지능・성격(인성)・모방학습・도덕성 등 심리학적 요인에서 기인한다고 봄 • 대표적인 범죄심리학자 : 프로이드, 고프, 슈나이더, 아이젠크, 타르드, 톨만, 반두라, 피아제, 콜버그, 페스팅거, 스키너	

답 ③

125

합리적 선택이론에 관한 설명으로 옳은 것은? 기출 19

① 심리학적 결정론에 큰 영향을 받았다.
② 벤담(Bentham)의 합리적 형벌제도 개혁에 영향을 미쳤다.
③ 쌍생아 연구, 입양아 연구와 같은 유전 연구를 촉발시켰다.
④ 상황적 범죄예방에 설득력 있는 논거를 제공한다.

해설

합리적 선택이론은 범죄자가 주어진 조건에서 합리적 선택에 따라 범죄의 실행 여부를 결정한다는 것으로, 이는 상황적 범죄예방에 설득력 있는 논거를 제공한다. 코니쉬(Cornish)와 클라크(Clarke)가 주장하였다.

답 ④

126

고전주의 범죄학의 대표적 학자인 베카리아(Beccaria)의 주장으로 옳지 않은 것은? 기출 10

① 처벌의 신속한 집행은 범죄예방에 효과가 있다.
② 사형제도는 범죄예방 효과가 크기 때문에 유지되어야 한다.
③ 인간은 자신의 행동을 선택할 자유의지를 갖는다.
④ 범죄행위는 처벌에 대한 두려움에 의해 억제될 수 있다.

해설

베카리아는 그의 저서 「범죄와 형벌」을 통해 비인간적인 형벌, 사형 및 고문제도의 폐지를 주장하였다.

핵심만콕

베카리아는 법은 공포되어서 많은 사람들이 이를 알 수 있도록 하고 법의 정신이나 목적을 이해하도록 하는 것을 강조했으며, 고문이나 밀고주의는 폐지되어야 하고, 사형을 폐지하고 대신에 구금형으로 대치되어야 하며, 교도소는 더욱 인간적인 시설이 되어야 하며, 법은 부자와 가난한 사람이나 귀족이나 평민을 구분하지 말아야 한다고 주장하였다. 또한 범죄자는 배심원들에 의해 평결되어야 하며, 범죄자와 피해자 사이에 계급적 차이가 있을 경우에는 배심원의 절반은 피해자 계급에서 나머지 절반은 범죄자 계급으로 구성되어야 한다고 주장하였다.

〈출처〉 박상기 외 2인, 「형사정책」, 한국형사정책연구원, 2021, P. 66~67

답 ②

127

합리적 선택이론(Rational choice theory)과 가장 거리가 먼 것은? 기출 11

① 고전주의 범죄학
② 자유의지
③ 치료와 갱생
④ 합리적 인간상

해설
합리적 선택이론에 따르면 범죄자는 주어진 조건에서 자신의 이익에 가장 유리한 것을 선택하게 되므로 그 합리적 선택에 따라 범죄의 실행 여부를 결정한다. 따라서 이는 인간의 자유의지를 강조하는 고전주의 범죄학과 밀접한 연관이 있다.

답 ③

128

고전주의 범죄이론에 관한 설명 중 옳지 않은 것은?

① 효과적인 범죄예방대책은 형벌을 부과하여 사람들로 하여금 범죄를 선택하지 못하게 하는 것이다.
② 범죄를 예방하기 위해서는 행위자의 특성을 고려한 형벌을 부과하여야 한다.
③ 미국 범죄사회학이론 중 억제이론(Deterrence theory)의 이론적 기초가 되었다.
④ 고전주의 이론가들이 관심을 둔 사항은 형벌제도의 개혁이었다.

해설
행위자의 특성을 고려한 대표적인 학자로는 리스트(Liszt)가 있으며, 고전주의 학파가 아닌 실증주의 학파에 속한다.

답 ②

129

다음 중 범죄에 대한 고전주의적 태도와 관련이 있는 것은? 기출 12

① 생애지속범죄
② 생래적 범죄인
③ 잠재적 범죄인
④ 자유의지론

해설
고전학파에서는 인간이 자유의지를 가지고 있는 것으로 본다. 다만, 범죄는 합리적인 인간이 자유의지를 남용하여 피해를 준 것으로 이해한다.

답 ④

130

고전주의 범죄학에 관한 설명으로 옳은 것을 모두 고른 것은? 기출 15

> ㄱ. 인간의 자유의지를 인정한다.
> ㄴ. 범죄를 일으키는 개인의 생물학적 특질에 많은 관심을 둔다.
> ㄷ. 형벌을 통한 억제에 많은 관심을 둔다.
> ㄹ. 인간은 합리적 존재임을 가정한다.
> ㅁ. 롬브로소(Lombroso)의 '생래적 범죄자론'이 대표적 이론이다.

① ㄱ, ㄴ
② ㄷ, ㄹ
③ ㄱ, ㄴ, ㅁ
④ ㄱ, ㄷ, ㄹ

해설
- 고전주의 범죄학 : ㄱ, ㄷ, ㄹ
- 실증주의 범죄학 : ㄴ, ㅁ

답 ④

131

고전주의 범죄학에 관한 설명 중 틀린 것은?

① 인간은 자유의사를 가진 합리적 존재이며, 동시에 모든 인간은 일탈할 잠재성을 가진 존재라고 가정한다.
② 공리주의 철학과 쾌락주의 원리의 영향을 받았다.
③ 개별적 범죄인에 초점을 맞추고 있다.
④ Cesare Beccaria와 Jeremy Bentham이 고전학파의 창시자이다.

해설
실증주의 범죄학은 개별적 범죄인에 초점을 맞추고 있으며, 형법의 특성과 형사사법의 운영에 초점을 맞추는 고전주의 범죄학과는 구별된다.

답 ③

132

다음 중 고전주의학파와 관계없는 것은?

① 형법개혁운동
② 의사비자유론
③ 감옥개량운동
④ 인도주의

해설
고전주의 범죄학파는 인도주의 · 자유주의적 경향을 가진 학파로서, 형법개혁운동과 감옥개량운동에 관심을 가졌다.

답 ②

133

다음 중 벤담과 관계없는 것은?

① 최대다수의 최대행복
② 심리강제설
③ 파놉티콘형 교도소
④ 범죄행위는 학습된 행위이다.

해설
심리강제설은 포이어바흐(Feuerbach)가 주장한 것이다.

답 ②

134

다음 중 벤담(Bentham)과 관계없는 것은?

① 형벌의 목적은 범죄인의 교화개선에 있다.
② 형벌기준으로 관대성기준, 우등처우기준, 경제성기준을 제시하였다.
③ 파놉티콘 감옥의 건설에 공헌하였다.
④ '최대다수의 최대행복'이라는 말을 창안하였다.

해설
그 구조를 일부 차용해서 만든 감옥은 있지만, 파놉티콘 감옥은 구상되는 데에 그쳤고 실제 건설되지는 못하였다.

답 ③

135

베카리아(Beccaria)가 주장한 처벌이 범죄행위 통제 가능성을 높이는 3요소에 해당하지 않는 것은?

① 처벌의 엄격성
② 처벌의 신속성
③ 처벌의 도덕성
④ 처벌의 확실성

해설
베카리아(Beccaria)는 형벌을 응보수단이 아닌 범죄방지수단으로 보았다. 즉, 형벌의 일반예방 기능을 강조한 것이다. 따라서 형벌집행의 효과는 형벌의 양뿐만 아니라 그 집행방법의 신속성, 확실성, 엄격성의 정도에 따라 좌우된다고 주장하였다.

답 ③

136

미국 일부 주에서 삼진아웃제도(Three strikes and you're out)로 상습범죄자를 매우 무겁게 처벌하는 것은 다음 중 무엇과 가장 관련이 있는가?

① 신중성
② 엄격성
③ 신속성
④ 확실성

해설
처벌의 강도·가혹성은 엄격성과 관련이 있다.

핵심만콕 억제의 요소
- 엄격성 : 처벌의 강도 또는 가혹성
- 확실성 : 체포, 구속, 투옥 등 처벌의 명확한 가능성
- 신속성 : 법규위반과 처벌 간의 시간적 간격

답 ②

137

「범죄와 형벌」이라는 저서에서 처벌(형벌)의 엄격성, 확실성, 신속성을 통해 범죄를 억제(Deterrence)할 수 있다고 주장한 학자는? 기출 15

① 머튼(Merton)
② 사이크스와 맛차(Sykes & Matza)
③ 허쉬(Hirschi)
④ 베카리아(Beccaria)

해설

범죄억제의 세 요소로 엄격성·확실성·신속성을 주장한 학자는 베카리아(Beccaria)이다.

답 ④

138

다음 중 페스탈로찌(Pestalozzi)와 관련이 있는 내용은?

① 범죄예방은 사회교육에 의할 것을 강조하였으며, 교육학을 수형자 교육에 응용하려고 시도하였다.
② 종교가 죄수들의 교화개선에 결정적으로 중요하다고 역설하고, 각 감옥에는 반드시 종교시설을 갖추어야 한다고 하였다.
③ 인간의 행위는 절대자의 비합리적인 제도에 의하여 판단할 것이 아니라, 증명이 가능한 "최대 다수의 최대 행복"의 원리에 의해 판단할 것을 주장하였다.
④ 형벌은 응보수단이 아니고 사회의 범죄방지수단이며, 범죄방지의 목적에 필요한 최소한도에 그쳐야 한다고 주장하였다.

해설

② 하워드(Howard)
③ 벤담(Bentham)
④ 베카리아(Beccaria)

핵심만콕 페스탈로찌(Pestalozzi)의 「입법과 영아살해」(1789)

페스탈로찌는 사생아 방지를 위한 미혼모의 처벌 규정이 오히려 사생아를 방지하는 것이 아니라 영아살해의 계기가 된다고 보고, 사생아의 방지는 가혹한 처벌이 아니라 교육과 사랑에 의하여야 한다고 주장하였다. 또한 범죄예방은 사회교육에 의해야 한다고 강조하였으며, 교육학을 수형자 교육에 응용하려고 시도하였다.

답 ①

139

초기 실증주의 범죄학자는? 기출 18

① 레클리스(Reckless)
② 터크(Turk)
③ 퀴니(Quinney)
④ 롬브로소(Lombroso)

해설

실증주의 범죄학은 연구의 초점으로 형법보다는 범죄자를 우선시한다. 롬브로소(Lombroso), 가로팔로(Garofalo), 페리(Ferri) 와 같은 학자들은 범죄자와 비범죄자에 대한 통제된 조사의 중요성을 강조하고 과학적 접근을 강조함으로써 범죄자의 연구를 과학적인 것으로 만들 수 있었다.

답 ④

140

다음이 설명하는 이론은? 기출 19

- 대표적인 초기 주장으로 롬브로소(Lombroso)의 생래적 범죄인설이 있음
- 범죄는 신체적·정신적 특성과 환경적·사회적 요인이 상호작용하여 발생함
- 만성적 재범과 범죄경력에 대한 지식의 증가로 최근 주목받고 있음

① 범죄패턴이론
② 특성(trait)이론
③ 차별강화이론
④ 상징적 상호작용이론

해설

제시된 지문은 범죄의 원인을 개인의 특성, 즉 내재된 성향으로부터 찾고자 하는 특성이론(Trait theory)에 대한 설명이다. 특성이론과 범죄자 유형분류론 등은 범죄자 프로파일링의 기본적인 토대이다.

답 ②

141

실증주의 범죄학이론에 관한 설명으로 옳지 않은 것은? 기출 13

① 범죄발생의 원인을 과학적으로 연구하였다.
② 범죄의 유발원인에 대해 관심을 가졌다.
③ 범죄의 심각성에 비례한 처벌을 강조하였다.
④ 롬브로소(Lombroso)의 생래적 범죄자이론은 실증주의의 대표적 이론이다.

해설

범죄의 심각성에 비례한 처벌을 강조한 것은 고전주의 범죄학이론으로, 재사회화에 중점을 둔 실증주의 범죄학이론과는 달리 형벌이 엄격하고 분명하며 신속할수록 범죄행위를 더 잘 통제할 수 있다고 보았다.

답 ③

142

이탈리아 범죄학파에 대한 설명으로 틀린 것은?

① 롬브로소, 페리, 가로팔로 등의 학자가 여기에 속하며 이들은 자연과학적 방법으로 범죄원인을 실증적으로 분석하고 이를 바탕으로 완벽한 범죄대책 수립이 가능하다고 믿었다.
② 롬브로소는 생래적 범죄인은 예방이나 교정이 불가능하므로 무기형을 과해야 한다고 하였으며, 잔혹한 누범자에 대해서는 사형도 인정하였다.
③ 페리는 범죄의 사회적 원인을 중시하였으며, 범죄사회학의 창시자로 일컬어진다.
④ 가로팔로는 범죄포화법칙을 주장하여 일정한 개인적·사회적 환경하에서는 그에 따르는 일정량의 범죄가 있는 것이 원칙이고 그 수가 절대적으로 늘어나거나 줄어들 수 없다고 하였다.

해설

범죄포화법칙을 주장한 학자는 엔리코 페리이다.

답 ④

143

범죄발생의 항상성과 관련하여 페리(Ferri)가 주장한 것은? 기출 12

① 범죄포화법칙
② 생래적 범죄인론
③ 아노미이론
④ 인생항로이론

해설

범죄포화법칙은 엔리코 페리가 주장한 것으로, 특정한 사회에 있어서 특정한 자연적·사회적 사정하에서는 당연히 일정한 범죄가 발생하며, 범죄의 종류 및 수량이 일정하게 최대한과 최소한의 사이에 있다는 것이다. 이에 의하면, 특정한 사회에 있어서 범죄예방의 조직이나 형사정책은 무의미하며, 범죄의 박멸 또는 철저한 감소는 사회조직을 변경하는 방법밖에 없다는 결론으로 귀착한다.

답 ①

144

초기 이탈리아의 실증주의 학파로서 범죄인을 자연범과 법정범으로 분류한 학자는? 기출 21

① 롬브로소(C. Lombroso)
② 페리(E. Ferri)
③ 가로팔로(R. Garofalo)
④ 케틀레(L. Quetelet)

해설

롬브로소, 페리와 함께 이탈리아의 3대 실증주의자 중 한 사람인 라파엘 가로팔로에 대한 설명이다. 그는 인간에 대한 근본적인 애타적 정조가 결여된 자를 자연범이라 정의하면서 특정한 시대의 일시적 요청이나 입법자의 자의에 의해 만들어진 법정범과 구분하였다.

핵심만콕

① 롬브로소 : 생래적 범죄인은 격세유전에 의해 원시시대의 야수성이 발현된 것으로 보고 범죄의 원인을 유전에 의한 소질로 파악하였다. 이러한 범죄자들에게서는 감각의 둔화, 도덕감각의 부족, 후회의 부재, 속어와 문신의 사용 등이 나타난다고 주장하였다.
② 페리 : 범죄발생인자를 개인적 요소와 자연적(물리적) 요소, 사회적 요소의 셋으로 구분하여 이들 각 요소가 복합적으로 작용하면 일정량의 범죄가 반드시 발생한다고 주장하였고, 롬브로소와 달리 사회적 요소가 가장 중요한 범죄발생인자라고 강조하였다.
④ 케틀레 : 벨기에의 유명한 수학자·천문학자·물리학자이자 사회통계학자로서 프랑스, 네덜란드, 벨기에의 범죄현상을 지리적 위치, 기후, 연령, 성, 교육수준 등의 환경과 관련지어 연구한 뒤 그러한 환경적 요인과 범죄율의 함수관계를 밝혀냈다.

답 ③

145

다음은 범죄학자와 관련된 설명이다. A~F에 들어갈 학자들을 순서대로 배열한 것은?

이탈리아 학파인 A는(은) 생래적 범죄인론의 영향을 많이 받았지만 인간행동에 대한 사회환경적 영향에 더 관심을 가졌으며, C는(은) B와(과) 달리 신체적 비정상성이 아니라 정신적 비정상성에 관심을 갖고 범죄행위는 심리적 혹은 도덕적 변종에 의한 것이라고 주장하였다.
그에 반하여 프랑스 학파는 범죄 발생원인으로서 범죄자를 둘러싼 사회환경에 주로 관심을 가졌는데, 그들 중 D는(은) 사회현상을 모방의 결과로 보고 범죄행위를 설명하였으며, E는(은) 범죄가 사회유지존속에 중요한 역할을 담당한다고 주장하였다.

	A	B	C	D	E
①	가로팔로	페리	롬브로소	뒤르켐	타르드
②	페리	롬브로소	가로팔로	타르드	뒤르켐
③	뒤르켐	롬브로소	가로팔로	페리	타르드
④	페리	가로팔로	롬브로소	타르드	뒤르켐

해설

A는 페리, B는 롬브로소, C는 가로팔로, D는 타르드, E는 뒤르켐이다.

핵심만콕

페리는 범죄원인으로 인류학적 요소·물리적 요소·사회적 요소의 세 가지를 열거하고, 그중에서 범죄의 사회적 원인을 중시하였다. 의학자인 롬브로소는 생래적 범죄인설을 주장하였다. 가로팔로는 범죄의 심리학적 원인을 중시하여 범죄의 시간적·공간적 종속성을 인정하지 않는 자연범설을 주장하였다. 라까사뉴는 범죄의 환경적 요인을 강조하여 곡물가격과 재산범죄의 관계를 연구한 것으로 유명하다. 타르드는 범죄의 원인을 사회적 모방에서 찾았고, 거리·방향·삽입의 법칙을 주장하였다. 뒤르켐은 범죄정상설과 범죄필요설을 주장하였다.

 ②

인생은 자전거를 타는 것과 같다.
균형을 잡으려면 움직여야 한다.

- 알버트 아인슈타인 -

1 초기의 범죄생물학
01 롬브로소
02 엔리코 페리
03 라파엘 가로팔로

2 범죄와 체형
01 크레츠머의 체형이론
02 셀던의 체형이론

3 범죄와 유전
01 유전적 결함에 대한 연구
02 범죄인가계 연구
03 쌍생아 연구
04 양자 연구
05 성염색체 연구

4 현대의 범죄생물학
01 생화학적 기능장애
02 뇌의 기능장애
03 자율신경조직과 범죄

CHAPTER 02
생물학적 범죄원인

CHAPTER 02 생물학적 범죄원인

1 초기의 범죄생물학

01 CHECK ○△×

중범죄자들은 원시적 신체 특성이 유전된 생래적 범죄인(born criminals)이라고 주장한 초기 실증주의 범죄학자는? 기출 23

① 롬브로소(Lombroso)
② 모피트(Moffitt)
③ 머튼(Merton)
④ 타르드(Tarde)

해설

롬브로소(Lombroso)는 생래적 범죄인은 격세유전에 의해 원시시대의 야수성이 발현된 것으로 보고 범죄의 원인을 유전에 의한 소질로 파악하였다. 이러한 범죄자들에게서는 감각의 둔화, 도덕감각의 부족, 후회의 부재, 속어와 문신의 사용 등이 나타난다고 주장하였다.

핵심만콕

- 모피트(Moffitt) : 생애과정이론(이원적 경로이론)을 통해 범죄자를 청소년기에 한정된 범죄자와 생애지속형 범죄자로 구별하였고, 부모의 역할을 강조할 뿐만 아니라 학교생활이나 비행친구의 역할도 강조하면서, 유년시기에 부모에 의한 적절한 양육환경 조성이 필요하다고 보았다.
- 머튼(Merton) : 아노미/긴장이론은 문화적 목표와 사회적 수단 간의 불일치에서 아노미의 발생 원인을 찾는다.
- 타르드(Tarde) : 거리의 법칙, 방향의 법칙, 삽입의 법칙이라는 3가지 모방 법칙을 주장하였다.

답 ①

02

롬브로소의 이론에서 선천적으로 타고난 범죄적 유전자에 의해 범죄를 저지르게 되는 유형은?

기출 09

① 간질성 범죄자
② 정신이상 범죄자
③ 생래적 범죄자
④ 기회적 범죄자

해설

롬브로소(Lombroso)의 이론에서 범죄자는 인류학상의 한 유형에 해당된다. 범죄자 중에는 기회범이나 격정범과는 달리 생래적으로 범죄의 운명에 빠질 수밖에 없는 진화가 덜 된 격세유전인(Atavistic)이 있다고 하고, 이것을 '생래적 범죄인'(Born criminal)이라고 하였다.

답 ③

03

범죄 원인의 규명을 위해 롬브로소(C. Lombroso)가 최초에 관심을 집중한 것은? 기출 20

① 두개골
② 실업률
③ 자유의지
④ 인구밀도

해설

롬브로소는 정신병환자와 범죄자들 간의 차이점에 대하여 연구하던 중 강도범의 두개골에서 다양한 형태의 이상징후를 발견하였고, 이를 바탕으로 범죄자의 격세유전설을 주장하였다.

핵심만콕

롬브로소는 범죄자의 격세유전설을 주장했다. 즉, 범죄인은 정상적인 진화과정대로 진화되지 못한 이전 세대의 유전형질을 가지고 태어난다는 것이다. (중략) 롬브로소는 이탈리아 남자 범죄인 121명의 두개골과 328명의 보통 사람들의 두개골을 연구하여 절도와 강도, 살인범, 정신병자 등의 두개골과 일반인의 두개골이 다르다는 것을 제시했다. 또한 롬브로소는 이탈리아 군인 중 살인이나 강도 등 범죄경력이 있는 경우와 정상군인을 대상으로 한 두개골 연구에서 정상그룹은 52%가 아무런 이상이 없었지만, 범죄인 그룹은 12%만이 아무런 징후가 나타나지 않는다는 것을 발견했다.

〈출처〉 허경미, 「범죄학」, 박영사, 2020, P. 29

답 ①

04

격세유전설과 생래적 범죄인론을 주장한 학자는? 기출 11

① 가로팔로(Garofalo)
② 페리(Ferri)
③ 베카리아(Beccaria)
④ 롬브로소(Lombroso)

해설

롬브로소(Lombroso)는 격세유전설과 생래적 범죄인론을 주장하였다.

핵심만콕	생래적 범죄인의 특징

- 신체적 · 생리적 특징 : 입술의 돌출, 평평한 이마, 앞면 각도의 예각, 좌우이마 불균형, 많은 머리숱, 치열 불균형, 대뇌회전의 단조로움, 심장위축 및 판막부전, 체모 부족, 통각 상실, 미각 예민, 혈관운동신경의 이상 등
- 정신적 특징 : 도덕적 무감각, 감정폭발성, 자제력 결여, 현시욕 과다, 지능 저열, 게으름, 권태감 등
- 사회적 특징 : 문신, 도박과 주색의 탐닉, 도당의 결성 등

답 ④

05

다음의 지문과 관련이 있는 학자는? 기출 15

> 범죄자들은 비범죄자들과 구별되는 유별난 신체적 차이점을 가지고 있다. 일반적으로 범죄자들은 생물학적으로 덜 진화된 퇴행적 특징들을 보인다.

① 서덜랜드(Sutherland)
② 롬브로소(Lombroso)
③ 갓프레이드슨과 허쉬(Gottfredson & Hirschi)
④ 맛차(Matza)

해설

범죄학의 아버지 롬브로소(Cesare Lombroso, 1835~1909)는 그의 저서 〈범죄인론〉을 통해 "범죄적 성향은 격세유전되며, 필연적으로 신체구조와 연관되고 일반적으로 범죄자들은 생물학적으로 덜 진화된 퇴행적 특징을 보인다."라고 주장하였다.

답 ②

06

다음 범죄학자들의 공통된 이론은? 기출 17

- 롬브로소(Lombroso)
- 고링(Goring)
- 셀던(Sheldon)

① 정치학적 원인론
② 생물학적 원인론
③ 사회학적 원인론
④ 심리학적 원인론

해설

지문에 제시된 범죄학자들은 모두 생물학적 특성을 기반으로 한 이론을 주장하였다.

핵심만콕

롬브로소(Lombroso)는 범죄인들은 원래 생물학적 열등성이 있어 범죄를 저지를 수밖에 없다고 보았다. 셸던(Sheldon)은 신체 유형을 내배엽・중배엽・외배엽으로 나누었고, 근육질의 운동형 신체를 가진 사람은 공격적인 성향으로 인해 범죄를 많이 저지르게 된다고 주장하였다. 고링(Goring)은 범죄자 특유의 외형적 특징은 존재하지 않는다고 주장하였지만, 범죄인은 일반인에 비하여 지능이 낮다는 점을 인정하며, 범죄의 원인이 유전임은 인정하였다.

답 ②

07

롬브로소의 범죄인 분류 중 알코올중독자에 해당하는 것은?

① 생래적 범죄인
② 정신병적 범죄자
③ 기회적 범죄자
④ 격정범

해설

① 생래적 범죄인(격세유전인)
③ 기회적 범죄자(이들도 타고난 범죄성향이 있다고 주장)
④ 격정범(분노, 사랑, 명예 등 물리칠 수 없는 요소에 의한 범죄자)

답 ②

08

롬브로소의 범죄대책으로 맞는 내용은?

① 상습범 - 교화원이나 감화학교
② 격정범 - 자유형
③ 기회범 - 벌금형
④ 소년 - 유형을 통한 격리

해설

격정범이나 기회범에 대해서는 자유형보다는 벌금형을, 상습범은 유형을 통한 격리, 소년이나 노인은 교화원이나 감화학교에 수용해야 한다고 하였다.

답 ③

09

페리의 범죄인 분류 중 가족이나 사회의 조건에 의한 범죄자에 해당하는 것은?

① 기회범
② 격정범
③ 습관적 범죄인
④ 부득이한 범죄자

해설

페리는 그의 저서 '사회적 범죄자'에서 가족이나 사회의 조건에 의한 범죄자를 기회범으로 분류하였다.

핵심만콕 페리에 의한 범죄인의 6가지 분류

- 생래적 범죄인(롬브로소의 격세유전인과 같음)
- 정신병적 범죄자
- 격정범(만성 정신적 문제나 감정상태)
- 기회범(가족과 사회의 조건에 의한 범죄자)
- 습관적 범죄인(사회환경으로 생긴 습관에 의한 범죄자)
- 부득이한 범죄자

답 ①

10

범죄원인 중 페리가 가장 중요시한 것은?

① 개인적 원인
② 자연적 원인
③ 정신적 원인
④ 사회적 원인

해설

페리는 사회적 원인을 가장 중요시하였다.

> **핵심만콕** 　**범죄원인 3요소**
>
> - 개인적 원인 : 연령, 성별, 교육정도, 사회적 계급, 기질적·정신적 구조
> - 사회적 원인 : 인구, 여론, 관습, 종교, 정치·재정, 생산과 분배, 치안행정, 교육, 보건, 입법(페리가 가장 중요하다고 본 범죄원인)
> - 자연적 원인 : 기후, 토질, 계절, 밤낮의 장단, 평균 기온

답 ④

11

페리(Ferri)의 범죄인 분류와 그 예방대책의 내용이 잘못 짝지어진 것은?

① 생래적 범죄인 – 무기격리 및 유형
② 정신병적 범죄인 – 정신병원에 수용
③ 격정범죄인 – 손해배상 또는 강제이주
④ 상습범죄인 – 보안처분 또는 무기격리

해설

페리는 범죄사회학적인 요인을 고려하여 생래적 범죄인, 정신병 범죄인, 격정범죄인, 기회범죄인, 상습범죄인으로 분류하고 각각에 대한 대책을 제시하였다. 상습범죄인에 대해서는 개선가능한 자와 개선불가능한 자로 나누어 전자에게는 훈련조치를 통한 개선을, 후자에게는 무기격리를 주장하였다.

답 ④

12

가로팔로의 범죄 및 형벌관에 관한 설명 중 틀린 것은?

① 범죄원인의 사회학적 측면을 중시하여 범죄의 시간적·공간적 종속성을 인정하지 않는 자연범은 존재하지 않는다고 주장하였다.
② 자연범의 원인은 사회생활에 필요한 애타적 정조가 결여되어 평균인이 지니는 정도의 연민과 성실성을 유지하지 못한 것이라고 보았다.
③ 사회심리학에 바탕을 둔 살인·강도·절도와 같은 자연범은 생래적인 것이므로 어떠한 사회제도나 정책도 이들에게는 효과가 없다고 보았다.
④ 생래적 범죄인에게는 사형이나 유형, 법정범에 대해서는 정기형 그리고 과실범에 대해서는 불처벌이 가장 합리적 과형이라고 하였다.

[해설]
가로팔로는 범죄 중에는 시간적·공간적으로 종속되지 않는 자연범이 존재한다고 믿었다.

답 ①

13

가로팔로의 이론에 대한 설명으로 틀린 것은?

① 정신적 비정상은 유전형질로부터 전해질 수 있다고 주장했다.
② 살인자는 동정과 재산존중이 둘 다 결핍되어 있다.
③ 자연범에 대하여는 해외추방이나 정기구금을 주장하였다.
④ 국가의 생존을 개인의 권익보다 우선시하였다.

[해설]
자연범에 대하여는 사형이나 종신형, 해외추방을 주장하였고, 법정범에 대하여는 정기구금, 과실범에게는 불처벌을 주장하였다.

답 ③

2 범죄와 체형

14
크레츠머(E. Kretschmer)의 범죄자 체형 분류에 해당하지 않는 것은? 기출 21

① 세장형
② 근육형
③ 비만형
④ 외배엽형

해설
체형이론으로 잘 알려진 독일의 크레츠머는 범죄행위가 신체적 특징 및 기질과 밀접한 관련이 있다고 보았으며, 체형을 크게 세장형(쇠약형), 운동형(투사형, 근육형), 비만형의 세 가지로 분류하였다.

핵심만콕 셸던(William Sheldon)

셸던은 특히 체형과 비행 사이의 관계를 연구하였다. 그에 의하면 사람의 신체유형은 태아가 형성될 때에 기본적인 3개의 세포막, 즉 내배엽, 중배엽, 외배엽이 어떻게 구성되는가에 의해 구별할 수 있다는 것이다. 그중에서 내배엽은 이후 성장하여 소화기관이 되고, 중배엽은 뼈나 근육 그리고 운동근육이나 힘줄이 되며, 외배엽은 신경체계의 연결세포나 피부 또는 관련조직으로 분화·발전되므로 태아형성 시에 배엽구성의 형태에 따라 각자의 신체유형을 알 수 있다고 보았다.

〈출처〉 박상기 외 2인, 「형사정책」, 한국형사정책연구원, 2021, P. 99

답 ④

15
크레츠머(E. Kretschmer)의 체형 분류에 따를 경우 간질병질에 해당하는 체형은?

① 투사형
② 세장형
③ 비만형
④ 쇠약형

해설
비만형은 순환병질, 투사형은 간질병질, 쇠약형은 분열병질에 해당한다.

핵심만콕 크레츠머의 체형 분류

체 격	기 질	정신병질	정신병
비만형	순환성	순환병질	조울증
투사형	점착성	간질병질	간 질
쇠약형	분열성	분열병질	정신분열증

답 ①

16

셀던(W. Sheldon)의 체형이론상 신체적 특질과 기질이 올바르게 연결된 것은? 기출 22

신체적 특질	기 질
ㄱ. 외배엽 ㄴ. 내배엽 ㄷ. 중배엽	1. 신체긴장형 2. 내장긴장형 3. 두뇌긴장형

① ㄱ - 1, ㄴ - 2
② ㄱ - 3, ㄴ - 2
③ ㄴ - 1, ㄷ - 2
④ ㄴ - 3, ㄷ - 2

해설

ㄱ. 외배엽 - 3. 두뇌긴장형, ㄴ. 내배엽 - 2. 내장긴장형, ㄷ. 중배엽 - 1. 신체긴장형이 옳은 연결이다.

핵심만콕 셀던(W. Sheldon)이 분류한 신체 유형과 기질 유형

구 분	신체 유형	기질 유형
내배엽형 (내장긴장형)	• 소화기관이 크게 발달되어 있다. • 살이 찐 편이다. • 전신 부위가 부드럽고 둥근 편이다. • 골격과 근육이 미발달되어 있다. • 팔과 다리가 가늘고 짧다. • 표면적 - 부피의 비가 낮다. • 피부가 부드럽다.	• 몸가짐이 대체로 이완되어 있다. • 안락하고 편안함을 좋아한다. • 감정이 일정하다. • 사교성・식욕, 관계 및 애정에 대한 욕구가 강하다. • 부드러우며 사치품 등을 좋아한다. • 온순하고 기본적으로 외향적 성격이다.
중배엽형 (신체긴장형)	• 근육, 골격, 운동 조작이 탁월하다. • 몸통이나 가슴이 크다. • 손목이나 손이 크다. • 야윈 경우는 단단한 각이 진 체형이다. • 야위지 않은 경우는 우람한 체형이다.	• 활동적이며 역동적인 성격이다. • 단호한 걸음걸이, 언어구사, 제스처, 행동이 공격적이다. • 타인의 감정에 무디다. • 개인에게는 행동, 권력 및 지배를 중요시한다.
외배엽형 (두뇌긴장형)	• 피부, 신경계 기관 등이 탁월하다. • 근육은 가늘고 가볍다. • 여위고 가냘픈 체형이다. • 직선적이고 허약하다. • 얼굴이 작고 코가 높다. • 몸무게는 작지만 피부면적은 넓다. • 머리 크기에 비해 큰 대뇌와 중추신경계를 갖는다.	• 내향적이고 비사교적인 성격이다. • 신체기능에 대한 불평이 많다. • 소음이나 외부자극에 민감하다. • 얕은 수면, 고독을 즐긴다. • 자신에게 집중되는 것을 회피하려 한다. • 사람을 두려워하며 막힌 장소에서 안정감을 느낀다.

답 ②

17

셀던(W. Sheldon)이 분류한 신체유형 중 살찌고 둥글며 행동이 느린 유형은? 기출 20

① 내배엽형
② 중배엽형
③ 외배엽형
④ 운동형

해설

내배엽형은 비만형으로, 소화기관이 발달하여 살이 찐 편이고, 전신이 둥글고 부드러운 편으로, 움직임이 느리고 무기력한 기질을 갖는다.

답 ①

18

셀던(W. Sheldon)이 분류한 신체 유형 중 공격적 기질형은? 기출 16

① 내배엽형(Endomorphic)
② 외배엽형(Ectomorphic)
③ 중배엽형(Mesomorphic)
④ 균등형(Balanced)

해설

중배엽형은 근육형으로, 운동근육이 발달되어 있고 몸이 건장하며, 몸집이 큰 것이 특징이다. 활동적이며 역동적인 성격으로, 걸음걸이 · 언어구사 · 제스처 · 행동이 공격적이다.

답 ③

19

다음 중 범죄자의 신체 유형을 내배엽, 중배엽, 외배엽으로 나누고 근육질의 운동형 신체를 가진 사람이 공격적인 성향으로 인해 범죄를 많이 저지르게 된다고 주장한 생물학적 범죄학자는?

① 가로팔로
② 레크리스
③ 셀 던
④ 타르드

해설

범죄자의 신체 유형을 내배엽, 중배엽, 외배엽으로 나누고 근육질의 운동형 신체를 가진 사람이 공격적인 성향으로 인해 범죄를 많이 저지르게 된다고 주장한 학자는 셀던(Sheldon)이다.

답 ③

3~4 범죄와 유전·현대의 범죄생물학

20

범죄와 유전의 관계를 밝히려는 시도가 아닌 연구는? 기출 10

① 코호트 연구
② 쌍둥이 연구
③ 가계 연구
④ 입양아 연구

해설
범죄와 유전의 관계를 밝히려는 연구에는 유전적 결함에 대한 연구, 범죄인가계 연구, 쌍생아 연구, 양자 연구, 성염색체 연구 등이 있다. 코호트 연구는 특정 요인에 노출된 집단과 노출되지 않은 집단을 일정 기간 관찰하는 추적조사로서, 다양한 분야에 활용된다.

핵심만콕
② 쌍생아(쌍둥이) 연구는 일란성 쌍생아와 이란성 쌍생아가 각기 범죄를 저지르는 일치율을 비교하여 유전이 범죄 소질에 미치는 영향을 알 수 있다는 가정 아래, 유전인자를 공통으로 가지고 있는 일란성 쌍생아가 그렇지 않은 이란성 쌍생아보다 그 일치율이 높은 경우, 범죄에 있어 유전소질의 중요성을 인정할 수 있다고 보는 연구이다.
③ 가계 연구에서 범죄인가계란 특정 범죄자 등이 많이 출생한 가계를 말하며, 이를 조사·연구함으로써 그 가계 내 범죄성의 유전여부를 분석·평가하는 것이다.
④ 양자(입양아) 연구는 범죄자 중 입양자를 조사하여 그 친부모와의 범죄성을 비교하는 것으로, 입양된 어린이의 행동이 양부모나 생부모 중 어느 쪽의 행동과 일치하는가의 여부로 범죄성의 유전과 환경의 영향 여부를 판단하였다.

답 ①

21

생물학적 범죄 연구 중 유전과 관련되지 않는 것은? 기출 24

① 가계 연구
② 쌍생아 연구
③ 입양아 연구
④ 연령 연구

해설
유전과 범죄의 관계에 대한 연구로는 범죄자가계 연구, 쌍생아 연구, 입양아 연구가 있다.

답 ④

22

쌍생아 연구방법을 범죄생물학에 도입하여 범죄성의 형성은 유전소질에 의하여 결정적으로 좌우된다고 주장한 학자는?

① 덕데일
② 에스타브록
③ 고다드
④ 랑 게

해설
쌍생아 연구를 범죄생물학에 도입하여 체계화하고 획기적인 연구결과를 발표한 학자는 독일의 랑게(Lange)이다.

답 ④

23

범죄 성향의 유전성을 밝히기 위해 허칭스와 매드닉이 코펜하겐에서 수행한 연구는?

① 보이스타운 연구
② 하위문화 연구
③ 리비도 연구
④ 입양아 연구

해설
범죄성향의 유전성을 밝히기 위해 허칭스와 매드닉이 코펜하겐에서 수행한 연구는 입양아 연구이다.

답 ④

24

범죄 성향의 유전성을 밝히기 위해 웨스트와 패링턴이 연구한 분야는?

① 부모자녀 사이의 유전성
② 형제자매 사이의 유전성
③ 쌍둥이 사이의 유전성
④ 입양아와 생물학적 아버지 사이의 유전성

해설
웨스트와 패링턴(West & Farrington)은 부모의 범죄행위는 그의 자녀들에 의해 답습될 수 있다는 것을 주장하였다.

답 ①

25

"범죄친화적 성향은 유전된다"라는 명제를 뒷받침하는 연구결과가 아닌 것은?

① 누범자 집단과 초범자 집단을 대상으로 그들 부모의 범죄성을 조사하였는데, 누범자 집단의 부모 쪽이 더 높은 범죄성을 나타냈다.
② 일란성 쌍생아의 범죄 일치율이 이란성 쌍생아의 범죄 일치율보다 더 높았다.
③ 범죄자 중에 입양된 자들을 대상으로 실부와 양자 간의 범죄 일치율과 양부와 양자 간의 범죄 일치율을 조사하였는데, 전자가 더 높았다.
④ 결손가정의 청소년이 일반가정의 청소년보다 범죄를 저지르는 비율이 더 높았다.

해설

범죄의 선천성을 입증하기 위한 연구방법에는 범죄인가계 연구, 쌍생아 연구, 양자 연구 등이 있다. 결손가정의 청소년의 범죄율이 높다는 것은 후천적 측면을 강조하는 입장의 논거이다.

답 ④

26

범죄의 유전적 원인에 관한 기술 중 올바르지 않은 것은?

① 일반적 범죄 성향을 밝히기 위한 연구가 유전적 신체기능의 비정상이 유전된다는 연구보다 신뢰성이 더 크다.
② 롬브로소는 범죄인의 범죄성이 격세유전의 특성을 보인다고 주장하였다.
③ 범죄가계 연구의 가장 큰 문제점은 범죄자가 이미 많이 출현한 가계를 중심으로 통계조사를 한다는 점이다.
④ 쌍생아 연구는 범죄에서 유전의 영향을 어느 정도 밝혀주었지만, 쌍생아가 대부분 같은 환경에서 자란다는 점을 간과하고 있다.

해설

유전적 신체기능의 비정상이 범죄원인이 될 수 있다는 연구가 일반적 범죄성향이 유전된다는 연구보다 설득력이 높은 연구로 평가된다.

답 ①

27

허칭스와 메드닉(Hutchings & Mednick)의 입양아 연구에 관한 설명으로 옳지 않은 것은? 기출 15

① 입양아의 범죄성에 생부와 양부가 미치는 영향을 연구하였다.
② 유전이 범죄에 영향을 미친다고 주장하였다.
③ 생부가 범죄자일 때보다 양부가 범죄자일 경우, 입양아가 범죄자가 될 확률이 더 크다고 보았다.
④ 환경과 유전의 영향이 엄밀히 분리되지 못한 연구였다는 비판도 있다.

해설

허칭스와 메드닉(Hutchings & Mednick)은 입양아 연구를 통해 양자의 범죄율은 '생부와 양부 모두 범죄자 > 생부만 범죄자 > 양부만 범죄자 > 생부와 양부 모두 비범죄자' 순으로 나타난다고 하였다. 따라서 친부의 범죄성이 양부의 범죄성보다 높은 경우에 양자가 범죄자가 되기 쉬우므로, 범죄성은 유전에 의해 나타난다고 주장하였다.

답 ③

28

범죄학에 관한 학자와 그 이론의 연결이 옳지 않은 것은?

ㄱ. 롬브로소(C. Lombroso)
ㄴ. 페리(E. Ferri)
ㄷ. 슐싱어(Schulsinger)
ㄹ. 랑게(J. Lange)

a. 체형이론
b. 범죄인류학, 생래적 범죄인
c. 쌍생아 연구
d. 범죄사회학, 범죄포화법칙

① ㄱ - b
② ㄴ - d
③ ㄷ - a
④ ㄹ - c

해설

슐싱어는 양자 연구를 한 학자이다. 체형이론으로는 크레츠머(Ernst Kretschmer), 셸던(William Sheldon) 등의 연구가 대표적이다.

답 ③

29

범죄이론에서 성염색체 연구에 관한 설명 중 틀린 것은?

① 성염색체의 이상이 범죄성향과 관련된다는 가정을 증명하려는 연구가 그 시초라고 할 수 있다.
② 성염색체 중 Y염색체가 증가된 경우는 일반적으로 클라인펠터증후군이라고 불리며, 높은 범죄성향을 보인다.
③ 클라인펠터증후군보다 더욱 범죄성향을 띠기 쉬운 염색체이상으로는 XYY형이 있다.
④ 터너증후군은 성염색체가 X 하나밖에 없으며, 작은 키, 짧은 목, 낮은 지능지수, 청각장애 등을 특징으로 한다.

해설
클라인펠터증후군은 X염색체가 증가된 경우(XXX, XXY, XXXY)이다.

답 ②

30

폭력적 범죄와 관련이 깊다고 생각되는 염색체는? 기출 09

① XXY
② XYY
③ XYX
④ XXX

해설
XYY형은 신장이 크고, 공격적·폭력적이며, 지능이 낮고, 살인과 성범죄를 상습적으로 저지르며, 전과자들이 많고, 감정이 없으며, 여성과 정상적인 관계를 맺지 못한다. 정신적인 결함이나 정신착란을 일으키는 경향이 있으며, 어린 나이에 범죄를 저지르는 경향이 있다. 교정효과가 거의 없다.

답 ②

31

범죄의 생물학적 원인이 아닌 것은? 기출 11

① 테스토스테론
② 중배엽형
③ 노르에피네프린
④ 오이디푸스 콤플렉스

해설

오이디푸스 콤플렉스는 성별과 무관하게 본능적 욕구, 목표, 대상관계, 공포 등으로 구성된 심리적 집합체를 지칭하는 단어이다. 이는 주로 2~6세 동안 나타났다가 해소된다. ①·②·③은 범죄의 생물학적 원인에 관련이 있다.

답 ④

32

생물학적 범죄원인론의 연구에 해당하지 않는 것은? 기출 23

① 쥬크(Jukes) 가계 연구
② 범죄다발지역(HotSpot) 연구
③ 쌍생아 연구
④ XYY 염색체의 폭력성 연구

해설

범죄다발지역(HotSpot) 연구는 지리정보를 활용하여 범죄를 통계하거나 예방책을 수립하는 등에 활용되는 자료로 쓰이며, 생물학적 범죄원인론의 연구에는 해당하지 않는다.

핵심만콕 생물학적 범죄원인론의 연구

범죄인 가계 연구	특정 범죄자 등이 많이 출생한 가계로, 이를 조사·연구함으로써 그 가계 내 범죄성의 유전여부를 분석·평가하는 것이다. 대표적인 연구로는 덕데일(Richard Dugdale)의 쥬크가(家) 연구로 교도소에 6명의 일가족이 수용된 쥬크가를 연구한 결과, 7대에 걸친 자손 709명 중 절반 이상이 알코올 중독자, 매춘부, 범죄자임을 밝혀냈다.
쌍생아 연구	일란성 쌍생아와 이란성 쌍생아가 각기 범죄를 저지르는 일치율을 비교하여 유전이 범죄 소질에 미치는 영향을 알 수 있다는 가정 아래, 유전인자를 공통으로 가지고 있는 일란성 쌍생아가 그렇지 않은 이란성 쌍생아보다 그 일치율이 높은 경우, 범죄에 있어 유전소질의 중요성을 인정할 수 있다는 연구이다.
XYY 염색체의 폭력성 연구	• 폭력적 범죄와 관련이 깊다고 생각되는 염색체는 XYY형 염색체이다. • XYY형은 남성적 특징을 나타내는 Y염색체가 증가한 경우(초남성적 : Supermale)로서, 범죄와 관련하여 특히 문제가 되는 유형이다. • 성적 조숙, 저지능, 정신적 불안, 극한 공격성 등이 강하여 성범죄, 살인, 방화 등 강력범죄자들이 많다고 한다. • 평가 : XYY염색체와 폭력성과의 가설은 경험적으로 충분히 입증되지 못했고, XYY염색체를 가진 사람들 중에서 정상적인 사람이 더 많기 때문에 XYY형이라고 해서 반드시 범죄자가 되는 것도 아니므로 여전히 환경과의 상호작용이 범죄의 원인으로 중요시된다.

답 ②

33

생물학적 범죄원인론에 관한 연구가 아닌 것은? 기출 12

① 가계 연구
② 쌍생아 연구
③ 편집증 연구
④ 신체 유형 연구

해설
생물학적 범죄원인론에는 체형이론(크레츠머, 셸던), 유전적 결함에 대한 연구, 범죄인가계 연구, 쌍생아 연구, 양자 연구, 성염색체 연구 등이 있다.

답 ③

34

다음 중 범죄생물학이론에 대한 설명으로 틀린 것은?

① 범죄의 원인을 범죄자의 생물학적 특징에서 찾는다.
② 실증주의 사조의 영향을 받았다고 볼 수 있다.
③ 범죄원인에 대한 설명과 더불어 대응방안을 제시해주는 실천학문으로서 가치가 있다.
④ 가계 연구와 양자 연구 등을 통하여 범죄와의 상관관계를 입증하고자 하였다.

해설
범죄생물학이론은 생물학적 이유에서 범죄가 발생하였다는 현상의 설명 외에는 어떠한 대응방안도 제시해주지 못하며, 범죄현상을 일관성 있게 설명하지 못하기 때문에 실천학문이라고 보기에는 이론적 한계가 있다.

답 ③

35

생물학적 범죄이론에 관한 설명으로 옳지 않은 것은? 기출 18

① 개인적, 사회적 통제가 약할 때 범죄가 발생한다.
② 한정된 표본집단을 연구대상으로 하는 단점이 있다.
③ 연구주제로는 쌍생아, 입양아 연구 등이 있다.
④ 범죄의 원인을 주로 선천적 요인으로 파악한다.

해설
①은 범죄의 생물학적 요인이 아닌 후천적·사회적 요인에 대한 내용이므로 생물학적 범죄이론과는 거리가 멀다.

답 ①

36

범죄에 관한 생물학적 또는 심리학적 설명 중 옳은 것은? 기출 13

① 테스토스테론 수준이 낮을수록 폭력범죄 가능성이 높다.
② 아동기의 ADHD는 반사회적 행동의 가능성을 낮춘다.
③ 지능이 높은 사람이 강력범죄를 많이 저지른다.
④ 각성수준이 낮은 사람은 범죄 행동을 할 가능성이 높다.

해설
① 남성호르몬의 하나인 테스토스테론은 남성의 범죄적 폭력성과 관계가 있다고 알려져 있다.
② 반사회적 행동을 하는 부류는 아동기 ADHD환자가 많은 편이다.
③ 지능이 낮은 사람일수록 강력범죄를 많이 저지를 수 있다.

답 ④

1 정신분석이론
01 프로이드의 정신분석학
02 욕구좌절과 공격

2 정신적 결함이론
01 지능적 결함과 범죄
02 고프의 반사회적 인성과 범죄
03 슈나이더의 정신병질과 범죄
04 정신병과 범죄

3 인성이론
01 개 요
02 아이젠크의 성격이론
03 성격의 5요인 모델

4 학습 및 도덕성 발달
01 개 요
02 타르드의 모방이론
03 습관화
04 기 억
05 고전적 조건형성
06 도구적 조건형성
07 톨만의 인지학습이론
08 반두라의 사회학습이론
09 피아제의 인지발달이론
10 콜버그의 도덕발달이론
11 페스팅거의 인지부조화이론

CHAPTER 03
심리학적 범죄원인

CHAPTER 03 심리학적 범죄원인

1 정신분석이론

01
CHECK O △ ×

프로이드(S. Freud)는 인간의 퍼스낼러티가 3가지의 힘으로 구성된다고 하였다. 그중 원시적 충동 또는 욕구를 무엇이라 하는가?

① 본능(Id)
② 자아(Ego)
③ 초자아(Superego)
④ 실 존

해설
본능(Id)은 생물학적·심리학적 욕구·충동·자극을 대표하는 무의식적 개념이다.

핵심만콕
Freud는 의식은 자아(Ego)로, 그리고 무의식은 본능(Id)과 초자아(Superego)로 나누어 설명하였다. Id는 성이나 음식과 같이 모든 행동의 기초를 이루는 생물학적·심리학적 욕구·충동·자극을 대표하는 것으로서, 태어날 때부터 존재하는 무의식적 개념이며, 타인의 권리를 배려치 않고 즉각적인 만족을 요하는 쾌락만족의 원칙을 따른다. Ego는 Id가 잠재적으로 해를 끼치는 자극을 규제하는 역할로서, 유아가 욕구는 즉각적으로 만족될 수 없다는 것을 배우기 시작할 때인 생의 초기에 발전된다. Superego는 자기비판과 양심이며, 사회적 경험에서 생성되는 요구를 반영하는 것이다.

답 ①

02

다음 중 프로이드(S. Freud)의 정신분석적 입장에서의 범죄에 대한 개념과 관련이 없는 것은?

① 리비도
② 초자아
③ 오이디푸스 콤플렉스
④ 사회적 갈등

해설
사회적 갈등은 갈등이론과 관련이 있다.

답 ④

03

다음에서 프로이드(S. Freud)가 제시한 인성의 요소는?

- 도덕과 양심의 기능을 담당한다.
- 완벽추구적으로 작동한다.
- 지나칠 경우 죄책감이나 불안을 경험하기도 한다.

① Id(원초아)
② Ego(자아)
③ Superego(초자아)
④ Libido(성적 에너지)

해설
프로이드는 인간의 인격(성격)이 서로 대립되어 무의식적 갈등을 일으키는 세 가지 하위체계로 구성되어 있다고 생각하였다. 제시된 지문은 그중 슈퍼에고(초자아)에 관한 내용이다.

답 ③

04

방어기제의 유형 중 가장 기본적인 것으로서, 불쾌한 경험이나 받아들여지기 어려운 욕구, 반사회적인 충동 등을 무의식 속으로 몰아넣거나 생각하지 않도록 억누르는 것은?

① 억 압
② 부 정
③ 반동형성
④ 투 사

해설

설문은 방어기제의 유형 중 억압에 대한 설명이다.

> **핵심만콕**
> ② 외적인 상황이 감당하기 어려울 때 일단 그 상황을 거부하여 심리적인 상처를 줄이고 보다 효율적으로 대처하는 것이다.
> ③ 노출되기를 꺼려하는 무의식적인 충동에 반대되는 방향으로 생각·감정·욕구 등을 의식 속에 고정시키고 이에 따라 행동하게 하는 경우이다. 예컨대 성적 충동을 지나치게 억압하면 모든 성을 외면하게 된다.
> ④ 자신의 욕구나 문제를 옳게 깨닫는 대신 다른 사람이나 주변에 탓을 돌리고 진실을 감추어 현실을 왜곡하는 것이다.

 ①

05

성적충동에 따라 누드를 그린다거나 관능적인 춤을 추는 것 등을 통해서 사회가 인정하는 방식으로 표현하는 방어기제는?

① 투 사
② 승 화
③ 합리화
④ 전 위

해설

반사회적 충동을 사회가 허용하는 방향으로 나타내는 것은 승화이다.

> **핵심만콕**
> ① 자신의 욕구나 문제를 옳게 깨닫는 대신 다른 사람이나 주변에 탓을 돌리고 진실을 감추어 현실을 왜곡하는 것이다.
> ③ 상황을 그럴듯하게 꾸미고 사실과 다르게 인식하여 자아가 상처받지 않도록 정당화시키는 것이다.
> ④ 직접적인 대상이 아니라, 다른 약한 사람이나 짐승에게 화풀이하는 것이다.

 ②

06

불만의 원인을 자신에게 돌리고 스스로 상처받는 유형은?

① 외벌형
② 내벌형
③ 중벌형
④ 무벌형

해설

내벌형에 대한 설명이다. ①·②·④는 공격반응과 관련된 로렌즈와 위그(Rorenz & Weig)의 유형에 해당한다.

핵심만콕

① 외벌형 : 분함을 신체적·언어적으로 타인에게 돌린다.
② 내벌형 : 불만의 원인을 자신에게 돌리고 스스로 비난하여 상처받는다.
④ 무벌형 : 공격을 어느 쪽도 향하지 않고 최소화하거나 무시한다.

답 ②

07

퇴행반응에 대한 설명으로 적절하지 않은 것은?

① 욕구가 충족되지 않을 때 과거의 발달단계에서 욕구충족이 되었던 원시적 행동형성으로 퇴보하는 것이다.
② 퇴행이란 안전하고 즐거웠던 인생의 이전단계로 후퇴함으로써 불안을 완화시키는 방법이다.
③ 일시적으로 불안을 감소시키지만 근본적인 원인을 해결하지 못한다.
④ 욕구좌절의 강도가 큰 만큼 공격활동이 발생하기 쉽다.

해설

④는 공격반응에 해당한다.

답 ④

2 정신적 결함이론

08

CHECK O △ ×

반사회적 인성의 특성에 해당하지 않는 것은?

① 사회적 부적응에 대한 불안한 고민이 결여되어 있다.
② 자극의 강도와 그것에 대한 행동적 반응이 일치한다.
③ 하찮은 일에도 변명한다.
④ 깊숙한 대인관계를 유지할 수 없다.

해설

반사회적 인성은 자극의 강도와 그것에 대한 행동적 반응이 일치하지 않는다.

핵심만콕 반사회적 인성의 특성

- 미래에 대한 목표보다는 현실의 목표를 과대평가한다.
- 충동적 행동을 취한다.
- 자극의 강도와 그것에 대한 행동적 반응이 일치하지 않는다.
- 타인과 깊고 영속성 있는 애정관계를 형성할 수 없다.
- 깊숙한 대인관계를 유지할 수 없다.
- 자기가 정한 목표에 도달할 때까지의 사고와 계획성이 결여되어 있다.
- 사회적 부적응에 대한 불안과 고민이 결여되어 있다.
- 자기의 잘못을 타인에게 돌리며, 실패에 대한 책임을 지지 않는다.
- 하찮은 일에도 변명한다.
- 전혀 신뢰할 수 없으며, 책임도 지지 않는다.
- 감정이 결핍되어 있다.

답 ②

09

CHECK O △ ×

롬브로소의 생래적 범죄자에 가장 가까운 정신병질자는?

① 우울성 정신병질자
② 의지박약성 정신병질자
③ 무정성(정성박약성) 정신병질자
④ 발양성 정신병질자

해설

롬브로소의 생래적 범죄자에 가장 가까운 정신병질자는 무정성(정성박약성) 정신병질자이다.

> **핵심만콕** 　무정성(정성박약성) 정신병질자
>
> - 인간이 보편적으로 갖고 있는 타인에 대한 동정심이나 연민의 감정·수치심·명예심·공동의식·양심의 가책 등이 결핍되어 함부로 행동한다.
> - 자기 목적 달성을 위해서는 냉혹·잔인하게 행동하고 죄책감을 느끼지 못하며, 복수심도 강하고 완고하며 교활하다.
> - 사이코패스·도덕적 백치·도덕적 박약자(Moral imbecile) 등으로 불리며, 범죄학에서 가장 주목을 받는 정신병질자이다.

답 ③

10

슈나이더의 정신병질적 성격유형 중 범죄와 적극적인 관련이 없는 것은?

① 발양성
② 기분이변성
③ 의지박약성
④ 무력성

해설

범죄성과 적극적인 관련성을 가진 것은 발양성·의지박약성·폭발성·기분이변성·자기현시욕성·열광성·무정성의 일곱 가지이며, 우울성·자신결핍성·무력성은 소극적인 관계를 가진다고 보았다.

답 ④

11

다음 중 발양성 정신병질자에 해당하는 것은?

① 염세적, 비관적인 인생관에 빠져 항상 우울하게 지내고 자책적이다.
② 항상 최악의 상황을 생각하고 과거를 후회하며 미래를 걱정한다.
③ 강박관념에 빠져 자살할 가능성이 높다.
④ 무전취식자로 돌아다니기도 하며 닥치는 대로 훔치기도 한다.

해설

①·②·③은 우울성 정신병질자에 해당한다.

답 ④

12

다음 중 열광성(광신성) 정신병질자에 해당하는 것은?

① 자기를 사물의 중심으로 생각하는 등 자기를 실제 이상으로 높이 인식하는 성격이다.
② 어떤 가치나 신념에 열중하여 소신에 따라 행동하는 강한 성격의 소유자이다.
③ 욕구가 좌절되면 신체적 질환으로 도피하여 히스테리성 반응을 보이기도 한다.
④ 다른 사람의 주목과 평판의 대상이 되고자 공상적인 거짓말을 일삼기 때문에 고급사기범이 되기 쉽다.

해설
①·③·④는 자기현시욕성(허영성) 정신병질자에 해당한다.

답 ②

13

범죄자의 심리나 인성에 따른 문제 중 성격이 다른 것은? 기출 24

① 반사회적성격장애(Antisocial Personality Disorder)
② 소시오패시(Sociopathy)
③ 사이코패시(Psychopathy)
④ 주의력결핍과잉행동장애(ADHD)

해설
④ 주의력결핍 과잉행동장애(ADHD)는 아동기에 많이 나타나는 장애로, 지속적으로 주의력이 부족하여 산만하고 과다활동, 충동성을 보이는 상태를 말한다. 주의력결핍 과잉행동장애(ADHD)는 신경발달장애의 일종이다.

답 ④

14

지능과 범죄와의 관계에 관한 설명으로 옳지 않은 것은? 기출 22

① 고든(Gordon)은 지능이 높을수록 소년의 비행 가능성이 낮아진다고 보았다.
② 허쉬와 힌델랑(Hirschi & Hindelang)은 지능이 범죄에 미치는 영향이 간접적이지 않고 직접적이라고 보았다.
③ 헌스타인과 머레이(Herrnstein & Murray)는 지능이 낮은 사람이 비행을 더 많이 한다고 보았다.
④ 고다드(Goddard)는 정신박약이 청소년 비행과 관련되어 있다고 보았다.

해설

허쉬와 힌델랑(Hirschi & Hindelang)은 지능지수와 비행의 관계가 강하지 않지만 적어도 사회계층과 비행 간의 관계만큼은 된다고 주장했다. 즉 지능과 비행의 관계를 간접적인 것으로 파악했다. 낮은 지능은 학업수행에 부정적 영향을 미치고 학교생활에 잘 적응하지 못하게 하기 때문에 비행가능성을 높인다고 주장했다.

답 ②

15

성격이 다른 범죄자 유형은? 기출 20

① 조현병자
② 반사회적 성격장애자
③ 소시오패스
④ 사이코패스

해설

조현병자는 정신병으로 인한 범죄자 중 가장 많이 발견되는 유형으로서 정신장애에 따른 범죄자 유형에 해당한다. ②·③·④는 성격장애에 해당하는 유형이다.

핵심만콕

② 미국정신의학협회의 정신진단체계에 의하면 반사회적 성격장애(ASPD)는 '유년기 또는 청년기에 시작해서 성인이 된 이후로도 계속되는 타인의 권리 또는 도덕을 무시하거나 침해하는 행위'로 정의된다. 이러한 유형의 사람들의 특징으로는 반복적인 범법 행위, 거짓말, 충동성, 공격성 등이 있다.
③·④ 사이코패스는 자신의 행동을 자유로운 선택에 의해 실행하기 때문에 자신의 행동의 의미를 이해하지 못하는, 즉 의사결정의 자유가 없는 상태인 정신병자와 구별된다. 사이코패스와 다르게 사용되는 용어로 사회병질자를 의미하는 소시오패스가 있다. 소시오패스는 반사회적 이상행동자를 의미하며 학자들에 따라 다르게 사용하지만 속성상 동일한 것으로 보아야 한다. 사회학자나 범죄학자들은 범죄적 증후가 사회적 영향과 초기 사회경험을 통해 형성된다고 보아서 사회병질자, 즉 소시오패스라는 용어를 선호한다. 반면에 심리학적, 생물학적, 유전적 범죄원인을 중시하는 사람들은 사이코패스라는 용어를 사용한다. (중략) 엄밀하게 분류하면 … 사이코패스와 소시오패스의 개념은 반사회적 성격장애(ASPD)의 하위개념에 포함된다.

〈출처〉 박상기 외 2인, 「형사정책」, 한국형사정책연구원, 2021, P. 144~145

답 ①

3 인성이론

16

사이코패스가 저지르는 범죄를 잘 설명하는 이론은? 기출 18

① 성격(인성)이론
② 하위문화이론
③ 제도적 아노미이론
④ 사회해체이론

해설
사이코패스가 저지르는 범죄를 설명하는 데 적합한 이론은 성격(인성)이론이다.

> **핵심만콕 인성이론**
> - 성격(인성 ; Personality)은 한 개인이 가진 여러 특성들의 전체를 말한다.
> - 범죄자는 일반인과 다른 비정상적이며 부적합한 범죄적 성향을 가지고 있다고 보고, 범죄행동은 이와 같은 개인적 성향, 즉 충동성・폭력성・자극추구성・반발성・적대감 등이 표출된 것으로 본다.
> - 아이젠크는 성격을 환경에 대한 개인의 독특한 적응에 영향을 끼치는 인격・기질・지성・신체 요소들이 안정되고 영속적으로 조직화 된 것이라고 정의하였다. 매우 반사회적 성향을 가진 사람의 경우는 정신이상・외향성・신경증의 정도가 모두 높을 것이라고 보았다.

답 ①

17

인성에 대한 설명으로 틀린 것은?

① 인성은 한 개인이 가진 여러 특성들의 전체를 말한다.
② 범죄행동은 이와 같은 개인적 성향, 즉 충동성, 폭력성, 자극추구성, 반발성, 적대감 등이 표출된 것으로 본다.
③ 인간의 겉으로 잘 드러나지 않는 무의식 같은 것이 표출된 행동을 중시한다.
④ 여러 가지 심리검사나 측정방법을 통해 성격적 차이를 규명하는 데 주력한다.

해설
정신분석학적 설명은 인간의 겉으로 잘 드러나지 않는 무의식 같은 것이 표출된 행동을 중시하는 반면, 인성을 통한 설명은 각종 심리검사에 의해 드러난 특성을 중심으로 인간의 행동을 설명하고 예측한다는 점에서 차이가 있다.

답 ③

18

아이젠크(Eysenck)의 성격 위계모형에서 습관적 반응 수준에 해당하는 것은?

① 제1수준
② 제2수준
③ 제3수준
④ 제4수준

해설

성격의 위계모형에서 습관적 행위나 인지들로 이루어지는 습관적 반응 수준에 해당하는 것은 제2수준이다.

핵심만콕	성격의 위계모형

- 제1수준(기저 수준) : 구체적 반응 수준으로, 단일한 행위나 인지로 이루어진다.
- 제2수준 : 습관적 반응 수준으로, 습관적 행위나 인지들로 이루어진다.
- 제3수준 : 특질 수준으로, 상이한 습관적 행동들 간의 유의미한 상관으로 정의된다(사교성 특질 등).
- 제4수준 : 유형 수준으로, 특질들 간에 관찰된 상관으로 정의된다(외향성 유형 등).

답 ②

19

아이젠크(Eysenck)가 제시한 성격 차원이 아닌 것은? 기출 09

① 정신이상
② 영악성
③ 외향성
④ 신경성

해설

아이젠크는 인간 성격의 생물학적 영향력을 강조한 대표적인 성향적 관점론자로, 성격 차원을 세 개의 기본적인 성격 요인(정신병적 성향, 내·외향성, 신경증적 성향)으로 제시하였다.

답 ②

20

성격의 5요인 중 심리적 디스트레스, 비현실적 생각과 관련이 깊은 것은?

① 신경증(N)
② 외향성(E)
③ 개방성(O)
④ 우호성(A)

해설

신경증(N) : 적응 대 정서적 불안정을 측정한다(심리적 디스트레스 · 비현실적 생각 · 과도한 열망과 충동 · 부적응적인 대처 반응 등).

핵심만콕

② 외향성(E) : 대인관계에서의 상호작용의 정도와 강도를 측정한다(활동 수준 · 자극에 대한 욕구 · 즐거움 · 능력 등).
③ 개방성(O) : 자신의 경험을 주도적으로 추구하고 평가하는지의 여부를 측정한다(낯선 것에 대한 인내와 탐색 정도 등).
④ 우호성(A) : 사고 · 감정 · 행동에서 동정심부터 적대감까지의 연속 선상을 따라 개인의 대인관계 지향성이 어느 위치에 있는지를 측정한다.

답 ①

21

아이젠크(Eysenck)의 인성이론에 대한 설명으로 틀린 것은?

① 외향성은 개인의 대뇌피질의 자극수용(Cortical arousal) 정도에 관련이 있다.
② 외향적인 사람은 대뇌피질이 자극을 덜 받아들이기 때문에 자극을 덜 느낀다.
③ 내성적인 사람은 외향적인 사람에 비해서 조건화를 통하여 특정 행위에 대한 억제력이 보다 잘 발달된다.
④ 외향적인 사람은 내성적인 사람처럼 효과적으로 비범죄행위에 대한 학습을 한다.

해설

외향적인 사람은 내성적인 사람과 달리 효과적으로 비범죄행위에 대한 학습을 하지 못한다. 따라서 외향성이 높은 사람일수록 더 빈번하게 범죄행위를 할 것이라고 기대한다.

답 ④

4 학습 및 도덕성 발달

22
CHECK ○△×

타르드의 모방이론에 대한 설명으로 틀린 것은?

① 모방의 강도는 사람과 사람 사이의 거리에 비례한다.
② 모방은 사회적 지위가 우월한 사람에게서 낮은 사람으로 이행된다.
③ 처음에는 단순한 모방이던 것이 다음 단계에서는 유행이 되고, 그 유행이 관습으로 삽입, 정착된다.
④ 상호배타적인 유행이 동시에 발생하면 새로운 유행이 기존의 유행을 대체한다.

해설
모방의 강도는 사람과 사람 사이의 거리에 반비례한다.

답 ①

23
CHECK ○△×

범죄행위 모방 및 이와 관련한 3가지 법칙에 관한 설명으로 틀린 것은?

① 타르드는 "범죄자를 제외한 모든 사람에게 그 책임이 있다"라고 할 정도로 극단적 환경결정론자였다.
② 범죄행위 모방의 3법칙은 거리의 법칙, 방향의 법칙, 삽입의 법칙으로 구성된다.
③ 방향의 법칙은 사회적 지위가 열등한 사람들이 우월한 사람들을 모방한다는 것이다.
④ 거리의 법칙은 모방이 이루어지는 사람 간에 심리학적·기하학적 거리가 멀수록 모방의 강도가 강화된다는 것이다.

해설
거리의 법칙은 모방이 이루어지는 사람 간에 심리학적·기하학적 거리가 가까울수록 모방의 강도가 강화된다는 것이다.

핵심만콕

거리의 법칙은 "어떤 상황 속에서 모방이 잘 일어나는가"에 관한 원칙이다. 타르드에 의하면, 범죄현상의 모방은 사람 간의 거리가 가까울수록 더 잘 일어난다고 한다. 아울러 여기에서의 거리는 단순한 물리적인 거리만이 아니라 심리적인 거리까지를 포함한다는 것이 타르드의 주장이다. 예컨대 사람이 많은 거리나 군중 속에서처럼 사람 간의 접촉이 빈번한 곳에서는 범죄행위가 유행적으로 모방되지만, 한적한 곳이나 안정된 집단 속에서는 전통적인 관습의 힘이 강하여 여간해서는 범죄행위의 모방이 일어나지 않는다고 한다.

답 ④

24

CHECK O △ X

개인의 인지발달과 범죄의 관련성을 연구한 학자들로 묶인 것은? 기출 21

① 피아제와 콜버그(Piaget & Kohlberg)
② 롬브로소와 타르드(Lombroso & Tarde)
③ 쇼와 맥케이(Shaw & McKay)
④ 샘슨과 라웁(Sampson & Laub)

해설

보기 중에서 개인의 인지발달과 범죄의 관련성을 연구한 학자들은 피아제와 콜버그이다.

핵심만콕

- 피아제 : 피아제의 인지이론은 인간이 외부세계를 이해하고 파악하는 바탕인 인지적 구조가 형성되는 과정을 설명한 것으로, 지능, 도덕발달, 정보처리능력 등과 관련된다. 그는 인지능력이 일련의 고정된 발달단계를 통해 발달한다고 보았다.
- 콜버그 : 도덕발달이론을 통해 행위의 옳고 그름에 대한 이해와 그에 상응하는 행동은 세 가지 수준으로 분류되는 여섯 단계(사회화 과정)를 통해 발달한다고 주장하였다.
- 롬브로소 : 범죄인에게는 범죄에 중대한 영향을 미치는 생물학적 열등성이 있으며, 이러한 범죄자의 신체적 특징이 5가지 이상 나타나는 자를 생래적 범죄인이라고 하였다.
- 타르드 : 마르크스적인 세계관을 기초로 하여 범죄의 원인이 사회제도, 특히 자본주의 경제질서의 모순에 기인한다고 보았다. 범죄인을 제외한 모든 사람에게 죄가 있다는 극단적인 환경결정론을 주장하면서 이탈리아 범죄인류학파와 대립하였으며, 모방의 법칙을 주장하였다.
- 쇼와 맥케이 : 청소년 범죄가 인종·민족에 관계없이 전이지역인 슬럼가에 만연하고, 부자들의 거주지역에는 적다는 것을 확인하였다. 전이지역에 거주하는 청소년들은 가족과 전통사회에 의해 감독과 격려를 받지 못해 비행에 빠져든다고 주장하였다(비행청소년이론).
- 샘슨과 라웁 : 일생 동안의 여러 가지 경험, 사건, 환경 등에 의해 범죄성 또한 변한다고 보는 생애발달이론(인생항로이론)을 주장하였다. 군대, 결혼, 직업 등 생애에 걸쳐 발생하는 전환기적 사건들의 영향을 중요하게 다룬다.

답 ①

25

다음 이론이 설명하는 내용과 가장 관련이 적은 것은?

> 범죄는 내적 장애의 표출이다. 범죄자에게는 충동성, 공격성, 도덕성 부족, 낮은 자존감 등과 같은 특성을 발견할 수 있다.

① 심리학적 성격이론, 자기통제이론 등이 이에 해당한다.
② 범죄행위에 대한 개인의 자유의지를 부정하는 편이다.
③ 범죄인 교정을 위해 범인성에 대한 치료적 접근이 필요하다.
④ 범죄원인 규명을 위해 개개인의 특성보다 범죄자가 처한 사회적 상황에 관심을 갖는다.

해설

제시된 지문은 심리학적 범죄원인론의 관점으로, 특히 개인의 긍정적인 자아관념의 결핍이나 정신병질과 관련이 있다. 따라서 범죄원인 규명을 위해 개개인의 특성보다 범죄자가 처한 사회적 상황에 관심을 갖는다는 지문은 사회학적 범죄원인론에 대한 내용이기 때문에 관련성이 적다고 할 수 있다.

답 ④

26

범죄원인을 밝히기 위해 심리학적으로 접근하지 않은 학자는? 기출 10

① 아이젠크(Eysenck)
② 슈나이더(Schneider)
③ 프로이트(Freud)
④ 봉거(Bonger)

해설

급진적 갈등론자인 봉거는 자본주의 사회에서는 범죄를 예방할 방법이 없기 때문에 범죄문제가 항상 심각할 것이라고 예측하였고, 범죄를 예방하는 유일한 방법으로는 자본주의를 사회주의로 대치하는 것이라고 주장하였다.

> **핵심만콕** 대표적인 범죄심리학자
>
> 프로이드(Freud), 고프(Gough), 슈나이더(Schneider), 아이젠크(Eysenck), 타르드(Tarde), 톨만(Tolman), 반두라(Bandura), 피아제(Piaget), 콜버그(Kohlberg), 페스팅거(Festinger), 스키너(Skinner) 등

답 ④

1 사회구조이론

01 사회해체이론

02 아노미이론

03 코헨의 비행하위문화이론

04 밀러의 하류계층문화이론
　　(하층계급문화이론)

05 클로워드와 올린의 차별기회이론

06 울프강과 페라쿠티의 폭력하위문화이론

2 사회학습이론

01 의 의

02 서덜랜드의 차별적 접촉이론

03 차별적 접촉이론의 수정 및 보완

3 사회통제이론

01 개 요

02 허쉬의 사회유대이론

03 억제이론과 레클리스의 봉쇄이론

04 사이크스와 맛차의 중화기술이론

05 갓프레드슨과 허쉬의 일반이론
　　(자기통제이론)

06 티틀의 통제균형이론

4 낙인이론

01 개 요

02 레머트

03 베 커

04 기타 이론

5 갈등이론

01 개 요

02 마르크스와 봉거

03 퀴니의 범죄의 사회적 구성

04 셀린과 밀러

05 볼드의 집단갈등이론

06 터크의 범죄화

07 기타 이론

08 갈등이론의 평가

CHAPTER **04**

사회학적 범죄원인

CHAPTER 04 사회학적 범죄원인

1 사회구조이론

01
CHECK Ｏ △ ✕

빈곤과 범죄와의 관계를 설명하는 이론에 해당되지 않는 것은? 기출 21

① 머튼(R. Merton)의 아노미이론
② 클로워드와 올린(Cloward & Ohlin)의 차별적 기회이론
③ 베카리아(C. Beccaria)의 억제이론
④ 밀러(W. Miller)의 하층계급문화이론

해설

베카리아는 처벌의 엄격성, 확실성, 신속성을 통해 범죄를 억제할 수 있다고 주장하였다. 빈곤과 범죄와의 관계를 설명하는 이론은 사회적 구조이론이며, 보기 중에서 이에 해당하는 것은 긴장이론(아노미이론)과 문화적 갈등이론(차별적 기회이론, 하층계급문화이론)이다.

핵심만콕

사회적 구조이론은 기본적으로 사람의 행동은 그를 둘러싼 환경의 산물이라고 가정한다. 사회적 구조이론은 빈곤, 소득불균형, 자포자기, 절망 등의 키워드를 통하여 범죄의 원인을 찾는다. 사회적 구조이론은 비행과 범죄의 원인에는 개인이 속한 사회계층에 따라 다양한 공식적, 그리고 비공식적인 환경요인들이 있다고 가정한다. 특히 저소득층의 범죄는 빈곤과 사회적 불평등성이 가장 큰 영향을 준다고 주장한다. 따라서 빈곤, 낮은 학력, 불안한 고용상태, 범죄적 하위문화의 가치체계 등은 사회적 구조이론을 설명하는 개념요소들이다. (중략) 사회적 구조이론은 그 관점에 따라 사회적 해체이론, 긴장이론, 문화적 갈등이론으로 구분된다.

〈출처〉 허경미, 「범죄학」, 박영사, 2020, P. 80~81

답 ③

02

사회적 구조이론이 아닌 것은? 기출 12

① 동심원이론
② 사회반응이론
③ 아노미이론
④ 사회해체론

해설

범죄의 원인에 대한 사회구조적 접근방법은 뒤르켐의 사회학이론(특히 아노미이론)의 흐름에 속한 것으로, 사회구조(사회계층이나 문화 등) 자체 속에 범죄를 유발하는 요인이 내재되어 있다는 입장에서 접근한 것이다. 동심원이론・아노미이론・사회해체론・비행하위문화이론・하류계층문화이론・폭력하위문화이론 등이 이에 해당한다.

답 ②

03

시카고 지역 프로젝트(Chicago area project)의 배경이 된 이론은? 기출 16

① 중화기술이론
② 사회해체이론
③ 사회유대이론
④ 낙인이론

해설

시카고 지역 프로젝트(Chicago area project)의 배경이 된 이론은 사회해체이론이다.

핵심만콕 시카고 지역 프로젝트와 사회해체이론

시카고 대학의 사회학자인 클리포드 쇼(Clifford Shaw)는 1934년에 시카고 지역의 갱 폭력・약물 남용・실업・비행과 같은 지역 문제를 생태학적 관점에 기초한 사회해체이론적 맥락에서 진단・분석하고 설명하였는데, 그는 시카고의 급격한 도시발전・이민・가난 등에 의하여 가족・학교・교회 등 전통적인 기관들이 제 기능을 하지 못해 가족과 이웃사회의 결합이 약화되는 현상을 가리켜 사회해체라 하고, 이는 슬럼지역 범죄의 주요원인이라고 주장하였다.

답 ②

04

동심원 이론에 관한 설명으로 옳지 않은 것은? 기출 23

① 시카고학파에 의해 연구되었다.
② 프로이드(Freud)가 주장하였다.
③ 범죄가 가장 많이 발생하는 지역은 전이지대이다.
④ 사회해체이론의 기반이 되었다.

해설

파크와 버제스(Park & Burgess)가 동심원 이론을 주장하였다. 프로이드(Freud)는 정신분석이론을 주장하였다.

핵심만콕 동심원이론

파크와 버제스(Park & Burgess)는 시카고 지역을 5개의 동심원지대(중심상업지역, 전이지역, 노동자 거주지역, 중류계층지역, 외부통근지역)로 나누어 각 지대별 특성과 범죄의 관련성을 조사하였고, 범죄는 빈곤·인구유입·실업 등과 깊은 관련이 있다고 주장하였다. 이 중 범죄율이 가장 높은 지역은 제2지역(전이지역)이었고, 범죄율이 가장 낮은 지역은 부유한 계층이 주로 사는 제5지역(외부통근지역)이었다. 전이지역에서는 급격한 도시발전·이민·가난 등에 의하여 전통적 기관들이 깨지거나 제 기능을 하지 못해 긴장상태에 놓여 있어 가족과 이웃의 결합이 약화되는데, 이러한 사회해체 현상이 범죄의 원인이 된다고 주장하였다. 또한 이들은 범죄가 개인심리의 소산이라기보다는 열악한 주택사정·심한 인구이동·열악한 학교환경 등과 같은 사회적 요인이 주민들 간에 계속 전달된 결과로 보았다.

답 ②

05

버제스(Burgess)의 동심원이론에서 사회해체상태가 가장 심한 지역은? 기출 24

① 중심상업지역
② 전이지역
③ 노동자거주지역
④ 교외지역

해설

② 버제스의 동심원이론에서 범죄율이 가장 높은 지역은 제2지역(전이지역)이고, 가장 낮은 지역은 제5지역(외부통근지역)이다.

 ②

06

도시생태학에 근거하여 "범죄율은 하류계층이 사는 도심근처의 주거지역에서 가장 높다"라고 주장한 이론은? 기출 14

① 사회과정이론
② 사회유대이론
③ 사회학습이론
④ 사회해체이론

해설

사회해체이론에 따르면, 도시화와 산업화로 인한 급격한 사회변동은 지역사회의 제도적·비공식적 사회통제를 약화시키는 사회해체를 초래하게 되는데, 이러한 사회해체는 도시가 성장함에 따라 동심원지역으로 일어난다. 따라서 지역별 범죄분포를 살펴보면 하류계층이 사는 도심근처 주거지역의 범죄율이 가장 높고, 외곽의 범죄율은 낮다.

답 ④

07

A도시의 지역별 범죄분포를 살펴보면 도심의 범죄율이 높고, 외곽의 범죄율은 낮은 것으로 나타난다. 이것은 다음의 어느 이론에 의해서 가장 적절히 설명될 수 있는가?

① 봉쇄이론
② 사회해체이론
③ 차별접촉이론
④ 낙인이론

해설

사회해체이론에 따르면 사회해체는 도시가 성장함에 따라 동심원지역으로 일어나며, 이에 따라 도심의 범죄율은 높고 외곽의 범죄율은 낮다.

답 ②

CHAPTER 04 | 사회학적 범죄원인

08

시카고학파와 직접적인 관련이 없는 것은? 기출 19

① 사회해체이론
② 자기통제이론
③ 동심원지대이론
④ 집합효율성이론

해설

자기통제이론은 어린 시절의 경험으로 결정된 개인의 자기통제력이 낮기 때문에 비행과 일탈이 발생한다고 설명하는 이론이다. 갓프레드슨과 허쉬가 주장하였으며, 시카고학파와는 직접적인 관련이 없다.

핵심만콕

① 사회해체이론 : 시카고의 급격한 도시발전, 이민, 가난 등에 의하여 가족, 학교, 교회 등 전통적인 기관들이 제 기능을 하지 못해 가족과 이웃사회의 결합이 약화되는 현상을 가리켜 사회해체라 하고, 이를 슬럼지역 범죄의 주요원인이라고 밝힌 이론이다.
③ 동심원지대이론 : 시카고를 5지역(중심상업지역, 전이지역, 노동자 거주지역, 중류계층지역, 외부통근지역)으로 나누어 범죄발생률을 조사하고 범죄의 원인을 분석한 이론이다.
④ 집합효율성이론 : 시카고학파의 사회해체이론을 현대적으로 계승한 이론으로, 사회자본, 주민 간의 관계망 및 참여 등을 강조하는 이론이다.

답 ②

09

다음 중 사회해체이론에서 주장한 범죄율이 높은 지역은? 기출 13

① 도심지에서 멀리 떨어진 지역
② 주민들의 평균 거주기간이 긴 지역
③ 인종이나 민족 구성이 다양한 지역
④ 인구밀도가 낮은 지역

해설

쇼(Shaw)와 맥케이(McKay)는 사회적 환경이 범죄에 영향을 미친다는 데 주목하여 인종이나 민족 구성이 다양한 지역은 범죄율이 높다고 하였다.

답 ③

10

사회해체지역의 특성으로 옳지 않은 것은? 기출 21

① 가치관의 혼란
② 높은 거주이동성
③ 사회통제의 약화
④ 주민결속력의 강화

해설

사회해체지역에서는 주민들이 지역사회와 일체감을 갖지 못하게 되고, 주민 간의 결속력이 약화된다.

핵심만콕

도시화와 산업화로 인한 급격한 사회변동은 지역사회의 제도적 또는 비공식적 사회통제를 약화시키는 사회해체를 경험하게 되는데, 이러한 사회해체는 대체로 도시가 성장함에 따라 동심원지역으로 일어난다. 이러한 사회해체를 경험하는 지역에서는 비행적 전통과 가치관이 관습적 전통과 가치관을 대체하여 공식적 또는 비공식적 사회통제를 약화시켜서 일탈이 야기된다고 할 수 있다. (중략) 다시 말해서 급격한 인구의 유입으로 인해 원래의 거주민이 교외로 나가게 되는 인구이동이 일어나면 그 지역에 존재하던 공식적인 사회조직이 해체된다. 즉, 지역사회가 전이하게 되어 주민들이 더 이상 그 지역사회와 일체감을 갖지 못하게 되고, 지역사회의 명성과 외양에 과거처럼 신경쓰지 않게 되는 것이다. 이 경우 주민들은 이웃을 사랑하는 마음이 약화되고 지역청소년에 대한 통제력이 약화된다.

〈출처〉 이윤호, 「범죄학」, 박영사, 2019, P. 246~247

답 ④

11

사회해체지역에서 범죄율이 높은 이유는? 기출 10

① 낮은 빈곤율
② 높은 취업률
③ 낮은 결손가정률
④ 높은 인구이동률

해설

쇼와 맥케이에 따르면 범죄율이 높은 지역은 잦은 인구이동, 낮은 수입, 낮은 교육, 열악한 고용, 결손가정, 이질적인 인종이나 민족 구성 등 다양한 사회해체의 지표들을 보인다.

답 ④

12

CHECK ○ △ ×

사회해체이론(Social disorganization theory)을 주장한 학자들로 묶인 것은? 기출 20

① 챔블리스와 사이드만(Chambliss & Seidman)
② 메스너와 로젠펠드(Messner & Rosenfeld)
③ 쇼와 맥케이(Shaw & McKay)
④ 클로워드와 올린(Cloward & Ohlin)

해설

쇼와 맥케이의 사회해체이론은 시카고 학파인 파크의 생태학적 이론과 버제스의 동심원이론의 영향을 받은 것으로서, 특정 지역의 범죄 발생이 지역사회의 생태학적 변화와 밀접한 관련이 있다고 보는 이론이다.

> **핵심만콕**
>
> ① 챔블리스와 사이드만(Chambliss & Seidman)은 갈등론적 관점에서 가난하고 힘없는 강도범·절도범이나 강간사범 등은 체포·기소될 가능성이 많고, 중상류계층의 화이트칼라범죄는 동일하게 처리되지 못하는 것이 법의 현실이며, 차별적 범죄화라고 주장하였다.
> ② 메스너와 로젠펠드(Messner & Rosenfeld)의 제도적 아노미이론은 머튼의 아노미이론을 계승·발전시킨 것으로서, 현대사회에 이르러 경제제도가 지배원리로 자리 잡으면서 기존의 지배원리였던 가족·경제·정치 등 기타의 제도들이 경제적인 가치로 평가·환원되는 것이 아노미의 원인이라고 하였다.
> ④ 클로워드와 올린(Cloward & Ohlin)의 차별기회이론은 쇼와 멕케이의 문화전달이론 및 서덜랜드의 차별적 접촉이론, 그리고 머튼의 아노미이론을 종합하여 청소년의 비행문제를 설명한 것으로, "성공을 추구하는 문화적 목표를 수용하지만 구조적으로 합법적인 수단이 없는 사람이 비행을 저지르게 된다"고 보는 이론이다.

답 ③

13

CHECK ○ △ ×

사회해체이론(Social disorganization theory)과 관련이 없는 학자는? 기출 22

① 맥케이(McKay)
② 샘슨(Sampson)
③ 쇼(Shaw)
④ 프로이드(Freud)

해설

①·②·③의 학자는 사회구조적인 측면에 초점을 두고, 도시의 성장에 따른 사회의 해체가 범죄원인이라 보고 접근을 한다. 반면에 프로이드(Freud)는 범죄의 원인을 개인적 측면에 초점을 두고 범인의 잠재의식의 측면에서 범죄 등 비정상적인 행위를 설명하려는 정신분석학의 대표적인 학자이다.

답 ④

14

지역사회의 해체적 특성에서 범죄원인을 찾는 거시이론가는? 기출 09

① 글룩(Glueck)
② 레크리스(Reckless)
③ 쇼와 맥케이(Shaw & McKay)
④ 글레이저(Glaser)

해설
쇼와 맥케이는 문화전달이론을 통해 비행지역에서는 비행유발의 사회적 요인이 주민들 간에 계속 전달되고, 비행이 생기는 고유한 문화가 형성되어 다음 세대에 전달되며, 지역구성원이 바뀌더라도 비행이 계속된다고 보았다.

답 ③

15

쇼(Shaw)와 맥케이(Mckay)의 사회해체와 비행의 연계에 대한 설명으로 틀린 것은?

① 공식통계를 이용하여 비행을 측정하고 비행소년이 살고 있는 지역을 중심으로 분석하였다.
② 비행과 범죄를 인간이 합법적인 사회적 성공을 위한 울분과 좌절의 결과로 보고 있다.
③ 인구의 이동이 심하고 문화적 갈등이 상존하여 사회의 비공식적 통제력이 약화된 과도기적인 지역의 도심에 가까울수록 비행이 다발한다는 사실을 발견하였다.
④ 도시성장을 분석함으로서 범죄와 비행의 분포상태는 물론 그와 같은 도시범죄의 분포이유를 규명하고자 하였다.

해설
비행과 범죄를 인간이 합법적인 사회적 성공을 성취하기 위한 울분과 좌절의 결과로 본 이론은 긴장이론(Strain theory)이다.

답 ②

16

사회해체론의 내용이 아닌 것은?

① 인간은 사회적 동물이다.
② 도시화와 산업화는 기본적 사회제도를 더 비인간적으로 만들었다.
③ 범죄 또는 비행행위는 지배적인 문화와 갈등을 일으킴으로써 발생한다.
④ 범죄성은 개인의 사회화가 작용한 것이다.

해설
④는 사회과정이론에 관한 내용이다.

답 ④

17

범죄이론과 범죄대책에 관한 설명으로 옳지 않은 것은? 기출 11

① 고전학파는 일반예방을 강조한다.
② 실증주의는 과학적 접근을 강조한다.
③ 사회해체이론은 개별 처우의 중요성을 강조한다.
④ 낙인이론은 사회 내 처우의 중요성을 강조한다.

해설

사회해체이론은 사회의 질서, 안정성, 통합 또는 유대가 약화되어 범죄나 비행이 증가한다는 주장으로, 이는 구성원의 변동이 있더라도 지속적으로 범죄가 일어날 수밖에 없다는 이론이기 때문에 "개별 처우의 중요성을 강조한다"는 것은 틀린 내용이다.

답 ③

18

아노미이론 또는 긴장이론과 관련이 없는 학자는? 기출 10

① 퀴니(Quinney)
② 머튼(Merton)
③ 뒤르켐(Durkheim)
④ 애그뉴(Agnew)

해설

급진적 갈등이론가인 퀴니는 노동자계급의 범죄를 자본주의체계에 대한 적응범죄와 대항범죄로 구분하였으며, 자본주의가 노동자계급의 범죄뿐만 아니라 자본가계급의 범죄도 유발한다고 보았다.

핵심만콕

② 머튼(Merton)의 아노미/긴장이론은 문화적 목표와 사회적 수단 간의 불일치에서 아노미의 발생 원인을 찾는다.
③ 뒤르켐(Durkheim)은 인간의 끝없는 자기 욕망을 사회의 규범이나 도덕이 제대로 규제하지 못하는 무규범 상태를 아노미라고 지칭하였으며, 뒤르켐의 아노미이론은 머튼의 긴장이론에 영향을 주었다.
④ 애그뉴(Agnew)의 일반긴장이론은 긍정적 목적(목표) 달성의 실패, 기대와 성취의 불일치, 긍정적 자극의 소멸, 부정적 자극의 직면(부정적 자극의 발생) 등을 긴장의 원인으로 제시하였다.

답 ①

19

범죄학자와 그 대표적인 주장의 연결이 옳지 않은 것은? 기출 10

① 뉴먼(Newman) - 아노미이론
② 에이커스(Akers) - 사회학습이론
③ 손베리(Thornberry) - 상호작용이론
④ 레머트(Lemert) - 낙인이론

해설

뉴먼은 셉테드(CPTED)전략의 이론적 기초를 마련한 학자로서, 방어공간 조성의 기본요소(영역설정, 감시, 이미지 등)를 제시하였다. 아노미이론의 대표적인 학자에는 뒤르켐, 머튼 등이 있다.

> **핵심만 콕**
> ② 에이커스(Akers)와 버제스(Burgess)가 발표한 차별적 강화이론은 서덜랜드의 이론적 한계를 극복하기 위한 사회학습 이론으로서, 처벌과 보상의 조화가 차별적 재강화를 구성한다고 설명하는 이론이다.
> ③ 손베리(Thornberry)의 상호작용이론은 비행·범죄를 개인과 주변과의 교제·유대·사회화 과정 등의 상호작용의 결과라고 본다.
> ④ 레머트(Lemert)의 낙인이론은 '일차적 일탈(사소한 일탈)'과 '이차적 일탈(일차적 일탈에 대한 사회적 반응의 결과로 야기되는 지속적인 일탈)'을 구분지어 설명한다.

답 ①

20

아노미이론에 관한 설명으로 틀린 것은?

① 아노미 상태란 욕망과 달성수단 사이의 괴리로 인한 사회규범의 영향력이 상실된 상태를 의미한다.
② 상대적으로 풍부한 목표 달성을 보유한 부유층의 범죄행위를 잘 설명할 수 없다.
③ 정당한 수단의 사용가능성이 적을수록 그리고 정당하지 못한 수단을 사용하는 데 거리낌이 적을수록 혁신적 행위의 빈도는 높아진다.
④ 문화적 목표와 수단의 괴리가 혁신, 퇴행, 전복 등으로 드러나는 구체적 요인의 실증에 성공했다.

해설

아노미이론은 목표와 수단의 괴리가 혁신·퇴행·전복 등으로 드러나는 구체적 원인, 즉 어떤 사람은 혁신가가 되고 어떤 사람은 패배주의자가 되는가에 대한 구체적 실증이 결여되어 있다.

답 ④

21

긴장이론에 관한 설명으로 옳지 않은 것은? 기출 19

① 미시적·개인적 수준의 범죄원인을 설명할 수 없다.
② 뒤르켐(Durkheim)의 아노미 개념이 큰 영향을 미쳤다.
③ 머튼(Merton)은 관습적 목표를 달성하기 위해 필요한 합법적 수단이 없을 때 범죄가 발생한다고 주장하였다.
④ 애그뉴(Agnew)가 제시한 긴장의 원인에는 '긍정적 자극의 제거', '부정적 자극의 출현' 등이 있다.

해설
아노미이론은 거시이론, 긴장이론은 미시이론이다. 긴장이론은 사회·문화적 구조에 대한 5가지의 개인별 적응양식과 범죄와의 관련성을 통해 미시적·개인적 수준의 범죄원인을 설명할 수 있다.

답 ①

22

뒤르켐(Durkheim)의 아노미이론에 해당하지 않는 것은? 기출 09

① 대표적 하위문화이론이다.
② 급격한 사회변동으로 일탈행위가 증대된다.
③ 머튼(Merton)의 이론에 영향을 주었다.
④ 아노미란 무규범 상태를 말한다.

해설
뒤르켐에 의하면 범죄는 인류의 영원한 징표에 속한다고 한다. 즉, 범죄는 인간의 개선불가능한 악의성에 기인하는 것이므로 하위문화와는 상관이 없다.

답 ①

23

다음 중 뒤르켐(Durkheim)의 아노미(Anomie)이론에 대한 설명으로 틀린 것은?

① 사회와 관계되는 인간의 속성이 아니라 사회구조적 속성에 관계되는 것이다.
② 아노미 상황은 현재의 사회구조가 구성원 개인의 욕구와 욕망에 대한 통제력을 유지할 수 없을 때 일어난다.
③ 머튼의 아노미이론의 영향을 받았다.
④ 집단이나 사회의 무규범성 상태나 조건이다.

해설
뒤르켐(Durkheim)의 주장을 기초로 미국 사회의 조건에 부합되도록 한 사람이 머튼(Merton)이다.

답 ③

24

뒤르켐(Durkheim) 이론에 대해 잘못 기술한 것은?

① 범죄의 본질이 집단의식의 침해에 있다고 본다.
② 범죄는 집단적 비승인이 존재하는 한 어쩔 수 없이 나타나게 되므로 이는 사회의 정상적 현상이다.
③ 사회진보를 위한 이상주의자의 도덕이 가능하기 위해 수준 이하의 도덕이 존재할 필요가 있으므로 범죄는 사회에 유익한 것으로 본다.
④ 직접적 영향을 받은 미국의 학자는 서덜랜드(Sutherland)이다.

해설

직접적 영향을 받은 미국의 학자는 머튼(Merton)이다.

답 ④

25

아노미상태에서 개인의 5가지 적응양식(동조, 혁신, 의례, 도피, 반역)을 제안한 사람은? 기출 20

① 머튼(R. Merton)
② 코헨(A. Cohen)
③ 애그뉴(R. Agnew)
④ 콘하우저(R. Kornhauser)

해설

머튼은 아노미상태에서 개인이 문화적 목표와 제도화된 수단에 적응하는 방식을 토대로 5가지의 적응양식(동조형, 혁신형, 의례형, 도피형, 반역형)을 제안하였다.

핵심만콕

② 코헨(A. Cohen)은 '중산층'의 가치나 규범을 중심으로 형성된 사회의 중심문화와 '빈곤계층' 소년들이 익숙한 생활 사이에서 긴장이나 갈등이 발생하며, 이러한 긴장관계를 해소하려는 시도에서 비행적 대체문화가 형성된다고 보았다.
③ 애그뉴(R. Agnew)의 일반긴장이론은 긍정적 목표 달성의 실패, 기대와 성취의 불일치, 긍정적 자극의 소멸, 부정적 자극에의 직면 등에 의하여 긴장이 발생하고, 이는 청소년비행을 일으키는 원인이 된다고 설명한다.
④ 콘하우저(R. Kornhauser)는 아노미/긴장이론에 이론적·실증적 결함이 있다고 비판하였다.

답 ①

26

머튼(R. Merton)의 아노미이론에서 문화적 목표와 제도화된 수단을 모두 거부하고 새로운 것들로 대체하는 적응양식은? 기출 24

① 동조(Conformity)
② 혁신(Innovation)
③ 반역(Rebellion)
④ 의례(Ritualism)

해설

반역형(Rebellion)은 기존의 문화적 목표와 제도화된 수단을 모두 거부하면서 동시에 새로운 목표와 수단으로 대치하려는 형태의 적응 방식이다.

답 ③

27

머튼(R. Merton)의 아노미이론에서 절도범의 사회적응양식에 해당하는 것은? 기출 21

① 동조형
② 혁신형
③ 도피형
④ 의례형

해설

혁신형은 범죄자들의 전형적인 적응방식으로, 문화적 목표는 수용하지만 제도화된 수단은 거부하는 형태이다. 대부분의 범죄가 비합법적인 수단을 통해 목표를 달성하려고 한다는 점에서 혁신형에 해당한다.

핵심만콕 머튼의 아노미이론 - 아노미상태에 있는 개인의 적응방식

동조형	정상적인 기회구조에 접근할 수는 없지만 문화적 목표와 사회적으로 제도화된 수단을 통하여 목표를 추구하는 적응방식이다.
혁신형	• 범죄자들의 전형적인 적응방식으로 문화적 목표는 수용하지만 제도화된 수단은 거부하는 형태이다. • 탈세, 횡령, 수뢰, 문서위조와 같은 재산범죄나 화이트칼라범죄는 금전적 성공이라는 목표를 위하여 불법적인 방법을 이용한 경우들이며 매춘, 마약거래, 강도, 절도 역시 금전취득을 위하여 성실한 노동활동과 같은 제도화된 수단을 거부하고 보다 용이하고 즉각적인 효과를 얻을 수 있는 방법으로 문화적 목표의 달성을 시도한 행위들이다.
의례형	문화적 목표를 거부하고 제도화된 수단만을 수용하는 적응방식으로 이의 전형적인 예로는 자기가 하는 일의 목표는 안중에 없고 무사안일하게 절차적 규범이나 규칙만을 준수하는 관료를 들 수 있다.
도피형	• 문화적 목표와 제도화된 수단을 거부하고 사회로부터 도피해 버리는 적응방식이다. • 전형적인 사례로는 정신병자, 빈민층, 부랑자, 방랑자, 폭력배, 만성적 알코올중독자 및 마약상습자 등을 들 수 있다.
반역형	• 기존의 문화적 목표와 제도화된 수단을 모두 거부하면서 동시에 새로운 목표와 수단으로 대치하려는 형태의 적응방식이다. • 정치범, 환경보호론자, 낙태금지론자, 동물보호론자 등을 들 수 있다.

〈출처〉 박상기 외 2인, 「형사정책」, 한국형사정책연구원, 2021, P. 158~159

답 ②

28

머튼(R. Merton)의 아노미이론에서 문화적 목표와 제도적 수단을 수용(+) 또는 거부(−)하는지에 따라 나눈 5가지 적응양식을 순서대로 나열한 것은? 기출 13

적응양식	문화적 목표	제도적 수단
(ㄱ)	+	+
(ㄴ)	+	−
(ㄷ)	−	+
(ㄹ)	−	−
(ㅁ)	+	+

	(ㄱ)	(ㄴ)	(ㄷ)	(ㄹ)	(ㅁ)
①	혁신	동조	도피	의례	반역
②	동조	혁신	도피	의례	반역
③	동조	혁신	의례	도피	반역
④	동조	반역	의례	도피	혁신

해설

ㄱ은 동조형, ㄴ은 혁신형, ㄷ은 의례형, ㄹ은 도피형, ㅁ은 반역형이다.

핵심만콕 머튼의 5가지 적응형식

적응유형 (적응양식)	목표에 대한 태도 (문화적 목표)	수단에 대한 태도 (제도적 수단)	특 징
동조형	+	+	사회의 성공목표에 대해 용인하고 이에 도달하기 위한 제도적 수단을 받아들인다.
혁신형	+	−	문화적 목표는 수용하지만 이를 성취하기 위한 합법적 수단은 없는 경우이다(범죄형).
의례형	−	+	가능한 목표만 세워서 좌절을 줄인다(소시민형).
도피형	−	−	기존사회에서 후퇴하여 딴 세상에 산다(폐인형).
반역형	±	±	기존사회의 목표, 수단을 모두 거부하며 새로운 목표, 수단을 제시하여 사회변혁을 꾀한다(혁명형).

답 ③

29

머튼(R. Merton)의 긴장(아노미)이론에 관한 설명으로 옳지 않은 것은? 기출 14

① 혁신형은 목표는 받아들이지만 불법적인 수단을 사용한다.
② 혁명형은 기존의 목표와 수단을 거부하고 새로운 목표와 수단을 주장한다.
③ 도피형은 합법적인 수단을 거부하고 대체수단을 사용한다.
④ 의례형은 목표 달성 의지가 약하지만 합법적 수단을 사용한다.

해설
도피형은 합법적인 수단과 대체수단을 모두 거부하고 도피적인 생활을 하는 유형이다.

답 ③

30

머튼(R. Merton)의 아노미이론에서 5가지 적응양식 중 의례형(Ritualism)에 대한 문화적 목표와 제도적 수단의 수용(+) 또는 거부(-)를 맞게 짝지은 것은? 기출 18

① +, +
② +, -
③ -, +
④ -, -

해설
의례형은 문화적 성공목표를 외면(거부)하면서 제도적 규범수단들에 충실하여 순종적(수용)인 생활을 해나가는 중하층 관료 등의 적응형태이다.

답 ③

31

머튼(R. Merton)의 아노미이론에서 문화적 목표와 제도적 수단을 모두 수용하는 적응양식은? 기출 23

① 혁신형(innovation)
② 의례형(ritualism)
③ 도피형(retreatism)
④ 동조형(conformity)

해설
설문은 머튼(R. Merton)의 아노미이론에 제시된 개인의 적응방식 중 동조형에 대한 내용이다. 동조형은 문화적 목표와 사회적으로 제도화된 수단을 통하여 목표를 추구하는 적응방식이다.

답 ④

32

머튼(R. Merton)의 아노미이론에서 문화적 목표는 부인하면서 제도적 수단은 용인하는 중하층관료 등의 적응형태는? 기출 09

① 동조(Conformity)
② 혁신(Innovation)
③ 의례(Ritualism)
④ 도피(Retreatism)

해설
문화적 성공목표를 외면(부인)하면서도 제도적 규범수단들에 충실한 순종적(용인)인 생활을 해나가는 중하층관료 등의 적응형태는 의례형이다.

답 ③

33

머튼(R. Merton)의 긴장이론 중 마약중독자 등에게서 볼 수 있는 긴장에 대한 개인의 적응방식은? 기출 16

① 혁신형(innovation)
② 동조형(conformity)
③ 도피형(retreatism)
④ 반역형(rebellion)

해설
도피형(퇴행형, Retreatism) : 현실적인 성공목표와 그 제도적 규범수단을 모두 부정하고 그로부터 도피적인 생활을 하는 유형으로, 정신병자・알코올・마약중독자・부랑자가 되기 쉽다.

답 ③

34

머튼(R. Merton)의 긴장이론에서 피해자 없는 범죄와 관련이 있는 스트레스 적응유형은? 기출 12

① 도피형
② 혁신형
③ 동조형
④ 의례형

해설

머튼의 아노미이론에서 문화적으로 승인된 목표와 사회적으로 받아들여질 수 있는 수단을 모두 거부하는 유형은 도피형이다. 이러한 도피형은 마약이나 알코올중독과 같은 범죄에 노출되기 쉽기 때문에 피해자 없는 범죄와 관련이 있다고 볼 수 있다.

답 ①

35

머튼(R. Merton)의 아노미이론에서 알코올중독자에게서 나타나는 적응양식은? 기출 15

① 도피형(retreatism)
② 혁신형(innovation)
③ 의례형(ritualism)
④ 동조형(conformity)

해설

머튼의 아노미이론에서 문화적으로 승인된 목표와 사회적으로 받아들여질 수 있는 수단을 모두 거부하는 적응유형은 도피형(Retreatism)이다. 이러한 도피형의 경우 마약이나 알코올중독과 같은 범죄에 노출되기 쉽다.

답 ①

36

아노미이론으로 설명이 가능한 행위유형에 속하는 것은?

① 과실범
② 격정범
③ 동성애
④ 알코올중독

해설

아노미이론의 보편성에 대한 비판으로서 과실범·격정범·근친상간·동성애·상류계층의 경미한 재산범죄와 같은 행위유형 등을 설명할 수 없다는 점이 지적된다.

답 ④

37

"이 일을 평생 해봐도 남들처럼 번듯한 집에서 살거나 고급 승용차를 타거나 가족들과 해외여행 한 번 가보기는 틀렸다. 하지만 과분한 욕심을 버리자. 알뜰한 아내 덕에 빚 안지고 이만큼 살아왔는데, 내가 뇌물을 받다가 교도소라도 가는 날이면 이 조그만 행복도 끝장이다."라고 생각하는 하위직 공무원은 머튼(R. Merton)의 아노미이론에 제시된 개인의 적응방식 중 어느 유형에 속하는가?

① 동조형
② 혁신형
③ 의례형
④ 도피형

해설

의례형의 예는 관료제의 말단에 있는 사람들에게 발견되는데, 이들은 더 이상의 지위상승을 꾀할 수 없음을 알고 더 이상 시도도 하지 않으며, 매일 주어진 일을 할 뿐이다. 행동규범은 철저히 준수하지만 성취라는 문화적 목표를 포기했다는 점에서 일탈적 적응유형이라고 한다.

핵심만콕

① 동조형(순응, Conformity) : 문화적 목표와 제도화된 수단을 모두 승인한다. 비행 또는 범죄와 가장 거리가 멀다.
② 혁신형(개신, Innovation) : 문화적 목표를 승인하고 제도화된 수단을 부정한다. 전통적 범죄를 주로 범하며 절도·사기·마약판매·도박·매춘행위 등 불법적 활동을 통해서 경제적 성공을 성취하려고 하는 경우로서, 머튼은 이러한 유형이 미국에 가장 많다고 보았다.
④ 도피형(은둔, 퇴행, Retreatism) : 문화적 목표와 제도화된 수단을 모두 부정한다. 사회활동을 거부하고 성공하려는 시도를 포기하는 경우를 말하며, 알코올중독자 등이 이에 속한다.

답 ③

38

초등학생인 A군의 장래희망은 도둑 또는 강도이다. 선생님과 친구에게 "은행강도가 되어서 돈을 벌겠다"고 공공연히 말한다. 이 사례에서 A군의 경우는 머튼(R. Merton)이 제시한 적응유형 중 어디에 해당하는가?

① 의례형(Ritualism)
② 은둔형(Retreatism)
③ 동조형(Conformity)
④ 혁신형(Innovation)

해설

머튼은 문화적 목표와 제도화된 수단에 따라 여러 가지 적응유형이 있다고 보았으며, 제시된 지문은 '혁신형'에 대한 설명이다. 혁신형은 목표를 추구하지만 합법적 수단이 없는 집단으로, 부당한 수단으로 목표를 달성하려는 집단을 말한다.

답 ④

39

머튼(R. Merton)의 긴장이론(Strain theory)에 대한 설명으로 옳지 않은 것은?

① 사회 내에 문화적으로 널리 받아들여진 가치와 목적, 그리고 그것을 실현하고자 사용하는 수단 사이에 존재하는 괴리가 아노미적 상황을 이끌어낸다고 보았다.
② 특정 사회 내의 다양한 문화와 추구하는 목표의 다양성을 무시하고 있다.
③ 다섯 가지 적응유형 중에 혁신형(Innovation)이 범죄의 가능성이 제일 높은 유형이라고 보았다.
④ 하급계층을 포함한 모든 계층이 경험할 수 있는 긴장을 범죄의 주요 원인으로 제시하였다.

해설

하급계층을 포함한 모든 계층이 경험할 수 있는 긴장을 범죄의 주요 원인으로 제시한 이론은 로버트 애그뉴(R. Agnew)의 일반긴장이론이다.

답 ④

40

애그뉴(Agnew)의 일반긴장이론(general strain theory)에서 제시한 긴장유발의 원인이 아닌 것은?

① 긍정적으로 평가된 목표 달성의 실패
② 긍정적 자극의 제거
③ 사회 유대의 강화
④ 부정적 자극의 출현

해설

에그뉴의 일반긴장이론은 긍정적으로 평가된 목표 달성의 실패, 기대와 성취의 불일치, 긍정적 자극의 소멸, 부정적 자극에의 직면 등에 의하여 긴장이 발생하고, 이는 청소년비행을 일으키는 원인이 된다고 설명하였다.

> **핵심만콕**   애그뉴(Agnew)의 일반긴장이론
> - 범죄와 비행은 스트레스가 많은 사람들에게는 고통을 경감하고 만족을 주는 수단이 될 수도 있다고 보았다.
> - 긴장이 부정적 감정을 낳고, 이는 다시 비행(청소년비행)을 일으키는 원인이 된다고 보았다.
> - 긴장의 원인으로는 긍정적 목적(목표)달성의 실패, 기대와 성취의 불일치, 긍정적 자극의 소멸, 부정적 자극의 직면(부정적 자극의 발생) 등이 있다.

답 ③

41

애그뉴(R. Agnew)의 일반긴장이론에서 주장하는 범죄의 원인에 해당하는 것은? 기출 21

① 목표 달성의 실패에 따른 스트레스
② 비행친구와의 접촉
③ 사회유대의 약화
④ 사회의 부정적 낙인

해설
②는 서덜랜드의 차별적 접촉이론, ③은 허쉬의 사회유대이론, ④는 낙인이론에서 주장하는 범죄의 원인에 해당한다.

핵심만콕 애그뉴(R. Agnew)의 일반긴장이론

비행을 유발하는 긴장의 3가지 유형을 목표성취의 실패, 긍정적이고 바람직한 자극의 소멸, 부정적 자극에의 직면 등으로 제시하였다.

긍정적 목표성취의 실패	여기에는 3가지의 하위유형이 포함된다. 첫째는 '기대와 가능성 간의 괴리', 둘째는 '기대와 실제 성취 사이의 괴리', 셋째는 '공정하고 정의로운 결과라고 생각되는 것과 현실적 결과 사이의 불일치'이다.
긍정적 자극의 소멸	이 긴장의 원천은 주로 중요한 사물이나 사람의 상실과 같이 청소년에게 일어날 수 있는 불만스러운 사건의 경험을 이르는 것이다. 실연, 친구나 가족의 죽음이나 질병, 정학, 전학 등은 아노미적 느낌을 갖게 한다.
부정적 자극에의 직면	이 유형은 타인의 부정적 행위에 직면하면서 맞닥뜨리는 또 하나의 불만스러운 삶의 형태이다. 청소년은 아동학대, 가혹행위, 어려운 학교생활 및 기타 '유해한 자극'에 노출될 수 있다. 청소년은 가정이나 학교로부터 적법하게 벗어날 수 없기 때문에, 부모나 교사로부터의 스트레스를 피할 수 있는 합법적 방법이 봉쇄되어 있다. 청소년은 이러한 상황에서 비행을 저지르게 된다.

〈출처〉 로널드 L. 에이커스 외, 민수홍 외, 「범죄학 이론」, 나남, 2020, P. 368~370

답 ①

42

애그뉴(R. Agnew)는 긴장이 부정적 감정을 낳고 이는 다시 비행을 일으키는 원인이 된다고 주장한다. 애그뉴가 말하는 긴장의 원인이 아닌 것은? 기출 10

① 목적 달성의 실패
② 기대와 성취의 일치
③ 긍정적 자극의 소멸
④ 부정적 자극의 생성

해설
애그뉴의 일반긴장이론에 따르면 기대와 실제 성취 사이의 괴리는 좌절, 우울, 분노 등의 부정적 감정을 일으켜서 긴장을 유발하는 원천이 된다.

답 ②

43

애그뉴(R. Agnew)의 일반긴장이론에 관한 설명으로 옳지 않은 것은? 기출 15

① 기본적으로 비행을 축적된 스트레스의 결과로 본다.
② 개인이 받는 부정적 압력보다 긍정적 압력을 비행의 원인으로 주목한다.
③ 긍정적 자극의 소멸은 비행의 가능성을 증가시킨다고 예측한다.
④ 부정적 감정이 긴장과 비행을 매개한다고 본다.

해설
애그뉴는 일반긴장이론을 제시하면서 비행의 원인으로 긍정적 압력보다는 부정적 압력에 주목하였다.

답 ②

44

애그뉴(R. Agnew)의 일반긴장이론에서 제시한 긴장이 발생하는 경우가 아닌 것은? 기출 14

① 중산층 지위의 획득에 있어 좌절을 경험했다.
② 목표 달성에 실패했다.
③ 긍정적 자극의 소멸을 경험했다.
④ 부정적 자극이 발생했다.

해설
중산층 지위의 획득에 있어 좌절을 경험한 하류계층 청소년 사이의 하위문화가 청소년 비행의 원인이라고 주장하는 이론은 코헨의 비행하위문화이론이다. 코헨은 하류계층 청소년의 비행이 중류계층의 가치와 규범에 대한 저항이라고 보았다.

답 ①

45

애그뉴(R. Agnew)의 일반긴장이론에서 좌절, 우울, 분노 등 부정적 감정을 일으켜서 긴장을 유발하는 원천이 아닌 것은? 기출 17

① 목표 달성의 실패
② 부정적 자극의 소멸
③ 긍정적 자극의 소멸
④ 기대와 성취 사이의 괴리

해설
애그뉴(R. Agnew)의 일반긴장이론에 따르면, 긴장이 발생하는 원천에는 긍정적 목적(목표)달성의 실패, 기대와 성취의 불일치, 긍정적 자극의 소멸, 부정적 자극에의 직면(부정적 자극의 발생) 등이 있다.

답 ②

46

범죄학이론과 대표학자를 짝지은 것으로 옳지 않은 것은? 기출 11

① 봉쇄이론 - 레클리스(Reckless)
② 사회해체이론 - 애그뉴(Agnew)
③ 비행하위문화이론 - 코헨(Cohen)
④ 사회학습이론 - 에이커스(Akers)

[해설]
애그뉴(Agnew)는 범죄와 비행이 스트레스가 많은 사람들에게는 고통을 경감하고 만족을 줄 수 있는 수단이 될 수도 있다는 일반긴장이론을 주장하였다. 사회해체이론의 대표적 학자로는 생태학적 이론의 파크(Park), 동심원이론의 버제스(Burgess) 등이 있다.

답 ②

47

"미국의 범죄문제가 다른 선진국들에 비해 훨씬 심각한 이유는 가족, 교육, 정치 등 다른 사회제도들의 힘보다 경제제도의 힘이 지나치게 강하기 때문이다."라고 주장한 학자는? 기출 15

① 메스너와 로젠펠드(Messner & Rosenfeld)
② 클로워드와 올린(Cloward & Ohlin)
③ 서덜랜드(Sutherland)
④ 울프갱과 페라쿠티(Wolfgang & Ferracuti)

[해설]
설문은 메스너와 로젠펠드가 주장한 제도적 아노미이론에 대한 내용이다.

[핵심만콕]
제도적 아노미이론은 자유시장주의 경제체제에서 사람들에게 경제적 이익추구라는 문화적 목표가 최고 우선시되면서 다른 제도와 가치가 무너져 범죄로 이어진다고 설명하였다. (중략) 메스너와 로젠펠드는 사회는 가족(출산, 양육, 지원), 교육(규범과 가치 부여), 정치(통합 목표의 모니터링, 통제), 경제(경제 상품의 생산 및 유통) 등 네 가지 제도에 의해 유지된다고 가정한다. 그리고 이 제도들 사이의 적절한 균형은 사회적 공존을 위해 필요하다. 그런데 이 제도들이 서로 불균형 상태에 있고 더 이상 서로를 통제할 수 없는 상태가 되면 행동, 가치, 목표 및 범죄에 대한 집단적 동기가 나타난다는 것이다.

〈출처〉 허경미, 「범죄학」, 박영사, 2020, P. 90

답 ①

48

메스너와 로젠펠드(Messner & Rosenfeld)의 제도적 아노미이론과 관련이 없는 것은? 기출 22

① 정치제도
② 교육제도
③ 과학제도
④ 가족제도

해설

메스너와 로젠펠드(Messner & Rosenfeld)의 제도적 아노미이론은 머튼의 아노미이론을 계승·발전시킨 것으로서, 현대사회에 이르러 경제제도가 지배원리로 자리 잡으면서 기존의 지배원리였던 가족·경제·교육·정치 등 기타의 제도들이 경제적인 가치로 평가·환원되는 것이 아노미의 원인이라고 하였다.

답 ③

49

범죄를 미국 사회의 문화적이고 제도적인 영향의 결과로 바라 본 학자는? 기출 17

① 에이커스(Akers)
② 메스너와 로젠펠드(Messner & Rosenfeld)
③ 볼비(Bowlby)
④ 애그뉴(Agnew)

해설

메스너와 로젠펠드(Messner & Rosenfeld)는 제도적 아노미이론을 주장하였다. 제도적 아노미이론은 경제적 제도가 힘을 얻게 되면 비경제적인 제도(정치, 학교, 가족 등)에서도 경제적 논리가 우선하게 된다는 이론이다. 비경제적 제도가 약화됨에 따라 사회규범에 대한 학습 및 상호작용이 이루어지지 않게 되고 일탈행위가 발생하게 된다고 본다.

핵심만콕

① 에이커스(Akers)는 차별적 접촉 - 강화이론을 주장하였으며, 범죄행위는 범죄행위에 대한 긍정적인 규정을 가진 다른 사람과의 차별적 접촉의 결과인 모방에 의해 발생하며, 범죄행위의 지속 여부는 차별적 강화에 의해 결정된다고 하였다.
③ 볼비(Bowlby)의 애착이론은 어린 시절 엄마와 아이의 안정적인 상호관계가 정상적인 심리발달에 중요한 역할을 하며, 애착형성의 결함이 향후 인격발달의 문제, 정서적 결핍이나 우울과 같은 정신병리의 발생에 주요한 원인이 된다는 이론이다. 아이가 엄마와의 애착관계에 지장이 생긴다면 감정이 결여된 사이코패스와 같은 증상을 보일 수 있다고 설명한다.
④ 애그뉴(Agnew)의 일반긴장이론은 범죄와 비행이 스트레스가 많은 사람들에게는 고통을 경감하고 만족을 줄 수 있는 수단이 될 수 있으며, 긴장이 부정적인 감정을 발생하게 하고 이는 다시 비행을 일으키는 원인이 된다고 주장한다.

답 ②

50

제도적 아노미이론(Institutional anomie theory)이 지적하는 현대사회의 문제점으로 옳지 않은 것은? 기출 11

① 비경제적 제도기능의 가치가 절하된다.
② 비경제적 제도가 경제적 제도의 요구사항을 과다하게 수용한다.
③ 경제적 규범이 비경제적 제도 사이로 침투한다.
④ 비경제적 제도가 우월적 위치를 차지한다.

해설

제도적 아노미이론에 따르면, 경제적 제도는 다른 비경제적 제도에 비해 우월적 위치를 차지한다.

핵심만콕

제도적 아노미이론은 메스너(Messner)와 로젠펠드(Rosenfeld)가 기존의 아노미이론을 계승·발전시킨 것이다. 뒤르켐·머튼과는 달리 메스너와 로젠펠드는 아노미의 원인을 현대사회에 이르러 경제제도가 지배원리로 자리 잡음에 따라 기존의 지배원리였던 가족·경제·정치 등 기타의 제도들이 경제적인 가치로 평가·환원되는 데에 있다고 보았으며, 경제적 제도가 다른 비경제적 제도에 비해 우월적 위치를 차지하게 된다고 보았다.

 ④

51

다음과 관련 있는 범죄이론은? 기출 19

- 셀린(Sellin)의 행위규범 갈등
- 코헨(Cohen)의 지위좌절
- 밀러(Miller)의 초점적 관심(Focal concerns)

① 갈등이론
② 차별적선택이론
③ 환경범죄이론
④ 하위문화이론

해설

제시된 지문은 모두 하위계층이 자신들만의 독립된 하위문화를 계발하게 된다는 내용을 설명하는 것으로, 하위문화이론과 관련이 깊다.

> **핵심만콕**
> - 셀린(Sellin)의 갈등이론은 상이한 문화적 집단 간의 갈등에 기초하고 있다. 행동규범은 상이한 집단에 의해서 상이하게 규정되기 때문에, 사회가 복잡해짐에 따라 상이한 집단의 행동규범 간에 갈등과 충돌이 생기게 되는데 이를 문화갈등이라고 하였다.
> - 코헨(A. Cohen)은 하위계층 청소년들 간에 형성된 하위문화가 중산층의 문화에 대해 대항적 성격을 띠고 있다고 본다. 하위계층 청소년들은 사회적 조건으로 인하여 중위계층의 성공목표를 합법적으로 성취할 수 없기 때문에 지위좌절이라는 문화적 갈등을 경험하게 되며, 이들 중 다수는 집단비행에 가담하게 된다고 보았다.
> - 밀러(W. Miller)는 하위계층 문화가 중산층 문화에 대한 대항적 성격이 아니라 그 자체의 고유한 문화이며, 하위계층 청소년들의 관심의 초점(초점적 관심, Focal concerns)이 중산층 문화의 그것과는 다르기 때문에 범죄에 빠져들기 쉽다고 보았다.

 ④

52

하류계층의 사람들이 사회 전체의 규범보다는 자신이 속한 집단의 규범을 따라 행동하다 보면 자연스럽게 범죄를 저지를 수밖에 없다고 주장하는 이론은? 기출 08

① 하위문화이론
② 사회유대이론
③ 긴장이론
④ 자기통제이론

해설

하위문화이론에 대한 설명이다. 하위문화란 일반 사회구성원이 공유하는 문화와는 별도로 특정집단에서 강조되는 특수한 가치 또는 규범체계를 의미한다.

> **핵심만콕**
> ② 허쉬의 사회유대이론은 누구든 내버려두면 범죄를 저지를 것인데, 이를 통제하는 것이 사회연대이며, 범죄는 개인의 사회에 대한 유대가 약해졌거나 끊어졌을 때 발생한다고 본다.
> ③ 머튼은 긴장이론을 통해 관습적 목표를 달성하기 위해 필요한 합법적 수단이 없을 때 범죄가 발생한다고 주장하였다.
> ④ 갓프레드슨과 허쉬는 일반이론(자기통제이론)을 통해 어릴 때 가정에서 형성된 자기통제력, 즉 개인의 안정적 성향이 청소년비행을 설명할 수 있는 유일하면서도 중요한 원인이라고 주장하였다.

 ①

53

하층소년들이 중산층 문화에의 적응실패로 인하여 반동적으로 문화를 이루어 악의적이고 부정적으로 범죄를 하게 된다고 보는 이론은? 기출 04

① 밀러의 하류계층문화이론
② 클로워드와 올린의 차별기회이론
③ 코헨의 하위문화이론
④ 머튼의 아노미이론

해설

코헨(Cohen)의 하위문화이론에 대한 설명이다.

핵심만콕

코헨(Cohen)은 하층의 청소년들이 어떻게 비행하위문화를 형성하게 되고 비행을 저지르게 되는지를 설명하였다. 코헨은 물질적 성공에서의 좌절이 아니라 중산층 지위성취에 있어서의 좌절을 강조하였다. 하층의 청소년들은 중산층 기준에 맞춰 생활하다보면 늘 좌절을 겪기 때문에 그 아이들은 중산층 잣대가 아닌 자신들만의 고유한 문화를 형성하기 시작한다. 그리고 이 문화는 중산층의 문화와는 완전히 반대인 '반동형성'의 성격을 가지게 되는데, 이는 '악의적'이고 '부정적'이며 '단기 쾌락주의적'이고 '비공리적'인 가치에 입각한 하위문화의 특성을 갖는다.

답 ③

54

다음 중 '말썽부리기, 강인, 영악함, 자극추구, 운명주의, 자율성 추구'와 가장 관련이 깊은 이론은?

① 갈등이론
② 차별접촉이론
③ 하위문화이론
④ 프로이드이론

해설

말썽부리기, 강인, 영악함, 자극추구, 운명주의, 자율성 추구와 가장 관련이 깊은 이론은 하위문화이론이다.

핵심만콕

하위문화이론은 대부분의 비행행위가 집단 내에서 발생한다는 것을 전제로 하고 있다. 즉, 비행청소년들은 전형적으로 행동을 같이하거나, 적어도 혼자 행동할 때라도 최소한 집단의 영향을 받게 된다는 가정이다. 밀러의 하위계층문화이론은 하층지역에 본래부터 비행가치와 문화가 존재하고 있기 때문에 그러한 하층지역에 사는 청소년들이 비행을 저지르게 된다고 보았다. 밀러에 따르면, 하층지역에는 결손가정의 환경에서 자란 아이들이 많은데, 그 지역의 남자아이들은 성역할 모델인 아버지가 없어 남성친구들과 어울리면서 부단히 남성성을 찾으려고 노력한다고 보았다. 그러한 가운데 하층지역에서는 고유한 문화가 발달하게 되는데 '말썽부리기, 강인, 영악함, 자극추구, 운명주의, 자율성 추구' 등과 같은 성격을 가진다고 보았다.

답 ③

55

클로워드와 올린(Cloward & Ohlin)의 차별기회이론에서 제시된 하위문화에 해당하지 않는 것은?

① 범죄하위문화(Criminal subculture)
② 갈등하위문화(Conflict subculture)
③ 의례하위문화(Ritualist subculture)
④ 도피하위문화(Retreatist subculture)

해설

클로워드와 올린의 차별기회이론은 비행하위문화를 범죄하위문화, 갈등하위문화, 도피하위문화의 3가지로 분류한다. 머튼의 아노미/긴장이론은 적응형식을 동조형, 혁신형, 의례형, 도피형, 반역형의 5가지로 분류한다.

핵심만콕 차별기회이론과 비행하위문화

클로워드와 올린의 차별기회이론은 목표를 달성하기 위해 합법·비합법적인 두 가지의 기회구조를 사용할 수 있다고 보고, 합법적인 기회구조에 접근할 수 있는 기회가 제한된다고 해서 바로 범죄가 발생하는 것이 아니라, 비합법적인 가치와 수단에 접근할 수 있는 기회가 있어야 범죄가 발생하며 그에 따라 비행유형도 다르다는 점을 강조하였다. 이에 따른 비행하위문화는 3가지 형태로 분류된다.

범죄하위문화	문화적 가치를 인정하며, 불법적인 기회구조와 접촉이 가능하여 범죄를 저지르는 비행문화집단
갈등하위문화	문화적 가치는 인정하지만 합법적 또는 불법적 기회구조가 모두 차단되어 욕구불만을 폭력행위나 패싸움 등으로 해소하는 비행문화집단
도피하위문화	문화적 목표는 인정하지만 이를 달성하기 위한 합법적 또는 불법적 기회구조가 차단되어 자포자기하는 이중실패문화집단

답 ③

56

밀러(Miller)의 하층계급문화이론에서 주장한 초점적 관심(Focal concerns)이 아닌 것은?

① 말썽부리기(Trouble)
② 거침(Toughness)
③ 교활(Smartness)
④ 소통(Communication)

해설

하층계급문화이론에서 주장한 초점적 관심으로는 말썽부리기(Trouble), 강인함(Toughtness), 영악함(Smartness), 흥분추구(Excitement), 운명(Fate), 자율성(Autonomy)이 있다.

 ④

57

기회차별이론(분화적 기회구조이론)에 대한 설명으로 틀린 것은?

① 아노미이론의 발전된 형태로서 문화적 목표를 달성하기 위한 정당한 수단이 없다는 것만으로 일탈행동이 유발되지는 않으며, 동시에 정당하지 못한 수단에 접근할 수 있는 기회가 일탈행동의 필요조건이 된다는 이론이다.
② 클로워드와 오린은 비합법적 수단이 어떻게 분포되어 있는가에 따라 그 지역의 비행하위문화의 성격 및 종류도 달라진다고 보았다.
③ 청소년 범죄를 설명하는 이론들로서 상당한 타당성을 가진다.
④ 범죄적 하위문화는 문화적 목표를 추구하는 데 필요한 합법적인 수단을 사용하기도 어렵고 불법적인 기회도 없는 상황에서 흔히 형성된다.

[해설]

범죄적 하위문화는 불법적인 기회구조와 접촉이 가능한 상황에서 흔히 형성된다.

[핵심만콕]

차별기회이론 – 이중실패자들의 세 가지 적응유형

- 범죄하위문화 : 문화적 가치를 인정하나 불법적인 기회구조와 접촉이 가능하여 범죄를 저지르는 비행문화집단
- 갈등하위문화 : 문화적 가치는 인정하지만 합법적 또는 불법적 기회구조가 모두 차단되어 욕구불만을 폭력행위나 패싸움 등으로 해소하는 비행문화집단
- 패배하위문화 : 문화적 목표는 인정하지만 이를 달성하기 위한 합법적 또는 불법적인 기회구조가 차단되어 자포자기하는 이중실패문화집단

차별기회이론 도식표 – 클로워드와 올린(Cloward & Ohlin)

구 분	문화적 목표(가치)	제도적 수단	불법적 기회	폭력의 용인
범죄적 하위문화	+	−	+	
갈등적 하위문화	+	−	−	+
도피적 하위문화	+	−	−	−

답 ④

58

하위문화이론에 관한 설명 중 옳지 않은 것은?

① 하위문화란 일반 사회구성원이 공유하는 문화와는 별도로 특정집단에서 강조되는 특수한 가치 또는 규범체계를 의미한다.
② 밀러(W. Miller)는 하위계층 청소년들의 '관심의 초점'(Focal concerns)이 중산층 문화의 그것과는 다르기 때문에 범죄에 빠져들기 쉽다고 보았다.
③ 코헨(A. Cohen)은 하위계층 청소년들 간에 형성된 하위문화가 중산층의 문화에 대해 대항적 성격을 띠고 있다고 본다.
④ 코헨(A. Cohen)은 '비행적 하위문화'를 범죄적 하위문화, 갈등적 하위문화, 도피적 하위문화라는 3가지 기본형태로 분류하였다.

해설

범죄적 하위문화와 갈등적 하위문화, 도피적 하위문화로 분류한 것은 클로워드와 올린의 차별적 기회구조이론이다.

답 ④

59

클로워드와 올린(Cloward & Ohlin)의 차별적 기회이론과 관련이 없는 것은?

① 범죄하위문화(Criminal subculture)
② 갈등하위문화(Conflict subculture)
③ 이중실패자(Double failures)
④ 폭력하위문화(Violent subculture)

해설

클로워드와 올린(Cloward & Ohlin)은 목표를 달성하기 위해 합법 또는 비합법적인 두 가지의 기회구조를 사용할 수 있다고 보고 합법적인 기회구조에 접근할 수 있는 기회가 제한된다고 해서 바로 범죄가 발생하는 것이 아니라, 비합법적인 가치와 수단에 접근할 수 있는 기회가 있어야 범죄가 생기는 것으로 본다. 이러한 경우를 이중적 실패(Double failures)라고 하며, 이중실패자들은 세 가지 형태의 적응유형을 보이게 되는데, 범죄·갈등·패배하위문화가 그것이다.

답 ④

60

울프강과 페라쿠티(Wolfgang & Ferracuti)의 폭력적 하위문화이론을 설명한 것으로 옳지 않은 것은? 기출 14

① 폭력적 하위문화는 주류문화와 항상 갈등상태를 형성한다.
② 폭력적 하위문화라도 모든 상황에서 폭력을 사용하지는 않는다.
③ 폭력적 하위문화에서 폭력태도는 차별적 접촉을 통하여 형성된다.
④ 폭력적 하위문화에서 폭력은 불법적인 행동으로 간주되지 않는다.

해설

폭력적 하위문화이론은 모든 사회는 고유한 문화체계를 가지고 있으며 사람의 행위는 문화체계를 통하여 이해된다는 주장이다. 폭력적 하위문화는 전체문화의 하위부분이며, 구성원들이 학습을 통하여 하위문화의 내용을 행동의 기준으로 하므로 주류문화와 항상 갈등상태를 형성하는 것은 아니다.

답 ①

61

'폭력의 하위문화' 개념을 제시한 학자는? 기출 13

① 울프강과 페라쿠티(Wolfgang & Ferracuti)
② 서덜랜드와 크레시(Sutherland & Cressey)
③ 갓프레드슨과 허쉬(Gottfredson & Hirschi)
④ 에이커스와 버제스(Akers & Burgess)

해설

폭력의 하위문화 개념은 울프강과 페라쿠티(Wolfgang & Ferracuti)가 주장하였다.

핵심만콕 폭력의 하위문화이론

- 폭력이 적절한 행동으로 평가받는 문화 속에서 생활하는 청소년들의 폭력가능성이 높다고 보는 이론이다.
- 기존의 가치체계와는 상반되는 하위문화적인 기준에 동조하는 것이 범죄적 행위를 발생시킨다고 보는 입장이다.

답 ①

2 사회학습이론

62

CHECK O △ X

"재범률이 높은 것은 교도소가 범죄학교이기 때문이다"라는 주장과 부합하는 이론은? 기출 13

① 사회학습이론
② 억제이론
③ 아노미이론
④ 정신분석이론

해설

사회학습이론은 행위자의 행동은 다른 사람의 행동이나 어떤 상황을 관찰·모방함으로써 이루어진다는 것으로, "재범률이 높은 것은 교도소가 범죄학교이기 때문이다"라는 주장과 부합한다.

답 ①

63

CHECK O △ X

다음 현상을 설명하는 이론은? 기출 15

- 자신이 존경하는 사람이 그들의 일탈을 보상할 것이라고 기대하면 약물남용 가능성이 커진다.
- 부모가 자녀의 순응행동에 대해 일관되게 긍정적 보상을 하고 잘못된 행동에 대해 적절하게 부정적 제재를 할 때, 자녀는 순응행동을 자주 하게 된다.
- 비행집단에 소속된 청소년은 비행 모형에 노출되고 비행에 대한 강화를 받기 때문에 비행을 많이 저지르게 된다.

① 사회학습이론
② 사회유대이론
③ 자기통제이론
④ 낙인이론

해설

해당 제시문은 사회학습이론적 관점에서 서술한 내용으로, 사회학습이론은 행위자의 행동은 다른 사람의 행동이나 어떤 상황을 관찰·모방함으로써 이루어진다는 내용이다.

답 ①

64

다음과 관련 있는 범죄이론은? 기출 21

- 차별적 조직
- 차별적 접촉
- 범죄란 사회적인 과정을 통해 학습한 결과

① 통제균형이론
② 억제이론
③ 발전이론
④ 차별적 접촉이론

해설

① 통제균형이론 : 통제비율을 중시하는 이론으로서, 개인이 받는 통제가 부족하거나 지나친 경우에 비행이 발생한다고 보는 이론이다.
② 억제이론 : 사회통제 중 사법기관의 법률적 통제(처벌)에 주목한 이론이다.
③ 발전이론 : 어렸을 때의 경험도 중시하지만, 청소년의 성장기나 성인시기의 생활환경도 범죄의 원인으로 파악하는 이론이다.

핵심만콕 서덜랜드의 차별적 접촉이론

차별적 접촉이론은 서덜랜드에 의해 주창된 범죄이론으로 사회해체이론과 문화전달이론을 토대로 1939년에 발표하였다. 서덜랜드는 범죄의 원인을 설명하기 위해서 차별적 사회조직과 차별적 접촉의 두 가지 개념을 제시하였다. 차별적 사회조직이란 사회조직을 범죄적 전통을 가진 조직과 그렇지 않은 조직으로 구분한 뒤에 이 중 범죄적 전통을 가진 집단 내에 속할 때 범죄를 행할 가능성이 훨씬 높다는 것이다. 그리고 차별적인 접촉이란 범죄행위를 체계적으로 발전시키게 되는 구체적 인과과정을 지칭한다고 정의하였다. 서덜랜드는 이러한 개념을 바탕으로 범죄란 개인의 범죄를 행하는 사람이나 법을 준수하는 사람과의 차별적인 접촉의 결과라고 설명하였다. 서덜랜드는 범죄란 정치적 또는 법률적 과정이 아니라 사회화 과정을 통해 배운 행위라고 주장하였다. 또한 범죄의 동기나 기술, 범죄적 행동에 대한 태도, 범죄에 대한 개념 정의 등도 다른 사람들과의 접촉에서 배운다고 한다.

〈출처〉 허경미, 「범죄학」, 박영사, 2020, P. 101~102

답 ④

65

범죄이론과 그 정책적 함의를 바르게 연결한 것은? 기출 08

① 범죄생물학이론 - 심리상담과 치료
② 사회학습이론 - 행동수정 프로그램
③ 갈등이론 - 탈제도화, 비범죄화
④ 낙인이론 - 사회적 불평등 해소 정책

해설

① 범죄심리학이론 : 심리상담과 치료
③ 갈등이론 : 사회적 불평등 해소 정책
④ 낙인이론 : 탈제도화, 비범죄화

답 ②

66

서덜랜드(E. Sutherland)의 차별접촉이론에 관한 설명으로 옳지 않은 것은? 기출 19

① 범죄행위는 상호작용에 의한 학습의 결과이다.
② 차별접촉은 빈도, 기간, 우선성, 강도 면에서 다르다.
③ 모든 사람은 잠재적 범죄자로서 친구와의 유대가 약해지면 범죄를 저지르게 된다.
④ 법 위반에 대해 호의적이지 않은 생각보다 호의적인 생각을 가질 때 범죄자가 된다.

해설

허쉬(Hirschi)는 사회유대이론을 통해 모든 사람은 잠재적 범죄자로서 사회에 대한 유대와 결속이 약해지면 관습이나 제도에 얽매일 필요가 없으므로 범죄를 저지르게 된다고 주장하였다. 서덜랜드의 차별접촉이론은 자신과 친밀한 집단들과의 접촉을 통하여 범죄에 관한 관념들이 학습되는 것으로 본다.

답 ③

67

다음을 주장한 학자는? 기출 17

> - 범죄행위는 의사소통 과정에 있는 다른 사람과의 상호작용에서 학습된다.
> - 범죄행위는 일반적 욕구와 가치의 표현이지만, 비범죄적 행위도 똑같은 욕구와 가치의 표현이므로 그러한 일반적 욕구와 가치로는 범죄가 설명되지 않는다.

① 콜빈(Colvin)
② 뉴먼(Newman)
③ 서덜랜드(Sutherland)
④ 라웁(Laub)

해설
서덜랜드의 차별적 접촉이론에 관한 내용이다.

핵심만콕
① 콜빈의 차별적 강압이론은 가족·학교·또래집단·이웃 등을 통해 형성된 유년기의 경험이 개인의 낮은 통제력·사회유대 약화 등의 사회심리학적 결손을 가져온다고 본다.
② 뉴먼(Newman)은 영역설정(Territoriality), 감시(Surveillance), 이미지(Image), 주변지역보호(Safe area and street) 등 4가지 방어공간(Defensible space) 조성의 기본요소를 제시함으로써 셉테드(CPTED)전략의 이론적 기초를 마련하였다.
④ 샘슨과 라웁의 생애발달이론은 일생 동안 여러 가지 경험·사건·환경 등에 의해 범죄성 또한 변한다고 본다.

답 ③

68

"친구 따라 강남 간다"라는 속담과 관련되는 이론가는? 기출 09

① 베커(Becker)
② 애그뉴(Agnew)
③ 머튼(Merton)
④ 서덜랜드(Sutherland)

해설
서덜랜드(Sutherland)는 자신과 친밀한 집단들과의 접촉을 통하여 범죄에 관한 관념들이 학습되는 것으로 보았으며, 범죄관념을 학습하는 정도는 접촉의 빈도·기간·접촉의 우선성·강도 등에 따라 달라진다고 주장하였다.

답 ④

69

"법과 규범에 순응하는 가치를 가진 학생이 나쁜 친구들의 영향을 받아 비행을 저지르게 된다."고 주장하는 이론은? 기출 10

① 차별접촉이론
② 사회유대이론
③ 일상활동이론
④ 갈등이론

해설

서덜랜드의 차별적 접촉이론은 자신과 친밀한 집단들과의 접촉을 통하여 범죄에 관한 관념들이 학습되는 것으로 본다. 접촉의 빈도가 많고, 기간이 길수록 학습의 영향은 더 커지고, 시기가 빠를수록, 접촉의 강도가 클수록 더 강하게 학습을 하게 된다.

핵심만콕

② 허쉬의 사회유대이론은 개인의 사회에 대한 유대가 약해졌거나 끊어졌을 때 범죄가 발생한다고 보았으며, 특히 가족 간의 유대를 강조하였다.
③ 코헨과 펠슨은 일상활동이론을 통해 범죄발생의 세 가지 필수요건으로서 동기화된 범죄자・적절한 표적・감시자(보호할 수 있는 능력)의 부재를 제시하였다. 특정 범죄피해가 발생하기 위해서는 이 세 가지 요소가 모두 일정한 시간과 공간에 수렴되어야 하며, 세 요소가 특정 시공에 수렴할 확률은 사람들의 일상활동이 갖는 성격에 달려 있다고 보았다.
④ 갈등이론의 관점에서 본 범죄란 그 사회의 부와 권력을 소유한 사람에 의해 정의되는 불공정한 분배에 대한 반응이다.

답 ①

70

A는 학교폭력을 상습적으로 저지르는 B와 자주 어울리면서 범죄기술, 법위반에 대한 우호적 정의(Definition) 등을 배워 편의점 절도를 저지르게 되었다. 그 후에 A는 학교폭력 친구들과의 친밀한 교재를 통해 상습범죄자의 길로 접어들었다. 위의 상황을 잘 설명하는 범죄이론은? 기출 18

① 서덜랜드(Sutherland)의 차별접촉이론
② 프로이드(Freud)의 정신분석이론
③ 베커(Becker)의 낙인이론
④ 머튼(Merton)의 아노미이론

해설

서덜랜드(Sutherland)의 차별적(분화적) 접촉이론은 사회과정이론 중의 하나이며, 사람들의 일탈은 그런 유형과의 접촉을 통하여 일어난다고 보는 범죄학 이론이다. 범죄는 일반적인 행위와 마찬가지로 학습을 통해서 배우게 되고, 학습은 주로 친밀한 사람들과의 상호작용을 통해 일어난다고 설명한다.

답 ①

71

다음 중 차별접촉이론을 주장한 학자는? 기출 08

① 서덜랜드
② 애그뉴
③ 사이크스
④ 맛 차

해설

차별접촉이론을 주장한 학자는 서덜랜드(Sutherland)이다.
② 애그뉴 : 일반긴장이론
③·④ 사이크스 & 맛차 : 중화기술이론

답 ①

72

서덜랜드(E. Sutherland)의 차별접촉이론에서 차별적 접촉에 영향을 주는 요소가 아닌 것은? 기출 22

① 빈도(frequency)
② 기간(duration)
③ 강도(intensity)
④ 혁신(innovation)

해설

혁신은 차별적 접촉에 영향을 주는 요소에 포함되지 않는다. 차별적 접촉은 빈도, 기간, 우선성, 강도 면에서 다르다.

핵심만콕 서덜랜드(E. Sutherland)의 차별접촉이론

- 범죄행위는 학습의 결과이다.
- 범죄행위는 의사소통 과정에 있는 다른 사람과의 상호작용에서 학습한다.
- 범죄행위 학습의 주요부분은 가족·친지 등의 가까운 개인집단 내에서 이루어지고, 비인격적 매체와는 관련 없다.
- 범죄행위의 학습은 복잡하든지 단순하든지 간에 범죄를 행하는 다양한 기법·동기·욕구·합리화·태도 및 구체적 방향의 학습과 관련이 있다.
- 범행동기·충동은 법규범을 긍정적으로 정의하는지, 아니면 부정적으로 정의하는지에 따라 학습한다.
- 법 위반에 대해 호의적이지 않은 생각보다 호의적인 생각을 가질 때 범죄자가 된다.
- 범죄행위는 일반적 욕구와 가치의 표현이지만, 비범죄적 행위도 똑같은 욕구와 가치의 표현이므로 그러한 일반적 욕구와 가치로는 범죄가 설명되지 않는다.
- 차별접촉의 요소 : 빈도, 기간, 우선성, 강도 면에서 다르다.
- 에이커스(R. Akers)는 서덜랜드(E. Sutherland)의 차별접촉이론을 보상과 처벌의 관점에서 발전시킨 학습이론을 주장한다.
- 예 A는 학교폭력을 상습적으로 저지르는 B와 자주 어울리면서 범죄기술, 법위반에 대한 우호적 정의(Definition) 등을 배워 편의점 절도를 저지르게 되었다. 그 후에 A는 학교폭력 친구들과의 친밀한 교재를 통해 상습범죄자의 길로 접어들었다.

답 ④

73

서덜랜드(E. Sutherland)의 차별접촉이론의 명제로 옳지 않은 것은? 기출 11

① 범죄행위는 의사소통을 통한 타인과의 상호작용을 통하여 학습된다.
② 차별적 교제양상은 빈도나 강도의 측면에서 동일하다.
③ 학습은 친밀한 집단 속에서 이루어진다.
④ 법위반에 대한 우호적 정의가 비우호적 정의보다 클 때 범죄행위를 하게 된다.

해설

차별적 접촉이론에 따르면 범죄도 일반적인 행위와 마찬가지로 학습을 통해서 배우게 되고, 범죄자 역시 일반인과 마찬가지로 학습과정을 가진다고 본다. 따라서 차별적 교제 양상은 접촉의 빈도·기간·시기·강도에 따라 다르다. 즉, 접촉의 빈도가 많고 기간이 길수록 학습의 영향은 더 커지고, 시기가 빠르거나 접촉의 강도가 클수록 더 강하게 학습을 하게 된다.

답 ②

74

차별접촉이론(Differential association theory)에서 주장하는 범죄의 원인과 가장 관련이 있는 주장은?

① 주변의 비행친구들과 어울리다 보니 나도 모르게 나쁜 물이 들었다.
② 성공하고 싶은 마음에 수단과 방법을 가리지 않았다.
③ 사소한 잘못에 대한 주변의 부정적인 반응 때문에 다시 사고를 쳤다.
④ 부모와 선생님의 간섭을 벗어나 내 마음대로 살다보니 문제가 생겼다.

해설

서덜랜드(Sutherland)는 차별접촉이론(Differential association theory)을 제시하면서 청소년들이 주위사람들로부터 법위반에 호의적인 가치나 태도를 학습하게 되면 비행의 가능성이 높아진다고 주장하였다. 즉, 비행은 학습되는 것이고, 그것은 친밀한 관계에 있는 주위사람들과의 상호작용과 의사소통에 의해서 학습된다는 것이다.

답 ①

75

서덜랜드(Sutherland)의 차별적 접촉이론에서 접촉 효과의 영향 요인이 아닌 것은? 기출 24

① 연 령
② 우선성
③ 강 도
④ 빈 도

해설

차별적 접촉은 접촉의 빈도·기간·순위(우선성)·강도에 따라 달라진다.

답 ①

76

서덜랜드(E. Sutherland)의 차별접촉이론에 관한 설명으로 옳지 않은 것은? 기출 14

① 범죄행위의 학습 기제는 일상생활의 학습 기제와 다르다.
② 범죄행위의 학습은 친밀한 집단을 통해 이루어진다.
③ 법규범을 우호적 또는 비우호적으로 인식하는 태도를 학습한다.
④ 사회구조이론보다 중류계층의 범죄행위를 설명하는 데 유용하다.

해설

범죄행위는 개인의 성향이나 사회경제적 지위의 발현으로 나타나는 것이 아니라 일반적인 행위와 마찬가지로 학습을 통해서 배우게 되고, 범죄자 역시 일반인과 마찬가지로 학습과정을 가진다고 보았다. 즉, 범죄행위의 학습 기제는 일상생활의 학습 기제와 동일하다는 것이다.

답 ①

77

다음의 연구결과가 지지하는 이론은? 기출 13

- 비행친구와의 지속적인 관계에 있는 청소년은 범죄를 지지하는 태도를 계속 유지한다.
- 일탈행위에 대해 긍정적인 태도를 갖는 청소년은 그렇지 않은 청소년에 비해 비행을 더 저지른다.
- 마약사용자들과 친밀한 네트워크를 형성하고 있는 사람은 마약중독 가능성이 높다.

① 억제이론
② 낙인이론
③ 차별접촉이론
④ 아노미이론

해설

서덜랜드는 자신과 친밀한 집단들과 접촉을 통하여 범죄에 관한 관념들이 학습되는 것으로 보았다. 그리고 범죄관념을 학습하는 정도는 접촉의 빈도·기간·접촉의 우선순위·강도 등에 따라 달라진다고 주장하였다.

답 ③

78

서덜랜드(E. Sutherland)의 차별적 접촉이론에서 법위반에 대한 우호적인 정의나 비우호적인 정의를 결정하는 요소가 아닌 것은? 기출 12

① 신념(Belief)
② 우선성(Priority)
③ 기간(Duration)
④ 강도(Intensity)

해설
서덜랜드는 자신과 친밀한 집단들과의 접촉을 통하여 범죄에 관한 관념들이 학습되는 것으로 지적하였다. 그리고 범죄관념을 학습하는 정도는 접촉의 빈도, 기간, 접촉의 우선성, 강도 등에 따라 달라진다고 보았다.

답 ①

79

차별접촉이론에 관한 설명으로 틀린 것은?

① 사회해체가 아닌 사회의 상이한 접촉과정에 범죄원인이 있다고 보는 이론이다.
② 범죄가 사회적 상호작용을 통하여 학습된 행동이라는 것을 출발점으로 삼는다.
③ 서덜랜드는 차별적 접촉을 결정하는 요소 중에 빈도를 가장 중요한 요소로 본다.
④ 어떤 사람이 범죄자가 되는 것은 법률위반에 대한 긍정적 정의가 부정적 정의를 압도하기 때문이다.

해설
서덜랜드는 차별적 접촉 요소 중에 시간적 우선성을 가장 중요한 것으로 본다. 아주 어린 시절에 배운 합법적 행동 또는 비합법적 범죄행동은 전 생애에 걸쳐서 지속될 수 있기 때문이다.

답 ③

80

범죄학이론에 관한 설명 중 옳지 않은 것은?

① 글레이저의 차별적 동일시이론은 학습이론의 범위를 보다 탄력적이고 광범위하게 확장하였다.
② 허쉬의 사회유대이론은 누구나 반사회적 행위를 하려는 본성을 가지고 있다고 전제한다.
③ 타르드는 거리의 법칙, 방향의 법칙, 삽입의 법칙이라는 3가지 모방 법칙을 주장하였다.
④ 서덜랜드의 차별적 접촉이론은 대중매체에 의한 학습을 강조한 것이다.

해설
서덜랜드의 차별적 접촉이론은 다른 사람들과의 상호작용·의사소통 과정에 의한 학습을 강조한 것이다.

답 ④

81

서덜랜드(E. Sutherland)의 차별적 접촉이론에 대한 설명으로 틀린 것은?

① 범죄자와의 접촉이 있다고 바로 범죄를 학습하는 것은 아니다.
② 범죄행위는 다른 사람의 행위를 학습하는 데에서 비롯된다.
③ 영화 속 주인공의 매력에 빠져 그의 행동을 모방한 경우도 잘 설명할 수 있다.
④ 범죄행위는 정상적으로 학습된 행위라고 할 수 있다.

해설
③은 글레이저의 차별적 동일시이론에 관한 설명이다.

답 ③

82

에이커스(Akers)의 차별적 접촉강화이론(differential association reinforcement theory)에서 '다른 사람의 행동이나 태도를 관찰하고 따라하는 것'은? 기출 23

① 차별적 접촉
② 차별적 강화
③ 모 방
④ 정 의

해설
설문은 차별적 접촉강화이론 중 모방의 개념을 설명하고 있다.

핵심만콕 버제스(Burgess)와 에이커스(Akers)의 차별적 강화이론

범죄행위는 범죄행위에 대한 긍정적인 규정을 가진 다른 사람과의 차별적 접촉의 결과인 '모방'에 의해 발생하며, 범죄행위의 지속 여부는 차별적 강화에 의해 결정된다.

차별적 교제(접촉)	범죄자에게는 그들에게 범죄나 모방할 모형, 차별적 강화를 제공하는 집단이 존재하며, 이러한 집단 가운데 가장 중요한 것은 가족이나 친구와 같은 일차적 집단이다.
정 의	특정 행위에 대하여 개인이 부여하는 의미와 태도를 의미한다.
차별적 강화	차별적 강화는 행위의 결과로부터 돌아오는 보상과 처벌의 균형에 의해 달라진다. 개인이 그러한 범죄행위를 저지를 것인가의 여부는 과거와 미래에 예상되는 보상과 처벌 간의 균형에 영향을 받는다.
모 방	타인의 행동에 대한 관찰과 학습의 결과로 인하여 그것과 유사한 행동을 하게 되는 것을 의미하는 것으로, 사회학습이론을 기반으로 한다.

답 ③

83

에이커스(Akers)의 차별적 접촉강화이론에서 주장하는 주요 개념이 아닌 것은?

① 모방
② 정의
③ 신앙
④ 차별적 강화

해설

버제스와 에이커스(Bugess & Akers)의 차별적 접촉강화이론의 4가지 주요 개념은 차별적 교제·정의·차별적 강화·모방이다.

답 ③

84

서덜랜드(E. Sutherland)의 차별접촉이론을 보상과 처벌의 관점에서 발전시킨 학습이론가는?

① 퀴니(R. Quinney)
② 에이커스(R. Akers)
③ 마르크스(K. Marx)
④ 페리(E. Ferri)

해설

에이커스와 버제스는 차별적 강화이론을 통해 긍정적인 보상이 얻어지거나 부정적인 처벌이 회피될 때 그 특정행위는 강화되고, 그 행위의 결과로 긍정적 처벌이라는 혐오스러운 자극을 받거나 보상의 상실이라는 부정적 처벌을 받게 될 때 그 행위는 약화된다고 보았다.

핵심만콕

① 퀴니(R. Quinney)는 급진론적 관점의 갈등이론가이다. 형법을 국가와 지배계급이 기존의 사회경제 질서를 유지하고 영구화시키기 위한 도구로 이해하였으며, 자본가계급과 노동자계급의 범죄를 자본주의의 산물이라고 보았다.
③ 마르크스(K. Marx)의 이론으로부터 영향을 받은 것은 갈등이론이다. 마르크스는 자본주의사회에서 자본가계급이 노동자계급보다 지배적인 위치를 차지하며, 상호 대립되는 이해관계로 인하여 이들 간의 계급갈등은 필연적이라고 보았다.
④ 페리(E. Ferri)는 범죄사회학의 창시자로서 롬브로소, 가로팔로와 함께 이탈리아의 3대 실증주의자로 불린다. 범죄의 사회적 원인을 중시하였으며, 범죄 발생의 항상성과 관련하여 범죄포화의 법칙을 주장하였다.

답 ②

3 사회통제이론

85
CHECK ○△×

허쉬(T. Hirschi)의 사회통제이론의 주장을 모두 고른 것은? 기출 21

> ㄱ. 청소년이 부모와 애착이 강할수록 비행을 하지 않는다.
> ㄴ. 청소년이 학교공부에 전념할수록 비행을 하지 않는다.
> ㄷ. 청소년의 통제비율이 불균형적인 경우 비행을 한다.

① ㄱ
② ㄱ, ㄴ
③ ㄱ, ㄷ
④ ㄴ, ㄷ

해설

허쉬의 사회통제이론(사회유대이론)에 대한 설명은 ㄱ・ㄴ이며, ㄷ은 티틀(Tittle)의 통제균형이론에 대한 설명이다. 허쉬의 사회통제이론은 사회에 대한 개인의 유대가 약하거나 깨졌을 때 비행이 일어난다고 보며, 부모, 어른, 교사, 친구와의 관계에서 유대를 구성하는 4가지 요인(애착, 관여, 참여, 신념)이 강할수록 개인의 행동이 통제되며, 순응한다고 본다.

핵심만콕 티틀의 통제균형이론

티틀은 범죄와 비행에서 '통제의 균형'을 중심으로 구성한 '합성통합'을 제안했다. 통제의 균형은 개인이 타인으로부터 받는 통제와 그가 타인에게 행사할 수 있는 통제의 비율로 정의된다. 이 통제의 균형은 비행의 동기와 억제 모두와 관련이 있다. 이 이론의 중심전제는 사람들이 행사할 수 있는 통제의 양보다 그들이 받는 통제의 양이 그들이 특정 유형의 비행을 저지를 가능성에 영향을 미친다는 것이다. 비행은 통제를 받기보다는 행사하도록 돕는 도구나 책략으로 해석된다. 불균형한 통제비율은 자율욕구 및 기본적인 신체적・정신적 욕구와 결합해 비행의 원인이 된다.

〈출처〉 로널드 L. 에이커스 외, 민수홍 외, 「범죄학 이론」, 나남, 2020, P. 576

답 ②

86

다음은 어느 이론과 관련 있는 설명인가? 기출 15

> 개인이 행사하는 통제의 양에 대한 그가 받는 통제의 양의 비율이 일탈의 발생 가능성뿐만 아니라 일탈의 유형도 결정한다.

① 사회해체이론
② 통제균형이론
③ 자기통제이론
④ 권력통제이론

해설

제시된 지문은 티틀의 통제균형이론에 대한 설명이다. 이 이론의 중심전제는 사람들이 행사할 수 있는 통제의 양보다 그들이 받는 통제의 양이 그들이 특정 유형의 비행을 저지를 가능성에 영향을 미친다는 것이다.

답 ②

87

사회통제를 범죄의 원인으로 주목한 이론이 아닌 것은? 기출 10

① 생활양식이론(Lifestyle theory)
② 봉쇄이론(Containment theory)
③ 억제이론(Deterrence theory)
④ 사회유대이론(Social bonding theory)

해설

생활양식노출이론은 개인의 직업적 활동과 여가활동을 포함한 일상적 활동의 생활양식이 그 사람의 범죄피해위험성을 결정하는 중요한 요인이 된다고 설명하는 범죄피해이론이다.

핵심만콕

② 레클리스(Reckless)의 봉쇄이론(견제이론)은 내적 봉쇄요인(자기통제력, 책임감 등)과 외적 봉쇄요인(조직에 대한 소속감, 법규범, 형사사법기관의 정책시행 등) 중에서 어느 한 가지라도 제대로 작용하면 범죄나 비행을 예방할 수 있다고 본다.
③ 억제이론(Deterrence theory)은 사회통제 중 사법기관의 처벌 여하에 주목한 이론으로, 처벌이 있게 되면 합리적인 인간들은 자신의 행위의 결과로 처벌이라는 고통이 있을 것이라 판단할 것이기 때문에 비행을 하지 않을 것으로 본다.
④ 허쉬(Hirschi)의 사회유대이론은 개인의 범죄성향을 통제하는 것은 개인과 사회 간의 유대라고 보았고, 특히 가족 간의 유대를 강조하였다.

답 ①

88

개인적 또는 사회적 통제가 약해질 때 범죄가 발생한다고 주장하는 이론이 아닌 것은? 기출 12

① 견제이론
② 자기비하이론
③ 통제균형이론
④ 차별적 기회이론

해설

클로워드와 올린의 차별기회이론은 목표를 달성하기 위해 합법·비합법적인 두 가지의 기회구조를 사용할 수 있다고 보고, 합법적인 기회구조에 접근할 수 있는 기회가 제한된다고 해서 바로 범죄가 발생하는 것이 아니라, 비합법적인 가치와 수단에 접근할 수 있는 기회가 있어야 범죄가 발생한다고 설명한다.

> **핵심만콕**
> ① 레클리스의 견제이론(자아관념이론)은 범죄 다발지역에 살면서 범죄적 집단과 접촉하더라도 범죄에 가담하지 않는 소년에 대한 의문에서 착안한 이론으로서, 그 사람의 내적·외적 견제가 약해서 통제를 받지 않거나 적게 받는다면 일탈적 행위에 가담하기 쉽다고 설명하였다.
> ② 카플란의 자기비하이론은 비행이나 범죄의 원인을 범죄자의 나약한 자아존중감으로 설명하였다. 주위사람들로부터 무시를 당하는 사람들은 자아존중감을 상실하고, 사회적응력이 떨어지고, 규범을 준수하려는 의지가 나약해진다는 것이다.
> ③ 티틀의 통제균형이론에서 통제의 균형은 그가 타인에게 행사할 수 있는 통제와 개인이 타인으로부터 받는 통제의 비율로 정의되며, 이 통제의 균형은 비행의 유형 및 동기, 억제 모두와 관련이 있다.

89

다음 중 "왜 사람들은 범죄를 하지 않는가?"라는 문제제기와 가장 관계가 깊은 이론은? 기출 14

① 허쉬의 사회유대이론
② 고링의 생물학적 이론
③ 샘슨과 라웁의 전환점이론
④ 볼드의 통합이론

해설

허쉬의 사회유대이론은 "어떠한 요인들이 작용하면 범죄를 하지 않도록 만드는가"에 관심을 가진다. 즉, 범죄를 저지르지 않는 다수의 사람들이 갖고 있는 특성에 주목한 것이다.

답 ①

90

다음의 전제하에서 범죄원인을 규명한 이론은? 기출 16

> 왜 사람들은 범죄를 행하지 않고 사회규범에 동조하는가?

① 낙인이론
② 사회유대이론
③ 사회학습이론
④ 문화충돌이론

해설

사회유대이론에 관한 설명이다. 사회유대이론은 모든 사람을 잠재적 범죄자로 가정했으며, "많은 사람들이 왜 범죄를 저지르지 않고 사회규범에 동조하는가?"라는 전제하에서 범죄원인을 규명하려 하였다.

핵심만 콕 | 허쉬(Hirschi)의 사회유대이론

- 인간은 선천적으로 이기적이고 반사회적이며, 범죄행위는 인간의 본성에서 비롯되므로 고통스런 과정을 거쳐야만 한다고 주장하는 이론으로, 범죄억제의 요인을 환경에서 찾는다.
- 모든 사람을 잠재적 범죄자로 가정했으며, "많은 사람들이 왜 범죄를 저지르지 않고 사회규범에 동조하는가?"에 대해 관심을 가졌다.
- 누구든 내버려두면 범죄를 저지를 것인데, 이를 통제하는 것은 사회연대라고 하였다. 따라서 범죄는 개인과 사회의 유대가 약해졌거나 끊어졌을 때 발생한다고 본다.
- 사회유대이론을 주장한 허쉬(Hirschi)는 개인의 범죄성향을 통제하는 것은 개인과 사회 간의 유대라고 보았고, 특히 가족 간의 유대를 강조하였으며, 범죄자는 타인의 희망과 기대에 상관하지 않는 경향이 있으며, 행위에는 시간이 필요하다고 보았다.

답 ②

91

허쉬(T. Hirschi)의 사회유대이론의 내용이 아닌 것은? 기출수정 14

① "왜 사람들은 범죄를 저지르지 않는가"에 관심을 가졌다.
② 사회에는 인습가치와 범죄가치가 모두 존재한다고 보았다.
③ 모든 사람들을 잠재적 범죄자로 가정했다.
④ 범죄는 개인이 사회에 대한 유대가 약해졌거나 끊어졌을 때 발생한다고 보았다.

해설

허쉬(T. Hirschi)는 사회에 하나의 인습적인 도덕질서만이 존재한다고 보았다.

답 ②

92

사회유대의 요소로 애착(Attachment), 관여(Commitment), 참여(Involvement), 신념(Belief)을 주장한 학자는? 기출 13

① 허쉬(Hirschi)
② 나이(Nye)
③ 레크리스(Reckless)
④ 맛차(Matza)

해설

사회유대이론을 주장한 허쉬(Hirschi)는 사회유대의 구성요소로 애착·전념·참여·신념을 주장하였다.

답 ①

93

허쉬(T. Hirschi)의 연구와 관련 없는 것은? 기출 19

① 애착, 참여 등 사회유대의 네 가지 요소 제시
② 인생항로에 걸친 궤적(Trajectory)과 전이(Transitions) 개념 제안
③ 실증연구를 통해 사회통제모델을 지지하는 상당한 증거 발견
④ 갓프레드슨(Gottfredson)과 함께 '범죄의 일반이론' 발표

해설

허쉬는 실증연구를 통해 사회통제모델을 지지하는 상당한 증거를 발견한 학자이다. 사회유대이론을 통해 사회유대의 4요소(애착, 전념, 참여, 신념)를 제시하였으며, 갓프레드슨과 함께 범죄의 일반이론(자기통제이론)을 발표하였다.

핵심만콕 생애발달이론(인생항로이론)의 개념

샘슨과 라웁(Sampson & Laup)이 주장한 것으로, 일생 동안 여러 가지 경험, 사건, 환경 등에 의해 범죄성 또한 변한다고 보는 이론이다. 군대, 결혼, 직업 등 생애에 걸쳐 발생하는 전환기적 사건들의 영향을 중요하게 다룬다.

궤적(Trajectory)	개인이 일생을 살아가며 경험하는 경로이자 발달과정을 말하며, 삶은 다수의 궤적으로 이루어진다.
전이(Transition)	다수의 궤적들 사이에서 단기간에 발생하는 인생사건을 말한다.
전환점(Turning point)	다수의 궤적과 전이로 인하여 인생항로 유형에 변화가 발생하는 것을 말한다.

답 ②

94

허쉬(T. Hirschi)가 주장한 사회유대이론의 요소가 아닌 것은? 기출 22·12

① 애착(Attachment)
② 의례(Ritualism)
③ 참여(Involvement)
④ 신념(Belief)

해설

사회유대이론(Hirschi)은 범죄의 원인으로 사회적인 유대가 약화되어 통제되지 않기 때문이라고 주장하였다. 허쉬는 개인적 사회와 유대관계를 맺는 방법으로 그 구성요소를 애착, 전념(관여), 참여, 신념(믿음)이라 하였다.

핵심만콕 유대의 구성요소

- 애착(Attachment) : 부모·교사·친구 등 주위의 중요한 사람들과 맺는 애정적 결속관계를 말한다.
- 전념(관여, Commitment) : 청소년들이 사회에서의 일에 얼마나 열심이며, 크게 비중을 두고 있는가를 말한다.
- 참여(Involvement) : 인습적인 활동에 얼마나 많은 시간을 할애하는가를 말한다. 즉, 학교공부·과외활동·취미·여가활동 등에 많은 시간을 보내는 아이들은 그만큼 시간적으로 바빠 비행할 시간이 없다고 본다.
- 신념(Belief) : 사회의 인습적인 가치를 얼마나 받아들이고 있는지, 또는 법을 지켜야 한다고 믿는 정도를 말한다.

 ②

95

사회유대이론의 구성요소가 아닌 것은? 기출 18

① 애착(Attachment)
② 신념(Belief)
③ 모방(Imitation)
④ 참여(Involvement)

해설

사회유대이론을 주장한 허쉬(Hirschi)는 사회유대의 구성요소로 애착, 전념, 참여, 신념을 주장하였다.

 ③

96

허쉬(T. Hirschi)가 제시한 네 가지 유대요소 중에서 "부모님께서 실망하실까 봐 비행을 망설이게 된다"는 것과 관련된 것은? 기출 09

① 애착(Attachment)
② 관여(Commitment)
③ 참여(Involvement)
④ 신념(Belief)

해설

애착이란 타인에 대한 심리적 혹은 정서적 친근 정도를 말한다. 이 관계에서는 자신이 존경하고 모방하기를 원하는 대상들에 대한 존경·애정 등이 큰 영향력을 갖는다.

핵심만콕

② 관여 : 전통적인 활동 혹은 합법적인 경력, 일종의 생활양식이라고 할 수 있다. 따라서 모범학생은 자신의 미래에 대한 생활보장 등을 위해 투자하지만 불량학생은 전통적인 활동에 거의 투자를 하지 않으며, 이에 범죄행위에 가까워질 가능성이 높다.
③ 참여 : 개입의 직접적인 결과로서 개입에 투자된 시간이나 에너지, 즉 전통적 활동에 합리적으로 투자한 시간을 의미한다.
④ 신념 : 행위에 대한 사회의 규칙이나 금지율을 받아들이는 태세로 공적인 권위의 정당성을 믿는 것이다. 즉, 법을 어기는 것이 나쁘다고 생각하는 사람은 그 법을 어기지 않을 것이다.

답 ①

97

"인간은 누구나 쾌락을 추구하지만 처벌을 두려워하기 때문에 강력한 처벌만이 범죄를 막을 수 있다."고 주장하는 이론은? 기출 10

① 사회유대이론
② 억제이론
③ 낙인이론
④ 페미니스트 이론

해설

억제이론은 사회통제 중 사법기관의 처벌 여하에 주목한 이론이다. 이 이론은 손실·고통의 측면에 주목하며, 처벌이 있게 되면 합리적인 인간들은 자신의 행위의 결과로 처벌이라는 고통이 있을 것이라 판단할 것이기 때문에 비행을 하지 않을 것으로 본다.

> **핵심만콕**
>
> ① 사회유대이론을 주장한 허쉬(Hirschi)는 모든 사람을 잠재적 범죄자로 가정했으며, "많은 사람들이 왜 범죄를 저지르지 않고 사회규범에 동조하는가?"에 대해 관심을 가졌다. 그는 개인의 범죄성향을 통제하는 것은 개인과 사회 간의 유대라고 보았다.
> ③ 낙인이론은 "어떠한 행위를 범죄로 볼 것인가?"와 "범죄인으로 볼 것인가?" 대한 규정은 행위의 질적인 면이 아닌 사람들의 인식(낙인)에 기인한다고 보는 이론이다. 대표적인 학자로는 베커(Beker), 탄넨바움(Tannenbaum), 레머트(Lemert)가 있다.
> ④ 달리와 체스니-린드는 범죄에 관한 페미니스트 이론에서 관심을 갖는 성과 관련된 문제 두 가지를 "남성적 범죄이론이 여성에게 적용될 수 있는가?"라는 일반화의 문제와 "기존의 이론이 범죄에서의 성차(性差)를 설명할 수 있는가?"라는 성비의 문제라고 파악하였다.

답 ②

98 CHECK ○△×

베카리아(Beccaria)의 억제이론에서 형벌효과의 세 가지 요소가 아닌 것은? 기출 12

① 엄격성
② 신속성
③ 공개성
④ 확실성

해설
베카리아의 억제이론에서 형벌효과의 세 가지 요소는 엄격성, 신속성, 확실성이다.

> **핵심만콕** 억제과정의 3가지 차원
>
> | 처벌의 엄격성 | • 수감기간이나 벌금액의 정도와 같은 처벌의 가혹성 또는 강도에 관한 것이다.
• 일반적으로 억제이론에서 엄격성이 증가할수록 범죄자에게 주는 위협의 정도는 크고, 따라서 범죄억제효과가 크다고 가정된다.
• 그러나 과도하게 엄한 처벌은 오히려 범죄를 증가시킨다는 주장도 발견할 수 있다. |
> |---|---|
> | 처벌의 확실성 | • 범죄를 저질렀을 경우 처벌될 가능성을 말한다. 즉, 범죄를 저지른 후 체포되어 처벌될 확률이 얼마나 높은가를 가리키는 것이다.
• 억제이론에서는 일반적으로 처벌의 확실성이 높을수록 범죄를 범할 확률은 낮아진다고 가정한다. |
> | 처벌의 신속성 | • 즉각적 처벌, 즉 법규를 위반하는 것과 처벌을 받는 것 사이의 시간적 간격에 관한 것이다.
• 억제이론은 처벌이 신속하면 할수록 법규위반율(범죄율)은 낮아진다고 가정하고 있다. |
>
> 〈출처〉 박철현, 「강력범죄에 대한 선고형량이 재범방지에 미치는 영향에 관한 연구」, 한국형사정책연구원, P. 22~24

답 ③

99

억제이론(Deterrence theory)에서 처벌의 3가지 요소가 아닌 것은? 기출 13

① 엄격성
② 신속성
③ 과학성
④ 확실성

해설

억제이론은 처벌의 신속성·확실성·엄격성이라는 세 가지 요소에 관심을 가진다.

답 ③

100

범죄자를 처벌함으로써 보통사람들의 범죄를 예방하는 것은? 기출 09

① 절대적(Absolute) 억제
② 일반적(General) 억제
③ 한계적(Marginal) 억제
④ 특수적(Specific) 억제

해설

다른 사람에 대한 처벌을 인식함으로써 처벌에 대한 위협을 느껴서 잠재적인 범죄자의 범행이 제지될 수 있다는 것을 일반적 억제(General deterrence)라고 한다.

핵심만콕

- 공식적 처벌에 의한 억제효과는 특수적 억제(Specific deterrence)와 일반적 억제(General deterrence)의 두 가지 차원에서 각각 연구될 수 있다.
- 일반적으로 일반적 억제는 '일반대중에 대한 억제효과'를 지칭하는 것으로 사용되었고, 특수적 억제는 '범죄자에 대한 (재범)억제효과'를 말하는 것으로 사용되었다.
- 특수적 억제란 처벌이나 처벌모면의 '직접적 경험' 때문에 범죄를 다시 저지르지 않는 것을 말한다. 이에 반해 일반적 억제는 처벌이나 처벌모면의 '간접적 경험' 때문에 범죄가 억제되는 효과를 말한다.
- 절대적 억제(Absolute deterrence)란 특정의 처벌을 받은 사람의 행동률(범죄율)과 받지 않은 사람의 행동률을 비교하는 데 사용되는 개념이다. 다시 말해서 범죄를 하고 처벌받은 사람의 억제효과와 범죄를 했으나 처벌받지 않은 사람에 대한 억제효과를 비교하는 개념이다.
- 한계적 억제(Marginal deterrence)란, 예를 들면 구금과 채찍이란 처벌을 모두 받은 사람과 구금만을 받은 사람들 사이의 억제효과나, y년의 형을 받은 사람과 y+6년의 형을 받은 사람 사이의 억제효과를 비교하는 것 등을 들 수 있다.

〈출처〉 박철현, 「강력범죄에 대한 선고형량이 재범방지에 미치는 영향에 관한 연구」, 한국형사정책연구원

답 ②

101

범죄를 저지른 사람에 대한 처벌이 일반시민들로 하여금 처벌에 대한 두려움을 불러 일으켜서 결과적으로 범죄가 억제되는 효과를 무엇이라고 하는가?

① 일반적 억제효과
② 특수적 억제효과
③ 절대적 억제효과
④ 간접적 억제효과

해설

실제 범죄자들에게 가혹한 처벌을 함으로써 그 당사자가 다시는 범죄를 하지 못하도록 하는 것을 '특수적 억제효과'라고 하며, 범죄자에 대한 처벌의 고통을 일반 사람들에게 알림으로써 잠재적 범죄자에 대한 범행을 사전에 억제·예방하는 것을 '일반적 억제효과'라고 한다.

답 ①

102

처벌의 억제효과에 관한 일반적인 설명으로 옳지 않은 것은? 기출 11

① 계획적 범죄가 우발적 범죄에 비해 억제효과가 크다.
② 도구적 범죄가 표출적 범죄에 비해 억제효과가 크다.
③ 검거가능성이 높아질수록 억제효과가 커진다.
④ 폭력범죄가 재산범죄에 비해 억제효과가 크다.

해설

우발적 범죄가 많은 폭력범죄보다는 계획적 범죄가 많은 재산범죄에 대한 처벌의 억제효과가 더 크다.

답 ④

103

경찰청장은 범죄율을 낮추기 위해서 더욱 엄중한 단속과 처벌이 필요하다고 생각하고 있다. 다음 중 어느 이론을 가장 지지하겠는가?

① 억제이론
② 사회유대이론
③ 낙인이론
④ 차별적 접촉이론

해설
억제이론은 범죄로부터의 이익이 비행의 원인이라면, 범죄에 대한 처벌의 고통은 범죄를 제재하는 요인이라고 주장한다.

답 ①

104

억제이론의 정책에 해당되는 것은? 기출 21

① 대마초 흡입의 비범죄화
② 음주운전에 대한 처벌 강화
③ 구금형의 사회 내 처우로의 전환
④ 가석방 요건의 완화

해설
비범죄화와 사회 내 처우(보호관찰제도, 가석방제도, 갱생보호제도, 사회봉사·수강명령 등)는 낙인이론에 따른 정책이다.

핵심만콕 억제이론

- 억제이론은 사회통제 중 사법기관의 처벌 여하에 주목한 이론으로, 그것에 의해 범죄나 비행을 설명할 수 있다고 본다. "인간은 누구나 쾌락을 추구하지만, 처벌을 두려워하기 때문에 강력한 처벌만이 범죄를 막을 수 있다"고 주장한다.
- 억제이론은 손실·고통의 측면에 주목하는 이론으로, 처벌이 있게 되면 합리적인 인간들은 자신의 행위의 결과로 처벌이라는 고통이 있을 것이라 판단할 것이기 때문에 비행을 하지 않을 것으로 본다.

답 ②

105

사이크스와 맛차(Sykes & Matza)의 중화기술이론이다. 다음이 의미하는 것은? 기출 16

> 자신의 범죄행위는 자신의 의지로는 어쩔 수 없는 주변환경이나 외부적요인에 의한 것이므로 자신에게는 아무런 책임이 없다고 주장

① 책임의 부정
② 피해발생의 부인
③ 피해자의 부인
④ 충성심의 표출

해설

제시된 지문은 중화기술의 유형 중 책임의 부정에 해당한다.

핵심만콕 중화기술의 유형(Sykes & Matza)

- 책임의 부정 : 청소년 범죄자는 종종 자기의 불법행위는 자기의 잘못(책임)이 아니라고 주장한다. 자신의 행위를 용납하고, 비행의 책임을 빈곤 등 외부적 요인으로 전가하면서 자신을 사회상황의 희생물로 여기는 것이다.
- 가해(손상)의 부정 : 자동차를 훔치고는 잠시 빌렸다고 생각하거나 방화를 하면 보험회사가 피해를 모두 보상해 줄 것이라는 등으로 자신의 행위로 아무도 침해를 받지 않았다고 함으로써 자신의 행위를 합리화하는 기술이다.
- 피해자의 부정 : 자기의 절취행위는 부정직한 점포에 대한 보복이라고 생각하는 식으로, 자기의 가해행위는 피해자가 마땅히 받아야 하는 응징이라고 변명하는 방법이다.
- 비난하는 자에 대한 비난 : 예컨대 법관, 경찰, 선생님 등과 같이 자기를 비난하는 사람들은 더 부패한 자들로서 자기를 심판할 자격이 없다고 비난하면서 자신의 비행에 대한 죄책감과 수치심을 중화시키는 것을 말한다.
- 더 높은 충성심(상위가치)에 대한 호소 : 자신의 비행을 인정하면서도 친구들과의 의리나 조직을 위해 어쩔 수 없었다고 하는 등, 형법의 요구보다는 자신이 속한 집단의 연대성이 더 중요하다고 생각하여 본인의 비행을 합리화하는 경우이다.

답 ①

106

5가지 중화기법(Neutralization)이 아닌 것은? 기출 17

① 책임의 부정
② 손상(가해)의 부정
③ 처벌의 부정
④ 피해자의 부정

해설

중화기법으로는 책임의 부인·손상의 부인·피해자의 부인·비난자에 대한 비난·더 높은 충성심에의 호소가 있다.

답 ③

107

조직폭력배가 "조직을 위해 폭력행사는 불가피하다"라고 자신의 행동을 정당화하는 중화기술은?

① 책임의 부정
② 피해자의 부정
③ 손상(injury)의 부정
④ 더 높은 충성심에의 호소

해설

"조직을 위해 폭력행사는 불가피하다"라고 자신의 행동을 정당화하는 것은 자신이 속한 집단의 연대성이 중요하다고 생각하여 본인의 비행을 합리화하는 경우이므로, '더 높은 충성심에의 호소'에 해당한다.

핵심만콕 중화기술의 유형(Sykes & Matza)

책임의 부정	비행은 내 탓이 아닌 남의 탓이다. 예 • 강간범 A는 자신이 술에 너무 취해 정신이 없는 상태에서 자신도 모르게 강간을 하게 되었다고 주장하고 있다. • 자신의 범죄행위는 자신의 의지로는 어쩔 수 없는 주변 환경이나 외부적 요인에 의한 것이므로 자신에게는 아무런 책임이 없다고 주장
가해(손상)의 부정	내 행위는 누구도 해치지 않았다. 예 • 잠시 빌렸다가 다시 돌려주면 피해 또는 손해를 입은 사람이 없다고 변명하는 경우 • 오토바이를 훔친 것이 아니라 잠시 빌린 것이다.
피해자의 부정	내가 저지른 행위는 피해자가 응당 받아야 하는 것이다. 예 • 어울릴 줄 모르고 튀어서 왕따를 당한 아이는 맞아도 싸다. • 여성이 야간에 취해 있는 것은 성추행의 원인을 제공한 것이다.
비난자에 대한 비난	누구나가 잘못하고 있는데 왜 나의 잘못만이 문제인가? 예 • 편의점에서 물건을 훔치다가 주인에게 발각되자 어른들이 더 나쁜 사람이니 아이의 작은 잘못을 비난할 자격이 없다고 합리화하는 경우 • 부패한 검찰이 나의 공금횡령을 비난할 자격이 있는가?
더 높은 충성심(상위가치)에의 호소	규범도 좋지만 더 소중한 가치도 있다. 예 • 자녀를 학대하는 남편을 죽인 것은 가정의 평화를 위해서였다. • 조직폭력배가 "조직을 위해 폭력행사는 불가피하다"라고 자신의 행동을 정당화하는 경우 • 친구와의 소중한 우정을 지키기 위해서는 오토바이 절도가 무슨 대수냐고 합리화하는 경우

답 ④

108

사이크스와 맛짜(Sykes & Matza)가 주장한 중화기술이 아닌 것은? 기출 24

① 책임의 부정
② 손상의 부정
③ 비난자에 대한 지지
④ 피해자의 부정

해설
다섯 가지의 중화의 기술은 책임의 부인(Denial of responsibility), 손상의 부인(Denial of injury), 피해자의 부인(Denial of victim), 비난자에 대한 비난(Condemnation of condemners), 더 높은 충성심에의 호소(Appeal to higher loyalties)이다.

답 ③

109

다음 중 사이크스(G. M. Sykes) 등의 중화이론에서 양심의 가책을 피하는 형태가 아닌 것은?

① 책임의 부정
② 손상의 부정
③ 자아의 부정
④ 피해자의 부정

해설
다섯 가지의 중화의 기술은 책임의 부인(Denial of responsibility), 손상의 부인(Denial of injury), 피해자의 부인(Denial of victim), 비난자에 대한 비난(Condemnation of condemners), 더 높은 충성심에의 호소(Appeal to higher loyalties)이다.

답 ③

110

사이크스와 맛챠(Sykes & Matza)의 중화기술의 유형과 예를 짝지은 것으로 옳지 않은 것은? 기출 11

① 책임의 부정 - 오토바이를 훔친 것이 아니라 잠시 빌린 것이다.
② 피해자의 부정 - 여성이 야간에 취해 있는 것은 성추행의 원인을 제공한 것이다.
③ 비난자에 대한 비난 - 부패한 검찰이 나의 공금횡령을 비난할 자격이 있는가?
④ 높은 충성심에의 호소 - 자녀를 학대하는 남편을 죽인 것은 가정의 평화를 위해서였다.

해설
오토바이를 훔친 것이 아니라 잠시 빌렸다고 하는 것은 책임의 부정이 아니라 가해의 부정이다. 책임의 부정은 남의 탓으로 돌리는 것을 말한다.

답 ①

111

"어울릴 줄 모르고 튀어서 왕따를 당한 아이는 맞아도 싸다"라고 하는 것은 중화의 기술 중 어디에 해당되는가?

① 책임의 부정
② 가해자의 부정
③ 피해자의 부정
④ 비난자의 비난

해설

피해자의 부정(Denial of victim)은 자신의 행위가 해를 유발한 것은 시인하지만 그 피해는 당해야 마땅한 사람에 대한 일종의 정의로운 응징이라고 주장하는 것을 말한다.

답 ③

112

다음 사례는 사이크스와 맛챠(Sykes & Matza)의 중화기술 중 무엇에 해당하는가?

> 강간범 A는 자신이 술에 너무 취해 정신이 없는 상태에서 자신도 모르게 강간을 하게 되었다고 주장하고 있다.

① 가해의 부정
② 피해자의 부정
③ 비난자에 대한 비난
④ 책임의 부정

해설

강간범 A는 술에 취한 상태로 인해 불가피하게 범죄를 저질렀다고 하면서 음주로 책임을 전가시키고 있다. 이는 책임의 부정에 해당한다.

답 ④

113

'부패한 검찰은 나의 범죄를 비난할 자격이 없다'라고 자신의 행동을 정당화하는 중화기술은? 기출 23

① 비난자에 대한 비난
② 책임의 부정
③ 가해의 부정
④ 피해자의 부정

해설

'부패한 검찰은 나의 범죄를 비난할 자격이 없다'라고 하는 것은 누구나가 잘못하고 있는데 왜 나의 잘못만이 문제인가라고 생각하며 자신의 행동을 정당화하는 것으로 중화기술의 유형 중 비난자에 대한 비난 유형에 해당한다.

답 ①

114

자신의 비행을 정당화하는 중화적 기술에 해당하지 않는 것은? 기출 10

① 상위 충성심에 대한 부정
② 가해의 부정
③ 비난자에 대한 비난
④ 책임의 부정

해설

상위 충성심에 대한 호소가 중화적 기술에 해당한다. 이는 자신의 비행을 인정하면서도 친구들과의 의리나 조직을 위해 어쩔 수 없었다고 하는 등, 형법의 요구보다는 자신이 속한 집단의 연대성이 더 중요하다고 생각하여 본인의 비행을 합리화하는 경우이다.

답 ①

115

다음 중 중화기술이론에 대한 설명으로 타당하지 않은 것은?

① 대표적 주장자는 사이크스(Sykes)와 맛차(Matza)이다.
② 코헨(Cohen)의 하위문화이론을 구체화한 이론이다.
③ 범죄행동의 중화기술을 잘 학습한 사람일수록 범죄자가 될 가능성이 높다고 본다.
④ 범죄는 범죄자에게 내면화되어 있는 규범의식과 가치관이 중화·마비되면서 발생한다는 것이다.

해설
중화기술이론은 코헨의 하위문화이론에 대한 비판으로 등장한 것으로서, 법률위반에 관한 서덜랜드의 적극적 정의를 구체화한 이론이다.

답 ②

116

미국의 사회심리학적 범죄이론에 관한 설명으로 바르지 않은 것은?

① 중화이론이란 범죄가 범죄자에게 이미 내면화되어 있는 규범의식, 가치관을 중화·마비시키면서 발생하는 것으로 본다.
② 자아관념이론에 의하면 올바른 자기관은 비행을 억제하는 절연체 구실을 한다.
③ 표류이론은 비행소년과 일반소년의 근본적인 차이가 있고 그 차이로 인하여 비행소년들이 어쩔 수 없이 범죄에 빠져든다고 보았다.
④ 표류이론에 의하면 사회통제가 약화되었을 때 소년들이 합법적인 규범이나 가치에 전념하지 못하고 그렇다고 위법인 행위양식에도 몰입하지 못하는 상태를 표류상태라 한다.

해설
표류이론은 비행소년과 일반소년 사이의 근본적 차이를 부정하고, 사회적 통제여부에 따라 비행소년이 되기도 하고 일반소년으로 남아있기도 한다고 본다.

답 ③

117

허쉬(T. Hirschi)와 함께 자기통제이론을 주장한 학자는? 기출 20

① 베카리아(C. Beccaria)
② 벤담(J. Bentham)
③ 갓프레드슨(M. Gottfredson)
④ 프로이드(S. Freud)

해설

허쉬와 갓프레드슨은 자기통제이론을 통해 "비행과 일탈은 개인의 자기통제력이 낮기 때문에 발생하며, 자기통제력은 어린 시절의 경험으로 결정된다"라고 주장하였다.

핵심만콕
① 베카리아(C. Beccaria)는 고전학파를 대표하는 학자로서 비례적 형벌, 처벌의 신속성 등을 내용으로 하는 형사사법제도 개혁안을 제시하였다.
② 고전학파인 벤담(J. Bentham)은 '최대다수의 최대행복'이라는 말을 창안하였으며, 공리주의적 형벌관에 입각하여 파놉티콘이라는 감옥건축양식을 고안하기도 하였다.
④ 프로이드(S. Freud)는 정신분석학의 창시자로서 잠재의식의 측면에서 범죄 등의 비정상적 행위를 설명하였다.

답 ③

118

갓프레드슨과 허쉬(Gottfredson & Hirschi)의 범죄 일반이론에 관한 설명으로 옳지 않은 것은?
기출 17

① 범죄는 기회와 상관없이 각 개인의 낮은 자기통제력의 결과이다.
② 낮은 자기통제력은 어린 시절 가정의 비효과적인 사회화의 결과이다.
③ 자기통제력은 안정적이기 때문에 성인기 이후에는 거의 변하지 않는다.
④ 모든 유형의 범죄의 원인을 설명하려고 한다.

해설

갓프레드슨(Gottfredson)과 허쉬(Hirschi)는 기본적으로 범죄는 기회의 요인에 의해 영향을 받으며, 어린 시절에 형성된 낮은 자기통제력은 성인기에도 지속된다고 보았다.

답 ①

119

갓프레드슨과 허쉬(Gottfredson & Hirschi)의 일반이론에 관한 설명으로 옳은 것은? 기출 12

① 범죄행위는 친밀하고 개인적인 집단 내의 상호작용 과정을 통해 학습된다.
② 범죄행위는 사회구성원 간의 사회적 유대가 약화되기 때문에 일어난다.
③ 긴장과 스트레스의 다원적 원인에 주목하여 범죄에 대한 일반적 설명을 제공한다.
④ 어린 시절에 형성된 낮은 자기통제력이 성인기에도 지속적인 성향을 보인다.

해설

갓프레드슨과 허쉬의 일반이론(자기통제이론)은 "비행과 일탈은 개인의 자기통제력이 낮기 때문에 발생하며, 자기통제력은 어린 시절의 경험으로 결정된다"라고 제시한 이론이다. 이를 통해 어린 시절에 형성된 낮은 자기통제력은 성인기에도 지속된다고 주장하였다.

핵심만콕

① 서덜랜드(Sutherland)는 차별적 접촉이론을 통해 범죄행동을 정상적으로 학습된 행동으로 묘사하였고, 학습은 주로 친밀한 집단·사람들 속에서 상호작용을 통해 일어난다고 보았다.
② 발전이론의 대표적인 학자인 손베리(Thornberry)는 상호작용이론을 통해 비행 또는 범죄의 발생은 청소년기의 왜곡된 사회적 유대 약화가 원인이라고 보았다.
③ 애그뉴(Agnew)의 일반긴장이론은 하급계층을 포함한 모든 계층이 경험할 수 있는 긴장을 범죄의 주요 원인으로 제시한 이론이다.

답 ④

120

갓프레드슨과 허쉬(Gottfredson & Hirschi)가 일반이론에서 범죄의 유일하면서도 중요한 원인이라고 주장하는 것은? 기출 11

① 긴 장
② 자기통제력
③ 애 착
④ 재통합적 수치

해설

갓프레드슨(Gottfredson)과 허쉬(Hirschi)는 모든 범죄를 설명할 수 있다는 의미에서 자신들의 이론을 일반이론이라고 하였다. 일반이론에서는 범죄의 원인을 어릴 때 가정에서 형성된 '자기통제력'이라고 보았다. 즉, 어린 시절 형성된 낮은 통제력이 성인이 될 때까지 쉽게 변하지 않고 지속되어 범죄의 원인이 된다는 것이다.

답 ②

121

갓프레드슨과 허쉬(Gottfredson & Hirschi)의 일반이론(General Theory)에서 연령범죄곡선(Age-Crime Curve)에 관한 설명으로 옳은 것을 모두 고른 것은? 기출 24

> ㄱ. 범죄는 연령범죄곡선상 초기부터 점차 감소한다.
> ㄴ. 범죄는 연령범죄곡선상 일정 시기에 최고점에 달한다.
> ㄷ. 범죄는 연령범죄곡선상 최고점에 달한 이후 점차 감소한다.
> ㄹ. 범죄는 연령범죄곡선상 후기에 다시 증가한다.

① ㄱ, ㄴ
② ㄱ, ㄹ
③ ㄴ, ㄷ
④ ㄱ, ㄷ, ㄹ

해설

옳은 것은 ㄴ, ㄷ 이다.
Hirschi & Gottfredson(1983)은 1842-44년까지의 영국과 웨일즈, 1908년도의 영국, 그리고 1979년도 미국의 범죄 통계에 대한 연령-범죄곡선의 형태를 분석하였고 그들이 연구한 거의 150년에 걸친 서로 다른 지역의 자료들이 시간이 지나는 동안 범죄양은 증가했으나 10대 후반에 범죄의 정점이 나타나고 그 이후는 감소하는 동일한 모양을 나타낸다고 하였다.

핵심만콕

> ㄱ. 범죄는 연령범죄곡선상 초기부터 점차 감소하는 것이 아니라, 10대 후반에 가장 높은 범죄율을 기록한다고 주장하고 있다.
> ㄹ. 범죄는 연령범죄곡선상 후기에 다시 증가하는 것이 아니라, 최고점에 달한 이후에는 점차 감소하는 동일한 모양을 나타낸다고 하였다.

답 ③

122

갓프레드슨과 허쉬(Gottfredson & Hirschi)가 "비행과 일탈은 개인의 자기통제력이 낮기 때문에 발생하며, 자기통제력은 어린 시절의 경험으로 결정된다"라고 제시한 이론은? 기출 14

① 상호작용이론
② 일반이론
③ 연령 - 등급이론
④ 사회유대이론

해설

"비행과 일탈은 개인의 자기통제력이 낮기 때문에 발생하며, 자기통제력은 어린 시절의 경험으로 결정된다"라고 제시한 이론은 일반이론(자기통제이론)이다.

답 ②

123

어릴 때부터 형성된 개인의 안정적 성향이 범죄의 주요 원인이라고 주장하는 이론은? 기출 09

① 사회학습이론
② 자기통제이론
③ 사회해체이론
④ 봉쇄이론

해설

갓프레드슨과 허쉬는 일반이론(자기통제이론)을 통해 어릴 때 가정에서 형성된 자기통제력, 즉 개인의 안정적 성향이 청소년비행을 설명할 수 있는 유일하면서도 중요한 원인이라고 하였다.

답 ②

124

범죄통계상 연령대 구성비를 아래 그래프와 같이 나타낼 때, 허쉬와 갓프레드슨(Hirschi & Gottfredson)이 주장한 연령과 범죄율의 관계에 부합하는 범죄유형은? 기출 15

범죄유형별 연령대 구성비 현황

(단위 : %)

구 분	계	18세 이하	19~30세	41~50세	51~60세	61세 이상	미 상
지능범죄	100	3.7	14.7	29.4	23.3	7.9	0.1
강력범죄	100	12.0	24.9	22.5	13.3	6.7	0.1
절도범죄	100	22.0	27.5	13.2	12.1	6.7	0.1
폭력범죄	100	6.1	20.4	26.4	19.7	6.7	0.1

① 지능범죄
② 강력범죄
③ 절도범죄
④ 폭력범죄

해설

갓프레드슨과 허쉬(Gottfredson & Hirschi)는 자신들의 이론을 통해 기본적으로 범죄는 기회의 요인에 의해 영향을 받으며, 낮은 자기통제력은 매우 어린 시절에 형성되어 성인이 될 때까지 쉽게 변하지 않고 안정적인 상태로 유지된다고 주장하였다. 따라서 이와 부합하는 범죄유형은 18세 이하에서부터 성인기에 이르기까지 모두 높은 범죄율을 보이고 있는 절도범죄이다.

답 ③

4 낙인이론

125
낙인이론가가 아닌 사람은? 기출 20

① 울프강(M. Wolfgang)
② 베커(H. Becker)
③ 탄넨바움(F. Tannenbaum)
④ 레머트(E. Lemert)

해설
울프강과 페라쿠티는 폭력적 하위문화이론을 통해 지배적인 문화와는 달리 특정 지역을 중심으로 폭력사용을 용인하고 권장하는 폭력하위문화가 존재한다고 보았으며, 범죄행위를 특정 하위문화에 따른 자연적인 결과로 인식하였다.

핵심만콕 낙인이론(Labelling theory)

"어떠한 행위를 범죄로 볼 것인가?"와 "범죄인으로 볼 것인가?"에 대한 규정은 행위의 질적인 면이 아닌 사람들의 인식(낙인)에 기인한다고 보는 이론이다. 대표적인 학자로는 탄넨바움, 레머트, 베커, 슈어 등이 있다.

탄넨바움	'악의 극화(드라마화)'라고 표현하였다.
레머트	'일차적 일탈(사소한 일탈)'과 '이차적 일탈(일차적 일탈에 대한 사회적 반응의 결과로 야기되는 지속적인 일탈)'로 설명하였다.
베커	일탈자(이방인, outsider)로 낙인찍혔을 때 타인과의 상호작용에 부정적인 영향을 미치는 사회적 지위 변화에 초점을 두었으며, 범죄원인론을 '동시모델'과 '단계적 모델'로 구분하였다.
슈어	이차적 일탈로의 발전이 꼭 주위사람들의 낙인을 통해서만 이루어지는 것이 아니라, 주위에서 낙인찍지 않더라도 본인 스스로 내면화된 사회적 기대에 따라 일탈자로 낙인찍을 수 있다고 보았다.

답 ①

126
낙인이론을 주장한 학자가 아닌 것은? 기출 16

① 베커(Becker)
② 탄넨바움(Tannenbaum)
③ 허쉬(Hirschi)
④ 레머트(Lemert)

해설
허쉬(Hirschi)는 "일탈을 규정하는 기준은 그 사회에서 '규범적 정의'에 대한 영향력을 행사하는 사람들에 의해 설정된다."라고 주장하는 사회통제이론(Social control theory)의 대표적인 학자이다.

 ③

127

낙인이론가별 주요 개념이 옳게 짝지어진 것은? 기출 17

① 베커(Becker) - 일차적 일탈과 이차적 일탈
② 에릭슨(Erickson) - 통제균형
③ 레머트(Lemert) - 도덕적 기업가
④ 탄넨바움(Tannenbaum) - 악의 극화

해설

① 레머트(Lemert) - 일차적 일탈과 이차적 일탈
② 티틀(Tittle) - 통제균형이론
③ 베커(Becker) - 도덕적 기업가

답 ④

128

낙인이론과 관련 없는 개념은? 기출 18

① 악의 극화(Dramatization of evil)
② 이차적 일탈(Secondary deviance)
③ 리비도(Libido)
④ 아웃사이더(Outsider)

해설

③은 프로이드의 정신분석적 입장에서의 개념과 관련이 있다.

핵심만콕 낙인이론(Labelling theory)

"어떠한 행위를 범죄로 볼 것인가?"와 "범죄인으로 볼 것인가?"에 대한 규정은 행위의 질적인 면이 아닌 사람들의 인식(낙인)에 기인한다고 보는 이론이다. 대표적인 학자로는 베커(Becker), 탄넨바움(Tannenbaum), 레머트(Lemert)가 있다.
- 베커(Becker) : 일탈자로 낙인찍혔을 때에 그 사람(이방인, Outsider)의 지위변화에 초점을 두고 '동시모델'과 '단계적 모델'을 제시하였다.
- 탄넨바움(Tannenbaum) : '악의 극화'라고 표현하였다.
- 레머트(Lemert) : '일차적 일탈'과 '이차적 일탈'로 구분하여 설명하였다.

답 ③

129

국외자(Outsider)라는 낙인을 주장한 학자는? 기출 24

① 탄넨바움(Tannenbaum)
② 레머트(Lemert)
③ 베커(Becker)
④ 서덜랜드(Sutherland)

해설

베커(Becker)는 일탈자(이방인, outsider)로 낙인찍혔을 때 타인과의 상호작용에 부정적인 영향을 미치는 사회적 지위 변화에 초점을 두었으며, 범죄원인론을 '동시모델'과 '단계적 모델'로 구분하였다.

답 ③

130

낙인이론의 주요 개념이 아닌 것은? 기출 21

① 일차적 일탈
② 주 지위
③ 모 방
④ 악의 극화

해설

모방은 타인의 행동에 대한 관찰과 학습의 결과로 인하여 그것과 유사한 행동을 하게 되는 것을 의미하며, 사회학습이론을 기반으로 한다. 낙인이론은 특정행위에 대하여 사회나 법집행기관이 일탈이라고 규정하고 반응함으로써 일탈이 되는 것이라고 보는 이론이다.

핵심만콕

① 레머트는 일차적 일탈(사소한 일탈)과 이차적 일탈(일차적 일탈에 대한 사회적 반응의 결과로 야기되는 지속적인 일탈)로 청소년의 비행을 설명하였다.
② 베커는 낙인이 찍힌 일탈자(아웃사이더)로서의 지위가 그의 주 지위(Master status)가 되어 교육과 취업 등에 방해를 받게 되며, 결과적으로 일탈을 계속하게 된다고 보았다.
④ 사소한 비행을 저지른 청소년이 사회적 반응에 따라 자신을 부정적인 사람으로 인식하고 점점 더 부정적인 일에 나서거나 일탈을 계속하게 되는데, 탄넨바움은 이러한 과정을 악의 극화(드라마화)라고 불렀다.

답 ③

131

낙인이론의 주요 개념이 아닌 것은? 기출 23

① 테스토스테론(testosterone)
② 이차적 일탈(secondary deviance)
③ 일차적 일탈(primary deviance)
④ 악의 극화(dramatization of evil)

해설
① 테스토스테론은 남성호르몬의 하나로 남성의 범죄적 폭력성과 관계가 있다고 알려져 있다.
②·③ 레머트는 낙인이론을 '일차적 일탈(사소한 일탈)'과 '이차적 일탈(일차적 일탈에 대한 사회적 반응의 결과로 야기되는 지속적인 일탈)'로 설명하였다.
④ 탄넨바움은 낙인이론을 '악의 극화(드라마화)'라고 표현하였다.

답 ①

132

「범죄, 수치심, 재통합」(1989)이란 저서에서 재통합적 수치심이론을 주장한 학자는? 기출 09

① 에이커스(Akers)
② 브레이스웨이트(Braithwaite)
③ 봉거(Bonger)
④ 헤이건(Hagan)

해설
브레이스웨이트의 재통합적 수치심이론은 여러 범죄이론들을 체계적으로 통합한 대표적인 사례이다. 이것은 기존의 낙인이론·하위문화이론·기회이론·통제이론·차별적 접촉이론·사회학습이론을 통합한 것이다.

답 ②

133

낙인이론에 따른 형사정책이 아닌 것은?

① 엄벌주의
② 비범죄화
③ 비시설화
④ 전환제도

해설

엄벌주의는 억제이론과 관계가 깊다. 억제이론은 처벌의 신속성·확실성·엄격성이라는 세 가지 요소에 관심을 가진다.

핵심만콕 낙인 방지대책(4D정책)

- 비범죄화(Decriminalization) : 웬만한 범죄는 일탈로 규정하지 말자는 것이다.
- 전환제도(Diversion) : 비행청소년을 체포·기소·처벌이라는 공식 절차상에 두지 않고, 기소하기 전에 지역사회에서 일정한 처우를 받도록 하는 등, 지역사회 내 처우제도를 강화하는 것이다.
- 적법절차(Due process) : 계층 간 차별 없이 공정한 법집행을 하자는 것이다.
- 비시설화(Deinstitutionalization) : 소년원이나 소년교도소와 같은 시설에서 처우하기보다는 가능하면 사회 내에서 비시설 처우를 확대하여 해결하자는 것으로, 보호관찰·사회봉사명령·수강명령 등을 들 수 있다.

답 ①

134

낙인이론에 따른 범죄대책에 관한 설명으로 옳지 않은 것은?

① 비범죄화 정책을 추진한다.
② 지역사회 내 처우제도를 강화한다.
③ 형사처벌의 엄격성을 강조한다.
④ 비시설 처우를 확대한다.

해설

형사처벌의 엄격성을 강조하는 것은 억제이론이다. 낙인이론은 계층 간 차별 없이 공정한 법집행을 하는 것을 강조한다.

 ③

135

낙인이론이 범죄학에 미친 긍정적인 효과가 아닌 것은?

① 다양한 전환제도의 도입
② 비범죄화와 비형벌화의 확산
③ 소년범에 대한 보호처분적용
④ 1차적 범죄에 대한 철저한 동기파악

해설

낙인이론은 비범죄화·전환제도·비시설화·공정한 절차 등 범죄학에 긍정적인 많은 변화를 가져다주었다.

답 ④

136

전환제도(Diversion)의 이론적 근거는? 기출 16

① 사회학습이론
② 갈등이론
③ 낙인이론
④ 발달이론

해설

낙인이론은 기존의 범죄인 처우에 있어 국가의 개입이 인격의 발전과정에 하등의 실효를 거두지 못함을 비판하고, 자유박탈적 처분을 피하면서 비형법적인 새로운 방법으로 범죄인을 처우할 것을 주장하며 비범죄화·전환조치·적법절차·비시설화로 구성된 4D이론의 이론적 근거를 제공하였다.

답 ③

137

시설구금의 폐해에 대한 문제에 대해 범죄인의 사회복귀를 촉진시켜주며, 일반 사회인의 이해와 포용을 중요한 전제로 하여 전환제도의 근거를 제공한 이론은?

① 낙인이론
② 억제이론
③ 사회통제이론
④ 학습이론

해설

낙인이론은 기존의 범죄인 처우에 있어 국가의 개입이 인격의 발전과정에 하등의 실효를 거두지 못함을 비판하고, 자유박탈적 처분을 피하면서 비형법적인 새로운 방법으로 범죄인을 처우할 것을 주장하였으며, 비범죄화·전환조치·적법절차·비시설화로 구성된 4D이론의 이론적 근거를 제공하였다.

답 ①

138

다음 중 사회반응이론과 관련이 있는 것은? 기출 12

① 레머트(Lemert)의 낙인이론
② 반두라(Bandura)의 모델이론
③ 타르드(Tarde)의 모방이론
④ 서덜랜드(Sutherland)의 차별적 접촉이론

해설
낙인이론은 비행이 사회통제를 유발한다고 보는 기존 이론과 달리, 사회통제가 범죄를 유발한다고 주장하였다. 이는 일탈행위와 사회적 낙인화의 동적 관계를 사회적 상호작용이라는 관점에서 파악하는 것으로, 사회적 반작용이론 또는 사회반응이론이라고도 한다.

답 ①

139

레머트(Lemert)의 이차적 일탈(Secondary deviance)에 해당하는 것은? 기출 09

① 공식적 낙인 이후에 발생하는 일탈
② 공식적 낙인 이전에 발생하는 일탈
③ 피해자 없는 일탈
④ 사회적 반응 없이 발생하는 일탈

해설
이차적 일탈이란 일탈행위가 타인이나 사회통제기관에 발각되어 공식적 일탈자로 낙인찍히게 됨으로써 그것이 하나의 사회적 지위로 작용하는 것을 말한다.

> **핵심만콕**
> 일차적 일탈 : 모든 사람은 개인적 또는 사회상황적 이유 때문에 가끔 순간적이나마 규범을 어기는 행위를 하지만, 이 경우 규범위반자는 자기 자신을 일탈자라고 생각하지도 않고 타인에게 노출되지도 않아 일탈에 대한 사회적 반작용이 발생되지 않는 경우이다.

답 ①

140

낙인이론과 관련 있는 개념은? 기출 13

① 차별적 강화
② 중화의 기술
③ 이차적 일탈
④ 아노미 현상

해설

낙인이론은 이차적 일탈과 관련 있는 개념이다.

> **핵심만콕** 　레머트(Lemert)의 이차적 일탈
>
> 일탈행위가 타인이나 사회통제기관에 발각되어 공식적 일탈자로 낙인찍히게 됨으로써 그것이 하나의 사회적 지위로 작용하여 합법적·경제적 기회가 감소하고 정상인과의 대인적 관계가 줄어들며, 자기 자신을 일탈자로 자아규정을 하게 되어 계속 범죄행위를 저지르는 경력범죄자가 된다는 것을 말한다.

답 ③

141

낙인이론(Labeling theory)에 대한 다음 설명 중 옳지 않은 것은?

① 범죄원인에 대한 정태적 분석으로 개인에게 주어진 제반 사회적 환경에 중점을 두는 범죄이론이다.
② 범죄 내지 일탈행위를 사회 자체 내지 그 구성원 일반과 일탈자의 상호작용으로 파악하는 데 그 이론적 특징이 있다.
③ 일탈규정의 형성과정이나 적용메커니즘도 주요 연구대상으로 한다.
④ 레머트(Edwin Lemert)는 사회적 상호작용의 관점에서 labeling의 과정에 대한 체계화를 시도하면서 일차적 일탈에 대한 형사사법기관의 대응을 중시한다.

해설

레머트는 이차적 일탈에 관심을 두어 사법기관의 공식적인 반응이 가장 큰 영향력을 행사한다고 하였다.

> **핵심만콕**
>
> 낙인이론에 의하면 범죄(비행)는 그 행위의 내재적 속성이 아니라(그 실질에 관계없이) 사람들이 범죄자라는 낙인을 찍는 행위, 즉 그 사회적 반응에 의해 규정되는 것으로 법과 제재를 적용한 결과라고 한다. 이와 같이 낙인이론은 일탈행위 전반에 관한 개념적 기초로서 일탈행위와 사회적 낙인화의 동적 관계를 사회적 상호작용의 관점에서 파악하는 이론이다.

답 ④

142

낙인이론에 대한 설명으로 옳지 않은 것은?

① 최초의 일탈원인이 일탈행위의 전 과정에 작용한다고 보는 '동시모델'에 속한다.
② 범죄는 일정한 행위의 속성이 아닌 오히려 귀속 또는 낙인찍는 과정에서 생긴 산물이라고 보는 이론이다.
③ 사회의 가치합의를 부정하고 범죄의 편재성과 정상성으로부터 출발한다.
④ 낙인이론의 범죄학적 목적은 비범죄화, 비형벌화, 법의 적정절차, 비사법적 해결, 그리고 비시설 처우로 요약된다.

해설
일탈이론은 전통적 동시모델에 대치되는 개념으로서, 최초의 일탈행위에 대한 원인이 다음 단계의 일탈행위에 대한 설명으로 타당하지 않게 되는 '단계적 모델'에 속한다고 할 수 있다.

답 ①

143

범죄학이론에 관한 설명 중 옳지 않은 것은?

① 레클리스는 봉쇄이론을 주장하면서, 범죄나 비행으로 이끄는 힘을 압력요인, 유인요인, 배출요인으로 나누었다.
② 아노미이론은 사람들의 목적과 성취수단 간에 발생하는 긴장상태가 범죄의 원인이라고 본다.
③ 낙인이론은 다른 범죄학이론에 비해 범죄행위 그 자체에 큰 관심을 두고 있다.
④ 중화기술에는 책임의 부정, 가해의 부정, 피해자의 부정, 비난자에 대한 비난, 상위가치에 대한 호소 등이 있다.

해설
낙인이론은 사회적 상호작용과 범죄의 상태에 초점을 맞추었다.

답 ③

144

낙인이론(Labeling theory)에 관한 설명으로 옳지 않은 것은? 기출 22

① 상징적 상호작용이론의 영향을 받았다.
② 탄넨바움(Tannenbaum)은 악의 극화라는 개념을 사용하였다.
③ 레머트(Lemert)는 1차·2차·3차적 일탈을 구분한다.
④ 낙인과정에서 사회적 반응이 중요하다.

해설
레머트(Lemert)의 낙인이론은 '일차적 일탈(사소한 일탈)'과 '이차적 일탈(일차적 일탈에 대한 사회적 반응의 결과로 야기되는 지속적인 일탈)'을 구분지어 설명한다.

답 ③

145

낙인이론에 관한 설명으로 옳은 것은?

① 형사사법기관에 의한 낙인작용이 사회복귀를 결정적으로 저해한다고 본다.
② 사회주의 범죄학자에 의해 주장된 범죄이론이다.
③ 행위자를 수동적이고 피동적인 존재로 본다.
④ 범죄나 비행으로 이끄는 힘을 압력요인, 유인요인으로 나누었다.

해설
② 낙인이론은 사회학자 등이 주장한 사회적 상호작용이론에 뿌리를 두고 있다.
③ 행위자를 주관적인 사고를 통해 행동하는 주체적인 존재라고 하였다.
④ 범죄나 비행으로 이끄는 힘을 압력요인, 유인요인, 배출요인 등 3가지로 나누었다.

답 ①

146

다음을 주장한 학자는? 기출 19

- 일탈자는 낙인이 성공적으로 부여된 사람이며, 일탈행위는 사람들이 그렇게 낙인찍은 행동이다.
- 규칙을 창조하는 사람들은 도덕적 기업가(Moral entrepreneurs)이다.

① 에이커스(R. Akers)
② 맛차(D. Matza)
③ 윌슨(J. Wilson)
④ 베커(H. Becker)

해설
베커(Becker)에 의하면, 일탈자란 일탈이라는 낙인이 성공적으로 부착된 사람이며, 일탈행위는 사람들이 그렇게 낙인찍은 행위이다. 즉, 문화집단의 구성원으로서 다른 사람들이 일탈적인 것으로 반응하지 않는 한 어떤 행위도 일탈적인 것이 되지 않는다.

핵심만콕
① 에이커스(Akers) : 범죄행위는 범죄행위에 대한 긍정적인 규정을 가진 다른 사람과의 차별적 접촉의 결과인 모방에 의해 발생하며, 범죄행위의 지속 여부는 차별적 강화에 의해 결정된다(차별적 접촉 - 강화이론).
② 사이크스(Sykes)와 맛차(Matza) : 범죄자는 자기의 범죄나 비행행위에 대한 자기 자신 또는 타인들로부터의 비난을 의식적으로 합리화·정당화시킴으로써 그 비난을 벗어난 안도감에서 범죄 등 비행행위를 저지르게 된다(중화기술이론).
③ 윌슨(Wilson)과 켈링(Kelling) : 낙서나 유리창 파손, 쓰레기의 방치 등 경미한 범죄를 방치하면 결국 큰 범죄로 이어지게 된다(깨진 유리창이론).

답 ④

147

낙인이론에 관한 설명 중 옳은 것은?

① 범죄의 사회구조적 원인을 규명하려는 거시적 이론이다.
② 규범의 내용에 관한 사회적 합의를 강조한다.
③ 범죄자에 대한 사회적 반응을 중시한다.
④ 주로 초범의 범죄원인을 규명하는 데 탁월한 장점을 지닌다.

해설

낙인이론은 범죄자에 대한 사회적 반응을 중시한다.

핵심만콕

① 낙인이론은 과정을 강조하여, 비행을 정태적인 실체로 보지 않고 사회적 상호작용의 산물로 본다. 특히 낙인이 정상적 자아관념을 일탈적 자아관념으로 전환시키는 사회과정이라는 점을 강조한다. 낙인이론은 범죄의 원인분석을 미시적인 상호작용 차원에서 접근하는데 반해 비판범죄론은 체제 자체의 문제를 거시적 차원에서 분석한다.
② 낙인이론은 사회의 가치합의를 부정하고, 범죄의 편재성과 정당성으로부터 출발한다.
④ 낙인이론은 초범의 범죄원인을 잘 설명할 수 없다는 비판을 받는다.

답 ③

148

권력을 가진 사람들이 자신의 언어로 범죄와 법을 규정한다고 주장한 이론은? 기출 12

① 권력통제이론
② 포스트모던이론
③ 비판적 여성주의이론
④ 평화구성이론

해설

포스트모던이론에 대한 설명이다.

핵심만콕 포스트모던이론

이성(합리)중심주의에 대한 근본적인 회의를 내포하는 사상의 총칭이다. 권력을 가진 사람이 자신의 언어로 범죄와 법을 규정한다는 것은 객관적인 공정성이나 타당성을 확립한, 즉 이성(합리)적인 것이 아닌 자의에 의한 법정립과 집행을 나타내는 것이다. 이는 모더니즘적 사상이 아니라 포스트모더니즘적 사상에 해당한다.

답 ②

5 갈등이론

149
법에 관한 갈등론적 관점으로 옳은 것은? 기출 21

① 누구에게나 평등하게 적용된다.
② 입법권한이 공정하게 분배된다.
③ 지배계층의 이해관계가 주로 반영된다.
④ 가치에 대한 합의를 전제로 한다.

해설

갈등론적 관점에서 볼 때, 법이란 지배계층의 가치와 신념의 표현이다.

핵심만콕	갈등이론
의의	• 갈등이론은 마르크스(Marx) 이론으로부터 영향을 받은 것으로, 갈등은 차별화된 이해관계에서 발생한다고 보았다. • 갈등론적 관점에서 우리 사회는 갈등적 관계에 있는 집단으로 구성되지만, 국가는 사회일반의 이익을 보호하기 위해서가 아니라, 국가의 운영을 통제할 수 있는 충분한 힘을 가진 집단의 이익과 가치를 대변하는 것으로 해석되고 있다. • 형사사법제도는 다양한 집단 간 갈등의 산물로, 가진 자(지배계급)의 이익을 보호하기 위해 만들어진 것으로 본다. • 갈등론적 입장에서 본다면, 법이란 지배계층의 가치와 신념의 표현이며, 형사사법기관은 그들의 사회통제기제에 불과할 따름이다. 즉, 범죄란 그 사회의 부와 권력을 소유한 사람에 의해 정의되는 불공정한 분배에 대한 반응인 것이다.
갈등이론에서 해결하고자 하는 문제점	• 특정 집단이나 계층의 규범은 법으로 만들어지는 반면, 다른 집단이나 계층의 규범은 법제화되지 않아서 특정 집단이나 계층과 갈등관계에 있는 집단이나 계층에서 범죄자가 발생하게 되는 문제 • 특정 법률은 집행되는 반면, 일부 다른 법률은 집행되지 않아서 특정 법률을 위반한 사람만을 범죄자로 만들고, 일부 다른 법률의 위반자는 범죄자가 되지 않는 문제 • 법률이 특정 집단이나 계층에 대해서만 집행되고, 일부 다른 집단이나 계층에 대해서는 집행되지 않아서 일부 특정 법률위반만 범죄자로 만들어지고, 다른 법률위반자는 범죄자가 되지 않는 문제

답 ③

150

법과 범죄에 대한 다음의 관점과 관련이 깊은 것은? 기출 20

> 법은 지배계층을 보호할 수 있는 도구이고, 부와 권력의 불평등한 분배로 인해 범죄가 발생한다.

① 사회해체이론
② 아노미이론
③ 갈등이론
④ 진화론적 생태이론

해설

갈등론적 입장에서 볼 때 법은 지배계층의 가치와 신념의 표현이며, 범죄란 그 사회의 부와 권력을 소유한 사람들에 의해 정의되는 불공정한 분배에 대한 반응이다.

핵심만콕

① 사회해체이론 : 시카고의 급격한 도시발전, 이민, 가난 등에 의하여 가족, 학교, 교회 등 전통적인 기관들이 제 기능을 하지 못해 가족과 이웃사회의 결합이 약화되는 현상을 가리켜 사회해체라 하고, 이를 슬럼지역 범죄의 주요원인이라고 주장한 이론이다.
② 아노미이론 : 사회구성원들이 추구하는 문화적 목표(부의 획득, 높은 지위로의 출세 등)에 도달하기 위한 합법적인 수단에 접근하기 어려운 하위계층의 사람들이 범죄에 빠져들 개연성이 높다고 보는 이론이다.
④ 진화론적 생태이론 : 아동기에 직면하는 환경에 따라 아동들이 서로 다른 생애항로를 보이며, 이에 따른 개인의 경험이나 가정·사회·교육적 환경 등이 범죄성을 발전시킨다고 설명하는 이론이다.

답 ③

151

범죄원인론 중 갈등이론에 관한 설명으로 옳지 않은 것은?

① 범죄는 개인이 세운 목표와 수단 간의 괴리가 있는 경우에 제도화된 수단을 거부하고 불법적인 수단을 통해 목표를 이루려 할 때 발생한다.
② 법의 제정과 적용은 권력을 차지한 집단의 이익을 도모하는 방향으로 이루어진다.
③ 형사사법절차에 있어서 빈부나 사회적 지위에 따라 불평등하게 법이 집행된다.
④ 범죄통제는 지배계층의 피지배계층에 대한 억압수단이다.

해설

갈등이론은 범죄가 개인의 내부적인 요인이 아닌 사회경제적 계급·권력관계·문화적 차이로 인한 집단 간의 갈등에 의해 발생하는 것으로 본다. ①은 머튼의 아노미이론에 관한 설명이다.

답 ①

152

갈등이론에 관한 설명으로 옳지 않은 것은? 기출 10

① 마르크스이론의 영향을 받았다.
② 형사사법제도는 모든 사람들의 이익을 위해 만들어진 것으로 본다.
③ 법은 불공평하고 지배계급에 유리하게 적용된다고 본다.
④ 갈등은 차별화된 이해관계에서 발생한다.

해설

갈등론자들은 형사사법제도가 다양한 집단 간 갈등의 산물이며, 지배계급의 이익을 보호하기 위해 만들어진 것으로 본다.

핵심만콕

① 갈등집단의 속성을 어떻게 파악하는가에 따라 갈등이론은 크게 보수적 갈등이론과 급진적 갈등이론으로 나눌 수 있다. 보수적 갈등이론은 사회를 구성하는 다수의 다양한 집단이 그들의 이익을 추구하기 위해 경쟁하고 있다는 견해이다. 반면에 급진적 갈등이론은 마르크스의 계급갈등론을 바탕으로 사회에는 두 가지 계급이 존재하며 양자가 서로 사회를 지배하고자 경쟁하고 있다는 견해이다.
③ 갈등론자들은 법을 만들고, 범죄를 규정하고, 범죄자를 색출하고, 처벌하는 국가사법기관의 활동 역시 집단 간 갈등의 산물이라는 견해이다. 즉, 입법이나 사법활동은 사회 구성원 대다수의 가치를 반영하고 공공이익을 대변하기보다는 강력한 권력과 높은 지위를 차지한 집단의 이익을 도모하는 방향에서 운용된다고 보고 있다.
④ 갈등론자들은 사회생활의 기본 성질을 계층 간의 갈등으로 가정한다. 이들에 의하면, 사회란 가치나 이해관계가 서로 다른 집단들로 구성되며 집단들 간의 갈등을 통하여 유지존속된다는 것이다.

〈출처〉 박상기 외 2인, 「형사정책」, 한국형사정책연구원, 2021, P. 196

답 ②

153

문화갈등이론에 관한 기술로 옳지 않은 것은?

① 하나의 사회에는 다양한 문화체계가 존재한다는 점을 전제로 범죄원인을 설명하려는 시도이다.
② 인간의 사회행동을 결정하는 데는 한 사회의 문화적 가치체계가 결정적 작용을 한다.
③ 개별집단의 문화적 행동규범과 사회전체의 지배적 가치체계 사이에 발생하는 문화적 갈등관계가 범죄원인이 된다.
④ 셀린은 동일문화 안에서 사회변화에 의해 분화갈등이 생기는 경우를 일차적 문화갈등이라 하고, 이질적 문화의 충돌에 의한 갈등을 이차적 문화갈등이라 본다.

해설

셀린은 이질적 문화충돌에 의한 갈등을 일차적 문화갈등이라 하고, 동일문화 내에서 사회적 분화에 의한 갈등을 이차적 문화갈등이라 보았다.

답 ④

154

일차적 문화갈등과 이차적 문화갈등을 주장한 갈등주의 범죄학자는? 기출 24

① 셀린(Sellin)
② 허쉬(Hirschi)
③ 베카리아(Beccaria)
④ 샘슨(Sampson)

해설
셀린(Sellin)은 이질적 문화충돌에 의한 갈등을 일차적 문화갈등이라 하고, 동일문화 내에서 사회적 분화에 의한 갈등을 이차적 문화갈등이라 보았다.

답 ①

155

범죄학이론과 학자가 다르게 연결된 것은?

① 실증주의 범죄학 – 롬브로소
② 아노미이론 – 뒤르켐
③ 하위문화론 – 코헨
④ 문화갈등이론 – 페리

해설
문화갈등이론은 셀린이 주장한 이론이다.

답 ④

156

범죄원인론에 관한 설명으로 옳지 않은 것은?

① 셀린(Sellin)은 이해관계의 갈등에 기초한 집단갈등론을 1958년 이론범죄학에서 주장하였다.
② 사이크스(Sykes)와 맛차(Matza)의 중화기술이론에 의하면 중화기술의 유형에는 책임의 부정, 가해의 부정, 피해자의 부정, 비난자에 대한 비난, 고도의 충성심에 호소 등 5가지가 있다.
③ 메스너(Messner)와 로젠펠드(Rosenfeld)는 머튼의 아노미이론을 계승하여 제도적 아노미론을 주장하였다.
④ 합리적 선택이론은 고전주의 학파에 그 뿌리를 두고 있다.

해설
이해관계의 갈등에 기초한 집단갈등론을 1958년에 이론범죄학에서 주장한 학자는 볼드(Vold)이다. 셀린은 1차적 문화갈등과 2차적 문화갈등론을 주장하였다.

답 ①

157

갈등이론가에 해당하는 학자는? 기출 20

① 브레이스웨이트(J. Braithwaite)
② 볼드(G. Vold)
③ 맛차(D. Matza)
④ 뒤르켐(E. Durkheim)

해설

볼드의 집단갈등이론에 따르면, 권력집단은 그들의 가치를 법으로 규정하고, 상충되는 가치를 행동으로 표현하는 집단을 범죄자로 규정한다. 대표적인 갈등이론가에는 봉거, 퀴니, 셀린, 볼드, 터크, 챔블리스 등이 있다.

핵심만콕

① 브레이스웨이트(J. Braithwaite)는 회복적 사법 프로그램을 위한 동기부여체계가 된 재통합적 수치심이론을 주장한 학자이다. 그는 재통합적 수치가 범죄율을 낮추는 경향이 있고, 낙인은 간접적인 방법으로 범죄율을 높인다고 보았다.
③ 맛차(D. Matza)와 사이크스(Sykes)는 중화기술이론을 통해 범죄자가 자기의 범죄나 비행행위에 대한 자기 자신·타인들로부터의 비난을 의식적으로 합리화·정당화시킴으로써, 그 비난을 벗어난 안도감에 범죄 등의 비행행위를 저지르게 된다고 주장하였다.
④ 뒤르켐(E. Durkheim)은 아노미이론을 통해 사회변동으로 인하여 일탈행위가 증대된다고 주장하였으며, 이는 머튼(Merton)의 아노미이론(긴장이론)에 영향을 주었다.

답 ②

158

갈등주의 범죄학 이론가는? 기출 18

① 볼드(Vold)
② 허쉬(Hirschi)
③ 에이커스(Akers)
④ 뒤르켐(Durkheim)

해설

갈등이론의 대표적인 학자로는 마르크스·봉거·퀴니·셀린과 밀러·볼드·터크 등이 있다.

답 ①

159

다음의 주장을 한 학자는? 기출 15

> 법의 제정·위반·집행 등 정치적 과정은 이익집단들 사이의 뿌리 깊고 근원적인 갈등과 국가경찰력의 장악을 위한 투쟁이 직접적으로 반영된 것이다. 입법 당시 다수파는 누가 법위반자인가를 결정하는 경찰을 지배할 수 있게 되는 것이다.

① 볼드(Vold)
② 뒤르켐(Durkheim)
③ 필(Peel)
④ 밀러(Miller)

해설

해당 지문은 집단갈등이론에 대한 내용으로, 이를 주장한 학자는 볼드(Vold)이다.

답 ①

160

집단갈등이론을 주장한 학자는? 기출 13

① 볼드(Vold)
② 깁스(Gibbs)
③ 레머트(Lemert)
④ 베커(Becker)

해설

볼드는 집단갈등이론을 통해 범죄를 법의 제정·위반·법집행의 전 과정에 대한 집단이익의 갈등이나 국가의 권력을 이용하고자 하는 집단 간 투쟁의 결과라고 보았다.

핵심만콕

② 깁스(Gibbs)는 억제이론을 통해 고전학파의 관점을 현대적으로 계승한 학자이다. 그는 1968년도에 미국의 50개 주 전체를 대상으로 각 주의 범죄발생률, 범죄검거율, 평균형량 등의 관계를 분석하였으며, 그 결과에 입각하여 사람들이 형벌을 두려워하는 정도가 그 사회의 범죄 발생 정도를 결정하는 데 중요한 요인이라고 결론지었다.
③ 레머트(Lemert)는 낙인이론을 대표하는 학자 중 한 명으로서, 일탈행위를 일차적 일탈과 이차적 일탈로 구분하였다.
④ 베커(Becker)는 낙인이론을 발전시킨 학자로서, 일탈자로 낙인찍혔을 때에 그 사람의 지위변화에 초점을 두었다. 즉, 일탈자라는 낙인은 그 사람의 지위를 대변하는 주 지위가 되기 때문에, 그 밖의 보조적 지위를 압도하여 주위사람들이 그를 범죄자 또는 일탈자라는 시각으로 대하게 된다는 것이다.

답 ①

161

다음 중 사회갈등론적 관점과 관련이 없는 학자는? 기출 08

① 봉거(Bonger)
② 볼드(Vold)
③ 퀴니(Quinney)
④ 롬브로소(Lombroso)

해설
롬브로소(Lombroso)는 생물학적 원인론의 대표적인 학자이다.

답 ④
답 ④

162

사회적 갈등론자가 아닌 학자는? 기출 12

① 볼드(Vold)
② 봉거(Bonger)
③ 터크(Turk)
④ 레클리스(Reckless)

해설
레클리스의 억제이론은 사회통제 중 사법기관의 처벌 여하에 주목하여 그것에 의해 범죄나 비행을 설명할 수 있다고 주장한 이론이다. 억제이론은 처벌을 강화함으로써 범죄를 저지할 수 있다고 본다. 갈등이론의 대표적인 학자로는 마르크스·봉거·퀴니·셀린과 밀러·볼드·터크 등이 있다.

답 ④

163

갈등론적 범죄개념에 관한 설명으로 옳지 않은 것은? 기출 11

① 형사법은 다양한 집단 간 갈등의 산물이다.
② 범죄는 부와 권력을 소유한 사람들에 의해 정의된다.
③ 범죄와 처벌에 대하여 대다수의 합의가 존재한다.
④ 형사법은 가진 자의 이익을 보호하기 위해 만들어진다.

해설
범죄와 처벌에 대하여 대다수의 합의가 존재한다는 것은 합의론적 범죄개념의 설명이다.

답 ③

164

볼드(Vold)의 집단갈등이론으로 설명하기에 적합하지 않은 범죄는? 기출 11

① 정치적 시위 때문에 발생하는 범죄
② 성격장애로 인한 범죄
③ 노동쟁의 때문에 생겨나는 범죄
④ 인종적, 민족적 충돌 때문에 발생하는 범죄

해설

성격장애로 인한 범죄는 집단의 갈등과 관련된 문제라기보다는 개인의 심리적 문제에 의한 범죄 발생원인에 해당한다.

핵심만콕	볼드의 집단갈등이론

- 갈등의 발생이유 : 집단들이 추구하는 이익과 목적이 상호경쟁적이기 때문
- 볼드의 이론이 적용될 수 있는 범죄유형
  - 정치적 갈등으로 야기된 범죄
  - 노사 간의 이익갈등으로서 파업 시 수반되는 폭력행위
  - 노동조합 간의 관할권 분쟁
  - 인종적 갈등으로서 각종 인종차별에 저항하려는 시도와 폭력행위

답 ②

165

급진범죄학의 기본입장에 대한 설명으로 옳지 않은 것은?

① 마르크스주의에 기초하고 있다.
② 갈등론적 관점을 취한다고 할 수 있다.
③ 범죄원인을 실증적으로 분석하는 데 초점을 맞추고 있다.
④ 기본적으로 형사사법제도에 내재하는 불평등을 문제 삼고 있다.

해설

③은 실증주의 범죄학에 관한 설명이다.

답 ③

166

급진범죄학에 대한 비판으로 적절하지 않은 것은?

① 범죄문제를 지나치게 정치적으로 이해한다.
② 즉각 실행할 만한 범죄통제정책이 빈곤하다.
③ 권력형 범죄의 분석에 무력하다.
④ 사회주의국가에서 범죄가 소멸하였다는 경험적 증거가 없다.

해설
급진범죄학은 권력형 범죄의 분석에 주력하였다.

답 ③

167

범죄에 관한 페미니스트 이론의 설명으로 옳지 않은 것은? 기출 10

① 범죄는 남자다워야 한다는 남성들의 성역할 사회화의 산물이다.
② 범죄의 원인 중 하나로 가부장제를 들 수 있다.
③ 페미니스트 이론으로 여성의 매춘이나 강간범죄를 설명하기 어렵다.
④ 남성 중심의 범죄이론이 여성에게 적용될 수 있는가에 대한 의문을 가진다.

해설
페미니스트이론에 따르면 가부장적 지배는 범죄율의 성차를 이해하고 여성의 성매매나 강간 등 특정 성에 의한 범죄를 더욱 잘 이해하는 데 유용하다.

핵심만콕

① 메서슈미트는 구조화된 행위로서의 범죄개념과 특정상황에서의 성취로서의 남성다움을 연결시켜 범죄에서 성차를 설명한다. 본질적으로 "남성에 의한 범죄는 다른 원인이 아닌 남성다움을 실현하는 과정에서 야기된 사회적 행위형식이다." 특히, 남성의 남성다움이 의심되거나 의문시되는 상황에서 남성다움을 보일 특별한 방법이 없는 사람은 남성다움을 표현하는 방법으로 범죄를 선택한다.
②·③ 메서슈미트의 이론은 범죄가 남성지배인인 가부장적 사회구조와 자본주의 경제체계의 조합에 의해 발생한다는 것이다. 메서슈미트는 여성범죄와 하층계급 남성의 폭력범죄 모두 무력함에 의해 발생하는 반면, 기업범죄와 여성에 대한 성범죄, 특히 강간은 남성권력의 결과라고 보았다. 페미니스트 이론에 따르면 이러한 가부장적 지배는 범죄율의 성차를 이해하고 여성의 성매매나 강간 등 특정 성에 의한 범죄를 더욱 잘 이해하는 데 유용하다.
④ 범죄에 관한 '전통적' 이론이 너무나 남성 중심적이라고 보는 것은 페미니스트 이론 지지자의 공통적 특징이다. 페미니스트 이론의 공통적 주제는 현재의 모든 원인론(생물학적, 심리학적, 아노미, 통제, 차별교제, 갈등, 낙인, 사회해체, 사회학습이론 등)이 남성범죄만을 설명하고자 고안되었고 이들을 대상으로만 검증되었다는 것이다. 이들 이론에서 유용한 부분이 있기는 하지만 어떠한 단일이론이나 이론들의 조합도 여성범죄나 남녀범죄 차이를 설명할 수 없다.

〈출처〉 로널드 L. 에이커스 외, 민수홍 외, 「범죄학 이론」, 나남, 2020, P. 489~506

답 ③

168

비판범죄학과 관련 없는 것은? 기출 19

① 불평등한 사회구조와 계층 간 갈등 개선
② 마르크스주의의 영향
③ 생물학적 결정론 강조
④ 비판여성주의와 가부장제 타파

해설

비판범죄학(급진범죄학)은 마르크스주의적 범죄학이라고도 하며, 범죄를 국가와 계급지배의 맥락에서 연구하고자 하는 이론적 입장이다. 경쟁주의적 자본주의로 인한 남성우월, 인종우월주의 등을 비판하며, 이는 생물학적 범죄원인론에 대한 설명인 ③과는 거리가 멀다.

답 ③

169

다음과 관련 있는 범죄이론은? 기출 17

- 개인적 권력, 집단 권력과 형법 제정의 관계
- 자본주의, 자유기업경제와 범죄율과의 관계
- 퀴니(Quinney), 챔블리스(Chambliss)가 대표 학자

① 억제이론
② 환경범죄학이론
③ 생활양식이론
④ 비판범죄론

해설

비판범죄론은 범죄를 국가와 계급지배라는 맥락에서 연구하고자 하는 이론적 입장이며, 주류 범죄학 이론들이 범죄를 권력과 지배라는 계급구조와 동떨어진 것으로 연구하는 것에 대한 비판으로 나타난 것이다.

핵심만콕

① 억제이론은 사법기관의 처벌 여하에 의해 범죄나 비행을 설명할 수 있다는 이론이며, 인간은 누구나 쾌락을 추구하지만 처벌을 두려워하기 때문에 강력한 처벌만이 범죄를 막을 수 있다고 주장한다.
② 환경범죄학이론은 환경이 가진 범죄유발 요인을 분석하여 방범환경의 설계관리를 제안하는 이론이다.
③ 생활양식이론은 범죄피해나 범죄발생가능성이 피해자의 일상생활과 관련이 있다고 보는 이론이다.

답 ④

170

범죄학이론을 거시(구조)이론과 미시(과정)이론으로 구분할 때, 성격이 다른 것은? 기출 11

① 사회해체이론
② 차별접촉이론
③ 아노미이론
④ 동심원이론

해설

범죄학이론을 거시이론과 미시이론으로 구분할 때 차별적 접촉이론은 미시이론에 포함된다. 동심원이론은 사회해체이론 중의 하나이다.

핵심만콕 미시이론과 거시이론의 분류

구 분	긴장이론	사회학습이론	사회통제이론	낙인/갈등이론
미시이론	• 긴장이론 • 일반긴장이론	• 차별적 접촉이론 • 차별적 동일시이론 • 차별적 강화이론 • 사회학습이론	• 중화이론 • 봉쇄이론 • 사회유대이론 • 억제이론 • 일반이론(자기통제이론)	낙인이론
거시이론	아노미이론	하위문화이론	사회해체이론	갈등이론

답 ②

171

범죄의 원인을 거시적으로 분석한 이론이 아닌 것은? 기출 10

① 아노미이론
② 하위문화이론
③ 사회해체이론
④ 차별접촉이론

해설

거시이론에는 아노미이론, 하위문화이론, 사회해체이론, 갈등이론 등이 있으며, 차별적 접촉이론은 미시이론이다.

답 ④

172

사회과정(미시적) 관점의 범죄이론은? 기출 18

① 차별적 접촉이론
② 사회해체이론
③ 비판범죄학이론
④ 하위문화이론

해설
보기 중 사회과정(미시적) 관점의 범죄이론은 차별적 접촉이론이다.

답 ①

173

사회과정(미시적)이론으로 볼 수 없는 것은? 기출 17

① 사회유대이론
② 사회학습이론
③ 낙인이론
④ 진화이론

해설
진화론으로부터 영향을 받은 것은 초기의 범죄생물학이며 생태론·환경결정론(거시적)적 이론으로 분류된다.

핵심만콕 사회과정이론

사회학습이론	서덜랜드(Surtherland)의 차별적 접촉이론
사회통제이론	• 허쉬(Hirschi)의 사회유대이론 • 레클리스(Reckless)의 봉쇄이론 • 사이크스(Sykes)와 맛챠(Matza)의 중화기술이론 • 갓프레드슨과 허쉬의 일반이론(자기통제이론)
사회적 반응이론	• 낙인이론 • 민속방법론적 이론(Ethnomethodology of deviance)

답 ④

174

범죄사회학이론은 미시이론과 거시이론으로 구분할 수 있다. 다음 중 미시이론에 해당하는 것은?

기출 08

① 아노미이론
② 갈등이론
③ 자기통제이론
④ 사회해체이론

해설

아노미이론·갈등이론·사회해체이론은 거시이론이다.

답 ③

175

범죄학 이론 통합에 관한 내용으로 옳지 않은 것은? 기출 22

① 허쉬(Hirschi)는 이론 통합에 반대하였다.
② 개별 이론의 낮은 설명력에서 비롯되었다.
③ 통합을 통해 이론 수를 줄일 수 있다고 본다.
④ 통합은 중화이론(Neutralization theory)을 통해 가장 많이 시도되었다.

해설

범죄학 이론 통합에는 주로 사회학습이론과 사회통제이론이 포함되며, 두 이론의 개념과 가설은 범죄학 이론 통합 관련 문헌에서 매우 자주 발견된다.

핵심만콕

① 허쉬는 범죄학에서의 이론 통합은 이것을 구성하는 이론 사이의 주요한 차이를 무시한다고 주장하면서 이론 통합에 대해 부정적인 입장을 취하였고, 갓프레드슨과 함께 이론 경합의 대립적 전략을 강하게 옹호하였다.
② 범죄학의 이론 통합은 기존의 범죄학 이론들의 낮은 설명력이 그 근거가 되었다.
③ 범죄학 이론 통합의 목적은 둘 혹은 그 이상의 이론으로부터 공통점을 확인해 각 개별이론보다 우월한 종합이론을 형성하는 데 있다.

답 ④

1 전통적 범죄

01 살 인
02 성범죄
03 조직범죄
04 가정폭력
05 학교폭력
06 청소년비행
07 마약범죄
08 사기범죄와 절도죄, 강도죄

2 특수범죄

01 환경범죄
02 경제범죄
03 화이트칼라범죄
04 사이버범죄
05 스토킹
06 피해자 없는 범죄
07 증오범죄

CHAPTER 05

범죄유형론

CHAPTER 05 범죄유형론

1 전통적 범죄

01
CHECK ☐△✕

사건 사이에 냉각기를 가지고 다수의 사람을 살해하는 유형은? 기출 24

① 연쇄살인
② 연속살인
③ 명예살인
④ 치정살인

해설
연쇄살인이란 사건 간에 냉각기를 가지고 다수의 장소에서 네 건 이상의 살인을 저지르는 것 또는 사건 사이에 냉각기를 둔 채 세 곳 이상에서 세 차례 이상의 살인을 저지르는 것을 말한다.

답 ①

02
CHECK ☐△✕

살인과 다음 살인 사이에 이른바 '심리적 냉각기(Cooling-off period)'를 갖고 있는 범죄는? 기출 20

① 연쇄살인
② 연속살인
③ 대량살인
④ 암수살인

해설
연쇄살인은 각 사건 사이에 심리적 냉각기(시간적·심리적 단절 또는 공백)가 있다는 점에서 다른 살인 유형과 명확하게 구분된다.

> **핵심만콕** 　**다수살인(Multiple murder)**
>
> 일반적으로 다수살인은 복수의 피해자를 가지는 살인범죄 일반을 지칭하며, 이것은 대량살인 또는 집단살인, 연속살인, 연쇄살인의 세 가지 하위 유형으로 구분할 수 있다.
> - 대량살인의 개념에 대해서 레빈과 폭스의 경우 4명 이상의 피해자를 가지는 것을 대량살인이라 지칭했으며, 홈즈의 경우 3명 이상의 피해자를 가지는 것을 대량살인이라 지칭하고 있다.
> - 연속살인은 한 가지 점만 뺀다면 대량살인과 거의 동일한 현상이라 할 수 있는데, 대량살인범과 연속살인범의 차이는 복수의 피해자를 살해하는 장소의 차이이다. 즉, 대량살인범은 한 장소에서 살육을 저지르는 반면, 연속살인범은 장소를 이동하면서 살인을 저지른다는 차이만을 가지고 있는 것이다. 연속살인범은 이른바 '움직이는 대량살인범'이라 할 수 있다.
> - 가장 일반적으로 사용하고 있는 연쇄살인의 정의는 FBI의 정의로서, FBI는 연쇄살인을 '사건 사이에 냉각기를 둔 채 세 곳 이상에서 세 차례 이상의 살인을 저지른 것'으로 정의하고 있다.
>
> 〈출처〉 강은영·박형민, 「살인범죄의 실태와 유형별 특성」, 한국형사정책연구원, 2008, P. 49~56

답 ①

03

연쇄살인의 특징으로 옳지 않은 것은? 기출 16

① 반복성을 가진다.
② 충동적으로 범행을 한다.
③ 심리적 냉각기를 가진다.
④ 사건 사이에 시간적 공백이 있다.

해설
연쇄살인은 철저한 계획하에 행해진다.

> **핵심만콕** 　**연쇄살인의 특징**
>
> - 순간적인 충동에 의한 살인이 아니라, 철저한 계획하에 행해진다.
> - 다른 살인범죄와 달리 자신의 범행이라는 표시를 남기기도 하는 등, 자기 과시적 범죄가 많다.
> - 사건의 횟수를 거듭할수록 더 발전된 범행 수법을 연구·개발하여 실행하는 것이 일반적이다. 범인은 대부분의 시간을 살인에 대한 공상·계획·준비 등에 보낸다.
> - 범행의 반복가능성이 있으며, 사건 사이에 시간적 공백·심리적 냉각기가 있다.
> - 범인이 잡히지 않는 이상, 사회에 극심한 공포심을 유발한다.
> - 동기가 분명하지 않아 범인을 색출하는 데 있어서 어려움이 크다.

답 ②

04

연쇄살인의 주요 특징으로 옳지 않은 것은? 기출 13

① 반복 가능성이 있다.
② 사이코패스와 관련이 없다.
③ 사건 사이에 시간적 공백이 있다.
④ 사건 사이에 심리적 냉각기를 가진다.

해설

다수살인에 속하는 연쇄살인은 각 사건 사이에 심리적 냉각기(시간적·심리적 단절 또는 공백)가 있다는 점에서 다른 살인유형과 명확하게 구분된다.

핵심만콕

레빈과 폭스는 죄의식이나 양심이 없어 가학적이고 잔인한 행동을 반복하는 연쇄살인범들을 사이코패스(Psychopath)나 사회병질자(Sociopath)로 설명한다. 사이코패스나 사회병질자는 정신적으로 이상이 있거나 심하게 현실 감각이 없지는 않다. 사이코패스의 특징은 신뢰할 수 없고 불성실하며 병적인 거짓말을 잘하고 자기중심성이 강하다. 또한 판단력이 부족하고 충동적이며 자신의 행동에 대한 죄의식이 부족하다. 이들은 타인을 공감하는 능력이 부족하고 깊은 유대관계를 형성하지 못하며 불완전한 성생활, 장기계획이 없는 불안정한 생활상을 가진다. 이들은 강간, 살인뿐만 아니라 거짓말을 잘하고 사람을 잘 속이기도 한다.

〈출처〉 강은영·박형민, 「살인범죄의 실태와 유형별 특성」, 한국형사정책연구원, 2008, P. 63

답 ②

05

연쇄살인과 연속살인을 구분하는 기준은? 기출 18

① 목표 달성의 실패
② 심리적 냉각기
③ 긍정적 자극의 발생
④ 애 착

해설

연쇄살인은 사건 간에 냉각기를 가지고 살인을 저지르는 것을 말하며, 연속살인은 짧은 시간 내에 여러 장소를 다니며 살인을 저지르는 것을 말한다.

답 ②

06

다소 긴 기간 동안 심리적 냉각기를 거치며 다수의 장소에서 4인 이상 살해하는 것은? 기출 15

① 표출적 살인
② 연쇄살인
③ 도구적 살인
④ 연속살인

해설

연쇄살인에 대한 일반적인 정의 중 하나이다(FBI는 연쇄살인을 '사건 사이에 냉각기를 둔 채 세 곳 이상에서 세 차례 이상의 살인을 저지른 것'으로 정의하고 있다).

핵심만콕 살인의 유형

- **표출적 살인** : 감정의 격분 등에 의하여 '사람을 살해하는 것' 자체가 목적이 되는 살인을 말한다.
- **도구적 살인** : '피해자를 살해하는 것' 그 자체가 목적이 아닌, '범죄자가 필요로 하는 물질적 혹은 성적 이익'이 주된 목적이 되는 살인이다. 여기서 범죄자는 피해자를 단지 자신의 목적을 달성하기 위해 제거 혹은 이용해야 할 물건이나 대상으로 여긴다.
- **충동적 살인** : 충동적으로 살인을 저지르는 것으로, 충동적 범죄자의 경우, 감정을 조절하거나 행동을 통제하는 능력이 매우 부족하여 다양한 범죄를 지속할 가능성이 높다.
- **연쇄살인** : 사건 간에 냉각기를 가지고 다수의 장소에서 네 건 이상의 살인을 저지르는 것 또는 사건 사이에 냉각기를 둔 채 세 곳 이상에서 세 차례 이상의 살인을 저지르는 것을 말한다.
- **연속살인** : 짧은 시간 내에 여러 장소를 다니며 두 명 이상의 살인을 저지르는 것을 말한다.
- **대량살인** : 한 사건에서 1명 또는 여러 명의 가해자에게 4명 이상이 살해당하는 것으로, 동일한 시간과 장소에서 여러 명을 살해하는 것을 말한다.
- **1급 살인** : 상대방을 살해할 의도를 갖고 사전계획을 하고, 살인을 저지른 경우를 말한다.
- **2급 살인** : 사람을 죽일 의도가 있는 경우, 생명이 위험할 수 있다는 것을 알면서 그 행동을 하는 경우 등에 해당한다.

답 ②

07

살인범죄에 관한 설명으로 옳지 않은 것은? 기출 10

① 범죄피해조사를 통한 실태파악이 용이하다.
② 살인은 도구를 사용하는 경향이 있다.
③ 음주나 약물사용과 관련이 많다.
④ 살인은 평소 알고 지내던 사이에서 주로 발생한다.

해설

범죄피해조사는 원칙적으로 조사대상자를 범죄피해 당사자 중 직접피해자로 한정하지만, 살인과 같이 직접피해자가 사망한 경우에는 유가족으로부터 자료를 수집하게 되므로 실태파악에 어려움이 있다.

> **핵심만콕**
> ② 살인범죄자 중 흉기를 사용하지 않은 비율은 10~41% 사이로 넓게 분산되어 있었으며, 흉기가 사용된 비율은 57~87% 수준으로 대부분의 범행에서 흉기가 사용된 것으로 나타나고 있다.
> ③ 살인범죄의 경우 전체 범죄에 비해 알코올과 약물이 관련된 경우가 2001년까지 평균적으로 세 배 이상 높았다.
> ④ 피해자의 입장에서 볼 때 가해자가 '친족'인 경우가 가장 높아 19~27% 수준이었고, '지인'인 경우가 9~15%, '애인'인 경우가 8~10%, 또한 '타인'(모르는 사람)인 경우는 17~21% 사이에 분포하는 것으로 나타나 대부분의 살인범죄는 면식이 있는 사이에서 발생하는 것으로 보인다.
> 〈출처〉 강은영·박형민, 「살인범죄의 실태와 유형별 특성」, 한국형사정책연구원, 2008, P. 136~148

08

CHECK ○△×

다음이 설명하는 것은? 기출 17

- 한 사건에서 1명 또는 여러 명의 가해자에게 4명 이상이 살해당하는 것
- 같은 시간에 같은 장소에서 여러 명을 살해하는 것

① 연쇄살인(Serial murder)
② 1급 살인(First degree murder)
③ 대량살인(Mass murder)
④ 2급 살인(Second degree murder)

해설
대량살인에 대한 설명이다.

> **핵심만콕**
> ① 연쇄살인은 연속적으로 살인행위를 저지르는 범죄로, 범인은 주로 계획적으로 범행을 저지르며 일정한 간격으로 살인을 저지른다.
> ② 1급 살인(First degree murder)은 상대방을 살해할 의도를 갖고 사전계획을 하고, 살인을 저지른 경우를 말한다.
> ④ 2급 살인(Second degree murder)은 사람을 죽일 의도가 있는 경우, 생명이 위험할 수 있다는 것을 알면서 그 행동을 하는 경우 등에 해당한다.

09

살인에 관한 내용으로 옳지 않은 것은? 기출 09

① 살인의 피해는 원상회복될 수 없다.
② 가해자가 아는 사람보다 낯선 사람인 경우가 많다.
③ 주로 하층집단에 의해서 행해진다.
④ 우발적 동기에 의한 경우가 많다.

해설
개인적 살인은 주로 치정·원한·금품 갈취의 동기로 발생하며, 보통 가해자와 피해자가 아는 사이인 경우가 많다. 개인적 살인은 징후·조짐·과정이 잘 나타나기 때문에 그 예방이 가능하다. 보통 소유욕·지배욕·집착·내적 열등감을 가진 사람이 개인적 살인을 저지른다.

답 ②

10

우리나라의 살인범죄에 관한 설명으로 적절하지 않은 것은? 기출 08

① 살인범죄자의 연령분포를 볼 때 30~40대 남성들이 가장 많다.
② 도검류에 의한 피해가 가장 많다.
③ 전통적 범죄유형에 속한다.
④ 피해자와 가해자가 면식관계가 아닌 경우가 대부분이다.

해설
대부분의 살인범죄는 친족, 지인 등 면식이 있는 사이에서 발생한다.

핵심만콕

① 지난 10년간의 범행당시 가해자 연령의 평균치를 전체범죄와 비교해 보면 전체범죄와 살인범죄 모두 30대의 비율이 각각 27.5%와 30.2%로 가장 높은 것으로 나타나고 있다. 살인범죄의 경우에는 그 다음으로 40대(25.7%), 20대(18.1%)의 순으로 나타나고 있다.
② 흉기를 사용한 살인범죄 중에서 가장 많이 사용된 흉기는 '칼'로 10년간 평균적으로 약 67.2%의 범행에 사용되었으며, 다음으로 '공구', '줄' 등의 순서였으나 그 비율은 약 3%에 불과하였다.
③ 살인, 강간, 강도 등은 대표적인 전통적 범죄이다. 특수범죄에는 환경범죄, 화이트칼라범죄, 사이버범죄 등이 있다.
④ 피해자의 입장에서 볼 때 가해자가 '친족'인 경우가 가장 높아 19~27% 수준이었고, '지인'인 경우가 9~15%, '애인'인 경우가 8~10%, 또한 '타인'(모르는 사람)인 경우는 17~21% 사이에 분포하는 것으로 나타나 대부분의 살인범죄는 면식이 있는 사이에서 발생하는 것으로 보인다.

〈출처〉 강은영·박형민, 「살인범죄의 실태와 유형별 특성」, 한국형사정책연구원, 2008, P. 121~148

답 ④

11

홈즈와 드버거(Holmes & DeBurger)의 연쇄살인범 유형 중 피해자에 대한 정복감과 힘의 우위를 얻기 위한 것은? 기출 24

① 권력형
② 사명형
③ 망상형
④ 쾌락형

해설

설문은 권력형에 대한 설명이다. 권력형은 대상자의 삶과 죽음 자체를 통제할 수 있다는 정복감과 힘의 우위를 성취하고자 하는 경우이다.

핵심만콕

② 사명형은 자신의 기준이나 신념체계에 비춰 사회에서 부도덕하거나 옳지 않은 일을 하는 집단을 선택하여 그 소속원을 범죄의 희생자로 하는 경우이다.
③ 망상형은 청각 또는 시각과 관련하여 환청, 환각, 망상이 주요 원인이며, 살인을 정당화한다.
④ 쾌락형은 살인 자체를 즐기면서 희열을 추구하고, 살인을 통해 성적 쾌락과 스릴감을 맛보거나 위안을 삼으려고 하는 경우이다.

답 ①

12

홈즈와 드버거(Holmes & DeBurger)의 연쇄살인범 유형 중 정신적 장애로 환청이나 환각상태에서 살인을 행하는 것은? 기출 21

① 망상형
② 사명형
③ 쾌락형
④ 권력형

해설

홈즈와 드버거의 연쇄살인범 유형 중 환청, 환각상태에서 살인을 행하는 유형은 망상형이다.

핵심만콕	홈즈와 드버거(Holmes & DeBurger, 1988)의 연쇄살인범 유형

연쇄살인을 주요 행동패턴에 따라 분류한 홈즈와 드버거의 분류는 다음과 같다.

망상형	청각 또는 시각과 관련하여 환청, 환각, 망상이 주요 원인이며, 살인을 정당화한다.
사명감형	자신의 기준이나 신념체계에 비춰 사회에서 부도덕하거나 옳지 않은 일을 하는 집단을 선택하여 그 소속원을 범죄의 희생자로 하는 경우이다.
쾌락형	살인 자체를 즐기면서 희열을 추구하고, 살인을 통해 성적 쾌락과 스릴감을 맛보거나 위안을 삼으려고 하는 경우이다.
권력형	대상자의 삶과 죽음 자체를 통제할 수 있다는 정복감과 힘의 우위를 성취하고자 하는 경우이다.

답 ①

13

다음이 설명하는 폭스와 레빈(Fox & Levin)의 연쇄살인범 유형은? 기출 19

> 세상을 변혁시키기 위한 어떤 임무를 수행하는 일환으로 연쇄살인 범죄를 저지르는 유형

① 스릴추구형
② 미션추구형
③ 이익추구형
④ 애정추구형

해설

지문에 제시된 내용은 미션추구형(사명감형)에 대한 설명이다.

핵심만콕	폭스와 레빈(Fox & Levin, 1992)의 연쇄살인범 유형

홈즈와 드버거(Holmes & DeBurger, 1988)의 분류를 토대로 하여 연쇄살인범의 유형을 재분류하였다.

스릴추구형 (thrill)	성적 가학형(sexual sadism)	연쇄살인범의 대부분을 차지하는 유형으로, 성적 학대가 그 동기이다.
	지배형(dominance)	우월감 등을 얻기 위하여 살인을 저지르는 유형이다.
미션추구형 (mission)	개혁·사회개선형(reformist)	세상에서 악을 제거한다는 명분으로 살인을 저지르는 유형이다. 살해대상은 주로 매춘부, 성적소수자, 노숙자 등이다.
	망상형(visionary)	신 또는 악마로부터 지시를 받고 살인을 저지른다. 그 수가 가장 적다.
편의추구형 (expedience)	이익추구형(profit)	금전적인 이득을 취하기 위하여 범행을 저지르는 유형이다.
	보호수단형(protection)	범죄를 저지르고, 그것을 은폐하고자 살인을 하는 유형이다.

답 ②

14

폭스와 레빈(Fox & Levin)이 분류한 대량살인범의 유형이 아닌 것은? 기출 22

① 복수형 살인자(revenge killers)
② 사랑형 살인자(love killers)
③ 이익형 살인자(profit killers)
④ 편의형 살인자(expedience killers)

해설
폭스(Fox)와 레빈(Levin)의 대량살인 분류는 일반적으로 동기에 따라 '힘(power)을 추구하는 유형', '복수(revenge)를 추구하는 유형', '의무(loyalty)를 추구하는 유형', '이득(profit)을 추구하는 유형', '테러(terror)를 위한 유형'으로 나눈다. 이것을 바라보는 시각에 따라 '복수형(revenge)', '사랑형(love)', '이익형(profit)', '테러형(terrorist)'으로 나누기도 한다. 모두 고려하더라도 편의형살인자는 대량살인범의 유형에 해당하지 않는다.

〈출처〉 공정식(경기대), 우리나라 다수살인범의 동기유형과 범행특성, 2018, 15p

답 ④

15

폭스와 레빈(Fox & Levin)이 분류한 연쇄살인범의 유형이 아닌 것은? 기출 23

① 스릴형(thrill motivated)
② 사명형(mission-oriented)
③ 권력지향형(power seeker)
④ 편의형(expedience directed)

해설
폭스와 레빈은 홈즈와 드버거(Holmes & DeBurger, 1988)의 분류를 토대로 하여 연쇄살인범의 유형을 스릴추구형, 미션추구형, 편의추구형으로 재분류하였다.

답 ③

16

헤어(Hare)가 주장한 '사이코패스 진단척도'는? 기출 16

① MMPI
② PCL-R
③ DSM
④ ADHD

해설

사이코패스의 진단척도로는 심리학자 로버트 헤어의 PCL-R이 가장 많이 사용된다. 20문항에 걸쳐 각 항목별로 3점 척도로 응답하고, 총 40점 만점으로 구성되어 있으며, 2명 이상의 전문가가 평균을 낸 점수로 사이코패스를 진단하게 되는데, 총점 40점에 가까울수록 사이코패스 성향이 높은 것으로 본다.

답 ②

17

그로스(N. Groth)의 강간 유형론 중 여성에 대한 폭력행사보다 소유욕 때문에 범행하는 유형은?
기출 20

① 지배 강간
② 분노 강간
③ 가학성 변태성욕
④ 피학성 변태성욕

해설

설문의 내용은 그로스가 제시한 강간의 유형 중 지배 강간(권력형 강간)에 해당한다.

핵심만콕 그로스(N. Groth)가 분류한 강간 유형

지배 강간 (권력 강간)	피해자를 힘으로 자신의 통제하에 놓고 싶어 하는 유형이다. 능력 있는 남성이라는 자부심을 유지하기 위하여 강간이라는 비정상적인 행위를 통해 자신의 힘을 과시하고 확인하고자 한다.
가학성 변태성욕 강간	분노와 권력에의 욕구가 성적으로 변형되어 가학적인 공격행위 그 자체에서 성적 흥분을 일으키는 정신병리적 유형이다. 사전 계획하에 상대방을 묶거나 성기나 가슴을 물어뜯고 불로 지지는 등 다양한 방법으로 모욕하고, 반복적인 행동을 통해 쾌락과 만족감을 얻는다.
분노 강간	강간자의 증오와 분노 감정에 의해 촉발되는 우발적이고 폭력적인 유형이다. 성적 만족을 위해서 행해지는 것이 아니라, 자신의 분노를 표출하거나 상대방을 모욕하고 미워하기 위한 행동이며 신체적인 학대가 심하다.

답 ①

18

그로스와 번바움(Groth & Birnbaum)이 분류한 강간범죄의 유형이 아닌 것은? 기출 22

① 지배 강간
② 분노 강간
③ 가학성 강간
④ 스릴추구형 강간

해설
스릴추구형 강간은 그로스와 번바움(Groth & Birnbaum)이 분류한 강간범죄의 유형에 해당하지 않는다.

답 ④

19

그로스와 번바움(Groth & Birnbaum)이 주장한 강간 유형 중 다음 특성을 가지는 것은? 기출 24

○ 성욕과 폭력이 동시에 수반된다.
○ 피해자를 괴롭히거나 고문하거나 학대한다.

① 가학강간(Sadistic Rape)
② 분노강간(Anger Rape)
③ 권력강간(Power Rape)
④ 이방인강간(Stranger Rape)

해설
그로스와 번바움(Groth & Birnbaum)은 성범죄자의 가장 큰 범행 동기를 크게 분노, 권력 지향, 가학성이라는 3가지 범주로 분류했다. 보기에 제시된 내용은 가학강간으로 분노와 권력에의 욕구가 성적으로 변형되어 가학적인 공격행위 그 자체에서 성적 흥분을 일으키는 정신병리적 유형이다. 사전 계획하에 상대방을 묶거나 성기나 가슴을 물어뜯고 불로 지지는 등 다양한 방법으로 모욕하고, 반복적인 행동을 통해 쾌락과 만족감을 얻는다.

답 ①

20

그로스(N. Groth)의 폭력적 강간의 유형으로 옳지 않은 것은? 기출 17

① 분노 강간
② 스릴추구적 강간
③ 지배 강간
④ 가학성 변태성욕 강간

해설
그로스가 주장한 폭력적 강간의 유형은 지배 강간·가학적 변태성욕 강간·분노 강간이다.

답 ②

21

그로스와 번바움(Groth & Birnbaum)이 주장한 다음 강간의 유형은? 기출 23

> ○ 가해자가 피해여성을 성적으로 소유하고자 한다.
> ○ 가장 많은 비중을 차지하는 유형이다.

① 분노강간(anger rape)
② 권력강간(power rape)
③ 가학강간(sadistic rape)
④ 약탈적 강간(predatory rape)

해설
그로스와 번바움(Groth & Birnbaum)은 성범죄자의 가장 큰 범행 동기를 크게 분노, 권력 지향, 가학성이라는 3가지 범주로 분류했다. 보기에 제시된 내용은 권력강간 유형으로 피해자를 힘으로 자신의 통제하에 놓고 싶어 하는 유형이다. 능력 있는 남성이라는 자부심을 유지하기 위하여 강간이라는 비정상적인 행위를 통해 자신의 힘을 과시하고 확인하고자 한다.

답 ②

22

다음이 설명하는 성폭행범죄의 동기유형은? 기출 19

> 성폭행범들의 가장 흔한 유형으로 여성을 지배하는 통제력을 느끼고 싶어 하지만 남성다운 외모나 체격을 갖추지 못한 유형

① 권력형
② 분노치환형
③ 가학형
④ 남성성 확인형

해설

제시된 지문은 남성성 확인형 성폭행범죄의 동기유형에 대한 설명이다.

핵심만콕	성폭행범죄의 5가지 동기유형
권력형	성적 만족감을 목적으로 하는 것이 아니라 자신의 힘, 남성다움, 성적 매력을 과시하는 것이 목적인 유형이다. 주로 클럽, 술집 등에서 신사적인 태도로 피해자에게 환심을 산 후 범행을 저지른다.
분노치환형	여성을 적대시하며 처벌할 목적으로 범행을 저지르는 유형이다. 성욕 때문이 아니라 특정 여성에 대한 분노와 복수심을 풀기 위해 그와 비슷한 외모·분위기를 가진 여성을 대상으로 범행을 저지른다.
가학형	성폭행범들 중 가장 드물고 난폭한 유형이다. 비면식관계인 피해자에게 가학적인 행위를 하면서 그들의 반항, 고통, 공포를 통해 쾌락과 만족감을 얻는 유형이다.
남성성 확인형	성폭행범들의 가장 흔한 유형으로, 여성을 지배하는 통제력을 느끼고 싶지만 여성을 유혹할 수 있는 남성다운 외모나 체격을 갖추지 못한 유형이다.
기회주의형	절도, 가택침입 등 다른 범죄를 저지르던 중 여성을 강간할 기회가 생기면 범행을 저지르는 유형이다.

답 ④

23

현행법상 성폭력범죄의 예방 및 대책이 아닌 것은? 기출 16

① 전자장치부착
② 신상정보공개
③ 약물치료
④ 보호감호

해설

범죄자의 재범을 막고 사회 적응을 돕겠다는 취지로 형 집행 이후 일정한 기간 동안 범죄자를 격리·수용하도록 하는 제도인 보호감호는 1980년에 도입되었으나, 이중처벌·인권침해 등 논란이 계속되자 그 근거조항인 사회보호법이 폐지됨에 따라서 함께 폐지되었다. 현재는 그와 비슷한 취지의 「보호관찰 등에 관한 법률」에 따른 보호관찰제도를 운영하고 있다.

핵심만콕 | 현행법상 성폭력범죄의 예방 및 대책

현행법상 성폭력 관련 법규는 형법을 기준으로 하여 다양한 특별법이 있다. 대표적인 성폭력 관련 법규를 살펴보면 「성폭력범죄의 처벌 등에 관한 특례법」, 「아동・청소년의 성보호에 관한 법률」, 「성매매알선 등 행위의 처벌에 관한 법률」이 있으며, 이 중 「성폭력범죄의 처벌 등에 관한 특례법」에서는 성범죄 예방 및 재발방지를 위한 여러 제도를 두고 있는데, ①・②・③ 외에도 '보호관찰'을 두고 있으며, 「아동・청소년의 성보호에 관한 법률」에서는 '성범죄자의 취업 제한' 등을 규정하고 있다.

답 ④

24

현행법상 성범죄로 유죄판결이 확정된 자의 공개되는 신상정보가 아닌 것은? 기출 18

① 성 명
② 가족관계
③ 성폭력범죄 전과사실
④ 등록대상 성범죄 요지

해설

성범죄로 유죄판결이 확정된 자의 신상정보 중 ②는 공개되지 않는다.

관계법령

등록정보의 공개(성폭력범죄의 처벌 등에 관한 특례법 제47조)
① 등록정보의 공개에 관하여는 「아동・청소년의 성보호에 관한 법률」 제49조, 제50조, 제52조, 제54조, 제55조 및 제65조를 적용한다.

등록정보의 공개(아동・청소년의 성보호에 관한 법률 제49조)
④ 제1항에 따라 공개하도록 제공되는 등록정보(이하 "공개정보"라 한다)는 다음 각호와 같다.
  1. 성 명
  2. 나 이
  3. 주소 및 실제거주지(「도로명주소법」 제2조 제3호에 따른 도로명 및 같은 조 제5호에 따른 건물번호까지로 한다)
  4. 신체정보(키와 몸무게)
  5. 사 진
  6. 등록대상 성범죄 요지(판결일자, 죄명, 선고형량을 포함한다)
  7. 성폭력범죄 전과사실(죄명 및 횟수)
  8. 「전자장치 부착 등에 관한 법률」에 따른 전자장치 부착 여부

답 ②

25

성폭력범죄의 대책 중 현재 시행하지 않는 것은? 기출 12

① 신상정보 공개제도
② 보호수용제도
③ 약물치료제도
④ 치료감호제도

해설

보호수용제란 재범 위험이 큰 강력범죄자(살인, 성폭력범죄 등)를 형기가 끝난 이후에도 일정 기간 특정시설에 수용하는 것을 말한다. 헌법상 이중처벌금지 원칙과 책임주의 원칙을 위배할 소지가 크며, 입법이 고려된 바 있으나 현재 시행하고 있지 않다.

답 ②

26

다음 (   )에 들어갈 내용은? 기출 23

> 아동·청소년의 성보호에 관한 법률상 취업제한은 (   )로 형 또는 치료감호를 선고하는 경우에 집행이 종료되거나 유예·면제된 날로부터 일정기간 아동·청소년 관련기관에 취업을 제한하는 것이다.

① 성범죄
② 마약범죄
③ 강도범죄
④ 스토킹범죄

해설

아동·청소년의 성보호에 관한 법률상 취업제한은 법원이 아동·청소년대상 성범죄 또는 성인대상 성범죄로 형 또는 치료감호를 선고하는 경우 판결로 그 형 또는 치료감호의 전부 또는 일부의 집행을 종료하거나 유예·면제된 날로부터 일정기간 동안 법으로 정한 아동·청소년 관련기관등을 운영하거나 아동·청소년 관련기관등에 취업 또는 사실상 노무를 제공할 수 없도록 하는 명령을 성범죄 사건의 판결과 동시에 선고하는 것이다(아동·청소년의 성보호에 관한 법률 제56조 제1항).

답 ①

27

「아동·청소년의 성보호에 관한 법률」상 사법경찰관리가 신분을 드러내지 않고 디지털 성범죄를 수사하는 기법은? 기출 21

① 긴급수사
② 신분비공개수사
③ 알리바이수사
④ 초동수사

해설

사법경찰관리는 디지털 성범죄에 대하여 신분을 비공개하고 범죄현장(정보통신망을 포함한다) 또는 범인으로 추정되는 자들에게 접근하여 범죄행위의 증거 및 자료 등을 수집(이하 "신분비공개수사"라 한다)할 수 있다(아동·청소년의 성보호에 관한 법률 제25조의2 제1항).

> **핵심만콕**
> - 초동수사 : 수사기관이 범죄 발생 직후에 행하는 피해자 구호, 안전 및 응급조치, 출입자 통제 등 모든 조치와 범인체포, 피해자 및 목격자 확인과 면담 등 범죄현장에서 취하는 수사기관의 긴급한 수사활동을 말한다.
> - 알리바이수사 : 알리바이란 혐의자가 범죄가 발생한 시간에 범죄현장 이외의 장소에 있었다는 사실에 대한 증명을 말하며 '현장부재 증명'이라고도 한다. 알리바이 여부를 혐의자의 진술에 의존할 경우 혐의자와 말을 맞춘 제3자의 진술 등에 휘둘릴 수 있으므로 통신수사 등을 병행하여 범행시각 전후의 동선과 활동을 면밀히 살펴 알리바이 주장의 신빙성 여부를 판단해야 한다.
>
> 〈출처〉 문성준 외 4인, 「경찰실무Ⅱ」, 경찰공제회, 2016, P. 49~54

 ②

28

아동·청소년의 성보호에 관한 법률(청소년성보호법)상 신상정보 공개 고지명령의 집행권자는? 기출 15

① 경찰서장
② 여성가족부장관
③ 관할 보호관찰소장
④ 관할 지방검찰청 검사

해설

성범죄로 유죄판결이 확정된 자의 신상정보 공개에 대한 고지명령의 집행은 여성가족부장관이 한다(청소년성보호법 제51조 제1항).

 ②

29

전자장치 부착 등에 관한 법률상 위치추적 전자장치의 부착을 청구할 수 없는 것은? 기출 15

① 성폭력범죄
② 미성년자 대상 유괴범죄
③ 살인범죄
④ 모욕범죄

해설

위치추적 전자장치를 부착할 수 있는 "특정범죄"란 성폭력범죄, 미성년자 대상 유괴범죄, 살인범죄, 강도범죄 및 스토킹범죄를 말한다(전자장치 부착 등에 관한 법률 제2조 제1호).

답 ④

30

현행법상 위치추적 전자장치 부착명령에 관한 설명으로 옳지 않은 것은?

① 특정범죄는 성폭력범죄, 미성년자 대상 유괴범죄, 살인범죄, 강도범죄 및 스토킹범죄이다.
② 부착명령은 검사가 청구할 수 있다.
③ 부착명령은 교도소장이 집행한다.
④ 법원은 검사의 부착명령 청구가 이유 있다고 인정하는 때에는 일정 기간의 범위 내에서 부착기간을 정하여 판결로 부착명령을 선고하여야 한다.

해설

부착명령은 검사의 지휘를 받아 보호관찰관이 집행한다(전자장치부착법 제12조 제1항).
① 전자장치부착법 제2조 제1호
② 전자장치부착법 제5조 제1항
④ 전자장치부착법 제9조 제1항 본문

답 ③

31

현행법상 위치추적 전자감시(전자발찌)제도에 관한 설명으로 옳지 않은 것은? 기출수정 11

① 대상범죄는 성폭력범죄에 국한된다.
② 만 19세 미만의 자에 대하여 부착명령을 선고한 때에는 19세에 이르기까지 전자장치를 부착할 수 없다.
③ 부착명령 대상자에게 준수사항을 부과할 수 있다.
④ 부착명령은 전자장치 부착을 명하는 법원의 판결이 확정된 때부터 집행한다.

해설

「전자장치 부착 등에 관한 법률(전자장치부착법)」에 전자장치를 부착하는 "특정범죄"란 성폭력범죄, 미성년자 대상 유괴범죄, 살인범죄, 강도범죄 및 스토킹범죄라고 규정되어 있다(전자장치부착법 제2조 제1호, 동법 제5조 제1항 내지 제4항 참고).
② 전자장치부착법 제4조
③ 전자장치부착법 제9조의2
④ 전자장치부착법 제29조 제1항

답 ①

32

현행법상 위치추적 전자장치 부착명령에 관한 설명으로 옳은 것은? 기출 14

① 모든 범죄에 적용할 수 있다.
② 부착명령은 검사가 청구할 수 있다.
③ 부착명령은 교도소장이 집행한다.
④ 부착명령이 선고되면 보호관찰은 받지 않는다.

해설

검사는 성폭력범죄를 다시 범할 위험성이 있다고 인정되는 사람에 대하여 전자장치를 부착하도록 하는 명령(부착명령)을 법원에 청구할 수 있다(전자장치부착법 제5조 제1항).

핵심만콕

① 부착 대상범죄는 성폭력범죄, 미성년자 대상 유괴범죄, 살인범죄, 강도범죄, 스토킹범죄이다(전자장치부착법 제2조 제1호).
③ 부착명령은 검사의 지휘를 받아 보호관찰관이 집행한다(전자장치부착법 제12조 제1항).
④ 부착명령을 선고받은 사람은 부착기간 동안 「보호관찰 등에 관한 법률」에 따른 보호관찰을 받는다(전자장치부착법 제9조 제3항).

답 ②

33

전자감시제도(전자발찌)로부터 기대되는 효과에 관한 설명으로 적절하지 않은 것은?

① 교도소 과밀수용문제의 완화
② 상습 재산범죄자들의 재범방지
③ 원활한 재사회화
④ 사회 내 처우제도의 보완

해설

전자장치 부착 대상범죄는 성폭력범죄, 미성년자 대상 유괴범죄, 살인범죄, 강도범죄 및 스토킹범죄이다(전자장치부착법 제2조 제1호, 동법 제5조 제1항 내지 제4항 참고). 상습 재산범죄자의 재범방지에는 활용되고 있지 않다.

답 ②

34

전자장치부착법상 전자감시제도(전자발찌)가 적용되는 범죄유형이 아닌 것은?

① 살 인
② 강 도
③ 성폭력
④ 약 물

해설

전자장치 부착 대상범죄는 성폭력범죄, 미성년자 대상 유괴범죄, 살인범죄, 강도범죄 및 스토킹범죄이다(전자장치부착법 제2조 제1호, 동법 제5조 제1항 내지 제4항 참고).

답 ④

35

전자장치(전자발찌) 부착명령의 대상자가 아닌 것은?

① 성폭력범죄자
② 살인범죄자
③ 강도범죄자
④ 절도범죄자

해설

전자장치 부착명령의 대상자는 성폭력범, 미성년자 대상 유괴범, 살인범, 강도범, 스토킹범이다.

답 ④

36

전자감시의 장점이 아닌 것은?

① 시설구금의 대안으로 경비를 절감할 수 있다.
② 지역사회에서 가정생활, 직장생활을 영위함으로써 사회복귀에 도움이 된다.
③ 적절히 운영되면 교정시설의 과밀화 해소에 기여한다.
④ 대상자의 프라이버시를 보호하고 범죄로부터 지역사회를 더 안전하게 하는 데 기여한다.

해설

대상자의 프라이버시를 침해할 수 있는 부작용이 있다. 범죄로부터 지역사회를 더 안전하게 하는 데 기여한다는 지문은 맞는 지문이다.

답 ④

37

젠더(Gender)폭력이 아닌 것은? 기출 17

① 성폭력
② 리벤지포르노(Revenge porno)
③ 학교폭력
④ 데이트 강간

해설

젠더(Gender)폭력이란 생물학적 성(性)과 성별 정체성 혹은 사회적으로 정의된 남성성·여성성이 규범에 따라 스스로 인지한 정체성에 기반을 두고 한 개인을 겨냥하는 폭력으로, 신체적·성적·정신적 학대·협박·강압·자유의 임의적 박탈과 경제적 박탈을 포함한다. 따라서 ③은 젠더폭력으로 볼 수 없다.

핵심만콕

① 성폭력 : 성폭행, 성추행, 성희롱 등을 모두 포괄하는 개념이며, 상대방의 의사에 반하여 성을 매개로 이루어지는 모든 가해행위를 의미한다.
② 리벤지포르노(Revenge porno) : 헤어진 연인에 대한 복수의 목적으로 사귈 당시 촬영한 성적인 영상이나 사진을 유포하는 것을 말한다.
③ 학교폭력 : 학교 내외에서 학생을 대상으로 발생한 상해, 폭행, 감금, 협박 등에 의하여 신체·정신 또는 재산상의 피해를 수반하는 행위를 말한다.
④ 데이트 강간 : 데이트를 하는 당사자 간에 동의 없이 강제적 성관계를 갖게 되는 경우를 말한다.

답 ③

38

현행법상 성충동 약물치료에 관한 설명으로 옳은 것은? 기출 14

① 위치추적 전자장치 부착자만을 대상으로 한다.
② 재범의 위험성을 요건으로 한다.
③ 19세 미만에게도 시행할 수 있다.
④ 당사자의 동의가 반드시 필요하다.

[해설]

①·②·③ 검사는 사람에 대하여 성폭력범죄를 저지른 성도착증 환자로서 성폭력범죄를 다시 범할 위험성이 있다고 인정되는 19세 이상의 사람에 대하여 약물치료명령을 법원에 청구할 수 있다(성충동약물치료법 제4조 제1항).
④ 검사는 치료명령 청구대상자(이하 "치료명령 피청구자"라 한다)에 대하여 정신건강의학과 전문의의 진단이나 감정을 받은 후 치료명령을 청구하여야 한다(성충동약물치료법 제4조 제2항). 즉, 성충동 약물치료 시 당사자의 동의가 반드시 필요한 것은 아니다.

답 ②

39

성매매에 대하여 금지주의(Abolitionism)를 채택하고 있는 국가는? 기출 15

① 프랑스
② 스페인
③ 이탈리아
④ 태 국

[해설]

성매매 금지주의를 채택하고 있는 국가로는 스웨덴, 일본, 대만, 필리핀, 중국, 태국, 미국(뉴욕·샌프란시스코·워싱턴) 등이 있다. 이들 국가들도 초기에는 성판매자에 대한 처벌을 우선시했지만, 지금은 성을 사고파는 모두를 처벌하거나 구매자만을 처벌하는 국가들이 많아지고 있는 추세이다. 우리나라도 성매매특별법에 따라 성매매 금지주의 원칙을 엄격히 지키고 있다.

답 ④

40

우리나라의 성매매에 대한 입장은? 기출 16

① 규제주의
② 비범죄주의
③ 금지주의
④ 제한적 합법화주의

해설

우리나라는 자발적으로 성을 판매한 사람도 처벌하도록 한 성매매처벌법(성매매알선 등 행위의 처벌에 관한 법률) 조항에 따라 성을 사고파는 행위 모두를 처벌대상으로 두어 성매매 금지주의 원칙을 엄격히 지키고 있다.

답 ③

41

성매매알선 등 행위의 처벌에 관한 법률상 명시된 '성매매피해자'가 아닌 것은? 기출수정 15

① 위계, 위력, 그 밖에 이에 준하는 방법으로 성매매를 강요당한 사람
② 성매매를 하도록 알선·유인된 미성년자
③ 성매매 장소 주변에 거주하는 사람
④ 성매매 목적의 인신매매를 당한 사람

해설

① 성매매알선 등 행위의 처벌에 관한 법률 제2조 제1항 제4호 가목
② 성매매알선 등 행위의 처벌에 관한 법률 제2조 제1항 제4호 다목
④ 성매매알선 등 행위의 처벌에 관한 법률 제2조 제1항 제4호 라목

관계법령 정의(성매매알선 등 행위의 처벌에 관한 법률 제2조)

① 이 법에서 사용하는 용어의 뜻은 다음과 같다.
  1.~3. 생략
  4. "성매매피해자"란 다음 각목의 어느 하나에 해당하는 사람을 말한다.
    가. 위계, 위력, 그 밖에 이에 준하는 방법으로 성매매를 강요당한 사람
    나. 업무관계, 고용관계, 그 밖의 관계로 인하여 보호 또는 감독하는 사람에 의하여 「마약류관리에 관한 법률」 제2조에 따른 마약·향정신성 의약품 또는 대마(이하 "마약등"이라 한다)에 중독되어 성매매를 한 사람
    다. 미성년자, 사물을 변별하거나 의사를 결정할 능력이 없거나 미약한 사람 또는 대통령령으로 정하는 중대한 장애가 있는 사람으로서 성매매를 하도록 알선·유인된 사람
    라. 성매매 목적의 인신매매를 당한 사람

답 ③

42

조직범죄의 일반적 특성이 아닌 것은? 기출 20

① 폭력이나 매수 등의 약탈적 전술 구사
② 내부 규율과 이를 위반할 경우의 응징
③ 조직 내 위치에 따른 임무와 역할의 분화
④ 경제적 이득보다는 정치적 이득 추구에 집중

해설

아바딘스키에 따르면, 조직범죄는 정치적 목적이나 이해관계가 개입되지 않으며, 일부 정치적 참여는 자신들의 보호나 면책을 위한 수단에 지나지 않는 비이념적인 특성을 가지고 있다.

핵심만콕 조직범죄의 특성

공식적 입장 (미국 '형사사법의 기준과 목표에 관한 국가자문위원회'의 보고서)	• 조직범죄는 불법적 수단에 의한 합법적 목표의 추구나 불법적 행동의 계획과 집행에 있어서 많은 사람의 공조를 요하는 음모적 활동이다. • 권력과 신분의 확보도 동기요인이 되겠지만, 불법적 재화와 용역의 독점을 통한 경제적 이득의 확보에 조직범죄의 주요 목적이 있다. • 조직범죄의 활동이 불법적 용역의 제공에 국한되지는 않는다. • 조직범죄는 위협·폭력·매수 등 약탈적 전술을 구사한다. • 경험, 관습 그리고 관행상 조직범죄는 조직구성원, 관련자, 피해자 등에 대한 훈육과 통제가 매우 즉각적이고 효과적이다.
아바딘스키(Abadinsky)가 제시한 포괄적 특성	• 조직범죄는 정치적 목적이나 이해관계가 개입되지 않으며, 일부 정치적 참여는 자신들의 보호나 면책을 위한 수단에 지나지 않는 비이념적인 특성을 가지고 있다. • 조직범죄는 위계적이고 계층적이다. • 조직구성원이 매우 제한적이며 배타적이다. • 조직활동이나 구성원의 참여가 거의 영구적일 정도로 영속적이다. • 목표 달성을 쉽고 빠르게 하기 위하여 불법적 폭력과 뇌물을 활용한다. • 전문성에 따라 또는 조직 내 위치에 따라 임무와 역할이 철저하게 분업화되고 전문화된다. • 이익을 증대시키기 위해서 폭력을 쓰거나 관료를 매수하는 등의 방법으로 특정 지역이나 사업분야를 독점한다. • 조직의 규칙과 규정에 의해 통제된다.

〈출처〉 이윤호, 「범죄학」, 박영사, 2019, P. 115~116

답 ④

43

조직범죄의 특성에 관한 설명으로 옳지 않은 것은? 기출 19

① 위협, 폭력, 매수 등 약탈적 전략 구사
② 경제적 이득보다 정치적 이득을 우선
③ 조직구성원에 대한 즉각적인 통제
④ 불법적 수단에 의한 합법적 목표의 추구

해설
조직범죄의 주요 목적은 불법적 재화와 용역의 독점을 통한 경제적 이득의 확보이다.

답 ②

44

아바딘스키(Abadinsky)가 주장한 조직범죄의 특성으로 옳은 것은? 기출 23

① 정치적 목적이나 이해관계에 적극적으로 관여한다.
② 조직활동이나 구성원의 참여가 일시적이다.
③ 이익증대를 위해 폭력을 사용하며, 특정사업의 독점을 추구한다.
④ 전문성과 조직 내 위치와 상관없이 동일한 업무를 수행한다.

해설
아바딘스키(Abadinsky)가 제시한 조직범죄의 포괄적 특성에 따르면 이익을 증대시키기 위해서 폭력을 쓰거나 관료를 매수하는 등의 방법으로 특정 지역이나 사업분야를 독점한다.
① 조직범죄는 정치적 목적이나 이해관계가 개입되지 않으며, 일부 정치적 참여는 자신들의 보호나 면책을 위한 수단에 지나지 않는 비이념적인 특성을 가지고 있다.
② 조직활동이나 구성원의 참여가 거의 영구적일 정도로 영속적이다.
④ 전문성에 따라 또는 조직 내 위치에 따라 임무와 역할이 철저하게 분업화되고 전문화된다.

답 ③

45

아바딘스키(Abadinsky)가 제시한 조직범죄의 특징으로 옳은 것을 모두 고른 것은? 기출 16

ㄱ. 구성원의 역할이 분업화되어 있다.
ㄴ. 계층적인 조직구조를 가지고 있다.
ㄷ. 정치적 이념이 영리추구보다 우선이다.
ㄹ. 조직활동 및 구성원의 참여가 일시적이다.

① ㄱ, ㄴ
② ㄴ, ㄷ
③ ㄱ, ㄴ, ㄹ
④ ㄴ, ㄷ, ㄹ

해설

제시된 내용 중 아바딘스키가 제시한 조직범죄의 특징으로 옳은 것은 ㄱ과 ㄴ이다.
ㄷ. (×) 무엇보다 자신들의 영리추구를 우선시한다.
ㄹ. (×) 조직활동이나 구성원의 참여가 거의 영속적이다.

답 ①

46

아바딘스키(Abadinsky)가 정의한 조직범죄의 특성이 아닌 것은? 기출 24

① 비이념적
② 계층적
③ 영속적
④ 개방적

해설

아바딘스키(Abadinsky)는 조직범죄의 포괄적 특성으로 비이념성, 계층성(위계성), 자격의 엄격성, 영속성, 불법적 수단의 사용, 활동의 전문성과 분업성 등을 제시하고 있다.

답 ④

47

조직범죄(Organized crime)의 일반적인 특성이 아닌 것은? 기출 15

① 위계성
② 위협이나 무력 등 불법적 수단 사용
③ 불법적 이익 추구
④ 일시성

해설
조직범죄의 일반적인 특성에는 비이념성, 위계성, 자격의 엄격성, 영속성, 불법적 수단의 사용, 활동의 전문성과 분업성 그리고 조직에 대한 충성심 등이 있다.

답 ④

48

범죄유형과 특징의 연결로 옳은 것은? 기출 17

① 조직범죄 – 조직원의 일시적 참여
② 환경범죄 – 범죄피해의 직접성
③ 조직범죄 – 위계적·계층적 특징
④ 환경범죄 – 범죄피해의 특정성

해설
조직범죄는 위계적·계층적 특징을 갖는다.

핵심만콕　조직범죄와 환경범죄의 특징

조직범죄의 특징		비이념성, 위계성, 자격의 엄격성, 영속성, 불법적 수단의 사용, 활동의 전문성과 분업성, 충성심
환경범죄의 특징	환경피해행위의 특성	간접성, 전파성(광역성), 완만성·복합성, 상규성, 은폐성
	행위 주체의 특성	행위 주체의 확정 곤란, 우월적 지위

답 ③

49

조직범죄의 주요 활동영역이 아닌 것은? 기출 18

① 인신매매
② 마약류 밀거래
③ 자금세탁
④ 직권남용

해설

직권남용은 공무원·청원경찰 등에 대한 금지사항이며, 조직범죄와는 관련이 없다.

관계법령

직권남용(형법 제123조)
공무원이 직권을 남용하여 사람으로 하여금 의무없는 일을 하게 하거나 사람의 권리행사를 방해한 때에는 5년 이하의 징역, 10년 이하의 자격정지 또는 1천만원 이하의 벌금에 처한다.

직권남용금지 등(청원경찰법 제10조)
① 청원경찰이 직무를 수행할 때 직권을 남용하여 국민에게 해를 끼친 경우에는 6개월 이하의 징역이나 금고에 처한다.
② 청원경찰 업무에 종사하는 사람은 「형법」이나 그 밖의 법령에 따른 벌칙을 적용할 때에는 공무원으로 본다.

답 ④

50

조직폭력범죄의 특성에 해당하지 않는 것은? 기출 14

① 목표 달성을 위해 불법적 폭력을 사용한다.
② 조직구성원의 충성심이 요구된다.
③ 위계적인 구조를 가진다.
④ 조직의 목표는 정치적 이데올로기를 지향한다.

해설

조직범죄는 오로지 돈과 권력을 목적으로 하는 비이념성을 지니며, 정치적 이데올로기를 지향하지는 않는다.

답 ④

51

박근혜 정부에서 규정한 4대 사회악이 아닌 것은? 기출 13

① 성폭력
② 가정폭력
③ 학교폭력
④ 조직폭력

해설

박근혜 정부에서 규정한 4대 사회악은 성폭력, 학교폭력, 가정폭력, 불량식품 유통이다.

답 ④

52

폭력범죄에 관한 설명으로 옳은 것은? 기출 10

① 가정폭력의 피해자는 여성에 한정된다.
② 폭력범죄와 약물남용과는 상관관계가 없다.
③ 형사사법기관은 강간을 강력범죄로 분류한다.
④ 증오범죄는 인종 및 종교와 관련이 없다.

해설

강간은 경찰청의 범죄통계에서는 강력범죄 중 강간으로 분류되며, 대검찰청의 범죄분석에서는 강력범죄(흉악) 중 성폭력범죄로 분류된다.

핵심만콕

① 가정폭력이란 가정구성원 사이의 신체적, 정신적 또는 재산상 피해를 수반하는 행위를 말한다(가정폭력처벌법 제2조 제1호). 가정폭력의 피해자는 가정구성원에 해당하는 남성·자녀·노인 등도 될 수 있으며, 여성에 한정되지 않는다.
② 일반적으로 약물사용의 경험이 많은 청소년은 사회규범의 내면화 정도가 낮아 규범을 어기며, 비행의 정도가 심각하여 금품갈취, 언어 및 신체폭력, 가출, 기물파손, 반항 등의 일탈 행동을 심각하게 보여준다. 또한 암페타민 등의 약물을 한꺼번에 많이 복용할 경우 매우 흥분하기 쉽고 폭력적 위험성을 가질 수 있다.
③ 강력범죄는 검찰통계사무규정이나 검찰예규 등에 의하면 형법범 중 살인, 강도, 강간, 방화, 폭행, 상해, 협박, 공갈, 약취·유인, 체포·감금과 폭력행위 등 처벌에 관한 법률 위반을 지칭한다.

〈출처〉 법무연수원, 「2022 범죄백서」, 2023, P. 71

④ FBI는 증오범죄와 편견범죄를 동일시하며 "증오범죄란 범죄자가 인종, 종교, 장애, 성적 성향 또는 민족·출신 국가에 대한 범죄자의 전체적인 혹은 부분적인 편견 또는 제노포비아(외국인, 이민자 등에 대한 적대적인 태도)에 의해 동기화되어 있는 사람 또는 재산에 대해 불법적인 행위를 하는 것"이라고 정의하고 있다.

〈출처〉 허경미, 「범죄학」, 박영사, 2020, P. 324

답 ③

53

폭력범죄에 관한 설명으로 적절하지 않은 것은? 기출 09

① 일반적으로 대도시의 폭력범죄율은 농촌지역의 폭력범죄율보다 높다.
② 여성이 남성보다 폭력범죄를 더 많이 저지른다.
③ 일반적으로 20대는 60대보다 폭력범죄를 더 많이 저지른다.
④ 문제행동을 일찍 시작한 아이는 폭력범죄를 지속적으로 저지를 가능성이 높다.

[해설]
일반적으로 남성이 여성보다 폭력범죄를 더 많이 저지른다.

답 ②

54

가정폭력범죄의 처벌 등에 관한 특례법상 가정구성원에 해당하지 않는 사람은? 기출 15

① 이혼한 전처
② 동거하지 않는 사실상 양친
③ 동거하지 않는 계부모
④ 동거하지 않는 4촌

[해설]
가정폭력범죄의 처벌 등에 관한 특례법상 가정구성원에 해당하는 사람은 ①・②・③이다.

관계법령

정의(가정폭력범죄의 처벌 등에 관한 특례법 제2조)
이 법에서 사용하는 용어의 뜻은 다음과 같다.
1. "가정폭력"이란 가정구성원 사이의 신체적, 정신적 또는 재산상 피해를 수반하는 행위를 말한다.
2. "가정구성원"이란 다음 각목의 어느 하나에 해당하는 사람을 말한다.
   가. 배우자(사실상 혼인관계에 있는 사람을 포함한다. 이하 같다) 또는 배우자였던 사람
   나. 자기 또는 배우자와 직계존비속관계(사실상의 양친자관계를 포함한다. 이하 같다)에 있거나 있었던 사람
   다. 계부모와 자녀의 관계 또는 적모(嫡母)와 서자(庶子)의 관계에 있거나 있었던 사람
   라. 동거하는 친족

친족의 범위(민법 제777조)
친족관계로 인한 법률상 효력은 이 법 또는 다른 법률에 특별한 규정이 없는 한 다음 각호에 해당하는 자에 미친다.
1. 8촌 이내의 혈족
2. 4촌 이내의 인척
3. 배우자

답 ④

55

폭력범죄자의 특징이 아닌 것은? 기출 18

① 높은 법 순응성
② 높은 공격성
③ 폭력에 대한 강한 합리화 성향
④ 폭력에 대한 수용적 태도

해설

폭력범죄자는 공격성이 강하며, 폭력을 합리화하고 폭력에 대해 수용적인 태도를 보인다. 범죄자는 법 순응성이 낮다.

답 ①

56

다음 중 가정폭력범죄의 처벌 등에 관한 특례법상 가정구성원에 해당되는 사람은 모두 몇 명인가?(단, 다음 각 경우는 1인을 전제로 한다) 기출 16

| 별거 중인 배우자, 동거하는 계모, 동거하는 사촌, 동거하지 않는 부친 |

① 1명
② 2명
③ 3명
④ 4명

해설

가정폭력범죄의 처벌 등에 관한 특례법 제2조 제2호에서는 '가정구성원'에 대하여 규정하고 있다. 제시된 보기에 대입해보면 별거 중인 배우자는 가목에, 동거하는 계모는 다목에, 동거하는 사촌은 라목에, 동거하지 않는 부친은 나목에 각각 해당한다. 따라서 4명 모두 가정구성원에 해당한다.

답 ④

57

가정폭력 범죄가 아닌 것은? 기출 23

① 부모에 의한 아동학대
② 배우자학대
③ 자녀에 의한 부모학대
④ 마약남용

해설
마약남용은 가정폭력 범죄에 해당하지 않는다. 가정폭력 범죄는 가정구성원 사이에서 신체적, 정신적 또는 재산상 피해를 수반하는 행위로, 부모에 의한 아동학대, 배우자의 학대, 자녀에 의한 부모학대 등 가족구성원 사이에서 이루어지는 범죄이다(가정폭력범죄 처벌 등에 관한 특례법 제2조 제3호 참조).

답 ④

58

가정폭력에 관한 설명으로 옳지 않은 것은? 기출 12

① 유년시절에 가정폭력을 경험한 피해자가 성인이 되어 가해자가 될 가능성이 높다.
② 불평등한 가족관계 내에서 영향력을 과시하기 위해 폭력을 행사한다.
③ 가정 내에서 자녀에 의한 부모학대가 감소하는 경향이 있다.
④ 남성이 여성보다 배우자폭력의 가해자가 되는 경우가 많다.

해설
노인 학대의 경우에는 노인들의 평균 연령이 증가하고, 집에서의 생활이 주를 이루면서 이전보다 학대의 가능성이 증가하고 있다.

핵심만콕 가정폭력의 종류
• 배우자 학대
• 매 맞는 남편
• 소아·청소년 학대
• 노인 학대

답 ③

59

우리사회의 가정폭력범죄에 관한 설명으로 옳지 않은 것은? 기출 14

① 배우자 학대의 경우 여성이 피해자인 경우가 많다.
② 사회적 불평등이 원인들 가운데 하나이다.
③ 외부에 잘 알려지지 않는다는 특징이 있다.
④ 사회적·법적 개입은 대책으로 부적절하다.

해설

가정폭력범죄에 관한 사회적·법적 개입은 그 대책으로서 적절하다. 피해자와 가족구성원의 인권을 보호하기 위해 제정한 가정폭력범죄의 처벌 등에 관한 특례법 등이 이에 해당한다.

답 ④

60

아동 학대의 가정환경적 원인이 아닌 것은? 기출 19

① 황금만능주의
② 빈곤가정
③ 불화가정
④ 한부모 가정

해설

빈곤·실업, 불화가정, 한부모 가정 등은 아동 학대의 가정환경적 요인이지만, 황금만능주의는 이에 적절하지 않다.

핵심만콕 아동 학대의 발생 요인

학대자의 개인적 요인	가정환경적 요인
• 정신장애나 정신병적 성격 • 어린 시절의 학대받은 경험 • 알코올중독이나 약물중독 • 자녀에 대한 비현실적 기대 • 자녀의 욕구에 대한 이해 부족 • 분노, 좌절, 혹은 성적 욕구와 같은 충동과 감정조절의 무능력 • 폭력에 대한 태도 (가혹한 훈육에 대한 부모의 신념, 체벌적인 양육태도)	• 빈곤, 실업 • 가족 구조(편부모 가족) • 사회적 지지체계 부족(사회적 고립 등) • 위기 또는 위기의 연속 • 원만하지 못한 부부관계 • 가정폭력 • 가족의 상호작용 정도(부모 - 자녀 간의 애착부족)
사회문화적 요인	**아동에 기인한 스트레스**

• 자녀를 부모의 소유물로 여기는 태도
• 폭력에 대한 허용적인 가치와 규범
• 체벌수용
• 부모의 방식대로 아동을 양육할 수 있는 부모권리의 수용
• 피해아동에 대한 법적인 보호 부재 및 미비
  (아동학대신고법 등)
	• 음식 섭취나 수면을 취하는 데 어려움이 있는 아동
	  (밥을 잘 먹지 않거나 잠을 자지 않는 경우)
	• 신체적, 정신적 또는 기질적으로 특이한 장애를 가진 아동
	• 원하지 않았던 자녀(아동의 성, 임신이나 출산시기)

답 ①

61

다음에 해당하는 아동학대 유형은? 기출 22

> 아이의 자존심이나 욕구 등을 무시하여 굴욕감, 수치심, 분노, 애정결핍 등의 감정을 갖게 하는 행위

① 신체적 학대
② 정서적 학대
③ 성적 학대
④ 방 임

해설

보기의 내용은 아동학대의 유형 중 정서적 학대에 해당한다.

핵심만콕	아동학대의 의의 및 유형	
의 의		보호자를 포함한 성인이 아동의 건강 또는 복지를 해치거나 정상적 발달을 저해할 수 있는 신체적·정신적·성적 폭력이나 가혹행위를 하는 것과 아동의 보호자가 아동을 유기하거나 방임하는 것(아동복지법 제3조 제7호)
유 형	신체적 학대	보호자를 포함한 성인이 아동에게 우발적인 사고가 아닌 상황에서 신체적 손상을 입히거나 또는 신체손상을 입도록 허용한 모든 행위를 말한다.
	정서적 학대	보호자를 포함한 성인이 아동에게 행하는 언어적 모욕, 정서적 위협, 감금이나 억제, 기타 가학적인 행위를 말하며 언어적, 정신적, 심리적 학대라고도 한다.
	성적 학대	보호자를 포함한 성인이 자신의 성적 충족을 목적으로 18세 미만의 아동에게 행하는 모든 성적 행위를 말한다.
	방 임	방임이란 보호자가 아동에게 위험한 환경에 처하게 하거나 아동에게 필요한 의식주, 의무교육, 의료적 조치 등을 제공하지 않는 행위를 말한다. - 방임 유형 : 물리적 방임, 교육적 방임, 의료적 방임, 유기 등

 ②

62

아동 학대에 관한 설명으로 옳지 않은 것은? 기출 16

① 현행법상 아동은 19세 미만인 자를 말한다.
② 친부모가 가해자인 경우가 많다.
③ 현행법상 누구든지 학대사실을 신고할 수 있다.
④ 피해유형이 중복되는 경우가 많다.

해설

아동학대범죄의 처벌 및 그 절차에 관한 특례를 규정하고 있는 「아동학대범죄의 처벌 등에 관한 특례법」제2조 제1호에 따르면, 아동이란 「아동복지법」제3조 제1호에 따른 아동, 즉 18세 미만인 사람을 말한다.

 ①

63

학교폭력 가해자의 일반적 특성이 아닌 것은? 기출 15

① 충동에 대한 통제력이 강하다.
② 죄책감이나 동정심이 적은 편이다.
③ 권력과 지배에 대한 욕구가 강하다.
④ 폭력적 성향이 강한 편이다.

해설
학교폭력 가해자는 공격적인 성향을 가지고 있으며, 충동에 대한 통제력이 약하다.

> **핵심만콕** 학교폭력 가해자의 일반적 특성
>
> • 공격적인 성향을 가지고 있으며 충동조절이 잘 되지 않고, 권력과 지배에 대한 강한 욕구가 있으며 남을 지배하고 굴복시키는 것을 즐긴다.
> • 주변 환경에 대한 어느 정도의 적대감을 품고 있는 경우가 많고, 폭력행동에 이익의 요소가 뒤따른다는 것을 알게 된다.
> • 대부분 다른 비행문제를 동시에 가지고 있으며, 집단에 소속되어 동료들과 함께 폭력행위에 가담하게 되는 경우가 많다.

답 ①

64

학교폭력예방 및 대책에 관한 법률에 규정된 주요 내용이 아닌 것은? 기출 13

① 학부모의 형사처벌
② 피해학생의 보호
③ 가해학생의 선도
④ 피해학생과 가해학생 간의 분쟁조정

해설
학부모의 형사처벌은 규정되어 있지 않다.

> **관계법령** 목적(학교폭력예방 및 대책에 관한 법률 제1조)
>
> 이 법은 학교폭력의 예방과 대책에 필요한 사항을 규정함으로써 피해학생의 보호, 가해학생의 선도·교육 및 피해학생과 가해학생 간의 분쟁조정을 통하여 학생의 인권을 보호하고 학생을 건전한 사회구성원으로 육성함을 목적으로 한다.

답 ①

65

학교폭력예방 및 대책에 관한 법률상 학교폭력이 아닌 것은? 기출 12

① 학교 외에서 학생이 다른 학교 학생을 폭행하는 행위
② 학교 내에서 학생들이 한 학생을 따돌리는 행위
③ 학교 내에서 학생이 교사를 폭행하는 행위
④ 학교 외에서 학생들이 한 학생을 대상으로 하는 성폭력 행위

해설

"학교폭력"이란 학교 내외에서 학생을 대상으로 발생한 상해, 폭행, 감금, 협박, 약취·유인, 명예훼손·모욕, 공갈, 강요·강제적인 심부름 및 성폭력, 따돌림, 사이버폭력 등에 의하여 신체·정신 또는 재산상의 피해를 수반하는 행위를 말한다(학교폭력예방 및 대책에 관한 법률 제2조 제1호). 따라서 피해자가 교사인 경우에는 학교 내에서 발생했다 하더라도 학교폭력으로 볼 수 없다.

답 ③

66

학교폭력예방 및 대책에 관한 법률상 학교폭력 가해자에 대한 조치로 옳지 않은 것은? 기출 16

① 피해학생에 대한 서면사과
② 학내외 전문가에 의한 특별 교육이수
③ 학교에서의 봉사
④ 단기보호관찰

해설

'단기보호관찰'은 소년법 제32조 제1항 제4호에 규정된 소년보호처분 중의 하나로, 정답이 될 수 없다.

관계법령 가해학생에 대한 조치(학교폭력예방 및 대책에 관한 법률 제17조)

① 심의위원회는 피해학생의 보호와 가해학생의 선도·교육을 위하여 가해학생에 대하여 다음 각호의 어느 하나에 해당하는 조치(수 개의 조치를 동시에 부과하는 경우를 포함한다)를 할 것을 교육장에게 요청하여야 하며, 각 조치별 적용 기준은 대통령령으로 정한다. 다만, 퇴학처분은 의무교육과정에 있는 가해학생에 대하여는 적용하지 아니한다.
  1. 피해학생에 대한 서면사과
  2. 피해학생 및 신고·고발 학생에 대한 접촉, 협박 및 보복행위의 금지
  3. 학교에서의 봉사
  4. 사회봉사
  5. 학내외 전문가에 의한 특별 교육이수 또는 심리치료
  6. 출석정지
  7. 학급교체
  8. 전 학
  9. 퇴학처분

답 ④

67

청소년비행의 일반적 특징으로 옳지 않은 것은? 기출 21

① 집단화 경향이 있다.
② 범죄의 동기는 충동적인 경우가 많다.
③ 고연령화 경향이 있다.
④ 흉포화 경향이 있다.

해설

비행에 있어 나이가 점점 어려지는 저연령화 경향을 보이고 있다.

> **핵심만콕** 학교폭력의 질적 경향
>
> - 비행의 저연령화 : 비행에 있어 나이가 점점 어려지는 경향을 보이고 있다.
> - 비행의 지능화 : 비행을 함에 있어 고도로 지능적인 현상이 두드러지게 나타난다.
> - 비행의 흉포화 : 비행이 잔인하고 과감하며, 포악해지고 있다.
> - 비행의 집단화 : 비행에 있어 또래 집단끼리 행동을 유발하는 경향이 크다.
> - 비행의 중류화 : 예전에는 결손가정 또는 저소득층에서 비행이 많았으나, 지금은 중상류층 심지어 유명인사의 자녀에게서도 그 빈도가 점점 높아지고 있다.
> - 비행의 단순화 : 작은 일에도 이해와 타협보다는 행동이 먼저 가해진다.

답 ③

68

청소년비행의 일반적 특징으로 옳지 않은 것은? 기출 19

① 저연령화 추세이다.
② 집단화되는 경향이 있다.
③ 형법범보다 특별법범이 더 많다.
④ 우발적 동기가 많다.

해설

소년범죄 및 2012년 이후의 전체 범죄의 발생 건수는 형법 범죄가 특별법 범죄보다 더 많다. 주요 소년 특별법에는 도로교통법, 교통사고처리특례법, 아동·청소년의 성보호에 관한 법률 등이 있다.

> **핵심만콕** 청소년비행의 특징·추세
>
> - 주로 또래집단을 대상으로 폭력을 행사한다.
> - 청소년비행이 점점 저연령화되는 경향이 있다.
> - 청소년의 사이버비행이 증가하는 경향이 있다.
> - 지능화, 흉포화, 집단화, 중류화(중상류층 자녀들로 확장), 단순화(작은 일에도 이해와 타협보다는 행동이 먼저 가해짐)되어가고 있다.

답 ③

69

청소년비행의 특징이나 추세가 아닌 것은? 기출 12

① 주로 또래집단을 대상으로 폭력을 행사한다.
② 일반적으로 집단화보다는 개인화되는 경향이 있다.
③ 청소년비행이 점점 저연령화되는 경향이 있다.
④ 청소년의 사이버비행이 증가하는 경향이 있다.

해설

청소년비행은 저연령화, 지능화, 흉포화, 집단화, 중류화(중상류층 자녀들로 확장), 단순화(작은 일에도 이해와 타협보다 행동이 먼저 가해진다)되고 있다.

답 ②

70

최근 소년범죄의 일반적 특징으로 옳은 것은? 기출 20

① 13세 이하의 범죄자가 가장 많다.
② 재산범죄가 폭력범죄보다 많다.
③ 우발적인 원인보다 보복적인 원인이 많다.
④ 최근 10년간 발생건수가 증가하는 추세이다.

해설

4가지 범죄군 중에서 소년범죄 발생비가 가장 높은 범죄군은 재산범죄이며, 그 다음은 강력범죄(폭력), 교통범죄, 강력범죄(흉악)의 순이었다.

〈참고〉 대검찰청, 「2023 범죄분석」, 2023, P. 21

핵심만콕

① 2022년 소년 범죄자의 연령층을 살펴보면, 전체적으로 16~17세가 가장 높은 비율을 점하고 있다.
③ 기타를 제외하고 지난 10년간 소년범죄자의 범죄원인 중 '우발적'의 구성비가 가장 큰 부분을 차지하여 즉흥적, 충동적인 청소년 행동양식의 위험성을 보여주고 있다. '보복'의 구성비는 가장 낮은 비율을 보인다.
④ 지난 10년간 전체 소년범은 2013년 88,762명에서 감소 추세를 보이면서 2022년에는 61,026명을 기록하였다. 이는 지난 10년간 31.2% 감소한 수치이다.

〈출처〉 법무연수원, 「2023 범죄백서」, 2024, P. 22~23, 576

답 ②

71

다음 청소년의 행동 중 지위 비행이 아닌 것은? 기출 11

① 성인영화관람
② 흡 연
③ 상점절도
④ 가 출

해설

지위 비행이란 성인이 하면 범죄에 해당하지 않지만 청소년이 일탈행위로 삼게 되면 범죄가 성립하는 것을 말한다. 상점절도는 청소년만 처벌하는 범죄는 아니다.

 ③

72

발전이론에 해당되지 않는 것은? 기출 21

① 손베리(T. Thornberry)의 상호작용이론
② 모피트(T. Moffitt)의 이원적 경로이론
③ 코헨(A. Cohen)의 비행하위문화이론
④ 샘슨과 라웁(Sampson & Laub)의 연령 - 등급이론

해설

코헨의 비행하위문화이론은 하류계층 청소년 사이의 비행하위문화가 청소년비행의 원인이라고 주장하는 이론이며, 사회구조적 이론 중 문화적 갈등이론으로 분류된다.

핵심만콕	발전이론(발달이론)의 대표적인 학자
손베리	상호작용이론을 통해 비행 또는 범죄가 개인과 주변과의 교제·유대·사회화 과정 등의 상호작용의 결과라고 주장하였다.
샘슨과 라웁	생애발달이론(인생항로이론) 및 연령등급이론은 일생 동안의 여러 가지 경험, 사건, 환경 등에 의해 범죄성 또한 변한다고 보는 관점이다. 어린 시절의 반사회적 행동이 지속되면 비공식적 사회유대의 감소로 인하여 성인이 되어서도 범죄를 저지르게 되며, 결혼 등의 전환기적 사건을 통해 사회유대를 복원하게 되면 개선될 수 있다고 본다.
모피트	생애과정이론(이원적 경로이론)을 통해 범죄자를 청소년기에 한정된 범죄자와 생애지속형 범죄자로 구별하였고, 부모의 역할을 강조할 뿐만 아니라 학교생활이나 비행친구의 역할도 강조하면서, 유년시기에 부모에 의한 적절한 양육환경 조성이 필요하다고 보았다.

 ③

73

다음 중 성격이 다른 이론은? 기출 20

① 밀러(W. Miller)의 하류계층문화이론
② 숀베리(T. Thornberry)의 상호작용이론
③ 모피트(T. Moffitt)의 생애과정지속이론
④ 샘슨과 라웁(Sampson & Laub)의 연령등급이론

해설

밀러의 하류계층문화이론과 코헨의 비행하위문화이론 등은 범죄발생과 관련하여 사회적 구조·문화적 갈등을 강조한 이론이다. ②·③·④는 발전이론(발달이론)에 해당한다.

답 ①

74

다음의 내용을 주장한 학자는? 기출 16

- 비행 또는 범죄는 청소년시절의 사회유대 약화가 근원
- 청소년 초기에는 가족의 애착이 중요하고, 중기에는 가족의 영향력이 친구, 학교, 청소년문화로 대체
- 성인기에는 관습적 사회와 가족 내 자신의 위치에 따라 애착을 형성
- 비행 또는 범죄는 개인과 주변과의 교제, 유대, 그리고 사회화과정 등의 상호작용 결과

① 모피트(Moffitt)
② 숀베리(Thornberry)
③ 샘슨과 라웁(Sampson & Laub)
④ 고프만(Goffman)

해설

제시된 내용들은 숀베리의 상호작용이론에 관한 설명에 해당한다.

핵심만콕 숀베리의 상호작용이론

발달론적 관점에 기반하고 있으며, 비행 또는 범죄의 발생이 청소년기의 왜곡된 사회적 유대에서 비롯된다고 주장한다. 여기서 왜곡된 사회적 유대란 부모와의 약한 애착관계, 학교에 대한 낮은 헌신, 관습적 가치에 대한 낮은 신념 등이라 할 수 있으며, 또한 하위계층과 같은 위험요인이 비행 및 범죄에 영향을 미칠 수 있다고 본다. 즉, 사회적으로 해체된 지역에서 성장한 아동은 낮은 사회적 유대감을 가질 가능성이 크며, 그 결과 범죄행동을 보이게 된다는 것이다.

답 ②

75

범죄행동의 가변성과 역동성을 강조한 이론은? 기출 24

① 발달이론
② 자기통제이론
③ 집합효율성이론
④ 아노미이론

해설

발달이론은 어렸을 때의 경험도 중시하였지만, 청소년의 성장기나 성인시기의 생활환경도 범죄의 원인으로 파악하였다. 즉, 범죄 경력의 시작과 지속이 전 생애과정을 통해서 발전 변화한다고 보는 것으로 범죄행동의 가변성과 역동성을 강조한 이론이다.

> **핵심만콕**
>
> ② 자기통제이론 : 어린 시절의 경험으로 결정된 개인의 자기통제력이 낮기 때문에 비행과 일탈이 발생한다고 설명하는 이론이다. 갓프레드슨과 허쉬가 주장하였다.
> ③ 집합효율성이론 : 시카고학파의 사회해체이론을 현대적으로 계승한 이론으로, 사회자본, 주민 간의 관계망 및 참여 등을 강조하는 이론이다.
> ④ 아노미이론 : 사회적 혼란으로 인해 규범이 무너지고 가치관이 붕괴되는 상태를 설명하는 이론이다.

답 ①

76

발달이론(developmental theory)에 관한 설명으로 옳은 것은? 기출 23

① 범죄행위에 미치는 요인의 영향력은 연령에 상관없이 동일하다.
② 샘슨과 라웁(Sampson & Laub)의 연령 – 등급이론이 해당된다.
③ 범죄의 시작만을 설명하고 중단이나 지속은 설명하지 않는다.
④ 종단적 방법보다 횡단적 연구방법이 중요하다.

해설

발달이론의 대표적인 학자인 샘슨과 라웁(Sampson & Laup)의 연령 – 등급이론은 비행이나 범죄는 생애과정에 걸쳐 가정, 학교, 친구 등 비공식적 사회유대의 영향으로 인해 시작되거나 지속, 중단될 수 있다고 보는 이론이다.
① 범죄행위에 미치는 요인의 영향력은 연령에 따라 다르다.
③ 범죄의 지속과 중단을 다양하게 설명한다.
④ 발전이론(발달이론)은 종단적인 추적 조사를 통해 다양한 범죄자의 평생에 걸친 다양한 경로나 궤적을 추적하고, 전환점 요인을 발견하며, 범죄의 시작과 중단을 유발하는 요인을 확인하는 데 주력한다.

답 ②

77

발달이론(Developmental theory)에 관한 설명으로 옳지 않은 것은? 기출 22

① 범죄행위에 미치는 요인의 영향력이 연령에 따라 다르다.
② 경력범죄자(career criminal)와 범죄경력(criminal career)의 개념은 서로 다르다.
③ 범죄경력에 대한 대논쟁으로 발달론적 관점이 주목받게 되었다.
④ 종단적 방법보다 횡단적 방법이 더 중요하다.

해설

발전이론(발달이론)은 종단적인 추적조사를 통해 다양한 범죄자의 평생에 걸친 다양한 경로나 궤적을 추적하고, 전환점 요인을 발견하며, 범죄의 시작과 중단을 유발하는 요인을 확인하는 데 주력한다.

답 ④

78

발전이론에 관한 내용으로 옳지 않은 것은? 기출 21

① 범죄의 지속과 중단을 다양하게 설명한다.
② 시간이 흘러도 범죄의 원인은 동일하다.
③ 생애과정을 통해 범죄의 변화가 나타난다.
④ 연령에 따라 다른 요인이 범죄에 영향을 미친다.

해설

발전이론에 따르면, 범죄의 원인이 갖는 영향력은 연령에 따라서 달라지며, 생애과정에 따라 차별적으로 영향을 미친다. 즉, 비행시기에 따라 비행의 원인은 달라진다.

핵심만콕

세 번째 논쟁점은 생애과정이론에서 주장하는 내용으로서 비행시기에 따라서 비행의 원인이 달라지는가 하는 점이다. (중략) 생애과정이론은 사람들의 성장단계마다 행동에 영향을 미치는 요인의 영향력이 변화함을 인정한다. 어렸을 때에는 가족관계가 가장 영향력이 크지만, 청소년기에는 학교와 친구관계의 영향력이 지배적이고, 성인기에는 직업적 성취와 결혼관계가 가장 핵심적인 영향을 미친다. 이와 같이 사람들은 그들이 성장함에 따라서 다른 요인에 의해서 영향을 받으며, 생애의 한 단계에서 중요한 영향을 미칠 수 있는 요인이 그 이후에는 거의 영향을 미치지 못할 수도 있다. 이러한 논리는 청소년의 생애과정에 따라서 비행의 사회적 원인이 차별적으로 영향을 미칠 수 있음을 주장하는 것이다.

〈출처〉 노성호, 「비행의 발전에 대한 대립적인 범죄이론의 비교검증」, 한국청소년정책연구원, 2014, P. 6

답 ②

79

발전이론에서 주로 사용하는 연구방법은? 기출 21

① 고전적인 실험
② 횡단적인 설문조사
③ 집중적인 심층면접
④ 종단적인 추적조사

해설

발전이론(사회적 발달이론)의 연구자들은 종단적인 추적조사를 통해 다양한 범죄자의 평생에 걸친 다양한 경로나 궤적을 추적하고, 전환점 요인을 발견하며, 범죄의 시작과 중단을 유발하는 요인을 확인하는 데 주력한다.

핵심만콕

대부분의 사회적 범죄이론은 특정 그룹에 대한 연구를 진행하고, 그 그룹구성원들의 차이를 비교하여 범죄원인을 설명하고 있다. 그러나 사회적 발달이론은 개개인의 범죄발생률을 주목하고, 개인의 생애에 있어 범죄의 증감요인을 찾으려는 노력을 하고 있다. 따라서 사회적 발달이론은 범죄와 비행을 연구하는 데 종단적 연구방법을 주로 사용하며, 사람의 생애주기에 따른 개인의 행동양식의 변화에 관심을 기울인다.

〈출처〉 허경미, 「범죄학」, 박영사, 2020, P. 115

 ④

80

범죄자를 청소년기 한정형 범죄자와 생애지속형 범죄자로 구분한 학자는? 기출 18

① 모피트(Moffitt)
② 쇼(Shaw)
③ 메스너(Messner)
④ 갓프레드슨(Gottfredson)

해설

모피트는 생애과정이론에서 범죄자를 청소년기에 한정된 범죄자와 생애지속형 범죄자로 구별하였다.

핵심만콕 모피트(Moffitt)의 생애과정이론(이원적 경로이론)

- 범죄자를 청소년기에 한정된 범죄자와 생애지속형 범죄자로 구별하였다.
- 부모의 역할을 강조할 뿐만 아니라 학교생활이나 비행친구의 역할도 강조하면서, 유년시기에 부모에 의한 적절한 양육환경 조성이 필요하다고 보았다.

 ①

81

모피트(Moffitt)의 발전이론과 관련이 없는 것은? 기출 15

① 사회자본(Social Capital)
② 성숙격차(Maturity Gap)
③ 생애지속형 범죄자
④ 청소년기 한정형 범죄자

해설

모피트는 범죄자를 생애지속형 범죄자와 청소년기 한정형 범죄자로 구분하였으며 성숙격차, 흉내, 강화의 3가지 요인이 청소년기 한정형 범죄자가 범죄를 시작하는 이유라고 하였다. ①은 샘슨과 라웁의 생애발달이론과 관련이 있다.

핵심만콕

모피트(Moffitt)는 범죄경력의 발전과정을 두 가지 유형의 범죄자, 즉 생애지속형 범죄자와 청소년기 한정형 범죄자로 구분하고, 생애지속형 범죄자에 있어서 두드러진 특징으로 이들이 친사회적 대안적 행동을 배울 기회가 거의 제공되지 않기 때문에 일생을 통해 지속적으로 범죄를 하게 된다고 보았다. 이에 반해 청소년기 한정형 범죄자는 늦게 비행을 시작하고 이들의 비행은 대부분 청소년기에 한정된다고 한다. 생애지속형 범죄자가 연속성을 특징으로 하는데 반해, 이들은 비연속성을 특징으로 한다. 모피트는 청소년기 한정형 범죄자가 범죄를 시작하는 이유로서 성숙격차(Maturity gab), 흉내(Mimicry) 그리고 강화(Reinforcement)의 3가지를 들고 있다.

〈출처〉 박철현, 「한국의 연령 - 범죄곡선」, 2001, P. 7

답 ①

82

생애과정에 걸쳐 범죄의 시작, 지속, 중단을 설명하는 발달이론은? 기출 19

① 연령 - 등급이론
② 통제균형이론
③ 차별기회이론
④ 중화이론

해설

연령 - 등급이론은 샘슨과 라웁(Sampson & Laup)에 의해 검증된 것으로, 비행이나 범죄는 생애과정에 걸쳐 가정, 학교, 친구 등 비공식적 사회유대의 영향으로 인해 시작되거나 지속, 중단될 수 있다고 보는 이론이다.

> **핵심만콕**
>
> ② 통제균형이론 : 통제의 균형은 그가 타인에게 행사할 수 있는 통제와 개인이 타인으로부터 받는 통제의 비율로 정의되며, 이 통제의 균형은 비행의 유형 및 동기, 억제 모두와 관련이 있다고 보는 이론이다. 티틀(Tittle)이 주장하였다.
> ③ 차별기회이론 : 비행을 저지르는 사람은 성공을 추구하는 문화적 목표를 수용하지만 구조적으로 합법적인 수단이 없는 자라고 보는 이론이다. 클로워드(Cloward)와 올린(Ohlin)이 주장하였다.
> ④ 중화기술이론 : 범죄자는 자기의 범죄나 비행행위에 대한 자기 자신 또는 타인들로부터의 비난을 의식적으로 합리화 내지 정당화시킴으로써 그 비난을 벗어난 안도감에서 범죄 등 비행행위를 저지르게 된다고 보는 이론이다. 사이크스(Sykes)와 맛차(Matza)가 주장하였다.

답 ①

83

CHECK ○△×

발달 또는 생애과정이론에서 청소년기에 한정된 범죄자와 생애지속형 범죄자로 구별한 학자는?

기출 10

① 벤담(Bentham)
② 모피트(Moffitt)
③ 맛차(Matza)
④ 헤이건(Hagan)

> **해설**
>
> 생애과정이론을 통해 범죄자를 청소년기에 한정된 범죄자와 생애지속형 범죄자로 구별한 학자는 모피트이다.

> **핵심만콕**
>
> ① 고전학파인 벤담은 '최대다수의 최대행복'이라는 말을 창안하였으며, 공리주의적 형벌관에 입각하여 파놉티콘이라는 감옥건축양식을 고안하였다.
> ③ 사이크스와 맛차는 중화기술이론을 통해 범죄자가 자기의 범죄나 비행행위에 대한 자기 자신·타인들로부터의 비난을 의식적으로 합리화·정당화시킴으로써, 그 비난을 벗어난 안도감에 범죄 등의 비행행위를 저지르게 된다고 주장하였다.
> ④ 헤이건(John Hagan)의 권력통제이론은 범죄의 성별 차이를 설명하기 위하여 페미니즘이론, 갈등이론, 통제이론의 요소들을 종합하여 구성한 것으로, 부모의 가부장적 양육행태에 의해 범죄에서의 성별 차이가 결정된다고 주장한 이론이다.

답 ②

84

샘슨과 라웁(Sampson & Laub)의 연령 – 등급이론에 관한 설명으로 옳지 않은 것은? 기출 22

① 글룩(Glueck) 부부의 자료를 활용하였다.
② 안정화(stability)는 무시하고 변화(change)에만 관심을 가졌다.
③ 아동기 반사회적 행위는 성인기 범죄행위 예측에 중요한 요인이 될 수 있다.
④ 결혼, 취업 등은 성인기 행동의 전환점이 될 수 있다.

해설

샘슨과 라웁(Sampson & Laub)의 연령 – 등급이론은 비행이나 범죄는 생애과정에 걸쳐 가정, 학교, 친구 등 비공식적 사회유대의 영향으로 인해 시작되거나 지속, 중단될 수 있다고 본다. 또한 어린 시절의 반사회적 행동이 지속되면 비공식적 사회유대의 감소로 인하여 성인이 되어서도 범죄를 저지르게 되며, 결혼 등을 통해 사회유대를 복원하게 되면 개선될 수 있다고 본다. 즉, 안정화와 변화 모두 관심을 가지고 있다.

답 ②

85

샘슨과 라웁(Sampson & Laub)의 연령 – 등급이론에 관한 설명으로 옳지 않은 것은? 기출 20

① 어린 시절 비행은 성인기 범죄행위를 이해하는 데 중요하지만 충분하지 않다.
② 젊은 성인기의 긍정적 경험은 범죄자의 궤적이나 경로를 변화시킬 수 있다.
③ 부정적 경험이 반복되어 누적된 불이익을 받은 사람들은 범죄행위를 지속할 가능성이 크다.
④ 범죄에서 정상생활로의 전환에는 결혼이나 취업이 주요 역할을 하지 않는다.

해설

샘슨과 라웁의 연령 – 등급이론은 개인의 범죄성이 일생 동안의 전환기적 사건을 통해 변화하며, 청소년기의 범죄적 생활에서 정상생활로 전환되는 중요한 전환점(Turning point)이 취업과 결혼이라고 본다.

핵심만콕

샘슨과 라웁은 허쉬의 사회통제이론을 비중 있게 차용해 연령단계에 따른 '비공식적 사회통제이론(Age-graded theory of informal social control)'을 발전시켰다. 그들은 나이가 듦에 따라 발생하는 결혼 및 안정적 취업과 같은 갑작스런 전환점과 점진적인 변화가 사회에 대한 사회적 유대감을 증가시킨다는 점을 제안한다. (중략) 그럼에도 라웁과 샘슨의 연구에 참여한 모든 남성은 청소년기에 '생애지속형'으로 자격을 갖추겠지만 궁극적으로는 모두 어느 시점에 범죄를 그만두었다. 이 남성 사이에서 범죄의 지속과 중단 시점의 차이는 취업, 군복무, 구금이나 사법(교정) 시설의 경험, 특히 결혼을 중심으로 이루어졌다.

〈출처〉 로널드 L. 에이커스 외, 민수홍 외, 「범죄학 이론」, 나남, 2020, P. 536~539

답 ④

86

샘슨과 라웁(Sampson & Laub)은 생애발달이론에서 개인의 적극적인 교육참여, 성실한 직장생활, 활발한 대인관계, 비범죄경력 등을 무엇이라고 정의하는가? 기출 12

① 악의 극화(Dramatization of evil)
② 전환점(Turning points)
③ 인생경로(Life course)
④ 사회자본(Social capital)

해설
샘슨과 라웁은 개인의 적극적인 교육참여, 성실한 직장생활, 활발한 대인관계, 비범죄경력 등을 사회자본(Social capital)이라고 하였다.

답 ④

87

샘슨과 라웁(Sampson & Laub)의 생애과정이론에 관한 설명으로 옳지 않은 것은? 기출 24

① 글룩부부의 종단연구자료를 기초로 연구하였다.
② 아동기 비행이 성인기 범죄행위의 중요한 예측요인이라고 본다.
③ 취업, 결혼 등은 범죄억제에 영향을 준다고 본다.
④ 변화하는 삶보다 태생적 범죄성향에 초점을 맞추었다.

해설
샘슨과 라웁의 생애과정이론은 태생적 범죄성향에 초점을 둔 것이 아니라, 비행이나 범죄는 생애과정에 걸쳐 가정, 학교, 친구 등 비공식적 사회유대의 영향으로 인해 시작되거나 지속, 중단될 수 있다고 보는 이론이다.

답 ④

88

샘슨과 라웁(Sampson & Laub)의 생애과정이론(Life course theory)에서 취직, 결혼, 군 입대처럼 범죄를 중단하고 정상적인 삶으로 돌아가게 하는 상황을 지칭하는 개념은? 기출 18

① 지속성(Stability)
② 전환점(Turning point)
③ 경제자본(Economic capital)
④ 신념(Belief)

해설

샘슨과 라웁의 생애발달이론은 일생 동안 여러 가지 경험·사건·환경 등에 의해 범죄성 또한 변한다고 보며, 취직·결혼·군 입대와 같이 범죄를 중단하고 정상적인 삶으로 돌아가게 하는 상황은 인생의 전환점이 된다고 주장하였다.

답 ②

89

어렸을 때의 경험도 중요하지만 청소년의 성장기나 성인시기의 생활환경도 범죄의 원인으로 파악한 학자는? 기출 10

① 코헨(Cohen)
② 샘슨과 라웁(Sampson & Laub)
③ 힌델랑(Hindelang)
④ 베커(Becker)

해설

샘슨과 라웁의 생애발달이론은 일생 동안의 여러 가지 경험·사건·환경 등에 의해 범죄성 또한 변한다고 보는 이론으로서, 군대·결혼·직업 등의 경험이 비행청소년의 성인기 범죄활동에 중요한 영향을 미친다고 본다.

핵심만콕

① 코헨(Cohen)의 비행하위문화이론은 하류 계층의 청소년들이 중산층 문화에의 적응실패로 인하여 반동적으로 문화를 이루어 악의적이고 부정적으로 범죄를 하게 된다고 보는 이론이다. 청소년 범죄, 특히 집단범죄의 대부분은 결코 공리적 태도에 따른 것이 아니라 비행 동료들 사이에서 지위를 얻는 방법이라고 강조한다.
③ 힌델랑(Hindelang)과 그의 동료들이 연구한 생활양식노출이론은 개인의 직업적 활동과 여가활동을 포함한 일상적 활동의 생활양식이 그 사람의 범죄피해위험성을 결정하는 중요한 요인이 된다고 보는 범죄피해이론이다.
④ 베커(Becker)의 낙인이론에 따르면, 일탈자란 일탈이라는 낙인이 성공적으로 부착된 사람이며, 일탈행위는 사람들이 그렇게 낙인찍은 행위이다.

답 ②

90

우리나라에서 금지약물이 아닌 것은? 기출 21

① 코카인
② 메스암페타민
③ 헤로인
④ 카페인

해설

카페인은 커피, 홍차, 콜라, 코코아, 초콜릿, 진통제, 감기약 등에 들어있는 중추 신경계 자극제이다. 금지약물은 아니지만 과다섭취 시 중독 및 금단증상이 발생할 수 있다.

핵심만콕 마약류의 대표적인 종류

마약	천연마약 및 추출 알카로이드	양귀비, 아편, 모르핀, 코데인, 헤로인, 코카인
	합성마약	페티딘, 메타돈
향정신성 의약품		메트암페타민(필로폰), MDMA(엑스터시), LSD, 날부핀, 덱스트로메토르판, 펜플루라민, 디메틸트립타민, 합성대마, JWH-018, HU-210, AM-2201, 크라톰, 케타민(데이트 강간 약물), BK-MDEA, 야바, GHB(물뽕, 데이트 강간 약물), 프로포폴(우유주사), 디아제팜
대마		대마초(마리화나), 해시시
임시마약류(신종마약)		알킬 니트리트, 1P-LSD

〈출처〉 대검찰청, 「2021 마약류 범죄백서」, 2022, P. 5~36

답 ④

91

세계보건기구(WHO)에서 정의한 마약류의 특성이 아닌 것은? 기출 22

① 내 성
② 의존성
③ 금단현상
④ 개인 한정적 유해성

해설

WHO(세계보건기구)는 마약을 "약물사용의 욕구가 강제에 이를 정도로 강하고(의존성), 사용약물의 양이 증가하는 경향이 있으며(내성), 사용 중지 시 온몸에 견디기 어려운 증상이 나타나며(금단증상), 개인에 한정되지 아니하고 사회에도 해를 끼치는 약물"로 규정하고 있다.

답 ④

92

현행법상 향정신성의약품에 해당하지 않는 것은? 기출 23

① 프로포폴(Propofol)
② 바르비탈(Barbital)
③ 마리화나(Marihuana)
④ 디아제팜(Diazepam)

해설
마약류는 마약·향정신성의약품 및 대마를 말하는데(마약류관리법 제2조 제1호), 마리화나(대마초)는 대마의 잎과 꽃 부분을 건조하여 담배형태로 흡연할 수 있도록 만든 것으로 마약류 관리에 관한 법률상의 대마에 해당한다.

답 ③

93

마약류 중 향정신성 의약품으로 옳은 것은? 기출 15

① 코카인(Cocaine)
② 헤로인(Heroin)
③ 프로포폴(Propofol)
④ 모르핀(Morphine)

해설
보기 중 향정신성 의약품에 해당하는 것은 프로포폴(우유주사)이다. 프로포폴은 수면마취제로도 불리는 정맥투약제로서 불면증, 피로감, 불안감을 해소하고 기분을 좋게 만드는 환각효과가 있다. ①·②·④는 마약에 해당한다.

답 ③

94

현행법상 향정신성 의약품에 해당하는 것은? 기출 16

① 메트암페타민
② 헤로인
③ 아 편
④ 모르핀

해설
「마약류 관리에 관한 법률」에서는 헤로인·모르핀·아편·양귀비·코카잎 등을 마약으로 규정하고 있다. 메트암페타민은 오용하거나 남용할 우려가 심하여 매우 제한된 의료용으로만 쓰이는 것으로, 「마약류 관리에 관한 법률 시행령」[별표 4]에 향정신성 의약품으로 규정되어 있다.

답 ①

95

천연약물, 합성약물, 대용약물 중 천연약물이 아닌 것은? 기출 13

① 아 편
② 대마초
③ 코카인
④ 엑스터시

해설

엑스터시는 합성약물이다. 대표적 천연약물에는 아편·모르핀·헤로인·코카인·대마초가 있다.

답 ④

96

합성약물에 해당되지 않는 것은? 기출 09

① 메트암페타민(필로폰)
② LSD
③ 엑스터시
④ 대마초

해설

대마초, 헤로인, 코카인 등은 천연약물에 해당한다.

핵심만콕	약물의 종류
천연약물	아편계통(헤로인 등), 코카계통(코카인 등), 대마계통(대마초, 해시시 등)
합성약물	메트암페타민(= 필로폰), MDMA(= 엑스터시), LSD, GHB(= 물뽕, 데이트 강간 약물) 등
대용약물	본드, 신나, 가스, 가솔린, 스프레이, 각성제, 진통제, 항히스타민제 등

답 ④

97

속칭 물뽕으로 불리며 데이트 강간 등의 범죄에 사용되고 있는 약물은? 기출 24

① YABA
② LSD
③ Cocaine
④ GHB

해설

GHB는 '데이트 강간 약물'이라고도 불린다. 무색무취로서 짠맛이 나는 액체로 소다수 등의 음료에 타서 복용하며 '물 같은 히로뽕'이라는 뜻에서 '물뽕'이라 한다.

핵심만콕

① YABA는 태국 등 동남아 지역에서 주로 생산되어 유흥업소 종사자, 육체노동자 등을 중심으로 급속히 확산되었다.
② LSD는 곡물의 곰팡이, 보리 맥각에서 발견되어 이를 분리·가공·합성한 것으로 무색·무취·무미하다.
③ 코카인은 천연마약으로, 코카나무잎에서 추출하는 알카로이드로를 말한다. 대표적인 마약류 각성제이다.

답 ④

98

속칭 '물뽕'으로 불리며 '데이트 강간 약물'로 사용되고 있는 것은? 기출 22

① GHB
② LSD
③ Heroin
④ YABA

해설

GHB는 '데이트 강간 약물'이라고도 불린다. 무색무취로서 짠맛이 나는 액체로 소다수 등의 음료에 타서 복용하며 '물 같은 히로뽕'이라는 뜻에서 '물뽕'이라 한다.

핵심만콕 | 마약 및 향정신성 의약품

Heroin	• 반합성 마약으로 모르핀을 아세틸화하여 만든 흰색의 결정성 가루이다. • 마약의 하나로, 진통·마취 작용은 모르핀보다 몇 배 강하나 의존성이 크기 때문에 '마약류 관리에 관한 법률'에 의하여 제조와 소지, 사용을 금지한다.
LSD	• LSD는 곡물의 곰팡이, 보리 맥각에서 발견되어 이를 분리·가공·합성한 것으로 무색·무취·무미하다. • 환각제 중 가장 강력한 효과를 나타내며, 미량을 유당·각설탕·과자·빵 등에 첨가시켜 먹거나 우편·종이 등의 표면에 묻혔다가 뜯어서 입에 넣는 방법으로 복용한다. • 동공확대, 심박동 및 혈압상승, 수전증, 오한 등의 증상을 가진다. • LSD는 내성이나 심리적 의존성이 있지만 금단현상은 일으키지 않는다고 알려져 있으며, 일부 남용자들은 실제로 사용하지 않는데도 환각현상을 경험하는 플래시백 현상을 일으키기도 한다.
YABA	• 태국 등 동남아 지역에서 주로 생산되어 유흥업소 종사자, 육체노동자 등을 중심으로 급속히 확산되었다. • 카페인, 에페드린, 밀가루 등에 필로폰을 혼합한 것으로 순도가 20~30% 정도로 낮다. • 원재료가 화공약품인 관계로 양귀비의 작황에 좌우되는 헤로인과는 달리 안정적인 밀조가 가능하다.
GHB	• 무색무취의 짠맛이 나는 액체로 소다수 등의 음료에 타서 복용한다. • 특히 미국, 유럽 등지에서 성범죄용으로 악용되어 '데이트 강간 약물'이라고도 불린다. • 사용 후 15분 후에 효과가 발현되고 그 효과는 3시간 정도 지속된다.

답 ①

99

CHECK

마약류와 약리작용의 연결이 옳지 않은 것은? 기출 23

① 코카인 – 각성제(중추신경 자극제)
② 헤로인 – 진통제(중추신경 진정제)
③ LSD – 환각제
④ 메스암페타민 – 안정제(중추신경 억제제)

해설

메스암페타민(필로폰)은 각성제(중추신경 자극제)의 약리작용을 한다.

핵심만콕 | 약물과 약리작용

각성제	코카인, 메스암페타민 등
진정제 (진통제, 억제제)	아편, 모르핀, 헤로인, 멕타돈, 염산페티딘, 바르비탈류, 벤조디아제핀류, 날부핀, 덱스트로메트로판, 카리소프로돌, 케타민 등
환각제	LSD, 대마, 펜플루라민 등

답 ④

100

규제 약물 중 각성제끼리 연결된 것은? 기출 18

① 메트암페타민(필로폰) - 코카인
② 아편 - 코카인
③ 메트암페타민(필로폰) - 아편
④ 헤로인 - LSD

해설
중추신경계를 자극하고 교감신경계를 흥분시키는 약물을 각성제라 하며, 메트암페타민과 코카인은 대표적인 마약류 각성제이다.

답 ①

101

엑스터시(Ecstasy)에 관한 설명으로 옳은 것은? 기출 20

① 아편으로 만든 천연 마약이다.
② 의사의 처방이 있으면 약국에서 구입이 가능하다.
③ 클럽마약, 도리도리 등으로 불린다.
④ 감기약으로 진해작용이 있고 코데인 대용품이다.

해설
MDMA(엑스터시)는 대표적인 환각성 향정신성 의약품으로서, 1980년대 유럽의 클럽에서 사용되기 시작하였으며 국내에서는 도리도리라는 별칭이 있다.

핵심만콕 MDMA(엑스터시, Methylene dioxy-methamphetamine)

- MDMA는 1914년 독일 의약품회사에서 식욕감퇴제로 최초 개발되었다. 강력한 환각성분으로 인한 뇌손상 등 심각한 부작용을 초래하기에 시중유통이 금지되었음에도 1980년대 이후 환각제로 둔갑하여 세계적으로 남용되고 있다.
- MDMA는 전 세계적으로 확산되고 있는 대표적인 환각성 향정신성 의약품이며, 엑스터시(Ecstacy)라는 명칭으로 더 잘 알려져 있다.
- 1980년대 유럽의 클럽에서 사용되기 시작하였으며, MDMA 복용 시 성욕이 증가하거나 고개를 가로저으면서 격렬한 춤을 추게 되는데 이러한 행동 때문에 국내에서는 '도리도리'라는 별칭이 있다.
- MDMA는 메트암페타민보다 가격은 저렴하지만 환각효과는 3배가량 강하고, 분말형태도 있으나 주로 알약 형태로 된 MDMA를 섭취하며, 투약방법이 간편하여 많은 국가에서 오·남용되고 있다.
- 복용 시 신체 접촉 욕구가 강하게 일어나기 때문에 '포옹마약(Hug drug)'으로 불릴 뿐만 아니라, 복용 후 20~60분 정도 경과하면 입이 마르고 동공이 확대되는 등 극도의 흥분감을 일으키며, 3~4시간 약효가 지속된다. 과다 복용 시 불안, 초조, 환각, 환청, 구토, 혈압 상승 등 부작용을 초래하는 한편, 심할 경우 심장마비를 일으켜 사망에 이르기도 한다.

〈출처〉 대검찰청, 「2022 마약류 범죄백서」, 2023, P. 19~20

답 ③

102

마약의 재배, 유통, 제조 등 공급을 차단하는 규제전략은? 기출 13

① 생산지 관리
② 교육적 전략
③ 치료 전략
④ 취업지원 프로그램

해설

마약의 재배·유통·제조 등 공급을 차단하는 규제전략은 생산지 관리이다.

답 ①

103

다음이 설명하는 마약류의 특징은? 기출 19

> 마약류의 복용을 중단한 뒤에도 부정기적으로 과거에 마약류를 복용했을 당시의 환각상태가 나타나는 현상

① 공황장애
② 내 성
③ 재발현상
④ 의존성

해설

제시된 지문은 재발현상에 대한 설명이다.

핵심만콕

① 공황장애 : 극심한 불안발작과 신체증상이 갑작스럽게 반복적으로 발생하는 불안장애이다.
② 내성 : 약물의 반복 사용으로 인하여 그 약효가 저하하는 현상으로, 마약류를 지속적으로 복용할 경우 같은 효과를 얻기 위해서는 그 복용량을 증가시켜야 한다.
③ 재발현상 : 마약류의 복용을 중단한 뒤에도 부정기적으로 과거 마약을 복용했을 당시의 환각상태가 나타나는 현상이다.
④ 의존성
  ㉠ 신체적 의존성 : 마약복용을 하지 않으면 신체기능의 균형이 깨져 병적증후를 나타낸다.
  ㉡ 정신적 의존성 : 마약복용자의 사고력, 감성, 활동성 등에 집중적으로 약리효과를 나타내 그 마약을 계속 사용하고 싶은 욕구가 갈망이나 강압적인 상태로 나타난다.

답 ③

104

파키스탄, 이란, 아프가니스탄 등의 국경지대로 양귀비를 재배해서 모르핀, 헤로인 등으로 가공하여 세계 각국에 공급하는 지대는? 기출 19

① 황금의 삼각지대
② 황금의 초승달지대
③ 백색의 삼각지대
④ 버뮤다 삼각지대

해설
황금의 초승달지대는 파키스탄·이란·아프가니스탄의 접경지대로서 헤로인의 원료가 되는 양귀비의 주산지이다.

핵심만콕
① 골든 트라이앵글(황금의 삼각지대, Golden triangle) : 세계적 헤로인 생산지로, 미얀마·태국·라오스 3국의 접경지역에 둘러싸여 있는 메콩강 주변의 비옥한 지역이다. 이 삼각지대는 아편생산에 적합한 최적의 기후와 자연조건을 갖추어 전통적으로 양귀비를 재배해 왔던 지역이다.
② 황금의 초승달지대(Golden crescent) : 양귀비를 재배하여 모르핀, 헤로인 등으로 가공해서 세계 각국에 공급하는 지역으로, 아프가니스탄·파키스탄·이란 등 3국의 접경지대이다.
③ 백색의 삼각지대(White triangle) : 한국·중국·일본 3국을 중심으로 하는 메트암페타민 유통체계를 말한다. 대만에서 원료를 밀수입하여 우리나라에서 제조한 후 일본에 판매하는 구조였으며, 이후 중국에서 제조하고 한국·일본에 수출하는 구조로 바뀌었는데 이를 신(新)백색의 삼각지대라 한다.

답 ②

105

마약의 주생산지인 황금의 삼각지대(Golden triangle)에 해당되는 곳은? 기출 14

① 아프가니스탄
② 이 란
③ 파키스탄
④ 미얀마

해설
마약의 주생산지인 황금의 삼각지대(Golden triangle)는 미얀마·태국·라오스 3국의 접경지역이며, 헤로인 주산지로 알려진 황금의 초승달 지역은 아프가니스탄·파키스탄·이란 3국의 접경지대이다.

답 ④

106

황금의 삼각지대(Golden triangle) 나라로 옳은 것은? 기출 17

① 라오스 – 미얀마 – 태국
② 라오스 – 베트남 – 인도네시아
③ 중국 – 태국 – 인도네시아
④ 베트남 – 중국 – 미얀마

해설

황금의 삼각지대는 세계적 헤로인 생산지로 라오스·미얀마·태국 3국의 접경지역에 둘러싸여 있는 메콩강 주변의 비옥한 지역이다.

답 ①

107

마약류 주생산지인 황금의 초생달(Golden Crescent) 지역 국가가 아닌 것은? 기출 24

① 이 란
② 아프가니스탄
③ 미얀마
④ 파키스탄

해설

황금의 초승달지대(Golden crescent)란 양귀비를 재배하여 모르핀, 헤로인 등으로 가공해서 세계 각국에 공급하는 지역으로, 아프가니스탄·파키스탄·이란 등 3국의 접경지대이다.

답 ③

108

다음 중 양귀비와 관련이 없는 약물은? 기출 12

① 아 편
② 코카인
③ 헤로인
④ 모르핀

해설

코카인은 코카나무잎에서 추출하는 알카로이드를 말한다.

핵심만콕
① 아편은 양귀비의 덜 익은 꼬투리에서 유액을 말려 채취하는 마약의 일종이다.
③ 헤로인은 아편에 들어 있는 모르핀으로 만드는 마약이다. 염산모르핀을 무수초산으로 처리하여 만든다.
④ 모르핀은 아편에 들어 있는 알카로이드이며, 1804년 독일의 약제사인 프리드리히 세르튜르너가 처음 분리하였다.

답 ②

109

사기범죄에 해당하는 것은? 기출 21

① 타인의 재물을 몰래 훔치는 행위
② 상대방에게 폭력을 행사하여 재물을 빼앗는 행위
③ 타인의 재물을 훼손하는 행위
④ 사람을 속여서 재산상의 이익을 취득하는 행위

해설

사기 : 사람을 기망하여 재물의 교부를 받거나 재산상의 이익을 취득한 자는 10년 이하의 징역 또는 2천만원 이하의 벌금에 처한다(형법 제347조 제1항).

핵심만콕
① 절도 : 타인의 재물을 절취한 자는 6년 이하의 징역 또는 1천만원 이하의 벌금에 처한다(형법 제329조).
② 강도 : 폭행 또는 협박으로 타인의 재물을 강취하거나 기타 재산상의 이익을 취득하거나 제3자로 하여금 이를 취득하게 한 자는 3년 이상의 유기징역에 처한다(형법 제333조).
③ 재물손괴 등 : 타인의 재물, 문서 또는 전자기록 등 특수매체기록을 손괴 또는 은닉 기타 방법으로 기 효용을 해한 자는 3년 이하의 징역 또는 700만원 이하의 벌금에 처한다(형법 제366조).

답 ④

110

사기범죄의 특성에 관한 설명으로 옳지 않은 것은? 기출 14

① 사전에 범행 계획을 세운 후에 실행한다.
② 전문지식과 기술을 필요로 한다.
③ 지능적인 범행수법을 사용한다.
④ 격정적인 흥분상태에서 범행을 실행한다.

해설

사기범죄는 계획성, 전문성, 지능성에 의해 이루어지는 범죄이다. 격정적인 흥분상태에서 범행을 실행하는 것은 폭력범죄, 성범죄 등이다.

답 ④

111

사기범죄에 관한 설명으로 옳지 않은 것은? 기출 23

① 부정행위나 속임수로 타인의 재산을 취득하는 범죄이다.
② 범행수법이 지능적이다.
③ 피해자의 신뢰를 이용한 범죄이다.
④ 사회적 지위가 높은 범죄자에 의해서만 발생한다.

해설

사기범죄는 사회적 지위가 높은 범죄자에 의해서만 발생되지 않고, 연령, 성별, 지위, 직업을 불문하고 다양하게 발생한다.

핵심만콕

① 사기범죄는 사람을 기망하여 재물의 교부를 받거나 재산상의 이익을 취득하는 경우 및 제3자로 하여금 재물의 교부를 받게 하거나 재산상의 이익을 취득하게 하는 죄이다(형법 제347조).
② 전문지식과 기술을 필요로 하며, 지능적인 범행수법을 사용한다.
③ 기망 또는 기망행위는 허위의 사실을 표시하거나 진실을 고하지 않음으로써 사람에게 착오를 일으키는 것으로 기망의 방법에는 아무런 제한이 없고, 피해자의 신뢰를 이용하기도 한다.

답 ④

112

재산범죄와 폭력범죄의 특성을 모두 가지고 있는 범죄유형은? 기출 22·19

① 사 기
② 횡 령
③ 강 도
④ 절 도

해설

강도죄는 상대방의 반항을 억압할 정도의 폭행 또는 협박으로 타인의 재물을 강취하거나 기타 재산상의 이익을 취득하거나 제3자로 하여금 취득하게 함으로써 성립하는 범죄(형법 제333조)로, 재산범죄의 특성과 폭력범죄의 특성을 모두 가지고 있는 범죄유형에 해당한다.

답 ③

113

강도범죄에 관한 설명으로 옳은 것은? 기출 21

① 순수한 재산형 범죄이다.
② 폭행 또는 협박을 수단으로 한다.
③ 지인을 범행대상으로 삼지 않는다.
④ 업무상 관계에서는 발생하지 않는다.

해설

강도 : 폭행 또는 협박으로 타인의 재물을 강취하거나 기타 재산상의 이익을 취득하거나 제3자로 하여금 이를 취득하게 한 자는 3년 이상의 유기징역에 처한다(형법 제333조).

핵심만콕

강도는 재산범죄인 동시에 폭력범죄이다. 이는 강도가 피해자에 대해 폭력과 위협을 가하는 동시에 재물을 빼앗거나 재산상의 이익을 취하는 등의 특성을 갖기 때문이다. (중략) 매클린토크와 깁슨은 강도의 피해대상을 중심으로 그 유형을 다음과 같이 구분하였다. 첫째 유형은 일상적으로 거래되는 현금이나 금품을 노리는 유형이 있다. 둘째 유형은 행인이 소지한 귀금속을 대상으로 하는 노상범죄이다. 셋째 유형은 사적인 점유영역에 보관된 금품을 노리는 것으로 개인주택 등에 침입하여 강도를 하는 경우가 포함된다. 넷째 유형은 우연히 접촉한 상대의 금품을 노리는 경우로 성매매나 동성연애, 파티나 모임 등을 통하여 알게 된 사람을 협박하여 금품을 강취하는 것을 말한다. 다섯째 유형은 평소에 친밀한 관계에 있거나 알고 지내는 상대의 금품을 강취하는 경우로 오랫동안 가까이 지내온 친인척·친구·이웃·애인 혹은 동료를 협박하여 금품을 빼앗는다.

〈출처〉 허경미, 「범죄학」, 박영사, 2020, P. 155~157

답 ②

114

폭력범죄인 것은? 기출 20

① 횡 령
② 강 도
③ 절 도
④ 사 기

해설

일률적으로 적용되는 범죄유형 분류 기준은 없으나, 강도는 형법상의 폭력범죄에 해당한다(경찰청 범죄통계 등에서는 강력범죄로 분류된다).

핵심만콕

일반 형법전에서는 폭력이란 용어를 사용하고 있지 않다. 하지만 특별법상의 폭력의 용어를 유추하여 형법상의 폭력을 살펴보면 살인, 강도, 상해, 폭행, 협박, 체포·감금, 강요, 공갈, 강간, 강제추행 등이 있다. 나열한 각 폭력범죄들은 모두 폭행 또는 협박을 구성요건으로 한다는 점에서 형법상의 폭력의 개념을 폭행과 협박으로 구성되어 있다고 유추할 수 있을 것이다.

〈참고〉 연성진·오정한,「우리나라 폭력수준 실태 및 개선 방안」, 한국형사정책연구원, 2012, P. 11

답 ②

115

타인의 주거, 차량 등에 불법으로 들어가 물건을 강취하는 범죄유형은? 기출 19

① 침입 강도
② 노상강도
③ 살 인
④ 강 간

해설

침입 강도란 타인의 주거, 차량 등에 불법으로 들어가 물건을 강취하는 범죄유형을 말한다. ②는 침입 없이 노상(路上)에서 물건을 강취하는 범죄이다.

답 ①

116

전문절도범에 관한 설명으로 옳지 않은 것은? 기출 13

① 전문적인 절도기술을 가지고 있다.
② 즉흥적·무계획적으로 범행을 한다.
③ 장물처리가 능숙하다.
④ 돈을 얻기 위해 고도의 기술을 사용한다.

해설

전문절도범은 계획적이며 용의주도한 것이 특징이다.

답 ②

117

절도범죄에 관한 설명으로 옳지 않은 것은? 기출 23

① 순수한 재산형 범죄이다.
② 폭행 또는 협박을 수단으로 한다.
③ 소유주의 합법적 재산을 불법적으로 취하는 행위이다.
④ 야간에 주거침입절도를 저지르면 더 무거운 처벌을 받는다.

해설

절도는 순수한 재산형 범죄로, 타인의 재물을 절취하는 것으로 성립한다(형법 제329조). 절도는 폭행 또는 협박을 수단으로 하지 않는다. 단순절도의 경우에는 6년 이하의 징역 또는 1천만원 이하의 벌금에 처지만, 야간주거침입절도인 경우에는 10년 이하의 징역으로 더 무거운 처벌을 받는다(형법 제330조 참조).

답 ②

118

형사사법 실무에서 강력범죄로 분류하지 않는 것은? 기출 16

① 사 기
② 강 도
③ 방 화
④ 강 간

해설

형사사법 실무에서 강력범죄로 분류하고 있는 죄로는 방화, 살인, 상해와 폭행, 협박, 강도, 강간과 추행, 공갈, 약취와 유인의 죄가 있다. ①은 이에 포함되지 않는다.

핵심만콕

강력범죄란 통상 폭력을 동반하여 개인의 생명이나 신체에 위해를 가하는 대인범죄를 가리키는 것으로, 실정법상의 개념이 아니라 실무상의 개념이므로 어떤 범죄를 강력범죄로 볼 것인가에 대해서 반드시 의견이 일치하지는 않는다. 강력범죄란 흉기나 강한 물리력을 행사하여 생명·신체의 위해는 물론 재산상의 피해를 끼치는 살인, 강도, 강간(성폭력 포함), 방화 등 4대 범죄로 일반적으로 정의되기도 하며, 검찰통계사무규정이나 검찰예규 등에 의하면 형법범 중 살인, 강도, 강간, 방화, 폭행, 상해, 협박, 공갈, 약취·유인, 체포·감금과 폭력행위 등 처벌에 관한 법률 위반을 지칭한다.

답 ①

119

강력범죄에 해당하는 범죄유형은? 기출 14

① 절 도
② 사 기
③ 강 도
④ 횡 령

해설

강도죄는 상대방의 반항을 억압할 정도의 폭행 또는 협박으로 타인의 재물을 강취하거나 기타 재산상의 이익을 취득하거나 제3자로 하여금 취득하게 함으로써 성립하는 범죄로(형법 제333조), 강력범죄에 해당한다.

 ③

120

재산범죄인 것은? 기출 20

① 배 임
② 폭 행
③ 살 인
④ 강 간

해설
형법 제355조 제2항(배임죄)은 "타인의 사무를 처리하는 자가 그 임무에 위배하는 행위로써 재산상의 이익을 취득하거나 제3자로 하여금 이를 취득하게 하여 본인에게 손해를 가한 때" 이를 처벌하도록 규정하고 있다.

답 ①

121

재산범죄가 아닌 것은? 기출 18

① 사 기
② 차량절도
③ 횡 령
④ 금지약물남용

해설
재산범죄(財産犯罪)는 개인의 재산적 법익을 침해하여 재산상의 손실을 가하여 성립하는 범죄이며, 금지약물남용은 이에 해당하지 않는다.

답 ④

122

재산 범죄에 해당하는 것은? 기출 24

① 살 인
② 절 도
③ 폭 행
④ 강 간

해설
절도는 타인의 재물을 절취하는 범죄로, 재산범죄이다.

답 ②

2 특수범죄

123
환경범죄 피해의 특성이 아닌 것은? 기출 12

① 범죄피해의 광역성
② 범죄피해의 간접성
③ 범죄피해의 특정성
④ 범죄피해의 은폐성

해설
환경범죄는 범죄피해를 특정하기가 어렵다.

> **핵심만콕**
> 환경범죄는 그 범위가 광범위하고 장기적으로 잠복하는 특성을 가지고 있어 오염원의 위치와 상관없이 광역적으로 불특정 다수에게 영향을 미치며, 적은 양의 오염물질이라도 누적될 경우 심각한 피해를 발생시킬 수 있지만, 형법적 측면에서 볼 때 행위자의 범죄의식이 희박하다는 특징이 있다. 그 이유는 다른 보통의 범죄와 비교하여 볼 때 환경범죄가 가지는 여러 가지 특성에 기인하는데, 첫 번째는 환경범죄가 자연적 재해가 아니라 인위적으로 야기되며 상당시간이 경과한 후에 불특정 다수에게 나타나기 때문이고, 두 번째는 행위자의 범죄의식이 희박하기 때문이며, 마지막으로는 기술적 분야와 관련된 행위이기 때문에 기술적인 요소가 강하고 다수인 또는 기업일 경우에는 주체를 확정하는 데 어려움이 있기 때문이다.

답 ③

124
'사회적으로 높은 지위를 가지고 있는 사람이 직업활동의 과정에서 저지르는 범죄'라고 서덜랜드(Sutherland)가 주장한 범죄유형은? 기출 13

① 사이버범죄
② 화이트칼라범죄
③ 정치범죄
④ 피해자 없는 범죄

해설
화이트칼라범죄는 서덜랜드가 부유한 사람과 권력 있는 사람들의 범죄활동을 기술하기 위해 처음 사용한 용어이다. 그는 화이트칼라범죄가 하류계층보다 사회적 지위가 높으며, 비교적 존경받는 사람이 자신의 직업과정에서 수행하는 직업적 범죄라고 정의하였다.

답 ②

125

비행친구의 영향력에 관심을 가졌던 학자로서, 절도나 강도와 같은 전통적 범죄보다 훨씬 심각한 영향을 주는 화이트칼라의 범죄는 쉽게 용납되고 있음을 주장한 학자는?

① 아이젠크
② 서덜랜드
③ 샘 슨
④ 갓프레드슨

해설

서덜랜드(Sutherland)는 기타 다른 범죄는 사회제도와 조직에 그다지 큰 영향을 미치지 않지만, 화이트칼라범죄는 신뢰를 파괴하고 불신을 초래하며, 대규모적으로 사회해체를 유발하고, 사회적 도덕을 저하시킨다고 주장하였다.

답 ②

126

화이트칼라범죄의 일반적 특성으로 옳지 않은 것은? 기출 21

① 주로 전문적인 지식을 이용한다.
② 범죄피해가 일부 집단에 한정된다.
③ 피해자가 피해사실을 모르는 경우가 많다.
④ 범죄자의 죄의식이 부족한 경우가 많다.

해설

화이트칼라범죄의 피해자는 국가, 지방공공단체, 기업, 개인에 이르기까지 광범위하고 다양하다.

핵심만콕 화이트칼라범죄의 특징

- 범죄의 전문성과 복잡성 : 화이트칼라범죄는 직업상의 전문지식이나 조직체계를 이용하므로, 일반인들은 그러한 행위를 범죄로 인식하기 어렵다. 또한, 범죄자가 범죄에 이용하는 지식은 대개 전문성이 강한 것으로, 과학적 · 공학적이거나 회계 · 법률적인 것이다.
- 범죄의 은폐성 : 고도의 은폐성을 갖는다. 발생형태 또한 범죄인과 피해자 간의 긴밀한 연결관계에 의하여 이루어지고, 실정법상의 허점을 이용하는 경우가 있어 범죄라고 하기 힘든 경우도 있다.
- 피해 파악의 곤란성 : 화이트칼라범죄는 불특정 다수인을 대상으로 하거나 은폐되어 행해지기 때문에, 피해자조차도 자신의 피해를 인식하지 못하거나 피해사실을 부인하는 경우가 발생한다. 피해자는 정부나 기업과 같은 추상적인 실체이거나, 단지 사소한 피해를 입은 다수의 사람이 된다.
- 처벌의 곤란성 : 화이트칼라범죄는 처벌하기도 곤란하여 비록 기소된다고 하더라도 엄하게 처벌받지 않는 경향을 보인다. 화이트칼라범죄자 중에서 소수에게만 실형이 선고되며, 대부분의 사람들은 집행유예를 선고받거나 아주 적은 액수의 벌금만을 선고받는다.
- 범죄자의 비범죄적 자기인상 : 화이트칼라범죄자는 자신을 범죄자로 보지 않고 존경의 대상으로 보아 자신들의 비범죄적 인상을 유지할 수 있게 된다.

답 ②

127

화이트칼라범죄의 특징이 아닌 것은? 기출 22

① 주로 전문적 지식이나 직업적 지식을 활용하여 범죄를 저지른다.
② 피해자가 특정되어 피해자의 피해의식이 명확하다.
③ 범죄자의 죄의식이 결여되는 경우가 많다.
④ 높은 지위에 있던 인물들의 비리행위는 사회를 불신하게 만든다.

해설

화이트칼라범죄의 피해자는 국가, 지방공공단체, 기업, 개인에 이르기까지 광범위하고 다양하지만 피해가 직접적이지 않고 간접적이며, 피해의 결과가 장기간에 걸쳐 나타나는 경우가 많아 피해자의 피해의식이나 저항감이 높지 않으며 오히려 관대한 경우가 많다.

답 ②

128

화이트칼라범죄의 특징이 아닌 것은? 기출 20

① 형사처벌의 어려움과 죄의식 결여
② 범행의 일회성
③ 사회불신과 허탈감 조장
④ 가해자의 전문성과 피해자의 무지

해설

화이트칼라범죄는 범행이 일회성에 그치지 않고 지속적으로 이어지는 등 직업적 절도범의 형태를 보인다.

핵심만콕 화이트칼라범죄의 특징

전문직업범적 성격	• 범죄가 기업활동의 일환으로서 계획적·조직적으로 기업의 직·간접적 이익을 위해 행해진다. • 범행이 일회성에 그치지 않고 지속적으로 이어져 직업적 절도범의 형태를 보인다. • 화이트칼라범죄자들은 실정법을 위반하여도 기업 내부에서의 지위를 상실하지 않는다. • 범죄자가 죄의식을 갖지 않는다.
엄격한 형사처벌의 한계	범죄가 주로 직업활동 과정에서 그 지위와 권한을 이용하여 이루어지므로 범행의 발각이 어렵고, 행위의 적법·위법의 한계가 모호하여 형사소추에까지 이르지 못하는 것이 대부분이다.
피해자의 피해의식 부족	화이트칼라범죄의 피해자는 국가, 지방공공단체, 기업, 개인에 이르기까지 광범위하고 다양하지만 피해가 직접적이지 않고 간접적이며, 피해의 결과가 장기간에 걸쳐 나타나는 경우가 많아 피해자의 피해의식이나 저항감이 높지 않으며 오히려 관대한 경우가 많다.
범죄인의 죄의식 결여	화이트칼라범죄자는 대부분 형사처벌 대신 벌금, 과태료 등 행정벌의 대상이 되는 경우가 대부분이고 범죄가 직업활동 과정에서 기업주나 조직의 지원하에 이루어지는 경우가 많아 스스로를 범죄인으로 생각하지 않는 등 비범죄적 가치관을 갖는다.
사회구조의 해체	화이트칼라범죄는 신의를 위반한 것으로서 사회적 윤리를 피폐시키고 결국 사회적 해체를 가져오는 등 범행의 위법성 및 사회적 해악성의 정도가 다른 전통적 범죄보다 심각하다.

〈참고〉 허경미, 「범죄학」, 박영사, 2020, P. 359~360

답 ②

129

화이트칼라범죄의 특징으로 옳지 않은 것은? 기출 17

① 범행의 일회성
② 형사처벌의 어려움
③ 피해사실 인지의 어려움
④ 범죄자의 죄의식 결여

해설
화이트칼라범죄는 범행이 일회성에 그치지 않고 지속적으로 이어지는 등 직업적 절도범의 형태를 보인다.

답 ①

130

화이트칼라범죄에 관한 설명으로 옳지 않은 것은? 기출 09

① 서덜랜드(Sutherland)가 최초로 사용한 용어이다.
② 자신의 직무상의 권한과 영향력을 악용하여 저지르는 불법행위이다.
③ 일반적 범죄자에 비해 자신을 범죄자로 생각하지 않는 경향이 있다.
④ 개인의 신용카드범죄, 마약범죄, 성폭력범죄 등이 포함된다.

해설
화이트칼라범죄는 하류계층보다 사회적 지위가 높고 비교적 존경받는 사람들이 자신의 직업수행과정에서 행하는 직업적 범죄를 말한다. ④의 신용카드범죄, 마약범죄, 성폭력범죄를 화이트칼라범죄로 볼 수는 없다.

답 ④

131

화이트칼라범죄(White collar crime)에 관한 설명 중 옳지 않은 것은?

① 서덜랜드(E. H. Sutherland)는 높은 사회적 지위를 가진 자들이 이욕적 동기에서 자신의 직업활동과 관련하여 행하는 범죄라고 하였다.
② 화이트칼라범죄자의 범죄의식은 낮은 편이다.
③ 공무원의 뇌물수수, 회사원의 금융사기나 횡령 등을 예로 들 수 있다.
④ 피해자뿐만 아니라 일반인도 피해의식이 높다.

해설
화이트칼라범죄는 직업상의 전문지식이나 조직체계를 이용한다. 따라서 일반인들은 그러한 행위를 범죄로 인식하기 어렵기 때문에 중대한 범죄로 보지 않는 경향이 있다.

답 ④

132

화이트칼라범죄에 해당하지 않는 것은? 기출 16

① 변호사의 수임료 편취 행위
② 회계사의 횡령 행위
③ 기업인의 세금 포탈 행위
④ 공무원의 성범죄 행위

해설
①·②·③은 각각의 주체가 자신들의 직무상의 권한을 이용해 저지른 불법행위라 볼 수 있는 반면, ④는 그 직무상의 권한과 범죄행위 간에 직접적인 관련성을 찾기 어렵고, 또한 직업활동의 과정에서 저지른 범죄라고 볼만한 근거도 없으므로 화이트칼라범죄에 해당된다고 할 수 없다.

답 ④

133

화이트칼라범죄에 속하지 않는 행위는? 기출 15

① 기업의 탈세
② 기업 사무실 침입절도
③ 기업의 공정거래 관련 법규위반
④ 증권사 직원의 주식 내부자거래

해설
화이트칼라범죄는 정치적·경제적으로 명망이 있는 자가 그 직업상 범하는 죄를 말하는 것으로, 단순 침입절도인 ②는 이에 해당하지 않는다.

답 ②

134

화이트칼라범죄에 속하지 않는 것은? 기출 12

① 은행원의 고객예금 횡령
② 공인회계사의 탈세
③ 증권사직원의 주식 내부거래
④ 공무원의 성범죄

해설
서덜랜드는 화이트칼라범죄를 하류계층보다 사회적 지위가 높으며, 비교적 존경받는 사람이 자신의 직업수행 과정에서 수행하는 범죄라고 정의하였다. 공무원의 성범죄는 직업수행 과정에서 수행하는 범죄에 해당되지 않는다.

답 ④

135

다음의 특성을 가진 범죄는 무엇인가? 기출 18

- 사회적 지위가 있는 사람들에 의해 저질러진다.
- 범죄자는 죄의식이 결여되어 있다.
- 피해자는 피해의식이 부족하다.
- 처벌의 가능성이 상대적으로 적다.

① 조직범죄
② 성범죄
③ 폭력범죄
④ 화이트칼라범죄

[해설]
제시된 지문은 화이트칼라범죄에 대한 내용이다.

핵심만콕	화이트칼라범죄
의 의	화이트칼라범죄는 서덜랜드(Sutherland)가 부유한 사람과 권력 있는 사람들의 범죄활동을 기술하기 위해 처음 사용한 용어이다. 그는 화이트칼라범죄가 '하류계층보다 사회적 지위가 높으며, 비교적 존경받는 사람이 자신의 직업활동 과정에서 저지르는 직업적 범죄'라고 정의하였다.
특 징	• 범죄의 전문성·복잡성·은폐성 • 피해파악·처벌의 곤란성 • 범죄자의 비범죄적 자기인상

답 ④

136

화이트칼라범죄가 아닌 것은? 기출 11

① 공무원의 뇌물수수
② 회계담당자의 공금횡령
③ 증권회사직원의 고객폭행
④ 은행지점장의 불법대출

[해설]
화이트칼라범죄는 사회적 지위가 높고 비교적 존경받는 사람들이 자신의 직업수행 과정에서 행하는 직업적 범죄이다. 따라서 증권회사직원의 고객폭행은 폭행의 주체가 누구나 될 수 있기 때문에 화이트칼라범죄라 볼 수는 없다.

답 ③

137

화이트칼라범죄가 다른 범죄와 구별되는 특징은? 기출 14

① 범행의 적발이 용이하다.
② 전문직업범적 성격을 가진다.
③ 피해자의 피해인식이 명확하다.
④ 범행이 일회성의 성격을 지닌다.

해설
화이트칼라범죄는 사회적으로 높은 지위를 가지고 있는 사람이 직업활동의 과정에서 저지르는 범죄로, 전문직업범적 성격을 가진다. 따라서 일반인들은 그러한 행위를 범죄로 인식하기 어려우며, 범죄자가 범죄에 이용하는 지식은 대개 전문성이 강한 것으로 과학적·공학적이거나 회계·법률적인 것이다.

답 ②

138

화이트칼라범죄의 특징으로 적절하지 않은 것은? 기출 08

① 직무상의 전문지식이나 조직체계를 이용하기 때문에 범죄로 인식하기 어렵다.
② 해당 범죄에 대해서 직접적으로 책임이 있는 사람을 가려내기 어렵다.
③ 분명하게 드러난 피해자가 드물며 피해의 규모가 크지 않다.
④ 쉽게 발각되기 어려우며 관대한 처벌을 받는 경향이 있다.

해설
화이트칼라범죄의 피해자는 정부나 기업 및 피해를 입은 다수의 사람이 되며, 범행의 위법성 및 사회적 해악성의 정도가 다른 전통적 범죄보다 심각하다.

답 ③

139

화이트칼라범죄에 대한 설명으로 옳지 않은 것은?

① 서덜랜드(Sutherland)는 사회경제적 지위가 높은 사람들이 그 직업상 저지르는 범죄를 화이트칼라범죄라고 정의하였다.
② 화이트칼라범죄는 지능성·계획성·은밀성을 특징으로 한다.
③ 화이트칼라범죄에 대한 일반인들의 피해감정은 대체로 높게 나타난다.
④ 화이트칼라범죄는 규범의식이 없는 경우가 대부분이다.

해설
화이트칼라범죄는 일반인들의 피해감정이 희박하다는 것이 특징이다.

답 ③

140

화이트칼라범죄의 통제 방법 중 법을 따르도록 시장의 인센티브를 만들려는 시도로 행위자보다 행위에 초점을 맞추는 전략은? 기출 19

① 준수전략
② 억제전략
③ 환원전략
④ 분산전략

해설

설문은 화이트칼라범죄의 통제 방법 중 준수전략에 대한 설명이다.

핵심만콕	화이트칼라범죄의 통제 방법
준수전략	• 위반자에 대한 발견, 소송절차, 처벌의 필요성이 없는 법의 복종을 그 목적으로 한다. • 준수전략은 보통 비즈니스 공동체의 협조와 자체 경찰활동을 요구한다. • 회사에 법의 복종을 위한 인센티브를 주는 것으로 순응을 이끌어낸다. • 원하지 않는 상황이 발생하기 전에 그런 조건을 예방하고자 하는 행정적 노력을 중요시한다.
억제전략	• 화이트칼라범죄자의 처벌에서도 다른 관습법 범죄의 경우에서처럼 응보적인 요소가 포함되어야 한다는 입장이다. • 억제전략은 범죄를 발견하고, 누구의 책임인가를 결정하고, 미래의 위반을 억제하기 위해 범죄자를 처벌하는 것이다. • 법에 대한 복종을 유도하는 조건을 만들어내기보다 위반자를 잡아서 처벌하는 것을 지향한다.

〈출처〉 김상원, 「화이트칼라범죄의 원인과 유형 및 대책」, 2012, P. 30

답 ①

141

사이버범죄의 특징이 아닌 것은? 기출 20

① 범행의 국제성과 광역성
② 발각과 원인규명의 곤란
③ 범죄자의 범죄의식 희박
④ 전문가나 내부자의 범행은 극소수

해설

사이버범죄는 컴퓨터에 대한 지식이 있어야 범행이 가능하므로, 전문가 또는 경영내부자에 의한 범행이 많다.

| 핵심만콕 | 사이버범죄의 특징 |

사이버범죄 행위는 발각과 입증이 곤란하며, 반복성과 계속성, 자동성과 광범위성을 가지며, 범죄의 고의 입증이 곤란하다는 특징이 있다.
- 발각과 원인 규명이 곤란하다.
- 범행은 국제성과 광역성을 가진다.
- 지리적 공간에서의 범죄행위와 달리 사이버범죄에 사용된 증거는 인멸될 가능성이 매우 높다.
- 범법자의 범죄의식이 희박하다.
- 컴퓨터범죄는 범행에 있어 자동성과 반복성, 그리고 연속성이 있다.
- 전문가 또는 경영내부자의 범행이 많다.
- 사이버범죄의 수사는 현실에서의 수사보다 더 많은 장애물이 있다(법규 미비, 압수·수색 불가, 암호체계 등).
- 사이버범죄는 암수율이 높다.

〈참고〉 허경미, 「범죄학」, 박영사, 2020, P. 365~366

답 ④

142

CHECK ○△×

사이버범죄의 특징으로 옳지 않은 것은? 기출 10

① 피해자가 피해사실을 알지 못하거나 뒤늦게 알게 되는 경우가 많다.
② 간단한 조작으로 많은 사람들에게 광범위한 피해를 입힐 수 있다.
③ 범죄현장의 발견과 범인의 현장검거가 전통적 범죄에 비해 상대적으로 용이하다.
④ 범죄피해가 빠르게 확산될 수 있다.

해설

사이버범죄는 이용자의 신분이 노출되지 않고 시간과 공간을 초월하기 때문에 범죄현장의 발견과 범인의 현장검거 또는 신고에 의한 체포 등을 기대하기 어렵다. 설사 현장을 알 수 있더라도 통치권의 문제로 아무런 도움이 되지 않는 경우가 많다.

핵심만콕

첨단과학기술의 특징을 고려하여 하이테크범죄의 특징을 다음과 같이 기술할 수 있다. 첫째, 시간과 공간을 초월하여 동시에 다수의 이용자와 접속할 수 있기 때문에 간단한 한 번의 조작이나 속임수로도 많은 사람들에게 반복적으로 계속해서 많은 피해를 입힐 수 있다. 둘째, 이용자의 신분이 노출되지 않고 시간과 공간을 초월하기 때문에 목격자가 있기 어려워 범죄현장의 발견과 범인의 현장검거 또는 신고에 의한 체포 등을 기대하기 어렵다. 셋째, 범행현장을 알기가 어렵고 설사 현장을 알 수 있더라도 통치권의 문제로 아무런 도움이 되지 않는 경우가 많다. 넷째, 피해자가 없는 범죄와 같이 피해자가 피해사실을 알지 못하거나 뒤늦게 알게 된다. 다섯째, 범행의 흔적이 잘 남지 않고 이용자의 신분이 노출되지 않고 범행장소가 불특정하기 때문에 증거의 확보가 어렵고 확보된 증거도 활용하기가 쉽지 않다. 그리고 행위자들이 자신의 얼굴을 드러내지 않는 비대면성으로 인하여 범죄가 보다 과격하고 대담해질 수 있고, 범행을 위하여 고도의 전문적 지식과 기술을 요하며, 시공을 초월하는 특성으로 인하여 범죄피해가 빨리 널리 확산될 수 있어서 피해규모가 엄청날 수 있다.

〈출처〉 이윤호, 「범죄학」, 박영사, 2019, P. 163

답 ③

143

비대면성과 익명성을 특징으로 가상공간에서 발생하는 범죄는? 기출 15

① 조직폭력범죄
② 살인범죄
③ 도박범죄
④ 사이버범죄

해설

비대면성과 익명성을 특징으로 가상공간에서 발생하는 범죄는 사이버범죄이다. 사이버범죄는 비대면성·익명성, 전문성·기술성, 시·공간적 초월성, 막대한 피해규모 등의 특징을 갖는다.

핵심만콕	사이버범죄의 주요 특징
비대면성 또는 익명성	• 사이버공간은 인터넷을 매개로 하여 형성되는 생활공간으로서 비가시적이므로 현실세계와는 달리 범죄자들이 자신의 얼굴과 정체를 노출시키지 않고 행동할 수 있다는 이점을 갖는다. • 비대면성과 익명성으로 인하여 사이버 범죄자들은 대면적 상황에서는 감히 하기 어려운 언행도 아무런 죄의식 없이 과감하게 하게 되는 경우가 많다.
전문성과 기술성	사이버범죄 중에는 컴퓨터와 인터넷에 대한 약간의 지식과 기술만 습득하면 범할 수 있는 것도 있지만, 프로그램 조작을 통한 불법적인 재산취득, 바이러스의 제작 및 유포, 해킹과 같은 범죄는 고도의 전문적인 지식과 기술을 갖추고 있어야만 가능하다.
시·공간적 초월성	• 사이버공간에서의 삶은 시간과 공간의 개념을 무색하게 만든다. 인터넷 공간의 이러한 시공초월성은 잠재적 범죄자들에게 엄청나게 많은 범죄의 기회를 제공하고 있다. • 범죄자는 인터넷이 연결된 곳이면 세계 어느 곳에 있는 컴퓨터에라도 바이러스를 유포할 수 있고, 해킹도 할 수 있다.
피해규모의 막대함	인터넷과 전자메일의 일반화에 따라 개인에 대한 허위사실이나 명예훼손적 표현 또는 바이러스는 순식간에 전세계에 유포될 수 있으며, 그 결과 사이버범죄로 인한 피해가 매우 광범위하게 미치게 된다. 또한 간단한 수법의 사이버테러로 일국의 기반시설이 무용지물로 전락할 수도 있다.

〈출처〉 이민식, 「사이버공간에서의 범죄피해」, 한국형사정책연구원, 2000, P. 29~31

 ④

144

사이버범죄의 특징으로 옳은 것을 모두 고른 것은? 기출 23

ㄱ. 발각과 원인규명이 어렵다.
ㄴ. 범행과 피해가 특정지역에 국한된다.
ㄷ. 증거인멸의 가능성이 높다.
ㄹ. 범행이 자동성, 반복성, 연속성이 있다.

① ㄱ, ㄴ
② ㄷ, ㄹ
③ ㄱ, ㄷ, ㄹ
④ ㄴ, ㄷ, ㄹ

> [해설]
> 사이버범죄는 범행과 피해가 국제성과 광역성을 가져 특정지역에 국한되지 않는다. 범행 발각과 원인규명이 곤란하며, 지리적 공간에서의 범죄행위와 달리 사이버범죄에 사용된 증거는 인멸될 가능성이 매우 높다. 또한 사이버범죄는 범행에 있어 자동성과 반복성, 그리고 연속성을 가지며 전문가 또는 경영내부자의 범행이 많고, 암수율이 높은 특징을 가진다.

답 ③

145

사이버범죄의 특징으로 옳은 것은? 기출 17

① 대면성
② 비익명성
③ 시·공간적 제약성
④ 범죄성의 인식 결여

> [해설]
> 사이버범죄는 익명성과 비대면성으로 인해 범행자 스스로 범죄성에 대한 인식이 희박하거나 결여되어 있다. 또한 시·공간의 무제약성으로 인해 범죄의 영향력이 매우 크고, 범죄 피해가 빠르게 확산될 수 있어 피의자 및 증거확보가 곤란하며 책임자가 불명확하다.

답 ④

146

사이버범죄의 특징을 모두 고른 것은? 기출 14

```
ㄱ. 비대면성
ㄴ. 느린 전파성
ㄷ. 범죄의식의 희박성
ㄹ. 탈시공간성
ㅁ. 피해의 국지성
```

① ㄱ, ㄴ, ㄷ
② ㄱ, ㄷ, ㄹ
③ ㄱ, ㄷ, ㅁ
④ ㄴ, ㄹ, ㅁ

> [해설]
> ㄴ과 ㅁ은 사이버범죄의 특징으로 옳지 않다. 사이버범죄는 빠른 전파성, 피해의 광역성을 특징으로 한다.

답 ②

147

사이버범죄의 일반적 특성이 아닌 것은? 기출 12

① 익명성
② 비대면성
③ 시공간 제약성
④ 피해의 광역성

해설
사이버범죄는 익명성, 비대면성, 시공간의 무제약성, 피해의 광역성을 특징으로 한다.

답 ③

148

사이버범죄의 특징으로 옳지 않은 것은? 기출 24

① 익명성
② 전문성
③ 광역성
④ 대면성

해설
사이버범죄의 주요 특징은 비대면성, 익명성, 전문성과 기술성, 시·공간적 초월성, 피해규모의 막대함 등을 특징으로 가진다.

답 ④

149

복수, 파괴 등 악의적인 목적을 달성하기 위한 사이버범죄에 해당하지 않는 것은? 기출 13

① 컴퓨터 바이러스
② 피 싱
③ 사이버 스토킹
④ 트로이목마

해설
피싱은 가짜 사이트를 만들어 금융기관 등으로부터 은행계좌 정보나 개인정보를 불법적으로 알아내 이를 이용하는 인터넷 사기수법에 해당된다.

답 ②

150

CHECK O △ X

컴퓨터범죄의 행위유형이 아닌 것은?

① 컴퓨터의 부정조작
② 컴퓨터의 무권한 사용
③ 바이러스 유포
④ 데이터의 부정입수

해설

바이러스 유포는 특별법상 사이버범죄의 유형이다.

 ③

151

CHECK O △ X

다음이 설명하는 사이버범죄 유형은? 기출 19

> 컴퓨터가 프로그램 본래의 목적을 실행하면서도 일부에서는 부정한 결과가 나올 수 있도록 프로그램 속에 특별한 프로그램을 은밀히 삽입하여 이용하고 범행 후에는 그 증거가 되는 부분의 프로그램을 전부 없애는 것

① 자료편취(Data diddling)
② 슈퍼재핑(Super zapping)
③ 트랩도어(Trap door)
④ 트로이목마(Trojan horse)

해설

제시된 지문은 사이버범죄 중 해킹의 한 종류인 트로이목마에 대한 설명이다.

핵심만콕

① 자료편취(Data diddling) : '자료의 부정변개'라고도 하며, 데이터를 입력하는 동안이나 변환하는 시점의 최종적인 입력 순간에 자료를 절취하거나 변경, 추가, 삭제하는 모든 행동을 말한다.
② 슈퍼 재핑(Super Zapping, 운영자 가장수법) : 컴퓨터가 고장으로 가동이 불가능할 때 비상용으로 쓰이는 프로그램이 슈퍼 잽이며, 슈퍼 재핑은 슈퍼 잽 수행 시에 호텔의 만능키처럼 패스워드나 각종 보안장치 기능을 상실시켜 컴퓨터의 기억장치에 수록된 모든 파일에 접근해 자료를 복사해 가는 것을 말한다.
③ 트랩도어(Trap Door, 함정문수법) : OS나 대형 응용 프로그램을 개발하면서 전체 시험실행을 할 때 오류를 쉽게 발견되게 하거나 처음부터 중간에 내용을 볼 수 있는 부정루틴을 삽입해 컴퓨터의 정비나 유지보수를 핑계 삼아 컴퓨터 내부의 자료를 뽑아 가는 행위로, 프로그래머가 프로그램 내부에 일종의 비밀통로를 만들어 두는 것을 말한다.
④ 트로이목마(Trojan horse) : 프로그램 속에 은밀히 범죄자만 아는 명령문을 삽입하여 이를 범죄자가 이용하는 수법을 말한다. 정상적인 프로그램에 부정 루틴이나 명령어를 삽입해 정상적인 작업을 수행하나, 부정한 결과를 얻어내고 즉시 부정 루틴을 삭제하기 때문에 발견이 어렵게 된다.

 ④

152

사이버 명예훼손죄에 관한 설명으로 틀린 것은?

① 공연히 사실을 적시하여 사람의 명예를 훼손하는 것을 내용으로 한다.
② '공연히'의 의미에 관해 판례는 전파성이론을 취하고 있다.
③ 명예훼손죄는 사이버 공간에서 쉽게 이루어질 수 있다.
④ 인터넷 홈페이지도 출판물에 해당한다고 볼 수 있다.

해설

판례에 의하면 명예훼손죄의 '출판물'에 해당하기 위해서는 그것이 등록·출판된 제본인쇄물이나 제작물은 아니라고 할지라도, 적어도 그와 같은 정도의 효용과 기능을 가지고 사실상 출판물로 유통·통용될 수 있는 외관을 가진 인쇄물로 볼 수 있어야 한다. 이러한 견해에 따르면 인터넷 홈페이지는 출판물에 해당하지 않는다.

답 ④

153

사이버범죄가 아닌 것은? 기출 21

① 해킹
② 바이러스 유포
③ 노트북 절도
④ 인터넷사기

해설

사이버범죄는 크게 정보통신망 침해 범죄, 정보통신망 이용 범죄, 불법 컨텐츠 범죄로 분류할 수 있으며, 이에 속하지 않는 것은 절도에 해당하는 ③이다.

핵심만콕 사이버범죄의 유형

정보통신망침해 범죄	• 정당한 접근권한 없이 또는 허용된 접근 권한을 넘어 컴퓨터 또는 정보통신망(컴퓨터 시스템)에 침입하거나 시스템, 데이터 프로그램을 훼손, 멸실, 변경한 경우 및 정보통신망(컴퓨터 시스템)에 장애(성능저하, 사용불능)를 발생하게 한 경우 • 해킹(계정도용, 단순침입, 자료유출, 자료훼손), 서비스거부공격(DDoS 등), 악성프로그램 유포 등
정보통신망이용 범죄	• 정보통신망(컴퓨터 시스템)을 범죄의 본질적 구성요건에 해당하는 행위를 행하는 주요 수단으로 이용하는 경우 • 사이버사기, 사이버금융범죄(피싱, 파밍, 스미싱, 메모리해킹, 몸캠피싱 등), 개인·위치정보 침해, 사이버 저작권 침해 등
불법컨텐츠 범죄	• 정보통신망(컴퓨터 시스템)을 통하여, 법률에서 금지하는 재화, 서비스 또는 정보를 배포, 판매, 임대, 전시하는 경우 • 사이버성폭력(불법 성영상물, 아동성착취물, 불법촬영물 유포), 사이버도박(스포츠토토, 경마·경륜·경정, 기타 인터넷 도박), 사이버 명예훼손·모욕, 사이버스토킹 등

〈출처〉 사이버범죄 신고시스템, 사이버범죄 분류, 2022, https://ecrm.police.go.kr/

답 ③

154

사이버범죄가 아닌 것은? 기출 11

① 이메일을 통한 스토킹
② 스팸메일을 유포
③ 컴퓨터를 절취
④ 악성댓글을 통한 명예훼손

해설
사이버범죄는 익명성, 비대면성, 피해의 광역성, 시·공간의 무제약성을 그 특징으로 한다. 그러나 컴퓨터를 절취한 것은 형법 제329조(절도)에 해당할 뿐 사이버범죄와는 거리가 멀다.

답 ③

155

디도스, 해킹, 바이러스 유포와 같은 범죄의 특징이 아닌 것은? 기출 11

① 탈시공성
② 익명성
③ 피해의 광역성
④ 비전문성

해설
디도스, 해킹, 바이러스 유포와 같은 범죄는 사이버범죄이다. 사이버범죄는 그 수법이 매우 지능적이며 고도의 전문기술을 필요로 한다.

답 ④

156

은행처럼 꾸민 가짜 웹사이트를 개설하고 개인정보를 입력하도록 유도하여 금융사기를 일으키는 신종 범죄는? 기출 09

① 스토킹(Stalking)
② 피싱(Phishing)
③ 디도스(DDos)
④ 스팸메일(Spam mail)

해설
피싱은 금융기관 등의 웹사이트나 메일로 위장하여 개인의 인증번호나 신용카드번호, 계좌정보 등을 빼내 이를 불법적으로 이용하는 사기수법이다.

답 ②

157

사이버범죄 중 해킹의 특징을 모두 고른 것은? 기출 18

ㄱ. 타인의 정보처리 장치나 시스템에 불법으로 침입한다.
ㄴ. 범행의 시간적/공간적 제약이 일반범죄에 비해 적다.
ㄷ. 금전적 이득을 꾀하려는 경우도 있다.
ㄹ. 단순한 호기심이나 지적 과시의 동기에서 이루어지는 경우도 있다.

① ㄱ, ㄷ
② ㄱ, ㄴ, ㄹ
③ ㄴ, ㄷ, ㄹ
④ ㄱ, ㄴ, ㄷ, ㄹ

해설
해킹이란 다른 사람의 컴퓨터 시스템에 무단으로 침입해 정보를 빼내거나 시스템을 파괴하는 행위를 의미하며, 그 특징으로 옳은 것은 ㄱ, ㄴ, ㄷ, ㄹ이다.

답 ④

158

경찰청은 사이버범죄를 '정보통신망 침해 범죄', '불법콘텐츠 범죄', '정보통신망 이용 범죄'로 구분하고 있다. 다음 중 '정보통신망 침해 범죄'에 해당하지 않는 것은? 기출 16

① 서비스거부공격
② 인터넷 사기
③ 악성프로그램 유포
④ 해 킹

해설
인터넷 사기는 정보통신망 이용 범죄에 해당한다.

답 ②

159

피해자의 인종, 종교, 성적 취향, 민족 또는 장애에 대한 편견과 반감을 가지고 상대방을 공격하는 범죄는? 기출 12

① 증오범죄
② 양심범죄
③ 조직범죄
④ 문화범죄

해설

증오범죄란 피해자의 인종·종교·성적 취향(동성애자)·민족·장애에 대한 편견과 반감을 가지고 상대방을 공격하는 범죄를 말하며, 그 행위양태는 살인·치사·강간·폭력·위협·방화·손괴·테러 등 여러 가지 범죄행위로 나타날 수 있다.

답 ①

160

증오범죄(Hate crime)에 관한 설명으로 옳은 것은? 기출 09

① 특정집단에 대한 편견에 의하여 동기화된 범죄
② 재산적 이익을 추구하는 범죄
③ 개인적 쾌락을 추구하는 범죄
④ 개인적 호감에 의하여 동기화된 범죄

해설

증오범죄란 특정집단(인종, 종교, 장애, 출신 국가 등)에 대한 편견에 의하여 동기화된 범죄를 말한다.

핵심만콕

FBI는 증오범죄와 편견범죄를 동일시하며 "증오범죄란 범죄자가 인종, 종교, 장애, 성적 성향 또는 민족·출신 국가에 대한 범죄자의 전체적인 혹은 부분적인 편견 또는 제노포비아(외국인, 이민자 등에 대한 적대적인 태도)에 의해 동기화되어 있는 사람 또는 재산에 대해 불법적인 행위를 하는 것"이라고 정의하고 있다.

〈출처〉 허경미, 「범죄학」, 박영사, 2020, P. 324

답 ①

161

원치 않는 반복적인 신체적, 시각적 접근 및 의사소통을 통해 공포감을 불러일으키는 범죄유형은?

기출 24

① 마 약
② 스토킹
③ 살 인
④ 강 도

해설

스토킹(Stalking)이란 "일정기간 동안, 의도적 · 반복적으로 행하여 정상적인 판단능력이 있는 일반인이라면 누구나 공포나 불안을 느낄 만한 일련의 행동(편지, 전화, 전자우편, 모사전송기, 선물, 미행, 감시, 집과 직장방문, 기물파손, 납치, 위협 및 폭력행위 등)으로 특정인이나 그 가족들에게 정신적 · 육체적 피해를 입히는 일방적이고 병적인 행동"을 말한다.

답 ②

162

스토킹 범죄의 특징으로 적절하지 않은 것은? 기출 08

① 사소한 범행에서 심각한 범행으로 진행된다.
② 편집증적으로 집착하는 경향을 보인다.
③ 경계성 인격장애 성향을 보인다.
④ 스토킹 기간이 단기간에 집중된다.

해설

스토킹 행위는 상대적으로 장기간 동안 지속된다.

핵심만콕

- 스토킹(Stalking)이란 "일정기간 동안, 의도적 · 반복적으로 행하여 정상적인 판단능력이 있는 일반인이라면 누구나 공포나 불안을 느낄 만한 일련의 행동(편지, 전화, 전자우편, 모사전송기, 선물, 미행, 감시, 집과 직장방문, 기물파손, 납치, 위협 및 폭력 행위 등)으로 특정인이나 그 가족들에게 정신적 · 육체적 피해를 입히는 일방적이고 병적인 행동"을 말한다.
- Meloy는 스토킹 행위가 상대적으로 장기간 동안, 즉 주 단위보다는 월이나 연단위로 더 잘 측정할 수 있는 장기간 동안 지속된다는 점을 제시한다. Meloy의 초기연구에서는 강박적 추적의 개시와 폭력의 최고점(절정) 사이의 평균 기간이 5년이었다고 밝히고 있다. Mullen과 Pathe의 연구는 평균 25개월이라고 하고, 다른 추정치도 대체로 5개월에서부터 12년까지의 범위를 나타내고 있다.

〈출처〉「스토킹 피해실태와 입법쟁점에 관한 연구」, 한국형사정책연구원, P. 14~34

답 ④

163

스토킹범죄의 처벌 등에 관한 법률상 진행 중인 스토킹행위에 대하여 신고를 받고 현장에 출동한 사법경찰관리가 취할 수 있는 응급조치로서 옳지 않은 것은? 기출 22

① 스토킹행위의 제지
② 스토킹행위자와 피해자 등의 분리
③ 범죄수사
④ 국가경찰관서의 유치장 또는 구치소에의 유치

해설

국가경찰관서의 유치장 또는 구치소에의 유치는 스토킹 행위자에 대한 잠정조치의 내용이다(스토킹범죄의 처벌 등에 관한 법률 제9조 제1항 제4호).

핵심만콕	스토킹범죄의 처벌 등에 관한 법률상 응급조치 및 잠정조치
스토킹행위 신고 등에 대한 응급조치 (제3조)	사법경찰관리는 진행 중인 스토킹행위에 대하여 신고를 받은 경우 즉시 현장에 나가 다음 각호의 조치를 하여야 한다. 1. 스토킹행위의 제지, 향후 스토킹행위의 중단 통보 및 스토킹행위를 지속적 또는 반복적으로 할 경우 처벌 경고 2. 스토킹행위자와 피해자등의 분리 및 범죄수사 3. 피해자등에 대한 긴급응급조치 및 잠정조치 요청의 절차 등 안내 4. 스토킹 피해 관련 상담소 또는 보호시설로의 피해자등 인도(피해자등이 동의한 경우만 해당한다)
스토킹행위자에 대한 잠정조치 (제9조 제1항)	법원은 스토킹범죄의 원활한 조사·심리 또는 피해자 보호를 위하여 필요하다고 인정하는 경우에는 결정으로 스토킹행위자에게 다음 각호의 어느 하나에 해당하는 조치(이하 "잠정조치"라 한다)를 할 수 있다. 1. 피해자에 대한 스토킹범죄 중단에 관한 서면 경고 2. 피해자나 그 주거등으로부터 100미터 이내의 접근 금지 3. 피해자에 대한 「전기통신기본법」 제2조 제1호의 전기통신을 이용한 접근 금지 4. 국가경찰관서의 유치장 또는 구치소에의 유치

답 ④

164

범죄유형과 특징의 연결로 옳은 것은? 기출 23

① 사이버범죄 - 암수범죄의 비율이 낮음
② 증오범죄 - 편견과 증오에 의하여 동기부여
③ 환경범죄 - 원인과 피해발생의 인과관계 입증이 용이
④ 스토킹범죄 - 행위의 지속성, 반복성이 낮음

해설

증오범죄란 특정집단(인종, 종교, 장애, 출신 국가 등)에 대한 편견에 의하여 동기화된 범죄를 말한다.
① 사이버범죄는 전문가 또는 경영내부자의 범행이 많고, 암수율이 높은 특징을 가진다.
③ 환경범죄는 행위자가 다수인 또는 기업인 경우가 많아 행위 주체를 확정하기 어렵고 원인과 피해발생의 인과관계 입증이 곤란하다는 특징을 가진다.
④ 스토킹범죄는 상대적으로 장기간 동안 지속이 되고, 반복적으로 이루어진다.

답 ②

165

다음과 관련 있는 범죄는? 기출 19

- 신고 없는 범죄라 불려진다.
- 대부분이 암수범죄로 된다.
- 피해자가 없거나 가해자와 피해자 구분이 어렵다.

① 마약매매
② 성추행
③ 강도살인
④ 사 기

해설

마약, 매춘 등 피해자와 가해자의 관계가 분명하지 않은 범죄를 피해자 없는 범죄라 하며, 피해자 없는 범죄의 대부분은 미신고에 따른 암수범죄이다. ②・③・④는 가해자와 피해자가 명확한 전통적 범죄에 해당한다.

답 ①

166

피해자 없는 범죄가 아닌 것은? 기출 11

① 약물남용
② 사 기
③ 성매매
④ 낙 태

해설
사기란 사람을 기망하여 재물의 교부를 받거나 재산상의 이익을 취득하는 것으로, 피기망자인 피해자가 존재한다.

답 ②

167

피해자 없는 범죄(victimless crime)가 아닌 것은? 기출 23

① 약물남용
② 성매매
③ 배 임
④ 도 박

해설
배임은 타인의 사무를 처리하는 자가 그 임무에 위배하여 재산상 이득을 취득하거나 제3자로 인하여 이를 취득하게 하여 본인에게 손해를 가하는 죄로 피해자가 있는 범죄이다(형법 제355조 제2항). 피해자 없는 범죄로 마약 사용 및 매매, 성매매, 도박 등의 범죄가 대표적이다.

답 ③

1 범죄대책과 예방

01 개 요
02 브랜팅햄과 파우스트의 범죄예방의 구조모델
03 범죄유발요인 개선방안
04 범행기회 축소방안
05 환경설계를 통한 범죄예방(CPTED)
06 상황적 범죄예방전략
07 제프리의 범죄방지대책 수립을 위한 세 가지 모델
08 재범방지를 위한 대책
09 초범예방을 위한 대책
10 범죄 전이와 혜택의 확산

2 범죄예측론

01 개 요
02 연 혁
03 범죄예측법의 종류
04 범죄예측의 효용과 한계

3 범죄피해자론

01 의 의
02 범죄피해자학에서의 피해자의 개념
03 관련 개념
04 범죄피해 관련이론
05 범죄피해의 분류
06 피해자에 대한 보상

4 형벌 및 교정보호

01 형벌이론의 개요
02 사 형
03 자유형
04 벌금형
05 몰수와 추징 등
06 보안처분
07 보호관찰
08 소년보호
09 다이버전 제도
10 비범죄화
11 구금제도
12 현행 우리나라의 구금제도

CHAPTER 06

범죄대책론

CHAPTER 06 범죄대책론

1 범죄대책과 예방

01 CHECK ○△×

브랜팅햄과 파우스트(Brantingham & Faust)의 범죄예방 구조모델에 관한 설명으로 옳지 않은 것은? 기출 20

① 1차적 예방은 일반대중을 대상으로 한다.
② 1차적 예방의 예로는 환경설계, 이웃감시 등이 있다.
③ 2차적 예방은 특별예방과 관련이 있다.
④ 3차적 예방은 범죄자를 주요 대상으로 한다.

해설

3차적 범죄예방 단계에서는 특별예방적 제재를 통하여 개별 범죄자의 새로운 범죄성을 억제시키거나 약화시킬 수 있는 조치들이 실행된다.

〈출처〉 허경미, 「범죄학」, 박영사, 2020, P. 410

핵심만콕 범죄예방의 구조모델

접근법	대 상	내 용	적용 예
1차적 예방	일반대중	범죄행위를 조장하거나 범죄의 기회를 제공하는 물리적, 사회적 환경조건을 개선하여 범죄를 예방	환경설계, 민간경비, 이웃감시, 경찰방범활동, 일반예방, 감시장비설치, 범죄예방교육 등
2차적 예방	우범자 또는 우범자집단	잠재적 범죄자를 초기에 발견하고 이들의 범죄기회를 차단하여 범죄를 예방	범죄지역 분석, 재범예측, 전환제도 등
3차적 예방	범죄자	범죄자들이 더 이상 범죄를 저지르지 못하게 하는 범죄예방	교정기관의 목표로 범죄자교화, 재범예방프로그램 등

답 ③

02

브랜팅햄과 파우스트(Brantingham & Faust)의 범죄예방 구조모델에 관한 설명으로 옳지 않은 것은? 기출 19

① 1차적 범죄예방은 일반대중을 대상으로 한다.
② 2차적 범죄예방은 우범자나 우범자집단을 대상으로 한다.
③ 3차적 범죄예방은 범죄자가 주요 대상이다.
④ 4차적 범죄예방은 이웃과 민간경비가 대상이다.

해설
브랜팅햄과 파우스트의 범죄예방 구조모델은 1차적 · 2차적 · 3차적 범죄예방의 3단계 접근법을 취한다.

답 ④

03

브랜팅햄과 파우스트(Brantingham & Faust)의 범죄예방모델에서 분류한 2차적 범죄예방은? 기출 12

① 민간경비
② 재범예측
③ 교정교육
④ 특별예방

해설
2차적 범죄예방에는 범죄지역 분석 · 재범예측 · 전환제도 등이 있으며, 우범자 또는 우범자집단을 대상으로 한다.

답 ②

04

브랜팅햄과 파우스트(Brantingham & Faust)가 분류한 3차적 범죄예방에 해당하는 것은? 기출 18

① 이웃감시
② 특별예방
③ 상황적 범죄예방
④ 민간경비

해설
3차적 범죄예방은 범죄자들이 더 이상 범죄를 저지르지 못하게 하는 범죄예방을 말하며, 이에 해당하는 것은 특별예방(범죄자에게 형벌을 부과하여 재사회화하는 것)이다.

답 ②

05

브랜팅햄과 파우스트(Brantingham & Faust)의 범죄예방에 관한 설명으로 옳은 것은?

① 감시장비설치는 1차적 범죄예방이다.
② 환경설계는 2차적 범죄예방이다.
③ 범죄예방교육은 3차적 범죄예방이다.
④ 재범예방프로그램은 2차적 범죄예방이다.

해설
② 환경설계는 1차적 범죄예방이다.
③ 범죄예방교육은 1차적 범죄예방이다.
④ 재범예방프로그램은 3차적 범죄예방이다.

답 ①

06

브랜팅햄과 파우스트(Brantingham & Faust)의 범죄예방 구조모델 접근법과 대상이 바르게 짝지어진 것은?

① 1차적 예방과 일반대중
② 2차적 예방과 범죄자
③ 3차적 예방과 우범자 집단
④ 4차적 예방과 일반대중

해설
1차적 예방은 범죄의 근원에 초점을 두고 있는 이론으로서, 처음부터 범죄의 출현을 막고자 노력하는 것이다. 1차적 예방은 물리적·사회적 환경 중에서 범죄원인이 되는 조건들을 개선시키는데 초점을 두며, 일반대중을 그 대상으로 한다. ②·③은 각각 우범자 집단과 범죄자를 그 대상으로 한다.

답 ①

07

대중매체의 범죄억제기능에 해당하는 것은? 기출 21

① 공익광고를 통해 범죄에 대한 경각심을 불러일으킬 수 있다.
② 잠재적 범죄자가 범죄수법을 학습하여 실제 범죄에 활용할 수 있다.
③ 폭력적 장면의 반복적 시청은 폭력의 심각성에 둔감해지게 만들 수 있다.
④ 선정적 장면의 반복적 시청은 왜곡된 성 관념을 갖게 할 수 있다.

해설

범죄예방 등에 관한 공익광고나 프로그램을 보도함으로써 범죄에 대한 경각심을 갖게 하고 잠재적인 범죄자에게 경고를 보내는 것 등은 대중매체의 적극적인 범죄억제기능에 해당한다.

핵심만콕

② 대중매체의 상세한 보도나 범행수법묘사 등을 통해 잠재적 범죄자가 범행수법을 구체적으로 학습할 수 있으며, 이로 인해 대중매체가 범죄를 억제하는 것이 아니라 모방범죄를 양산한다는 비판이 있다.
③ 시청자들을 지나치게 폭력적인 장면에 노출시킴으로써 폭력의 심각성에 둔감해지게 하거나, 때로는 공포에 떨게 하여 법집행과 범죄의 예방을 어렵게 하는 것은 대중매체의 문제점이다. 폭력적 장면에 적게 노출시킴으로써 범죄를 학습하거나 폭력성을 견지하지 못하게 하는 것이 대중매체의 소극적인 범죄억제기능에 해당한다.
④ 선정적 성적 장면의 반복적 시청은 왜곡된 성 관념을 갖게 할 수 있으며, 이는 성폭력 범죄에 부정적인 영향을 미칠 수 있다.

답 ①

08

지역사회 범죄예방활동과 가장 거리가 먼 것은? 기출 09

① 이웃감시
② 시민순찰
③ 지역사회 경찰활동
④ 보호감호

해설

보호감호는 공공기관인 교정당국에서 행하는 것으로, 지역사회와는 거리가 멀다.

답 ④

09

비공식적 사회통제의 강화를 중시하며, 지역사회의 구성원들이 적극적으로 참여하는 것이 범죄문제 해결의 열쇠라고 주장하는 이론은? 기출 11

① 자기통제이론
② CPTED
③ 집합효율성이론
④ 일반긴장이론

해설

집합효율성이론은 지역사회 구성원들의 끈끈한 유대 강화를 통해 범죄 등 사회문제에 공동의 주의를 기울인다면 범죄를 예방할 수 있다고 주장하는 이론이다.

답 ③

10

다음에서 설명하는 이론은? 기출 17

- 지역 주민들 상호 간의 유대・신뢰
- 아이들의 생활에 개입하려는 의지
- 지역 주민들 간의 비공식적 사회통제에 대한 공유된 기대

① 일반긴장이론
② 차별기회이론
③ 집합효율성이론
④ 하위문화이론

해설

제시된 지문은 집합효율성이론에 대한 내용이다.

핵심만콕

① 일반긴장이론은 긴장이 부정적 감정을 일으키고 비행을 일으키는 원인이 되며, 범죄와 비행은 스트레스가 많은 사람들에게는 고통을 경감하고 만족을 줄 수 있는 수단이 될 수 있다고 주장하는 이론이다.
② 차별기회이론은 성공을 추구하는 문화적 목표를 수용하지만, 구조적으로 합법적인 수단이 없는 사람이 비행을 저지르게 된다고 보는 이론이다.
④ 하위문화이론에서의 하위문화는 일반 사회구성원이 공유하는 문화와는 별도로 특정집단에서 강조되는 특수한 가치 또는 규범체계를 의미하며, 대부분의 비행행위가 집단 내에서 발생한다는 것을 전제로 한다.

답 ③

11

시카고학파의 사회해체이론을 현대적으로 계승한 이론으로 사회자본, 주민 간의 관계망 및 참여 등을 강조하는 이론은? 기출 18

① 집합효율성이론
② 자아통제이론
③ 일상활동이론
④ 생활양식이론

해설

집합효율성이론은 사회자본, 주민 간의 관계망 및 참여 등을 강조하는 이론으로, 비공식적 사회통제의 강화를 중시한다.

답 ①

12

상업지역과 분리된 안전한 지역에 거주지를 건설해야 한다는 뉴먼(Newman)의 주장과 가장 관련이 있는 것은? 기출 11

① 영 역
② 자연적 감시
③ 이미지
④ 환 경

해설

뉴먼(Newman)의 CPTED는 범죄를 유발하는 물리적인 환경개선을 통하여 근본적으로 범죄를 예방하는 과학적인 방법으로, 적절한 설계와 물리적 환경을 효과적으로 사용함으로써 범죄와 범죄의 공포를 감소시키고 더 나아가서 삶의 질을 개선하고자 하는 범죄통제전략이다.

답 ④

13

뉴먼(Newman)의 방어공간 구성요소가 아닌 것은? 기출 24

① 영역성 강화
② 접근통제 강화
③ 문화적 갈등 완화
④ 자연적 감시력 제고

해설

뉴먼(Newman)은 영역설정, 감시, 이미지, 주변지역보호 등 4가지 방어공간 조성의 기본요소를 제시함으로써 환경설계를 통한 범죄예방(CPTED)전략의 이론적 기초를 마련하였다.

답 ③

14

윌슨과 켈링(Wilson & Kelling)의 깨진 유리창이론에서 범죄유발 요인으로 옳지 않은 것은? 기출 21

① 방치된 쓰레기더미
② 밝은 가로등
③ 벽에 마구 그린 낙서
④ 버려진 자동차들

해설

②는 환경설계를 통한 범죄예방전략(CPTED)에 해당한다.

핵심만콕

깨진 유리창이론은 길가에 버려진 폐차나 쓰레기, 심각한 낙서, 깨진 유리창 등과 같은 물리적 무질서와 약물중독자, 술 취한 사람, 불량청소년 등의 사회적 무질서가 높을 때 범죄발생 가능성도 높게 나타난다고 주장한다. (중략) 이러한 지역 무질서의 징후는 지역주민의 지역개선을 위한 협력을 더디게 만든다고 설명한다. 실증 연구는 지역 무질서를 심각하게 인식할수록, 범죄 두려움도 높아진다고 밝혔다.

〈출처〉 김다은·박종승, 「지역 무질서가 범죄두려움에 미치는 영향」, 2017, P. 344~345

셉테드(CPTED)의 활용 예
- 조도가 높은 가로등을 설치하는 경우
- 범죄 은신처를 제거하기 위해 담을 없애거나 높이를 제한하는 경우
- 주민의 동의하에 범죄가 잦은 골목길에 CCTV를 설치하는 경우
- 쿨데삭(Cul-de-sac) : 도시계획 단계에서부터 막다른 골목을 설계하는 경우
- 앨리게이터(Allegater) : 우범지역에 주민만 이용할 수 있는 대문을 설치하는 경우

답 ②

15

지역사회의 무질서를 나타내는 항목 중 성격이 다른 것은? 기출 24

① 방치되어 있는 깨진 창
② 길바닥에 뒹구는 쓰레기
③ 노상 방뇨하는 이웃
④ 혐오스런 낙서

해설

지역사회의 무질서는 사회적 무질서와 물리적 무질서로 나타낼 수 있는데, 노상 방뇨하는 이웃은 사회적 무질서로 나머지 항목과 성격이 다르다. 물리적 무질서로는 길가에 버려진 폐차, 방치되어 있는 깨진 창, 길바닥에 뒹구는 쓰레기, 혐오스러운 낙서 등이 있다.

답 ③

16

깨진 유리창이론(Broken window theory)에 관한 설명으로 옳지 않은 것은? 기출 10

① 건물의 파손이나 낙서, 쓰레기의 방치 등 물리적 퇴락이 범죄증가의 중요한 발단이 된다.
② 물리적 퇴락에 대한 조치나 대처가 이루어지지 않으면 공공장소의 질서유지에 어려움을 겪게 된다.
③ 물리적 퇴락과 사회적 무질서를 지역의 통제력 결여로 인지한다.
④ 지역주민들은 청소년들의 무질서 행위가 만연하게 되면 위기의식을 느끼고 적극적으로 지역의 청소년들을 통제하려는 시도를 하게 된다.

해설

깨진 유리창이론에 따르면 지역주민들은 물리적·사회적 무질서 행위가 만연하여 범죄발생 가능성이 높아질수록 범죄에 대한 두려움을 갖게 되며, 지역개선을 위한 사회통제 참여활동을 감소시키게 된다.

핵심만콕

건물의 파손이나 낙서의 만연, 그리고 쓰레기가 쌓이는 등의 물리적 퇴락은 오래된 도심지역에서는 통상적으로 있을 수 있는 일이나, 만약 담당 공무원이나 기관에서 그에 대하여 아떠한 조치도 대처도 하지 않는다면 주민들이나 상인들은 점차 취약하게 느끼게 된다. 자신의 안전에 대하여 점점 염려하게 됨으로써 이들은 공공장소의 질서유지에 점점 관여하지 않게 되고, 빈둥거리거나 떠들고 소란스럽게 다니거나 싸움질을 하는 청소년들이나 성인들을 말리거나 못하게 하지 않게 된다. 가로나 노상의 감시의 눈이 이처럼 없어지거나 줄어들게 되어 지역의 일탈적이거나 비행적인 10대들은 더욱 대담하고 더욱 빈번하게 기물을 손괴하거나 사람들을 희롱하게 된다. 그러한 행동에도 불구하고 아무런 제재도 받지 않고 그냥 넘어가게 된다면 이러한 행동에 대하여 비행소년들은 점차 둔감화될 것이고, 더 많은 경미한 범죄에 노출되며 더욱 난폭하게 변모할 수 있다. 일부 청소년들이 이처럼 더욱 문제스럽고 난폭하게 되었다는 것을 느끼게 되는 주민들은 지역 내 공공장소를 더욱 멀리하게 되고 자신의 신체와 재산을 보호하는 데 더 많은 염려를 하게 된다. 바로 이 시점이 되면, 심지어 지역 바깥의 잠재적 범법자들까지도 그 지역이 취약하다는 것을 느끼고, 그들은 그 지역에서 행해지는 범죄는 발각될 가능성도 낮고 또 그에 대한 반응도 거의 없기 때문에 그 지역으로 몰려들게 되어 궁극적으로 그 지역의 범죄율이 격증하게 된다는 것이다. 한편 이러한 일련의 현상은 또한 주민들을 외곽으로 이동하게 만들어서 그 지역을 더욱 쇠퇴시키게 된다.

〈출처〉 이윤호,「범죄학」, 박영사, 2019, P. 70

답 ④

17

깨진 유리창이론(Broken window theory)에 근거한 경찰활동은?

① 경미범죄의 단속
② 안보사범 정보수집
③ 살인범죄 수사
④ 대형참사범죄 수사

해설

깨진 유리창이론은 깨진 유리창 하나를 방치해 두면 그 지점을 중심으로 범죄가 확산되기 시작한다는 이론으로, 사소한 무질서를 방치하면 큰 문제로 이어질 가능성이 높다는 의미를 담고 있다. 뉴욕시 경찰국은 깨진 유리창이론에 바탕을 둔 기초질서 위반사범에 대한 철저한 단속을 펼친 결과 범죄율이 대폭 감소하는 성과를 거두었다.

답 ①

18

깨진 유리창이론에 관한 설명으로 옳지 않은 것은?

① 윌슨(Wilson)과 켈링(Kelling)이 주장한 이론이다.
② 기초질서 위반사범 단속과 관련이 있다.
③ 실천적 전략으로 지역사회 경찰활동이 등장하였다.
④ 뉴욕시 경찰국이 깨진 유리창이론을 적용하였다.

해설

뉴욕시 경찰국이 채택한 깨진 유리창이론의 실천적 전략은 공격적인 법집행을 추구하는 무관용 경찰활동이다. 지역사회 경찰활동은 지역사회의 필요와 요구에 부응하면서 범죄와 무질서, 범죄에 대한 공포를 축소하는 것이 목표이다.

핵심만콕

①·② 깨진 유리창이론은 미국의 범죄학자인 제임스 윌슨과 조지 켈링이 1982년 3월에 공동으로 발표한 '깨진 유리창'이라는 글에 처음으로 소개된 사회 무질서에 대한 이론이다. 깨진 유리창 하나를 방치해 두면 그 지점을 중심으로 범죄가 확산되기 시작한다는 이론으로, 사소한 무질서를 방치하면 큰 문제로 이어질 가능성이 높다는 의미를 담고 있다.
④ 뉴욕시 경찰국은 깨진 유리창이론에 바탕을 둔 기초질서 위반사범에 대한 철저한 단속을 펼친 결과 범죄율이 대폭 감소하는 성과를 거두었다.

답 ③

19

에크와 스펠만(Eck & Spellman)이 제시한 '탐색 – 분석 – 대응 – 평가' 단계를 통한 경찰활동은?

① 전통적 경찰활동
② 문제지향적 경찰활동
③ 원시적 경찰활동
④ 무관용 경찰활동

해설
문제지향적 경찰활동에 대한 내용이다.

핵심만콕

문제지향적 경찰활동(Problem-oriented policing)
기존의 전통적이고 사건 지향적인 경찰활동과 대비되는 개념으로, 경찰활동에 대한 정보에 바탕을 두어 보다 체계적으로 특정문제를 다루고 분석하며 대안을 결정하고, 프로그램을 집행한 후에는 지속적인 평가가 이루어진다. 문제지향적 경찰활동의 개념은 골드스테인(Goldstein)에 의하여 제기되었으나, 실제 상황에서는 에크와 스펠만(Eck & Spellman)에 의한 'SARA'모델에 의하여 구체화되고 있다.

에크와 스펠만의 문제해결 과정(SARA모델)
문제해결은 '조사(탐색) → 분석 → 대응 → 평가'의 과정을 통해 궁극적인 방안이 모색된다.
- 조사 : 순찰구역 내 문제들을 확인하고, 문제의 유형이나 지속적으로 발생하는 사건들을 찾아내는 과정(문제의 범죄를 넓히는 단계)
- 분석 : 발견된 문제의 원인과 범위 그리고 효과들을 파악하는 단계(경찰과 지역 사회와의 협력이 필요한 단계)
- 대응 : 분석된 문제의 원인을 제거하는 등 문제를 해결하기 위하여 행동하는 단계
- 평가 : 대응책이 적절하였는지 여부를 평가하는 단계

답 ②

20

"관용이나 재량의 여지가 없이 위반행위에 대해 엄격히 처벌한다"와 관련된 개념은? 기출 19

① 훈 방
② 무관용 경찰활동
③ 썩은 사과 가설
④ 문제지향적 경찰활동

해설

무관용 경찰활동은 범죄의 유형이나 범죄가 발생한 상황을 고려하지 않고 예외 없이 모든 무질서나 경미한 범죄에 대하여 공격적인 법집행을 하는 경찰활동을 말한다.

핵심만콕

① 훈방 : 훈계방면(訓戒放免)의 줄임말로, 경범죄 용의자 중 그 정도가 가벼운 경우에 경찰서 등에서 훈계하고 형사처벌하지 않는 것을 말한다.
③ 썩은 사과 가설 : 사과상자 속에 한 개의 썩은 사과가 있는 경우 옆에 있는 사과도 썩어 들어간다는 내용으로, 경찰부패의 원인을 분석할 때 주로 인용되는 가설이다.
④ 문제지향적 경찰활동 : 특정 문제를 해결하는 데 있어 경찰과 지역사회가 해결책을 개발하기 위해 함께 노력하는 것에 주안점을 두는 경찰활동을 말한다.

무관용 경찰활동

개 요	• 미국 뉴욕시 경찰국장이었던 블래튼(W. Bratton)은 뉴욕시의 범죄문제를 해결하기 위해 깨진 유리창이론의 세부실천전략으로서 무관용 경찰활동을 채택하였다. • 무관용 경찰활동은 범죄의 유형이나 범죄가 발생한 상황을 고려하지 않고 예외 없이 모든 무질서나 경미한 범죄에 대하여 공격적인 법집행을 하는 경찰활동이라고 할 수 있다.
내 용	• 경찰은 범죄에 대하여 강경하고 엄격하게 대응해야 한다. • 경찰은 재량을 개입하지 말고 비재량적인 법집행을 해야 한다. • 경찰은 중대한 범죄가 아니라 사소한 무질서나 경미한 범죄에 대응해야 한다.

〈참고〉 이상원, 「경찰 법집행의 국민수용도 제고방안 연구」, 2007, P. 30~31

답 ②

21

무관용 경찰활동(Zero tolerance policing)에 관한 설명으로 옳지 않은 것은? 기출 17

① 깨진 유리창이론에 근거한 경찰의 범죄통제전략이다.
② 경찰이 문제해결자 또는 사회봉사자라는 인식으로의 전환을 요구한다.
③ 비교적 사소한 질서문란 행위도 강력하게 단속하는 것이 핵심이다.
④ 향후 더 큰 범죄를 사전에 예방할 수 있어 범죄율 감소에 기여할 수 있다.

해설

건물의 창문 하나가 깨진 채 방치되면 범죄에 이르게 된다는 이론인 깨진 유리창이론에 근거하여, 이와 같이 범죄는 경미한 일탈행위까지도 철저히 단속되어야 더 큰 범죄를 해결할 수 있다고 보는 경찰정책이다. 즉, 강력한 법집행이 이루어져야 사회의 질서도 유지된다고 보는 입장이다. 따라서 경찰이 문제해결자 또는 사회봉사자라는 인식으로의 전환을 요구한다는 설명은 옳지 않다.

답 ②

22

전통적 경찰활동과 달리 지역사회 경찰활동이 중시하는 기준으로 옳지 않은 것은? 기출 10

① 범죄의 두려움 감소
② 높은 범인검거율
③ 범죄발생률의 감소
④ 경찰조직의 분권화

해설

지역사회 경찰활동은 범인검거 등의 사후적 대응보다는 범죄예방, 즉 사전예방을 중시한다.

핵심만콕

① 지역사회 경찰활동은 지역사회의 필요와 요구에 부응하면서 범죄, 무질서, 범죄에 대한 공포를 축소하려는 사전예방을 강조하는 적극적이고 분권적인 접근이다.
③ 지역사회 경찰활동은 상황이 발생하거나 확대하기 전에 문제를 예방함으로써 완전한 서비스 경찰활동을 지향한다.
④ 지역사회 경찰활동의 움직임에 있어 추가적인 요소는 조직의 재구성을 포함하는데, 특히 경찰의 지방분권화를 포함한다. (중략) 경찰조직은 고도로 중앙집권화된 군대식의 조직으로부터 지방분권화되고 융통성 있는 모델로 전환될 필요가 있다. 도보 또는 자전거 순찰, 소규모의 사무소, 이웃공동체에 기초한 경찰관할지역의 형성, 지역공동체 주민 감시활동들은 모두 경찰활동의 운영을 지방분권화하고 경찰과 주민 사이의 관계들을 강화하기 위한 노력들이다.

〈출처〉 박창욱, 「지역사회 경찰활동의 활성화방안에 관한 연구」, 2007, P. 5~8

답 ②

23

경찰의 순찰방식 중 도보순찰과 차량순찰을 비교한 것으로 옳지 않은 것은? 기출 18

① 도보순찰은 차량순찰에 비하여 주민과의 접촉이 용이할 수 있다.
② 도보순찰은 차량순찰에 비하여 치밀하게 정황을 관찰할 수 있다.
③ 도보순찰은 차량순찰에 비하여 더 넓은 지역을 순찰할 수 있다.
④ 도보순찰은 차량순찰에 비하여 좁은 골목길을 순찰하는 데 유용할 수 있다.

해설

차량순찰은 도보순찰에 비하여 더 넓은 지역을 순찰할 수 있다.

답 ③

24

자연적 감시, 영역성 강화, 접근통제의 기본전략을 배경으로 한 범죄예방은? 기출 15

① BBP
② COP
③ CPTED
④ MMPI

해설

환경설계를 통한 범죄예방(CPTED)은 범죄를 유발하는 물리적인 환경을 개선하여 근본적으로 범죄를 예방하는 과학적인 방법이며, 자연적 감시, 접근통제, 영역성의 강화, 활동성의 활성화, 유지관리(이미지)를 기본원리로 한다.

핵심만콕

② 지역사회경찰활동(Community Policing ; COP)은 경찰이 발휘할 수 있는 역량과 지역사회의 잠재력을 유기적으로 결합시켜 범죄예방 및 질서유지효과의 극대화를 도모하는 것이다.
④ 미네소타 다면적 인성검사(Minnesota Multiphasic Personality Inventory ; MMPI)는 세계적으로 가장 널리 사용되고 있는 자기보고형 성격 진단검사이다. 개인의 성격, 정서, 적응 수준 등을 다차원적으로 평가하기 위해 개발되었다.

답 ③

25

환경설계를 통한 범죄예방전략(CPTED)과 관련이 없는 이론은? 기출 16

① 깨진 유리창이론
② 상황적 범죄예방이론
③ 방어공간이론
④ 차별적 기회이론

해설

①·②·③은 물리적인 환경을 이용하여 범죄를 예방한다는 이론인 데 반해 차별적 기회이론은 범죄를 저지르는 방법을 학습하여 범죄가 일어난다는 이론으로, 환경설계를 통한 범죄예방전략과는 관련이 없는 이론이다.

> **핵심만콕**
>
> 환경설계를 통한 범죄예방전략(CPTED)이란 물리적 환경을 개선함으로써 범죄를 억제하고 주민의 불안감을 해소하는 것으로, 환경적인 요소가 인간의 행동 및 심리적 성향을 자극하여 범죄를 예방하는 것을 말한다. 깨진 유리창이론이란 깨진 유리창을 방치해 두면 그 지점을 중심으로 슬럼화가 진행된다는 이론이며, 상황적 범죄예방이론과 방어공간이론은 범죄자의 범죄실행을 어렵게 하기 위한 환경을 조성하거나, 거주자가 그 공간을 통제할 수 있도록 주거환경에 실제적, 상징적 방어물이나 감시 기회 등을 확대시켜 범죄가 일어나기 힘들게 만든다는 내용이다.

답 ④

26

CPTED의 기본전략과 실행방법의 연결이 옳지 않은 것은? 기출 19

① 접근통제 - 방범창 설치
② 자연적 감시 - 조명 개선
③ 접근통제 - 사적·공적 공간의 구분
④ 자연적 감시 - 조경수 정비

해설

사적·공적 공간을 구분하거나 울타리(펜스)를 설치하는 것은 영역성의 강화전략에 해당한다.

답 ③

27

셉테드(CPTED)의 기본원칙으로 옳지 않은 것을 모두 고른 것은? 기출 22

ㄱ. 이웃감시
ㄴ. 재물등록
ㄷ. 규칙제정
ㄹ. 접근통제
ㅁ. 자연적 감시
ㅂ. 영역성

① ㄱ, ㄴ, ㄷ
② ㄱ, ㄷ, ㄹ
③ ㄴ, ㄹ, ㅁ
④ ㄹ, ㅁ, ㅂ

해설

셉테드(CPTED)의 기본원칙으로 자연적 접근통제, 자연적 감시, 영역성의 강화, 활동의 활성화, 유지관리가 있다. 이웃감시, 재물등록, 규칙제정은 기본원칙에 해당하지 않는다.

핵심만콕 환경설계를 통한 범죄예방(CPTED)의 기본원리

원리	개념	예
자연적 감시	건축물이나 시설물 등의 설계 시에 가시권을 최대로 확보하고, 외부침입에 대한 감시기능을 확대함으로써 범죄행위의 발견가능성을 증가시키고, 범죄기회를 감소시켜 범죄를 예방하고 억제할 수 있다는 원리	조명, 조경, 가시권 확대를 위한 건물의 배치 등
자연적 접근통제	일정한 지역에 접근하는 사람들을 정해진 공간으로 유도하거나 출입하는 사람들을 통제하도록 설계함으로써 접근에 대한 심리적 부담을 증대시켜 범죄를 예방할 수 있다는 원리	차단기, 방범창, 잠금장치, 통행로의 설계, 출입구의 최소화
영역성의 강화	사적 공간에 대한 경계선을 표시하여 거주자들의 소유·책임의식을 강화시킴으로써 범죄에 대항·예방하게 하고, 외부인들에게는 침입에 대한 불법사실을 인식시켜 범죄기회를 차단하는 원리	울타리(펜스)의 설치, 사적·공적 공간의 구분
활동의 활성화	공공장소에 대한 주민들의 활발한 사용을 유도함으로써 '거리의 눈(eyes on the street)'에 의한 자연스러운 감시를 강화시키고 접근통제의 기능을 확대하는 원리	놀이터·공원의 설치, 체육시설의 접근성과 이용의 증대, 벤치·정자의 위치 및 활용성에 대한 설계
유지관리	어떤 시설물이나 공공장소를 처음 설계된 대로 지속적으로 이용될 수 있도록 관리함으로써 범죄예방을 위한 환경설계의 장기적이고 지속적인 효과를 유지하는 원리	파손의 즉시보수, 청결유지, 조명·조경의 관리

답 ①

28

환경설계를 통한 범죄예방(CPTED)의 기본원리가 아닌 것은? 기출 23

① 자연적 접근통제
② 자연적 감시
③ 영역성 강화
④ 전환제도(diversion)

해설

환경설계를 통한 범죄예방(CPTED)의 기본원칙으로 자연적 접근통제, 자연적 감시, 영역성의 강화, 활동의 활성화, 유지관리가 있다. 전환제도는 이 원칙에 해당하지 않는다.

> **핵심만콕　다이버전의 의의**
>
> 다이버전(전환제도)이란 대체처분 또는 우회처분이라고도 하는데, 광의로는 시설 내 처우를 사회 내 처우로 대체하는 등 형사제재를 최소화하는 것이다. 협의로는 법원의 확정판결이 있기 전에 형사사법기관이 통상의 사법처리 절차를 중지하는 조치이다.

답 ④

29

환경설계를 통한 범죄예방(CPTED)의 전략이 아닌 것은? 기출 09

① 안전한 입지환경
② 자연적 감시
③ 경찰순찰
④ 영역성 강화

해설

환경설계를 통한 범죄예방(CPTED)은 상황적 범죄예방이론을 바탕으로 건물이나 도시구조의 형태・조명・조경 등의 개선을 통해 범죄기회를 차단함으로써 주거침입 절도와 같은 기회성 범죄를 예방하기 위한 프로그램이다.

답 ③

30

환경설계를 통한 범죄예방(CPTED)전략이 아닌 것은? 기출 11

① 가로등의 확대설치를 통한 자연적 감시
② 주민자치기구를 통한 이웃감시
③ 출입차단기 설치를 통한 접근통제
④ 울타리 설치를 통한 영역성 강화

해설

환경설계에 주민의 참여는 필요하지만 범죄와 범죄의 공포를 감소시키는 것이 주목적이며, 이웃의 감시는 그 목적으로 적합하지 않다.

답 ②

31

상황적 범죄예방 전략에 해당하지 않는 것은? 기출 23

① 담장을 허문다.
② 경찰의 순찰을 강화한다.
③ CCTV를 추가로 설치한다.
④ 상점창문을 깨지지 않는 유리로 한다.

해설

상황적 범죄예방 전략에서는 범죄자의 범죄 실행이 어렵도록 범죄기회를 감소시키는 방안들이 강조되어야 하며, 이와 거리가 먼 것은 ①이다.

핵심만콕 상황적 범죄예방전략

- 대상의 강화 : 잠금장치나 경보장치를 사용함으로써 목표물의 물리적 안전성을 증대시킨다.
- 접근통제 : 출입문에 인터폰을 설치하거나 문에 시정장치를 하고 울타리 등을 설치한다.
- 요인통제 : 무기 구입이나 공공장소에서의 음주행위 등을 통제한다.
- 경비의 강화 : 경찰의 순찰 증대와 민간경비의 활성화, CCTV 설치와 홍보 등을 통해 범죄자의 잠재적 범행동기를 저하시킨다.

답 ①

32

환경설계를 통한 범죄예방전략을 적용하기에 가장 적합한 범죄유형은? 기출 10

① 절도범죄
② 사기범죄
③ 화이트칼라범죄
④ 사이버범죄

해설

환경설계를 통한 범죄예방(CPTED)전략이란, 범죄를 유발하는 물리적인 환경을 개선하여 근본적으로 범죄를 예방하는 과학적인 방법을 말한다. 이 전략을 적용하기에 가장 적합한 범죄유형은 물리적 설계·주민의 참여·경찰활동을 통해 예방할 수 있는 절도 및 강도범죄 등이다.

답 ①

33

상황적 범죄예방의 주요 전략에 포함되지 않는 것은? 기출 24

① 노력의 증대
② 위험의 증대
③ 보상의 감소
④ 변명의 용인

해설

클락(Clarke)과 코니쉬(Cornish)는 상황적 범죄예방의 5가지 목표로 노력의 증가, 위험의 증가, 보상의 감소, 자극의 감소, 변명의 제거를 제시하였다.

핵심만콕 클락(Clarke)과 코니쉬(Cornish)의 상황적 예방 기법

노력 증가	위험 증가	보상 감소	자극 감소	변명 제거
1. 표적강화	6. 보호 확대	11. 표적 은폐	16. 좌절과 스트레스 줄이기	21. 규칙 설정
2. 시설 접근통제	7. 자연감시 지원	12. 표적 제거	17. 분쟁 회피	22. 지시의 공시
3. 출구 차단	8. 익명성 감소	13. 재물 감정	18. 유혹과 감정 자극 감소	23. 양심 환기
4. 범죄자 우회시키기	9. 장소관리자 활용	14. 시장 분쇄	19. 또래압력 중화	24. 응낙 지원
5. 도구/무기 통제	10. 공식적 감시 강화	15. 이득 부인	20. 모방 단념시키기	25. 약물과 알코올 통제

〈출처〉 김성언, 「상황적 범죄예방론에 대한 비판적 검토」, 형사정책연구, 2009, p1048

답 ④

34

절도예방을 위해 자전거에 일련번호를 새겨서 경찰서에 등록하는 프로그램에 해당하는 것은? 기출 21

① 접근통제
② 재물표시
③ 양심에 호소
④ 자연적 감시

해설

재물표시에 대한 설명이다. 자전거 등록제의 경우, 자전거 고유의 차대번호를 공공기관(경찰서) 시스템에 등록한 뒤 등록스티커를 부착하는 방식으로 운영되며, 이를 통해 사고를 예방하고 절도 및 분실에 대한 후속조치를 도모할 수 있다.

> **핵심만콕** 지역사회의 범죄예방전략
>
> 이웃감시프로그램, 시민들의 방범순찰, 재물확인 마킹제, 범죄신고보상제, 안전검사, 무임승차단속, 방범협회·자율방범대, 여성안심귀가서비스 등이 있다.

답 ②

35

최근 증가하고 있는 CCTV 설치에 대한 비판이 아닌 것은? 기출 11

① 사생활 침해
② 범죄의 전이
③ 혜택의 확산
④ 고비용

해설

CCTV의 설치로 인해 시민들의 초상권이 침해될 수 있고, 사생활의 노출로 시민 개개인이 잠재적 범죄자로 각인될 수도 있으며, 높은 투자비용과 CCTV 설치 지역 외에 다른 지역에서 범죄가 발생하는 범죄의 전이 현상이 나타난다. 혜택의 확산은 CCTV의 비판과 관련이 없다.

답 ③

36

제프리(C. Jeffery)의 범죄예방모델에 관한 설명으로 옳지 않은 것은? 기출 14

① 범죄억제모델은 형벌을 통한 범죄방지를 추구한다.
② 사회복귀모델은 범죄인의 재사회화를 추구한다.
③ 사회복귀모델은 범죄인의 비구금 처우를 지향한다.
④ 환경공학적 범죄통제모델의 예로 교정시설의 개선을 들 수 있다.

해설
교정시설의 개선은 사회복귀모델의 예이다.

답 ④

37

제프리(C. Jeffery)의 3가지 범죄예방대책모델 중 사회복귀모델과 관련이 없는 것은? 기출 17

① 범죄인의 재사회화와 재범방지에 중점
② 교육과 직업훈련의 강화
③ 무력화를 통한 범죄예방
④ 현대 행형론의 주요한 모델

해설
사회복귀모델은 임상적 개선방법, 지역활동, 교육·직업훈련, 교정시설의 개선, 복지정책 등을 통하여 범죄인을 재사회화하는 재범의 방지에 중점을 두고 있으며, 범죄인의 비구금 처우를 지향하여 행형론의 주요한 모델이 되고 있다.

답 ③

38

범죄 기회가 차단되어 범죄의 이동 현상이 발생하는 대체(Displacement) 현상 중 지하철 범죄에 대한 대책이 강화되자 지하철 승객을 대상으로 하는 범죄는 줄었지만 그 외 대중교통 승객에 대한 범죄는 오히려 늘어난 것은 무엇에 해당하는가? 기출 08

① 시간적 대체
② 전술적 대체
③ 기능적 대체
④ 대상의 대체

해설
설문의 내용은 범죄자들이 종전과 다른 피해자, 즉 범행대상을 선택한 경우이므로 대상의 대체(목표의 대체)에 해당한다. 범행대상의 전이라고도 한다.

답 ④

39

다음에서 설명하는 범죄전이의 유형은? 기출 16

> 특정한 지역에서 이웃감시프로그램을 시작하자 절도범들이 인근의 다른 지역으로 이동하여 절도범죄를 행하는 현상

① 영역적 전이
② 전술적 전이
③ 시간적 전이
④ 기능적 전이

해설
범죄가 한 지역에서 다른 지역으로, 일반적으로 인접지역으로 이동하는 것은 영역적 전이이다.

답 ①

40

레페토(T. Reppetto)가 분류한 범죄전이(Crime displacement)의 유형이 아닌 것은? 기출 12

① 조직적 전이
② 영역적 전이
③ 시간적 전이
④ 전술적 전이

해설

범죄전이란 개인 또는 사회의 예방활동에 의한 범죄의 변화를 의미한다. 레페토는 범죄의 전이를 영역적 전이, 시간적 전이, 전술적 전이, 목표의 전이, 기능적 전이 등으로 분류하였다.

답 ①

41

다음과 같이 레페토(T. Reppetto)가 분류한 범죄전이(Crime displacement)의 유형은? 기출 20

> A는 상습절도를 저지르다가 절도행각을 그만두고 사기범죄로 전환하였다.

① 지역적 전이
② 목표의 전이
③ 기능적 전이
④ 시간적 전이

해설

범죄자가 한 범죄를 그만두고, 다른 범죄유형으로 옮겨가는 것은 기능적 전이에 해당한다.

핵심만콕 범죄의 전이(대체, Displacement)

특정한 지역 안에서 행해지는 범죄예방활동의 영향으로 범죄가 다른 지역으로 이동하는 것을 의미한다. 전이에 관한 대부분의 논의는 범죄가 한 지역에서 다른 지역으로 이동하는 것에 초점을 두며, 범죄의 감소나 예방차원보다는 단지 범죄의 이동에 국한된다. 이러한 범죄전이를 레페토(T. Reppetto, 1976)는 지역적(Territorial), 시간적(Temporal), 전술적(Tactical), 범행대상(Target) 및 기능적(Functional)으로 구분하였고, 이후 피즈(Pease, 1990)가 범죄자(Perpetrator) 전이를 이에 추가하게 된다. 내용을 살펴보면 다음과 같다.

영역·지역적 전이	한 지역에서 다른 지역, 일반적으로 인접지역으로의 이동
시간적 전이	낮에서 밤으로와 같이 한 시간에서 다른 시간으로의 범행 이동
전술적 전이	범행에 사용하는 방법을 바꿈
목표의 전이	같은 지역에서 다른 피해자 선택
기능적 전이	범죄자가 한 범죄를 그만두고, 다른 범죄유형으로 옮겨감
범죄자 전이	범죄자의 활동의 중지가 또 다른 범죄자에 의해 대체

답 ③

2 범죄예측론

42

다음이 설명하는 개념은? 기출 24

> 범죄를 저지를 가능성이 있는 사람 또는 범죄자를 대상으로 차후의 범죄개연성을 사전에 판별하는 활동

① 범죄예측
② 판별분석
③ 예후분석
④ 분류심사

해설

범죄예측 또는 비행예측이란 범죄자나 비행소년을 조사하여 그 장래의 범죄나 비행을 예측하는 것을 말한다. 이는 교도소의 과밀수용의 폐해 해소를 위해서 뿐만 아니라 전략순찰, 문제지향의 순찰활동 및 기타 범죄예방활동을 위해서도 중요하다.

핵심만콕

② 판별분석이란 범죄와 관련된 자료를 분석하여 범죄자와 비범죄자를 구분하는 분석방법이다.
③ 예후분석이란 범죄자의 행위를 예측하고 재범 여부를 추적하는 분석을 말한다.
④ 분류심사란 수형자의 개인적 특성을 심사하여 교정교화를 위한 개별처우 계획을 수립하는 제도를 말한다.

답 ①

43

통계적 범죄예측방법에 관한 설명으로 옳은 것은? 기출 14

① 인간의 보편적 인식능력을 기초로 한다.
② 범죄자의 특성을 계량화하는 방법이다.
③ 범죄자의 성격분석을 토대로 하는 방법이다.
④ 판단자의 직업경험이 중요한 역할을 한다.

해설

통계적 범죄예측방법(점수법)은 범죄자의 특성을 계량화(수량화)하여 그 점수의 많고 적음에 따라 장래의 범죄행동을 예측하는 방법을 말한다.

답 ②

44

범죄예측에 관한 설명으로 옳지 않은 것은?

① 범죄예방단계에서의 범죄예측은 주로 소년들의 잠재적인 비행을 예측하는 데 사용되고 있으나, 오히려 소년들을 미래의 비행자로 낙인찍을 수 있다는 비판이 제기된다.
② 재판단계에서의 범죄예측은 양형책임을 결정하는 중요한 수단으로 작용한다.
③ 가석방결정을 위해 범죄예측이 활용된다.
④ 통계적 예측방법은 범죄의 종합적인 측면과 개별 범죄자의 고유한 특성을 동시에 고려할 수 있지만 경험이 풍부한 전문가에 의해서만 행해져야 한다는 단점이 있다.

해설

④는 통합적 예측방법(구조예측의 방법)에 대한 비판이다. 통계적 예측방법은 다양한 과학적 지식과 논리를 가지고 범죄의 원인을 분석하면서 범죄를 행한 자들의 개인적 특성들을 계량화하여 그 점수의 많고 적음에 따라 장래의 범죄행동을 예측하는 방법으로, 범죄의 개별적 차이를 구별하기 곤란하다는 단점을 지닌다.

답 ④

45

주관적 범죄예측과 비교할 때 통계적 범죄예측의 특징이 아닌 것은? 기출 21

① 일반적으로 예측의 정확도가 높다.
② 실무 적용 시 전문지식이나 훈련이 많이 필요하지 않다.
③ 향후의 정책을 위한 기초자료를 축적하는 데 유리하다.
④ 예측자의 개인적인 판단이 크게 작용할 수 있다.

해설

보기 중에서 ④는 주관적 범죄예측(전체적 평가법/임상적 예측법)의 특징에 해당한다.

핵심만콕 범죄예측의 종류

전체적 평가법 혹은 임상적 예측법	• 범죄자 또는 비행소년의 소질과 인격 전체에 대한 구체적 상황을 종합 분석하여 그 사람의 범죄성향을 임상적 경험에 의하여 예측하는 방법이다. • 의학, 심리학, 사회학 등 여러 가지 이론과 시각들을 바탕으로 노련한 경험 및 직관적인 판단으로 범죄가능성을 종합적으로 판단하는 것이다. • 각 개인에 내재하는 특수성이나 특이성을 집중적으로 관찰할 수 있다. • 평가자의 주관이 개입하기 쉬우므로 객관성이 결여되기 쉬운 단점이 있다. • 범죄학적 전문가로부터는 효율적인 결과를 기대할 수 있지만 전문적 지식이나 경험이 없는 사람들이 사용할 경우 잘못된 판정을 가져올 가능성이 많으며, 이러한 경우에는 위험한 예측이 될 것이다. • 전문 판단가의 개인차로 인하여 객관적인 기준을 확보하기 곤란하다.
통계적 예측법 혹은 점수법에 의한 예측	• 전체적 평가법에서 범하기 쉬운 객관성 문제를 개선하기 위해 개발된 방법이다. • 여러 자료를 통하여 범죄예측 요인을 수량화함으로써 점수의 비중에 따라 범죄 또는 비행을 예측하는 것이다. • 기존자료에 대한 분석을 통하여 예측요인 중에서 빈도가 높거나 범죄요인으로 간주되는 요인을 통계적으로 점수화하여 판정척도를 작성하고 그 기준에 따라 범죄 또는 비행 여부를 예측한다. • 이미 만들어진 판정척도를 사용하므로 판단과정에 전문가의 개입을 요하지 않고 임상적 지식이나 경험이 없는 사람도 예측을 할 수 있다는 장점이 있다. • 과거의 많은 사례에 대한 기록이나 경험에 의거하여 예측을 하는 것이므로 그만큼 타당성을 지닐 수 있다. • 많은 사례를 중심으로 개발된 것이기 때문에 개별 범죄자마다 고유한 특성이나 개인의 편차를 예측과정에 충분히 반영할 수 없다.

〈출처〉 박상기 외 2인, 「형사정책」, 한국형사정책연구원, 2021, P. 266~267

답 ④

3 범죄피해자론

46
CHECK ○ △ ×

피해자학 이론이 제시하고 있는 개념에 관한 설명으로 옳지 않은 것은? 기출 11

① 범죄와의 근접성은 목표물과 범죄자 간의 심리적 거리이다.
② 범죄에의 노출은 개인의 범죄에 대한 취약성을 나타내는 것이다.
③ 목표물의 매력성은 범죄자에게 느껴지는 상징적 또는 경제적 가치이다.
④ 보호능력은 범죄발생을 미연에 방지할 수 있는 능력이다.

해설

범죄와의 근접성은 범죄의 잠재적 표적이 사는 곳과 상대적으로 많은 수의 범죄자가 발견된 지역과의 물리적 거리로 나타낼 수 있다.

핵심만콕 피해자학 이론에 필요한 주요 개념

범죄와의 근접성	• 범죄다발지역에 가까울수록 피해 위험성이 증대된다는 것으로서, 범죄의 잠재적 표적이 사는 곳과 상대적으로 많은 수의 범죄자가 발견된 지역과의 물리적 거리로 나타낼 수 있다. • 범죄다발지역에 거주하는 사람일수록 범죄피해자가 될 위험성이 더 많은 이유는 범죄자와의 빈번한 접촉가능성을 증대시키기 때문이다.
범죄에의 노출	• 범죄에 대한 노출은 개인의 범죄에 대한 취약성을 나타내는 것이라고 할 수 있다. • 외진 지역에 위치한 건물이나 가옥은 침입절도에 그만큼 많이 노출되는 것이며, 위험한 시간에 위험한 지역에 처한 사람은 당연히 강도나 폭행의 위험성을 더 많이 안고 있다고 할 수 있다. • 범죄에의 노출은 대체로 개인의 일상적 활동과 생활양식에 기인하는 바가 크다.
표적의 매력성	범죄에 있어서 특정한 표적이 범죄자에게 상징적・경제적 가치가 있기 때문에 선택된다는 논리에 기초한다. 범죄의 표적으로서 매력은 가치뿐만 아니라 물리적 저항이 적을수록 매력적인 표적이라고 할 수 있다.
보호능력	• 피해의 대상이 될 수 있는 사람이나 물건의 범죄발생을 미연에 방지할 수 있는 능력을 말한다. • 따라서 보호능력이란 대인적 또는 사회적인 면(가족구성원, 이웃과의 친분 등)과 물리적 차원(방범시설, 장치 등)을 공히 내포하고 있다.

〈출처〉 이윤호, 「범죄학」, 박영사, 2019, P. 380~381

답 ①

47

범죄피해의 원인을 설명한 이론이 아닌 것은? 기출 10

① 정신분석학적 이론
② 생활양식이론
③ 합리적 선택이론
④ 일상활동이론

해설

범죄피해이론은 범죄의 기회구조와 표적의 선택 등과 관련된 요소를 다룬다. 이에 해당하지 않는 것은 심리학적 원인론에 해당하는 ①이다.

핵심만콕 주요 범죄피해이론

기회이론		• 기회의 개념에 초점을 두며, 피해사건이 시간과 공간에 걸쳐 분포되는 방식을 이해하려 한다. • 왜 어떤 사람들이 다른 사람들에 비해 범죄피해를 당할 가능성이 높은가 하는 문제를 다룬다.
	생활양식 노출이론	• 힌델랑(Hindelang)과 그의 동료들이 발전시킨 이론이다. • 사람들의 사회인구학적 특성과 범죄피해 위험 간의 관계에 초점을 두었으며, 이 둘 간의 관계를 설명해주는 개념이 생활양식(일상적인 여가 및 직업활동)이라고 주장하였다.
	일상활동 이론	• 코헨(Cohen)과 펠슨(Felson)이 제안한 것이다. • 범죄발생의 세 가지 필수요건으로서 동기화된 위반자, 적절한 범행대상, 효과적인 보호력의 부재를 제시하였다. • 특정 범죄피해가 발생하기 위해서는 이 세 가지 요소가 모두 일정한 시간과 공간에 수렴되어야 한다고 주장하였으며, 이 세 요소가 특정 시공에 수렴할 확률은 사람들의 일상활동이 갖는 성격에 달려 있다고 보았다.
	구조적 선택이론	• 미테(Miethe)와 마이어(Meier)가 제안한 것이다. • 일상활동이론의 핵심개념인 효과적인 보호력과 목표의 매력성에 근접성과 노출의 정도라는 요인을 추가하였다. • 근접성이란 잠재적 범죄자가 사는 지역과 잠재적 목표가 위치한 지역 간의 물리적 접근성을 말하며, 노출의 정도는 목표의 가시성 또는 목표에 대한 접근가능성을 말한다. • 특정 목표의 선정은 그 목표를 선정함으로써 얻게 되는 보수와 그에 따르는 위험(비용)에 대한 합리적인 판단에 달려있다고 전제한다(합리적 선택이론 전제).
피해자 - 가해자 상호작용이론		특정 피해사건에서 피해자는 어떠한 역할을 하며, 사회적 교환의 맥락에서 피해자와 가해자가 어떻게 상호영향을 주고받는지 밝히려 한다.
	피해자 촉발이론	• 울프강(M. Wolfgang)은 자신이 연구한 살인사건의 약 1/4에서 가해자보다는 오히려 피해자가 먼저 무기를 휘두르거나 폭력으로 위협하는 등의 공격적 행동을 함으로써 사건의 발단을 제공하였음을 발견하였다. • 살인행위는 단순히 살인자의 살의의 산물이 아니라 피해자와 가해자가 함께 연루되는 상황적 역학의 산물이라는 것이다.
	상황적 전이행위 이론	• 루켄빌(Luckenbill)은 피해사건을 상황적 전이행위로 개념화하였고, 범죄사건을 하나의 연극에 유추하였다. • 범죄피해사건은 특정 상황 속에서 가해자와 피해자(때로는 목격자)가 구성해나가는 역동적인 상호작용의 산물이라고 보았다.

〈출처〉 이민식, 「사이버공간에서의 범죄피해」, 한국형사정책연구원, 2000, P. 37~41

답 ①

48

범죄피해 관련 이론이 아닌 것은? 기출 14

① 일상활동이론
② 차별기회이론
③ 생활양식노출이론
④ 피해자 – 가해자 상호작용이론

해설

차별기회이론은 사회구조이론에 해당되는 것으로, 청소년비행의 예방과 교화정책에 많은 영향을 미쳤다. 범죄피해 관련 이론에는 일상활동이론, 생활양식노출이론, 피해자 – 가해자 상호작용이론, 구조적 – 선택모형 등이 있다.

답 ②

49

범죄피해와 관련된 이론이 아닌 것은? 기출 20

① 생활양식노출이론
② 합리적 선택이론
③ 피해자 – 가해자 상호작용이론
④ 사회유대이론

해설

사회통제이론 중 하나인 허쉬의 사회유대이론은 모든 사람을 잠재적 범죄자로 가정하였으며, "왜 많은 사람들이 범죄를 저지르지 않고 사회규범에 동조하는가"에 대해 관심을 가졌다.

핵심만콕

① 생활양식노출이론은 개인의 직업적 활동과 여가활동을 포함한 일상적 활동의 생활양식이 그 사람의 범죄피해위험성을 결정하는 중요한 요인이 된다는 이론이다.
② 합리적 선택이론은 범죄자가 범죄의 이익과 비용을 계산하여 범죄와 범행대상을 선택하고 그 실행 여부를 결정한다는 것으로, 범죄피해이론 및 상황적 범죄예방에 설득력 있는 논거를 제공한다.
③ 피해자 – 가해자 상호작용이론(예 피해자 촉발이론, 상황적 전이행위이론)은 범죄사건을 피해자와 가해자 간의 역동적 상호작용의 산물로 본다. 이러한 관점은 피해자와 가해자가 서로 고립되어 행동하지 않는다는 점을 전제로 하며, 대인범죄(살인, 강도 등)의 설명에 유용하다.

답 ④

50

생활양식이론이 강조한 범죄피해자의 특성이 아닌 것은? 기출 24

① 기혼자가 미혼자보다 피해를 많이 당한다.
② 하류층이 상류층보다 피해를 많이 당한다.
③ 청년층이 노년층보다 피해를 많이 당한다.
④ 남성이 여성보다 피해를 많이 당한다.

해설

생활양식이론은 개인의 직업적 활동과 여가활동을 포함한 일상적 활동의 생활양식이 그 사람의 범죄피해위험성을 결정하는 중요한 요인이 된다고 설명하는 범죄피해이론이다. 젊은 사람·남자·미혼자·저소득층·저학력층 등이 노년층·여자·기혼자·고소득층·고학력층보다 폭력범죄의 피해자가 될 확률이 훨씬 높다고 할 수 있다.

답 ①

51

코헨과 펠슨(Cohen & Felson)의 일상활동이론(routine activities theory)에서 범죄가 발생하기 위한 3가지 요소가 아닌 것은? 기출 23

① 동기화된 범죄자
② 적절한 피해대상
③ 감시기능의 부재
④ 엄격한 처벌

해설

코헨과 펠슨은 일상활동이론(일상행위이론)을 통해 범죄발생의 세 가지 필수 요건으로 동기화된 범죄자·적절한 표적(피해대상)·감시자의 부재를 제시하였다.

> **핵심만콕** 일상활동이론(Routine activity theory)
>
> - 코헨과 펠슨은 범죄발생의 세 가지 필수요건으로서 동기화된 범죄자(Motivated offender), 적절한 표적(Suitable target), 감시자(보호할 수 있는 능력)의 부재(Absence of capable guardianship)를 제시하였다.
> - 특정 범죄피해가 발생하기 위해서는 이 세 가지 요소가 모두 일정한 시간과 공간에 수렴되어야 한다고 주장하였다. 세 요소가 특정 시공에 수렴할 확률은 사람들의 일상활동이 갖는 성격에 달려 있다.
> - 이 이론에 따르면, 범죄자를 자극하거나 동기를 부여하는 구조적 조건이 변화되거나 증가되지 않더라도, 매력적이고 무방비상태인 범죄표적이 늘어나는 한 범죄율의 증가는 얼마든지 가능하다고 한다.
> - 실업률·경제적 불평등·인종차별 등 범인성을 증대시키는 구조적 조건이 저하됨에도 불구하고 범죄율이 지속적으로 증가하고 있는 이유를 설명할 수 있다.

답 ④

52

CHECK ○△✕

다음이 설명하는 이론은? 기출 16

> 범죄가 발생하기 위한 조건으로 매력적인 목표의 존재, 감시기능의 부재, 동기화 된 범죄자가 있어야 한다고 주장

① 코헨과 펠슨(Cohen & Felson)의 일상활동이론
② 타르드(Tarde)의 모방이론
③ 애그뉴(Agnew)의 일반긴장이론
④ 울프강과 페라쿠티(Wolfgang & Ferracuti)의 폭력하위문화이론

해설

코헨과 펠슨의 일상활동이론에 따르면 범죄발생의 세 가지 필수요건으로서 적절한 표적·감시자(보호할 수 있는 능력)의 부재·동기화 된 범죄자가 있으며, 특정 범죄피해가 발생하기 위해서는 이 세 가지 요소가 모두 일정한 시간과 공간에서 수렴되어야 한다고 주장하였다. 이 이론으로 실업률·경제적 불평등·인종차별 등 범인성을 증대시키는 구조적 조건이 저하됨에도 불구하고 범죄율이 지속적으로 증가하고 있는 이유를 설명할 수 있다.

답 ①

53

CHECK ○△✕

코헨(L. Cohen)과 펠슨(M. Felson)의 일상생활이론(Routine activities theory)에서 범죄가 발생하기 위한 요소들이 옳게 나열된 것은?

① 생물학적 결함을 지닌 자, 사회의 해체, 적절한 범행대상
② 심리적 결함을 지닌 자, 사회윤리의 붕괴, 형사처벌의 약화
③ 범행동기를 지닌 자, 사회적 긴장, 범죄적 하위문화의 존재
④ 범행동기를 지닌 자, 적절한 범행대상, 유능한 감시인의 부재

해설

일상생활이론(일상활동이론)은 일상생활이나 생활양식의 일정한 유형이 범죄를 유발하는 데 적합한 사람이 그렇지 않은 사람보다 범죄피해자가 되기 쉽다는 이론이다. 이에 따르면 일상활동의 구조적 변화가 ⓘ 동기를 지닌 범죄자, ⓒ 합당한 표적, ⓒ 보호능력의 부재라는 세 가지 요소에 시간적·공간적인 영향을 미쳐서 발생한다고 한다.

답 ④

54

코헨(L. Cohen)과 펠슨(M. Felson)의 일상활동이론에서 범죄가 발생하기 위한 세 가지 조건에 해당하지 않는 것은? 기출 12

① 적절한 표적
② 감시기능의 부재
③ 동기화된 범죄자
④ 우범지역의 존재

해설

일상활동이론은 코헨과 펠슨이 주장한 이론이며, 범죄발생의 세 가지 필수요건으로 동기가 부여된 범죄자·적합한 표적·보호할 수 있는 능력의 부재를 제시하였다.

답 ④

55

1941년 "행위자와 피해자 사이의 상호작용에 관한 연구"라는 논문에서 범죄피해자는 단순한 수동적 객체에 불과한 것이 아니라 범죄화 과정의 적극적 주체가 된다고 주장한 학자는? 기출 10

① 머튼(Merton)
② 허쉬(Hirschi)
③ 헨티히(Hentig)
④ 롬브로소(Lombroso)

해설

설문은 독일의 범죄학자 헨티히에 대한 내용이다. 머튼은 아노미이론, 허쉬는 사회유대이론, 롬브로소는 생래적 범죄자론을 주장하였다.

핵심만콕

독일의 범죄학자 헨티히(Hans von Hentig)는 "행위자와 피해자 사이의 상호작용에 관한 연구"(1941)라는 논문에서 최초로 동적 관점에 근거하여 범죄자와 피해자의 상호작용에 의하여 범죄가 발생한다는 것을 주장하였다. 즉, 범죄피해자는 단순한 수동적 객체에 불과한 것이 아니라 범죄화 과정의 적극적 주체가 된다는 것이다. 헨티히는 범죄자와 피해자는 공격과 방어가 혼동되고 뒤섞이는 과정에 놓이기 때문에 피해자에 대한 관찰이 없이는 심리적 비난이 피해자에게도 가해진다고 보았다. 이는 마치 일방이 일으킨 싸움과정에서 방어행위자를 비난(예 정당방위의 부인)하는 것과 마찬가지다. 또한 성범죄 피해자인 여성을 비난하는 것도 같은 심리적 기제의 결과이다.

〈출처〉 박상기 외 2인, 「형사정책」, 한국형사정책연구원, 2021, P. 277

답 ③

56

일상활동이론(Routine activity theory)의 세 가지 요소가 아닌 것은? 기출 11

① 동기화된 범죄자
② 신속한 운송수단
③ 적절한 대상
④ 가용한 보호의 부재

해설

코헨과 펠슨은 사회에서 발생하는 범죄는 범행을 동기화한 사람·적절한 범행 대상·범행을 막을 수 있는 사람의 부존재의 세 변수에 의해 결정된다고 보았다.

답 ②

57

범죄의 2차 피해에 해당하지 않는 것은? 기출 21

① 폭행피해를 당하여 병원에서 전치 3주의 진단을 받음
② 가정폭력 피해자가 수사관의 성희롱성 질문에 시달림
③ 재판과정에서 강간피해자가 합의한 성관계가 아니었냐는 반복적인 심문에 시달림
④ 사기피해자가 수사과정에서 노출된 개인정보로 인해 괴로움을 당함

해설

범죄나 불법행위로 인하여 개인이 육체적 피해를 직접적으로 받은 경우는 1차 피해에 해당한다.

핵심만콕 피해자화 단계에 따른 분류

1차 피해자화	개인·단체집단이 범죄나 불법행위, 사회생활 중 부당한 사건에 의해 육체적·물질적·심리적 피해를 직접적으로 받게 되는 것을 의미한다.
2차 피해자화	범죄피해자가 형사절차를 통하여 받을 수 있는 피해자화로, 최초의 범죄피해에 대하여 사건을 처리하는 과정에서 파생되는 피해자가 받게 되는 피해를 말한다. 주로 수사기관이나 재판기관에서 발생하는 피해자 본인이나 그 가족 등의 고통이 주가 된다.
3차 피해자화	1·2차 범죄피해에서 적절한 피해자 지원이나 대책을 받지 못한 경우에 발생하는 사회적·비사회적 반응과 관련된 피해를 말한다. 예를 들면 강간 범죄피해자가 수사과정에서 수모를 느껴 자살에 이르는 경우 등을 말한다.

답 ①

58

형사사법기관에 종사하는 공무원이 범죄사건을 처리하는 과정에서 잘못 대응함으로써 범죄피해자가 사건 그 자체로 인한 피해 이외에 새롭게 입게 되는 피해는 무엇인가? 기출 08

① 중복 피해
② 2차 피해
③ 간접적 피해
④ 파생적 피해

해설
2차 피해는 최초의 범죄피해에 대하여 사건을 처리하는 과정에서 파생되어 피해자가 받게 되는 피해를 말한다.

답 ②

59

범죄피해자가 형사사법절차를 통하여 받을 수 있는 피해자화는? 기출 13

① 제1차 피해자화
② 제2차 피해자화
③ 제3차 피해자화
④ 제4차 피해자화

해설
제2차 피해자화는 최초의 범죄 피해에 대하여 사건을 처리하는 과정에서 파생되는 피해자가 받게 되는 피해를 말하며, 주로 수사기관이나 재판기관에서 발생하는 피해자 본인이나 그 가족 등의 고통이 주가 된다.

답 ②

60

범죄피해자화의 단계 중 1차 피해자화에 관한 설명으로 옳은 것은? 기출 17

① 범죄현장의 직접적인 피해를 말한다.
② 형사사법기관의 수사나 재판과정에서 받게 되는 피해를 말한다.
③ 주위사람들로부터 부정적인 반응을 얻는 피해를 말한다.
④ 언론보도로 인해 명예가 실추되는 피해를 말한다.

해설
1차 피해자화는 범죄나 불법행위, 기타 개인·단체집단이 사회생활 중 부당한 사건에 의해 육체적, 물질적, 심리적 피해를 직접적으로 받게 되는 것을 말한다.

답 ①

61

회복적 사법의 목표가 아닌 것은? 기출 23

① 피해의 회복
② 피해자와 가해자의 화해
③ 가해자의 신상등록 및 공개
④ 공동체의 강화

해설

가해자의 신상등록 및 공개는 회복적 사법의 목표와 거리가 멀다. 회복적 사법이란 범죄과정에서 이해관계를 가지고 있는 사람들, 가령 범죄자·피해자·관련 공동체 등이 대화를 통해서 범죄문제로 야기된 문제들을 함께 해결하고 범죄행위로 인한 피해를 치유함으로써 정상적인 상태로 상황을 돌려놓으려는 노력의 총체이다. 당사자가 자발적 참여하여 관련 당사자들의 재통합을 하고자 하며, 피해자와 가해자의 화해를 추구하고, 이로 당사자 간의 공동체의 강화를 목표로 한다.

답 ③

62

회복적 사법에 관한 설명으로 옳지 않은 것은? 기출 20

① 가해자의 사회복귀에도 유리하다.
② 가해자, 피해자 및 지역사회가 참여하여야 한다.
③ 피해자의 치유와 피해의 회복에 기여하게 된다.
④ 삼진아웃제는 회복적 사법의 예에 해당된다.

해설

삼진아웃제를 통해 상습범죄자를 무겁게 처벌하는 것은 범죄의 억제 및 처벌의 엄격성과 관련이 있는 내용으로, 회복적 사법과는 거리가 멀다.

> **핵심만콕 회복적 사법**
>
> - 회복적 사법이란, 피해자와 가해자 또는 지역사회 구성원 등 범죄사건 관련자들이 사건 해결과정에 능동적으로 참여하여 피해자 또는 지역사회의 손실을 복구하고, 관련 당사자들의 재통합을 추구하는 일체의 범죄대응형식을 말한다.
> - 회복적 사법이란 범죄과정에서 이해관계를 가지고 있는 사람들, 가령 범죄자·피해자·관련 공동체 등이 대화를 통해서 범죄문제로 야기된 문제들을 함께 해결하고 범죄행위로 인한 피해를 치유함으로써 정상적인 상태로 상황을 돌려놓으려는 노력의 총체이다.

답 ④

63

회복적 사법의 핵심원리로 옳지 않은 것은? 기출 16

① 당사자의 자발적 참여
② 피해의 회복
③ 사회공동체의 참여
④ 가해자에 대한 필요적 처벌

해설

회복적 사법의 핵심원리에 해당하는 것은 ①·②·③이다. 반면 ④의 경우 전통적 형사사법의 원리로서 제재와 처벌에 초점을 둔다는 점에서 앞서 말한 원리와 구별된다.

답 ④

64

회복적 사법제도에 관한 설명으로 옳은 것은? 기출 10

① 재범예방을 위해 고통을 부과하는 것을 목적으로 한다.
② 엄정하고 확실한 처벌을 통해서 피해자의 피해회복을 추구한다.
③ 사법처리 과정에서 형사사법기관이 가해자와 피해자 간의 조정과 합의를 강조한다.
④ 피해자의 욕구보다 가해자와 지역사회의 욕구를 우선한다.

해설

사법처리 과정에서 형사사법기관이 가해자와 피해자 간의 조정과 합의를 강조하는 것이 회복적 사법제도의 특징이다.

핵심만콕

21세기 형사사법의 목표는 범죄자를 처벌하는 것만이 아니라 범죄피해자의 피해회복을 통하여 사회적 화합을 성취하는 것이라고 할 수 있다. 그리고 이를 통하여 가해자에게도 사회복귀의 기회와 가능성을 높여줄 수 있다고 본다. 회복적 사법은 이러한 목표 달성의 일환으로 1970년대 초반부터 미국에서 등장한 형사사법의 새로운 접근방법이다. (중략) 일반적으로 정의하자면 회복적 사법은 중재자의 도움으로 범죄로 인한 피해자와 가해자, 그 밖이 관련자 및 지역공동체가 함께 범죄로 인한 문제를 치유하고 해결하는 데에 적극적으로 참여하는 절차를 의미한다.

〈출처〉 박상기 외 2인, 「형사정책」, 한국형사정책연구원, 2021, P. 290~291

답 ③

65

회복적 사법 전략에 관한 설명으로 옳지 않은 것은? 기출 17

① 지역사회가 부담할 형사사법비용을 국가가 부담한다는 비판을 받는다.
② 전통적인 구금처우정책이 사회적 문제를 야기했다는 반성에서 시작되었다.
③ 피해자와 지역사회에 대한 가해자의 적극적인 사과와 배상노력이 전제되어야 한다.
④ 범죄자와 피해자 간 조정제도는 당사자 간 화해가 전제되어야 한다.

해설

①은 전통적 형사사법에 관한 내용이다.

답 ①

66

현행법상 형사조정제도와 같이, 임금체불 사기죄로 고소당한 고용주와 피해자를 불러 원만한 합의에 이르도록 하는 제도에 해당하는 것은? 기출 21

① 피해자 - 가해자 중재제도
② 써클양형
③ 가족집단회합
④ 삼진아웃제

해설

피해자 - 가해자 중재제도(조정프로그램)에 대한 설명이다.

핵심만콕 회복적 사법 프로그램의 주요 유형

회복적 사법이란, 피해자와 가해자 또는 지역사회 구성원 등 범죄사건 관련자들이 사건 해결과정에 능동적으로 참여하여 피해자 또는 지역사회의 손실을 복구하고, 관련 당사자들의 재통합을 추구하는 일체의 범죄대응형식을 말한다.

피해자 - 가해자 조정프로그램	• 가해자들이 가해행위에 대하여 책임을 지게 하는 한편, 범죄피해자들의 요구에 대응하기 위해서 고안된 것이다. • 훈련된 중재자의 도움을 받아 피해자와 가해자가 직접·간접적으로 상호 간의 감정과 이해관계를 표현·전달하여 사건을 종결시키는 합의에 도달하게 한다.
가족집단회합	참여자는 피해자 및 가해자 쌍방의 가족과 친구뿐만 아니라, 때로는 지역사회 구성원을 포함하며 소집자·촉진자를 두고 회합을 통해 바람직한 결과를 알아내고 범죄의 결과에 대처하며, 범죄행위의 재발을 방지하는 데 적절한 방안을 모색하는 것을 말한다.
양형써클	판사·검사·변호사·경찰관·피해자·가해자·가족·지역주민 등이 포함된 참여자들이 써클을 만들어 서로 마주보고 앉아 분쟁을 해결하고 사건을 종결할 수 있는 최선의 방법에 대한 합의를 도출하도록 토론하는 것을 말한다.

답 ①

67

회복적 사법의 이념에 기초한 프로그램이 아닌 것은? 기출 12

① 삼진아웃제
② 피해자와 가해자의 조정
③ 양형서클
④ 가족집단회합

해설

삼진아웃제를 통해 상습범죄자를 무겁게 처벌하는 것은 범죄의 억제 및 처벌의 엄격성과 관련이 있는 내용으로, 회복적 사법과는 거리가 멀다.

답 ①

68

회복적 사법에 기초한 프로그램이 아닌 것은? 기출 24

① 양형써클
② 가족집단회합
③ 피해자와 가해자의 조정
④ 성충동약물치료

해설

성충동약물치료는 비정상적인 성적 충동이나 욕구를 억제하기 위한 조치로서, 성도착증 환자에게 약물 투여 및 심리치료 등의 방법으로 도착적인 성기능을 일정기간 동안 약화 또는 정상화하는 치료를 말한다.

답 ④

69

회복적 사법에 관한 설명으로 옳지 않은 것은? 기출 11

① 법원이 분쟁해결의 전 과정을 주도한다.
② 피해자를 지원하는 것이 우선적 고려사항이다.
③ 가해자, 피해자, 지역사회가 참여한다.
④ 가해자가 자발적으로 참여하여 뉘우칠수록 재범의 가능성이 낮아질 수 있다.

해설

회복적 프로그램은 형사사법절차의 각 단계마다 적용이 가능하다. 즉, 경찰·검찰·법원·교정기관은 모든 단계에서 회복적 프로그램을 검토할 수 있다.

답 ①

70

피해자와 가해자 또는 지역사회 등 범죄사건 관련자들이 사건의 해결과정에 능동적으로 참여하여 피해자 또는 지역사회의 손실을 복구하고 관련 당사자들의 재통합을 추구하는 일체의 범죄대응 방식은? 기출 09

① 징벌적 사법
② 범죄자 중심의 사법
③ 회복적 사법
④ 교정치료적 사법

해설

회복적 사법의 이념은 가해자와 피해자가 직접 대면하여 대화함으로써 관계회복을 시도하게 하고, 사회는 이것을 범죄사건의 해결로 받아들이도록 하자는 것이다.

답 ③

71

회복적 사법에 관한 설명으로 옳은 것은? 기출 14

① 국가기관과 가해자의 화해를 추구한다.
② 회복과정을 통해 피해자의 이익에 기여한다.
③ 가해자의 재사회화에는 불리하다.
④ 가석방은 회복적 사법의 한 형태이다.

해설

① 국가기관이 가해자와 피해자 간의 화해를 추구한다.
③ 가해자가 능동적으로 참여하여 관련 당사자들의 재통합을 추구하는 것으로, 가해자의 재사회화에 유리하다.
④ 가석방은 징역 또는 금고의 집행 중에 있는 자가 개전의 정이 현저한 때에 형기만료 전에 조건부로 석방하는 제도로, 다이버전(전환제도)의 한 형태이다. 회복적 사법의 형태에는 피해자 - 가해자 조정프로그램, 가족집단회합, 양형써클 등이 있다.

답 ②

72

범죄피해자보호법의 내용에 관한 설명으로 옳지 않은 것은? 기출 19

① 범죄피해자는 범죄피해 상황에서 빨리 벗어나 인간의 존엄성을 보장받을 권리가 있다.
② 범죄피해자의 명예와 사생활의 평온은 보호되어야 한다.
③ 범죄피해자란 타인의 범죄행위로 피해를 당한 사람과 그 배우자(사실상의 혼인관계를 포함한다), 직계친족 및 형제자매를 말한다.
④ 범죄피해자는 해당 사건과 관련하여 각종 법적 절차에 참여할 권리가 없다.

해설

범죄피해자는 해당 사건과 관련하여 각종 법적 절차에 참여할 권리가 있다(범죄피해자보호법 제2조 제3항).

관계법령

기본이념(범죄피해자보호법 제2조)
① 범죄피해자는 범죄피해 상황에서 빨리 벗어나 인간의 존엄성을 보장받을 권리가 있다.
② 범죄피해자의 명예와 사생활의 평온은 보호되어야 한다.
③ 범죄피해자는 해당 사건과 관련하여 각종 법적 절차에 참여할 권리가 있다.

정의(범죄피해자보호법 제3조)
① 이 법에서 사용하는 용어의 뜻은 다음과 같다.
　1. "범죄피해자"란 타인의 범죄행위로 피해를 당한 사람과 그 배우자(사실상의 혼인관계를 포함한다), 직계친족 및 형제자매를 말한다.

답 ④

73

범죄피해자보호법에서 규정한 범죄피해자에 해당하지 않는 사람은? 기출 10

① 타인의 범죄행위로 피해를 당한 사람
② 타인의 범죄행위로 피해를 당한 사람의 배우자
③ 타인의 범죄행위로 피해를 당한 사람의 형제자매
④ 타인의 범죄행위로 피해를 당한 사람과 생계를 같이 하는 사람

해설

"범죄피해자"란 타인의 범죄행위로 피해를 당한 사람과 그 배우자(사실상의 혼인관계를 포함한다), 직계친족 및 형제자매를 말한다(범죄피해자보호법 제3조 제1항 제1호).

답 ④

74

범죄피해자보호법상 범죄피해 구조대상에 해당하지 않는 범죄는? 기출 18

① 살인죄
② 상해죄
③ 강간죄
④ 횡령죄

해설

범죄피해자보호법은 타인의 범죄행위로 인하여 생명·신체에 피해를 받은 사람을 구조하는 데 그 목적이 있으며, 이에 해당하지 않는 것은 ④이다.

관계법령 목적(범죄피해자보호법 제1조)

이 법은 범죄피해자 보호·지원의 기본 정책 등을 정하고 타인의 범죄행위로 인하여 생명·신체에 피해를 받은 사람을 구조(救助)함으로써 범죄피해자의 복지 증진에 기여함을 목적으로 한다.

답 ④

75

범죄피해자보호법상 구조대상이 되는 범죄는? 기출 22

① 살 인
② 직권남용
③ 배 임
④ 해 킹

해설

범죄피해자보호법상 구조대상이 되는 범죄는 사람의 생명 또는 신체를 해치는 죄에 해당해야 한다(범죄피해자보호법 제3조 제4호 참조). 살인은 사람의 생명을 해치는 죄로 범죄피해자보호법상 구조대상이 되는 범죄이다.

답 ①

76

범죄피해자보호법상 범죄피해자의 법적 권리로 옳지 않은 것은? 기출 22

① 신변보호를 받을 권리
② 형사절차에 참여할 권리
③ 수사과정의 정보를 제공받을 권리
④ 가해자와 화해할 권리

해설

가해자와 화해할 권리는 범죄피해자보호법상 범죄피해자의 권리로 규정되어 있지 않다.
① 범죄피해자보호법 제9조 제2항
② 범죄피해자보호법 제8조 제1항
③ 범죄피해자보호법 제8조의2 제1항

관계법령	범죄피해자보호법
형사절차 참여 보장 등 (제8조 제1항)	국가는 범죄피해자가 해당 사건과 관련하여 수사담당자와 상담하거나 재판절차에 참여하여 진술하는 등 형사절차상의 권리를 행사할 수 있도록 보장하여야 한다.
범죄피해자에 대한 정보 제공 등 (제8조의2 제1항)	국가는 수사 및 재판 과정에서 다음 각호의 정보를 범죄피해자에게 제공하여야 한다. 1. 범죄피해자의 해당 재판절차 참여 진술권 등 형사절차상 범죄피해자의 권리에 관한 정보 2. 범죄피해 구조금 지급 및 범죄피해자 보호·지원 단체 현황 등 범죄피해자의 지원에 관한 정보 3. 그 밖에 범죄피해자의 권리보호 및 복지증진을 위하여 필요하다고 인정되는 정보
사생활의 평온과 신변의 보호 등 (제9조 제2항)	국가 및 지방자치단체는 범죄피해자가 형사소송절차에서 한 진술이나 증언과 관련하여 보복을 당할 우려가 있는 등 범죄피해자를 보호할 필요가 있을 경우에는 적절한 조치를 마련하여야 한다.

답 ④

77

범죄피해자 보호제도와 거리가 먼 것은? 기출 13

① 신뢰관계자의 동석
② 피해자의 법정진술권 및 진술의 비공개
③ 피해자 통지제도
④ 미란다원칙

해설

미란다원칙은 수사기관이 용의자 연행 시 용의자에게 연행 사유, 변호인의 도움 요청 권리, 진술거부권 등이 있음을 미리 고지해야 한다는 원칙이다.

답 ④

78

범죄피해자보호법상 범죄피해자의 권리가 아닌 것은? 기출 16

① 신뢰관계에 있는 사람의 동석
② 형사절차 참여보장
③ 범죄피해자에 대한 정보 제공
④ 사생활의 평온과 신변의 보호

해설

형사소송법 제163조의2 제2항에 의하면 "법원은 범죄로 인한 피해자가 13세 미만이거나 신체적 또는 정신적 장애로 사물을 변별하거나 의사를 결정할 능력이 미약한 경우에 재판에 지장을 초래할 우려가 있는 등 부득이한 경우가 아닌 한 피해자와 신뢰관계에 있는 자를 동석하게 하여야 한다"라고 규정하고 있으나, 설문은 범죄피해자보호법상의 범죄피해자의 권리가 아닌 것을 묻고 있으므로 ①이 정답이 된다.

핵심만콕

「범죄피해자보호법」의 기본이념(제2조)에서 범죄피해자는 인간의 존엄성을 보장받을 권리가 있으며, 범죄피해자의 명예와 사생활의 평온은 보호되어야 하고, 범죄피해자는 해당 사건과 관련하여 각종 법적 절차에 참여할 권리가 있다고 규정하고 있다. 또한 동법 제8조의2에서는 형사절차상 범죄피해자의 권리에 관한 정보, 범죄피해자의 지원에 관한 정보, 그 밖에 범죄피해자의 권리보호 및 복지증진을 위하여 필요하다고 인정되는 정보를 범죄피해자에게 제공하여야 한다고 규정하고 있다.

답 ①

4 형벌 및 교정보호

79 CHECK ○△×

형벌의 목적에 해당하지 않는 것은? 기출 13

① 억 제 ② 갱 생
③ 모 방 ④ 응 보

해설
형벌의 목적 : 억제, 갱생, 응보, 교화

답 ③

80 CHECK ○△×

형벌의 기능에 관한 설명으로 옳은 것을 모두 고른 것은? 기출 17

| ㄱ. 범죄피해를 회복하는 기능을 수행 |
| ㄴ. 일반예방과 특별예방의 기능을 수행 |
| ㄷ. 응보감정을 충족·완화하는 기능을 수행 |
| ㄹ. 규범의식을 강화하고 형벌상한선을 설정해주는 기능을 수행 |

① ㄱ, ㄴ ② ㄱ, ㄹ
③ ㄴ, ㄷ ④ ㄷ, ㄹ

해설
형벌은 처벌에 대한 예고의 기능을 수행하며, 응보감정을 충족·완화하는 기능을 수행한다. 또한 일반예방과 특별예방을 기능을 수행한다.

답 ③

81

형벌의 기능에 관한 설명으로 옳지 않은 것은? 기출 14

① 처벌에 대한 예고의 기능을 수행한다.
② 응보감정을 충족·완화하는 기능을 수행한다.
③ 일반예방과 특별예방의 기능을 수행한다.
④ 범죄피해를 회복하는 기능을 수행한다.

해설

형벌은 범죄피해를 회복하는 기능을 수행하는 것이 아니라 범죄로부터 사회를 방위하고 보호하려는 범죄예방에 기여함을 목적으로 한다.

답 ④

82

범죄자를 사회의 다른 성원들로부터 격리시켜 사회를 보호하고자 하는 입장은? 기출 09

① 무력화
② 사회복귀
③ 응 보
④ 억 제

해설

무력화(무능화)는 소수의 범죄자들이 사회의 다수 범죄를 범한다고 보는 현대 고전주의 범죄학의 입장으로서, 범죄를 방지하고 피해자를 보호하기 위해서는 이들 범죄성이 강한 사람들을 장기간 격리시켜야 한다고 본다.

핵심만콕

- 범죄율을 감소시키기 위한 범죄 처벌은 억제(Deterrence), 무력화(Incapacitation), 재사회화(Rehabilitation) 등의 세 가지 방법을 통해 작동한다. 처벌을 하겠다는 위협은 사람들이 범죄를 저지르는 것을 방지하고, 수감은 범죄자를 무력화시키며, 재사회화를 통해 미래에 범죄경향이 적은 사람들이 만들어진다.
- 응보주의에 따르면 범죄자들은 그들의 행위에 대한 책임으로서 처벌받아야 하며, 범죄인의 행위는 처벌을 부과하기 위한 필요충분조건이다.

〈출처〉 박경래 외 6인, 「범죄 및 형사정책에 대한 법경제학적 접근」, 한국형사정책연구원, 2009, P. 291~325

답 ①

83

선별적 무능화에 대한 설명 중 가장 옳지 않은 것은?

① 경미한 범죄자나 재범의 위험성이 낮은 범죄자에게는 사회 내 처우를 확대하자는 전략이다.
② 교도소의 과밀화를 해소하기 위하여 구금되어야 할 범죄자를 선별할 수밖에 없다는 사정 등이 배경이 되었다.
③ 특별억제를 포기하고 일반억제를 강조하는 전략이다.
④ 교육형주의에 대한 회의를 배경으로 한다.

해설

중범죄자나 재범의 위험성이 높은 범죄자를 선별하여 장기간 구금하자는 전략이다. 반대로 보면 경미한 범죄자나 재범의 위험성이 낮은 범죄자에게는 사회 내 처우를 확대하자는 전략이라고 할 수 있다. ③은 특별억제와 일반억제 중 일반억제를 더 강조한 것이긴 하나, 특별억제를 포기한 것은 아니라는 관점으로 보면 상대적으로 거리가 먼 지문이 된다.

답 ③

84

사형제도를 통해 얻고자 하는 형벌의 목적으로 옳지 않은 것은? 기출 10

① 응보(Retribution)
② 교화(Rehabilitation)
③ 억제(Deterrence)
④ 무능력화(Incapacitation)

해설

교화의 측면에서 볼 때, 사형제도는 교육순화의 목적을 달성할 수 없는 유일한 형벌이다. 사형을 집행함으로써 제거된 생명을 교육시켜 순화할 수 있는 방법이 없기 때문이다.

답 ②

85

김대중 정부부터 집행되지 않은 형벌은? 기출 19

① 구 류
② 사 형
③ 징 역
④ 금 고

해설

현행 형법은 형벌의 종류로서 사형을 규정하고 있으나(형법 제41조 제1호), 김대중 정부(1998~2003년)부터 사형집행이 중단되었고, 이에 따라 우리나라는 10년 이상 사형집행이 없는 실질적 사형폐지국으로 분류되고 있다.

답 ②

86

사형존치론자의 주장이 아닌 것은? 기출 23

① 생명권은 법률로도 제한할 수 없다.
② 극악한 범죄자는 사회에서 완전히 제거해야 한다.
③ 법원이 오판(誤判)하는 경우는 극소수에 불과하다.
④ 사형제는 범죄억제 효과가 있다.

해설

생명권은 법률로도 제한할 수 없다는 주장은 사형폐지론자들의 논거이다.

핵심만콕 범죄예방의 구조모델

사형존치론의 논거	사형폐지론의 논거
• 생명은 인간이 본능적으로 가장 애착을 가지는 것이므로 다른 형벌이 갖지 못하는 특별한 범죄억제력이 있음 • 응보와 위하(위협)도 형벌의 목적에 포함함 • 사형을 대체할만한 형벌 부재 • 사형은 피해자의 감정을 만족시키며, 살인자를 사회에서 영구히 격리하는 효과가 있음 • 살인을 저지르면 사형에 처해진다는 사실은 일반국민의 정의관념에 부합	• 인도주의 훼손 • 오판가능성 • 위하효과에 대한 의문 • 교육 및 개선기능의 부재 • 소중한 생명을 국가에서 뺏을 권리가 없다고 주장

답 ①

87

형벌의 종류 중 자유형에 해당하는 것은? 기출 24

① 벌 금
② 과 료
③ 구 류
④ 자격정지

해설

현행 형법상 자유형에는 징역, 금고, 구류가 있으며, 재산형에는 벌금, 과료, 몰수가 있다. 자격상실, 자격정지는 명예형이다.

답 ③

88

형벌 중 자유형에 해당하지 않는 것은? 기출 20

① 징 역
② 금 고
③ 구 류
④ 몰 수

해설

현행 형법상 자유형에는 징역, 금고, 구류가 있으며, 재산형에는 벌금, 과료, 몰수가 있다.

핵심만콕 현행 형법상 형벌의 종류

생명형		사형(교수형, 군형법상 총살형)
자유형	징 역	수형자를 교정시설에 수용하여 집행하며, 정해진 노역(勞役)에 복무하게 함
	금 고	징역과 유사하나 정역에 복무하지 않음
	구 류	수형기간이 짧다는(1일 이상 30일 미만) 점에서 징역이나 금고와 구별
명예형	자격상실	일정한 자격이 상실
	자격정지	일정한 기간 동안 일정한 자격의 전부 또는 일부 정지
재산형	벌 금	50,000원 이상으로 하며 상한은 무제한(감경하는 경우에는 50,000원 미만으로 할 수 있다)
	과 료	2,000원 이상 50,000원 미만
	몰 수	범죄반복의 방지나 범죄에 대한 이득의 금지를 목적으로 범죄행위와 관련된 재산박탈(다른 형에 부가하는 부가형이 원칙)

답 ④

89

형벌의 종류 중 재산형이 아닌 것은? 기출 19

① 벌 금
② 과 료
③ 몰 수
④ 자격정지

해설

재산형에는 벌금, 과료, 몰수가 있으며, 명예형에는 자격상실, 자격정지가 있다.

답 ④

90

형벌의 종류 중 자유형에 해당하지 않는 것은? 기출 15

① 징 역
② 구 류
③ 벌 금
④ 부정기형

해설

현행 형법상 자유형에는 징역, 금고, 구류가 있으며, 자유형의 선고형식에는 정기형과 부정기형이 있다. ③은 재산형에 해당한다.

핵심만콕

자유형의 선고형식에는 정기형과 부정기형이 있다. 정기형이란 재판에 있어서 일정한 자유형의 기간을 확정하여 선고하는 것을 말한다. 반면에 부정기형이란 형기를 일정하게 정함이 없이 자유형을 선고하는 경우를 말한다. 부정기형은 다시 절대적 부정기형과 상대적 부정기형이 있다. 절대적 부정기형은 전혀 형기를 정하지 않고 선고하는 것이므로 죄형법정주의에 반한다. 그러나 상대적 부정기형은 장기와 단기를 정하여 선고하는 것이므로 죄형법정주의에는 반하지 아니한다. 우리나라 소년법 제60조 제1항은 "소년이 법정형으로 장기 2년 이상의 유기형(有期刑)에 해당하는 죄를 범한 경우에는 그 형의 범위에서 장기와 단기를 정하여 선고한다. 다만, 장기는 10년, 단기는 5년을 초과하지 못한다"고 규정하여 상대적 부정기형 제도를 채택하고 있다.

〈출처〉 박상기 외 2인, 「형사정책」, 한국형사정책연구원, 2021, P. 398~399

답 ③

91

형벌의 종류 중 재산형에 해당하는 것은? 기출 18

① 벌 금
② 징 역
③ 금 고
④ 구 류

해설

형법상 재산형에는 벌금, 과료, 몰수가 있으며 자유형에는 징역, 금고, 구류가 있다.

답 ①

92

형벌에 속하지 않는 것은? 기출 23

① 구 류
② 치료감호
③ 벌 금
④ 과 료

해설

치료감호는 보안처분에 해당한다. 형법이 규정하는 형의 종류는 사형, 징역, 금고, 자격상실, 자격정지, 벌금, 구류, 과료, 몰수 등 9가지이다(형법 제41조).

답 ②

93

현행 형법상의 형사제재가 아닌 것은?

① 무기징역
② 구 류
③ 과태료
④ 자격정지

해설

과태료는 행정벌의 일종이다.

답 ③

94

사이크스(Sykes)가 자유형으로 인해 박탈되는 것이라고 주장한 것이 아닌 것은? 기출 12

① 자율성
② 재화와 서비스
③ 개인의 성격
④ 이성관계

해설
일단 개인이 구금을 당하게 되면 자율성을 박탈당하는 것은 당연하다. 또한 이성교제나 자신의 재화도 자유롭게 사용할 수 없게 된다. 하지만 개인의 성격은 내면에 속하는 영역이므로, 자유형을 선고받는다고 하여 박탈될 성질이 아니다.

답 ③

95

자유형과 그 집행에 관한 설명 중 옳지 않은 것은?

① 자유형의 집행은 수형자의 신체를 구속함으로써 사회를 방위하는 기능도 가지고 있다.
② 현행법이 규정하고 있는 자유형의 집행방법은 구금주의이다.
③ 교도작업은 신청에 의해서만 과해진다.
④ 구류의 기간은 1일 이상 30일 미만이다.

해설
교도작업은 징역형의 수형자에게 강제되는 정역으로서, 신청에 관계없이 강제적으로 부과된다.

답 ③

96

자유형에 관한 설명으로 옳지 않은 것은? 기출 13

① 자유형은 보호관찰소에서 집행한다.
② 신체적 자유를 박탈하는 형벌이다.
③ 단기자유형은 악풍감염의 폐해가 있다.
④ 우리나라는 징역형, 금고형, 구류형이 있다.

해설
자유형은 형무소 내에 구치한다.

답 ①

97

자유형의 개선방향에 관한 주장으로 맞지 않는 것은?

① 6월 미만의 단기자유형은 특별예방적 효과를 기대하기 어려우므로 폐지되어야 한다.
② 정역부과 여부를 기준으로 자유형을 세분하는 것은 현실에 맞지 않으므로 자유형을 단일화해야 한다.
③ 일정한 시설구금에 의한 자유형 집행방법을 확대해야 한다.
④ 무기자유형은 사회복귀와 개선의 효과를 상실시킬 우려가 있다.

해설

현행 징역형의 집행방법은 선고된 징역형의 선고기간 동안 계속하여 일정한 구금시설에 수용하도록 되어 있는데, 이러한 방법이 과연 수형자의 재사회화나 사회복귀에 얼마만큼 도움이 될지 의문이다. 따라서 그 집행방법도 다양화할 필요가 있다. 예컨대, 경미범죄를 범한 단기수형자나 과실범죄자에게는 주말구금 등의 방법을 집행한다면 직업을 유지하고 가족들과의 관계를 유지하면서 형벌을 받을 수 있기 때문에 사회복귀나 재사회화에 큰 어려움이 없을 것이다.

답 ③

98

부정기형제도에 관한 설명 중 옳은 것은?

① 상대적 부정기형은 죄형법정주의에 위배된다는 견해가 지배적이다.
② 단기자유형의 대체방안으로 거론되고 있다.
③ 현행법상 성인범에 대해서는 절대적 부정기형을 선고할 수 없다.
④ 교도관의 권한을 약화시킬 우려가 있다.

해설

① 죄형법정주의에 위배된다는 비판을 받는 것은 절대적 부정기형제도이다.
② 부정기형제도도 자유형에 해당하므로 단기자유형의 대체방안이 될 수 없다.
④ 부정기형은 근본적으로 형벌 정도를 정하는 권한이 법관으로부터 행형담당자로 넘어간다는 것을 의미하므로, 교도관의 권한을 강화시킬 우려가 있다.

답 ③

99

다음 중 부정기형에 가장 적합한 처우대상자는?

① 조직폭력사범
② 소년사범
③ 교통사범
④ 사상범

해설

부정기형은 범죄자의 개선을 형벌의 목적으로 하는 실증학파의 이론적 산물로서, 수형자의 개선・갱생의 정도에 따라서 일정한 폭 안에서 적당한 형기를 결정하는 것이 가능하고, 또한 형벌개별화 및 특별예방의 요청에 부합한다는 사고를 근거로 한다. 부정기형은 특히 소년과 상습범죄자에 대해 효과적인 제도이다.

답 ②

100

단기자유형에 대한 설명으로 옳지 않은 것은?

① 특별예방적 효과를 기대하기 힘들다.
② 수형자에 대한 일반예방적 위하력이 약하다.
③ 수형자의 사회복귀에 효과적이다.
④ 재범위험성을 조장하는 결과를 가져온다.

해설

단기자유형이란 6개월 미만의 자유형을 말한다. 단기자유형 폐지 주장은 이 형벌이 실제로 수형자의 사회복귀에 아무런 도움도 주지 못할 뿐만 아니라, 오히려 범죄수법의 학습이나 재범자가 되는 데 기여하기 때문이라는 이유를 든다.

답 ③

101

단기자유형에 대한 설명으로 옳지 않은 것은?

① 수형자에 대한 일반예방적 위하력이 약하고 특별예방적 효과도 기대하기 힘들다.
② 현실적으로 단기자유형의 비중이 줄어들고 있다.
③ 경미한 범죄의 수형자 가족에 대해 경제적 파탄을 가져올 우려가 있다.
④ 악풍감염으로 재범의 위험성을 조장하는 결과를 가져온다.

해설

현실적으로 단기자유형이 커다란 비중을 차지하고 있다.

답 ②

102

벌금형의 단점으로 옳은 것은? 기출 22

① 자유형에 비하여 교화·개선 효과가 미흡하다.
② 단기자유형의 폐해를 제거한다.
③ 법률 자체에 법의 해석규정을 두는 것을 입법해석이라고 한다.
④ 법인에 대한 집행이 가능하다.

해설

벌금형은 자유형에 비하여 교화·개선 효과가 미흡하다. 하지만 단기자유형의 폐해를 제거하고 오판의 경우 그 회복이 가능하며, 법인에 대한 집행이 가능하다는 등의 장점을 가진다.

핵심만콕 | 벌금형

의 의	• 벌금형은 범죄인으로 하여금 일정한 금액을 지불하도록 강제하는 형벌이다. • 과료와 벌금형은 금액 면에서 구별된다. • 몰수는 부가형이지만 벌금형은 독립된 형벌이다.
장 점	• 자유형보다는 형집행 비용이 적고, 구금으로 인한 실업·가정파탄·범죄오염 등의 위험성을 제거할 수 있다. • 단기자유형의 폐해를 제거할 수 있다. • 이욕적인 동기에 의한 범죄를 억제할 수 있고, 국고의 수입을 늘릴 수 있다. • 악풍감염의 우려가 없다. • 벌금형을 탄력적으로 운영하면 빈부에 따른 정상참작이 가능하다. • 법인에 대한 적절한 형벌 수단이 된다. • 법원의 오판 시 회복이 용이하고 신속한 업무처리를 할 수 있다. • 피해자와 범죄인의 명예회복적인 측면도 있다. • 형사정책상 비시설화의 도모로 인한 범죄자의 사회화에 기여한다. • 환형처분으로의 대체가 가능하다.
단 점	• 공공의 안전을 위하한다. • 인플레이션하에서는 예방력이 약하다. • 현재 벌금 미납자의 노역집행을 위한 별도의 시설이 없다. • 거액의 벌금미납자도 3년 이하의 노역으로 벌금을 대체하므로 형평성에 위배된다. • 교육·개선작용이 미흡하여 형벌의 개별화와 거리가 멀다.

 답 ①

103

벌금형의 장점이 아닌 것은? 기출 12

① 단기자유형의 폐해를 제거할 수 있다.
② 이욕적인 동기에 의한 범죄를 억제할 수 있다.
③ 자유형에 비해 집행비용이 더 많이 소요된다.
④ 법원이 오판하는 경우에도 회복이 용이하다.

해설
벌금형은 자유형에 비해 집행비용이 적게 소요된다.

답 ③

104

현행 벌금형의 장점이 아닌 것은?

① 배분적 정의에 부합
② 법인에 대한 적절한 수단
③ 형집행비용이 적음
④ 이욕적 범죄의 동기 배제

해설
현행 벌금제는 총액벌금제로서 배분적 정의를 실현할 수 없으므로, 일수벌금제의 도입이 논의되고 있다.

답 ①

105

현행 벌금형제도의 개선방안으로 볼 수 없는 것은?

① 총액벌금제의 채택
② 일수벌금제의 도입
③ 과료의 과태료 전환
④ 불법수익몰수제도의 확대

해설
총액벌금제는 현행 형법이 채택하고 있는 제도이다. 범죄자의 자력을 고려하지 않고 모두 한 번에 납부해야 하기 때문에 배분적 정의를 실현할 수 없다는 문제점이 있다.

답 ①

106

벌금형의 장점이 아닌 것은? 기출 16

① 단기자유형의 폐해를 줄일 수 있다.
② 이욕(利慾)에 의한 범죄를 억제할 수 있다.
③ 오판(誤判)의 경우 어느 정도 회복이 가능하다.
④ 환형처분으로의 대체가 불가능하다.

해설

현행법상 벌금형도 얼마든지 환형처분으로의 대체가 가능하다.

핵심만콕	환형 유치제도
벌금이나 과료를 내지 못한 사람을 일정기간 교도소 안에 마련한 노역장에서 매일 일정시간 노역에 종사하게 하는 제도	

답 ④

107

벌금형에 대한 설명으로 옳지 않은 것은?

① 형의 집행 및 수용자의 처우에 관한 법률은 일수벌금제를 취하고 있다.
② 일수벌금제는 배분적 정의에 적합하다.
③ 현행법은 벌금형에 대한 집행유예를 인정하고 있다.
④ 벌금을 선고할 때에는 그 금액을 완납할 때까지 노역장유치를 명할 수 있다.

해설

「형의 집행 및 수용자의 처우에 관한 법률」은 총액벌금제를 취하고 있다.

답 ①

108

벌금형에 대한 집행유예와 선고유예에 관한 현행법의 입장은?

① 둘 다 부정된다.
② 둘 다 인정된다.
③ 집행유예만 인정된다.
④ 선고유예만 인정된다.

해설

현행 형법상 벌금형에 대해서는 선고유예 및 집행유예가 모두 가능하다.

> **관계법령**
>
> **선고유예의 요건(형법 제59조)**
> ① 1년 이하의 징역이나 금고, 자격정지 또는 벌금의 형을 선고할 경우에 제51조의 사항을 고려하여 뉘우치는 정상이 뚜렷할 때에는 그 형의 선고를 유예할 수 있다. 다만, 자격정지 이상의 형을 받은 전과가 있는 사람에 대해서는 예외로 한다.
> ② 형을 병과할 경우에도 형의 전부 또는 일부에 대하여 선고를 유예할 수 있다.
>
> **집행유예의 요건(형법 제62조)**
> ① 3년 이하의 징역이나 금고 또는 500만원 이하의 벌금의 형을 선고할 경우에 제51조의 사항을 참작하여 그 정상에 참작할 만한 사유가 있는 때에는 1년 이상 5년 이하의 기간 형의 집행을 유예할 수 있다. 다만, 금고 이상의 형을 선고한 판결이 확정된 때부터 그 집행을 종료하거나 면제된 후 3년까지의 기간에 범한 죄에 대하여 형을 선고하는 경우에는 그러하지 아니하다.
> ② 형을 병과할 경우에는 그 형의 일부에 대하여 집행을 유예할 수 있다.

답 ②

109

형의 유예제도에 대한 내용으로 적절하지 않은 것은?

① 선고유예에 대한 보호관찰의 기간은 1년으로 한다.
② 집행유예에 대한 보호관찰의 기간은 집행을 유예한 기간으로 함을 원칙으로 한다.
③ 집행유예 선고 시 보호관찰, 사회봉사 또는 수강을 명할 수 있다.
④ 선고유예 선고 시 보호관찰, 사회봉사 또는 수강을 명할 수 있다.

해설

④ 선고유예 선고 시에는 보호관찰만 부과할 수 있으며, 사회봉사 또는 수강을 명할 수는 없다(형법 제59조의2 제1항 참고).
① 형법 제59조의2 제2항
② 형법 제62조의2 제2항 본문
③ 형법 제62조의2 제1항

답 ④

110

다음 중 보안처분의 성질이 다른 하나는?

① 교정처분
② 보안관찰
③ 사회치료처분
④ 치료감호처분

해설

①·③·④ 자유박탈적 보안처분
② 자유제한적 보안처분

핵심만콕 보안처분의 성질

대인적 보안처분	자유박탈적 보안처분	치료감호처분, 교정처분, 노동시설수용처분, 보호감호처분, 사회치료처분 등
	자유제한적 보안처분	보안관찰, 선행보증, 직업금지, 운전면허박탈, 거주제한, 국외추방, 음주점 출입금지, 거세·단종 등
대물적 보안처분	몰수, 영업장 폐쇄처분, 법인의 해산처분 등	

답 ②

111

다음에서 설명하는 보안처분은? 기출 22·18

> 심신장애 상태, 마약류·알코올이나 그 밖의 약물중독 상태, 정신성적 장애가 있는 상태 등에서 범죄행위를 한 자로서 재범위험성이 있고 특수한 교육·개선 및 치료가 필요하다고 인정되는 자에 대하여 적절한 보호와 치료를 함으로써 재범을 방지하고 사회복귀를 촉진하는 제도

① 보호관찰제도
② 치료보호제도
③ 치료감호제도
④ 보안관찰제도

해설

치료감호제도는 심신장애인과 중독자를 치료감호시설에 수용하여 치료를 위한 조치를 행하는 보안처분제도로, 사회보호법이 폐지됨으로써 보호감호제도 및 그에 따른 보호관찰은 폐지되었지만 치료감호제도 및 그에 따른 보호관찰은 치료감호법을 새로 제정함으로써 존속하게 되었다.

| 관계법령 | 목적(치료감호 등에 관한 법률 제1조) |

이 법은 심신장애 상태, 마약류·알코올이나 그 밖의 약물중독 상태, 정신성적(精神性的) 장애가 있는 상태 등에서 범죄행위를 한 자로서 재범(再犯)의 위험성이 있고 특수한 교육·개선 및 치료가 필요하다고 인정되는 자에 대하여 적절한 보호와 치료를 함으로써 재범을 방지하고 사회복귀를 촉진하는 것을 목적으로 한다.

 ③

112 CHECK ○△×

보호관찰의 업무영역이 아닌 것은? 기출 13

① 수강명령의 집행
② 벌금형의 집행
③ 사회봉사명령의 집행
④ 보호관찰 대상자 감시

해설

보호관찰의 업무영역에 해당하는 것은 ①·③·④이다.

| 핵심만콕 | 보호관찰의 업무영역 |

- 사회봉사명령 : 법원이 유죄가 인정된 자에 대하여 일정시간 무보수로 사회에 유익한 근로를 하도록 명하는 제도
- 수강명령 : 법원이 유죄가 인정된 자에 대하여 일정시간 동안 강의, 체험학습, 심신훈련, 봉사활동 등 범죄성 개선을 위한 교육을 받도록 명하는 제도
- 조사업무 : 판결 전 조사, 청구 전 조사, 결정 전 조사, 검사로 구분되며, 형사절차 또는 보호사건 절차에서 피고인 등에게 적합한 처우를 내리기 위해 피고인 등의 성격, 환경, 경력, 전과관계 등 그 인격과 환경에 관한 상황을 조사하는 제도
- 전자감독 : 특정범죄자에 대한 24시간 위치추적과 보호관찰관의 밀착 지도·감독을 통해 특정범죄자의 재범을 억제하는 보호관찰 프로그램

 ②

113

사회봉사명령제도에 대한 설명으로 옳지 않은 것은?(다툼이 있는 경우 판례에 의함)

① 다양한 형벌목적을 결합시킬 수 없어 자유형에 상응한 형벌 효과를 거둘 수 없다.
② 자유형의 집행을 대체하기 위한 것이므로 피고인에게 일정한 금원을 출연하거나 이와 동일시할 수 있는 행위를 명하는 것은 허용할 수 없다.
③ 강제노역으로서 이론상 대상자의 동의를 요한다고 하여야 할 것이나 현행법은 대상자의 동의를 요건으로 하지 않고 있다.
④ 일반인의 직업활동을 저해할 우려가 있고, 대상자에게 또 다른 낙인으로 작용할 수 있다.

해설
사회봉사명령은 우리나라의 대표적인 중간처벌제도로서 다양한 형벌목적을 결합시킬 수 있고, 자유형에 상응한 형벌 효과를 거둘 수 있다.

답 ①

114

수강명령과 유사한 것으로 성매매 남성들을 대상으로 한 존스쿨(John school) 프로그램의 운영기관은? 기출 10

① 경찰청
② 검찰청
③ 교도소
④ 보호관찰소

해설
존스쿨(John school)이란 기소유예를 조건으로 성매수 초범 남성들에게 재범방지교육을 받게 하는 일종의 수강명령제도이다. 2005년부터 국내에 도입되었으며, 법무부로부터 존스쿨 실시기관으로 지정받은 보호관찰소에서 실시된다.

답 ④

115

우리나라에서 시행되고 있는 범죄대책이 아닌 것은? 기출 11

① 병영훈련
② 수강명령
③ 가석방
④ 사회봉사명령

해설
병영훈련은 현재 우리나라에서 시행되고 있는 범죄대책이 아니다.

답 ①

116

다음이 설명하는 소년보호제도의 기본이념은? 기출 19

> - 국가는 모든 국민의 보호자로서 부모가 없거나 있어도 자녀를 보호해 줄 수 없는 경우에는 국가가 부모를 대신해서 보호해 주어야 한다.
> - 비행청소년에 대해 국가가 보호자를 대신해서 보호 의무를 이행해야 한다.

① 응보주의
② 의무주의
③ 국친사상
④ 친근사상

해설
제시된 지문은 소년보호제도의 기본이념인 국친사상에 대한 내용이다.

핵심만콕 국친사상(國親思想)

- 우리나라에서는 삼국시대의 국친사상(國親思想)에서 그 기원을 찾는다.
- 국가는 모든 국민의 보호자로서 부모가 없거나 있어도 자녀를 보호해 줄 수 없는 경우에는 국가가 부모를 대신해서 보호를 해주어야 한다는 사상으로, 소년사법제도의 기본이념이다.
- 국가는 엄격한 형벌보다는 오히려 교육과 보호를 해주어야 한다는 사상으로, 소년비행의 대부분은 소년에 대한 보호자의 물질적·정신적 보호의무가 전부 또는 부분적으로 이행되지 않아 발생하였다고 보며, 비행청소년에 대해 국가가 보호자를 대신해서 보호의무를 이행해야 한다는 내용이다.

답 ③

117

다음이 설명하는 소년보호제도의 기본이념은? 기출 23

> ○ 국가가 부모를 대신해서 소년을 보호해 주어야 한다.
> ○ 국가는 비행청소년을 보호할 의무가 있다.

① 실증주의
② 국친사상
③ 자유주의
④ 계몽사상

해설
제시문은 소년보호제도의 기본이념인 국친사상에 대한 내용이다.

핵심만콕	소년보호의 원칙
기본이념	국친사상(국가가 모든 국민의 보호자이며, 특히 청소년은 국가가 부모를 대신해 보호해야 한다는 사상)
실체법적 성격	보호주의, 교육주의, 인격주의, 규범주의, 예방주의
절차법적 성격	개별주의, 직권주의, 과학주의, 밀행주의(비공개주의), 통고주의

답 ②

118

소년사법제도의 기본이념으로 옳은 것은? 기출 13

① 국친사상
② 근친사상
③ 응보주의
④ 무력화

해설
소년사법제도의 기본이념은 국친사상(國親思想)이다.

답 ①

119

소년보호의 근거원리 중 옳지 않은 것은?

① 교육주의
② 과학주의
③ 응보주의
④ 협력주의

해설

소년보호의 근거원리 : 인격주의, 규범주의, 목적주의, 예방주의, 개별주의, 과학주의, 교육주의, 협력주의

답 ③

120

소년보호의 원칙에 대한 설명으로 옳지 않은 것은?

① 인격주의는 소년보호를 위해 소년의 행위에서 나타난 개성과 환경을 중시하는 것을 말한다.
② 예방주의는 범행한 소년의 처벌이 아니라 이미 범행한 소년이 더 이상 범죄를 범하지 않도록 하는 데에 있다.
③ 개별주의는 소년사건에서 소년보호조치를 취할 때 형사사건과 병합하여 1건의 사건으로 취급하는 것을 말한다.
④ 과학주의는 소년의 범죄환경에 대한 연구와 소년범죄자에게 어떤 종류의 형벌을 어느 정도 부과할 것인가에 대한 전문가의 활용을 말한다.

해설

개별주의는 처우의 개별화의 원리에 따라 개성을 중시한 구체적인 인격에 대한 처우를 강구하는 것을 의미한다. 소년사건에서 소년보호조치를 취할 때 소년 개개인을 1건의 독립된 사건으로 취급하는 것을 의미하는데, 이는 범죄인에게 알맞은 처우를 찾는 형벌의 개별화이념을 기초로 한다.

답 ③

121

소년보호의 원칙이 아닌 것은? 기출수정 10

① 보호주의
② 예방주의
③ 교육주의
④ 공개주의

해설

소년보호의 원칙상 비공개주의에 따라 인권보장이나 재범방지의 측면에서 어느 나라든지 소년심판의 비공개와 함께 기사게재·방송 등의 보도를 금지·제한하는 규정을 두고 있다.

핵심만콕	소년보호의 원칙
기본이념	국친사상(국가가 모든 국민의 보호자이며, 특히 청소년은 국가가 부모를 대신해 보호해야 한다는 사상)
실체법적 성격	보호주의, 교육주의, 인격주의, 규범주의, 예방주의
절차법적 성격	개별주의, 직권주의, 과학주의, 밀행주의(비공개주의), 통고주의

답 ④

122

2007년 12월 21일에 개정된 소년법에 의하면 촉법소년의 적용연령은? 기출 08

① 10세 이상 14세 미만
② 10세 이상 19세 미만
③ 12세 이상 19세 미만
④ 12세 이상 20세 미만

해설

형벌 법령에 저촉되는 행위를 한 10세 이상 14세 미만인 소년은 소년부의 보호사건으로 심리한다(소년법 제4조 제1항 제2호).

관계법령	보호의 대상과 송치 및 통고(소년법 제4조)
① 다음 각호의 어느 하나에 해당하는 소년은 소년부의 보호사건으로 심리한다. 1. 죄를 범한 소년(→ 범죄소년) 2. 형벌 법령에 저촉되는 행위를 한 10세 이상 14세 미만인 소년(→ 촉법소년) 3. 다음 각목에 해당하는 사유가 있고 그의 성격이나 환경에 비추어 앞으로 형벌 법령에 저촉되는 행위를 할 우려가 있는 10세 이상인 소년(→ 우범소년) 가. 집단적으로 몰려다니며 주위 사람들에게 불안감을 조성하는 성벽(性癖)이 있는 것 나. 정당한 이유 없이 가출하는 것 다. 술을 마시고 소란을 피우거나 유해환경에 접하는 성벽이 있는 것	

답 ①

123

소년형사사법에서 소년보호의 원칙에 관한 설명으로 옳은 것은? 기출 14

① 소년범죄의 예방이 아닌 억제를 주목적으로 한다.
② 집단적 처우를 원칙으로 한다.
③ 관련기관의 협력이 요구된다.
④ 공개주의를 원칙으로 한다.

해설
① 소년보호는 소년범죄의 처벌이 아니라 그 소년이 더 이상 범죄를 범하지 않도록 예방하는 것을 주목적으로 한다.
② 개인처우를 원칙으로 개성을 중시하여 알맞은 처우를 전개하여야 한다.
④ 인권보장이나 재범방지의 측면에서 비공개주의를 원칙으로 한다.

답 ③

124

소년법상 10세 이상 14세 미만의 소년이 형벌 법령을 위반한 행위는? 기출 11

① 범죄행위
② 촉법행위
③ 우범행위
④ 비행행위

해설
형벌 법령에 저촉되는 행위를 한 10세 이상 14세 미만인 소년을 촉법소년이라 한다. 이러한 촉법소년은 형사책임능력이 없기에 형벌을 받지 않는다. 다만, 가정법원 등에서 감호위탁, 사회봉사, 소년원 송치 등의 보호처분을 받는다.

핵심만콕

관련법	호 칭		연 령
형 법	책임무능력자		14세 미만
소년법	비행소년	범죄소년	14세 이상 19세 미만
		촉법소년	10세 이상 14세 미만
		우범소년	10세 이상 19세 미만

답 ②

125

소년법상 우범소년의 행위유형에 해당하지 않는 것은? 기출 16

① 집단적으로 몰려다니며 주위 사람들에게 불안감을 조성하는 성벽(性癖)이 있는 것
② 정당한 이유 없이 가출하는 것
③ 술을 마시고 소란을 피우거나 유해환경에 접하는 성벽이 있는 것
④ 형벌 법령에 저촉되는 행위를 하는 것

해설

소년법상 우범소년의 행위유형에 해당하는 것은 ①·②·③이다.

핵심만콕

- 집단적으로 몰려다니며 주위 사람들에게 불안감을 조성하는 성벽(性癖)이 있는 것
- 정당한 이유 없이 가출하는 것
- 술을 마시고 소란을 피우거나 유해환경에 접하는 성벽이 있는 것

답 ④

126

소년법상 소년보호처분이 아닌 것은? 기출 22

① 사회봉사명령
② 약물치료명령
③ 보호관찰
④ 수강명령

해설

약물치료명령은 소년법상 소년보호처분에 해당하지 않는다.

답 ②

127

상점절도로 소년법원에 보내진 만 13세 소년에게 「소년법」상 부과할 수 없는 처분은? 기출 21

① 수강명령
② 단기보호관찰
③ 보호자에게 위탁
④ 소년교도소 구금

해설

형벌 법령에 저촉되는 행위를 한 만 10세 이상 만 14세 미만인 소년을 촉법소년이라 한다. 촉법소년은 형사처분 대신 소년보호처분을 받으며, 보기 중 소년보호처분에 해당하지 않는 것은 ④이다.

> **핵심만콕**   소년보호처분의 종류 및 기간(소년법 제32조 제1항·제33조)
>
> - 보호자 또는 보호자를 대신하여 소년을 보호할 수 있는 자에게 감호 위탁 → 6개월(6개월 범위에서 1차 연장 가능)
> - 수강명령(12세 이상의 소년만 해당) → 100시간 이하
> - 사회봉사명령(14세 이상의 소년만 해당) → 200시간 이하
> - 보호관찰관의 단기보호관찰 → 1년
> - 보호관찰관의 장기보호관찰 → 2년(1년의 범위에서 1차 연장 가능)
> - 아동복지시설이나 그 밖의 소년보호시설에 감호 위탁 → 6개월(6개월 범위에서 1차 연장 가능)
> - 병원, 요양소 또는 의료재활소년원에 위탁 → 6개월(6개월 범위에서 1차 연장 가능)
> - 1개월 이내의 소년원 송치 → 1개월 이내
> - 단기 소년원 송치 → 6개월 이하
> - 장기 소년원 송치(12세 이상의 소년만 해당) → 2년 이하

답 ④

128

소년법상 보호처분에 해당하지 않는 것은? 기출 20

① 수강명령
② 보안관찰
③ 단기 보호관찰
④ 단기 소년원 송치

해설

소년법상의 보호처분에 해당하지 않는 것은 보안관찰이다. 보안관찰법은 특정범죄(내란·외환죄 등)를 범한 자에 대하여 재범의 위험성을 예방하고 건전한 사회복귀를 촉진하기 위하여 보안관찰처분을 함으로써 국가의 안전과 사회의 안녕을 유지함을 목적으로 한다(보안관찰법 제1조).

답 ②

129

소년법상 보호처분에 해당하지 않는 것은? 기출 12

① 사회봉사명령
② 선도조건부 기소유예
③ 장기 소년원 송치
④ 보호관찰관의 단기보호관찰

해설

소년법상 보호처분에 해당하는 것은 ①·③·④이다. 선도조건부 기소유예(소년법 제49조의3)에 따라 검사가 공소를 제기하지 않으면 보호처분이 부과되지 않는다.

답 ②

130

소년법상 소년보호처분에 해당하지 않는 것은? 기출 15

① 수강명령
② 사회봉사명령
③ 즉결심판
④ 보호관찰관의 단기보호관찰

해설

소년법상 소년보호처분에 해당하는 것은 ①·②·④이다.

답 ③

131

소년법상 보호처분이 아닌 것은? 기출 16

① 수강명령
② 사회봉사명령
③ 직업교육명령
④ 1개월 이내의 소년원 송치

해설

소년법상 보호처분에 해당되는 것은 ①·②·④이다.

답 ③

132

소년법상 보호처분에 해당하지 않는 것은? 기출 18

① 수강명령
② 보호관찰관의 단기보호관찰
③ 단기 소년원 송치
④ 약물치료명령

해설
소년법상 보호처분에 해당되는 것은 ①·②·③이다.

답 ④

133

소년보호처분의 유형이 아닌 것은? 기출 10

① 보호자 또는 보호자를 대신하여 소년을 보호할 수 있는 자에게 감호 위탁
② 사회봉사명령
③ 1개월 이내의 소년원 송치
④ 병영훈련캠프

해설
소년보호처분에 해당하는 것은 ①·②·③이다.

답 ④

134

소년법상 소년부 판사가 내릴 수 있는 보호처분의 내용으로 옳지 않은 것은?

① 1개월 이내의 소년원 송치
② 소년분류심사원에서의 특별교육
③ 소년보호시설에 감호 위탁
④ 보호관찰관의 장기보호관찰

해설
소년분류심사원에서의 특별교육은 보호처분 관련규정에 없고, 다만 보호자에 대한 특별교육에 대한 부가처분에 대한 규정은 있다.

답 ②

135

현행 소년법상 소년범의 형사처분 특례가 아닌 것은? 기출 17

① 사형과 무기형의 완화
② 상대적 부정기형의 인정
③ 환형처분의 금지
④ 유해환경의 정화

해설
현행 소년법상 소년범에 대한 형사처분의 특칙으로는 조사·심리상의 배려, 사형과 무기형의 완화, 상대적 부정기형의 인정, 분리·분계주의, 환형처분의 금지 등이 있다.

답 ④

136

소년법상 형사처분의 특칙이 아닌 것은?

① 사형의 완화
② 환형처분의 금지
③ 가석방요건의 완화
④ 절대적 부정기형의 채택

해설
상대적 부정기형을 채택하고 있다.

답 ④

137

비행소년에 대한 보호처분의 본질과 가장 거리가 먼 것은?

① 교육적이며 복지적 성격을 지닌 처분이다.
② 사법적 처분이다.
③ 개선과 교화보다 예방적 조치를 더 중시한다.
④ 비자발적 강제처분이다.

해설

소년법상 보호처분은 형벌적·예방적 처분이라기보다 교육적·복지적 처분으로 해석함이 일반적이다.

답 ③

138

소년법원의 탄생에 가장 영향을 많이 끼친 것은?

① 비범죄화
② 비형벌화
③ 비시설수용화
④ 다이버전

해설

다이버전(전환제도)이란 대체처분 또는 우회처분이라고도 하는데, 광의로는 시설 내 처우를 사회 내 처우로 대체하는 등 형사제재를 최소화하는 것이다. 협의로는 법원의 확정판결이 있기 전에 형사사법기관이 통상의 사법처리절차를 중지하는 조치이다.

답 ④

139

전환처우(Diversion)의 이론적 근거에 해당하는 것은? 기출 09

① 사회해체이론
② 긴장이론
③ 낙인이론
④ 차별접촉이론

해설

다이버전(Diversion)이란 공식적 형사절차로부터의 일탈과 동시에 사회 내 처우프로그램에 위탁하는 것을 말한다. 다이버전은 형사사법의 탈제도화라는 의미에서 낙인이론의 산물이라고 할 수 있다.

답 ③

140

전환제도(Diversion)의 문제점으로 옳지 않은 것은? 기출 22

① 형사사법망이 확대되어 사회적 통제가 강화된다.
② 형벌의 고통을 감소시켜 재범위험성이 증가된다.
③ 범죄자의 경제적 사정이 고려될 수 있어 형사사법의 불평등을 초래할 수 있다.
④ 범죄자로 낙인찍을 가능성을 줄인다.

해설

범죄자로 낙인찍을 가능성을 줄이는 것은 전환제도의 장점에 해당한다.

답 ④

141

전환제도(Diversion)에 관한 설명으로 옳지 않은 것은? 기출 20

① 경미한 형사범에게 유용한 제도이다.
② 범죄자의 낙인방지효과가 있다.
③ 형사사법기관의 업무량을 증가시킨다.
④ 사법처리의 불평등을 가져올 수 있다.

해설

전환제도(다이버전)란 범죄인의 사회복귀와 재범방지를 위해서 사법처리 대신에 지역사회의 보호와 관찰 등을 실시해야 한다는 제도를 말하며, 이는 형사사법기관의 업무량을 감소시킨다.

핵심만콕 전환제도(다이버전)의 장단점

장 점	• 정식의 형사절차보다 경제적인 방법으로 범죄문제를 처리할 수 있다. • 범죄자를 전과자로 낙인찍을 가능성을 줄인다. 이는 특히 사소한 범죄자의 경우에 더욱 의미가 있다. • 형사사법기관의 업무량을 줄여 상대적으로 중요한 범죄사건에 집중할 수 있도록 한다. • 범죄자에 대하여 보다 인도적인 처우방법이다.
단 점	• 다이버전의 등장으로 인하여 형사사법의 대상조차 되지 않을 문제가 다이버전의 대상이 된다는 점으로서 이는 사회적 통제가 오히려 강화된다는 비판을 받는다. • 형벌의 고통을 감소시켜 오히려 재범의 위험성을 증가시킬 수 있다는 점이 지적된다. • 다이버전은 범죄원인의 제거와는 무관하다. • 형사사법의 불평등을 가져올 수 있다. • 재판절차 전 형사사법 개입프로그램이라는 점에서 또 하나의 형사사법절차를 창출할 뿐이라는 비판이 있다.

〈출처〉 박상기 외 2인, 「형사정책」, 한국형사정책연구원, 2021, P. 298~299

답 ③

142

전환제도(Diversion)의 장점에 관한 설명으로 틀린 것은?

① 형사사법의 망을 확대함으로써 효율적인 형사사법제도를 구축할 수 있다.
② 형사사법절차의 과중한 부담을 해소할 수 있는 방법이 될 수 있다.
③ 형사사법제도로부터 조기에 이탈시킴으로써, 낙인효과를 억제할 수 있다.
④ 범죄자에 대한 인도적 처우 등 인도주의적 형사사법제도의 형성에 기여할 수 있다.

해설

전환제도(Diversion)는 범죄자나 비행청소년을 체포·기소·처벌이라는 공식 절차상에 두지 않고, 기소하기 전에 지역사회에서 일정한 처우를 받도록 함으로써 낙인을 줄이려는 것이다. 전환제도는 형사사법의 망을 확대시키는 것과는 거리가 멀다.

답 ①

143

경찰단계의 다이버전으로 옳은 것은? 기출 19

① 선고유예
② 보호관찰
③ 훈 방
④ 귀 휴

해설

사법절차의 각 단계에 따라 다이버전을 분류할 때 ①은 재판단계, ②·④는 행형단계, ③은 경찰단계의 다이버전에 해당한다.

핵심만콕 사법절차의 각 단계에 따른 다이버전의 형태

다이버전(전환제도)이란 범죄인의 자연스런 사회복귀와 재범방지를 위해서 사법처리 대신에 지역사회의 보호와 관찰 등을 실시하는 제도를 말한다.

사법절차 진입 전의 전환	당사자들 간의 합의, 피해자의 미신고, 학교 내 비행사건 처리 등이 있다.
경찰단계의 전환	훈방, 경고, 통고처분, 보호기관 위탁 등이 있다.
검찰단계에서의 전환	검찰의 기소유예, 불기소처분, 약식명령청구, 선도조건부 기소유예 등이 있다.
재판단계의 전환	선고유예, 집행유예, 약식명령 등이 있다.
행형단계의 전환	가석방, 개방처우, 보호관찰, 주말구금, 휴일구금, 귀휴제 등이 있다.

답 ③

CHAPTER 06 | 범죄대책론

144

다이버전(Diversion)에 관한 설명 중 옳지 않은 것은?

① 형벌의 효과에 대한 의문과 과잉처벌의 부작용에 대한 비판에서 비롯되었다.
② 형사사법기관의 재량범위를 확대한다.
③ 선별적 법집행으로 인하여 형사사법의 불평등을 심화시킨다는 비판이 있다.
④ 보호감호도 형벌을 회피한다는 점에서 다이버전의 일종이다.

해설

다이버전은 공식적 사법절차로부터 일탈 또는 회피하는 의미와 사회 내 처우 프로그램으로의 전환이라는 의미를 포함하는 것인데, 보호감호는 형벌을 회피한다고 볼 수는 있지만 공식적 사법절차로부터의 이탈 내지 회피라고는 볼 수 없다.

답 ④

145

전환제도(Diversion)의 장점이 아닌 것은? 기출 12

① 비공식적 절차로 범죄자를 처우할 수 있다.
② 범죄자의 낙인방지효과가 있다.
③ 형사사법기관의 업무량을 감소시켜 준다.
④ 중대한 성인형사범에게 유용한 제도이다.

해설

다이버전은 비교적 경미한 사안에 대해 실시하므로, 중대한 성인사범에게 유용한 제도는 아니다.

> **핵심만콕**
>
> 다이버전은 범죄인의 자연스런 사회복귀와 재범방지를 위해서 사법처리 대신에 지역사회의 보호와 관찰 등을 실시하는 제도로, 범죄인에게 유죄판결을 피할 수 있도록 하여 낙인효과를 방지하며, 형사사법제도에 융통성을 부여하여 범죄를 효과적으로 처리할 수 있도록 하고, 과밀수용을 방지하여 교정의 효과를 극대화할 뿐만 아니라, 각종의 시설 내 처우의 폐단을 치유할 수 있는 가장 합리적인 대안으로 평가받고 있다.

답 ④

146

다이버전의 단점은 무엇인가?

① 형사사법기관의 전체 업무량을 증가시킨다.
② 형벌의 고통을 감소시켜 재범률의 증가를 초래한다.
③ 범죄문제를 처리함에 있어 보다 경제적이다.
④ 경미한 범죄를 저지른 사람을 중범죄인으로부터 분리시킨다.

해설

① 전체 업무량을 감소시킨다.
③·④ 다이버전의 장점이다.

답 ②

147

다이버전에 관한 설명으로 옳지 않은 것은? 기출 11

① 과도한 구금형의 문제점에 대한 비판에서 비롯되었다.
② 경미한 범죄보다는 심각한 범죄에 더 유용하게 이용된다.
③ 정식 형사절차보다 낙인효과를 줄일 수 있다.
④ 형벌의 고통을 감소시켜 재범의 위험성을 증가시킨다는 비판이 있다.

해설

다이버전(Diversion)이란 범죄인의 자연스런 사회복귀와 재범방지를 위해서 사법처리 대신에 지역사회의 보호와 관찰 등을 실시하는 제도이다. 따라서 심각한 범죄보다는 경미한 범죄에 더욱 유용하게 이용된다.

답 ②

148

현행법상 비범죄화가 된 것은? 기출 16

① 간 통
② 대마초 흡연
③ 도 박
④ 낙 태

해설

1953년에 형법에 규정되었으나, 2015년 2월에 헌법재판소는 국가가 법률로 간통을 처벌하는 것은 국민의 기본권을 침해하는 것이라며 위헌결정을 내렸다. 이에 따라 형법 제241조는 60여년 만에 폐지되었으며, 현행법상 간통죄는 비범죄화가 되었다.

답 ①

149

비범죄화의 논의대상이 아닌 것은? 기출 18

① 성매매
② 강도죄
③ 단순도박죄
④ 낙태죄

해설
강도죄에 대한 비범죄화 논의는 없다.

답 ②

150

비범죄화에 관한 설명 중 옳은 것은?

① 사실상 비범죄화의 상태에 있는 범죄사건이 기소된 경우 법원은 면소의 판결을 해야 한다.
② 비범죄화의 대상으로 거론되는 피해자 없는 범죄로서 도박, 마약흡입, 환경오염행위 등을 들 수 있다.
③ 비범죄화의 대상으로 거론되는 성범죄로 혼인빙자간음죄, 강제추행죄, 간통죄 등이 있다.
④ 비범죄화는 형법의 최후수단성이나 보충성원칙에 부합한다.

해설
비범죄화는 형법의 최후수단성이나 보충성원칙에 부합한다.

핵심만콕
① 사실상의 비범죄화란 형사사법의 공식적 통제권한에는 변함이 없으면서도 일정한 행위양태에 대해 형사사법체계의 점진적 활동축소로 이루어지는 비범죄화이다. 법률상의 비범죄화와는 달리, 문제가 되는 형벌 법규는 효력을 지니고 있기 때문에 법원은 임의적인 불처벌을 할 수 있을 뿐이다.
② 피해자 없는 범죄로서 도박, 마약범죄, 환경범죄 등을 일반적으로 예로 든다. 그러나 이 중 보호법익이 사회공익과 같은 보편적 법익인 환경범죄는 피해자 없는 범죄라고 할 수 없다. 왜냐하면 사회공공의 이익은 결국 구성원 각자의 이익으로 환원될 수 있기 때문이다. 결국 마약이나 도박에 대한 비범죄화 논의는 있어도 환경범죄에 대한 비범죄화 논의는 없다.
③ 혼인빙자간음죄, 간통죄에 대한 비범죄화 논의는 있어왔지만 강제추행죄에 대한 비범죄화 논의는 없다.

답 ④

151

비범죄화이론에 관한 설명 중 옳은 것은?

① 비범죄화이론은 입법자에 의한 법률규정 자체의 폐지만을 말한다.
② 피해자 없는 범죄와 개인적 법익에 관한 범죄에서 특히 문제된다.
③ 검찰의 기소편의주의에 의한 불기소처분은 비범죄화 논의의 대상이 아니다.
④ 비범죄화이론은 형사사법기관의 업무부담을 덜어주는 데 기여한다.

해설
① 형사사법의 공식적 통제권한에는 변함이 없으면서도 일정한 행위양태에 대해 형사사법체계의 점진적 활동축소로 이루어지는 '사실상의 비범죄화'도 비범죄화의 유형에 속한다.
② 개인적 법익에 관한 범죄는 보통 비범죄화이론의 관심대상이 되지 않는다.
③ 검찰의 기소편의주의에 의한 불기소처분은 '사실상의 비범죄화'의 대표적인 유형이다.

답 ④

152

비범죄화에 관한 기술 중 틀린 것은?

① 비범죄화는 범죄화에 대칭되는 말로서 지금까지 형법에 범죄로 규정되어 있던 것을 폐지하여 범죄목록에서 삭제하는 것을 말한다.
② 가까운 장래에 비범죄화가 가능한 영역으로는 특정한 세계관을 기초로 하는 형벌구성요건, 예컨대 성범죄나 존속범죄의 가중규정을 들 수 있다.
③ 법률상의 비범죄화란 입법작용이나 헌법재판소의 위헌결정과 같은 판결에 의해 형벌법규가 무효화됨으로써 이루어지는 비범죄화이다.
④ 법률상 비범죄화의 구체적 예로는 범죄관련자의 고소·고발기피, 경찰의 무혐의처리, 법원의 절차중단 등이 있다.

해설
범죄관련자의 고소·고발기피, 경찰의 무혐의처리, 법원의 절차중단 등은 사실상 비범죄화의 방법들이다.

답 ④

153

경미범죄 및 그에 관한 형사정책을 설명한 것으로 옳지 않은 것은? 기출 24

① 사회적으로 정상적인 사람에 의해 주로 범하여진다.
② 다이버전과는 전혀 다른 맥락의 개념이다.
③ 범죄구성요건을 축소 해석하는 것도 하나의 방식이다.
④ 잠재적으로 국민 모두에게서 일어날 수 있다.

해설

다이버전(전환제도)이란 대체처분 또는 우회처분이라고도 하는데, 광의로는 시설 내 처우를 사회 내 처우로 대체하는 등 형사제재를 최소화하는 것이다. 협의로는 법원의 확정판결이 있기 전에 형사사법기관이 통상의 사법처리 절차를 중지하는 조치로 경미범죄 및 그에 대한 형사정책목표에 맥락을 같이한다.

핵심만 콕

경미범죄란 형사사건 및 즉결심판 사건의 범죄 중 사안이 경미한 것으로 판단되는 범죄를 말한다(경미범죄 심사위원회 운영 규칙 제2조 제1호). 경미범죄는 사회적으로 정상적인 사람에 의해 주로 범하여지며, 잠재적으로 국민 모두에게 일어날 수 있다. 경미한 형사사건 피의자의 전과자 양산을 방지하기 위하여 여러 가지 형사정책을 제공하고 있다. 형사정책으로 경미범죄심사위원회를 설치하거나 범죄구성요건을 축소 해석하는 등 다양하게 이루어지고 있다.

답 ②

154

비범죄화와 전환제도(Diversion)에 관한 설명으로 옳지 않은 것은? 기출 17

① 낙인을 방지하는 효과가 있다.
② 구금의 비효과성에 대한 대안을 제시한다.
③ 수사상의 비범죄화도 가능하다.
④ 사회통제이론을 근거로 하고 있다.

해설

전환제도는 형사사법의 탈제도화라는 의미에서 낙인이론의 산물이라고 할 수 있다. 즉, 전환제도는 낙인 방지대책 중 하나로 비행청소년을 체포·기소·처벌이라는 공식 절차상에 두지 않고, 기소하기 전에 지역사회에서 일정한 처우를 받도록 지역사회 내의 처우제도를 강화하는 것이다.

답 ④

155

다음 중 틀린 기술은?

① 금고형을 선고받아 그 형이 확정된 자는 수형자에 해당한다.
② 미결수용자란 형사피의자 또는 형사피고인으로서 구속영장의 집행을 받아 교정시설에 수용된 사람을 말한다.
③ 수용자는 미결수용자만 의미한다.
④ 벌금을 완납하지 않아서 노역장 유치명령을 받은 자도 수형자에 해당한다.

해설

수용자란 수형자·미결수용자·사형확정자 등 법률과 적법한 절차에 따라 교도소·구치소 및 그 지소에 수용된 사람을 말한다.

답 ③

156

전통적인 교도소가 가지는 특성에 대한 설명으로 옳지 않은 것은?

① 조직 활동이 범죄자 개인의 제재나 개선에 맞추어져 있어서 지역사회 자원을 동원하거나 협력을 구하는 데 적극적이지 않았다.
② 범죄자 처우를 위해 권한의 분산과 인력 확보에 중점을 둠으로써 다른 조직에 비하여 계층적 성격이 조기에 완화되었다.
③ 새로운 프로그램의 개발과 변화에 쉽게 적응하지 못하여 교정의 보수화를 가져온 측면이 있다.
④ 고립주의와 퇴행성으로 인해 일반에 대한 노출을 꺼려 교정에 대한 잘못된 인식을 조장한 측면이 있다.

해설

범죄자 처우를 위해 권한의 분산과 인력 확보에 중점을 둔 것은 현대적 교도소의 특성이며, 조직의 보수적 특성상 다른 조직에 비하여 계층적 성격이 조기에 완화되지 못하고 있다.

답 ②

157

교도소의 현대적 기능과 관련된 개선방향으로 부적절한 것은?

① 민영교도소의 확대
② 기능별 교도소의 설치
③ 수형자의 과학적 분류
④ 보안기능의 강화

해설
예전에는 구금상태에서 고통을 가하고 자유를 박탈하는 것에 교도소 시설의 존재의미가 있었으나, 점차 범죄인을 사회에 다시 복귀시키기 위한 기능을 하는 장소로 인식이 바뀌었다.

답 ④

158

민영교도소의 장점이 아닌 것은?

① 국가의 재정부담이 줄어든다.
② 다양한 교정처우기법을 활용할 수 있다.
③ 수용자의 처우개선과 사회복귀증진에 기여한다.
④ 형벌을 이용하여 기업이 영리를 추구할 수 있다.

해설
민영교도소는 국가의 공형벌권 집행을 민간에 위임함으로써 형벌을 이용하여 기업이 영리를 추구한다는 점과 징벌 및 무력사용의 근거, 이윤추구를 위한 수형자의 노동작업량 증가 우려 등 윤리상, 법제상 파생되는 여러 문제점들이 지적되고 있다.

답 ④

159

개방처우에 대한 설명으로 가장 거리가 먼 것은?

① 카티지제(Cottage system)는 대규모 시설에서의 획일적 수용처우의 단점을 보완하기 위해 만들어진 제도이다.
② 범죄학적 의의로 인도주의적 형벌, 교정교화 효과, 사회적응촉진 등을 들 수 있다.
③ 우리나라는 사법형 외부통근제도를 채택하고 있다.
④ 수용자의 자율 및 책임감에 기반을 둔 처우제도이다.

해설
우리나라는 대륙법계 국가 및 영국과 동일하게 석방 전 사회복귀의 일환으로 시행되는 행정형 외부통근제도를 운영하고 있다.

답 ③

160

개방시설 제도에 관한 설명으로 적절하지 않은 것은? 기출 00

① 수형자의 사회재적응에 도움이 된다.
② 사회 내 처우와 시설 내 처우의 중간 형태이다.
③ 보안기능을 최소화한 시설이다.
④ 재통합보다는 응보에 중점을 둔 처우이다.

해설
개방시설은 수형자(受刑者)의 도주를 막기 위한 계호설비(戒護設備)를 철폐하고, 수형자의 책임관념에 의하여 질서를 유지하고 개선·갱생을 꾀하는 것을 목적으로 한 형사시설이다. 엄중한 규율이 없더라도 선량한 행장(行狀)을 유지할 수 있는 자에 대하여는 구금에 의한 피해가 없게 하는 조치를 적극적으로 고려하여야 할 것이고, 또 자유로운 사회생활 환경에의 적응성을 기르게 하여 그 사람을 자유로운 상태에서 처우해야 할 필요가 있다고 하는 사상에서 나온 제도이다.

답 ④

161

다음이 설명하고 있는 것은? 기출 16

> 행형성적이 양호한 수용자를 주간에는 직원의 계호 없이 교정시설 외부의 민간기업체에서 취업하도록 하고, 야간과 휴일에는 시설 내에서 생활하도록 하는 제도

① 귀휴제도
② 외부통근제도
③ 주말구금제도
④ 가석방제도

해설
외부통근제도에 관한 설명이다.

답 ②

162

다음과 같은 수형자의 구금 및 수용제도는? 기출 17

> - 마코노키(Machonochie)의 점수제
> - 부정기형을 통합한 구금제도
> - 브로크웨이(Brockway)가 소년초범자를 대상으로 실시

① 오번제(Auburn system)
② 엘마이라제(Elmira system)
③ 펜실베니아제(Pennsylvania system)
④ 카티지제(Cottage system)

해설
엘마이라제(Elmira system) : 수형자가 자력으로 개선되는 것에 중점을 둔 행형제도이며 마코노키의 점수제, 크로프턴의 아일랜드제 및 부정기형제, 가석방제도를 결합시킨 누진적 처우제도이다. 1876년에 소년시설인 엘마이라감화원에서 처음 실시되었으며, 체육·군사훈련 등에 중점을 둔 것이 특징이다.

핵심만콕
① 오번제(Auburn system) : 주간에는 수형자에 엄중한 침묵을 지키게 하면서 혼거시켜 일정한 작업에 종사하게 하고 야간에는 각자 독방에 수용하여 취침케 하는 제도이다.
③ 펜실베니아제(Pennsylvania system) : 수형자 1인을 주·야로 하나의 방에 격리 수용하는 것으로서 범죄적 오염을 예방하기 위한 제도이며, 수형자에 대한 개인적 처우가 가능하다.
④ 카티지제(Cottage system) : 수형자를 적성에 따라 카티지로 분류하여, 소집단으로 적절한 처우를 하는 제도이다.

답 ②

163

다음이 설명하는 교정처우 모델은? 기출 20

- 수용자의 자율성을 존중한다.
- 수용자의 사회복귀를 목적으로 한다.
- 수용자 개인의 변화와 지역사회의 변화를 강조한다.

① 재통합모델
② 의료모델
③ 억제모델
④ 사법모델

해설

재통합모델(사회복귀모델)은 수용자의 사회복귀를 돕는 것을 목적으로 하며, 수용자의 주체성과 자율성을 인정하여 수용자의 동의와 참여하에 처우 프로그램을 결정하고 집행하는 이념이다.

핵심만콕 교정처우(구금처우) 모델

개선모델	• 수용자의 개선과 교화를 통하여 범죄를 방지하는 데 행형의 목적을 둔다. • 교육형사상이 그 바탕에 있으며, 이를 위해 교정시설에서는 교화처우 프로그램을 운영한다. • 다양한 교육과정 프로그램을 통해 수용자의 학습기회를 제공하면서 사회복귀능력을 향상시키며, 시민의식을 강화하는 효과가 있다.
의료모델 (치료모델)	• 수용자를 인격·사회성에 결함이 있는 환자라고 인식하고 수용자를 치료하는 데에 그 목적을 둔다. • 19세기 말 정신의학의 발달에 영향을 받아 발전되었으나, 수용자의 인권보장과 관련된 문제점들이 지적되면서 오늘날에는 후퇴하는 경향을 보이고 있다.
재통합모델 (사회복귀모델)	• 수용자의 사회복귀를 돕는 것을 목적으로 하며, 수용자의 주체성과 자율성을 인정하여 수용자의 동의와 참여하에 처우 프로그램을 결정하고 집행한다. • 수용자를 단순한 처우의 객체로 보지 아니하고, 교정관계자와 수용자가 상호신뢰에 입각하여 자발적으로 규율을 지키고 처우 프로그램에 참여함으로써 상호학습을 통한 영향력을 준다. • 교정시설에서의 생활환경을 사회의 시설 및 환경과 유사하도록 제공함으로써 출소 후 자연스럽게 생활에 복귀할 수 있도록 한다. • 교정시설 내 자율성 및 독립적인 생활 그리고 공동체 생활을 중요시한다.
사법모델 (공정·정의모델)	• 수용자 처우의 목적을 공정성의 확보 또는 사법적 정의의 확보에 둔다. • 개선모델이나 치료모델의 인권침해적 소지를 극복하고자 출발하였다. • 부정기형과 가석방형의 폐지, 미결구금기간의 형기산입, 수형자 자치제도의 도입 및 확대, 범죄자의 피해자에 대한 손해배상, 교도소 처우의 공개, 소규모 교도소 운영 등의 방안을 제시한다. • 지역사회의 자원 및 자본을 활용하여 범죄자를 교정하려는 정책을 취하는 '지역사회 교정처우'의 전략을 적극적으로 개발한다.

〈출처〉 허경미, 「범죄학」, 박영사, 2020, P. 447~448

답 ①

164

수용자의 사회복귀를 목적으로 자율성과 주체성을 존중하는 교정처우모델은? 기출 24

① 통제모델
② 의료모델
③ 구금모델
④ 재통합모델

해설

재통합모델은 수용자의 사회복귀를 돕는 것을 목적으로 하며, 수용자의 주체성과 자율성을 인정하여 수용자의 동의와 참여하에 처우 프로그램을 결정하고 집행한다.

답 ④

165

사회환경과 유사한 교정시설을 구비하여 재소자의 출소 후 원활한 사회복귀를 지원하는 교정처우모델은? 기출 17

① 개선모델
② 의료모델
③ 재통합모델
④ 사법모델

해설

재통합모델 : 범죄자를 스스로 책임 있는 선택과 합리적 결정을 할 수 있는 자로 보며, 범죄자와 사회의 재통합을 돕는 데 초점을 맞춘다. 현실요법, 환경요법, 집단지도, 교류분석 등이 사용된다.

핵심만콕

① 개선모델 : 범죄자에 대한 가혹한 형벌을 지양하면서 범죄자의 개선과 교화를 중요시한다.
② 의료모델 : 범죄자는 자신이 통제할 수 없는 요인에 의해서 범죄자로 결정된 것이며, 사회병질이기 때문에 치료의 대상으로 본다. 이들은 생리적·심리적, 사회적 환경과 특성으로 인해 범죄자가 된 것이므로, 국가는 범죄자에 대해 이에 필요한 처우를 해야 한다고 주장한다. 범죄의 원인은 과학적으로 파악될 수 있고, 범인성은 치료될 수 있는 것으로 본다.
④ 사법모델(정의모델, 범죄통제모델) : 기존의 다양한 처우모형이 실패하였다고 비판하면서, 범죄자에게 훈육과 범죄에 상응하는 처벌을 통해 강경하게 대처해야 하며 그 처벌은 신속하고 공정하게 그리고 효과적으로 이루어져야 한다고 본다.

답 ③

166

행형의 모델 중 재통합모델에 해당하는 것은? 기출 14

① 주말구금제도
② 심리치료 프로그램
③ 부정기형제도
④ 수형자 자치제도

해설

주말구금제도는 평일에는 일반 사회인과 마찬가지로 일상생활을 영위하게 하고 주말인 토요일 저녁부터 월요일 아침까지는 구금시설에 구금하는 형의 분할집행방식으로, 재통합모델에 해당한다.

 ①

167

교정처우 중 시설 내 처우에 해당하는 것은? 기출 21

① 전자발찌를 착용한 대상자에 대한 위치추적 감시
② 보호관찰소의 안전운전프로그램 운영
③ 자치규칙에 따른 수형자의 교도소생활
④ 보호관찰관이 보호관찰 대상자를 주기적으로 면담

해설

①·②·④는 사회 내 처우에 해당하는 제도이며, 이는 전통적인 구금방식인 시설 내 처우의 폐해를 줄이기 위한 대안으로 등장하였다.

핵심만콕 사회 내 처우(Community treatment)

- 사회 내 처우란 범죄인을 교정시설에 수용하지 않고, 일상생활을 영위하면서 법률에 규정된 준수사항을 지키고, 보호관찰관의 지도·감독을 받게 하거나 사회봉사명령이나 수강명령 등 일정한 부가명령을 수행하며 범죄성을 개선하는 교정처우를 말한다.
- 현행 사회 내 처우는 보호관찰 및 수강명령, 사회봉사, 전자감시, 약물치료명령, 치료감호, 외출제한, 가택구금, 접근금지 등이라 할 수 있다.

〈출처〉 허경미, 「범죄학」, 박영사, 2020, P. 452~453

 ③

168

사회 내 처우가 아닌 것은? 기출 23

① 징 역
② 사회봉사명령
③ 전자감시
④ 치료명령

해설
사회 내 처우란 범죄자를 교정시설에 구금·수용하지 않고 사회 내에서 보호관찰관 등의 지도와 원호를 통하여 처우하는 제도를 말하며, 사회봉사명령·보호관찰·수강명령 등이 이에 해당한다. 징역은 자유형의 종류 중 가장 중한 형벌로, 수형자를 교도소 내에 구치하여 정역에 복무하는 것을 내용으로 한다.

답 ①

169

범죄자의 사회 내 처우에 해당하지 않는 것은? 기출 20

① 보호관찰
② 귀휴제
③ 사회봉사명령
④ 수강명령

해설
귀휴제(형집행법 제77조)는 일정한 사유와 조건하에 기간과 행선지를 제한하여 수형자에게 외출·외박을 허가하는 제도로서, 개방처우에 기반을 두는 반자유처우에 해당한다.

답 ②

170

사회 내 처우에 해당하는 것은? 기출 18

① 분류처우제도
② 귀휴제도
③ 사회봉사명령제도
④ 외부통근제도

해설
사회 내 처우제도에는 대표적으로 보호관찰제도, 가석방제도, 사회봉사명령제도, 수강명령제도 등이 있고 이러한 제도들은 독립적으로 작용하기도 하지만 대부분 상호보완적인 작용으로 기능하고 있다.

답 ③

171

사회 내 처우에 해당하는 것은? 기출 24

① 외부통근
② 보호관찰
③ 귀 휴
④ 수용처우

해설

사회 내 처우란 범죄인을 교정시설에 수용하지 않고, 일상생활을 영위하면서 법률에 규정된 준수사항을 지키고, 보호관찰관의 지도·감독을 받게 하거나 사회봉사명령이나 수강명령 등 일정한 부가명령을 수행하며 범죄성을 개선하는 교정처우를 말하며, 보호관찰 및 수강명령, 사회봉사, 전자감시, 약물치료명령, 치료감호, 외출제한, 가택구금, 접근금지 등이 이에 해당한다.

핵심만콕

① 외부통근제 : 행형 성적이 양호한 수형자를 주간에는 직원의 계호 없이 교정시설 외부의 공장이나 기업체에 통근시키며, 야간과 휴일에는 시설 내에 구금하는 제도이다. 수용자가 교정시설 외에서 작업을 할 때는 교도관의 감시를 받지 않으며, 일이 끝나면 교정시설로 복귀한다는 특징을 가진다.
③ 귀휴제 : 일정한 사유와 조건하에 기간과 행선지를 제한하여 수형자에게 외출·외박을 허가하는 제도이다. 형벌귀가제 또는 외박제라고도 한다.
④ 수용처우 : 형이 확정된 수형자에게 개별적으로 제공하는 처우를 말한다.

답 ②

172

사회 내 처우에 관한 설명으로 옳지 않은 것은?

① 처우대상자가 시설 내에서 사회 내 처우로 옮겨가면서 사법기관의 인적·물적 부담은 더욱 가중되었다.
② 범죄인의 개별처우를 실현하기 위한 처우방법으로 시설 내 처우의 폐해를 줄이기 위한 대안으로 등장하였다.
③ 비판범죄학에서는 이를 단순히 행형전략을 변형시킨 것에 불과하다고 비판하였다.
④ 진정한 자유의 학습은 자유 가운데서 이루어져야 한다는 것에 기초한다.

해설

사회 내 처우의 가장 큰 장점은 전환제도로 이용되면서 형사사법기관의 부담을 경감시키고 구금을 위한 교정시설의 운용비용을 절감하여 국가의 재정적 부담을 덜어준다는 데 있다.

답 ①

173

사회 내 처우를 확대하자는 이유로서 부적절한 것은?

① 단기자유형의 폐해 극복
② 과밀수용 해소 및 수용에 따른 경비절감
③ 사회방위의 강화
④ 낙인 해소와 악풍감염의 방지

해설
사회방위를 강조하는 입장에서는 사회 내 처우에 대해서 비판적이다.

답 ③

174

수형자 구금제도 중 혼거제의 장점은? 기출 22

① 범죄악풍의 감염가능성이 있다.
② 수형자의 사회성 훈련에 용이하다.
③ 개별처우가 곤란하다.
④ 수형자 간 갈등을 조장할 수 있다.

해설
혼거제의 장점으로는 수용자형벌 집행의 통일성과 건축비, 인건비 등 행형비용의 절감, 공동작업 등 단체생활을 통한 사회적응훈련의 연마로 사회복귀에 기여할 수 있으며, 고립으로 인한 정신적 장애나 자살을 방지할 수 있다.

핵심만콕 혼거제

의 의	• 다수의 수용자를 동일거실에 수용하는 구금방식이다. • 독거제와 달리 사회복귀에 적합한 사회성 배양에 중점을 둔다. • 가장 오래된 구금 방식이다.
장 점	• 수용자형벌 집행의 통일성이 있다. • 독거제에 비해 관리가 편리하며, 건축비, 인건비 등 행형비용의 절감효과가 있다. • 수형자의 사회성 향상에 적합하며, 단체생활을 통한 사회적응훈련을 통해 사회복귀에 기여할 뿐만 아니라 고립으로 인한 정신적 장애를 방지할 수 있다.
단 점	• 수용자 상호 간의 범죄악풍의 감염가능성이 있다. • 수용자 각각에 대한 적절한 개별처우의 어려움이 있다. • 거실 내 수용자 간 동성애나 구타행위 등 갈등을 조장할 수 있다. • 계호상 개개인에 대한 감시와 규율처우의 어려움이 있다. • 독거제에 비해 비위생적이며 방역상 어려움이 있다. • 공동생활 상 책임감이 희박하여 관급품 및 대여품 관리의 어려움이 있다. • 출소 후 동료 수형자와의 교제로 누범의 가능성이 있다.

답 ②

175

독거수용제의 장점이 아닌 것은? 기출 12

① 수용자 간의 범죄학습을 방지한다.
② 전염병 예방에 기여한다.
③ 수용자 간의 갈등을 줄일 수 있다.
④ 경제적 비용이 적게 소요된다.

해설

독거수용제는 경제적 비용이 많이 소요되므로 국가재정부담이 과중하다.

핵심만콕 독거수용제의 장단점

장 점	단 점
• 수용자 간 통모를 방지할 수 있다. • 수용자 상호 간 악풍감염을 예방할 수 있다. • 혼자서 반성회오 및 속죄할 수 있는 기회를 제공한다. • 개별처우에 편리하다. • 감시감독・질서유지에 효율적이다.	• 공동생활에 적응할 수 있는 사회적 훈련이 불가능하다. • 고립된 생활로 수형자의 정신적・신체적 장애를 유발할 우려가 있다. • 집단적 교육 및 작업이 곤란하다. • 국가재정부담이 과중하다.

답 ④

176

혼거수용제 및 독거수용제에 관한 비교설명으로 옳은 것은? 기출 16

① 혼거수용제는 독거수용제에 비해 수용자 간 범죄학습을 방지하는 데 유리하다.
② 혼거수용제는 독거수용제에 비해 수용시설 내 전염병 예방이 용이하다.
③ 독거수용제는 혼거수용제에 비해 교정예산이 많이 소요된다.
④ 독거수용제는 혼거수용제에 비해 집단적 사회적응훈련에 유리하다.

해설

독거수용제는 혼거수용제에 비해 교정예산이 많이 소요된다.

핵심만콕

독거수용제는 혼거수용제와 달리 수형자를 교도소 내의 독방에 구금하여 수형자 간의 상호 면식・접촉을 방지하려는 제도이다. 수용자 간의 통모 및 범죄학습을 방지하고, 동료수형자 간의 불량한 감염을 회피하여 전염병예방에 기여한다. 하지만 독방에 구금함으로써 사회생활에 복귀할 수형자에게 공동생활의 훈련을 시킬 수 없으며, 집단적 사회적응훈련에 불리하다는 단점이 있다.

답 ③

우리가 쓰는 것 중
가장 값비싼 것은 시간이다.

- 테오프라스토스 -

부 록

2024년 범죄학 기출문제해설

2024년 범죄학 기출문제해설

2024.11.09. 시행

41

'죄를 지은 사람은 반드시 처벌된다.'는 고전주의 범죄학의 형벌 원리는? 기출 24

① 엄격성
② 확실성
③ 신속성
④ 경제성

해설

형벌의 확실성은 '죄를 지은 사람은 반드시 처벌된다.'는 것으로 범죄자의 체포와 처벌의 가능성을 말한다. 확실성은 엄격성보다 범죄를 예방하는 데 가장 확실한 수단이다. 처벌의 정도가 가혹하지만 회피할 가능성이 있는 처벌보다는 처벌의 정도가 중하지 않다고 회피할 가능성이 없는 처벌이 더욱 효과가 있다.

답 ②

42

머튼(Merton)의 아노미 이론에서 문화적 목표와 제도화된 수단을 모두 거부하고 새로운 것들로 대체하는 적응양식은? 기출 24

① 동조(Conformity)
② 혁신(Innovation)
③ 반역(Rebellion)
④ 의례(Ritualism)

해설

반역형(Rebellion)은 기존의 문화적 목표와 제도화된 수단을 모두 거부하면서 동시에 새로운 목표와 수단으로 대치하려는 형태의 적응 방식이다.

답 ③

43

범죄자의 심리나 인성에 따른 문제 중 성격이 다른 것은? 기출 24

① 반사회적성격장애(Antisocial Personality Disorder)
② 소시오패시(Sociopathy)
③ 사이코패시(Psychopathy)
④ 주의력결핍과잉행동장애(ADHD)

해설

④ 주의력결핍 과잉행동장애(ADHD)는 아동기에 많이 나타나는 장애로, 지속적으로 주의력이 부족하여 산만하고 과다활동, 충동성을 보이는 상태를 말한다. 주의력결핍 과잉행동장애(ADHD)는 신경발달장애의 일종이다.

답 ④

44

국외자(Outsider)라는 낙인을 주장한 학자는? 기출 24

① 탄넨바움(Tannenbaum)
② 레머트(Lemert)
③ 베커(Becker)
④ 서덜랜드(Sutherland)

해설

베커(Becker)는 일탈자(이방인, outsider)로 낙인찍혔을 때 타인과의 상호작용에 부정적인 영향을 미치는 사회적 지위 변화에 초점을 두었으며, 범죄원인론을 '동시모델'과 '단계적 모델'로 구분하였다.

답 ③

45

버제스(Burgess)의 동심원이론에서 사회해체상태가 가장 심한 지역은? 기출 24

① 중심상업지역
② 전이지역
③ 노동자거주지역
④ 교외지역

해설
② 버제스의 동심원이론에서 범죄율이 가장 높은 지역은 제2지역(전이지역)이고, 가장 낮은 지역은 제5지역(외부통근지역)이다.

답 ②

46

생물학적 범죄 연구 중 유전과 관련되지 않는 것은? 기출 24

① 가계 연구
② 쌍생아 연구
③ 입양아 연구
④ 연령 연구

해설
유전과 범죄의 관계에 대한 연구로는 범죄자가계 연구, 쌍생아 연구, 입양아 연구가 있다.

답 ④

47

일차적 문화갈등과 이차적 문화갈등을 주장한 갈등주의 범죄학자는? `기출 24`

① 셀린(Sellin)
② 허쉬(Hirschi)
③ 베카리아(Beccaria)
④ 샘슨(Sampson)

해설

셀린(Sellin)은 이질적 문화충돌에 의한 갈등을 일차적 문화갈등이라 하고, 동일문화 내에서 사회적 분화에 의한 갈등을 이차적 문화갈등이라 보았다.

답 ①

48

범죄행동의 가변성과 역동성을 강조한 이론은? `기출 24`

① 발달이론
② 자기통제이론
③ 집합효율성이론
④ 아노미이론

해설

발달이론은 어렸을 때의 경험도 중시하였지만, 청소년의 성장기나 성인시기의 생활환경도 범죄의 원인으로 파악하였다. 즉, 범죄 경력의 시작과 지속이 전 생애과정을 통해서 발전 변화한다고 보는 것으로 범죄행동의 가변성과 역동성을 강조한 이론이다.

핵심만콕

② 자기통제이론 : 어린 시절의 경험으로 결정된 개인의 자기통제력이 낮기 때문에 비행과 일탈이 발생한다고 설명하는 이론이다. 갓프레드슨과 허쉬가 주장하였다.
③ 집합효율성이론 : 시카고학파의 사회해체이론을 현대적으로 계승한 이론으로, 사회자본, 주민 간의 관계망 및 참여 등을 강조하는 이론이다.
④ 아노미이론 : 사회적 혼란으로 인해 규범이 무너지고 가치관이 붕괴되는 상태를 설명하는 이론이다.

답 ①

49

갓프레드슨과 허쉬(Gottfredson & Hirschi)의 일반이론(General Theory)에서 연령범죄곡선(Age-Crime Curve)에 관한 설명으로 옳은 것을 모두 고른 것은? 기출 24

> ㄱ. 범죄는 연령범죄곡선상 초기부터 점차 감소한다.
> ㄴ. 범죄는 연령범죄곡선상 일정 시기에 최고점에 달한다.
> ㄷ. 범죄는 연령범죄곡선상 최고점에 달한 이후 점차 감소한다.
> ㄹ. 범죄는 연령범죄곡선상 후기에 다시 증가한다.

① ㄱ, ㄴ
② ㄱ, ㄹ
③ ㄴ, ㄷ
④ ㄱ, ㄷ, ㄹ

해설

옳은 것은 ㄴ, ㄷ 이다.
Hirschi & Gottfredson(1983)은 1842-44년까지의 영국과 웨일즈, 1908년도의 영국, 그리고 1979년도 미국의 범죄 통계에 대한 연령-범죄곡선의 형태를 분석하였고 그들이 연구한 거의 150년에 걸친 서로 다른 지역의 자료들이 시간이 지나는 동안 범죄양은 증가했으나 10대 후반에 범죄의 정점이 나타나고 그 이후는 감소하는 동일한 모양을 나타낸다고 하였다.

핵심만콕

> ㄱ. 범죄는 연령범죄곡선상 초기부터 점차 감소하는 것이 아니라, 10대 후반에 가장 높은 범죄율을 기록한다고 주장하고 있다.
> ㄹ. 범죄는 연령범죄곡선상 후기에 다시 증가하는 것이 아니라, 최고점에 달한 이후에는 점차 감소하는 동일한 모양을 나타낸다고 하였다.

답 ③

50

샘슨과 라웁(Sampson & Laub)의 생애과정이론에 관한 설명으로 옳지 않은 것은? 기출 24

① 글룩부부의 종단연구자료를 기초로 연구하였다.
② 아동기 비행이 성인기 범죄행위의 중요한 예측요인이라고 본다.
③ 취업, 결혼 등은 범죄억제에 영향을 준다고 본다.
④ 변화하는 삶보다 태생적 범죄성향에 초점을 맞추었다.

해설

샘슨과 라웁의 생애과정이론은 태생적 범죄성향에 초점을 둔 것이 아니라, 비행이나 범죄는 생애과정에 걸쳐 가정, 학교, 친구 등 비공식적 사회유대의 영향으로 인해 시작되거나 지속, 중단될 수 있다고 보는 이론이다.

답 ④

51

범죄피해조사에 관한 설명으로 옳은 것은? 기출 24

① 범죄피해자만을 대상으로 한다.
② 범죄의 원인이론 정립을 주요 목적으로 한다.
③ 살인피해의 정확한 파악이 가능하다.
④ 공식범죄통계 대비 범죄암수 문제가 덜 심각하다.

해설

범죄피해조사는 공식범죄통계에서 누락된 범죄가 범죄피해자 조사에서는 포함될 수 있으므로, 암수범죄를 해결하는 데 효과적이다.

핵심만콕

① 범죄피해조사는 범죄피해자만을 대상으로 하는 것이 아닌 일반인을 연구대상으로 이들의 직·간접적 침해경험을 보고하게 하는 방법이다. 적정 수의 가구를 임의로 추출해서 조사원이 직접 방문하여 가족의 범죄피해에 관하여 면접조사하는 것이 일반적이다.
② 전국적인 조사로 대표성 있는 자료를 수집할 수 있으며, 피해원인의 규명을 통해 범죄예방을 위한 기초자료가 되는 것으로 범죄의 원인이론 정립을 주요 목적으로 하지 않는다.
③ 기억력의 한계로 과거 기억을 정확히 떠올리기 어렵고, 살인이나 마약범죄 등에 대해 정확히 측정할 수 없는 단점이 있다.

답 ④

52

다음이 설명하는 범죄와 법에 대한 시각은? 기출 24

○ 불법 행위에 대한 사회구성원 대다수의 동의가 있다.
○ 법은 모든 시민에게 동등하게 적용된다.

① 갈등적 시각
② 합의적 시각
③ 도덕적 시각
④ 상호작용주의적 시각

해설

합의적 시각(합의론적 관점)은 법은 우리 사회의 가치·신념·의견 등에 대해서 일반적으로 합의된 행위규범을 반영한 것이라고 보는 시각이다. 법은 모든 시민하게 동등하게 적용되며, 사회질서 유지에 긍정적인 기능을 한다.

답 ②

53

범죄학의 특성에 관한 설명으로 옳지 않은 것은? 기출 24

① 범죄행위를 연구하는 과학적 접근법이다.
② 다학제적 성격을 가지고 있다.
③ 주로 사용하는 연구방법은 고전적 실험이다.
④ 범죄를 사회현상으로 간주하는 지식체계이다.

해설

범죄학은 주로 사회학적 연구가 그 주류를 이루고 있으나, 다양한 학문분야가 관계하는 종합과학적 특성을 가지고 있어 사회과학 분야에서 활용되는 통계분석, 실험연구, 관찰연구, 시계열분석, 내용분석 등 다양한 연구기법을 활용한다.

답 ③

54

다음과 관련성이 없는 것은? 기출 24

○ 범죄 패턴(Crime Pattern) 분석
○ 범죄 핫스팟(Crime Hotspot) 분석
○ 범죄를 위한 이동거리(Journey to Crime) 분석

① 범죄생태학
② 범죄지리학
③ 범죄교정학
④ 범죄기하학

해설

범죄교정학은 범죄자와 비행청소년의 교정교화와 사회복귀를 위하여 교화방안과 처우개선 등을 중점적으로 연구하는 것을 목적으로 한다.

핵심만콕

① 범죄생태학은 범죄 현상을 지역의 특성이나 환경과 관련지어 분석하는 사회생태학적 관점에서 접근하는 범죄 연구 방법이다.
② 범죄지리학은 지리 정보를 활용하여 범죄자가 가장 있을 법한 장소를 예측하여 찾아내고, 일련의 관련된 범죄장소를 분석해내는 연구 방법이다.
④ 범죄기하학은 범죄 현장의 공간적 특징을 기하학 이론을 활용해 분석하는 학문분야로, 범죄 현장의 지문과 혈흔을 분석해 범인의 거점을 찾거나, 범죄 발생 빈도를 분석하는 등에 활용된다.

답 ③

55

공식범죄통계에 관한 설명으로 옳지 않은 것은? 기출 24

① 형사사법기관 기록 행태의 영향을 받는다.
② 범죄피해자에 대한 상세한 정보를 제공해준다.
③ 연도별 발생추이를 파악하는데 유용하다.
④ 개별 사건에 대한 정보보다 주로 집합적 정보를 제공한다.

해설

공식범죄통계는 범죄·범죄자에 대한 추세를 이해하는 데 효과적이나, 범죄의 질적인 특성 파악이 불가능하고 암수문제에 따른 실제 범죄량과의 차이가 단점으로 지적된다. 즉, 범죄피해자에 대한 상세한 정보나 범죄자의 태도와 가치 등에 대한 세세한 정보를 얻을 수 없다.

핵심만콕

① 형사사법기관의 유형, 전문성, 이념, 분류기준 등에 따라 공식범죄통계상 차이가 발생한다.
③ 공식범죄통계의 장점으로 시간적 비교연구에 유리하여 범죄의 시기별 변화를 파악하는 데 유용한 자료가 될 수 있다.
④ 공식범죄통계는 법집행기관이 집계한 범죄·범죄자 수에 관한 통일된 자료로, 개별 사건에 대한 정보보다는 주로 집합적 정보를 제공한다.

답 ②

56

범죄학자 A는 교도소 수용자 문화를 연구하기 위해 일정 기간 교도소에서 수감생활을 하였다. 범죄학자 A가 수행한 연구방법은? 기출 24

① 현장관찰연구
② 문헌조사연구
③ 전화조사연구
④ 우편조사연구

해설

현장관찰연구(참여적 관찰법)는 연구자가 스스로 범죄 또는 비행집단 내에 그들과 똑같은 지위 및 자격을 가지고 들어가 그들과 똑같은 조건으로 생활하면서 그들의 범죄 동기와 일상적인 생활양식, 인식태도, 동료 간 상호작용 등을 직접적으로 관찰·기록하는 방법이다.

핵심만콕

② 문헌연구 : 기존의 연구자들이 기록한 범죄관련 기록물이나 통계자료 등을 현재의 연구에 활용하는 방법이다.
③·④ 조사연구의 한 방법으로 우편조사, 전화조사, 개별 직접면담, 설문지 등을 통하여 응답자로부터 설문에 답하게 함으로써 원하는 자료를 수집하는 방법을 말한다.

답 ①

57

다음이 설명하는 개념은? 기출 24

> 범죄를 저지를 가능성이 있는 사람 또는 범죄자를 대상으로 차후의 범죄개연성을 사전에 판별하는 활동

① 범죄예측
② 판별분석
③ 예후분석
④ 분류심사

해설

범죄예측 또는 비행예측이란 범죄자나 비행소년을 조사하여 그 장래의 범죄나 비행을 예측하는 것을 말한다. 이는 교도소의 과밀수용의 폐해 해소를 위해서 뿐만 아니라 전략순찰, 문제지향의 순찰활동 및 기타 범죄예방활동을 위해서도 중요하다.

핵심만콕

② 판별분석이란 범죄와 관련된 자료를 분석하여 범죄자와 비범죄자를 구분하는 분석방법이다.
③ 예후분석이란 범죄자의 행위를 예측하고 재범 여부를 추적하는 분석을 말한다.
④ 분류심사란 수형자의 개인적 특성을 심사하여 교정교화를 위한 개별처우 계획을 수립하는 제도를 말한다.

답 ①

58

상황적 범죄예방의 주요 전략에 포함되지 않는 것은? 기출 24

① 노력의 증대
② 위험의 증대
③ 보상의 감소
④ 변명의 용인

해설

클락(Clarke)과 코니쉬(Cornish)는 상황적 범죄예방의 5가지 목표로 노력의 증가, 위험의 증가, 보상의 감소, 자극의 감소, 변명의 제거를 제시하였다.

핵심만콕 클락(Clarke)과 코니쉬(Cornish)의 상황적 예방 기법

노력 증가	위험 증가	보상 감소	자극 감소	변명 제거
1. 표적강화	6. 보호 확대	11. 표적 은폐	16. 좌절과 스트레스 줄이기	21. 규칙 설정
2. 시설 접근통제	7. 자연감시 지원	12. 표적 제거	17. 분쟁 회피	22. 지시의 공시
3. 출구 차단	8. 익명성 감소	13. 재물 감정	18. 유혹과 감정 자극 감소	23. 양심 환기
4. 범죄자 우회시키기	9. 장소관리자 활용	14. 시장 분쇄	19. 또래압력 중화	24. 응낙 지원
5. 도구/무기 통제	10. 공식적 감시 강화	15. 이득 부인	20. 모방 단념시키기	25. 약물과 알코올 통제

〈출처〉 김성언, 「상황적 범죄예방론에 대한 비판적 검토」, 형사정책연구, 2009, p1048

답 ④

59

지역사회의 무질서를 나타내는 항목 중 성격이 다른 것은? 기출 24

① 방치되어 있는 깨진 창
② 길바닥에 뒹구는 쓰레기
③ 노상 방뇨하는 이웃
④ 혐오스런 낙서

해설

지역사회의 무질서는 사회적 무질서와 물리적 무질서로 나타낼 수 있는데, 노상 방뇨하는 이웃은 사회적 무질서로 나머지 항목과 성격이 다르다. 물리적 무질서로는 길가에 버려진 폐차, 방치되어 있는 깨진 창, 길바닥에 뒹구는 쓰레기, 혐오스러운 낙서 등이 있다.

답 ③

60

뉴먼(Newman)의 방어공간 구성요소가 아닌 것은? 기출 24

① 영역성 강화
② 접근통제 강화
③ 문화적 갈등 완화
④ 자연적 감시력 제고

해설

뉴먼(Newman)은 영역설정, 감시, 이미지, 주변지역보호 등 4가지 방어공간 조성의 기본요소를 제시함으로써 환경설계를 통한 범죄예방(CPTED)전략의 이론적 기초를 마련하였다.

답 ③

61

재산 범죄에 해당하는 것은? 기출 24

① 살 인
② 절 도
③ 폭 행
④ 강 간

해설

절도는 타인의 재물을 절취하는 범죄로, 재산범죄이다.

답 ②

62

아바딘스키(Abadinsky)가 정의한 조직범죄의 특성이 아닌 것은? 기출 24

① 비이념적
② 계층적
③ 영속적
④ 개방적

해설

아바딘스키(Abadinsky)는 조직범죄의 포괄적 특성으로 비이념성, 계층성(위계성). 자격의 엄격성, 영속성, 불법적 수단의 사용, 활동의 전문성과 분업성 등을 제시하고 있다.

답 ④

63

원치 않는 반복적인 신체적, 시각적 접근 및 의사소통을 통해 공포감을 불러일으키는 범죄유형은?

기출 24

① 마 약
② 스토킹
③ 살 인
④ 강 도

해설

스토킹(Stalking)이란 "일정기간 동안, 의도적 · 반복적으로 행하여 정상적인 판단능력이 있는 일반인이라면 누구나 공포나 불안을 느낄 만한 일련의 행동(편지, 전화, 전자우편, 모사전송기, 선물, 미행, 감시, 집과 직장방문, 기물파손, 납치, 위협 및 폭력행위 등)으로 특정인이나 그 가족들에게 정신적 · 육체적 피해를 입히는 일방적이고 병적인 행동"을 말한다.

답 ②

64

사건 사이에 냉각기를 가지고 다수의 사람을 살해하는 유형은? 기출 24

① 연쇄살인
② 연속살인
③ 명예살인
④ 치정살인

해설

연쇄살인이란 사건 간에 냉각기를 가지고 다수의 장소에서 네 건 이상의 살인을 저지르는 것 또는 사건 사이에 냉각기를 둔 채 세 곳 이상에서 세 차례 이상의 살인을 저지르는 것을 말한다.

답 ①

65

사이버범죄의 특징으로 옳지 않은 것은? 기출 24

① 익명성
② 전문성
③ 광역성
④ 대면성

해설

사이버범죄의 주요 특징은 비대면성, 익명성, 전문성과 기술성, 시·공간적 초월성, 피해규모의 막대함 등을 특징으로 가진다.

답 ④

66

그로스와 번바움(Groth & Birnbaum)이 주장한 강간 유형 중 다음 특성을 가지는 것은? 기출 24

> ○ 성욕과 폭력이 동시에 수반된다.
> ○ 피해자를 괴롭히거나 고문하거나 학대한다.

① 가학강간(Sadistic Rape)
② 분노강간(Anger Rape)
③ 권력강간(Power Rape)
④ 이방인강간(Stranger Rape)

해설

그로스와 번바움(Groth & Birnbaum)은 성범죄자의 가장 큰 범행 동기를 크게 분노, 권력 지향, 가학성이라는 3가지 범주로 분류했다. 보기에 제시된 내용은 가학강간으로 분노와 권력에의 욕구가 성적으로 변형되어 가학적인 공격행위 그 자체에서 성적 흥분을 일으키는 정신병리적 유형이다. 사전 계획하에 상대방을 묶거나 성기나 가슴을 물어뜯고 불로 지지는 등 다양한 방법으로 모욕하고, 반복적인 행동을 통해 쾌락과 만족감을 얻는다.

답 ①

67

사이크스와 맛짜(Sykes & Matza)가 주장한 중화기술이 아닌 것은? 기출 24

① 책임의 부정
② 손상의 부정
③ 비난자에 대한 지지
④ 피해자의 부정

해설

다섯 가지의 중화의 기술은 책임의 부인(Denial of responsibility), 손상의 부인(Denial of injury), 피해자의 부인(Denial of victim), 비난자에 대한 비난(Condemnation of condemners), 더 높은 충성심에의 호소(Appeal to higher loyalties)이다.

답 ③

68

마약류 주생산지인 황금의 초생달(Golden Crescent) 지역 국가가 아닌 것은? 기출 24

① 이 란
② 아프가니스탄
③ 미얀마
④ 파키스탄

해설

황금의 초승달지대(Golden crescent)란 양귀비를 재배하여 모르핀, 헤로인 등으로 가공해서 세계 각국에 공급하는 지역으로, 아프가니스탄·파키스탄·이란 등 3국의 접경지대이다.

답 ③

69

서덜랜드(Sutherland)의 차별적 접촉이론에서 접촉 효과의 영향 요인이 아닌 것은? 기출 24

① 연 령
② 우선성
③ 강 도
④ 빈 도

해설

차별적 접촉은 접촉의 빈도·기간·순위(우선성)·강도에 따라 달라진다.

답 ①

70

홈즈와 드버거(Holmes & DeBurger)의 연쇄살인범 유형 중 피해자에 대한 정복감과 힘의 우위를 얻기 위한 것은? 기출 24

① 권력형
② 사명형
③ 망상형
④ 쾌락형

해설

설문은 권력형에 대한 설명이다. 권력형은 대상자의 삶과 죽음 자체를 통제할 수 있다는 정복감과 힘의 우위를 성취하고자 하는 경우이다.

> **핵심만콕**
> ② 사명형은 자신의 기준이나 신념체계에 비춰 사회에서 부도덕하거나 옳지 않은 일을 하는 집단을 선택하여 그 소속원을 범죄의 희생자로 하는 경우이다.
> ③ 망상형은 청각 또는 시각과 관련하여 환청, 환각, 망상이 주요 원인이며, 살인을 정당화한다.
> ④ 쾌락형은 살인 자체를 즐기면서 희열을 추구하고, 살인을 통해 성적 쾌락과 스릴감을 맛보거나 위안을 삼으려고 하는 경우이다.

답 ①

71

사회 내 처우에 해당하는 것은? 기출 24

① 외부통근
② 보호관찰
③ 귀 휴
④ 수용처우

해설

사회 내 처우란 범죄인을 교정시설에 수용하지 않고, 일상생활을 영위하면서 법률에 규정된 준수사항을 지키고, 보호관찰관의 지도·감독을 받게 하거나 사회봉사명령이나 수강명령 등 일정한 부가명령을 수행하며 범죄성을 개선하는 교정처우를 말하며, 보호관찰 및 수강명령, 사회봉사, 전자감시, 약물치료명령, 치료감호, 외출제한, 가택구금, 접근금지 등이 이에 해당한다.

> **핵심만콕**
> ① 외부통근제 : 행형 성적이 양호한 수형자를 주간에는 직원의 계호 없이 교정시설 외부의 공장이나 기업체에 통근시키며, 야간과 휴일에는 시설 내에 구금하는 제도이다. 수용자가 교정시설 외에서 작업을 할 때는 교도관의 감시를 받지 않으며, 일이 끝나면 교정시설로 복귀한다는 특징을 가진다.
> ③ 귀휴제 : 일정한 사유와 조건하에 기간과 행선지를 제한하여 수형자에게 외출·외박을 허가하는 제도이다. 형벌귀가제 또는 외박제라고도 한다.
> ④ 수용처우 : 형이 확정된 수형자에게 개별적으로 제공하는 처우를 말한다.

답 ②

72

CHECK O △ X

형벌의 종류 중 자유형에 해당하는 것은? 기출 24

① 벌 금
② 과 료
③ 구 류
④ 자격정지

해설
현행 형법상 자유형에는 징역, 금고, 구류가 있으며, 재산형에는 벌금, 과료, 몰수가 있다. 자격상실, 자격정지는 명예형이다.

답 ③

73

CHECK O △ X

생활양식이론이 강조한 범죄피해자의 특성이 아닌 것은? 기출 24

① 기혼자가 미혼자보다 피해를 많이 당한다.
② 하류층이 상류층보다 피해를 많이 당한다.
③ 청년층이 노년층보다 피해를 많이 당한다.
④ 남성이 여성보다 피해를 많이 당한다.

해설
생활양식이론은 개인의 직업적 활동과 여가활동을 포함한 일상적 활동의 생활양식이 그 사람의 범죄피해위험성을 결정하는 중요한 요인이 된다고 설명하는 범죄피해이론이다. 젊은 사람·남자·미혼자·저소득층·저학력층 등이 노년층·여자·기혼자·고소득층·고학력층보다 폭력범죄의 피해자가 될 확률이 훨씬 높다고 할 수 있다.

답 ①

74

회복적 사법에 기초한 프로그램이 아닌 것은? 기출 24

① 양형써클
② 가족집단회합
③ 피해자와 가해자의 조정
④ 성충동약물치료

해설
성충동약물치료는 비정상적인 성적 충동이나 욕구를 억제하기 위한 조치로서, 성도착증 환자에게 약물 투여 및 심리치료 등의 방법으로 도착적인 성기능을 일정기간 동안 약화 또는 정상화하는 치료를 말한다.

답 ④

75

부모의 가부장적 양육행태가 범죄발생의 성별차이를 설명한다고 주장하는 이론은? 기출 24

① 허쉬(Hirschi)의 사회유대이론
② 서덜랜드(Sutherland)의 차별접촉이론
③ 롬브로조(Lombroso)의 생래적원인론
④ 헤이건(Hagan)의 권력통제이론

해설
헤이건(Hagan)의 권력통제이론은 범죄의 성별 차이를 설명하기 위하여 페미니즘이론, 갈등이론, 통제이론의 요소들을 종합하여 구성한 것으로, 부모의 가부장적 양육행태에 의해 범죄에서의 성별 차이가 결정된다고 주장하였다.

답 ④

76

수용자의 사회복귀를 목적으로 자율성과 주체성을 존중하는 교정처우모델은? 기출 24

① 통제모델
② 의료모델
③ 구금모델
④ 재통합모델

해설

재통합모델은 수용자의 사회복귀를 돕는 것을 목적으로 하며, 수용자의 주체성과 자율성을 인정하여 수용자의 동의와 참여하에 처우 프로그램을 결정하고 집행한다.

답 ④

77

「2023 범죄백서」에서 제시한 우리나라 범죄발생 현상에 관한 설명으로 옳은 것은? 기출 24

① 청년기의 폭행가해 건수가 노년기보다 많다.
② 강력범죄 발생건수는 대도시가 농어촌보다 적다.
③ 여성은 사기보다 폭행을 더 많이 저지른다.
④ 검거율은 인구 10만 명당 검거 건수를 의미한다.

해설

2023 범죄백서에서 제시한 범죄발생현상을 보면 청년기의 폭행가해 건수가 노년기보다 많다.

핵심만콕

② 강력범죄 발생건수는 인구가 많은 대도시가 농어촌보다 더 많이 발생한다.
③ 여성에 비해 남성이 사기보다 폭행을 더 많이 저지른다.
④ 일반적으로 범죄율은 인구 10만 명당 범죄발생 건수로 계산한다.

• 범죄율 = $\dfrac{\text{범죄건수}}{\text{인 구}} \times 10\text{만}$

• 검거율 = $\dfrac{\text{한 해 동안 범인이 검거된 사건수}}{\text{한 해 동안 발생한 사건수}} \times 100$

답 ①

78

「2023 범죄백서」에 제시된 고령자 범죄 발생추세에 관한 설명으로 옳지 않은 것은? 기출 24

고령범죄자 현황(2018년~2022년)

(단위 : 명, %)

연도 \ 구분	전체	고령자		
		인원	고령자비	범죄발생비
2018	1,749,459	128,850	7.4	1,684.2
2019	1,754,808	145,522	8.3	1,812.9
2020	1,638,387	148,483	9.1	1,821.5
2021	1,359,952	136,257	10.0	1,646.1
2022	1,359,389	136,676	10.1	1,651.2

※ 주 : 1. 대검찰청.「범죄분석」. 각년도.
2. 범죄발생비는 고령인구 10만 명당 범죄자수.
3. 고령범죄자는 만65세 이상의 피의자.

① 전체 범죄자에서 고령자비는 지속적으로 증가하고 있다.
② 2018년부터 2022년까지 고령범죄자 수는 지속적으로 증가하고 있다.
③ 2020년은 전년대비 전체범죄자 수는 감소하였으나, 고령범죄자 수는 증가하였다.
④ 2021년은 고령범죄자의 범죄발생비가 전년 대비 감소하였다.

해설

2018년도부터 2020년까지 고령범죄자 수는 지속적으로 증가되었으나 2021년에 감소하였다가 2022년에 다시 증가되었다.

답 ②

79

속칭 물뽕으로 불리며 데이트 강간 등의 범죄에 사용되고 있는 약물은? 기출 24

① YABA
② LSD
③ Cocaine
④ GHB

해설

GHB는 '데이트 강간 약물'이라고도 불린다. 무색무취로서 짠맛이 나는 액체로 소다수 등의 음료에 타서 복용하며 '물 같은 히로뽕'이라는 뜻에서 '물뽕'이라 한다.

핵심만콕

① YABA는 태국 등 동남아 지역에서 주로 생산되어 유흥업소 종사자, 육체노동자 등을 중심으로 급속히 확산되었다.
② LSD는 곡물의 곰팡이, 보리 맥각에서 발견되어 이를 분리・가공・합성한 것으로 무색・무취・무미하다.
③ 코카인은 천연마약으로, 코카나무잎에서 추출하는 알카로이드로 말한다. 대표적인 마약류 각성제이다.

 ④

80

경미범죄 및 그에 관한 형사정책을 설명한 것으로 옳지 않은 것은? 기출 24

① 사회적으로 정상적인 사람에 의해 주로 범하여진다.
② 다이버전과는 전혀 다른 맥락의 개념이다.
③ 범죄구성요건을 축소 해석하는 것도 하나의 방식이다.
④ 잠재적으로 국민 모두에게서 일어날 수 있다.

해설

다이버전(전환제도)이란 대체처분 또는 우회처분이라고도 하는데, 광의로는 시설 내 처우를 사회 내 처우로 대체하는 등 형사제재를 최소화하는 것이다. 협의로는 법원의 확정판결이 있기 전에 형사사법기관이 통상의 사법처리 절차를 중지하는 조치로 경미범죄 및 그에 대한 형사정책목표에 맥락을 같이한다.

핵심만콕

경미범죄란 형사사건 및 즉결심판 사건의 범죄 중 사안이 경미한 것으로 판단되는 범죄를 말한다(경미범죄 심사위원회 운영 규칙 제2조 제1호). 경미범죄는 사회적으로 정상적인 사람에 의해 주로 범하여지며, 잠재적으로 국민 모두에게 일어날 수 있다. 경미한 형사사건 피의자의 전과자 양산을 방지하기 위하여 여러 가지 형사정책을 제공하고 있다. 형사정책으로 경미범죄심사위원회를 설치하거나 범죄구성요건을 축소 해석하는 등 다양하게 이루어지고 있다.

 ②

참고문헌

- 박상기 외 2인, 형사정책, 한국형사정책연구원, 2021
- 허경미, 범죄학, 박영사, 2020
- 로널드 L. 에이커스 외, 민수홍 외 역, 범죄학 이론, 나남, 2020
- 이윤호, 범죄학, 박영사, 2019
- 김용준, 형사정책학, 백산출판사, 2011
- 이언담·최은하, 아담형사정책, 가람북스, 2011
- 이언담·최은하, 아담교정학, 가람북스, 2010
- 김지훈, 正道교정학, 박문각, 2010
- 김상균, 범죄학개론, 청목출판사, 2010
- 허경미, 현대사회와 범죄학, 박영사, 2009
- 이민식 외 6명, 범죄학연구방법론, Cengage Learning, 2009
- 곽대경, 청소년비행론, 청목출판사, 2009
- 조준현, 범죄학, 법원사, 2009
- Larry. J. Siegel, 이민식 외 역, 범죄학, 2008
- 이민식 외 6명, 범죄학 : 이론과 유형, Cengage Learning, 2008
- 조철옥, 현대범죄학, 대영문화사, 2008
- 김화수 외, 한국교정학, 한국교정학회, 2007
- 김용우·최재천, 형사정책, 박영사, 2006
- 이윤호, 현대사회와 범죄의 이해, 삼경문화사, 2004
- 허주욱, 교정학, 법문사, 2003
- 이윤호, 피해자학 연구, 박영사, 2002
- 배종대, 형사정책, 홍문사, 2002
- 배종대 외, 행형학, 홍문사, 2002
- John Sanderson, 김형만 외 역, 범죄학개론, 청목출판사, 2001
- 배종대, 객관식 형사정책, 홍문사, 2000

2025 · 2026 시대에듀 경비지도사 범죄학 [일반경비]

개정14판1쇄 발행	2025년 06월 20일(인쇄 2025년 05월 16일)
초 판 발 행	2011년 09월 15일(인쇄 2011년 06월 27일)
발 행 인	박영일
책 임 편 집	이해욱
편 저	시대에듀 경비지도사 교수진
편 집 진 행	이재성 · 김민지
표 지 디 자 인	박종우
편 집 디 자 인	표미영 · 임창규
발 행 처	(주)시대고시기획
출 판 등 록	제10-1521호
주 소	서울시 마포구 큰우물로 75 [도화동 538 성지 B/D] 9F
전 화	1600-3600
팩 스	02-701-8823
홈 페 이 지	www.sdedu.co.kr
I S B N	979-11-383-9336-2 (13350)
정 가	35,000원

※ 이 책은 저작권법의 보호를 받는 저작물이므로 동영상 제작 및 무단전재와 배포를 금합니다.
※ 잘못된 책은 구입하신 서점에서 바꾸어 드립니다.